TRANSICIONES
DE LA DICTADURA A LA DEMOCRACIA

Transiciones: de la dictadura a la democracia. Actas del Congreso Internacional organizado por el Departamento de Estudios Hispánicos de la Universidad de Szeged, 19-20 de noviembre de 2015.

Redacción: Tibor Berta, Zsuzsanna Csikós, Katalin Jancsó, Eszter Katona, András Lénárt, Veronika Praefort

Revisión: Laia Serret Prunera, Marcos Eduardo de Juana Espinoza, Oxel Uribe-Etxebarria Lete

Lectora: Dra. Mária Dornbach

ISBN: 978-615-5423-30-7 (PoD); 978-615-5423-31-4 (ePUB); 978-615-5423-32-1 (mobi)

Published by the Department of Hispanic Studies in collaboration with the Inter-American Research Center at the University of Szeged, Hungary

Cover image by Paul Jarvis
Book design by Zoltán Dragon

This ebook is released under the Creative Commons 3.0 – Attribution – NonCommercial – NoDerivs 3.0 (CC BY-NC-ND 3.0) licence. For more information, visit: http://creativecommons.org/licenses/by-nc-nd/3.0/deed.hu

TRANSICIONES
DE LA DICTADURA A LA DEMOCRACIA

Redacción:

Tibor Berta
Zsuzsanna Csikós
Katalin Jancsó
Eszter Katona
András Lénárt
Veronika Praefort

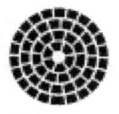

Szeged, 2016

ÍNDICE

Zsuzsanna Csikós: PALABRAS DE BIENVENIDA 1

SESIONES PLENARIAS 3

Encarnación Lemus López: LA TRANSICIÓN A LA DEMOCRACIA EN ESPAÑA. MIRADAS DESDE LA CRISIS ACTUAL 4

José María Caparrós Lera: EL CINE ESPAÑOL EN LA TRANSICIÓN A LA DEMOCRACIA (1975-1982) 21

Marcel Nagy: LA REVOLUCIÓN MANSA. UN PASTOR PROTESTANTE EN LA DICTADURA URUGUAYA 35

HISTORIA 54

Fabiola Arellano Cruz: EL ROL E IMPACTO DE LA COMISIÓN DE LA VERDAD Y RECONCILIACIÓN EN LA AGENDA TRANSICIONAL PERUANA 55

Jaime Cosgaya García, Carlos González Martínez, Jorge Lafuente del Cano: LA POSICIÓN INTERNACIONAL DE LA NUEVA ESPAÑA DEMOCRÁTICA 67

Darío Díez Miguel: ADOLFO SUÁREZ Y EL FINAL DE LA "GUERRA FRÍA": LA POLÍTICA EXTERIOR ESPAÑOLA DESDE EL PUNTO DE VISTA DEL CENTRO DEMOCRÁTICO Y SOCIAL 80

Carolina Garay Doig: DE QUE VAN LOS INTELECTUALES EN TIEMPOS DE VIOLENCIA 91

José Girón Garrote: LA TRANSICIÓN ESPAÑOLA CON LA PERSPECTIVA DE CUARENTA AÑOS 102

Anna Isabella Grimaldi: PARA UNA COMISIÓN VIVIENTE: OBSERVACIONES DE LA COMISION NACIONAL DE LA VERDAD EN BRASIL 121

Manuel José de Lara Ródenas: TRANSICIONES Y CONTINUIDADES ENTRE EL ANTIGUO Y EL NUEVO RÉGIMEN: UNA REFLEXIÓN 129

DE LA DICTADURA A LA DEMOCRACIA

Domingo Lilón: LA TRANSICIÓN DOMINICANA: ORÍGENES Y DESARROLLO 138

Marianna Katalin Racs – Ágnes Judit Szilágyi: PORTUGAL EN ETAPA TEMPRANA DE LA CONSOLIDACIÓN DEMOCRÁTICA IDEAS DE NATÁLIA CORREIA Y ANTÓNIO DE SPÍNOLA, ABRIL-SEPTIEMBRE 1974 153

Eduardo Andrés Vizer: REPRESENTACIONES SOCIALES DE LA DICTADURA, LA DEMOCRACIA Y LA MEMORIA. EL CASO ARGENTINO. 165

Anita Zalai: MEMORIA OLVIDADA. MUJERES REPUBLICANAS Y LA TRANSICIÓN DEMOCRÁTICA 178

LITERATURA 188

Carlos Burgos Jara: LA MEMORIA COMO INDUSTRIA: UNA DISCUSIÓN A PARTIR DE *EL IMPOSTOR* DE JAVIER CERCAS 189

Ana Belén Cánovas Vidal: DE LA DICTADURA A LA DEMOCRACIA A TRAVÉS DE LA POESÍA: EL TESTIMONIO DE ANÍBAL NÚÑEZ (1944-1987) Y DE JAVIER EGEA (1952-1999) 199

Ágnes Cselik: LA HUELLA DE LA DICTADURA Y DE LA REPRESIÓN EN LA LITERATURA *RESPIRACIÓN ARTIFICIAL* DE RICARDO PIGLIA 210

Vesna Dickov: LA RELACIÓN DE MARIO VARGAS LLOSA CON LA REALIDAD: SU REFLEJO EN LAS REVISTAS LITERARIAS SERBIAS 221

Alba Diz Villanueva: BUCAREST, DE LA DICTADURA A LA LIBERACIÓN: UNA APROXIMACIÓN A TRAVÉS DE LAS OBRAS DE MIRCEA CĂRTĂRESCU 232

Zsuzsanna Dobák-Szalai: TRANSICIONES UTÓPICAS – LA FORMACIÓN DE UNA SOCIEDAD DEMOCRÁTICA EN LA OBRA DE JULIO CORTÁZAR 243

Marija Uršula Geršak: EL ARTE DE DENUNCIA EN LA POSTDICTADURA LATINOAMERICANA, LUISA VALENZUELA Y REGINA JOSÉ GALINDO 253

Katarzyna Kacprzak: RITOS DE PASO EN EL TEATRO VANGUARDISTA/ALTERNATIVO ESPAÑOL Y POLACO DE LAS TRANSICIONES DEMOCRÁTICAS 266

Bojana Kovačević Petrović: LOS REFLEJOS DE LA DICTADURA EN LA OBRA LITERARIA DE ZOÉ VALDÉS 280

TRANSICIONES

Simon Kroll: MEMORIA Y SECRETO EN *EL DUEÑO DEL SECRETO* DE MUÑOZ MOLINA.. 292

Joanna Mańkowska: EL ETERNO RETORNO DE DON JUAN: FIGURACIONES DEL MITO DEL ETERNO RETORNO EN EL TEATRO ESPAÑOL DE LA DICTADURA Y DE LA DEMOCRACIA (*REPRESENTACIÓN DEL TENORIO A CARGO DEL CARRO DE LAS MERETRICES AMBULANTES* DE LUIS RIAZA, Y *DON JUAN ÚLTIMO* DE VICENTE MOLINA FOIX)....... 303

Enikő Mészáros: VERDAD Y RECONCILIACIÓN EN LA LITERATURA CHILENA (ROBERTO BOLAÑO) 314

Krisztina Nemes: LA LARGA TRANSICIÓN DEL LIBRO EN CATALÁN 324

Flavio Pereira: ENTRE LAS EXIGENCIAS ESTÉTICAS Y LOS DICTÁMENES DEL MERCADO: LA RECUPERACIÓN DE LA MEMORIA HISTÓRICA DEL PASADO RECIENTE DE ESPAÑA EN TRES NOVELAS DEL SIGLO XXI 336

Mariángeles Rodríguez Alonso: EL PARADÓJICO SILENCIO DEL TEATRO EN LA TRANSICIÓN POLÍTICA..347

Alejandro Rodríguez Díaz del Real: EL CELEBRADO REGRESO DE MARÍA ZAMBRANO A NINGUNA PARTE 358

Alba Saura Clares: LOS NIÑOS PERDIDOS Y ROBADOS: REPRESENTACIONES ESCÉNICAS DE UN TRAUMA COLECTIVO 368

Éva Serfőző: *TODO LO QUE ERA SÓLIDO* DE ANTONIO MUÑOZ MOLINA REFLEXIONES SOBRE LAS TRANSICIONES DEMOCRÁTICAS EN ESPAÑA Y HUNGRÍA 380

CINE 387

Juan Manuel Alonso Gutiérrez: *¡ARRIBA HAZAÑA!* LA TRANSICIÓN ESPAÑOLA CONTRA LA ENSEÑANZA FRANQUISTA 388

Carmen Burcea: UN REFLEJO CINEMATOGRÁFICO ESPAÑOL SOBRE LA TRANSICIÓN RUMANA. CARLOS IGLESIAS: "1 EURO, 3.6 LEI" 398

Andrea Cagua M.: VACÍOS Y SOMBRAS: EL OLVIDO DE *LA VIOLENCIA* ALREDEDOR DE LA LITERATURA Y EL CINE DURANTE EL *FRENTE NACIONAL (1958-1974)* EN COLOMBIA 408

Valerio Carando: LA TRANSICIÓN EN DIRECTO (Y EN CLAVE

UNDERGROUND): *SHIRLEY TEMPLE STORY* COMO TESTIMONIO POLÍTICO, SOCIAL Y CULTURAL.. 420

Erzsébet Dobos: LA ESPAÑA DE LA TRANSICIÓN EN EL CINE.................. 430

Iris Pascual Gutiérrez: UNA TRANSICIÓN PARALIZADA. "APERTURA DEMOCRÁTICA" Y CINE EN MÉXICO, 1970-1976... 438

András Lénárt: TERROR AL DESNUDO: EL CINE DE EXPLOTACIÓN EN EL CONTEXTO DE LA TRANSICIÓN ESPAÑOLA.. 450

Ludovico Longhi: EL ATENTADO A CARRERO BLANCO: LA TRANSICIÓN ESPAÑOLA VISTA DESDE ITALIA (*OGRO*, PONTECORVO, 1979)............... 462

Enric Ruiz Gil: LA LEGALIZACIÓN DEL PCE EN EL CINE DE LA TRANSICIÓN ESPAÑOLA.. 475

Farncesc Sánchez Barba: POLICÍAS Y DETECTIVES EN LA PRIMERA TRANSICIÓN ESPAÑOLA.. 490

Josefina Sánchez-Moneny: EL DESENCANTO ¿UNA METÁFORA DE LA TRANSICIÓN?... 505

María Elena Soliño: ÁNGEL SANZ BRIZ, EL ÁNGEL DE BUDAPEST: UN HÉROE INTERNACIONAL PARA UNA NACIÓN ESPAÑOLA SIN HÉROES 518

PRENSA Y TELE 530

Mioara Adelina Angheluţă: "PUEDO PROMETER Y PROMETO": ¿LA GARANTÍA DE UN COMPROMISO O UN MERO ACTO DE HABLA COMPROMISORIO?... 531

Jaime Cosgaya García, Carlos González Martínez, Jorge Lafuente del Cano: LA "EMBAJADA" DE ANTONIO FONTÁN ANTE EL *INTERNATIONAL PRESS INSTITUTE (IPI)*..543

Mircea-Doru Branza: UN PARANGÓN IMPOSIBLE: LA RETÓRICA DE LA PRIMERA FASE DE LA TRANSICIÓN EN ESPAÑA Y RUMANÍA....................552

Mónika Contreras Saiz: TELENOVELAS Y MEMORIA HISTÓRICA: REPRESENTACIONES Y PERCEPCIONES DE LA HISTORIA RECIENTE EN CHILE Y COLOMBIA...573

Katlin Jancsó: EL GOBIERNO MILITAR PERUANO Y EL REGRESO A LA DEMOCRACIA EN *LA VANGUARDIA ESPAÑOLA*..587

TRANSICIONES

Virginia Martín Jiménez: TRANSICIÓN Y TERRORISMO: LA IMAGEN DEL TERROR EN TELEVISIÓN ESPAÑOLA (1976-1979).. 603

Mónika Szente-Varga: IMAGEN DE LA TRANSICIÓN POLÍTICA EN HUNGRÍA EN EL DIARIO CATALÁN *AVUI*, 1988-1990 636

Naftalí Paula Veloz: UN NUEVO REY: LA DEMOCRACIA Y EL PAPEL DE LA PRENSA EN LA EXPANSIÓN DE LA MONARQUÍA.. 648

PALABRAS DE BIENVENIDA

ZSUZSANNA CSIKÓS
Universidad de Szeged

Saludo con respeto y afecto a todos Ustedes en el acto inaugural del Congreso *Transiciones: de la dictadura a la democracia* organizado por el Departamento de Estudios Hispánicos de la Universidad de Szeged.

Nuestro Departamento, fundado en 1993, pero con antecedentes mucho más remotos, tiene ya una larga tradición en lo que respecta a organizar congresos científicos, tanto de carácter histórico como interdisciplinario, sobre temas latinoamericanos y españoles. El Grupo de Investigación de Historia de América Latina formado en 1982 que sentó la base del departamento actual en 1987 ya acogió el VIII Congreso de AHILA (Asociación de Historiadores Latinoamericanistas Europeos) con la participación de más de 200 expertos reconocidos de 32 países diferentes. El tema central del Congreso fue *Iglesia, religión y sociedad en la historia latinoamericana (1492-1945)*. Fue la primera vez que esta prestigiosa asociación científica celebraba su congreso en un país del bloque soviético.

En los años 1990 el Departamento de Estudios Hispánicos organizó seminarios científicos sobre José C. Mariátegui, sobre José Martí, y en 1999 sobre *La Celestina y su época*, para conmemorar el V. centenario de la publicación del libro atribuido a Fernando de Rojas. En los años de 2000 celebró congresos como *Hungría y el mundo hispano, Gitanos en el mundo hispano, Judíos en el mundo ibérico, La repercusión de la revolución húngara de 1956 en el mundo hispano*. En 2010 tuvo lugar el Coloquio Internacional con el título *El balance de la Independencia latinoamericana* (1810-2010) para conmemorar el bicentenario de los movimientos de independencia de los estados latinoamericanos. En 2011 se reunieron en Szeged 18 miembros de la Red Regional de Centros hispanistas de Europa Central para un coloquio científico con el tema *Tiempo y espacio Europa-América*. En 2013 con el motivo de conmerorar el vigésimo aniversario de la fundación del departamento se celebraron dos conferencias, una con el título *Mujeres en la historia del mundo hispano* y la otra sobre los retos de la enseñanza del español. Desde 2009, cada dos años, Szeged acoge las jornadas científico-culturales húngaro-catalanas. En noviembre del año pasado tuvo lugar la sexta jornada que conmemoró los eventos históricos barceloneses de 1714.

Tampoco es la primera ocasión en que un acto con el mismo nombre – *Transiciones*– está enlazado a la actividad de nuestro departamento. En 1997 se publicaron dos libros, uno en húngaro y otro en español con el título *Estudios sobre transiciones democráticas en América Latina*. Este día podemos saludar aquí entre nosotros a los dos editores de estos libros, al profesor Ádám Anderle, fundador de nuestro departamento, profesor emérito, y al profesor José Girón Garrote, catedrático de la Universidad de Oviedo. Entre los autores de los ensayos del volumen -14 en total- podemos encontrar a Marcel Nagy, nuestro ex-alumno, doctorando y posteriormente profesor, que será uno de los ponentes plenarios del congreso actual. Permítanme citar el primer párrafo del prólogo del libro: ,,En los últimos diez años el análisis de las transiciones de las dictaduras a las democracias, de los sistemas autoritarios al ejercicio democrático del poder político se ha covertido en un tema central de la ciencia política. En menos de dos décadas, entre 1974 y 1990, treinta países de Europa, América Latina y Asia se han incorporado al sistema democrático dando lugar a una importante transformación del mundo."

Hoy, 18 años después, en este congreso hablaremos de nuevo sobre transiciones e intentaremos hacerlo de tal manera que se establezca un diálogo entre historiadores, literatos, lingüistas, expertos en cine, en prensa y en medios de comunicación, un diálogo sobre las experiencias centroeuropeas y las del mundo hispano sobre esta herencia. Intercambiar ideas, acercarse al tema desde varias perspectivas, según nuestras esperanzas, podría aportar mucho para comprender mejor los retos de las sociedades de nuestro tiempo y las imperfecciones de las democracias actuales, que proceden muchas veces de los problemas no resueltos en períodos de transición.

Esperamos también que este congreso haga posible establecer nuevas colaboraciones con los colegas participantes en temas relacionados con la historia, cultura, literatura y lingüística del mundo hispánico, o en el ámbito de nuestro proyecto reciente sobre las investigaciones vinculadas con los estudios interamericanos en un futuro no tan lejano.

Les deseo un trabajo eficaz en el congreso y una estancia agradable en Szeged.

SESIONES PLENARIAS

LA TRANSICIÓN A LA DEMOCRACIA EN ESPAÑA. MIRADAS DESDE LA CRISIS ACTUAL

ENCARNACIÓN LEMUS LÓPEZ
Universidad de Huelva

Resumen: El proceso español de transición ha pasado a la Historia como un éxito. En el interior sirvió durante décadas para refundar la identidad nacional española en base al llamado "espíritu de la transición"; de cara al exterior, recibió una unánime valoración positiva internacional y ese modelo del consenso y la transacción se tomó como inspiración en los procesos de democratización del último tercio del siglo XX tanto en América Latina, como en Europa Centro-Oriental. Sin embargo, el relato sobre la Transición ha sido muy contradictorio, moviéndose desde el elogio indiscriminado a la transición modélica a la crítica furibunda de la falsa transición. El texto repasa las distintas narrativas y cómo se han ido construyendo.
Palabras clave: transición, consenso, memoria histórica, corrupción, consolidación democrática

Abstract: The Spanish Transition process has been considered a great success in the official historical records. On the one hand, it was useful to reformulate Spanish national identity based on the so-called "spirit of Transition"; on the other hand, it received a general international acclaim. So the model of consensus and compromise inspired some other transition processes in Latin America and Central-Eastern Europe in the later part of the twentieth century. However, the story of the Transition continues to be really controversial, oscillating between an extraordinary praise as a model of transition and an enraged criticism that regards it as a failure. This paper intends to review about the diverse narratives and how they have been constructed.
Keywords: transition, consensus, historical memory, corruption, democratic consolidation

1. Las narrativas sobre la Transición

Estamos en 2015, una fecha de esas redondas, que avivan el recuerdo de los acontecimientos históricos que cumplen efeméride. Hace ahora cuarenta años que despareció el general Franco y se inició el cambio político hacia la democracia en España. Esto es lo que nos motiva a volver la mirada al pasado y ser conscientes de que el fenómeno de la transición española no ha perdido actualidad; sin duda, por el peso de las negociaciones en el proceso y, sin duda también, por el interés despertado en otras transiciones posteriores.

El objetivo de este texto no consiste, sin embargo, en analizar los porqués de esos intereses sino, más bien, en destacar las abundantísimas, plurales y controvertidas narrativas que se han construido para explicar la transición a lo largo de estas décadas y tratar de exponer por qué ha sido así. Este objetivo, no obstante, tampoco es novedoso, la diversidad y la contradicción de las versiones es tal que han transcendido el plano de la investigación para convertirse en debate social y eso también ha llamado el interés de los investigadores y el mío, entre otros, con anterioridad.[1]

2. Guerra Civil, Transición y miedo

En múltiples ocasiones cuando he presentado en mis clases la asignatura de España Actual o bien cuando he comenzado una ponencia sobre la Transición, he expresado que una hipotética Historia Universal del siglo XX solo incluiría posiblemente dos menciones a España: una relativa a la Guerra Civil, la otra sobre la Transición a la democracia. En esas ocasiones me refería al carácter negativo del primer fenómeno y al sentido positivo de la segunda mención y lo explicaba como dos realidades contrarias: el intento fallido de instaurar un régimen democrático en los años treinta y el exitoso cambio de los setenta.

En esta oportunidad, al replantearme el significado de la transición para preparar estas reflexiones, las dos secuencias históricas no me han parecido antitéticas sino indisolublemente unidas, unidas por un miedo al pasado que mantenía una vigencia total y sin el que no sería posible entender esa inclinación hacia el consenso que se ha denominado el "espíritu de la transición". Se trataba de un miedo con múltiples raíces: un miedo al búnker, al radicalismo revolucionario, al terrorismo, al enfrentamiento entre ideologías y, en particular, un miedo a nosotros mismos, los españoles,

---

[1] La controversia es tan llamativa que hay una serie de artículos que va encadenando una revisión del tratamiento recibido, véase: Alvárez Tardío, (2004); Nicolás Marín, (2010); Juliá, (2010); Soto Carmona, (2012); Lemus López, (2013); Pasamar, (2015).

porque siempre se nos había repetido que éramos un pueblo indisciplinado, incapacitado para la convivencia.

En la referencia al espíritu de la transición nos hallamos ante una expresión que tuvo inicialmente un sentido casi publicitario con aire mitificador; después cobró un tinte peyorativo y recientemente ha resucitado, ante la actual crisis del modelo autonómico por la iniciativa separatista catalana, adquiriendo un matiz nostálgico, algo así como un sentimiento de ¡Qué buenos tiempos aquellos cuando nos entendíamos! ¿Qué significa ese "espíritu de la transición"? Implicaría la actitud para entenderse para un acuerdo de mínimos, el que españoles de distinta procedencia ideológica, con distinta visión de pasado, con distintas procedencias sociales y proyectos de futuro se pusieran de acuerdo en hacer viable un cambio político que garantizara derechos y libertades en lo público y en lo privado.

3. Las diversas valoraciones de la Transición

Esta disponibilidad para el entendimiento, para el consenso, para la transacción ha sido valorada de distinta forma según la narrativa. Una narrativa múltiple por su naturaleza, según provenga de la politología, la prensa, la historiografía, la literatura o el cine, porque desde todos estos saberes se ha contemplado extensamente la Transición. Por otra parte, más allá de la procedencia del relato, la percepción de la transición ha sido igualmente contradictoria al valorar su alcance y sentido, mitificadora y autocomplaciente o desmitificadora y crítica. Y, también, diversa en el tiempo, con una visión distinta en los noventa del pasado siglo y en el primer decenio del actual.

Por encima de todo ello, la transición ha constituido un fenómeno que ha despertado siempre un gran interés dentro y fuera de España y que está más viva que nunca en el ámbito de la investigación y la reflexión.

3.1. La narrativa del "desencanto": "Contra Franco vivíamos mejor"

Las primeras reflexiones sobre la Transición, nacidas a principios de los años ochenta, estuvieron marcadas por el "desencanto", esa desilusión colectiva que embargó a la sociedad española envuelta por los problemas de la crisis económica, del desempleo, del terrorismo y donde los cambios políticos no parecieron suficiente recompensa. Para elegir una frase que compendiara todo, podríamos pensar en la de "Contra Franco vivíamos mejor" de Manuel Vázquez Montalbán[2].

Tras la imperecedera expresividad que mantiene intacta esta expresión, recurro a dos excelentes ejemplos de dos pensadores elegantes cuyas reflexiones marcaron el camino de la izquierda y subrayaron el sentido de renuncia que implicó la Transición para las demandas de ruptura[3]. Por un lado, José Luis López Aranguren publicó en el verano de 1978 "El precio de la vía a la democracia" como denuncia del continuismo de la oligarquía franquista: "Pero en este mundo […] todas las cosas tienen su precio y, naturalmente, el «milagro Suárez» también. Ese precio es justo que lo paguemos todos los que, cuando menos por omisión, por pasivo conformismo, aceptamos la reforma continuista y renunciamos a la ruptura. Los titulares del nuevo régimen fueron, casi sin excepción, colaboradores activos del franquismo, y los relevados de los puestos de Gobierno conservan, sin ninguna excepción -a ese precio abdicaron, claro-, sus viejas prebendas, con frecuencia dobladas de otras nuevas, y, por supuesto, la posición socioeconómica a la que lograron encaramarse" (López Aranguren, 1978).

En la misma línea, a caballo entre su experiencia como sociólogo, su larga trayectoria opositora y su pertenencia a la Junta Democrática, José Vidal-Beneyto publicó una colección de artículos que posteriormente quedó editada como libro en 1981 con el título, *Diario de una ocasión perdida*. En él encontramos esta furibunda crítica a las cesiones de la izquierda en pro del consenso, en el "Apólogo del demócrata de toda la vida". "Y se cancela la memoria histórica de la izquierda, se licencia al pueblo, se sepulta el pasado político, individual y colectivo, de los españoles, se convierte a los militantes en funcionarios, se decreta el consenso, se desmoviliza el movimiento de masas, se pone la política en manos de sus profesionales, se agrega el paro ciudadano al paro laboral y se cubre el secuestro de la voluntad colectiva con la retórica del irenismo" (Vidal Beneyto, 1980).

Las denuncias posteriores apenas han podido desautorizar algo que no estuviera ya presente en estas páginas del desencanto.

---

[2] La frase ha pasado a la memoria oral de la transición empleada así, en afirmativo, pero en una entrevista concedida por su autor años después explicaba la contextualización de la frase: "Escribí esa frase hace tiempo con un interrogante porque temía que era el criterio de cierta izquierda conservadora. Y la respuesta era que no. Creo que parte de los males de la izquierda es que no superó esa situación de vivir contra el franquismo (…). Pero no, contra Franco no vivíamos mejor. Al menos yo". Asequible en:
http://www.tiempodehoy.com/opinion/agustin-valladolid/contra-franco-no-viviamos-mejor (08-12-2015).

[3] En relación con el tema puede consultarse la amena reflexión de Gonzalo Pasamar (2015).

3.2. "Transition Made in Spain"

Si bien la visión crítica nunca desaparece del todo y, de hecho, en los noventa apareció una obra fundamental, *El precio de la Transición* de Gregorio Morán (1992), a mediados los años ochenta, el tono de denuncia va remitiendo a medida que se remonta la crisis. Son los años álgidos de los gobiernos socialistas, de la inclusión en Europa, sucede la caída del Muro y el avance de las democratizaciones por América Latina y Europa del Este. Dentro y fuera cobra impulso un nuevo relato, el de la transición modélica, una visión autocomplaciente y edulcorada que repite afirmaciones como la inteligencia práctica de las élites, el rey como principal artífice de la transición, la sabiduría y prudencia política del pueblo español y circulan expresiones como Ruptura Pactada o el Rey, piloto del cambio (Powell, 1991), tanto en los escritos como en los documentos audiovisuales que entonces alcanzaron su apogeo. Sin duda el título que mejor representa este tono es la Transición de Victoria Prego, una colección de 13 documentales, una serie en fascículos y finalmente un libro (1996).

Además, también por entonces llegaría la época dorada de los estudios regionales, la transición coincidía con la institucionalización de las diferentes autonomías y como ejemplo de este fenómeno, cito en el caso de Andalucía, *Crónica de un sueño*, una visión nostálgica escrita por políticos y periodistas que vivieron la etapa (VV.AA., 2005).

En otro orden, transcendiendo el plano de la información científica, la épica de la transición alcanza un nuevo formato, el de programa televisivo, distribuyéndose la visión más edulcorada con la serie televisiva *Cuéntame cómo pasó*, que comenzó en 2001 y se sigue emitiendo en 2015 por la televisión pública. La serie se ha convertido en el mejor exponente del uso público de la historia y la construcción de determinadas memorias colectivas; en este caso una narrativa desdramatizada del tardofranquismo y una visión positiva y onírica de la transición. Este tipo de versiones pueden llegar a millones de hogares españoles en horario de máxima audiencia, de modo que ningún otro mensaje puede competir con su impactante comunicación. El éxito de la serie ha merecido muchos estudios y en ocasiones la comparación con el icono norteamericano *The Wonder Years* (Rueda Laffond – Guerra Gómez)[4].

En un artículo mío, "Made in Spain", traté cómo este producto, una transición modélica, reformista, transaccional, monolíticamente positiva, en suma, "a la española" apareció como la base del sólido pacto fundacional de una España que adquiría nueva identidad, democrática, moderna, rica y europea, que celebraba una gran ceremonia de presentación ante el mundo en 1992 con la Exposición Universal de Sevilla y las Olimpiadas de

---

[4] Además, el uso de la memoria en televisión a raíz de esta serie se estudia en POUSA, Laura (2015), *La Memoria televisada: "Cuéntame cómo pasó"*, Barcelona, Comunicación Social.

Barcelona. En esa década de los noventa, la transición funcionó como una inmejorable divisa para la valoración internacional de España, que por fin superaba el viejo eslogan franquista *Spain is different* y la vía del consenso, que ya todos entendían como un nuevo modelo de cambio desde la dictadura a la democracia, estuvo llamada a inspirar las democratizaciones de la Tercera Ola y casi diríamos que ocupó el primer lugar en el *ranking* de las exportaciones españolas (Lemus López, 2004:145-172), algo que el Instituto Elcano formalizó al institucionalizar la "Marca España"[5].

A mi manera de ver, tanto elogio no correspondía a la veracidad y ocultaba mucha interpretación interesada en aquella España del rápido enriquecimiento. Por otra parte, esa tendencia a construir un paradigma a partir del cambio en España parte más de los politólogos de escuelas norteamericanas en un afán estructuralista de fijar similitudes y analogías que permitan fijar pautas y racionalicen los procesos de cambio y transformación. Creo ver un precedente de este afán en las palabras del presidente norteamericano Jimmy Carter en viaje por la Europa mediterránea (Italia, Yugoslavia, España y Portugal) a finales de junio de 1980, porque ya entonces promovieron la general aceptación del modelo español. "El crecimiento de la democracia española ha sido una tónica para todo el mundo occidental [...] España refuta la falsa argumentación de que la marcha de la historia es invariablemente hacia el autoritarismo, así España es una fuente de esperanza y de *inspiración* para los demócratas de todo el mundo [...] un puente entre el Tercer Mundo y el Oeste [que proporciona] un *modelo* a seguir" (Walsh, 1980).[6]

Estas palabras me sirven para introducir un nuevo componente en este análisis, la intervención internacional en esta construcción de la transición modélica.

3.3. La narrativa de la prensa internacional

La larga agonía del general Franco y, por tanto, el anunciado proceso de transición en España atrajeron fuertemente la atención de los medios internacionales, como explica Jaume Guillamet. *The Times* y *Le Monde* destinan entre 1975 y 1978 más de mil entradas a la transición en España, *Corriere della Sera*, *The New York Times* y *La Repubblica* más de seiscientas entradas (Guillamet, 2014:111-136).

---

[5] Así se denomina en el Instituto Elcano el Observatorio de la Imagen de España, que mide el nivel de aceptación en el mundo.

[6] "The growth of Spanish democracy has been a tonic for the entire Western world [...] Spain refutes the false contention that the sweep of history is invariably toward authoritarianism, so Spain is a source of hope and inspiration to democrats everywhere [...] a bridge between the Third World and the West [...] a model to follow in shaping their own societies" (El subrayado es mío).

Las primeras crónicas dudaban de la posibilidad de que hubiera un cambio político pacífico, recordaban el pasado de enfrentamiento, apostaban por el franquismo sin Franco y recordaban que la única razón para la legalidad –que no legitimidad de Juan Carlos- era la voluntad de Franco, "rey por la gracia de Franco"[7].

La mirada crítica se transforma en admiración a partir del viaje oficial de los Reyes a EEUU, junio de 1976, y de la aprobación de la Ley para la Reforma Política, a finales del año. Comenzaba pues una nueva narrativa que explica la opinión anteriormente expuesta del presidente Carter, una versión hagiográfica, que habría de coger más vuelo a raíz de múltiples estudios politológicos en los años 90, que extrapolaban de la vía española un modelo, la vía pacífica, negociada, en el que hallar inspiración para democratizaciones más complejas tanto en la América Latina como en la llamada Europa del Este; ahí están los estudios ya clásicos de Huntington y su Tercera Ola, Schmitter y O'Donnell, Whitehead, Przeworski y tantos otros.

La difusión de una transición exitosa y modélica ha sido siempre inseparable del intento de proyectar una determinada imagen exterior de España, así que la interpretación reapareció nuevamente ante lo que se creyó una nueva ola de democratizaciones a raíz del reciente fenómeno de la llamada "Primavera Árabe" y el mismo presidente Rajoy llegó a ofrecer la experiencia española a los nuevos gobiernos que surgieron tras esa fase de movilizaciones populares.

3.4. La Transición fallida

A finales de los 90 va cambiando la tónica de la interpretación; al cobrar impulso el llamado fenómeno de "Recuperación de la Memoria Histórica", se afianza una visión desmitificadora, la transición fallida, que pone el acento en el silencio sobre el pasado, la renuncia a una Justicia transicional, la pervivencia de las oligarquías franquistas, la corrupción política y la desmovilización social.

Esta percepción, que se extiende socialmente a medida que la crisis actual ha castigado a la sociedad española, tuvo un punto de arranque en los valiosos trabajos de la investigadora Paloma Aguilar, que contrarrestó la interpretación acrítica antes expuesta, con una indagación sobre la inadecuada gestión de la memoria de la Guerra y la Dictadura[8]. La ley de

---

[7] "Nous apprenions à lutter, maintenant nous apprenons à gagner» [...] Juan Carlos est roi d'Espagne *par la grâce de Franco...*" *Unité,* 28 novembre 1975.
[8] *Memoria y olvido de la Guerra Civil española* de Aguilar Fernández (1996) es una obra fundamental para analizar el proceso de recuperación de memoria de la represión durante la guerra civil y la dictadura, porque la autora puso de relieve cómo tras un primer período en el que la investigación comenzó a evaluar el alcance de la violencia en la historia reciente

Amnistía de 15 de octubre de 1977, que fue una demanda de la izquierda en esta fase de la transición, porque se buscaba la liberación de los presos con responsabilidades políticas durante la dictadura, en su formulación también salvaguardó la actuación de los represores.

En el momento se vio el primer efecto, la amnistía de lo que se había considerado delito durante la dictadura, en la actualidad se ve la impunidad de los responsables. Si bien, ya en los años ochenta se aprobaron ciertas medidas de reparación material, básicamente pensiones para los represaliados, las decisiones fueron siempre fragmentarias, limitadas y, sobre todo, tardías. De hecho y como bien manifiesta la citada Paloma Aguilar, en España no ha habido una aplicación organizada de Justicia Reparadora: ninguna condena oficial de la dictadura, ni creación de comisiones de la verdad o la anulación de los juicios franquistas y ningún proceso judicial contra los responsables de violaciones de derechos humanos bajo la dictadura.

Considero que esto puede denominarse "Silencio", pero creo, no obstante, que nunca hubo desmemoria u olvido, porque, como he afirmado, si se extendieron el consenso y la negociación fue precisamente por la deliberada conciencia política de evitar caer en el enfrentamiento que hizo imposible la II República y el miedo social a lo ocurrido entre 1931 y 1975, es decir, la Dictadura y la Represión, cuya tragedia ha estado siempre presente en la sociedad.

Ahora bien, resulta indudable que en España no ha existido una política de Estado estructurada y acabada de Reparación y Justicia, aunque sí de Verdad y el alcance de la represión es hoy totalmente conocido en sus múltiples dimensiones -desapariciones, ejecuciones, exilio, encarcelamiento, campos de concentración y de trabajo. En definitiva, la violación sistemática de derechos que ha quedado impune. Constituye todo esto un proceso político-social distinto propiamente al de la Transición, pero indudablemente muy relacionado, la llamada "Recuperación de la Memoria Histórica", sobre la que han corrido ríos de tinta.

Sin ser este el tema de nuestro análisis, considero apropiado incluir en la reflexión dos menciones que ejemplifiquen la incoherencia de las medidas y decisiones entorno a la Memoria. A pesar de los silencios oficiales que practicaron por igual los sucesivos gobiernos conservadores y socialistas, el interés social por conocer y evaluar el alcance de la Represión y celebrar el duelo por las víctimas fue creciendo y, a principios del actual siglo, se transformó en uno de los principales temas de debate y preocupación de los

---

española, las políticas gubernamentales comenzaron a extender el no recuerdo, una especie de amnesia sobre el período exterior. La autora ha desarrollado una valiosa y documentada investigación sobre las políticas de memoria y estudios comparativos sobre la justicia transicional en España y en dictaduras del Cono Sur, Chile y Argentina, en particular véase: Aguilar Fernández (2008), *Políticas de la memoria y memorias de las políticas*.

españoles y, entonces sí, formó parte del programa político del Gobierno socialista de José Luis Rodríguez Zapatero, que legisló la conocida como Ley para la Memoria Histórica -Ley 52/2007, de 26 de diciembre, por la que se reconocen y amplían derechos y se establecen medidas en favor de quienes padecieron persecución o violencia durante la guerra civil y la dictadura-, que implicaba más de treinta años después un resarcimiento a las víctimas del franquismo. "Es la hora, así, de que la democracia española y las generaciones vivas que hoy disfrutan de ella honren y recuperen para siempre a todos los que directamente padecieron las injusticias y agravios producidos, por unos u otros motivos políticos o ideológicos o de creencias religiosas, en aquellos dolorosos períodos de nuestra historia. Desde luego, a quienes perdieron la vida. Con ellos, a sus familias. También a quienes perdieron su libertad, al padecer prisión, deportación, confiscación de sus bienes, trabajos forzosos o internamientos en campos de concentración dentro o fuera de nuestras fronteras. También, en fin, a quienes perdieron la patria al ser empujados a un largo, desgarrador y, en tantos casos, irreversible exilio. Y, por último, a quienes en distintos momentos lucharon por la defensa de los valores democráticos, como los integrantes del Cuerpo de Carabineros, los brigadistas internacionales los combatientes guerrilleros, cuya rehabilitación fue unánimemente solicitada por el Pleno del Congreso de los Diputados de 16 de mayo de 2001, o los miembros de la Unión Militar Democrática [...]".[9]

Pero la Ley para la Memoria no variaba el sentido de la aplicación de las leyes de amnistía y por tanto buscaba honrar a las víctimas, pero no juzgar a los verdugos.

Aun así, no me ha sorprendido tanto el retraso de la medida cuanto la división social que el proceso de reconocimiento seguía provocando décadas después. Mientras la España que se sentía agraviada se aprestaba al rescate de las víctimas (exhumaciones, censos de ejecuciones, investigación de los sumarios y expedientes) y la preparación de homenajes y memoriales amparados por las administraciones públicas gobernadas por socialistas, municipios y gobiernos autónomos controlados por los populares ponían trabas y criticaban el afán de "revivir problemas enterrados". Y este es el fondo de la cuestión: la repulsa al franquismo y sus violaciones de derecho nunca ha sido en España una política de Estado sino una cuestión de partidos y gobiernos, de tal manera que su aplicación ha resultado tardía, fragmentaria y contradictoria.

Si hay un espacio que represente esta contradicción, ahí está el Valle de los Caídos, que alberga en lugar preferente las tumbas del general Francisco Franco y de José Antonio Primo de Rivera, creador de la Falange y cada 20 de noviembre sigue siendo lugar de peregrinación y culto para sus

---

[9] Asequible en http://www.boe.es/boe/dias/2007/12/27/pdfs/A53410-53416.pdf

seguidores. La citada Ley para la Memoria se cuestionaba también sobre el futuro del monumento más emblemático de la Dictadura, así que se nombró una Comisión de Expertos para que elaborara un informe que ofreciera decisiones al respecto. A finales de noviembre 2011, esta Comisión presentó un informe que recomendaba el traslado de los restos del dictador y la realización de una labor de resignificación del lugar para que se rindiera homenaje a las víctimas de los dos bandos con la creación de un mural con el nombre de todos los caídos en la contienda o un "centro de interpretación" entre otras medidas[10]. Las inmediatas elecciones dieron el Gobierno a los populares que simplemente no hicieron nada, buscando que las cosas siguieran su curso de siempre, el de un vacío permisivo con el culto a Franco.

Junto con la polémica de la Memoria, otras acusaciones a la transición fallida tienen que ver con la idea de que el poder nunca cambió de manos y, por tanto, la pervivencia de la oligarquía franquista y la conexión con la corrupción política. Ambos temas dieron en 2008 mucha repercusión al libro de Ferrán Gallego, *El mito de la Transición*, que plantea que la historia de la transición española que se nos suele contar es un mito interesado, cuya finalidad es la de legitimar las deficiencias de nuestra democracia y señala las renuncias que una izquierda dividida cometió en una negociación que hizo posible que el bloque social del franquismo salvaguardase lo esencial de sus privilegios (Gallego, 2008), en línea con la denuncia antes expresada de Vidal-Beneyto.

Curiosamente, como ya advirtió Santos Juliá, la crítica más dura sobre la transición también provenía del exterior. Esta vez no de los periodistas y politólogos sino de una nueva generación de hispanistas seguidores de los *Cultural Studies* en universidades norteamericanas y francesas que reiteradamente hablan del olvido y del silencio e, incluso, de amputación del recuerdo de la guerra y la postguerra en la transición. Muchos de ellos centran sus referencias en el fenómeno de La Movida, en la novelística del período o en el cine, particularmente en el de Almodóvar y elevan a verdad incontestable las opiniones vertidas en obras de arte y, básicamente, de ficción. No es esa la opinión de Santos Juliá que recuerda los miles de artículos sobre Guerra Civil y Dictadura aparecidos en revistas como *Triunfo, Destino, Cuadernos para el diálogo, Cambio 16, El Viejo Topo* o *Interviú*, entre muchas otras, recordando que los años 1976/80 fueron la época dorada de las revistas de opinión y divulgación histórica (Juliá, 2010).

---

[10] http://www.memoriahistorica.gob.es/NR/rdonlyres/0F532FC5-FE23-4B8D-AA3A-06ED4BFAFC49/184261/InformeComisinExpertosValleCados.pdf

3.5. Ni modélica ni fallida

La forma de trabajar de los historiadores es diferente y no se trata tanto de construir un modelo como de analizar hechos, situaciones, actitudes, que componen un proceso. A medida que se han ido desclasificando fuentes primarias, se ha multiplicado la investigación desde todos los ángulos: análisis locales o autonómicos, estudios de personalidades, de partidos políticos o asociaciones sindicales, de momentos concretos y sucesos destacados.

Resulta ingenuo encerrar esta abundancia en unos ejemplos, pero no me resisto a citar algunos sacados de distintos ámbitos, que tienen en común una visión más compleja, ni modélica ni fracasada, como diría Álvaro Soto (1998), un historiador que ha devuelto protagonismo a la sociedad civil, en tanto que Josep Colomer redefine el concepto de negociación como la consecuencia de la debilidad de todos los sectores y, por tanto, las renuncias generales (Colomer, 1998). Por su parte, el antes citado Juliá destaca el camino incierto e inesperado de los acuerdos y decisiones, al hilo de coyunturas y dictados de situaciones nuevas e inesperadas, donde las actuaciones colectivas y singulares cobran valor.

Tal vez la serie bibliográfica que mejor refleje esta diversidad de puntos de vista sean los Congresos de Historia de la Transición organizados por la Asociación de Historiadores del Presente y Rafael Quirosa-Cheyrouze. Entre 2000 y 2015 varios centenares de análisis se han ido expresando en seis congresos y otros tantos volúmenes, dedicados a *La Transición en Andalucía*; *La Transición en España. Los inicios del proceso democratizador*; *Prensa y Democracia. Los medios de comunicación en la Transición*; *La sociedad española en la Transición. Los movimientos sociales en el proceso democratizador*; *Las Organizaciones Políticas* y *Las Instituciones*[11].

Por otra parte, la atención a la transición está en el origen de múltiples institutos de investigación universitarios, cito solamente dos: el Centro de Investigaciones Históricas de la Democracia Española (CIHDE)[12] con sede en la UNED y el Centro de Estudios sobre las Épocas Franquista y Democrática (CEFID)[13] de la Universidad Autónoma de Barcelona. La actividad de ambos centros renueva permanentemente el conocimiento sobre este período.

En definitiva, sobre la interpretación de la Transición se pueden alcanzar dos conclusiones. En primer lugar, que ha habido siempre dos interpretaciones: una demasiado crítica y la otra extremadamente favorable. En los últimos años, las opiniones críticas han cobrado mayor énfasis, colocando en el seno de la transición el origen de dos problemáticas

---

[11] http://www.historiadeltiempopresente.com/web/
[12] http://www.cihde.es/
[13] http://centresderecerca.uab.cat/cefid/es/content/resenya-historica

sustanciales de la España de hoy: el que no se haya producido un rechazo oficial generalizado de la dictadura y sus violaciones de derechos humanos, y la corrupción política; en segundo lugar, la constatación de que la transición produjo y sigue provocando un elevado interés en el exterior de España.

4. ¿Sobre qué se ha polemizado?

Más allá de las grandes críticas que hasta aquí se han venido exponiendo, el análisis de la transición está cruzado de otras múltiples cuestiones polémicas y en algunas de ellas conviene detenerse: ¿Fue un proceso de reforma o de ruptura? ¿Cuál fue el papel de las elites? ¿Y del rey? ¿Dónde se coloca el impulso determinante, en el exterior o en el interior?

4.1. Ruptura o Reforma

En primer lugar, sobre la naturaleza en sí del proceso, se acuñó un nuevo concepto que obviaba la antítesis entre Ruptura y Reforma, se le ha definido como una "Ruptura Pactada". La expresión supone un juego de palabras para enfatizar que el resultado final ha llegado a ser el mismo que en una Ruptura, la sustitución total del Régimen precedente, pero por la vía del pacto y no del conflicto.

En mi opinión, la transición por la vía de la legalidad vigente –de la ley a la ley- fue simplemente reformista y está de más jugar con las palabras. Es más, del reformismo se infiere, por tanto, que fue continuista. Es mucho lo que continúa y solo con el paso del tiempo y en especial con la sucesión de otra generación podía llegar la renovación. Perdura el ordenamiento económico, perdura la decisión franquista de instaurar la Monarquía en la persona de don Juan Carlos y nunca hubo un lugar para un replanteamiento de la forma del Estado. Prevalecen todas las instituciones que configuraban la Administración del Estado: Poder Judicial, Fuerzas de Seguridad del Estado; continúa, por ejemplo el Sistema Educativo.

Por tanto, solo con lo que llamo "la renovación orgánica", es decir la desaparición de este personal de la Administración por edad y su definitiva sustitución por otra generación nueva podría garantizar, en el mejor de los casos, una Administración del Estado no franquista. Consistió en un cambio que no derogaba gran cosa del orden civil anterior, sí el Movimiento Nacional articulado por la Falange muchos de cuyos miembros fueron incorporados a la Enseñanza Pública o a la Administración Municipal. Esta continuidad del Estado a través de su Administración hace radicalmente diferente la experiencia española de la del Centro y Este de Europa.

4.2. Se ha discutido el papel de las elites

Se ha afirmado con frecuencia que fue un proceso de negociación entre élites políticas que marginó el papel de la ciudadanía y promovió la desmovilización social. Como ejemplo de esta interpretación, que para algunos encerraba, además, la clave del éxito, acudo a una cita de Eugenio Bregolat: "España tuvo suerte con los líderes que produjo durante esos años. Se incluyen el rey, Adolfo Suárez, Fernández Miranda, Felipe González, el general Gutiérrez Mellado, Tarradellas, Carrillo, Fraga Iribarne, el cardenal Tarancón y tantos otros. Porque esos hombres [...] llegaron a un buen final. Fue especialmente decisivo que el rey estuviera a favor de la democracia y que actuara como motor" (1999).

En este tipo de interpretaciones el papel de la sociedad quedaba en segundo lugar. En mi opinión, líder y sociedad constituyen el todo social, no son componentes divisibles que admitan un radical aislamiento entre unos y otra; cada sociedad en cada momento histórico produce un liderazgo que la refleja y que va surgiendo en asociaciones vecinales, en clubs culturales, en agrupaciones locales de partidos o sindicatos clandestinos... forma parte de los recursos de una sociedad ante las dificultades que tiene que superar y mantienen su eficacia mientras guarda una equilibrada comunicación con la sociedad de la que ha emergido y entra en crisis cuando se produce un repliegue y el aislamiento con respecto a sus bases.

El liderazgo no consistió en un grupo cerrado, se estaba articulando una clase política, que efectivamente mantuvo a una parte de la oligarquía preexistente, pero que incorporaba a nuevas personalidades desde abajo, que habían surgido en los movimientos sociales de los años setenta, como se constata en las investigaciones de orden provincial y local.

El que considere que existió una continuidad entre liderazgo y sociedad que permite una respuesta política a las demandas cursadas desde la ciudadanía, no excluye que destaque que el proceso de cambio político estuvo siempre controlado desde arriba, en ningún momento los diferentes gobiernos perdieron el control de la situación, por ello no hubo ruptura y porque controlaron siempre la Administración, como anteriormente se ha indicado.

4.3. El Rey y su hoja de ruta

En relación con este protagonismo primordial de las élites, se señala el papel estelar del rey como motor del cambio, fomentándose una visión de un príncipe con un proyecto democratizador que aguardaba la desaparición del dictador para poner en movimiento un plan preconcebido de democratización. En suma, un monarca con voluntad y convicciones democráticas y la existencia de un proyecto sobre cómo verificar el cambio, una hoja de ruta.

Hace años expresé en un artículo, "De Sucesor a Rey", que la única voluntad de don Juan Carlos era la de salvaguardar la Corona en su persona y era consciente de que en 1975, desaparecidas ya las otras dos dictaduras mediterráneas, solo tenía un camino, el de iniciar una liberalización política (Lemus López, 2007). Pero una liberalización, es decir, un reformismo, no tiene forzosamente que generar una democratización.

Y efectivamente, comenzado el cambio, fueron las circunstancias, no la voluntad de una persona sino la de una generación —las presiones de la oposición, la protesta de la calle, las huelgas de los trabajadores, las sugerencias de las chancillerías internacionales, la presencia de la prensa internacional, según antes vimos- lo que fue conduciendo las decisiones hacia una Monarquía Parlamentaria y una Constitución inicialmente no previstas. Por la vía de la negociación, pero porque había demandas y se planteaban conflictos y el cambio fue adquiriendo una dinámica propia.

4.4 ¿Dónde está el impulso determinante en el interior o en el exterior?

Es decir, la Transición se explica por el contexto de Distensión en la Guerra Fría y el arranque de la Tercera Ola democratizadora o tiene un origen interno, el deseo de cambio de los españoles, la propia voluntad de los reformistas del régimen, el nivel organizativo de la oposición, la muerte de Franco, etc.

Hasta muy avanzada la década de los 90' los únicos estudios de la Transición se habían hecho desde su dimensión interior, contemplando la España de los 70' como si fuera un espacio aislado en el mundo. En *Hamelin, la transición más allá de las fronteras* (2000), planteé una doble dinámica exterior para la Transición: por un lado, su repercusión en procesos posteriores, básicamente en América Latina, y, por otro, cómo el cambio político en España también había sido impulsado desde el exterior.

En este último sentido, he hablado de la "Transición Ibérica", es decir, la idea de que el cambio político español no puede ser visto de forma separada al que acontece en Portugal, porque la sociedad internacional no lo vio así, ni los españoles del momento tampoco. Tras el golpe militar en Portugal sobreviene allí la caída de la Dictadura y la Revolución de los Claveles, un cambio con preeminencia del PCP, nacionalizaciones de tierras y empresas, un movimiento de vecinos para el control de los barrios… una ruptura, una revolución, la Revolución de los Claveles.

Así que EEUU y Alemania preferentemente -Francia en menor grado-, alentaron a los reformistas españoles para que aceleraran en España los cambios necesarios para evitar una desestabilización a la portuguesa (Lemus, 2012). Por tanto, los españoles actuaron bajo la doble influencia de su propio pasado, la guerra, y la experiencia inmediata del país vecino.

5. Transición frente a Consolidación Democrática

El fruto de una Transición controlada desde arriba, reformista solo podía ser una democracia limitada, una democracia de baja calidad. En realidad, el objetivo de la Transición consistía en hacer viable el tránsito de un sistema a otro, la transformación y puesta en funcionamiento del nuevo Régimen Democrático. Una situación de transición es por esencia temporal; no es un final, sino un principio, el movimiento hacia algo nuevo. Ese período de tránsito tuvo un fin y podemos darlo por terminado en 1978 con la aprobación de la Constitución o en 1982 con el fin de la implantación del sistema de Autonomías y la llegada del PSOE al gobierno, incluso en 1986, con la integración en la Comunidad Económica Europea. En ese final, se había logrado implantar una democracia nueva, con una base muy débil, pero una democracia. Con pervivencias del autoritarismo en cualquier aspecto de la vida política y social y un fuerte déficit de justicia y eso es lo que caracterizó a las llamadas "nuevas democracias" del último tercio del siglo XX. Más aún, terminar de desmontar la herencia franquista no era la tarea de la Transición, sino del período que la sucede, ya en la década de los ochenta, el de la "Consolidación Democrática".

En mi opinión, por tanto, las carencias objetivas de la democracia española se deben no a la Transición, que era un punto de arranque y no un punto de llegada, sino al inmovilismo que se extiende después, con la consolidación democrática. Es decir, en la segunda mitad de los años ochenta y la década de los noventa los españoles se integraron en Europa y llegó la desmovilización, parecía que el cambio democrático quedaba culminado y no hubo ningún interés por profundizar la calidad democrática en las instituciones.

El interés general se orientó hacia el enriquecimiento y el consumo y preocupó menos la falta de justicia histórica y otras lacras como la corrupción política y económica o el déficit de educación, fenómenos que están ahí, indiscutiblemente, que, incluso, son anteriores a la propia dictadura y hunden sus raíces en el siglo XIX. La corrupción no arranca de la transición, es mucho más estructural, lo cual es todavía peor.

6. Una mirada nostálgica

Hoy, ante la insurrección soberanista en Cataluña, se dirige nuevamente una mirada nostálgica hacia la Transición, una época de crisis económica y de inseguridad política en la que sobró imaginación y saber hacer para dar salidas políticas a los conflictos, que hubo muchos. Una época llena de esperanzas, en la que la mayoría optó por la convivencia en contra de radicalismos extremos.

Se trata, sin duda, de una transición imperfecta que trajo libertades sociales, mejoras en la distribución de la renta y la riqueza y el crecimiento del Estado social, el período más largo de convivencia y tolerancia que hasta el momento hemos conocido y la homologación con el resto de Europa.

BIBLIOGRAFÍA

AGUILAR FERNÁNDEZ, Paloma (1996), *Memoria y olvido de la Guerra Civil española*, Madrid, Alianza Editorial.

AGUILAR FERNÁNDEZ, Paloma (2008), *Políticas de la memoria y memorias de las política*, Madrid, Alianza Editorial.

ALVÁREZ TARDÍO, Manuel (2004), "De la Transición imperfecta a la transición modélica... y vuelta a empezar. Algunas consideraciones críticas", *Studia Histórica*, H.ª Cont., 22, 227-246.

BREGOLAT, Eugenio (1999), "Spain's transition to democracy", *SAIS Review*, 19, 2 (Summer/Fall) 149-155.

COLOMER, Josep M. (1998), *La Transición a la democracia. El modelo español*, Barcelona, Anagrama.

GALLEGO, Ferrán (2008), *El mito de la Transición. La crisis del franquismo y los orígenes de la democracia (1973-1977)*, Barcelona, Crítica.

GUERRA GÓMEZ, Amparo – RUEDA LAFFOND, José Carlos, "Televisión y Nostalgia. *The Wonder Years* y Cuéntame cómo pasó", asequible en: http://eprints.ucm.es/9806/1/Televisinostalgia.pdf., fecha de consulta: 5 de diciembre de 2015.

GUILLAMET, Jaume (2014), "La transición española en la prensa europea y norteamericana. Cuatro miradas: Francia, Italia, Reino Unido y EEUU" en GUILLAMET, Jaume y SALGADO, Francesc, (eds).: *El periodismo en las transiciones políticas*, Madrid, Biblioteca Nueva, 111-136.

JULIÁ, Santos (2010), "Cosas que de la transición se cuentan", *Ayer* 79, (3), 297-319.

LEMUS LÓPEZ, Encarnación (2013), "Transición. De la autocomplacencia a la crisis" en QUIROSA-CHEYROUZE, Rafael, *Los partidos en la Transición*, Madrid, Biblioteca Nueva, 25-36.

LEMUS LÓPEZ, Encarnación (2004), "Made in Spain. Il successo universale del modello della transizione democratica spagnola", *Ventunesimo Secolo*, n°6, Ottobre 2004, Roma, Luiss University Press, 145-172.

LEMUS LÓPEZ, Encarnación (2007), "Juan Carlos. De Sucesor a Rey", *Historia Contemporánea* 34, 175-199.

LEMUS, Encarnación (2012), "La Transición Ibérica", *Hispania* 72, 242, 635-638.

LÓPEZ ARANGUERN, José Luis (1978), "El precio de la vía a la democracia", *El País*, 30 julio 1978.

NICOLÁS MARÍN, Encarnación (2010), "'¡Franco ha muerto! ¿Y ahora qué?' La construcción de la democracia desde la memoria", *Ayer* 79, (3), 171-197.

MORÁN, Gregorio (1992), *El precio de la Transición*, Barcelona, Planeta.

PASAMAR, Gonzalo (2015), "¿Cómo nos han contado la Transición? Política, memoria e historiografía (1978-1996), *Ayer* 99, (3), 225-249.

POUSA, Laura (2015), *La Memoria televisada: "Cuéntame cómo pasó"*, Barcelona, Comunicación Social.

POWELL, Charles (1991), *El piloto del cambio. El Rey, la monarquía y la transición a la democracia*, Barcelona, Planeta.

PREGO, Victoria (1996), *Así se hizo la Transición*, Plaza&Janés.

SOTO CARMONA, Álvaro (2012), "Ni modélica, ni fracasada. La Transición a la democracia en España: 1975-1982", *Índice Histórico Español*, 125, 117-156.

SOTO CARMON, Álvaro (1998), *La Transición a la Democracia. España: 1975-1982*, Madrid, Alianza Editorial.

VIDAL BENEYTO, José (1980), "Apólogo del demócrata de toda la vida", *El País* 20 abril de 1980.

VV.AA. (2005), *Crónica de un Sueño, 1973-1983. Memoria de la Transición Democrática en Andalucía*, Sevilla, Centro de Estudios Andaluces.

WALSH, Edward (1980), "Carter urges Spain to join NATO and European Market", *The Washington Post*, June 26, 1980.

EL CINE ESPAÑOL EN LA TRANSICIÓN A LA DEMOCRACIA (1975-1982)

José María Caparrós Lera
Universidad de Barcelona

Resumen: Una panorámica histórica sobre el difícil camino del cine español de la dictadura franquista a la democracia. En esta conferencia se constatan los principales temas, películas y autores más representativos, señalando la incidencia de estos filmes en la consolidación del nuevo régimen. Finalmente, se presentan una serie de líneas comunes y se ofrecen conclusiones abiertas al debate entre los especialistas.
Palabras clave: cine español, democracia, dictadura, Franco, Transición

Abstract: A historical overview of the difficult path of Spanish cinema from Franco's dictatorship to democracy. In this lecture I highlight the main themes, movies and most representative authors, dwelling on the influence of these films on the consolidation of the new regime. Finally, I present a number of common features and I offer conclusions that are open to debate among specialists.
Keywords: Spanish cinema, democracy, dictatorship, Franco, Transition

El periodo de la España democrática, que hemos denominado Transición (1975-1982), se desarrolló en nuestro país apasionadamente. Sin embargo, en los últimos años, sería puesto en tela de juicio por el Gobierno socialista presidido por José Luis Rodríguez Zapatero (2004-2011) y por un sector de historiadores. La debatida Ley de la Memoria Histórica cuestionaría esta etapa, pues –como en otras dictaduras del siglo XX– se corrió un tupido velo sobre su origen: la Guerra Civil española, y la posterior represión del franquismo.

No obstante, desde hace bastante tiempo, grupos de investigación académicos están acometiendo una revisión distanciada de esta etapa; entre ellos el Departamento de Estudios Hispánicos de la Universidad de Szeged

(Hungría), que ha convocado este importante Congreso Internacional *"Transiciones". De la dictadura a la democracia*, que abarca no sólo España sino también la Europa Central.

Personalmente, he ido trabajando sobre este tema desde 1992, cuando publiqué una fuente coetánea, *El cine español de la democracia. De la muerte de Franco al "cambio" socialista (1975-1982)*, y he disertado en numerosos coloquios y jornadas sobre el cine de la Transición. De ahí que me haya animado ahora a visitar Hungría y participar en este evento con miembros de mi equipo de investigación en la Universidad de Barcelona.

Pero, ¿qué puedo decir aquí que no haya sido escrito o publicado anteriormente? Nótese, por la extensa biblio-hemerografía, que ya son numerosos los trabajos que han visto a luz desde entonces. Y cada día surgen nuevos especialistas: uno de los últimos, un profesor mexicano al que asesoré en España: Jaime Porras Ferreira, quien defendió en el año 2007 en la Universidad de Montreal (Canadá) su tesis doctoral en francés: *Art et changement politique: le cinéma dans la transition démocratique espagnole*.

Por tanto, ¿cómo evolucionó el cine español del fin de dictadura hasta la democracia? Francamente, es verdad que en España no hubo la demandada ruptura sino sólo una reforma política –promovida desde arriba, aunque con la presión de los partidos de izquierda–, que llevaron a cabo el primer presidente del Gobierno posfranquista, Adolfo Suárez –quien desmontó el Movimiento Nacional, de carácter fascista– y el propio rey de España, don Juan Carlos I, que no respaldó el golpe de Estado del 23 de febrero de 1981, superando así la crisis de la Transición española y consolidando con ello la actual democracia.[1]

En el ínterin, y ya antes de la muerte de Franco, los medios de comunicación habían tenido un protagonismo en el cambio político de nuestro país. El cuarto poder –la prensa, primordialmente– contribuyó con su progresiva liberalización al devenir del nuevo sistema. Y el cine –llamado asimismo el quinto poder– estaría también presente en esa evolución del régimen que hoy gozamos. En este sentido, si echamos una mirada atrás y vemos las últimas películas "comprometidas" del tardofranquismo, constataremos cómo los filmes de Carlos Saura, Víctor Erice, Manuel Gutiérrez Aragón, Fernando Fernán-Gómez, Jaime de Armiñán, José Luis Borau, Pedro Olea o Ricardo Franco, entre otros cineastas españoles, pusieron en tela de juicio la dictadura franquista antes de su desaparición. Sólo citaré unos cuantos títulos: *La prima Angélica* (1973) y *Cría cuervos* (1975), de Saura; *El espíritu de la colmena* (1973), de Erice; *Habla, mudita* (1973), de Gutiérrez Aragón; *Yo la vi primero* (1974), de Fernán-Gómez; *El*

---

[1] Entre la abundante bibliografía histórica sobre el periodo que nos ocupa, cabe destacar como fuente coetánea el libro de Victoria Prego, *Así se hizo la Transición*, Barcelona, Plaza & Janés, 1995, que puso en imágenes en una serie televisiva de 13 capítulos.

amor del capitán Brando (1974) y *¡Jo, papá!* (1975), de Armiñán; *Furtivos* (1975), de Borau; *Pim, pam, pum... ¡fuego!* (1975), de Olea; y *Pascual Duarte* (1975), de Ricardo Franco. Todos serían un claro testimonio de ello (Estrada Lorenzo, 1990:407-415). De ahí que bastantes historiadores sitúen el inicio de periodo que nos ocupa en el año 1973.

Sin ánimo de repetir lo que ya he escrito en otro lugar, ahora tendría que sintetizar la coyuntura en que se movió nuestro cine autóctono. Tras la muerte del dictador (20 de noviembre de 1975), el arte fílmico español cogió por primera vez el tren de la "modernidad", que no se concretó sólo en temas de libertad política -diversas películas extranjeras habían sido vedadas por obvias razones-, sino que las salas comerciales fueron invadidas por una moda que imperaba en el mercado: el cine erótico. La censura también desapareció por esas fechas (Real Decreto de 11 de noviembre de 1977)[2], aunque durante el tardofranquismo ya había tenido su apertura con el subgénero de "destape" (Ponce, 2004) y, más comedido, con la llamada "tercera vía".

Así, durante la etapa del Gobierno de UCD (Unión de Centro Democrático, hoy desaparecido al igual que su fundador, Adolfo Suárez), el cine español como fenómeno inserto en la sociedad estaba afectado por la crisis general de nuestra economía. Y la anémica industria cinematográfica nacional, compuesta por pequeños empresarios –que se veían obligados a invertir en un espacio de tiempo muy breve, pero con un periodo de recuperación a largo plazo–, se descapitalizó sobremanera. Además, el Fondo de Protección que proporcionaba el Estado aún seguía adeudando a los productores cantidades considerables desde hacía años. Antes del último pago, eran unos 2.000 millones de pesetas. Por eso, en febrero de 1978 los productores cinematográficos hicieron un paro que obligó a la Administración a entregarles 500 millones en calidad de adelanto. Todo ello unido a que, ante tal situación caótica, algunas multinacionales norteamericanas suspendieron las inversiones en el cine español que, a finales del mismo año 78, sufría un desempleo de profesionales del 80 por ciento. "Si el Ministerio no toma medidas urgentes –afirmó la Unión de Productores Cinematográficos Españoles–, nuestro cine desaparecerá".

Con todo, la producción de películas españolas fue aumentando progresivamente durante estos primeros años, pues en 1976 se realizaron 108 filmes de largometraje y en 1977, 113; para descender en 1978, que alcanzó la cifra global de 105, y entrar en picado en 1979, con 72 películas, aumentado al final de la década, con 98 cintas en 1980. Sólo constataremos algunos temas, títulos y autores importantes, señalando la incidencia de estos filmes en su camino de la dictadura a la democracia.

---

[2] Véase, en este sentido, Rafael de España (2007) "La censura en el cine español (1912-1977)", en José María Caparrós Lera: *Historia del Cine Español*, Madrid, T&B, 275-284.

1. Revisión del pasado histórico

El primer tema que saltó a las pantallas del país fue, precisamente, el cuestionamiento crítico de la larga dictadura franquista. Por un lado, la figura de Franco y las miserias de su sistema político fueron vapuleadas a través de los documentales de Basilio Martín Patino. Tras ser autorizadas sus *Canciones para después de una guerra* (1971), película prohibida por el almirante Carrero Blanco, se estrenaron *Queridísimos verdugos* (*Garrote vil*, 1976) y *Caudillo* (1977). A continuación, Gonzalo Herralde presentó otro documental desmitificador, *Raza, el espíritu de Franco* (1977), que trataba de la célebre película escrita por el mismo Franco bajo el seudónimo de Jaime de Andrade. A ésta le seguirían dos películas de ficción de Manuel Gutiérrez Aragón: *Camada negra* (1977), sobre las acciones del grupo fascista denominado "Guerrilleros de Cristo Rey"; y *Demonios en el jardín* (1982), donde se ofrece un sórdido retrato de la España de Franco.

Asimismo, otras dos películas argumentales revisarían el periodo histórico de otro general análogo, el golpista Miguel Primo de Rivera: *Un hombre llamado "Flor de Otoño"* (1978), de Pedro Olea; y *La verdad sobre el caso Savolta* (1979), de Antonio Drove, según la famosa novela de Eduardo Mendoza, enclavadas durante el reinado de Alfonso XIII.

Por otra parte, también sería puesta en tela de juicio la Dictadura de Franco (1939-1975) con nuevas películas "comprometidas": el documental de Jaime Chávarri –un antiguo cineasta marginal–, *El desencanto* (1976); y los filmes de ficción *Asignatura pendiente* (1977), *Solos en la madrugada* (1978) y *Las verdes praderas* (1979), del después "oscarizado" José Luis Garci. Si el primero ponía en la picota a una familia tradicional –la del poeta Leopoldo Panero–, los segundos intentaban cuestionar valores, o –valga la analogía– el "Spanish Way of Life" promulgado por el sistema dictatorial. Al mismo tiempo, resultaría muy significativo el documental *Después de...* (1981), de los hermanos Cecilia y José Juan Bartolomé.

2. La Guerra Civil española vista por los vencidos

Obviamente, la contienda bélica fratricida (1936-1939) –pese a los intentos de "borrón y cuenta nueva" del periodo de la Transición– sería otro gran tema de esta época posfranquista. Si hasta ahora nos habían ofrecido una visión heroica del conflicto –desde la perspectiva de los vencedores, claro– a través del cine de propaganda del régimen, ahora se iba a ver la guerra desde otra perspectiva crítica –la de los vencidos, o los llamados "perdedores" (porque todos perdieron en la Guerra Civil española)– en obras como *Las largas vacaciones del 36* (1976) y *La vieja memoria* (1977), de

Jaime Camino; *Por qué perdimos la guerra* (1978), de los anarquistas Diego Abad de Santillán y Luis Galindo; o *Soldados* (1978), del también cineasta marginal Alfonso Ungría, basado en un relato de Max Aub (Crusells, 2003).

Por otro lado, el fenómeno del "maquis" —guerrilleros antifascistas representados como meros bandoleros por el cine franquista— sería reinterpretado en películas tan reveladoras como *Los días del pasado* (1977), de Mario Camus, y *El corazón del bosque* (1978), de Manuel Gutiérrez Aragón

3. Auge de las autonomías históricas

Al mismo tiempo, las reconocidas autonomías históricas —Cataluña y País Vasco— se "despertaron" con filmes en lengua vernácula (prohibidas oficialmente por el franquismo). Cataluña inauguró la transición política hacia la democracia con la superproducción *La ciutat cremada* (1976), de Antoni Ribas, sobre la Barcelona de la Semana Trágica de 1909; mientras que Josep Maria Forn realizaba la menos ambiciosa pero más equilibrada *Companys, procés a Catalunya* (1978), acerca de los últimos días del que fuera presidente de la Generalitat republicana, ejecutado por el Gobierno de Franco en 1940.

Por su parte, el País Vasco saltó a las pantallas en 1979 con dos títulos prácticamente al servicio de ETA: *El proceso de Burgos*, de Imanol Uribe; y *Operación Ogro*, del italiano Gillo Pontecorvo, sobre el asesinato de Carrero Blanco. Uribe insistiría en el tema con *La fuga de Segovia* (1981), basada en *Operación Poncho*, de Ángel Amigo (Pablo, 2009).

4. El cine militante de Bardem

Si algún cineasta testimonió con creces el periodo de la Transición española fue el veterano Juan Antonio Bardem, que resurgió con sendas películas de partido: *El puente* (1977) y *Siete días de enero* (1979), ambas al servicio del PCE, ya legitimado en España desde abril de 1977. La primera, utilizando la emblemática figura de Alfredo Landa —el paradigma del cine de "destape"—, explica la evolución política acaecida en el país: cómo un obrero "ligón" pasa a convertirse en un militante comunista: de leer *Interviú* a *Mundo Obrero*.

La segunda ofrece una reconstitución histórica del tristemente célebre atentado de Atocha contra un bufete de abogados laboralistas, a cargo de terroristas de extrema derecha. Mientras *El puente* —metáfora de ese cambio de actitud— incide en los defectos que denuncia, *Siete días de enero* resulta un testimonio conmovedor y emplea noticiarios rodados por el Partido Comunista durante la inestabilidad sociopolítica que condujo a la crisis del Gabinete de Adolfo Suárez y a la posterior involución frustrada del 23-F.

Pero de todo ello se ocupa mejor un miembro de mi equipo: Enric Ruiz Gil.

5. Las sátiras de Saura y Berlanga

Asimismo, otros dos reconocidos maestros del cine español del franquismo volverían a la "carga" política: el entonces menos veterano Carlos Saura pareció abandonar su subrepticia denuncia del régimen dictatorial con cintas más intimistas y no tan directamente políticas, como son *Elisa, vida mía* (1977), *Los ojos vendados* (1978), *Mamá cumple cien años* (1979) y *Deprisa, deprisa* (1980), crónica esta última de la delincuencia juvenil en la España democrática, que bien se puede comparar con su ópera prima *Los golfos* (1959) para ver el cambio operado en el país en esos veinte años.

Asimismo, el antaño censurado Luis García Berlanga —hoy desaparecido, al igual que Bardem— realizó una trilogía sobre los vicios heredados del franquismo: *La escopeta nacional* (1978), a la que seguirían *Patrimonio nacional* (1980) y *Nacional III* (1982), aunque con menos inspiración artística que en la época de la dictadura.

6. El fenómeno de la "movida"

Por estos mismos años surgió la llamada "movida" madrileña, que tendría como máximos representantes a tres cineastas que pasarían a la historia en la etapa posterior.

Nos referimos a Fernando Colomo, con *Tigres de papel* (1977) y *¿Qué hace una chica como tú en un sitio como éste?* (1978), al entonces crítico del diario *El País* Fernando Trueba, con *Ópera prima* (1979), y al debutante Pedro Almodóvar, con *Pepi, Luci, Bom y otras chicas del montón* (1980) y *Laberinto de pasiones* (1982). Películas que contribuirían al cambio de costumbres y crearían cierto estilo y hasta una moda en la España del momento.

Por último, cabría hablar de otra "movida" —pero ahora catalana— que encabezaría Francesc Bellmunt con *La nova cançó* (1976), *La orgía* (1978)[3] y *La quinta del porro* (1979), seguido de Ventura Pons con el documental *Ocaña, retrato intermitente* (1978), sobre un travesti habitual de las Ramblas barcelonesas; y por Paco Betriu con *Los fieles sirvientes* (1979); todos ellos de postura más ácrata.

---

[3] Sobre esta película y el fenómeno de la "movida", cfr. Rosa María Escribano (2008), "La 'movida' cinematográfica catalana: Francesc Bellmunt y la revolución pendiente (*L'orgia*, 1978)", *Quaderns de cine*, 2 , Alacant, 43-50.

7. La historia novelada

Otro tipo de películas "comprometidas" –que hemos calificado como historia novelada– realizadas casi al final de la Transición fueron *La guerra de papá* (1977), de Antonio Mercero, según la obra de Miguel Delibes; y *La leyenda del tambor* (*El timbaler del Bruc*, 1981), del catalán Jordi Grau, sobre la Guerra de la Independencia; así como tres adaptaciones de novelas famosas: *La plaza del Diamante*, de Paco Betriu, según el relato homónimo de Mercè Rodoreda; *La colmena*, de Mario Camus, basado en el mismo título de Camilo José Cela; y *Valentina*, de Antonio J. Betancor, la primera parte de *Crónica del alba*, de Ramón J. Sender, que datan todas de 1982.

8. Mujeres detrás de la cámara

Durante esta primera etapa de afirmación democrática también aparecieron nombres de mujeres en el cine español, de ideología muy distinta a las pocas directoras surgidas durante el franquismo (Núñez, 2012).

La más representativa fue Pilar Miró, importante cineasta madrileña que, tras debutar con *La petición* (1976), realizó el polémico *El crimen de Cuenca* (1979) –el cual no sería autorizado por el Gobierno de UCD hasta 1981– sobre un error judicial y las torturas de la Guardia Civil en los años de la dictadura de Primo de Rivera (Diez Puertas, 2012); cerrando este periodo con dos filmes feministas: el autobiográfico *Gary Cooper, que estás en los cielos* (1980) y *Háblame esta noche* (1982). Después, Pilar Miró sería directora general de Cine y de Televisión durante el largo periodo del PSOE, falleciendo en 1997.

Por esas fechas también apareció en escena otra realizadora (como la Miró, asimismo televisiva): la cordobesa Josefina Molina, que había debutado en 1973 con *Vera, un cuento cruel* y que ahora ofrecía una adaptación de otra novela de Delibes, *Cinco horas con Mario* con el título de *Función de noche* (1981), aunque haciendo hincapié en la reivindicación de la mujer.

9. Obras experimentales y primer Oscar de Hollywood

Finalmente, entre las películas más experimentales producidas en el presente periodo, cabe constatar *Bilbao* (1978), del catalán Bigas Luna, *Arrebato* (1979), del vanguardista Iván Zulueta, y *Colegas* (1982), del también realizador vasco Eloy de la Iglesia –los tres hoy desaparecidos–, así como la autorreflexión del asimismo fallecido Ricardo Franco, *Los restos del naufragio* (1977), el debut como director del actor Óscar Ladoire, con *A contratiempo* (1981), o la crítica del nacionalcatolicismo que hizo José María Gutiérrez en

¡Arriba Hazaña! (1977), película que ha sido objeto del análisis de otro de mis colaboradores: Juan Manuel Alonso.

Otros directores críticos del franquismo darían a luz sendos ensayos de experimentación que fueron premiados en el Festival de Berlín: *Las truchas* (1977), del entonces militante comunista José Luis García Sánchez; y *Las palabras de Max* (1978), del antiguo cineasta *underground* Emilio Martínez-Lázaro, el director del reciente éxito comercial *Ocho apellidos vascos* (2014) y de su secuela *Ocho apellidos catalanes* (2015).

No obstante, en 1982, el cinéfilo madrileño José Luis Garci realizaría la cinta que obtuvo el primer Oscar de Hollywood para el cine español: *Volver a empezar* (1982), un canto al intelectual exiliado en Estados Unidos que se ganaría el corazón de los miembros de la Academia de la Meca del cine. Y prácticamente con esta película se cierra la época de la transición política hacia la democracia.

10. El cine marginal

Aun así, habría que comentar un fenómeno que tuvo también su importancia en esta España de la Transición. Se trata del cine marginal, surgido de las cenizas del Nuevo Cine español de los años 60 –en aquella época denominado "independiente" (Caparrós Lera, 1983:63-83) –, con Adolfo Arrieta y Llorenç Soler como cabezas de fila en Madrid y Barcelona, entre otros jóvenes que rodaban en 16 mm, como los citados "mesetarios" Ricardo Franco, Jaime Chávarri, Emilio Martínez-Lázaro y Alfonso Ungría, quienes luego se instalarían en la endémica industria de nuestro país. O los cineastas marginales andaluces del llamado Equipo-2, formado por Fernando J. Pérez y José Martínez Siles, junto al sevillano Gonzalo García Pelayo.

Con todo, cabe destacar el pionero catalán Pere Portabella, con el largometraje documental *Informe general sobre cuestiones de interés para una proyección pública* (1975-1977), rodado en color y en formato reducido, sobre el ambiente coyuntural –con imágenes de luchas pro amnistía y de la autonomía catalana, manifestaciones populares, etc. –, que incluía entrevistas con los entonces líderes de la oposición –Santiago Carrillo, Tierno Galván, Felipe González, Gil Robles, López Raimundo, Jordi Pujol, Joan Raventós– en plena etapa preelectoral. Y asimismo el vasco Iñaki Núñez, con *Estado de excepción* (1977), que cuenta la historia de una familia de Euskadi cuyo hijo acaba en un comando de ETA; pero antes de ser ejecutado por el régimen de Franco, entrega a su madre una carta que es un testamento en el que llama a la unidad de todo el pueblo para conseguir la identidad del País Vasco. Es obvio que tales cintas "comprometidas" sólo fueron posibles en el clima aperturista de la Transición.

11. Testimonios y evocaciones posteriores

No quisiera cerrar este *travelling* histórico sin referirme a otras películas testimoniales del presente periodo, o a los títulos que, realizados a posteriori, han evocado los años de la Transición, porque todas ellas son fuentes coetáneas del difícil camino hacia la democracia.

El año 1977 se inició la serie de cine "quinqui", con una significativo film de José Antonio de la Loma, *Perros callejeros*, biografía de Juan José Moreno Cuenca (1961-2003), "el Vaquilla", que interpretó otro delincuente juvenil, Ángel Fernández Franco, "el Torete", ambientada en el extrarradio de Barcelona. Le siguieron dos películas totalmente antagónicas, basados en los *best-seller* de Fernando Vizcaíno Casas, ambas dirigidas por el veterano Rafael Gil. La primera fue *De camisa vieja a chaqueta nueva* (1979), una comedia satírica sobre un franquista que se lucra durante la dictadura y se presenta después como demócrata; la segunda, *Y al tercer año resucitó* (1980), otra comedia acerca de la imaginaria aparición de Franco en la carretera del Valle de los Caídos, el 20 de noviembre de 1978. No tuvieron tanto éxito de público como sus nostálgicas novelas.

Tres años más tarde, Pedro Costa realizó *El caso Almería* (1983), tragedia de tres jóvenes de Santander, que fueron ejecutados por la Guardia Civil al ser confundidos con terroristas vascos, en 1981. El guión estaba basado en la sentencia dictada por la Audiencia Provincial de Almería. Del mismo año 83 es *Asalto al Banco Central*, de Santiago Lapeira, según el libro de Alberto Speratti, quien a modo de *thriller* narra un hecho delictivo en la Barcelona de la Transición, que consternó durante horas a los ciudadanos españoles pensando que era un nuevo 23-F porque los asaltantes iban disfrazados de guardias civiles. También como crónica negra, pero en clave de comedia, fue *La estanquera de Vallecas* (1986), de Eloy de la Iglesia, sobre un atraco frustrado en ese populoso barrio de Madrid, con un análisis sociopsicológico de sus gentes, según la obra teatral de José Luis Alonso de Santos. Pero sobre el género "negro" español de este periodo ya trata el ensayo del profesor Francesc Sánchez Barba, secretario del Centre d'Investigacions Film-Història de la Universidad de Barcelona.

Más interesante resultó *La Rusa* (1987), de Mario Camus, acerca de las ocultas negociaciones políticas con ETA en los años del Gobierno del presidente Suárez, basado en una novela del periodista Juan Luis Cebrián, por aquella época director de *El País*.

La delincuencia juvenil volvió a aparecer en las pantallas españolas con *Matar al Nani* (1988), de Roberto Bodegas. Ambientada a principios de los ochenta, biografía a un célebre atracador de joyerías, Santiago Corella "el Nani", pero también evidencia la corrupción policial. Esta película se estrenó antes de la sentencia dictada por la Audiencia Provincial de Madrid, que condenó a tres policías por la desaparición de Corella.

Otra pieza escénica de José Luis Alonso de Santos fue llevada al cine en 1989: *Bajarse al moro*, una comedia sobre el tráfico de drogas en Marruecos que realizó Fernando Colomo. Y *Solo o en compañía de otros* (1990), de Santiago San Miguel, fue una nueva crónica negra de la Transición, en este caso inspirada en el crimen de los marqueses de Urquijo (1980), aunque con los nombres y fechas cambiados.

Pero mucho más importante sería *Yoyes* (2000), el *biopic* que Helena Taberna realizó sobre María Dolores González Caratain, disidente de ETA, asesinada en 1986, que retrata el terrorismo en el País Vasco, con salidas a México y Francia.

El Calentito (2005), de Chus Gutiérrez, es otro reflejo de la "movida" madrileña y el 23-F, ambientando la acción en el Madrid de 1981. Por su parte, Jaime Chávarri, en *Camarón* (2005), biografía al famoso cantante José Monge Cruz (1950-1992), conocido como Camarón de la Isla. Mientras el mismo año, en *Volando voy*, Manuel Albadalejo realizó otro *biopic*, ahora sobre Juan Carlos Delgado, "el Pera" –un famoso delincuente juvenil de origen gitano, que más tarde se convirtió en un ejemplo de superación personal y de integración–, ambientado en Getafe (Madrid), a finales de los setenta.

El actor Antonio Banderas volvió a dirigir sobre su tierra –Málaga– de finales de los setenta, bajo el título de *El camino de los ingleses* (2006), según la novela de Antonio Soler. Y el mismo año, Koldo Serra con *Bosque de sombras (Backwoods)*, hablada en inglés, trata también de los británicos en España, centrando la acción en el verano de 1978.

Asimismo, la actriz y directora catalana Mireia Ros realizó *El triunfo* (2006), cine de reconstrucción, basado en una novela de Francisco Casavella, que hace un retrato de Barcelona en los años 70-80, con las pequeñas mafias de barrio que controlan el tráficos de drogas y el mercado negro de productos de lujo.

Dos películas dedicadas al mundo del cine tratarían también sobre la Transición: *Días de cine* (2007), de David Serrano, sobre la España de 1977; y *Los años desnudos (clasificada "S")*, de Félix Sabroso y Dunia Ayaso, sobre el Madrid de 1975 y el fenómeno del "destape".

Por último, el frustrado golpe de Estado del 23 de febrero de 1981 –con el que prácticamente termina el intenso periodo que nos ocupa– fue reconstruido y dramatizado por Chema de la Peña, en *23-F, la película* (2011), conmemorando el 30 aniversario del hecho que hubiera sido una grave involución en la política española.

12. Conclusiones abiertas

A pesar de sus diversos enfoques, personalmente podemos concluir con ciertas líneas comunes en tres aspectos del cine español de la transición hacia la democracia, a saber:

a) Respecto a sus intenciones, en cuanto a voluntad de expresión, se advirtió claramente un deseo de revisar y desmitificar la época franquista; pero su crítica no se limitaba al mero aspecto político, sino que se extendía también a la religión, la moral, las costumbres, la familia... u otras instituciones, que aparecieron como estructuras ligadas a un tiempo pasado y ya superado. La actitud de estos directores estuvo alentada también por la moda –que ellos mismos contribuyeron a crear o mantener– y acentuada por el hecho de poder decir cosas antes prohibidas.

b) En el aspecto estético, la mayoría acusaría cierto desequilibrio fílmico por incoherencia entre lo que quería decir y cómo lo decía, la forma de contarlo; mientras que la madurez creadora de otros resultó a veces pretenciosa o se empañaba con fáciles concesiones eróticas o violentas de claro signo comercial, restándole calidad artística.

c) Junto a esta falta de coherencia artístico-expresiva, la dificultad de comunicación entre cineastas y espectadores se complicaría con un exceso de símbolos y de claves críticas –acaso heredadas del "cine metafórico" del franquismo o de la "estética oblicua y de la represión", según la terminología empleada por la historiadora Virginia Higginbotham (1988) –, que a veces se agravaba por una cerrazón ideológica agobiante. De ahí que el público no respondiera la mayoría de las veces y, cuando lo hacía, se inclinaba por los filmes de más bajo nivel intelectual aderezados con los reclamos al uso.

A estas conclusiones –que califico de abiertas para su discusión– habría que añadir otras tres, que me gustaría presentar a debate en este foro especializado y las cuales me parecen más claras:

1. Las películas españolas de la Transición acabaron con tabúes sociopolíticos, como la Guerra Civil y el "maquis".

2. Los filmes españoles de este periodo pusieron en la picota no sólo al régimen anterior –tal como se le denominaba por aquel entonces y no el más idóneo de dictadura–, sino al mismo Franco, que sería incluso desmitificado (Trenzado Romero, 2007:433-448).

3. Y, para no ser exhaustivos, concluir que la liberalidad en las conductas sexuales –con insólita exhibición de desnudos– acabarían con una censura oficial que habían incidido primordialmente durante el franquismo en el sexo y en la política.

No obstante, una joven estudiosa del tema, Natalia Ardánaz –miembro también del Centre d'Investigacions Film-Història que dirijo en la

Universidad de Barcelona- concluía así su estudio sobre la época que tratamos:

"El cine español realizado durante este periodo estuvo directamente determinado por el devenir de los acontecimientos. El fin de la censura cinematográfica parecía significar un cambio sustancial para las nuevas producciones. Sin embargo, este hecho no originó un cine más comprometido, ya que paradójicamente necesitaba del proteccionismo estatal para superar la crisis interna. Esta situación ocasionaba una falta de libertad para crear proyectos más arriesgados. El auge de las películas de carácter político realizadas durante la última etapa de la década de los 70 fue sustituido por un cine más influido por la "ley del consenso". El cine y la política parecían coincidir en rechazar el rupturismo y el radicalismo, marginando a los directores y partidos más transgresores, encauzando a la mayoría de la población hacia el centrismo." (1998:172).

No sé si todos estarán de acuerdo –pues no tienen por qué estarlo con mi interpretación– con la panorámica que he ofrecido del cine español en la transición a la democracia. Pero hasta aquí, la síntesis cinematográfica –a modo de *travelling*– sobre este periodo clave de la Historia contemporánea de España, que seguirá siendo un tema apasionante de investigación y ha tenido un lugar privilegiado en este congreso sobre "Transiciones".

BIBLIOGRAFÍA

AMELL, Samuel – GARCÍA CASTAÑEDA, Salvador, eds. (1992), *La cultura española en el postfranquismo. Diez años de cine, cultura y literatura (1975-1985)*, Madrid, Playor.

ARDÁNAZ, Natalia (1998) "La Transición política española en el cine (1973-1982)", *Comunicación y Sociedad*, XI, 2, Pamplona, 153-175.

CAPARRÓS LERA, José María (1992), *El cine español de la democracia. De la muerte de Franco al "cambio" socialista (1975-1989)*, Barcelona, Anthropos.

CAPARRÓS LERA, José María (1983), *El cine español bajo el régimen de Franco (1936-1975)*, Barcelona, Publicacions i Edicions de la Universitat de Barcelona.

CRUSELLS, Magí (2003), *La Guerra Civil española: Cine y propaganda*, Barcelona, Ariel.

DIEZ PUERTAS, Emeterio (2012), *Golpe a la Transición. El secuestro de "El crimen de Cuenca"*, Barcelona, Laertes.

ESCRIBANO, Rosa María (2008), "La 'movida' cinematográfica catalana: Francesc Bellmunt y la revolución pendiente (*L'orgia*, 1978)", *Quaderns de cine*, 2, Alacant, 43-50.

ESPAÑA, Rafael de (2007), "La censura en el cine español (1912-1977)", en J. M. Caparrós Lera: *Historia del Cine Español*, Madrid, T&B, 275-284.

ESTRADA LORENZO, José Manuel (1990), "Los cineastas españoles y la oposición al régimen de Franco: del exilio a la crítica social", en Javier Tusell *et al.* (eds.): *La oposición al régimen de Franco. Estado de la cuestión y metodología de investigacion*, Vol. II., Madrid, UNED, 407-415.

GÓMEZ BENÍTEZ DE CASTRO, Ramiro (1989), *La producción cinematogràfica española. De la Transición a la Democracia (1975-1986)*, Madrid, Mensajero.

HERNÁNDEZ RUIZ, Javier – PÉREZ RUBIO, Pablo (2004), *Voces en la niebla. El cine durante la Transición española (1973-1982)*, Barcelona, Paidós.

HIGGINBOTHAM, Virginia (1988), *Spanish Film under Franco*, Austin, University of Texas Press.

Hopewell, John (1989), *El cine español después de Franco 1973-1988*, Madrid, El Arquero.

LOZANO AGUILAR, Arturo – PÉREZ PERUCHA, Julio, coords. (2005), *El cine español durante la Transición democràtica (1974-1983)*, Madrid, Academia de las Artes y las Ciencias Cinematográficas de España/Asociación Española de Historiadores del Cine.

MONTERDE, José Enrique (1993), *Veinte años de cine español 1973-1982. Un cine bajo la paradoja*, Barcelona, Paidós.

NÚÑEZ, Trinidad *et al.* (2012), *Directoras de cine español. Ayer, hoy y mañana, mostrando talentos*, Sevilla, Fundación Audiovisual de Andalucía/Universidad de Sevilla.

PABLO, Santiago de (2009), "Cine y transición en el País Vasco: Historia, política y violencia", en Rafael Quirosa (ed.): *Prensa y democracia. Los medios de comunicación en la Transición*, Madrid, Biblioteca Nueva, 365-377.

PALACIO, Manuel, ed. (2012), *El cine y la Transición política en España (1975-1982)*, Madrid, Biblioteca Nueva.

PONCE, José María (2004), *El destape nacional. Crónica del desnudo en la transición*, Barcelona, Glénat.

PREGO, Victoria (1995), *Así se hizo la Transición*, Barcelona, Plaza & Janés.

PUIGDOMÈNECH, Jordi (2007), *Treinta años de cine español en democracia 1977/2007*, Madrid, Ediciones JC.

SÁNCHEZ NORIEGA, José Luis, ed. (2014), *Filmando el cambio social. Las películas de la Transición*, Barcelona, Laertes.

TRENZADO ROMERO, Manuel (1999), *Cultura de masas y cambio político: el cine español de la Transición*, Madrid, CIS.

TRENZADO ROMERO, Manuel (2007), "El cine español de la Transición: Desmontando a Franco", en Rafael Quirosa (coord.): *Historia de la Transición en España. Los inicios del proceso democratizador*, Madrid, Biblioteca Nueva.

TUSELL, Javier (1997), *La transición española a la democracia*, 2 vols., Madrid, Historia 16.

Vv. Aa. (1989), *Escritos sobre el cine español 1973-1987*, Valencia, Filmoteca de la Generalitat Valenciana.

LA REVOLUCIÓN MANSA. UN PASTOR PROTESTANTE EN LA DICTADURA URUGUAYA

MARCEL NAGY
Agencia EFE

Resumen: El artículo repasa algunos capítulos del proceso político en el Uruguay del fin de la década de los 60 y la primera mitad de los 70, siguiendo el hilo conductor que ofrece la vida del pastor reformado de origen húngaro, Attila Nagy que vivió de cerca el autoritarismo de la dictadura militar y de los gobiernos anteriores, eso sí, no solo como un observador pasivo de los acontecimientos. Más allá de ser un pastor influenciado por la teología de la liberación, también mantuvo una actuación política que finalmente le obligó a abandonar el país para salvar su vida y la de su familia.
Palabras clave: dictadura, iglesia, marxismo, teología, historia

Abstract: The article follows some phases of the political process in Uruguay by the end of the 60' decade and the first part of the 70s, along the thread of a reformed minister's life. Attila Nagy, born Hungarian, lived part of his life under the weight of the repression exerted by the military dictatorship and by previous governments as well. But he was not a mere passive witness. As a minister experiencing the ideas of the *Theology of the Liberation* he assumed an increasingly active political stand by which he was in the end bound to leave the country in order to save his life and his family.
Keywords: dictatorship, church, marxism, theology, history

1. El contexto latinoamericano y uruguayo

Después de una coyuntura de crecimiento en la economía latinoamericana posterior a la Segunda Guerra Mundial, para la década de los 60, los países del subcontinente registraron que sus políticas de desarrollo no habían tenido los efectos deseados. El boom de urbanización, que fue un producto de anteriores políticas de desarrollismo condujeron a una marginalización interna de la población, que se manifestó, entre otros, en el crecimiento de los barrios pobres y los cantegriles (en el Uruguay, Villas miseria en Argentina) en los grandes centros urbanos (Cardozo-Faletto, 2002). A nivel internacional, el fracaso o al menos la limitada efectividad del desarrollismo condujo, siempre simplificando, entre otras, a una cada vez más profunda dependencia, no solo frente a los Estados Unidos que aseguró importantes préstamos (a través de la Alianza para el Progreso) a los países del continente, sino también frente a organizaciones financieras internacionales, como el Banco Interamericano de Desarrollo o el Fondo Monetario Internacional. Esta experiencia hizo que desde la década de los 60 las diferentes teorías sobre la dependencia se divulgaran rápidamente y sus teóricos plantearan que el subdesarrollo del subcontinente se debía principalmente a que América Latina no estaba en condiciones de dejar atrás su relativo subdesarrollo debido a su "integración subordinada en el orden capitalista mundial" (Halperin Donghi, 2012:520).

Esta no fue la primera vez que los latinoamericanos sentían un importante atraso y dependencia de los países desarrollados, pero aún así no dejó de ser una experiencia determinante, a la que se sumó la revolución cubana que mostraba para el subcontinente una vía social alternativa.

Más allá de lo económico, es evidente la influencia que tuvo la revolución cubana y la figura del Che Guevara, como un símbolo o ícono para los intelectuales latinoamericanos de izquierda y para la guerrilla (urbana) en diferentes países. Con la teoría o teorías de dependencia como base e influenciados por la revolución, desarrollaron una postura con la que justificaban la actuación de diferentes grupos y movimientos armados (Leal Buitrago, 2003:79), como fue el caso, entre muchos otros, de los tupamaros en el Uruguay. El bloqueo de Cuba por parte de EEUU es uno de los resultados mejor conocidos de este proceso (que aparentemente hoy está viviendo sus últimos días). Washington profundizó e intensificó sus relaciones con aquellos grupos sociales latinoamericanos que no podían aceptar la vía alternativa de hacer política en el subcontinente que había marcado la revolución cubana. Como señala el historiador Tulio Halperin Donghi, en los años 60 EEUU ya no intervenía en América Latina como lo había hecho en el pasado, o sea con acciones militares, pues había encontrado en ciertas capas conservadoras un importante apoyo interno (Halperin Donghi 2012:530). Entre ellas se destacaron los ejércitos que recibían un importante apoyo financiero desde Washington, pero además, según la historiadora Patricia Funes, en la Escuela de las Américas de Fort Gulick en Panamá, funcionaba una "verdadera escuela de cuadros dictatoriales" (Funes, 2014:242). Con ese respaldo y con la doctrina de seguridad nacional, que justificaba la actuación militar en la vida política con la excusa de la lucha contra la subversión interna y contra los supuestos agentes comunistas, las fuerzas armadas se convirtieron en un importante actor político también en países como el Uruguay donde, a diferencia de otros países latinoamericanos, no existía esa tradición. Al no haber sido definido el significado del término "subversión", todo podía ser. Según la doctrina, la seguridad de la sociedad solo se podía garantizar si el ejército controlaba el mismo estado, con lo que se justificaba el militarismo. En el caso de Brasil, Argentina, Chile y también del Uruguay, los golpes de estado militares (o cívico-militares), en plena guerra fría se basaron en gran parte en esa doctrina (Leal Buitrago, 2012:81-82), acentuando el "peligro" marxista y coordinando la actuación supranacional de sus servicios de seguridad, una cooperación conocida como "Operación Cóndor", que se estableció en 1975 (Anderle-Girón, 1997).

En el Uruguay, después de la Segunda Guerra Mundial se había formado un sistema de bienestar más estable, democrático y progresista que en otros países de América del Sur, pero a finales de la década de los 50 la economía se estancó y en los primeros años de los 60 este estancamiento desembocó en una crisis que se profundizó. El gobierno, viendo el fracaso de las reformas estructurales, introdujo una serie de políticas de ajuste, acudiendo a préstamos del Fondo Monetario Internacional (Sapriza, 2009:64). Como respuesta, aumentó la agitación social en la que participaron los sindicatos, movimientos estudiantiles, así como los grupos guerrilleros y no solo de izquierda.

Como hemos visto a un nivel más general, desde finales de los años 60, en la mayoría de los países latinoamericanos los gobiernos respondieron a la situación con políticas represivas, y en el caso concreto del Uruguay el gabinete de Pacheco Areco fue, tal como los anteriores gobiernos, incapaz de estabilizar la situación económica y optó por reforzar el poder del ejecutivo mediante las "medidas prontas de seguridad" en 1968. Esta era una medida a la que los gobiernos anteriores también habían acudido en situaciones que calificaban de crisis. Las medidas de Pacheco, entre otras cosas, dieron facultades especiales al ejecutivo para detener a aquellos que participaban en las movilizaciones sociales, para clausurar diarios y emisoras y para destituir a dirigentes de entidades estatales que anteriormente habían sido electos por el parlamento (Franco-Iglesias, 2011:102). La idea era que el ejecutivo gobernara "por decreto", disminuyendo el control parlamentario, lo que significó, junto a la actividad de la guerrilla, una clara ruptura con las tradiciones y normas sociales que se habían desarrollado en el Uruguay desde los primeros años del siglo XX. Como respuesta, la izquierda combatiente, principalmente el Movimiento de Liberación Nacional-Tupamaros y otros grupos, como el OPR-33, al que trataremos más abajo, se radicalizó con la opción por las armas, al igual que el paramilitarismo de derechas como la Juventud Uruguaya de Pie y los Comandos Caza Tupamaros, a quienes también se atribuyeron asesinatos y atentados (Nahun, 1995:270-272).

En las elecciones legislativas de 1971 se rompió el bipartidismo tradicional constituido por los partidos históricos, el Colorado y el Blanco, con la aparición del Frente Amplio, una coalición de organizaciones de izquierda que consiguió el 18 por ciento de los votos. El "Frente", como partido político "no compartía la tesis de acción directa de los tupamaros" (Nahun, 1995:276). Para 1972, el apoyo del Frente Amplio adelantaba que en 1976 se repetiría lo sucedido en Chile, o sea que ganara una coalición de izquierdas (Nercesian, 2008:14-15).

Abril de 1972 fue uno de los meses más violentos de la historia del Uruguay y en un sólo día, el 14, la guerrilla ametralló al subsecretario de Interior, Armando Acosta y Lara, al capitán de la Armada, Ernesto Motto, el subcomisario Oscar Delega y su chófer Carlos Lettes. Ese mismo día las Fuerzas Armadas mataron a 8 guerrilleros y el día siguiente se declaró el estado de guerra interno, lo que significó la suspensión de las garantías individuales. Para muchos la dictadura comenzó este día. Esta violencia y la lucha abierta entre las fuerzas armadas y la guerrilla llevó a que en pocos meses se acabara con la actividad de los tupamaros. Con la detención de 9 militantes líderes del Movimiento de Liberación Nacional, entre ellos Raúl Sendic y el posterior presidente del Uruguay, José (Pepe) Mujica, el régimen los aisló del movimiento y los "rehenes" solo se liberaron después de la caída de la dictadura, en 1985 (Nercesian, 2008:11). De todas formas estos enfrentamientos con los tupamaros del Movimiento de Liberación Nacional funcionaron como un argumento esencial en el discurso de las Fuerzas Armadas cuando justificaban su actuación política y sus medidas autoritarias (Nahun, 1995:281-282).

El 27 de junio de 1973, el presidente José María Bordaberry anunció por la madrugada en las radios y televisiones nacionales la disolución del parlamento, la creación del Consejo de Estado con competencias especiales, y la prohibición de la difusión de noticias que acusaran al ejecutivo de dictatorial (Lerin-Torres, 1987:19). Esa misma madrugada Montevideo se había llenado de vehículos militares blindados, mientras Bordaberry pronunciaba estas palabras: "Afirmo hoy, una vez más y en circunstancias trascendentes para la vida del país, nuestra profunda vocación democrática y nuestra adhesión sin reticencias al sistema de organización política y social que rige la convivencia de los uruguayos. Y va con ello entonces el rechazo a toda ideología de origen marxista que intente aprovechar de la generosidad de nuestra democracia, para presentarse como doctrina salvadora y terminar como instrumento de opresión totalitaria. Este paso que hemos tenido que dar no conduce y no va a limitar las libertades ni los derechos de la persona humana. Para ello y para su vigilancia estamos nosotros mismos; para eso además hemos cometido esas funciones al Consejo de Estado y más allá, aun por encima de todo ello, está el pueblo uruguayo que nunca dejó avasallar sus libertades [...]" (Nahun, 1995:287).

La represión durante la dictadura tuvo un costo humano de dimensiones pocas veces vistas. El número de exiliados en esta época en un Uruguay de poco más de 3 millones de habitantes fue de entre 300.000 y 500.000 personas. Hasta el momento se han identificado 179 detenidos desaparecidos mayores de edad y 3 menores, muchos de ellos en países como Argentina, Bolivia, Chile o Colombia. El número de presos políticos, o sea encarcelado por años, ascendió hasta los 6.000. Más de 60.000 personas fueron arrestadas o detenidas y 116 murieron en las cárceles asesinadas o por haberse quitado la vida (Lessa-Fried, 2011:32).

2. El pastor y la Teología de la Liberación

Es en estos años de agitación social, concretamente en 1970, que Attila Nagy llegó al Uruguay con su familia, para ocupar el cargo de pastor de la Iglesia Evangélica Reformada Húngara, que hoy ya no existe, una comunidad de algunos cientos de personas, en su gran parte emigrantes y sus descendientes, huidos de Hungría durante la gran crisis (1929-1932) y después de la revolución antisoviética del octubre de 1956. La colonia húngara del Uruguay, según la describió el mismo pastor era más abierta y progresiva que en otros países de América Latina (Avar, 1976:22).

Proveniente de una familia reformada, Attila Nagy nació en 1942, en Náduvdar, al este de Hungría. Su familia, al final de la Segunda Guerra Mundial, abandonó el país hacia Occidente. Su padre Balázs Dezső Nagy, pastor reformado, desde los primeros años de la emigración se convirtió en uno de los dirigentes de las comunidades (calvinistas) húngaras de Alemania y más tarde de Brasil, Argentina y Canadá. Attila Nagy, que vivió en Buenos Aires los años del peronismo, conforme a las tradiciones familiares estudió en la Facultad Evangélica de Teología, donde obtuvo el título de pastor ayudante en 1963 (Nagy, 1990:111).

En 1964, a los 22 años de edad, comenzó una etapa decisiva en la vida de Attila Nagy, cuando llegó a Holanda como becario del "Stipendium Bernardinum" de la Universidad de Utrecht, una beca que ofrece desde hace 250 años la posibilidad de perfeccionamiento a los reformados húngaros en sus estudios teológicos. Paralelamente a sus estudios universitarios inició una labor con trabajadores inmigrantes españoles en Holanda, principalmente en lo social, como traductor, intérprete y ayudando sus trámites ante las autoridades, pero también ofreciendo asistencia en lo relacionado con sus derechos laborales. En Utrecht se unió al club cultural español (el círculo español *Libertad y cultura*), donde, con su esposa, participó en la vida social de los inmigrantes, por ejemplo, llevando al escenario obras de teatro como *La camisa* de Lauro Olmo. La actividad del club se centraba principalmente en la organización de eventos culturales, lecturas, conciertos, entre otros.

En la universidad profundizó sus estudios de ética cristiana y marxista, y en su tesis comparó los conceptos del hombre en la Biblia y en los escritos de Marx, conforme a las nuevas tendencias intelectuales representadas por jóvenes pastores reformados y curas católicos, que buscaban nuevas respuestas a los desafíos sociales y políticos de la época.

Es que desde los primeros años de la década de los 60 se formaron importantes grupos de las nuevas generaciones de pastores y curas que respondieron a los nuevos retos, planteando nuevos focos, respuestas y hasta formas de actuar, eso sí, siempre dentro del marco institucional eclesiástico. El Concilio Vaticano II (1962-1965), el movimiento ecuménico y la Teología de la Liberación caracterizaron este nuevo ambiente y forma de pensar sobre el continente latinoamericano y más especialmente sobre los cambios sociales registrados en las dos décadas anteriores, enfocando su interés y preocupación en los pobres, necesitados, excluidos, o sea en los grupos sociales cuya mera existencia suponía que las sociedades latinoamericanas tenían cuentas pendientes si se hablaba de desarrollo y justicia social.

El Concilio Vaticano II y la conferencia episcopal de Medellín de 1968 reflexionaron sobre las propuestas de una mayor inclusión de los laicos en las labores de la iglesia, la de hablar sobre la injusticia y denunciarla y la de enfocar la evangelización en los pobres y marginados (Levine-Manwairing, 2001:444). Para acercar la iglesia a las capas más necesitadas se formaron en todo el continente cada vez más comunidades de base, grupos en los que laicos y eclesiásticos reflexionaban sobre la Biblia, pero que al mismo tiempo aceleraron también la búsqueda de respuestas por parte de los pastores y curas que se enfrentaban de cerca a esa realidad latinoamericana. En otro aspecto, el Concilio Vaticano dio un importante paso hacia el ecumenismo, o sea para acercarse a otras congregaciones cristianas. Subrayando la unidad de las iglesias de Cristo, o sea la católica, las reformadas y la ortodoxa, el decreto "Unitatis Redintegratio" (1964) del papa Pablo VI aseguraba que "[...]cuando son muchas las comuniones cristianas que se presentan a los hombres como la herencia de Jesucristo; todos se confiesan discípulos del Señor, pero sienten de modo distinto y siguen caminos diferentes, como si Cristo mismo estuviera dividido. División que abiertamente repugna a la voluntad de Cristo y es piedra de escándalo para el mundo y obstáculo para la causa de la difusión del Evangelio por todo el mundo" (Montini, 14-10-215).

El ecumenismo así entendido significó, entre otras cosas, un análisis conjunto de las iglesias de cuestiones teológicas que dividían las congregaciones que trabajaban principalmente en consejos nacionales. A un nivel internacional el fruto de este acercamiento ya había iniciado en las décadas anteriores con la creación del Consejo Mundial de Iglesias en 1948, aunque justamente la iglesia católica no se integró en el mismo. De todas formas, el Consejo era solo una de las instituciones ecuménicas, mientras que existían otras a nivel local y también más amplio, donde se divulgó "un espíritu ecuménico" manifestado en acciones como, por ejemplo, el servicio de comedores para niños, ayuda a familias pobres o las respuestas a determinadas problemáticas (Kerber, 2013:1815-1816).

La Teología de la Liberación fue una respuesta a la realidad (no solo) latinoamericana, "un estilo nuevo o un modo nuevo de hacer teología", caracterizada por una dialéctica de la teoría, o sea de la fe y de la praxis de la caridad, que determinan la actuación de los teólogos. En la definición de Leonardo y Clodovis Boff "importa, pues, tener primero un conocimiento directo de la realidad de la opresión/liberación a través de un compromiso desinteresado y solidario con los pobres. Ese momento preteológico significa realmente conversión de vida e implica una «conversión de clase», en el sentido de llevar la solidaridad efectiva con los oprimidos y con su liberación" (Boff-Boff, 1986:33-34).

Desde otro punto de vista la teología de la liberación "identificó la lucha contra la pobreza y el subdesarrollo con la lucha antiimperialista y anticapitalista. Se trataba de superar las causas estructurales de la injusticia social" (Tahar Chauch, 2007:429). Más abajo elaboraremos más detalladamente el significado de estas definiciones (Dussel, 1989).

Una considerable parte de la historiografía identifica, erróneamente, la teología de la liberación con el catolicismo y principalmente con los jesuitas, pese a que desde sus inicios en los años 60 muchos pastores y teólogos reformados generaron importantes aportes a este "nuevo modo de hacer teología".

Uno de los aspectos más discutidos de la teología de la liberación es la influencia que el marxismo tuvo sobre muchos de sus teóricos. El teólogo e historiador argentino-mexicano, Enrique Dussel aseguraba al respecto que no es extraño que el marxismo tuviera, con ciertas limitaciones, una influencia en la forma de pensar de los teólogos de la liberación, ya que la teología, en general y a lo largo de los siglos de su historia siempre utilizó "los instrumentos de su época para reflexionar, pensar, interpretar la realidad y los problemas que afronta". De esta manera, proseguía, los curas se comprometieron con los cambios a fondo en el continente, en lo social, económico y político para que los explotados, pobres y los latinoamericanos en general alcanzaran una vida justa y humana. Para ello se necesitaban instrumentos de sustento cuando los teólogos analizaban e interpretaban la situación latinoamericana, concretamente alguna ciencia social crítica, ya que se trataba de descubrir y situar la realidad de la injusticia. Así los teólogos de la liberación "asumen un cierto tipo de marxismo", pero sin aceptar su materialismo, "es decir un Marx humanista, francamente no dogmático, ni economicista, ni materialista ingenuo". Este marxismo se manifestó en la fraseología utilizada por estos teólogos que hablaban de "lucha de clases", de "revolución" o de "utopías" (Dussel, 1988:139-147). Dussel agrega que más allá del Che Guevara, en las obras de los teólogos de la liberación latinoamericanos estaban también presentes marxistas del continente, como el peruano José Carlos Mariátegui o el hispano-mexicano Adolfo Sánchez Vázquez y otros.

3. Teología y marxismo

Como habíamos dicho, Attila Nagy durante su estancia en Holanda realizó una labor voluntaria entre trabajadores emigrantes españoles que se centraba en apoyar la inclusión social de estos obreros, mientras que en la universidad de Utrecht, junto a los estudios teológicos profundizó el análisis de qué posibilidad de interacción existe entre la teología y el marxismo. En su tesis que redactó en estos años (1964-1968) señaló que en la segunda mitad del siglo XX cuando los cristianos querían comunicar el Evangelio hacia otros, se enfrentaban con "muros", existentes desde el siglo XIX, que los separaban de los "no cristianos". La iglesia no ha podido responder de una manera adecuada ni reaccionar a las revoluciones sociales, los avances científicos y filosóficos, afirmaba (Nagy, 1968:1). La causa de esta falta de comunicación y de interacción era que "las comunidades cristianas estaban encastradas en sus estrechos principios dogmáticos y ante todo deterministas". Para Attila Nagy, la filosofía y "revolución" ideológica de Marx fue uno de los "más fuertes golpes" que recibiera la iglesia, ya que cuestionaba los fundamentos de las sociedades basadas en la moral cristiana de los siglos anteriores, aunque podríamos agregar que el marxismo no fue el primero en la historia en articular interrogantes respecto a la teología. El cristianismo no pudo "reponerse" de ese golpe, tal como lo demuestra "la lucha feroz que desencadenan algunas iglesias cristianas contra el marxismo, sin molestarse en absoluto de conocer más de cerca el movimiento revolucionario y tratar de analizar las ideas de Marx". Todo esto "les impedía y les impide un acercamiento y un despertar, que era y es necesario para estar a la altura de los acontecimientos", aseguraba Attila Nagy, conforme a lo expuesto por el teólogo de la liberación, Enrique Dussel, cuando explicaba por qué ciertos grupos afines a la teología de la liberación de la iglesia católica, al analizar las nuevas circunstancias sociales y políticas "habían asumido cierto marxismo". Para Attila Nagy, las definiciones de Marx sobre el hombre y sus condiciones, podrían ser "de gran utilidad" para la iglesia, o las iglesias, cuando dialogan con "el hombre del mundo actual" o sea determinado por las circunstancias modernas. "Necesitamos liberarnos de los patrones que hasta ahora hemos utilizado para acercarnos al 'hombre del mundo'. No nos podemos permitir el lujo de pasar por alto una concepción, una visión del hombre, que ha producido un cambio tan profundo como Marx ha provocado", apuntaba Attila Nagy, basándose en los "Manuscritos económico-filosóficos", donde Marx desarrolló su tesis de que el hombre es capaz de liberarse y realizar sus potencialidades (Fromm, 1970:8). En la búsqueda de puntos comunes del cristianismo con el marxismo, Attila Nagy llegó, entre otras, a la conclusión de que ambos prometen un "estado absoluto". El cristianismo promete que "el hombre se liberará de sus ataduras en un futuro inmediato a través de la fe", mientras que el marxismo dice que "el hombre se liberará (…) y llegará al comunismo pleno ya libre de toda atadura", afirmaba.

Después de tres años en Holanda, Attila Nagy se trasladó con su familia a Buenos Aires y más tarde a Montevideo donde fue nombrado pastor de la Iglesia Evangélica Reformada Uruguaya Húngara. "Una gran parte de mis amigos era uruguayos y pertenecían al grupo de los curas del tercer mundo", recordaba el pastor (Nagy, 1981), aludiendo al "Movimiento de sacerdotes para el tercer mundo" (Marchetti, 2013). En Montevideo, se puso en contacto con las comunidades eclesiásticas de base, que como hemos señalado, eran grupos en que los eclesiásticos y gente de los barrios pobres reflexionaban sobre la Biblia, pero también y cada vez más desde finales de la década de los 60, sobre la realidad latinoamericana y en este caso, especialmente la uruguaya. Estas comunidades generalmente comenzaron a funcionar como una iniciativa de la iglesia y no solo funcionaban como grupos de apoyo a la gente humilde, sino que también afectaron a las organizaciones eclesiásticas a través de los pastores y curas. Hubo así una interacción entre los dos grupos. Es importante lo que señalan los historiadores estadounidenses, Daniel H. Levine y Scott Mainwaring, cuando afirman que estas comunidades de entre 10 y 30 personas que se reunían cada semana "no estaban interesadas en la revolución" y que sus miembros eran gente que realmente tenían necesidades y sus principales metas eran modestas (Levine-Mainwaring, 2001:239-244). Con el rumbo autocrático de los gobiernos, como el uruguayo en 1968, estos grupos se convirtieron también "en un blanco de la violencia oficial porque cualquier organización autónoma era sospechosa". Con ese cambio y considerando que el campo de actuación de los movimientos y hasta los partidos políticos estaban sufriendo importantes restricciones, estas comunidades se convirtieron en una de "las salidas políticas disponibles", o sea de organización popular, mientras que al mismo tiempo muchos eclesiásticos se radicalizaron, viendo la represión generalizada, algo que se sumó a esa necesidad de acercarse al pueblo (Levine-Mainwaring, 2001:244-245).

No es una casualidad que las organizaciones y los movimientos de izquierdas vieran en estas comunidades una posibilidad de militancia y acción. Los miembros de estas organizaciones, muchas veces clandestinas o que al menos no funcionaban de una manera visible, buscaban estar presentes en estas comunidades para primero discutir sobre temas políticos y después tratar de contactar con los personajes afines. Es así como uno de los líderes de la Resistencia Obrero-Estudiantil (ROE), Hugo Cores, senador después de la transición uruguaya, se puso en contacto con Attila Nagy, que posteriormente se integró en ese movimiento anarcosindicalista, que trataremos más abajo (Juele, 2015).

4. La labor eclesiástica

En lo eclesiástico y más allá de su labor como pastor, Attila Nagy participó en la labor de la Federación de Iglesias Evangélicas del Uruguay (FIEU) y fue uno de los creadores y miembro de la primera Junta Directiva de la Fundación Pablo de Tarso, que integraba diferentes iglesias reformadas del Uruguay. Los fines principales de la fundación eran promover y ejecutar proyectos para desarrollar localidades y zonas del Uruguay en lo social, económico, educacional y cultural (*Estatutos...*, 1972:1). Como miembro de la organización uruguaya del Consejo Mundial de Iglesias, participó en 1973 en Bangkok en uno de los más importantes congresos de esta organización, que denunció la violencia estatal en América Latina, así como las torturas, la exclusión y la injusticia en el continente (Arias, 1973:148-153). Aquí hay que mencionar que no todas las congregaciones y comunidades cristianas saludaban la actuación del Consejo Mundial de Iglesias. "Hitünk" (*Nuestra fé*), la publicación de la Asociación (húngara) Cristiana Evangélica Luterana denunciaba que el Consejo Mundial de Iglesias había orientado su actividad a lo político y que "apoyaba moral y económicamente al marxismo hereje", pidiendo que el Consejo volviera a su misión original de servir el Evangelio (*Hitünk*, 1976:4).

Volviendo al pastor, Attila Nagy centró sus predicaciones en temas actuales de la realidad uruguaya y latinoamericana, como la pobreza, la justicia social, el imperativo de actuar frente a la injusticia y la misma dictadura. Como ya señalamos, las comunidades de base también servían para transmitir hacia los eclesiásticos la realidad, necesidades y problemas de los pobres y excluidos. Conforme a ello a Attila Nagy nunca le faltaron mensajes claros en este sentido llamando la atención desde el púlpito a que "la injusticia, la represión y el sufrimiento son una realidad"[1], y denunciando

---

[1] Los fragmentos de las predicaciones de Attila Nagy fueron tomados de su cuaderno manuscrito. Como fue imposible identificar la fecha cuándo las pronunció, no los indicaremos con referencias.

que "en los tiempos de Cristo el cristianismo se ocupaba más de su prójimo y de la comunidad". Aquí cabe mencionar que esa idea de volver a las raíces es uno de los argumentos de los teólogos de la liberación. Leonardo Boff, teólogo franciscano, uno de los fundadores y más destacados representantes de la teología de la liberación aseguraba que "sabemos que la iglesia de los primeros siglos se entendía principalmente como *communitas fidelium*, comunidad de fieles", algo que se repite en las comunidades de base (Boff, 1992:201). "En nuestros días no sucede así", aseguraba Attila Nagy, opinando que se experimenta todo lo contrario y "sentimos menos responsabilidad hacia la comunidad actual". Eso sí, para el pastor la comunidad significaba algo más amplio y de dimensiones sociales y afirmaba que las comunidades cristianas deberían abrirse más hacia la realidad que los rodea, para ver la injusticia. "Si la comunidad no hace nada por su prójimo, no puede llamarse comunidad. El que no nota la injusticia actual, no ve, es ciego y también su alma es ciega. Lo deja ciego su comodidad, a la que no quiere renunciar y menos a su bienestar". Es más, en otra predicación agregó que cuando una comunidad no hace nada a favor de los necesitados, no es de esperar que los fieles sientan alguna certeza cristiana. "Cristo llora sobre esas comunidades", opinaba.

En este sentido el imperativo, según Attila Nagy, es actuar, hacer algo por el prójimo, pues al final de las cuentas es como todo cristiano debe actuar, con lo que se convierte en un "elemento útil, no solo de la comunidad, sino también de la sociedad". Pero para ello hay que acercarse a los necesitados y a los que sufren las injusticias, vivir entre ellos, para poder entender y reflexionar sobre sus necesidades a través de las relaciones personales indirectas. Estos mensajes recién citados describen cómo los pastores o curas de la teología de la liberación se acercaban a la realidad que enfrentaban los pobres. Para el historiador de las ciencias de la religión, el uruguayo Guillermo Kerber, los tres "momentos" del método de la teología de la liberación consisten en primero conocer la realidad, en este caso concreto la injusticia y pobreza, para después confrontarla con la palabra de Dios, o sea el Evangelio, y finalmente actuar "consecuente" con el juicio ya elaborado (Kerber, 2013:1818). Como veremos más abajo, para Attila Nagy este imperativo se tradujo, más allá de las predicaciones con las que llamaba la atención de la comunidad sobre la injusticia, en una activa participación política, tal como sucedió con muchos pastores y curas de la época y de la región.

Si por una parte ciertas iglesias, o mejor dicho ciertos teólogos reaccionaron a la realidad latinoamericana con el ecumenismo, la teología de la liberación y las comunidades de base, por otro lado también es verdad que fueron, en algunos casos, cómplices de los regímenes autoritarios y aceptaron los argumentos con los que estos últimos justificaban su actuación, aunque en este caso los mismos magistrados "juzgaron" su actitud, tal como pasó, por ejemplo, en el caso de la Iglesia Católica de Argentina (*Sentencia...*, 8-11-2015).

En este sentido, si las comunidades religiosas tenían una responsabilidad hacia el prójimo la iglesia debería también asumir la suya dentro de las circunstancias de la época, opinaba Attila Nagy. De esta manera aseguró desde el púlpito que igual a los tiempos de Cristo "sigue existiendo la injusticia y justamente en los países que se denominan cristianos". Toda iglesia que toma en serio su oficio debe "sufrir una guerra" por la justicia, en caso contrario "no cuenta con la capacidad de ver la injusticia, o simplemente teme defender la justicia, porque lo considera peligroso".

En estos años, mientras el gobierno aplicaba la medidas prontas de seguridad con el apoyo de las fuerza armadas, aludiendo a que el país necesitaba orden, se generalizó la represión frente todos aquellos que cuestionaban y rechazaban el régimen, así como sus políticas. Este orden o "paz" era inaceptable para Attila Nagy, que como muchos otros, entre ellos los mismos uruguayos, pensaba que en el Uruguay, con una larga tradición democrática, no podía repetirse lo que había sucedido en tantos otros países latinoamericanos con las dictaduras apoyadas por las fuerzas armadas. "Siempre expresó el horror que le causaba ver todo eso", recordó Zsuzsa Dömény, esposa del encargado de negocios húngaro acreditado en Uruguay en aquellos años, János Dömény (Dömény, 2015).

Attila Nagy aseguraba que esa "paz", pretendida por el gobierno era falsa y no tenía nada que ver con la que la gente busca para vivir armónicamente. "Esta es más bien un 'silencio' que el poder logra con culatas de rifle, bombas e intimidación. Esto no es paz, aunque sea lo que los gobiernos de muchos países nos quieran hacer creer. Esto es represión", denunciaba desde el púlpito, agregando que todo cristiano debe denunciar y revelar lo que sucede en el país, ya que la inercia en esa situación no sería otra cosa que "cobardía" y "oportunismo", aunque sea por el temor de echar leña al fuego. Poniendo a Cristo como ejemplo recordó que el Hijo de Dios "no temió y actuó cuando no dejó que el templo se convirtiera en un mercado". Su crítica frente a esa inercia fue tajante al asegurar que los cristianos parecen haberse entregado al oportunismo, para que nada les disturbe. La búsqueda de la verdad es difícil, reconocía, ya que la propaganda del gobierno la oculta cuando trata de pintar una realidad alternativa. "La mentira es una de las armas de la violencia con la que se distorsiona la verdad", aseguraba. La verdad, en su visión, es algo por lo que hay que luchar "día por día, buscando la posibilidad de defenderla. Es cuando participamos de una forma positiva en los acontecimientos, sin temor y bajo cualquier opresión. Es lo que necesita este país. Es lo que nos pide el Señor", explicaba. La opresión no es solo un fenómeno uruguayo, sino que "toda América Latina lo sufre" y espera "algo nuevo, que todavía no ha encontrado".

La escalada de la violencia era palpable en las calles de Montevideo en estos años, que fueron escenario de confrontaciones armadas entre el gobierno, la guerrilla y la contraguerrilla cobrando vidas hasta en los espacios públicos. La discusión sobre la violencia y la no violencia era uno de los principales temas del discurso en los diarios, revistas, pero también entre amigos y familias y no solo a nivel uruguayo, sino también continental. Aquí solo señalaremos que en el Uruguay hubo importantes diferencias dentro de la izquierda, entre los comunistas y movimientos estudiantiles más radicales en relación a cómo actuar frente a la opresión y el autoritarismo.

La teología de la liberación se autodefine como "militante" frente a la injusticia, pero una de sus ideas constitutivas es justamente la de "no violencia", aunque con matices. Chauch señala que pese a que el imperativo más importante era la solidaridad con los marginados, los teólogos de la liberación también buscaban cumplir el papel de "mediador entre las partes en conflicto" (Tahar Chauch, 2007:448). Hay que recalcar que la palabra "violencia" debe entenderse de una manera más amplia y no como un simple sinónimo de la agresión física, sino que también cuenta con un referente a la injusticia social. Hubo, sin embargo, varios teólogos que fueron más allá y hasta llegaron a apoyar la guerrilla y participar con las armas en la mano en las pugnas sociales. Para Dussel, Ernesto Cardenal, cura y teólogo de la liberación nicaragüense que se integró al Frente Sandinista de Liberación Nacional "marca un desbloqueo histórico hacia los procesos revolucionarios" (Dussel, 1988:149). Ese era uno de los grandes dilemas para los pastores y curas de la liberación: ¿hasta qué punto deben involucrarse en los movimientos y acontecimientos políticos de la época y hasta qué punto puede uno llegar cuando se acerca a la situación con solidaridad y seguimiento?

Para Attila Nagy la forma de actuar aceptable era la de los "mansos" y sus puntos de referencia eran Cristo, Mahatma Gandhi y Martin Luther King. En una predicación al nombrarlos explicó que estos personajes, o sea los " mansos" son los que "están dispuestos a sufrir para defender sus ideas" y ellos, así como "muchos otros desconocidos más" hasta sacrificaron su vida por la causa en la que creían. "Esa es la razón de nuestra misión en esta tierra", afirmó, explicando que "la persona mansa no es violenta. No usa la violencia como un arma, es más: se opone a ella. Cristo y así también el cristianismo hablan contra la violencia". Con estas palabras no solo se refería a la forma de actuar que veía como aceptable, sino que también expresaba su crítica frente a "las iglesias" en general, que llegaron a ser cómplices de regímenes y situaciones violentos, como sucedió en Irlanda del Norte, con la "guerra entre católicos y reformados" o en Sudáfrica, donde "gran parte de la iglesia participa en los conflictos étnicos, apoyando el apartheid. Cometemos un pecado cuando no protestamos contra todo esto", afirmó. Es en esta época cuando inicia de alejamiento de Attila Nagy de la iglesia como institución, un proceso que finalmente condujo a una separación definitiva del pastor.

5. Cristianismo y revolución

Consideramos importante subrayar que en estos años de violencia política y social y de sobrepolitización, para una persona sensible a la injusticia seguramente fue difícil asumir una clara postura cuando se planteaba la dicotomía de cómo ser, en caso extremo, revolucionario y cristiano a la misma vez. En las palabras de Attila Nagy: "me inquieta si soy o no capaz de armonizar en mí mismo el marxismo con el cristianismo" (Avar, 1976:22). Este dilema no solo se presentaba en lo personal y en lo moral: los teólogos de la liberación unas veces debían desobedecer y otras someterse a la iglesia, a sus ideas y su estructura. El caso más conocido fue de Leonardo Boff, que después de décadas de actuación como uno de los máximos teólogos de la liberación en 1984 fue castigado a silencio por la Congregación por la Doctrina de la Fe, sucesora de la Congregación del Santo Oficio, o sea la Inquisición, dirigida por Joseph Ratzinger, conocido más tarde como el Papa Benedicto XVI. Esto, finalmente condujo a la ruptura de Boff con la iglesia. No es tema de este artículo, pero es un dato interesante el hecho de que el siguiente y actual Papa, Francisco siga la "teología de la pobreza" (Turzi, 2013:21), una de las ramificaciones de la teología de la liberación, que, para explicarlo de una manera muy sencilla, no hace política cuando asume un compromiso por los excluidos y pobres.

El mismo Ratzinger aseguraba en 1984 que "[…]en esta presentación integral del misterio cristiano, será oportuno acentuar los aspectos esenciales que las «teologías de la liberación» tienden especialmente a desconocer o eliminar: trascendencia y gratuidad de la liberación en Jesucristo, verdadero Dios y verdadero hombre, soberanía de su gracia, verdadera naturaleza de los medios de salvación, y en particular de la Iglesia y de los sacramentos. Se recordará la verdadera significación de la ética para la cual la distinción entre el bien y el mal no podrá ser relativizada, el sentido auténtico del pecado, la necesidad de la conversión y la universalidad de la ley del amor fraterno. Se pondrá en guardia contra una politización de la existencia que, desconociendo a un tiempo la especificidad del Reino de Dios y la trascendencia de la persona, conduce a sacralizar la política y a captar la religiosidad del pueblo en beneficio de empresas revolucionarias" (Ratzinger, 25-10-2015). Para simplificar y para ir al grano con las críticas eclesiásticas frente a la teología de la liberación: para sus adversarios "los teólogos de la Liberación proclaman y exigen la liberación de la carne. La emancipación del cuerpo. La redención de la materia. La remisión del organismo físico, de los huesos, de la sangre, de la piel, del cadáver vivo" (Monroy, 25-10-2015).

6. Lo político

Si en el púlpito Attila Nagy hablaba de Jesús, Gandhi y Luther King y la no-violencia, en lo político se acercó a la Resistencia Obrero-Estudiantil, una de las "tres patas" del anarquismo uruguayo de la época. La Federación Anarquista Uruguaya, fundada en 1956, en 1968 organizó la ROE, que se centró en la actividad sindical, mientras que en lo clandestino, la organización armada era la OPR-33 (Rey Tristán, 2005:236). Después de la ilegalización de la FAU en 1967, ésta necesitaba una "cara en el medio obrero-popular", para lo que se fundó la ROE que apareció en la vida política con sus volantes, pidiendo la liberación de presos políticos poco después de que Pacheco Areco anunciara las medidas prontas de seguridad (Rey Tristán, 2005:240). Aquí fue donde Attila Nagy estuvo más cerca a la violencia que tanto rechazaba: más allá de apoyar a los ocupantes de fábricas, llevando alimento a los militantes y hasta llegó a cargar cócteles molotov, aunque no los arrojó y nunca tomó armas en sus manos (Juele, 2015).

Después del golpe de estado una considerable parte de los integrantes de la Resistencia Obrero-Estudiantil se refugiaron la capital argentina, Buenos Aires. Muchos de los que decidieron quedarse en el Uruguay fueron encarcelados en 1973 y 1974, y permanecieron detenidos hasta los 80 (Rey Tristán, 2005:268). Como lo recordó Attila Nagy: "nuestro trabajo se convirtió en muy peligroso, de vida o muerte, pero no lo abandonamos. Organizamos muchas acciones y varios de mis compañeros fueron detenidos mientras colocábamos carteles en las calles o repartíamos volantes. Muchos desaparecieron para siempre y otros salieron de la cárcel mutilados" (Avar, 1976:23).

La iglesia ofreció cierto amparo para Attila Nagy, como él mismo lo explicó: ante las autoridades la iglesia era "de confianza", pese a que en varias ocasiones los integrantes y simpatizantes de la ROE se reunieron en el mismo templo, uno de los pocos lugares donde las fuerzas de seguridad no los buscaban, mientras que en otros casos el pastor dio "asilo" en su casa de familia a militantes buscados por las autoridades. Es más, aprovechándose de su "aspecto de pastor", Attila Nagy fue mensajero llevando documentos en su cartera para los que se habían refugiado en Buenos Aires y de vuelta a Montevideo en los barcos que cruzaban el Río de la Plata. Tal como lo requería la situación y la práctica, el pastor nunca habló en casa de los detalles de estas misiones (Juele, 2015). De todas formas, el ya mencionado Hugo Cores, uno de los líderes anarquistas, en una entrevista explicó que "durante las reuniones realizadas a lo largo de 1974, Argentina seguía siendo un paraíso para los uruguayos asfixiados por la dictadura. Para resolver el problema de una militancia repartida entre Montevideo y Buenos Aires se crearon grupos mixtos que se reunían en el lado argentino" (Trías, 2008:147); estas eran las llamadas "mezclas". Fue imposible aclarar si Attila Nagy participaba en estas reuniones o no, pero lo más probable es que sus viajes hayan estado relacionados con las "mezclas".

En los años posteriores varios de sus amigos y compañeros fueron torturados y asesinados por los militares en el poder, por lo que en 1975, después de advertencias de que estaba en la mira de las autoridades uruguayas, se vio obligado a abandonar el país con su familia, para volver a su país natal, Hungría. Un año después, en 1976 la ROE sufrió el golpe más fuerte cuando a raíz de la radicalización del poder y de la actuación de las organizaciones paramilitares "la mayoría de sus militantes desaparecieron y fueron asesinados" (Rey Tristán, 2005:268).

No hemos podido aclarar de dónde han llegado las advertencias de que Attila Nagy "está en las listas", pero sí que el entonces encargado de negocios de la Embajada Húngara János Dömény le expidió un "documento para regresar al país" en breve (Dömény, 2015). Dömény recordó así, en 2009, aquellos tiempos en el Uruguay: "Ahora ya puedo admitir que escuchando únicamente a mi conciencia escondí a demócratas buscados y perseguidos por las autoridades militares, los trasladé de un lugar a otro y les ayudé a huir del país, expidiendo documentos de viaje húngaros. Estaba consciente del peligro. Pese a ello no me he arrepentido de que en aquellos tiempos haya colocado mis obligaciones humanas ante mis intereses (Dömény, 2009:13).

La dictadura finalmente cayó en Uruguay 10 años más tarde, tras un proceso iniciado en 1980, marcado por el debilitamiento del poder militar, aunque la represión no cesó hasta las elecciones legislativas de 1984. Este periodo fue denominado en la historiografía de "dictadura transicional", mientras que los siguientes 5 años, hasta las elecciones de 1989, ya no condicionadas por el poder militar, de "transición democrática" (Corbo, 2007:27). Pese a sus aversiones anteriores el Partido por la Victoria del Pueblo, fundado en 1976 en Buenos Aires y que podría ser considerado heredero de la FAU y la ROE, se integró en el Frente Amplio y dentro de éste conformó con los tupamaros y otras organizaciones de izquierdas obreras y marxistas el Espacio 609, cuyo exponente máximo es Pepe Mujica, presidente uruguayo entre 2010 y 2015.

Ya en Hungría y entrevistado por una revista local, Attila Nagy dijo que sentía remordimientos por haber abandonado Uruguay y que "una y otra vez tengo que encarar que esto fue una fuga", aunque haya sido motivado por la seguridad de su familia y de sus dos hijos (Avar, 1976:22).

En estas páginas intentamos reconstruir los procesos políticos en el

Uruguay a finales de los años 60 e inicio de los 70 a través de la figura de un pastor desconocido para la historiografía, utilizando sus manuscritos, entrevistas con personas cercanas y otras fuentes primarias. La dictadura uruguaya, tal como las otras de América Latina ya fueron analizadas en todos sus aspectos, pero tal vez pudimos agregar algo a estas investigaciones partiendo de la vida y labor del pastor húngaro-argentino-uruguayo, Attila Nagy, mi padre.

BIBLIOGRAFÍA

ANDERLE, Ádám - GIRÓN, José (eds.)(1997), *Estudios sobre transiciones democráticas en América Latina*, Oviedo, Universidad de Oviedo.

ARIAS, Mortimer (1973), *Salvación es liberación*, Buenos Aires, La Aurora.

AVAR, Károly(1976), "Hazatérés harminc év után" (Entrevista a Attila Nagy), *Magyar Ifjúság*, 32, 22-23.

BOFF, Leonardo (1992 [1982]), *Iglesia: carisma y poder. Ensayos de eclesiología militante*, Santander, Sal Terrae.

BOFF, Leonardo - BOFF, Clodovis (1986), *Cómo hacer teología de la liberación*, Madrid, Paulinas.

CARDOZO, Fernando Enrique – FALETTO, Enzo (2002 [1968]), *Dependencia y desarrollo en América Latina*, México, Siglo XXI.

CORBO, Daniel J. (2007), "La transición de la dictadura a la democracia en el Uruguay", *Humanidades*, VII/1, 23-47.

DÖMÉNY, János (2009), *Magyar dilpomata Latin-Amerikában*, Szeged.

DÖMÉNY, Zsuzsa: Entrevista realizada el 20 de octubre de 2015.

DUSSEL, Enrique (1988), "Teología de la liberación y marxismo", *Cuadernos Americanos*, 1988/12, 138-159.

DUSSEL, Enrique (1989), "Historia de la Iglesia en América Latina: una interpretación", en Anderle, Ádám (de.): *Iglesia, religión y sociedad en la historia latinoamericana (1492-1945)*, Szeged, JATE kiadó, 1-29.

Estatutos de la Fundación "Pablo de Tarso", Montevideo, fotocopia [1972?].

FRANCO, Marina - IGLESIAS, Mariana (2011), "El estado de excepción en Uruguay y Argentina. Reflexiones teóricas, históricas e historiográficas", *Revista de historia comparada* (Rio de Janeiro), 5-1, 91-115.

FROMM, Erich (1970 [1961]), *Marx y su concepto del hombre*, México, FCE.

FUNES, Patricia (2014), *Historia mínima de las ideas políticas en América Latina*, Madrid, Turner.

HALPERIN DONGHI, Tulio (2012 [1988]), *Historia contemporánea de América Latina*, Madrid, Alianza.

JUELE, María Banca (esposa de Attila Nagy): Entrevista realizada el 12 de septiembre de 2015.

Hitünk (Revista de la Asociación Cristiana Evangélica Luterana, Buenos Aires), septiembre-octubre de 1976, 2.

KERBER, Guillermo (2013), "Teología de la Liberación y movimiento ecuménico: breve reflexión desde una práctica", *Horizonte*, Belo Horizonte, 11/32, 1813-1826.

LEAL BUITRAGO, Francisco (2003), "La doctrina de seguridad nacional: materialización de la guerra fría en América del Sur", *Revista de Estudios Sociales* (Colombia), junio, 74-87.

LESSA, Francesca - FRIED, Gabriela (2013), "Las múltiples mascaras de la impunidad: la Ley de Caducidad desde el Si Rosado hasta los desarrollos recientes", en Gabriela Fried Francesca Lessa (comp.): *Luchas contra la impunidad. Uruguay 1985-2011*, Montevideo, Trilce, 31-44.

LERIN, Francois - TORRES, Cristina (1987), *Historia política de la dictadura uruguaya*. 1973-1985, Montevideo, Ediciones del Nuevo Mundo.

LEVINE, Daniel H. - MAINWARING (2001), "Religión y protesta popular en América Latina: experiencias contrastantes", en Susana Eckstein (coord.): *Poder y protesta popular. Movimientos sociales latinoamericanos*, México, Siglo XXI, 237-273.

MONROY, Juan Antonio (sin año), "Un enfoque evangélico a la Teología de la Liberación. Cara y cruz de la Teología de la Liberación", asequible en: http://goo.gl/WxBptk, fecha de consulta: 25 de octubre de 2015.

MONTINI, Giovanni Battista (Papa Pablo VI) (1964), *Decreto Unitatis Redintegratio sobre el ecumenismo*, asequible en: http://goo.gl/1W1upZ, fecha de consulta: 14 de octubre de 2015.

NAGY, Attila (1981), *Currículo* (manuscrito).

NAGY, Attila (1968), *Tesis* (borrador manuscrito).

NAGY, Attila (1970-1973?), *Predicaciones* (manuscrito).

NAGY, Balázs Dezsőné (1990), *A kegyelem útja*, Calgary.

NAHUN, Benjamín (1995), *Manual de historia del Uruguay. 1903-1990*, tomo II, Montevideo, Ediciones de la Banda Oriental.

NERCESIAN, Inés (2008), "Debates en torno a la lucha armada de los años 60 en Brasil y Uruguay. Un estado de la cuestión", *Historia Actual Online*, 17, 7-18., asequible en: http://goo.gl/5RZntl, fecha de consulta: 9 de noviembre de 2015.

PAZ MARCHETTI, María de la (2013), "Cristianismo revolucionario en Argentina en los '60s y 70's", *X Jornadas de Sociología. Facultad de Ciencias Sociales*, Universidad de Buenos Aires. asequible en: http://cdsa.aacademica.org/000-038/279.pdf, fecha de consulta: 8 de noviembre de 2015.

RATZINGER, Joseph (1984), *Instrucción sobre algunos aspectos de la "Teología de la liberación"*, Vaticano, asequible en: http://goo.gl/eSTRtJ, fecha de consulta: 25 de octubre de 2015.

REY TRISTÁN, Eduardo (2005), *La izquierda revolucionaria uruguaya*, Sevilla, Universidad de Sevilla.

SAPRIZA, Graciela (2009), "Memorias de mujeres en el relato de la dictadura (Uruguay, 1973-1985)", *DEP. Deportate, Esuli e Profughe. Violenza, conflitti e migrazioni in America latina (numero speciale)* (Venecia), 11, 64-80.

"Sentencia señala 'complicidad' de la Iglesia católica con dictadura argentina", *diariovasco.com*, 14 de febrero de 2014, asequible en: http://goo.gl/JlqBp3, fecha de consulta: 8 de noviembre de 2015.

TAHAR CHAUCH, Malik (2007): "La teología de la liberación en América Latina: una relectura sociológica", *Revista Mexicana de Sociología*, 69/3, 427-456.

TRÍAS, Ivonne (2008), *Hugo Cores. Pasión y rebeldía en la izquierda uruguaya*, Montevideo, Trilce.

TURZI, Mariano (2013), "El Papa del tercer mundo", *Foreign Affairs Latinoamérica*, 13/3, 19-25.

HISTORIA

EL ROL E IMPACTO DE LA COMISIÓN DE LA VERDAD Y RECONCILIACIÓN EN LA AGENDA TRANSICIONAL PERUANA

FABIOLA ARELLANO CRUZ
Universidad Ludwig Maximilians, Múnich

Resumen: Durante el conflicto armado interno peruano (1980-2000) alrededor de 70 000 personas perdieron la vida. A diferencia de otros países vecinos, las graves violaciones a los derechos humanos se llevaron a cabo durante democracia, la cual con la clausura del Congreso de la República por parte del ex presidente Alberto Fujimori ("autogolpe") en el año 1992 mutó a ser un régimen cívico-militar con características autoritarias que se extendió hasta el año 2000. En el año 2001 se crea una comisión encargada de investigar los hechos ocurridos durante 20 años de violencia política y de formular propuestas en el ámbito de reparaciones. La Comisión de la Verdad y Reconciliación (CVR) constituyó la herramienta más importante en la agenda transicional posconflicto, aunque no fue ajena a controversias. Teniendo en cuenta esto, el presente artículo remarcará algunos de los impactos de la CVR en la actualidad. Asimismo, indagará hasta qué punto éstos han venido influenciando los discursos y prácticas sobre el pasado y la memoria.
Palabras clave: Comisión de la Verdad, justicia transicional, memoria histórica, Perú

Abstract: During Peru's internal armed conflict (1980-2000) about 70 000 people lost their lifes. Unlike other neighboring countries, serious human rights violations took place in democracy. With the Congress' closure by former President Alberto Fujimori („auto-coup") in 1992 this period of democracy mutated to be a civil-military regime with authoritarian characteristics, which lasted until 2000. In 2001 a commission was mandated to investigate the events during the 20 years of political violence, and to make proposals in the field of reparations. The Truth and Reconciliation Commission (TRC) was the most important tool in the post-

conflict transitional agenda, although it was not immune to controversy. Considering this, the present article will give an account about some of the impacts of the TRC today. Likewise, the article will inquire up to what extent those have been influencing the discourses and practices about the past and memory.
Keywords: Truth Commission, transitional justice, historical memory, Peru

1. Introducción: La transición peruana

La última transición peruana tiene como particularidad que incluye paralelamente tres procesos complejos. En primer lugar, se observa un tránsito de dictadura a democracia, que a su vez coincide con el inicio de un conflicto armado interno. La mayoría de los crímenes y violaciones a los derechos humanos ocurren durante este periodo democrático. Posteriormente, se inicia un proceso de relativa pacificación, pero bajo el manto de un gobierno autoritario. Y tras la caída de este régimen, finalmente, comienza de nuevo un periodo de democratización y restitución del estado de derecho, el cual se ha mantenido hasta la actualidad.

En el año 1978 fue convocada por el gobierno militar una Asamblea Constituyente para formular una nueva Constitución. Este constituiría el primer paso para una transición, cuya cúspide serían las elecciones generales del año 1980. Sin embargo, un día antes de llevarse a cabo estas elecciones, las ánforas electorales de un pequeño poblado en la sierra central aparecen quemadas. Este hecho, que se le atribuye a un grupo armado autodenominado "Partido Comunista - Sendero Luminoso", marcaría el inicio de la así llamada "lucha armada" contra del Estado peruano. El conflicto entre las fuerzas armadas y grupos subversivos fue calificado tiempo después por la CVR como el más largo, más extenso desde el punto de vista territorial y más violento de la historia republicana. (CVR, 2003, Tomo I:53). El conflicto dejaría un saldo de alrededor 70 000 víctimas y cuanticiosos daños materiales. Después de dos periodos presidenciales - Belaúnde Terry (1980-1985) y García Pérez (1985-1990)- el derramamiento de sangre seguía latente. En el año 1990 sale electo el ingeniero Alberto Fujimori, el cual recibe un país en medio de una grave crisis económica y una sociedad vulnerable. El 5 de abril del año 1992 Fujimori decide disolver el Congreso de la República, intervenir el Poder Judicial y destituir a los miembros del Tribunal Constitucional. Se dictó el estado de sitio, se cerraron los medios de comunicación y se neutralizó a algunos periodistas y opositores al régimen. Todo esto con el pretexto de "la lucha antiterrorista" y con el apoyo, no solo de las fuerzas armadas, sino también del pueblo. En efecto, ese mismo año es capturado el líder de Sendero Luminoso, Abimael Guzmán, y desde entonces se disminuyen notoriamente los atentados subversivos. Esta captura, sin embargo, se le atribuye hoy a un grupo de inteligencia especializado que coordinó la búsqueda y captura del líder senderista sin dar cuentas a Fujimori. De todos modos, lejos de aprovechar el paulatino debilitamiento de Sendero para fomentar la estabilidad del país, él y su asesor Vladimiro Montesinos instrumentalizaron la captura de Guzmán para seguir gobernando de manera autoritaria y corrupta, con el fin de perpetrarse en el poder. (Burt, 2011:29).

Fujimori decide candidatear por tercera vez en el 2000, lo cual crea reacciones adversas dentro de la oposición por considerarse inconstitucional. El oficialismo alegó a favor de la candidatura de Fujimori, aludiendo que estaría postulando recién por segunda vez, ya que el golpe de estado del 5 de abril de 1992 anulaba su primer periodo presidencial. Fujimori salió electo, pero bajo circunstancias fraudulentas, de tal manera que los resultados no fueron aceptados ni por instituciones internacionales, ni por la mayoría de jefes de estado miembros de la OEA. Se llevaron a cabo marchas multitudinarias de protesta, que dieron cuenta del clima de insatisfacción que ya se había generado en la población. La "gota que derramó el vaso" fue la presentación pública el 14 de setiembre de 2000 del primer así denominado "Vladivideo". Este video, grabado por el mismo Vladimiro Montesinos, pone al descubierto el alto nivel de corrupción del régimen. Tras este escándalo, Fujimori aprovecha una cumbre en Brunei, a la cual viaja aún como presidente, para trasladarse luego a Japón, donde el 19 de noviembre renuncia a su cargo por medio de un fax. El Congreso no acepta su renuncia, por el contrario, lo destituye e inhabilita para cualquier cargo público por incapacidad moral.

2. Justicia Transicional y Comisiones de Verdad

Los variados mecanismos para contrarrestar las duras consecuencias de periodos, muchas veces largos, de violencia política, caracterizados por graves y numerosas violaciones a los derechos humanos, han tomado el nombre de justicia transicional. El Instituto Internacional de Justicia Transicional la define como "conjunto de medidas judiciales y políticas que diversos países han utilizado como reparación por las violaciones masivas de derechos humanos. Entre ellas figuran las acciones penales, las comisiones de la verdad, los programas de reparación y diversas reformas institucionales" (ICTJ, 30-9-2015). La justicia transicional se basa en el concepto de justicia restaurativa, la cual teoricamente ubica a la víctima en un primer plano (Kastner, 2010; Van Ness y Heetderks Strong, 2015). De tal modo que los conceptos de reparación, restitución y reconciliación juegan un rol importante. Para la experta en sociología del derecho Fatima Kastner, el principal objetivo de estas medidas se enmarca incluso en dimensiones más amplias. No solo se trata de la restitución de derechos de un individio o la recuperación del estado de derecho y la democracia en general, sino más bien de establecer la paz social y la reconciliación nacional (2015:33-34). Asimismo, y con respecto a las comisiones de la verdad específicamente, la profesora argentina y experta en Justicia Transicional, Ruti Teitel, señala que desde un punto de vista genealógico "[…] el objetivo primordial de las comisiones de verdad no era la verdad, sino la paz" (2003:12). Todo esto, en la teoría, pero, ¿qué sucede cuándo la implementación de este tipo de herramientas no solo no permite alcanzar estos objetivos, sino que en realidad hasta cierto punto los obstruye?, ¿existen acaso prerrequisitos o condiciones previas mínimas para poder ser alcanzados?

El proceso de superación del pasado en la mayoría de sociedades posconflicto en Latinoamérica ha comenzado con la implementación de comisiones investigativas que hoy son conocidas como "comisiones de verdad". Esta verdad no es siempre bienvenida en la población por distintas razones. Por un lado, existen élites involucradas con los regímenes anteriores, o eventualmente grupos de perpetradores mismos, que evidentemente priorizan el olvido a la verdad. Por otro lado, existe la crítica, en la academia y en algunos sectores de la sociedad, a que se construya una verdad oficial, monolítica y hegemónica de la historia que intente evitar conflictos, destacando aquellos elementos que puedan crear mayor consenso. De esta manera, se pretendería fortalecer el reencuentro y la reconciliación (Vinyes, 2009). Muchas veces, empero, estos intentos tienden a excluir otras verdades y a generar incluso más conflictos. La antropóloga estadounidense Kimberly Theidon considera que en las comisiones de verdad latinoamericanas se tiende a construir un discurso popular que presenta sobre todo dos grupos distintivos: víctimas y perpetradores. Según ella, las comisiones se caracterizan por crear dualismos, tales como: "entre dos fuegos", "entre dos demonios" o "entre dos ejércitos". Estas identidades binarias, según Theidon, aunque sean condicionantes a la naturaleza de la transición política misma, inducen a la población a colocarse dentro de alguna tipología. Esto, a su vez, determina qué verdades ingresan en el registro de la memoria colectiva y cuáles no (2013:325). Desde un punto de vista más individual, sin embargo, el esclarecimiento de los hechos constituye un hecho primordial para algunos familiares de víctimas y/o sobrevivientes, ya que evidencia la autenticidad de sus relatos. De tal manera que, aunque de facto muchas veces imperfecta, la implementación de una comisión de verdad forma parte de sus demandas.

3. La Comisión de la Verdad y de Reconciliación: críticas y resonancia

La Comisión de la Verdad y Reconciliación (CVR) fue el primer instrumento de justicia transicional implementado en el Perú después de la transición. Durante el gobierno transitorio[1], el entonces presidente Valentín Paniagua convocó a una comisión que tuvo por mandato investigar los hechos de violencia y las violaciones a los derechos humanos ocurridos entre mayo de 1980 y noviembre de 2000. Asimismo, debía "analizar las condiciones políticas, sociales y culturales, así como los comportamientos que desde la sociedad y las instituciones del Estado contribuyeron a la trágica situación de violencia por la que atravesó en Perú"[2]. Una de las tareas más importantes de la CVR fue además elaborar recomendaciones en materia de reparaciones y propuestas de reformas institucionales. En un inicio, se le denominó "Comisión de la Verdad", pero el presidente Alejandro Toledo amplió su nombre, y por lo tanto también su significado, en "Comisión de la Verdad y Reconciliación". La CVR requirió un poco más de dos años para elaborar su Informe Final, el cual fue entregado al presidente Toledo el 28 de agosto de 2003.

La CVR estuvo sujeta desde su creación a duras críticas en la opinón pública. Estas se intensificaron aun más después de publicar los resultados de sus investigaciones en su Informe Final. La mayoría de las críticas provinieron de sectores conservadores y cercanos a las fuerzas armadas. Se le calificó de „sezgada" y de „caviar"[3] porque supuestamente dentro de sus integrantes predominaban personajes de orientación política y académica de izquierda. No faltaron las voces que la tildaron incluso de „pro-terrorista" por haber sido, según sus estimaciones, demasiado condescendiente al momento de calificar las conductas de los grupos subversivos. Otra crítica que ha sido muy recurrente, y sobre la cual me he referido en el apartado anterior, tiene que ver con el tema de querer "monopolizar la verdad". En este sentido, considero importante mencionar el concepto de verdad definido por la CVR en su introducción: "La CVR entiende por «verdad» el relato fidedigno, éticamente articulado, científicamente respaldado, contrastado intersubjetivamente, hilvanado en términos narrativos, afectivamente concernido y perfectible […]" (CVR, 2003, Tomo I:32). Diciendo esto, resulta conveniente destacar las palabras de su presidente, el Dr. Salomón Lerner, en respuesta a las mencionadas críticas: "La CVR no se planteó cerrar el debate sobre memoria histórica de este proceso, todo lo

---

[1] El gobierno de transición empezó el 22 de noviembre de 2000 y terminó el 28 de julio de 2001, con la toma de mando del nuevo presidente electo Alejandro Toledo.
[2] Decreto Supremo N° 065-2001-PCM.
[3] Se le califica de "caviar" a personas de tendecia política de izquierda, pero que son parte de una clase social privilegiada.

contrario, puso su Informe a consideración de las instituciones del Estado y de la sociedad organizada para propiciar una discusión rigurosa y honesta en torno a aquello que debemos recordar y no repetir." (Lerner, 2013, 11-11-2015). Lamentablemente, esa "discusión rigurosa" no se ha efectuado. En una encuesta realizada en el año 2013 y publicada parcialmente en el diario La República, se señala que solo un 34% de los encuestados conoce el trabajo de la CVR (N.N, 2013, 10-11-2015). Pareciera que existe un desdén por estos temas. Se quiere más bien mirar al futuro y evitar seguir abriendo heridas pasadas, aunque evidentemente para algunas personas, estas heridas nunca sanarán. De todos modos, según sus críticos, la CVR no ha contribuido a lo que se suponía era parte de su mandato: fomentar procesos de reconciliación. Lejos de reconciliar, según ellos, ha polarizado aún más a los peruanos.

No obstante, la simple conformación de una comisión investigadora fue ya un primer esfuerzo valioso que marcó la primera piedra de un largo y tedioso camino, propio de estos procesos de transición. La investigación realizada por la CVR ha tenido importantes repercusiones en varios ámbitos. En el siguiente apartado daré cuenta de ello. Con el ánimo de sistematizar y condensar de manera más adecuada algunos de los impactos que ha tenido la CVR hasta la actualidad, los dividiré en tres grupos y mencionaré en cada uno de ellos ejemplos que considero oportunos.

4. Impactos hoy

Empezaré este apartado mencionando algunos datos importantes para la comprensión de los impactos generados por la CVR al momento de entregar su Informe y que aún tienen repercusiones en la actualidad. Uno de los datos más impactantes fue sin duda el número de víctimas, el cual fue estimado por la CVR en 69.280 personas. (CVR, 2003, Conclusiones Generales:9). Hasta entonces se estimaban un máximo de 25.000. Aunque la cantidad de muertes causadas por el Estado era menor de lo que algunos habían estimado, el número absoluto de víctimas resultó siendo mucho más alto. Como era de esperar, algunos sectores oficialistas y de derecha inculparon a la CVR de "inflar" las cifras para desacreditar a los militares[4]. Con respecto a la determinación de responsabilidades, la CVR calificó a Sendero Luminoso como el principal perpetrador, atribuyéndole un 54% de las muertes y desapariciones ocurridas durante el conflicto (CVR, 2003, Conclusión:13). Pero a su vez, hizo hincapié en que en ciertos lugares y momentos hubo violaciones sistemáticas a los derechos humanos por parte de miembros de las fuerzas armadas (CVR, 2003, Conclusión:55). Otro dato

---

[4] Con respecto a las críticas sobre los métodos estadísticos que se usaron véase: http://grancomboclub.com/2010/08/la-cvr-cronica-de-una-cifra-anunciada.html

importante que pone al descubierto temas éticos, socioculturales, políticos e históricos muy arraigados en la sociedad peruana, fue que más del 70% de las víctimas tenían como lengua materna el quechua u otra lengua nativa, otro 79% vivía en zonas rurales, el 68% no contaba con educación secundaria e incluso muchos de ellos eran analfabetos (CVR, 2003, Tomo I:175-185). Se concluye entonces que existe una correlación entre condición de pobreza, exclusión social y probabilidad de ser víctima. Esta deducción da cuenta de la discriminación étnica y el racismo de origen colonial que persiste hasta el día de hoy en la sociedad peruana. Se trata de una sociedad clasista, racista y discriminadora, hecho por el cual durante años pasó desapercibida la barbarie que se estaba viviendo en el interior del país. Asimismo, el Estado dejó en desamparo por mucho tiempo a un sector de la población que de por sí ya era bastante vulnerable.

4.1 Impacto para las víctimas

La CVR fue la primera comisión de verdad latinoamericana que usó como metodología de trabajo la recolección de testimonios en audiencias públicas (Oettler, 2004:97). Se llevaron numerosas audiencias en diferentes regiones del país, en donde se recogieron alrededor de 17 000 testimonios, los mismos que son base fundamental del Informe Final. Las audiencias fueron televisadas a nivel nacional. De este modo, el relato contado, que fue callado, ignorado o retenido por tantos años, pudo ser difundido a todo el país, otorgando una legitimidad ético-política a la labor de la CVR y, a su vez, ofreciendo la posibilidad de una plataforma para contar la historia desde la perspectiva de las víctimas. Esto no solo tuvo un impacto en la población, que por primera vez escuchaba lo que pasaba con detalle por los propios afectados víctimas, sino que para las víctimas era un espacio de dignificación y una plataforma pública para ser escuchados.

Dentro del mandato de la comisión estaba la elaboración de propuestas en materia de reparaciones. La CVR elaboró un Plan Integral de Reparaciones, que debía tomar en cuenta los siguientes ámbitos: salud, educación, vivienda (desplazados), reparaciones económicas individuales, reparaciones colectivas y simbólicas. Pero ya entregado el Informe Final, la implementación de las recomendaciones dependía de otras esferas. El presidente Alejandro Toledo creó las bases legales para la implementación del programa de reparación, pero no se llegó a destinar los recursos necesarios. Recién al final del segundo gobierno del ex presidente Alan García se empezaron a llevar a cabo los programas de reparaciones colectivas, las cuales consistían, en su gran mayoría, en proyectos de infraestructura en las zonas rurales más afectadas por el conflicto. Para la elección del tipo de proyecto a implementar, se fomentó la participación de la comunidad. Sus miembros debían ser los encargados de elegir qué tipo de proyecto sería el más conveniente, para cuya construcción se les designaría un máximo de 100 000 Soles (280 000 Euros). Lamentablemente, muchas de las comunidades no percibieron o perciben este apoyo como parte de un programa de reparación, es decir como una compensación por la vulneración de un derecho (Defensoría del Pueblo, 2013:23). El Estado debería intentar crear mejores condiciones de vida en poblaciones vulnerables, independientemente de si estas fueron o no azotadas por el conflicto. Pero sin duda, los ciudadanos que sí lo fueron deberían poder tener el derecho de ser reparados dignamente. Esto me lleva al punto más controversial en cuanto a reparaciones: el programa de reparaciones económicas. Para empezar, era importante hacer un sondeo de las víctimas. Por ello se creó el Registro Único de Víctimas (RUV) que ha tenido la ardua tarea de registrar a aquellas personas que cumplan con los requisitos para ser reparadas. El monto que se está manejando hasta el momento es de 10 000 Soles (2800 Euros aprox.). (Defensoría del Pueblo, 2013:40). Esta cifra pareciera ser una suerte de donativo caritativo, que lejos de dignificar, da cuenta un vez más del poco interés que se tiene en estos temas. Cabe recalcar que no solo son importantes las reparaciones materiales. De por sí, la vida de un ser querido no se puede reparar en esos términos. Es por eso que la CVR pone también hincapié en reparaciones simbólicas.

Por otro lado, gracias a las investigaciones de la CVR se han logrado identificar alrededor de 5000 fosas comunes a lo largo del territorio nacional. La identificación de fosas comunes clandestinas permitió poner al descubierto una práctica terrible muy común en nuestro continente: la desaparición forzada. Durante mucho tiempo se crearon historias alrededor de la vida y/o muerte de un ser querido, cuando la verdad es que su muerte intentó ser ocultada de manera planificada. Debido a la lejanía e inaccesibilidad de las fosas, pero sobre todo a la falta de una legislación adecuada que facilite la búsqueda de desaparecidos, la mayoría de las fosas no ha podido ser exhumada. No obstante, alrededor de 1600 familiares han podido darle fin a la búsqueda del ser querido y a la incertidumbre. (El Comercio, 13-11-15). De todos modos aún queda mucho por hacer.

4.2. Impacto para los perpetradores

El hecho de haber podido identificar fosas comunes, no solo ayudó a cerrar ciclos dolorosos para las víctimas. A su vez colaboró con abrir investigaciones que comprometan a responsables de este tipo de crímenes tan terribles. Indudablemente, los testimonios de las víctimas, que luego eran corroborados con otros documentos, también fueron una herramienta útil para identificar a posibles perpetradores.

Una característica particular de la comisión peruana fue que no tuvo la necesidad de llegar a acuerdos, ni a negociaciones consensuales con los militares, ni con los remanentes del régimen fujimontesinista. A diferencia de otros países, en el Perú la ley de amnistía proclamada por Fujimori, la cual beneficiaba a miembros de las fuerzas armadas, fue posteriormente suprimida. Esto significa que la CVR y sus comisionados fueron relativamente libres para actuar y de alguna manera también para denunciar. De tal manera que el informe menciona con nombre y apellido a algunos de los violadores a derechos humanos. Además, y esto también la diferencia de otras comisiones latinoamericanas, tenía la facultad de determinar responsabilidades. Sus averiguaciones, por lo tanto, fueron y son materia de investigaciones judiciales. Si bien es cierto, antes de ser creada la CVR, algunas organizaciones de derechos humanos habían ya logrado en el marco de la justicia internacional (Corte Interamericana de Derechos Humanos) impulsar juicios, después de la transición y con ayuda de algunos de los destapes de la CVR, esta posibilidad aumentó. Quizá el caso más conocido mediaticamente y trascendente en este sentido, fue la captura, proceso y sentencia del ex mandatario Alberto Fujimori. El mismo que fue sentenciado en el 2009 a 25 años de pena privativa de la libertad por violaciones graves a los derechos humanos.

4.3 Impacto para la academia

A partir de la publicación del Informe Final de la CVR el interés en la academia por temas referentes al conflicto armado y a la memoria histórica ha aumentado significativamente. La CVR puso en evidencia que era necesaria la existencia de equipos de especialistas independientes que investiguen sobre el conflicto. Para el caso de investigación forense, por ejemplo, se crea el Equipo Peruano de Antropología Forense, que se encarga de la búsqueda, identificación y restitución de los restos de personas desaparecidas. En el año 2004, se creó el Instituto de Democracia y Derechos Humanos de la Pontificia Universidad Católica del Perú (PUCP). Su fin está orientado al "fortalecimiento de la democracia y a la vigencia de los derechos humanos en el Perú mediante la formación académica y la capacitación profesional, la investigación aplicada, la generación de espacios de diálogo y debate, así como la promoción de políticas públicas en la sociedad civil y el Estado" (IDEHPUCP, 15-11-2015). También se crea un grupo de trabajo especializado en la materia en el Instituto de Estudios Peruanos (IEP). El "Grupo Memoria", actualmente desarticulado, ha publicado en colaboración con el IEP numerosos libros, ha estado a cargo de la organización de conferencias temáticas y de coloquios de trabajos de investigación. Curiosamente, estas dos últimas iniciativas fueron creadas por dos ex comisionados de la CVR, el Dr. Salomón Lerner y el antropólogo Carlos Iván Degregori, respectivamente.

5. Reflexión final

El campo de acción y las limitaciones de las comisiones de verdad dependen oficialmente de su mandato, pero a la vez, de la historia que la precede, la magnitud y complejidad del conflicto a tratar y finalmente de la coyuntura política en la que está enmarcada. El éxito o fracaso de estos esfuerzos va a depender de la prioridad que tengan en la agenda política transicional. La implementación de las recomendaciones de las comisiones depende de la voluntad política de sus gobernantes y de sus élites. Además, para alcanzar el objetivo de reconciliación requieren de cierta legitimación en la población.

Sin lugar a dudas, la CVR fue un aporte importante durante el proceso transicional, permitiendo un esclarecimiento histórico. En estas pocas líneas es imposible llevar a cabo un estudio exhaustivo sobre todos los impactos de la CVR. Lo que he tratado de hacer es dar algunas luces sobre algunos ejemplos relevantes y que se desprenden directamente de ella. La sistematización en tres grupos (víctimas, perpretadores y academia) fue unicamente para poder abordar el tema de manera más organizada. Aprovecharé estas reflexiones finales para mencionar lo que considero podría calificarse como el puente entre la CVR y la sociedad. Evidentemente, las víctimas son también parte de la sociedad, pero en este caso me refiero a la sociedad en su conjunto, sobre todo a aquella que no vivió el conflicto.

Gracias al trabajo de la CVR se creó un archivo fotográfico que en el 2003 se presentó como la exposición "Yuyanapaq. Para Recordar". Esta muestra fue la primera visualización del conflicto, que confrontó a la sociedad limeña con una realidad que durante mucho tiempo no pudo, ni quiso ver. Hoy esta muestra está en el Museo de la Nación, en el sexto piso, formando parte de una institución que relata la historia nacional, tanto la gloriosa, como también, ahora, la trágica y violenta. Además, el 17 de diciembre de 2015 se inauguró el Lugar de la Memoria, espacio que tematiza los 20 años de violencia política en el Perú. Se trata de un proyecto reeinvidicativo, conmemorativo y pedagógico, cuya base científica está basada en buena parte por el Informe Final. Quizá la suma de estos esfuerzos ayude a curar las heridas de una sociedad que continua polarizada. Termino con una cita del Informe Final: "Si la verdad es una condición previa de la reconciliación, la justicia es al mismo tiempo su condición y su resultado" (CVR, 2003, Tomo I:37). Por el momento, lo cierto es que la meta de un país reconciliado y justo queda aún pendiente.

BIBLIOGRAFÍA

Blog político peruano, asequible en: http://grancomboclub.com/2010/08/la-cvr-cronica-de-una-cifra-anunciada.html, fecha de consulta: 11 de noviembre de 2015.

BURT, Marie-Jo (2011), *Violencia y Autoritarismo en el Perú: bajo la sombra de Sendero y la dictadura de Fujimori*, Segunda Edición ampliada, Lima, IEP.

Centro Internacional para la Justicia Transicional, asequible en: https://www.ictj.org/es, fecha de consulta: 30 de octubre de 2015.

Comisión de la Verdad y Reconciliación (2003), *Informe Final*, Lima.

Decreto Supremo N° 065-2001-PCM del 04 de junio de 2001.

Defensoría del Pueblo (2013), *A diez años de verdad, justicia y reparación. Avances, retrocesos y desafíos de un proceso inconcluso*, Serie Informes Defensoriales, Informe 162, Lima.

Instituto de Democracia y Derechos Humanos (IDEHPUCP), asequible en:

http://idehpucp.pucp.edu.pe/institucional/presentacion/, fecha de consulta: 30 de octubre de 2015.

KASTNER, Fatima (2010), "Retributive versus restaurative Gerechtigkeit. Zur transnationalen Diffusion von Wahrheits- und Versöhnungskommissionen in der Weltgesellschaft", en Regina Kreide y Andreas Niederberger (eds.): *Staatliche Souveränität und transnationales Recht*, Múnich, Hampp, 194-211.

KASTNER, Fatima (2015), "Lex Transitus: Zur Emergenz eines globalen Rechtsregimes von Transitional Justice in der Weltgesellschaft", en Bora, Alfons entre otros (eds.), *Zeitschrift für Rechtssoziologie. The German Journal of Law and Society*, Bd. 35 Heft1, Juli 2015, Stuttgart, Lucius & Lucius Verlag, 29-47.

Lerner Febres, Salomón, "La CVR y el concepto de verdad", *La República*, 14-09-2013, asequible en:

http://larepublica.pe/columnistas/desde-las-aulas/la-cvr-y-el-concepto-de-verdad-14-09-2013, fecha de consulta: 11 de noviembre de 2015.

N.N. "Solo 34% de peruanos conoce la comisión que investigó violencia terrorista", *La República*, 18-11-2013, asequible en:

http://larepublica.pe/18-11-2013/solo-34-de-peruanos-conoce-la-comision-que-investigo-violencia-terrorista, fecha de consulta: 10 de noviembre de 2015.

N.N. "Perú inicia la búsqueda de miles de desaparecidos", *El Comercio*, 13-11-2015, asequible en:

http://elcomercio.pe/lima/sucesos/peru-comienza-busqueda-miles-desaparecidos-video-noticia-1843395, fecha de consulta: 13 de noviembre de 2015.

OETTLER, Anika (2004), "Der Stacher der Wahrheit. Zur Geschichte und Zukunft der Wahrheitskommission in Lateinamerika", en *Lateinamerika Analysen 9,* Octubre, Hamburgo IIK, 93-126.

TEITEL, Ruti G. (2003), "Transitional Justice Genealogy", *Harvard Human Rights Journal,* Cambridge, MA, 16, 69-94.

THEIDON, Kimberly (2013), *Intimate Enemies. Violence and Reconciliation in Peru,* Philadelphia, University of Pennsilvania Press.

VAN NESS, Daniel W. y HEETDERKS STRONG, Karen (2015), *Restoring Justice: An introduction to Restorative Justice,* 5ta Edición, Abingdon, Oxon/New York, Routledge.

VINYES, Ricard (ed.) (2009), *El Estado y la memoria. Gobiernos y ciudadanos frente a los traumas de la historia,* Barcelona, RBA libros.

LA POSICIÓN INTERNACIONAL DE LA NUEVA ESPAÑA DEMOCRÁTICA

JAIME COSGAYA GARCÍA, CARLOS GONZÁLEZ MARTÍNEZ, JORGE LAFUENTE DEL CANO
Universidad de Valladolid

Resumen: Leopoldo Calvo-Sotelo fue uno de los protagonistas del proceso de Transición a la democracia en España. Co-organizador del partido centrista UCD, ministro en varias ocasiones, vicepresidente y, finalmente, presidente del Gobierno. Desde muy joven se definió, además, por su acentuado europeísmo, que mantuvo de forma constante a lo largo de su vida. Una vez retirado de las obligaciones públicas, reflexionó profunda y ampliamente sobre la que se ha venido llamando la "Transición exterior": el retorno de España a los organismos internacionales a los que debía pertenecer, pero que habían estado vetado en tiempos de la dictadura. En esta comunicación, analizaremos su punto de vista sobre el nuevo papel internacional que, a su juicio, debía tener la España democrática, con la Unión Europea, Iberoamérica y el Mediterráneo como elementos vertebradores. La fuente principal que usaremos es la documentación del archivo personal del ex Presidente.
Palabras clave: Leopoldo Calvo-Sotelo, Transición española, europeísmo, transición exterior, relaciones internacionales

Abstract: Leopoldo Calvo-Sotelo played an important role in the Spanish Transition to democracy. Co-founder of the centrist party UCD, minister, vice president and president of the Government. His figure and political career was closely united with Europe and the Europeanism. Once retired from public life wrote a great length on the "External Transition" as he liked call it: the return of Spain to the international institutions according with his new democratic system. In this paper, we analyze his view on the new international role of Spain, with the European Union, the NATO, Latin America and the Mediterranean as key elements. This paper has the basis on his personal Archive documentation.

Keywords: Leopoldo Calvo-Sotelo, Spanish transition, Europeanism, external transition, foreign relations

1. Introducción

Con cierta frecuencia en diversos actos sociales o académicos se introduce al invitado con una expresión que ha hecho fortuna: "no hace falta ninguna presentación". Si mencionásemos el nombre de uno de los personajes más importantes de la Transición a la democracia en España, que fue uno de los gestores de la alianza electoral de la UCD, ministro en tres ocasiones, vicepresidente segundo y, finalmente, presidente del Gobierno, posiblemente nos encontraríamos ante una situación similar. En circunstancias ordinarias no haría falta esa presentación.

Y, sin embargo, el caso de Leopoldo Calvo-Sotelo es ciertamente llamativo, pues su figura se ha visto eclipsada en el estudio de la historia más reciente de España. Cierto es que su perfil contrastaba negativamente con la de su antecesor y su sucesor en la Moncloa, Adolfo Suárez y Felipe González, dos hombres carismáticos, telegénicos y con un gran don de gentes. También lo es que durante los años de la Transición dio la impresión de que los tiempos políticos se aceleraban: todo sucedía muy rápido y las personas –incluso los partidos– podían dejar de ser actualidad en un tiempo asombroso. Lo es, finalmente, que la presidencia de Calvo-Sotelo apenas duró 2 años, entre 1981 y 1982, abriendo paso a un gobierno socialista de larga duración.

En cualquier caso, a pesar de estas posibles razones que hemos esbozado, cuarenta años después del cambio de régimen en España nos parece necesario prestar atención a su figura. Y no solo, además, desde el punto de vista de la política interior, donde tuvo un papel relevante en la economía o en la cuestión autonómica, por citar dos cuestiones claves del periodo, sino también en la que se ha venido llamando "Transición exterior". Por ello en la presente comunicación nos disponemos a analizar la política exterior de España tras el proceso de Transición a la democracia en base al pensamiento de Leopoldo Calvo-Sotelo. La documentación principal que hemos utilizado proviene de su archivo personal.

2. Leopoldo Calvo-Sotelo y la Transición exterior

A la Transición interior, el momento en que España encaminó sus pasos de forma definitiva hacia la consolidación de un régimen democrático homologable al de los países de su entorno, se unió también la exterior. El proceso por el cual España regresaba a las instituciones internacionales a las que debía pertenecer por cuestiones políticas, históricas, culturales, geográficas pero que habían estado vetadas por la existencia de la dictadura franquista.

En la literatura de la época, tan centrada en las cuestiones internas durante los primeros años, cada vez tiene más peso este análisis de las relaciones internacionales (Pereira, 2001), cuyo inicio y fin podría marcarse en torno a la Comunidad Europea: en julio de 1977 España presentó oficialmente la solicitud de adhesión a la CEE y en enero de 1986 se convirtió en miembro de pleno derecho de las instituciones comunitarias.

Y en este proceso de Transición exterior, como apuntábamos más arriba, Leopoldo Calvo-Sotelo tuvo un papel singular. Primero como actor político y, segundo –faceta en la que nos centraremos– como analista de las relaciones internacionales y del papel que la nueva España democrática debía desempeñar. Nos encontramos con un presidente del Gobierno que gobernó el país en un momento decisivo y que, alejado de la primera línea política, ofreció posteriormente su visión de Estado sobre la política exterior española.

En primer lugar, pues, la acción política. Calvo-Sotelo se implicó de manera activa en el acercamiento de España a las dos instituciones que simbolizaban el cambio de orientación exterior: La Comunidad Económica Europea y la OTAN.

El ex presidente perteneció a esa generación de españoles que no habían vivido la guerra civil, pero que sintieron amargamente sus consecuencias. Vivieron el aislamiento y la necesidad de que España se acercase a Europa, una Europa que se podía asimilar con democracia y libertad (Durán-Lóriga, 1999:31-32). Siendo joven perteneció a la AECE (Asociación Española de Cooperación Europea) y a otros grupos similares de carácter europeísta, que trataban de debatir cuestiones políticas en los estrictos límites que permitía el régimen franquista de los años 50. Y siempre mantuvo esa llama europeísta, encendida por la lectura de Ortega y Gasset (Powell, 2010:104).

Con el paso del tiempo había llegado a adquirir cierta relevancia pública en la empresa privada, a la que se dedicó durante 25 años. Tanto fue así que en el primer Gobierno de la Monarquía, en diciembre de 1975, fue elegido ministro de Comercio. Desde esa posición Calvo-Sotelo mantuvo un primer contacto con las Comunidades Europeas, a las que España deseaba adherirse de forma definitiva, dejando atrás el Tratado Económico Preferencial firmado en 1970. El contacto del político gallego con el Mercado Común fue aún más estrecho entre 1978 y 1980, años en los que ocupó el cargo de ministro para las Relaciones con las Comunidades Europeas. Fue el primer titular de ese departamento sin cartera, adjunto a la presidencia del Gobierno, que tenía como objetivo comenzar la negociación oficial de España con la Comunidad. Calvo-Sotelo tuvo que formar un equipo desde cero y diseñar una estrategia negociadora. En primer lugar, ejerció la tarea de coordinación de la posición de todos los ministerios del Gobierno a los que la negociación podía afectar de manera más directa. En segundo lugar, y ya en términos estrictamente negociadores, tuvo que hacer frente a la hostil posición de Francia que, por temor a la competencia agrícola española, puso trabas continuas para retrasar la negociación española, una negociación que se abrió formalmente el 5 de febrero de 1979. El punto culminante de la oposición francesa llegó en junio de 1980 cuando el presidente de la República Valery Giscard d´Estaing forzó una "pausa" en la negociación con España, convencido de que la Comunidad debería resolver antes sus problemas internos –profundización– que permitir la entrada de los países candidatos –ampliación– (Bassols, 1995:237-239).

A partir de septiembre de 1980 Calvo-Sotelo ocupó las más altas responsabilidades del Gobierno, vicepresidente segundo y, en febrero de 1981, presidente. No abandonó totalmente las cuestiones europeas, puesto que nombró un nuevo equipo negociador de su plena confianza, encabezado por el ministro de Asuntos Exteriores, José Pedro Pérez-Llorca y por el secretario de Estado para las Relaciones con las Comunidades Europeas, Raimundo Bassols. Ambos le mantuvieron constantemente informados sobre una negociación que, no obstante, no pudo ver culminada durante su mandato presidencial.

En cambio sí tuvo más éxito en el otro organismo decisivo en el panorama internacional: la OTAN. Durante su debate de investidura, Calvo-Sotelo anunció su deseo de cumplir el programa electoral de UCD y comenzar el proceso para la integración de España en la Alianza Atlántica.

La unanimidad parlamentaria que se apreciaba en torno a la cuestión europea era una pálida sombra en relación a la OTAN, pues buena parte de la izquierda se oponía frontalmente y lo manifestó gráficamente tanto en el Parlamento como en la calle (Powell, 2001:308-309). En cualquier caso, tras el voto positivo del Congreso y del Senado, y el refrendo de los Parlamentos nacionales de cada uno de los países miembros de la Alianza Atlántica, España se convirtió en un nuevo socio atlántico en mayo de 1982. Fue uno de los éxitos más destacados del breve mandato del político de Ribadeo.

Con este bagaje, y con su implicación directa en las cuestiones exteriores, el ex presidente del Gobierno había adquirido una posición privilegiada para analizar el nuevo papel internacional de la España democrática. Lo puso de manifiesto en discursos y conferencias que pronunció sucesivamente desde finales de los años 80, cuando se retiró de la vida política y obtuvo la libertad suficiente para expresar sus opiniones sin cortapisas.

3. Los *hándicaps* de la política exterior española

En su análisis, Calvo-Sotelo partía de una evidencia cronológica: el desarrollo del proceso que culminaría con la Transición Exterior resultó paradójicamente más lento que la Transición interior, a pesar de que, *a priori*, las fuerzas políticas se manifestaban de acuerdo en lo esencial de la política exterior, es decir, que España debía ocupar su lugar en los foros internacionales, en consonancia con la nueva situación que se abría a la muerte de Franco; mientras que en la cuestión interna no había existido esa unanimidad y cada grupo político tenía un discurso propio sobre lo que debía ser el futuro político de España. Y, sin embargo, el proceso de Transición interior culminó con éxito en 1978, con la aprobación de la Constitución, mientras que la Transición exterior tardó mucho más y no se cerró definitivamente hasta 1986.

A su juicio eran tres los problemas que habían retrasado la culminación del cambio en la política exterior. El primero de ellos, sin duda el más importante, era que España carecía de una tradición diplomática consolidada, ya que desde el S. XVIII su papel había ido perdiendo importancia de forma progresiva y en el S. XX solo había podido ofrecer una postura neutralista en los grandes acontecimientos internacionales. No era un neutralismo en el sentido pacifista, sino una neutralidad obligada, al no estar a la altura política y económica de los grandes países que dominaban la escena (Calvo-Sotelo, 1987).

Por ello, para superar este hándicap, los políticos de la Transición debieron "de aceptar el papel que nos corresponde; hay que entender que no va en desdoro de nuestra propia identidad nacional o de nuestro propio prestigio servir en ese puesto a esos valores que se suelen aludir, de una manera suficientemente precisa, con el nombre de Occidente. Después de haber mandado en la cristiandad, en Occidente, hay que saber reintegrarse a las filas, a las nobles filas, desde las cuales también se pueden servir los mismos ideales. Se trata más de un problema de identidad que de un problema de seguridad; se trata antes de un problema de identidad que de un problema de seguridad" (Calvo-Sotelo, 1985).

La segunda clave residía, a su juicio, en la falsa tradición diplomática que se había establecido durante el franquismo, y que delimitaba unas coordenadas muy limitadas, en función de las necesidades de la época. Una nueva política democrática no podía formarse exclusivamente en torno a la "amistad" con los países iberoamericanos y árabes, que habían monopolizado el lenguaje diplomático de la dictadura. Ni siquiera los tratados que rompieron el aislamiento franquista, tanto con los Estados Unidos como el Acuerdo Preferencial de 1970 con la Comunidad, habían terminado de romper esa dinámica exterior. No habían sido firmados con visos a inaugurar una nueva estrategia exterior, sino por una cuestión pragmática: convenía a las partes implicadas y, ciertamente, a España le habían resultado muy beneficiosos (García Delgado – Fusi - Sánchez Ron, 2008:117).

Las última clave, considerablemente negativa y que afectó también a los políticos de la Transición, se caracterizaba porque "la clase política de la Transición ha sido una clase poco viajada, más atenta a la política interior que a la exterior, y ha abordado con ingenuidad las relaciones internacionales [...]. Hemos actuado a veces como si el Mercado Común o la Alianza Atlántica fueran calles de sentido único: en el Mercado Común, la economía de los demás iba a ayudar a la nuestra; en la OTAN, nosotros íbamos a ayudar a la seguridad de los demás. Empezamos ahora a notar el doble sentido de la relación hispano-comunitaria: la Comunidad ha entrado también en España [...]. Todos estos datos alimentan un deseo de originalidad en la política exterior, que lleva a España a presentar en los foros internacionales análisis atípicos, pretensiones que no encuentran encaje en las estructuras ya hechas, como sucede en la complicadísima trayectoria de nuestra negociación con la Alianza Atlántica, en la que damos la impresión, como aquel personaje de una película de Buñuel, de que queremos hacer un pastel de liebre sin liebre. Y como coronación de todo esto, al mismo tiempo que como estímulo de estas actitudes, hay un electoralismo que lo invade todo, hay una preocupación por los votos que se gana o que se pierden; y, especialmente, desde el Poder, una preocupación por los votos que se pierden haciendo en política exterior lo que hay que hacer" (Calvo-Sotelo, 1987).

Se trataba, pues, de un cierto "aldeanismo" acompañado de un desmedido afán de originalidad y de un claro y pernicioso electoralismo, que convenía superar con una nueva política exterior en la que los ejes estuviesen bien definidos.

4. Las tres claves de la nueva posición internacional de España

Conocidos los problemas, había que sentar las bases de las soluciones. Calvo-Sotelo no se conformaba con presentar un diagnóstico de la situación internacional, sino que pretendía ofrecer una propuesta para elaborar una nueva política exterior española. Por ello era fundamental, en primer lugar, marcar unos pilares que la sostuviesen. Estos eran el binomio Unión Europea-Alianza Atlántica, el Mediterráneo e Hispanoamérica. En segundo lugar había que establecer una política de Estado, de consenso en los asuntos diplomáticos para que España mantuviese los mismos criterios independientemente de los cambios de Gobierno y así pudiera erigirse como un socio fiable.

Vamos a detenernos en cada una de las claves de esa nueva política exterior.

4.1. Las Comunidades Europeas y la OTAN, dos caras de la misma moneda

El primer punto lo constituyen los ejes atlántico y europeo. Calvo-Sotelo trató de defender con la pluma lo que había tratado de poner en práctica en su vida política: la adhesión a las Comunidades Europeas y la entrada a la Alianza Atlántica no se oponían, sino que eran complementarias y muy necesarias para que España tuviese un anclaje definitivo en el concierto internacional de las naciones.

La polémica reside, como es bien conocido, en la práctica unanimidad con que las fuerzas parlamentarias recibieron la iniciativa para ingresar en las Comunidades, con esa esperanza de que España dejase de ser diferente (Martín de la Guardia y Pérez, 2002:99). España tenía que "volver a Europa". Mientras que la Alianza Atlántica era vista, en ciertos sectores de la vida política española como un apéndice de Estados Unidos con el consiguiente riesgo de satelización con el gigante norteamericano. Esa preocupación no era exclusiva de la izquierda, pues una parte de la Unión de Centro Democrática había abogado por mantener el consenso en política exterior y retrasar la entrada en el Alianza (Fuentes, 2011:313-314).

Calvo-Sotelo estaba convencido que para situar definitivamente a España en el exterior debía ingresar también en la OTAN. Nuestro país debía avanzar en el proceso de construcción europea y fomentar la unión de los países europeos, pero debía también participar en la defensa militar de sus aliados. Unos aliados que, precisamente, fueron los que en su día habían solicitado a Estados Unidos la creación del organismo por miedo al expansionismo de Moscú. España no quería la división del mundo en bloques. No lo había buscado, ni en sus manos había estado, como es obvio, la geopolítica de la posguerra mundial. Pero en esa división de facto del mundo, sabía perfectamente con quién debía estar. (Calvo-Sotelo, 2005:61-62).

Sirva como resumen este texto pronunciado en el histórico momento en que España entró en la organización atlántica. Las palabras que pronunció el entonces presidente del Gobierno, las mantuvo años después el político retirado que analizaba la posición internacional de España: "Este acto de hoy tiene para mi país una dimensión profunda. Es el final de un largo periodo secular de aislamiento, que arranca del cansancio histórico de España y que se alimenta de contiendas interiores. Pero es también, en nuestra historia más reciente, un paso decisivo en el camino de la libertad recobrada por el pueblo español, un paso decisivo en el camino de nuestra vocación europea y occidental. Durante muchos años de régimen autoritario, Occidente y Europa han sido para los españoles sinónimos de libertad y de democracia, como está escita en las primeras líneas del Tratado del Atlántico Norte al que acabamos de adherirnos. En el día ya lejano de su constitución quedamos al margen de la Alianza, en la que normalmente debiéramos haber estado y, al restituir a España sus libertades, hemos querido también restituirle la posición que no pudo alcanzar entonces, seguros de que nuestro destino está unido al de los países occidentales de nuestro entorno, seguros también de que cualquier fórmula nueva en que estos países pudieran configurar su colaboración futura para la seguridad y para la paz surgirá dentro de la Alianza y elaborada desde ella por los firmantes del Tratado de Washington. Porque frente a los que no quieren ver en la Alianza más que una organización militar para el enfrentamiento entre bloques de países, mi Gobierno entiende a la Alianza como una comunidad de pueblos libres unidos en la defensa de unos valores esenciales y amenazados, que son también los valores de la democracia española" (Calvo-Sotelo, 1982).

4.2. El Mediterráneo

El segundo frente de la política exterior española debía ser el Mediterráneo: "Hoy el Mediterráneo vuelve a ser *la espalda de Europa*, con el doble sentido que tiene la expresión en lengua española: primero, como aquello que tiene uno detrás, y no a la vista; segundo, como el flanco vulnerable que hay que proteger" (Calvo-Sotelo, 1991).

La necesidad de una política exterior europea, con centro y origen en el Mediterráneo, con todo lo que este mar simboliza y significa en la política española y europea: esta era la sugerente propuesta formulada por Leopoldo Calvo-Sotelo. Se entendía que España podía llevarla a cabo desde dentro de la Unión Europea.

A juicio del ex presidente, a inicios de los años 90 el lugar estratégico que ocupaba el Mediterráneo estaba siendo olvidado por España y por la propia Comunidad. En primer lugar, por España. España había dejado de mirar al Mediterráneo durante los años del franquismo y los primeros de la Transición, por cuestiones distintas, pero que confluyeron en su agravamiento: los intereses en cada uno de los dos momentos estaban en otro lado. No fue quizá el olvido, sino la falta de tiempo la que hizo que España dejase de influir en una zona que no había olvidado desde los tiempos de Isabel la Católica.

Pero también Europa había desatendido ese flanco. Solo habían comenzado a prestarle atención a partir de la adhesión de los tres países del Sur –Grecia, Portugal y España– y ante la caída del Muro de Berlín, que supuso volver a centrar el *zoom* en todo el continente, tras haberlo tenido permanentemente en el Este de Europa: se restablecía así el equilibrio geográfico, sin olvidar que, una vez el eje Este-Oeste, aún permanece vivo el Norte-Sur.

Con todo ello, Calvo-Sotelo podía preguntarse retóricamente: ¿quién se atrevería a denominar ahora *Mare Nostrum* al Mediterráneo, cuando es más nuestro que nunca? El olvido era especialmente preocupante ante la inexistencia de una política europea exterior común: "...Se ha dicho muchas veces que Europa no tiene ni voz ni voluntad políticas [...].Y, precisamente, donde más perceptible y dolorosa se hace esa ausencia de Europa es en el área mediterránea. Difícilmente podrá hacer la Comunidad Europea que su voz se escuche y se respete en escenarios políticos lejanos si antes no ha demostrado que sabe hablar y actuar unánimemente en el área que le es propia, en el área mediterránea. Mientras la Comunidad no sea capaz de pesar con todo su peso político en el Mediterráneo le faltará autoridad en cualquier otro escenario mundial de crisis" (Calvo-Sotelo, 1986).

El Mediterráneo, pues, no debía ser una preocupación anecdótica, sino que se encontraba en el quicio del futuro de la actuación política de la Comunidad. Una Comunidad que se veía incapaz de actuar con una sola voz... aunque no le gustase que otras potencias, como los EE.UU., actuasen en territorio geográfico continental.

Manifestar la importancia de esta zona, que desde los inicios de la Historia había sido considerada estratégica, tenía ya su importancia, pero la cuestión resultaría inoperante ante la falta de perspectivas prácticas. A su juicio, la solución había de pasar por una política global mediterránea, en la que la clave radicaría en el concepto "cooperación", olvidadas ya la "disuasión" y las políticas militares. Una posibilidad que había sido apuntada ya por el ministro luxemburgués Jacques Poos, y que asumía Calvo-Sotelo con la creación de una Conferencia de Seguridad y Cooperación Mediterránea, un foro "que reúna a los países ribereños del Mediterráneo, incluida la Unión Soviética, más los del Medio Oriente y el Golfo, más los Estados Unidos, más la Comunidad Europea como entidad política naciente. La Conferencia buscaría el consenso sobre un Acta del Mediterráneo que recoja unos cuantos principios fundamentales: soberanía de los países miembros, renuncia al uso de la fuerza, integridad territorial, no injerencia en los problemas internos (con la salvedad que parece deducirse de la crisis del Golfo) derechos humanos y cooperación económica, entre otros. Luego, la Conferencia se organizaría en tres cestos: seguridad, cooperación y solidaridad" (Calvo-Sotelo, 1991).

Esta medida se completaría con un "Secretariado *ad hoc* que se ocupara monográficamente del Mediterráneo, incluidos los problemas de seguridad y defensa. Haría falta que la Comisión dedicase monográficamente un Comisario a estos problemas; haría falta que el Parlamento Europeo constituyera una Comisión *ad hoc* para la Política Global mediterránea" (Calvo-Sotelo, 1986).

La propuesta era complicada. El mismo fue consciente de esa dificultad y señaló las cuatro grandes cuestiones que había que tener en cuenta (Calvo-Sotelo, 1991).

La primera, un claro ejemplo de realismo político: dejar fuera el conflicto árabe-israelí. Aún hoy en día no se atisba un principio de solución en esta enrevesadísima situación, con lo cual su inclusión en la agenda mediterránea significaría hacerla nacer muerta.

La segunda hacía referencia a las evidentes diferencias culturales entre Occidente, de base judeocristiana, y el Mediterráneo, dominado, básicamente, por el Islam, del que Calvo-Sotelo ya anunciaba entonces que está viviendo un *revival*. A las evidentes diferencias, se unía también el desconocimiento mutuo, que dificultaba enormemente la tarea.

La tercera, hacía referencia a un problema, junto al cuarto, que no ha hecho sino acrecentarse en la actualidad: el demográfico. La Europa envejecida, con las tasas de natalidad más bajas del mundo, frente a un mundo sureño que multiplica su población.

La última tenía el original sobrenombre de "taquicardia electoral" (Calvo-Sotelo, 1986), que verdaderamente no requiere una excesiva explicación: con un número de miembros cada vez mayor, la Comunidad Europea estaba en continua campaña electoral, lo que dificultaba el planteamiento de políticas a largo plazo.

En cualquier caso, conocer los problemas suponía la primera vía para buscar soluciones y poner en funcionamiento el programa mediterráneo.

4.3. Hispanoamérica

Finalmente, Hispanoamérica. Un territorio que nunca había dejado de estar cerca culturalmente, pero que en los primeros años de la Transición podía haberse visto relegado al centrar España su política exterior en la adhesión a la Comunidad Europea y en la entrada en la OTAN. A juicio de Calvo-Sotelo no se trataba de una oposición, sino de una complementariedad de opciones. Consideraba, de hecho que la cuestión iberoamericana estaba estrechamente vinculada a la opción europea española. España no deseaba renunciar a sus tradicionales vínculos históricos y culturales con el continente americano, ni pretendía modificarlos con su nueva posición europea: más bien al contrario, podría reafirmar esa especial relación y contribuir a mejorar la existente entre la Europa unida y los países iberoamericanos. Esto era especialmente interesante, pues la Comunidad no había mirado con suficiente interés hacia los antiguos territorios españoles en América, sino que daba preferencia al trato con otras zonas.

No era la primera vez que Calvo-Sotelo se había fijado en España como privilegiado interlocutor entre Hispanoamérica y la Comunidad. En varias ocasiones siendo ministro para las Relaciones con las Comunidades Europeas, encargado de las negociaciones de adhesión, había planteado esa futura perspectiva de España. Hemos seleccionado tres de ellas.

La primera se produjo en junio de 1978, apenas meses después de asumir la tarea europea. En la clausura de un coloquio sobre el nuevo Orden Económico Internacional y los valores culturales, afirmó: "si la Comunidad se ha vertido hasta ahora hacia aquellas regiones con las que los países miembros tenían afinidades antiguas, la adhesión de España orientará aquella apertura hacia muestras propias afinidades históricas, sin atribuirse otro privilegio que el de servir de cauce natural para ensanchar la relación de la Europa Comunitaria y el Continente Iberoamericano. He podido comprobar, reunido en Bruselas con los representantes de los países iberoamericanos allí acreditados, cómo de una parte la adhesión de España puede acercar Europa a América, y cómo de otra nuestra incorporación al Mercado Común puede vertebrar la nueva actitud de España ante Iberoamérica, y abrir caminos más fecundos que los tradicionales de la justamente llamada retórica materno filial" (Calvo-Sotelo, 1978).

En ese mismo sentido se manifestó en febrero de 1979, durante su intervención en una conferencia sobre integración y desarrollo desigual. Allí señaló que Iberoamérica era entonces una "laguna" en las relaciones exteriores de la Comunidad, pues la presencia en el comercio exterior de los 6 países fundadores del Mercado Común se había reducido porcentualmente a la mitad en apenas veinte años (Calvo-Sotelo, 1979b). Pocos meses después, ante las preguntas de un periodista en el mismo sentido volvió a reafirmarse: España, con sus ventajas para entrar en el mercado iberoamericano, podría ser el interlocutor perfecto entre la Comunidad e Iberoamérica (Calvo-Sotelo, 1979a).

España, por ello, podría contribuir de manera decisiva a mejorar esa relación de la que ambas partes obtendrían beneficios. Pero en cualquier caso la cuestión iberoamericana no era solo económica. Tenía un amplio calado sentimental y afectivo que España no podía ni quería perder.

Conclusiones

A menudo en España la política exterior ha ocupado un papel secundario en el análisis político e histórico, ante el poderoso peso de la convulsa actividad interna. De forma similar ha venido ocurriendo en la interpretación sobre el proceso de la Transición a la democracia en España.

Pero la política exterior tuvo también su relevancia en aquellos años. Hemos analizado la perspectiva de un político que dedicó buena parte de vida activa a culminar la Transición exterior de España, la vuelta a las dos instituciones más importantes: la Comunidad Europea y la Alianza Atlántica. En una tuvo éxito, pero en otra quedó a las puertas y fue su sucesor, Felipe González, quien consiguió cerrar la entrada española en las instituciones europeas.

Con la perspectiva del tiempo, el ex presidente ofreció su visión de la que debería ser la política exterior de una democracia asentada como la española. Su propuesta trataba de evitar los simplismos, pues analizaba de forma concatenada los diversos elementos que tenían peso en la diplomacia española: la alianza europea y atlántica, el Mediterráneo e Hispanoamérica. Defendía que eran elementos complementarios, que no se anulaban entre sí, y que ofrecían un amplio abanico de posibilidades. A la vez el ex presidente trató de ser realista, puesto que España era una potencia de segundo nivel que no podía improvisar ejes ni construir grandes alianzas. Sí, podía, en cambio aprovechar sus ventajas comparativas, tanto estratégicas como históricas.

Por ello el corolario es que esta política exterior había de ser una política de Estado. España no debería cambiar de política en cuanto cambia el signo de gobierno, sino mantener unos ejes exteriores comunes a todas las tendencias para dar esa imagen de fiabilidad exterior que España, una potencia democrática consolidada, podía y debía ofrecer.

No fue fácil devolver a España a su sitio. Fue, en realidad, más complicado que la transformación del régimen franquista en una democracia, aunque en un principio, por el supuesto consenso inicial en el primer apartado, se pensase lo contrario. Las dificultades que se encontraron para entrar en el Mercado Común, por las reticencias francesas, y en la OTAN, por la oposición de una parte del parlamento y, especialmente, del PSOE, no hacían sino poner en valor la importancia que había tenido el anclaje exterior definitivo del país. Con el eje europeísta y atlántico España había recuperado su sitio internacional tras el fin de la dictadura. Ambas instituciones no eran un punto de llegada, pues España tenía también otros intereses con otros países y zonas geográficas del planeta —como el Mediterráneo e Hispanoamérica— sino un punto de partida para la política internacional de la nueva España democrática.

BIBLIOGRAFÍA

Archivo Leopoldo Calvo-Sotelo (ALCS):
CALVO-SOTELO, Leopoldo:
- (1978), Palabras pronunciadas por el Ministro para las Relaciones con las Comunidades Europeas en el acto de clausura del Coloquio "El nuevo Orden Económico Internacional y los Valores culturales", organizado por

el Instituto de Cooperación Intercontinental, ALCS, Relaciones con la CEE, caja 85, exp. 3.

- (1979a), Entrevista, "La Europa inevitable", febrero 1979, ALCS, Relaciones con la CEE, caja 82, exp. 2.

- (1979b), Intervención en la Segunda Conferencia sobre Integración y Desarrollo desigual: "La ampliación de la CEE y los países en desarrollo", 15 de octubre de 1979. ALCS, Relaciones con la CEE, caja 84, exp. 3.

- (1982), Discurso del Presidente del Gobierno en la Cumbre Atlántica. Bonn, 10 de junio de 1982. ALCS, viajes, caja 17, exp. 3.

- (1985), "La transición política exterior", conferencia pronunciada en el Círculo de Economía. Barcelona, 18 de diciembre de 1985. ALCS, Relaciones con la CEE, caja 35, exp. 3.

- (1986), "Intervención en el Coloquio sobre seguridad del Partido Popular Europeo", Parlamento Europeo, 1986. ALCS, Conferencias.

- (1987), "La España nueva en el mundo", conferencia pronunciada en el Club Prisma. Barcelona, 20 de mayo de 1987. ALCS, Relaciones con la CEE, caja 38, exp. 1.

- (1991), "El descubrimiento del Mediterráneo", conferencia pronunciada en Villa d´Este, mayo de 1991. ALCS, caja 39, exp. 20.

BASSOLS, Raimundo (1995), *España en Europa. Historia de la adhesión a la CE, 1957-85*, Madrid, Estudios de Política Exterior.

CALVO-SOTELO, Leopoldo (1980), "Intervención en la Comisión de Asuntos Exteriores", *Diario de Sesiones del Congreso de los Diputados*, n° 18, 14 de mayo de 1980.

- (2005), *Sobre la Transición Exterior (2005)*, Madrid, Real Academia de Ciencias Morales y Políticas.

DURÁN-LORIGA, Juan (1999), *Memorias diplomáticas*, Madrid, Siddharth Mehta.

FUENTES, Juan Francisco (2011), *Adolfo Suárez. Biografía política*, Barcelona, Planeta.

GARCÍA DELGADO, José Luis - FUSI, Juan Pablo - SÁNCHEZ RON, José Manuel (2008), *Historia de España. Vol.11. España y Europa*, Barcelona, Crítica.

MARTÍN DE LA GUARDIA, Ricardo - PÉREZ SÁNCHEZ, Guillermo (2002), *La Unión Europea y España*, Madrid, Actas, 2002, 99.

PEREIRA CASTAÑARES, Juan Carlos (2001), "Transición y política exterior: el nuevo reto de la historiografía española", *Ayer*, 42, 2001.

POWELL, Charles (2001): *España en democracia, 1975-2000*, Barcelona, Plaza & Janés.

- (2010): "Me he ido haciendo yo solo. Entrevista con Charles Powell" en CALVO-SOTELO IBÁÑEZ-MARTÍN, Pedro: *Leopoldo Calvo-Sotelo, un retrato intelectual*, Madrid, Fundación Ortega Marañón-Marcial Pons Historia.

ADOLFO SUÁREZ Y EL FINAL DE LA "GUERRA FRÍA": LA POLÍTICA EXTERIOR ESPAÑOLA DESDE EL PUNTO DE VISTA DEL CENTRO DEMOCRÁTICO Y SOCIAL

DARÍO DÍEZ MIGUEL
Universidad de Valladolid

Resumen: En nuestra comunicación queremos completar el perfil político de Adolfo Suárez, protagonista fundamental de la Transición española, profundizando en sus posicionamientos en asuntos de política exterior durante la década de los 80' (contexto final de la Guerra Fría), periodo en el que lideraba un pequeño partido de la oposición, el Centro Democrático y Social (1982-1991), tras haber dimitido como presidente de gobierno en 1981. Las consideraciones de Suárez, lejos de la primera línea política, pueden arrojar algo de luz sobre muchos aspectos tanto de la política internacional española durante la Transición, como de otros procesos de democratización posteriores. Para llevar a cabo nuestro análisis nos serviremos de las hemerotecas, de los diarios parlamentarios y de las publicaciones e informes del CDS.
Palabras clave: Adolfo Suárez, OTAN, Transición española, CDS, política internacional

Abstract: In our paper, we want to complete the political profile of Adolfo Suarez, who played a main role in the Spanish Transition, studying in depth their postulates on foreign policy during the 80s' (context of the end of the Cold War), period when he led a small opposition political party, the Democratic and Social Centre (CDS, 1982-1991), after resigning as president of government in 1981. These considerations, far from the political forefront, can shed some light on many aspects of Spanish foreign policy during the transition and other subsequent democratization processes. To carry out our analysis we will use newspaper archives, parliamentary journals and publications and reports of the CDS.
Keywords: Adolfo Suarez, NATO, Spanish transition, CDS, foreign policy

1. Introducción: un debate abierto en torno a la política exterior de Adolfo Suárez

El alineamiento geopolítico de España durante los ejecutivos liderados por Adolfo Suárez continúa siendo uno de los grandes temas de debate de la Transición dentro del mundo historiográfico. Al margen del relanzamiento de los contactos con las instituciones europeas, (Lafuente del Cano, 2015) – negociación con la CEE e ingreso en el Consejo de Europa–, y la normalización de las relaciones diplomáticas, la política exterior de Suárez (comprendiendo tanto la "política de seguridad y defensa" como las relaciones exteriores *per se*) alimenta todavía ciertos interrogantes, o acaso desconcierto, en básicamente tres aspectos: las reticencias frente a la OTAN, la centralidad atribuida a Oriente Medio, y en parte consecuencia de ambas, el amago "neutralista" o "tercermundista" de España dentro de la dinámica global de Guerra Fría (Cajal, 2010:140). Es necesario subrayar la determinante influencia de la personalidad del propio Suárez en la ejecución de estas políticas, hasta tal punto, que llegó a caracterizar su último año de gobierno bajo el periodístico nombre de "síndrome del Estrecho de Ormuz" (Fuentes Aragonés, 2011:318; Bonnin y Powell, 2005).

Por ello, en las siguientes páginas y tras realizar una breve síntesis de su etapa al frente del ejecutivo, vamos a exponer sus análisis geopolíticos y sus posicionamientos en cuestiones de política internacional a lo largo de la década posterior a su dimisión como presidente de gobierno (1981), periodo en el que fundó y lideró un pequeño partido político de la oposición, el CDS (Centro Democrático y Social) (Quirosa-Cheyrouze y Muñoz, 2013:405-430). En este sentido, pondremos especial énfasis en dos factores, en primer lugar, las relaciones de España con la OTAN y EE.UU., y en segundo lugar, las lecturas de Suárez y el CDS de la Guerra Fría.

2. La política de "seguridad y defensa": de la adhesión a la OTAN a la renovación del Tratado Bilateral con Estados Unidos

En los primeros instantes al frente del gobierno, Adolfo Suárez mantuvo abierta la perspectiva de una posible inserción de España en el Tratado del Atlántico Norte, si bien, el clima de consenso previo a la Constitución hacía más prudente la posposición de un debate en materia de política exterior, debido al rechazo que provocaba la OTAN tanto en el PSOE como el

PCE. Sin embargo, con el paso del tiempo y como puso de manifiesto su evasivo discurso de investidura en 1979, se fue haciendo perceptible que esta postergación tenía un carácter indefinido. Paradójicamente, la renuente actitud de Adolfo Suárez no contaba con las simpatías de buena parte de su partido, siendo incluso ajena a la de sus propios ministros de exteriores (Oreja, 2010). Únicamente, y de forma un tanto sorprendente, Jimmy Carter, con quien mantuvo dos encuentros a lo largo de 1980, había mostrado su interés por la agudeza y heterodoxia de los puntos de vista de Suárez en relación a América Latina, África y especialmente, Oriente Medio (Powell, 2011:525-526).

Si las especulaciones sobre Oriente Medio por parte del presidente español podían ser consideradas como una frivolidad, las dudas de Adolfo Suárez sobre la adhesión a la OTAN eran objeto de una fuerte controversia y han sido ampliamente comentadas, antes y después. Por un lado, para Suarez existía una preocupación real respecto a posibles represalias soviéticas ante una hipotética vinculación defensiva de España al bloque occidental (Powell, 2011:519-522). En segundo lugar, el ejecutivo deseaba conseguir una posición negociadora fuerte que le permitiese obtener ciertas contrapartidas, por ejemplo, la entrada en la CEE. Finalmente, se ha argumentado la existencia de un sentimiento antiamericano en Adolfo Suárez, que recogía a su vez una considerable inercia histórica heredada de la dictadura franquista (tradicionalmente vinculada al mundo árabe e Iberoamérica). Sin obviar la impronta que dejó su paso y formación en las filas del Movimiento, no debemos olvidar tampoco, la creciente incomodidad de Suárez ante el intervencionismo norteamericano en América Latina u Oriente Próximo[1]. Una última pregunta queda en el aire, ¿modificó sus planteamientos durante sus últimos meses de presidencia? Según algunos testimonios de miembros de la UCD, Suárez dio su visto bueno al inicio de los trámites de adhesión a finales de 1980, fuentes que aunque han contado con bastante eco en la producción historiográfica todavía permanecen envueltas en un halo de incertidumbre (Alonso-Castrillo, 1996:463).

La decisión del gobierno de Leopoldo Calvo-Sotelo (UCD), en 1981, de llevar a cabo la entrada de España en la OTAN fue respaldada por Adolfo Suárez y quienes iban a engrosar en escasos meses las filas de su nuevo partido, caso del diputado Agustín Rodríguez Sahagún quien aludía en la tribuna parlamentaria: al ineludible proceso de modernización español, al fin del aislamiento y a la mejora en el posicionamiento sobre aspectos claves de seguridad interior y exterior (caso de Ceuta/Melilla o Gibraltar)

---

[1] En relación al 23-F, todavía en 1991 Suárez calificaba la actuación norteamericana de "poco amigable" (Asensi, 1991:36). Si bien, hoy en día se ha matizado documentalmente el papel de EE.UU. en el golpe de estado (López Zapico, 2011).

(Congreso de los Diputados, España, 1981:11428). En menos de un año, durante la presentación oficial del CDS, –escisión de UCD–, en el madrileño Hotel Ritz, Adolfo Suárez matizaba su voto favorable a la adhesión a la OTAN, y de paso, se distanciaba del partido de gobierno (UCD). Suárez argumentaba que no hubo consenso parlamentario (como había sucedido en el resto de los grandes debates políticos durante la Transición), ni se gozaba de la suficiente estabilidad democrática (inexistente debido a las intentonas golpistas) y ni siquiera se había garantizado ninguna contrapartida (De Pablo, 1982:3). Todo ello implicaba que, al menos, "él no hubiera entrado en la OTAN como [se] ha hecho". En 1984, llegó a afirmar en el Congreso que si había votado favorablemente había sido por disciplina de voto (*ABC*, 1984:22).

La postura del CDS terminó de cobrar forma en su I Congreso (octubre de 1982). En relación a la OTAN, la política de hechos consumados le permitía escamotear un debate dicotómico basado en el "sí o no" (CDS, 1986, marzo:3) y centrarse en valorar la necesidad de mejorar la posición de España dentro de la organización defensiva[2]. De forma más ambigua, se postulaba a favor de articular una política internacional no subordinada a EE.UU., ni en el ámbito nacional, ni europeo: "lo que no puede exigir EE.UU. a un país como España, es que le secunde en sus errores" (CDS, 1986 marzo:3). En estos momentos y, fundamentalmente, gracias a su actuación en el 23-F, Adolfo Suárez había logrado proyectar una imagen de independencia, defensora de la sociedad civil frente a los poderes fácticos (EE.UU., no dejaba de ser uno de ellos) y aderezada por espectaculares episodios, entre los que figuran, un supuesto complot internacional para acabar con su vida (*Diario 16*, 13-09-1982).

Paralelamente, el PSOE, triunfador en las elecciones de octubre de 1982 y favorable a la salida de España de la OTAN, había lanzado su propuesta de llevar a cabo un referéndum sobre la permanencia en el organismo defensivo. Sin embargo, tras la formulación del llamado *Decálogo para la Paz y la Seguridad,* en 1984, se produjo un giro radical en los planteamientos geopolíticos del socialismo español, mostrándose desde ese momento partidario de: la permanencia de España en la Organización Atlántica, la integración en la Unión Europea Occidental y en el Tratado de No Proliferación Nuclear (Puell de la Villa, 2013:43-64). El referéndum, demorado al máximo en el tiempo, pasaba a ser de este modo una auténtica trampa para el gobierno de Felipe González; ya no era para "salir" sino para "quedarse". El *leitmotiv* del CDS a lo largo de la II Legislatura fue, junto a la necesidad de llegar a un gran pacto de estado en materia de política exterior,

---

[2]"Respecto de la integración española en la Alianza Atlántica, ya iniciada, es necesaria una negociación de las condiciones concretas de la misma […] y vinculando, nuestra plena integración, a la satisfacción, por parte de los futuros aliados de una serie de demandas pendientes […]", (CDS, 1982:16).

la defensa de la celebración de dicha consulta esgrimiendo que el prestigio de las instituciones democráticas estaba en juego (CDS, 1985:10), para lo que no dudó en participar en la Mesa Pro-Referéndum constituida en 1984. Como comentaba un alto dirigente centrista en 1986, el referéndum de la OTAN era una "promesa política [...] cuyo cumplimiento solo depende de la voluntad política del gobierno" (Gunther, 1986:5-6).

No obstante, para el CDS, el cambio de postura del PSOE y la celebración del referéndum agravaban lo que realmente constituía una enorme indeterminación centrista sobre la idoneidad, o no, de la permanencia de España en la OTAN. Por un lado, existía bastante división entre su electorado, siendo ligeramente partidario de una salida de la OTAN, y en general, crítico con la actuación norteamericana: "no aceptamos que países que constituyen la columna vertebral de la OTAN vulneren sistemáticamente los valores que defiende Occidente en áreas extraordinariamente sensibles a nuestra historia como son Centroamérica y el norte de África" (CDS, Dirección de Organización, 1986). En segundo lugar, el CDS, al competir con el PSOE por (en parte) un electorado común, hubo de reforzar su discurso más radical y progresista (reducción del servicio militar, incorporación de intelectuales de prestigio) insistiendo en posicionamientos muy cercanos al neutralismo. Por ello, ante la compleja situación que vivía el partido, y por otra parte, la generada a nivel nacional por el PSOE, el Comité Nacional del CDS optó finalmente por "dar libertad de voto" a sus militantes. Reflexionaba Raúl Morodo, que este era un debate entre la razón (de estado) y el sentimiento (neutralista) (1986, 06 de marzo).

El triunfo del "sí" no alteró la estrategia del CDS, que si cabe, y de cara a las elecciones de junio del 86' profundizó en los contenidos de algunas de sus propuestas: reconocimiento de la OLP y "denuncia" del Tratado con EE.UU. (CDS, 1986a). La posición del CDS siguió por este camino a lo largo de los años siguientes. En febrero de 1987, Adolfo Suárez reconocía en el Debate del Estado de la Nación haber votado en contra de la permanencia de España en la OTAN: "soy de los perdedores", dijo (Congreso de los Diputados, España, 1987:1766). Para el periodista Pablo Sebastián, los duros comentarios con que se recibió esta confesión, significaban no solo la importancia creciente de Suárez sino cierto temor a su no sumisión a Washington (Sebastián, 1987:30). Paralelamente, se acentuaba la disconformidad del partido con los términos de la renovación del convenio con EE.UU., en cuya votación de ratificación se abstuvo.

3. Lecturas geopolíticas en los años finales de la Guerra Fría: ¿la profecía de Adolfo Suárez?

La posición de Adolfo Suárez en el plano internacional contaba con un eco singular en la opinión pública gracias a sus antiguas responsabilidades de gobierno, que ya le habían permitido tener cierta presencia en las transiciones latinoamericanas, –Uruguay, Argentina, Chile– e incluso conseguir la presidencia de la Internacional Liberal y Progresista (1988-9). Si esto sucedía de cara al exterior, su actitud crítica con el imperialismo norteamericano (y por supuesto, soviético) conectaba con buena parte de la sociedad española ya que como señala Ángel Viñas: "no hay que olvidar que en los años de la Administración Reagan ciertas actuaciones de Washington en el tablero internacional alimentaron el difuso sentimiento antiamericano de grandes sectores de la sociedad" (2003:452).

A comienzos de la década de los 80', la invasión soviética de Afganistán y el triunfo en las presidenciales de R. Reagan generaron el súbito recrudecimiento de una Guerra Fría que parecía haberse ralentizado gracias a los acercamientos entre R. Nixon/G. Ford y L. Brezhnev. El CDS, que vio con notables recelos la victoria de Reagan, no entendía el conflicto internacional en términos axiológicos o políticos, sino esencialmente como una deriva absurda y apocalíptica, "falso equilibrio [...] el más peligroso de los despilfarros [...] [que] precipita al mundo inevitablemente hacia el abismo de la autodestrucción" (CDS, 1986b). Su discurso, nunca explícitamente "neutralista", se basaba en la distensión militar y la imperiosa necesidad de poner fin a la política bipolar. La tesis del CDS era que Europa, claramente subordinada a los intereses de las superpotencias, debía implementar su propia política de seguridad para dejar de ser el principal teatro de operaciones de la URSS y EE.UU. y evitar así la profunda crisis de identidad que la acechaba, crisis que podría impedir culminar con éxito el proyecto de unidad en marcha (Rodríguez Sahagún, 1985).

El nuevo clima de acercamiento entre EE.UU. y la URSS, inaugurado con la llegada de M. Gorbachov al poder y el cambio de postura de Reagan (Fontana, 2011:549-50), fue acogido con un entusiasmo generalizado en la sociedad europea, del que el CDS no fue una excepción: "las conversaciones de desarme han estado estancadas durante muchos años. Han coincidido dos destacadas personalidades, Reagan y Gorbachov, [...] De esa cooperación y comprensión mutua se puede derivar nuestra esperanza de supervivencia" (Caso García, 1988:27). Los nuevos liderazgos, el fracaso económico del modelo comunista y las transformaciones subsiguientes que se habían originado en el seno de las instituciones soviéticas debían servir a su vez para apuntalar una nueva política de la CEE basada en la "apertura al Este", especialmente dirigida a los países centroeuropeos (CDS, 1989 junio).

La caída del Muro de Berlín en el otoño de 1989 desencadenó los últimos episodios de la Guerra Fría, abriendo la puerta al fin de las dictaduras comunistas del Este de Europa. De forma paralela al declive de su actividad política en España, debido al fuerte retroceso electoral de 1989, Adolfo Suárez fue refugiándose cada vez más en la política internacional; sus discursos y gestos eran bien recibidos en el extranjero y el modelo de transición española era muy valorado en los procesos de cambio político europeos[3]: participó en la campaña electoral húngara apoyando al candidato del partido liberal Alianza de Demócratas Libres (Tertsch, 1990), pronunció un sonado discurso de clausura en el Congreso de Helsinki de la ILP, e incluso, se barajó la posibilidad de concertar una entrevista con Gorbachov[4]. Para Adolfo Suárez, las "transiciones" de Europa del Este constituían ante todo un motivo de celebración por la recuperación de las libertades democráticas: "el cambio de Europa Central y Oriental hacia la democracia liberal constituye un proceso revolucionario del que no existen precedentes en la historia contemporánea" (CDS, 1990). Sin embargo, su apoyo a los procesos democratizadores de Europa del Este[5], no implicaba necesariamente la asunción de todos los presupuestos del neoliberalismo económico representado por el FMI, siendo preciso legislar "contra los excesos y los abusos que puede producir la liberalización de la economía" (CDS, 1990)[6].

Inmediatamente después de la caída del Muro y de las primeras elecciones democráticas en los países del Este de Europa, el estallido de la Guerra del Golfo sirvió para poner de manifiesto los retos a los que se enfrentaban las nuevas relaciones internacionales. Resulta sorprendente ver cómo Oriente Medio iba a ser el principal foco de inestabilidad y desequilibrios desde los años 90' tal y como había predicho Adolfo Suárez diez años antes, quien si entonces se encontraba en el declinar de su

---

[3] Aunque la actividad de Adolfo Suárez en este ámbito fue bastante menor, era habitual por parte de los líderes centroeuropeos la referencia a España (Martín de la Guardia, 2012).
[4] Según comentaba en la prensa el diputado centrista Martínez Cuadrado, "la Constitución española de 1978 ha sido estudiada y ha servido de orientación a la Unión Soviética para efectuar la transición de un régimen autoritario a otro de pluralidad política [...] aseguró que su afirmación está basada en el testimonio de altos funcionarios de aquel país, quienes le confirmaron que habían analizado la Carta Magna española", (*Diario 16*, 1989).
[5] El CDS condenó enérgicamente el golpe de estado de 1991 o la intervención del Ejército Soviético en Lituania, (CDS, 1991).
[6] En este sentido, E. Punset, eurodiputado del CDS y presidente de la Delegación del Parlamento Europeo para Polonia escribía: "me caben pocas dudas de que el tránsito de una economía intervenida a una economía de mercado constituye una experiencia tan compleja y sin precedentes que, desde un punto de vista estrictamente técnico, no tiene solución a menos que concurran dos factores básicos: una luz intensa que ilumine el proceso de ajuste para saber en cada momento lo que está ocurriendo y una red de seguridad susceptible de neutralizar las distorsiones que generan los propios mecanismos de corrección", (Punset, 1990).

presidencia de gobierno, en 1991 se hallaba en el ocaso de su carrera política[7]. En una de sus últimas intervenciones en el Congreso, volvió a incidir en que junto a la celebración de una Conferencia de Paz sobre Oriente Medio al finalizar el conflicto, era necesario otorgar la posibilidad al pueblo palestino de ejercer su derecho de autodeterminación junto a Israel porque "o las resoluciones de la ONU tienen todas el mismo valor [...] o no volverá a ser posible convocar a la comunidad internacional" (Congreso de los Diputados, 1991:4035).

Las reflexiones de Adolfo Suárez sobre el orden internacional posterior a la G. Fría mantuvieron un tono, ciertamente pesimista, tanto por los nuevos desequilibrios y hegemonías como por la creciente desigualdad. En primer lugar, consideraba ineludible poner límites a la industria armamentística, subrayando la responsabilidad fundamental de Occidente como principal exportador[8]. En segundo lugar, era preciso redefinir las relaciones del mundo occidental con el islam; el empleo de la fuerza podía originar "secuelas de terrorismo y enfrentamiento". En tercer lugar, la CEE había tenido una actuación, cuanto menos, secundaria en el episodio bélico del Golfo, precisamente cuando debido al proceso de disolución del Pacto de Varsovia se habían dado unas circunstancias históricas inmejorables para dar un paso al frente en el proceso de integración europea, incluso, desde el punto de vista de la seguridad y la defensa (Suárez González, 1991). El final de la Guerra Fría no era susceptible de una lectura eufórica y victoriosa, y mucho menos, se podía hablar de una nueva armonía global. La tensión E-O era ahora reemplazada por el abismo social, económico y político que suponía la brecha N-S. El *slogan* del "fin de la historia" y el llamado triunfo de la democracia y la libertad eran un adorno teórico innecesario en un mundo "en el que las 225 personas más ricas poseen tanto como el 72% de la Humanidad". El fin del totalitarismo comunista, pensaba Suárez, no podía usarse como excusa para soslayar el componente igualitario y solidario de nuestras democracias, en definitiva, sociales y pluralistas (Navarro, 1999).

4. Conclusiones

Mediante este trabajo hemos tratado de sintetizar la interpretación y lectura política del CDS y Adolfo Suárez de las grandes transformaciones geopolíticas que se estaban produciendo en el mundo (fin de la Guerra Fría) y, de forma particular, en España (ingreso en la OTAN, renovación del

---

[7] Dimitió de la presidencia del CDS en mayo de 1991 y abandonó su escaño de diputado en el Congreso en octubre de ese mismo año (Fuentes Aragonés, 2011).
[8] Las interpelaciones del CDS a lo largo de las legislaturas precedentes sobre casos de ventas de armas al gobierno, habían sido realmente numerosas.

tratado bilateral con EE.UU.) a lo largo de los años 80'. De este modo, pretendíamos aportar algunas claves para la reflexión sobre las directrices más polémicas que guiaron la actuación presidencial de Suárez en política exterior durante la Transición.

No es arriesgado concluir, que existe cierta coherencia en este ámbito entre su etapa al frente del ejecutivo, especialmente desde 1979, y durante su labor como líder del CDS. Bien por convicción, por un alambicado ejercicio de imagen, —como escribiera Fernando Morán, "su función conservadora con ropaje progresista" – o, como parece más probable, por una mezcla de ambas, —es innegable el rédito electoral que obtuvo gracias a su "independiente" visión de la política exterior–, hay una notable continuidad en su discurso sobre las relaciones entre España y Estados Unidos, el papel de Iberoamérica y Oriente Próximo y su desazón respecto a las hegemonías internacionales.

Asimismo, la posición del CDS, en numerosas ocasiones titubeante, se incardina con la indecisión de Adolfo Suárez en cuestiones como la OTAN; parece ser una aceptación a regañadientes de lo que, por otra parte, se veía en amplios sectores de la sociedad como inevitable, es decir, la alineación no solo política, económica y cultural con Occidente, sino también militar, con las consecuencias que de ello se derivaban dado el papel hegemónico de EE.UU. Si la "transición exterior" había sido iniciada por Adolfo Suárez con unas características muy personales, su culminación en 1988, —año en el que se concretaba definitivamente la política española de seguridad y defensa (Celestino del Arenal, 1992:401)– fue acogida con bastante frialdad entre las filas suaristas.

Por último, quizá sea esta faceta, relativa a la política exterior, donde Adolfo Suárez escenificó mejor, no solo el papel de hombre de estado distante con el día a día político que tanto gustaba de representar, sino altas dosis de empatía y sensibilidad, gracias a las cuales pudo ver con cierta clarividencia los derroteros políticos y económicos del mundo posterior a la caída del Muro de Berlín. Lo que hacía una década se consideraba el "síndrome" del Estrecho de Ormuz se había convertido en la cruda realidad: "hay quien piensa, [...] que el «Estrecho de Ormuz» pudo ser la última gran intuición política de Adolfo Suárez" (Fuentes Aragonés, 318).

BIBLIOGRAFÍA

ALONSO-CASTRILLO, Silvia (1996), *La apuesta del centro. Historia de la UCD*, Madrid, Alianza.

ASENSI, Juan (1991, 09 de febrero), "Adolfo Suárez afirma que no sería benévolo con Tejero", *ABC*, Madrid, 36.

BONNIN, Pere - POWELL, Charles (2005), *Adolfo Suárez*, Barcelona, S.A. Ediciones.

CAJAL, Máximo (2010), *Sueños y pesadillas de un diplomático*, Barcelona, Tusquets.

CASO GARCÍA, José Ramón (1988), *Una sociedad democrática y avanzada*, CDS, Madrid.

Congreso de los Diputados de España (1981, 29 de octubre), *Diario de sesiones*, 193, 11428.
- (1987, 24 de febrero), *Diario de sesiones*, 31, 1766.
- (1991, 18 de enero), *Diario de sesiones*, 81, 4035.

CDS (1982), *España como debe ser*, CDS, Madrid.
- (1985, junio), "¿Por qué pedimos el referéndum?", *Boletín de Difusión Cultural (CDS)*, 1, Madrid.
- (1986 a), *El valor del centro. Programa electoral*, CDS, Madrid.
- (1986 b), *Comunicación sobre Seguridad, Defensa Nacional y Política Militar (II Congreso)*, CDS, Madrid.
- (1986, marzo), "Nuestra política exterior", *Órgano de Información del Centro Democrático y Social*, 1, Madrid.
- (1989), *Pas al centre. Programa electoral per al Parlament Europeu. Elecciones 89'*, CDS, Barcelona.
- (1990, noviembre), "Suplemento: Discurso de Clausura de Adolfo Suárez en el Congreso de la I.L.P.", *Órgano de Información del Centro Democrático y Social*, 28, s. p., Madrid.
- (1991, enero), "Suplemento: Europa nuestro gran reto", *Órgano de Información del Centro Democrático y Social*, 30, s. p., Madrid.

CDS, Dirección de Organización (1986, enero), *CDS y OTAN*, CDS, s. l.

DE PABLO, F. L., (1982, 02 de agosto), "Me fui de UCD porque es incapaz de dar respuesta a los problemas del país", *Ya*, Madrid, 3., asequible en: *Archivo Linz de la Transición Española* en CEACS, Instituto Juan March de Estudios e Investigaciones, 2006, asequible en: http://www.march.es/ceacs/linz/, fecha de consulta: 11 de abril de 2014.

DEL ARENAL, Celestino (1992), "La política exterior de España", en Ramón Cotarelo (comp.): *Transición política y consolidación democrática: España. (1975-1986)*, Madrid, Centro de Investigaciones Sociológicas, 389-428.

FONTANA LÁZARO, Josep (2011), *Por el bien del imperio: una historia del mundo desde 1945*, Barcelona, Pasado y Presente.

FUENTES ARAGONÉS, Juan Francisco (2011), *Adolfo Suárez: biografía política. La historia que no se contó*, Barcelona, Planeta.

GUNTHER, Richard (1986), "G 86", *Archive R. Gunther. Interview undertaken by Richard Gunther in 1986*, 5-6.

LAFUENTE DEL CANO, Jorge (2015), *Leopoldo Calvo-Sotelo y Europa*, Tesis Doctoral, Universidad de Valladolid.

LÓPEZ ZAPICO, Misrael A. (2011), "Anatomía de un asunto interno", *Ayer*, 84, Madrid, 183-205.

MARTÍN DE LA GUARDIA, Ricardo (2012), *1989, El año que cambio el mundo, los orígenes del orden internacional después de la Guerra Fría*, Madrid, Akal.

MORODO, Raúl (1986, 06 de marzo), "El imperio, las dictaduras domésticas y la OTAN", *El País*, Madrid, asequible en: http://elpais.com/diario/1986/03/06/espana/510447624_850215.html, fecha de consulta: 14 de septiembre de 2014.

NAVARRO, Eduardo (1999, 08 de marzo), "Liberalismo y democracia", *Archivo Jorge Trías Sagnier/Eduardo Navarro Álvarez*, 1-6.

"Nuestra Constitución ha servido de orientación a la URSS", *Diario 16*, Madrid, 20-03-1989.

OREJA, Marcelino (2010), *Memoria y esperanza: relatos de una vida*, Madrid, La Esfera de los Libros.

POWELL, Charles T. (2011), *El amigo americano. España y Estados Unidos: de la dictadura a la democracia*, Barcelona, Círculo de Lectores.

PUELL DE LA VILLA, Fernando (2013), "La política de seguridad y defensa", en Abdón Mateos López y Álvaro Soto Carmona (dirs.), *Historia de la época socialista: 1982—1996*, Madrid, Sílex, 43-64.

PUNSET, Eduard (1990, 30 de abril), "El reto de Europa Central", *El País*, Madrid, asequible en: http://elpais.com/diario/1990/04/30/opinion/641426412_850215.html, fecha de consulta: 22 de noviembre de 2014.

"¿Quién quiere asesinar a Adolfo Suárez", *Diario 16*, Madrid, 13-09-1982.

QUIROSA-CHEYROUZE Y MUÑOZ, Rafael (2013), "El Centro Democrático y Social. Auge y caída de un proyecto político (1982—1996)" en Abdón Mateos López y Álvaro Soto Carmona (dirs.): *Historia de la época socialista: 1982-1996*, Madrid, Sílex, 405-430.

SEBASTIÁN, Pablo (1987) "Fernando Morán en el embrollo diplomático", *ABC*, Madrid, 12-04-1987, 30.

SUÁREZ GONZÁLEZ, Adolfo (1991), "Reflexiones para después de una guerra", *El País*, Madrid, 03-03-1991, asequible en: http://elpais.com/diario/1991/03/03/opinion/667954809_850215.html, fecha de consulta: 14 de marzo de 2015.

"Suárez apoyó la necesidad de alcanzar un consenso sobre cuestiones de Estado", *ABC*, Madrid, 26-10-1984, 22.

TERTSCH, Hermann (1990), "Budapest acusa a Bucarest", *El País*, Madrid, 24-03-1990, asequible en: http://elpais.com/diario/1990/03/24/internacional/638233218_850215.html, fecha de consulta: 18 de abril de 2015.

VIÑAS, Ángel (2003), *En las garras del águila: Los pactos con Estados Unidos, de Francisco Franco a Felipe González (1945-1995)*, Barcelona, Crítica.

DE QUE VAN LOS INTELECTUALES EN TIEMPOS DE VIOLENCIA

CAROLINA GARAY DOIG
Instituto de Estudios Peruanos – Universidad de Bonn

Resumen: Esta ponencia explora el protagonismo de los intelectuales en el Perú, en un escenario marcado por la vuelta a la democracia y el comienzo de la lucha armada iniciada por el Partido Comunista del Perú Sendero Luminoso a inicios de la década de 1980. El objetivo es comprender el protagonismo de los intelectuales de izquierda vinculados a las ciencias sociales en este contexto de transición democrática y violencia.
Palabras clave: intelectuales, violencia política, democracia, izquierda, Perú

Abstract: This paper explores the role of intellectuals in Peru, in a scenario marked by the return to democracy and the beginning of the armed struggle initiated by the Communist Party of Peru Shining Path in the early 1980. The purpose is to understand the role of leftist intellectuals linked to the social sciences in the context of democratic transition and violence.
Keywords: intellectuals, political violence, democracy, left wing, Peru

En el Perú, la década de 1980 trajo consigo el sello de la particularidad histórica. Por un lado, significó el retorno a la vida democrática y, por el otro, el inicio del conflicto armado iniciado por el Partido Comunista del Perú Sendero Luminoso (PCP-SL)[1]. En mayo de 1980, el país se preparaba para celebrar las primeras elecciones democráticas tras doce años de dictadura militar, pero sólo un día antes, miembros de Sendero Luminoso, quemaron en Chuschi[2] las ánforas y el material electoral. Con este acto simbólico, Sendero Luminoso inaugura un terrible periodo de violencia en el país.

---

[1] En adelante Sendero Luminoso.
[2] Pueblo de Ayacucho ubicado en el sur andino del Perú.

Veinte años después, el final de este periodo de violencia coincidiría con el término de la dictadura de Alberto Fujimori. Tras su renuncia[3], el Perú entra nuevamente a un proceso de transición democrática con el gobierno de Valentín Paniagua[4]. Durante su mandato se creó la Comisión de la Verdad y Reconciliación (CVR) en el año 2001. Esta comisión tuvo la tarea de esclarecer los hechos de violencia que ocurrieron en el país entre 1980 y 2000, buscando explicar las causas, hechos y consecuencia de este periodo. La CVR considera que este tiempo constituye el capítulo más trágico de la historia contemporánea del Perú. De acuerdo a su Informe Final, el desprecio por la vida ajena por parte de los grupos subversivos y las fuerzas del orden, significó casi 70 mil víctimas, considerando únicamente muertos y desaparecidos. Frente a estos hechos de horror, la CVR llamó fuertemente la atención por la actitud de indiferencia que predominó entre los peruanos frente a las personas y comunidades que sufrieron esta violencia.

Igualmente, la CVR señaló protagonismos y responsabilidades en el conflicto a nivel político, moral y judicial de los grupos subversivos, las fuerzas del orden, los partidos políticos, las iglesias, las organizaciones de bases y de la sociedad en general. En esta ponencia, precisamente, me interesa explorar el protagonismo de los intelectuales más influyentes de las ciencias sociales[5] en el contexto de la violencia y la transición democrática en la década de 1980, vinculados a los partidos de izquierda.

1. Los intelectuales de la izquierda peruana

Para comprender dónde se inserta el quehacer político de estos intelectuales repasaremos brevemente la historia de la izquierda en el país. Esta historia se inicia con el Partido Comunista del Perú fundado con el nombre de Partido Socialista por José Carlos Mariátegui en 1928. Este se ubica al lado del Partido Aprista Peruano[6]. Ambos aparecen como dos fuerzas políticas que emergen a inicios del siglo XX y que comparten preocupaciones y orientaciones comunes. Sin embargo, el APRA se irá movilizando paulatinamente hacia el centro, mientras que la izquierda no tendrá protagonismo sino hasta los años 60, cuando surgen las guerrillas que se inspiraron en la revolución cubana de 1959. Es a partir de esta década que se irá visualizando diversas transformaciones y escisiones al interior de la izquierda peruana. En este escenario de constante proliferación,

---

[3] Alberto Fujimori renunció a la presidencia del Perú a través de un fax enviado desde Japón el 19 de noviembre de 2000.
[4] El gobierno de transición de Valentín Paniagua empezó el 22.11.00 y terminó el 28.07.11.
[5] Me refiero a los intelectuales de las ciencias sociales vinculados a los proyectos editoriales de la revista *El Zorro de Abajo* y la revista *Márgenes: Encuentro y Debate*.
[6] En adelante APRA.

fraccionamiento y enfrentamiento ideológico entre las distintas agrupaciones de izquierda, pero también de gran influencia en los movimientos sociales a lo largo del territorio nacional, es que surge la llamada nueva izquierda.

Siguiendo la revisión historiográfica de la izquierda peruana propuesta por la CVR (2003), la nueva izquierda estaba conformada por diversas corrientes que representaban a marxistas, maoístas, trotskistas, quienes en la década de los ochenta serían los que convergerían en el proyecto político Izquierda Unida (IU). Ella surge en medio de los movimientos campesinos de la región sur central del país, de importantes reformas en las prácticas políticas, de la caída de la oligarquía, del abandono de la propuesta insurreccional del APRA y el Partido Comunista Peruano —que hasta entonces eran los únicos partidos que defendían este tipo de propuestas— y, en medio de la emergencia de la clase media y de los nuevos sectores populares. Justamente, la clase media tendría un protagonismo inusual en la vida política del país, a partir de su radicalización política en respuesta a las prácticas excluyentes practicadas por la oligarquía, y que se concretaría en la conformación de varios partidos políticos de izquierda. Son de estas clases medias y provincianas a las que pertenecían en su mayoría los intelectuales de izquierda más influyentes de las ciencias sociales peruanas.

El tono del discurso de la nueva izquierda peruana era radical: anunciaba la revolución para impulsar el cambio social, teniendo una gran influencia en diversos sectores del movimiento social. Este avance de la izquierda se vio frenado por el golpe militar encabezado por el general Juan Velasco Alvarado en 1968, que era el inicio del Gobierno Revolucionario de las Fuerzas Armadas. Las reformas de cariz socialista del gobierno militar obligaron a la izquierda a repensar su orientación ideológica y la alternativa misma de la revolución armada, suscitando en la nueva izquierda una reafirmación en su discurso radical.

Dentro de esta historia de la nueva izquierda es que se inserta el itinerario político de los intelectuales de las ciencias sociales peruanas. Ya, desde la década de los setenta —incluso años previos- predominó en ellos la idea de que era inevitable y, al mismo tiempo, deseable el camino de la revolución vía el uso de las armas. Esta generación de intelectuales jóvenes estaba convencida de que era posible la construcción de una sociedad socialista en el Perú. "La importancia de esta generación reside en que consiguió hacer que el proyecto de construcción de una sociedad socialista sea visto como algo posible, ante el cual había que tomar posiciones, sea a favor o en contra. Ya no se trataba de un proyecto marginal y lejano como el que formulara Mariátegui en los años veinte, ni de uno derrotado militarmente como el del APRA" (González, 1999:19).

Ellos serían parte de la llamada generación del 68 o también denominada generación postoligárquica. Compartirían similares experiencias de vida y la militancia clandestina en la nueva izquierda. Creían en la posibilidad de concretar el proyecto socialista en el Perú (Portocarrero, 1994). Por ello, en la década del ochenta, cuando se da el proceso de transición democrática, este grupo de intelectuales no estaban desvinculados del quehacer político. Ellos tenían una sólida formación académica en universidades peruanas y extranjeras, con experiencia docente y con numerosas publicaciones. Precisamente, a mediados de esta década, se enrumbaron en distintos proyectos editoriales a través de los cuales irían expresando sus posturas políticas y académicas sobre la política y la violencia

2. Los Proyectos Editoriales: La revista *El Zorro de Abajo* y *Márgenes*: Encuentro y debate

La revista *El Zorro de Abajo*, cuyo nombre hace homenaje a la obra de José María Arguedas, apareció en el Perú en julio de 1985 bajo la dirección del antropólogo Carlos Iván Degregori. Fueron siete números que se publicaron entre los años de 1985 y 1987. Ya en sus primeras líneas editoriales expresaban sus mayores inquietudes: sentirse atrapados en una suerte de encrucijada que los ubicaba en un momento de importantes transiciones. "Esta es una revista de filiación socialista, y, por ello, de vocación nacional y democrática; una de las voces múltiples de una generación de izquierda colocada por la historia en una encrucijada. Entre los viejos mitos que se derrumban y los nuevos que aun no alcanzan a cuajar. Entre las viejas formas de pensar y hacer política, que ya hace tiempo tocaron sus límites, y nuevas formas que emergen desde el propio movimiento social pero se estrellan contra una herencia colonial que se resiste a morir, contra un Estado excluyente y también contra nuestra propia lentitud para entender los tiempos [...]" (*El Zorro de Abajo*, 1985:1).

En esta revista se hacía múltiples referencias a sus tradiciones y proyecciones políticas: la construcción del socialismo en un contexto democrático. Para este grupo de intelectuales la posibilidad de concretar el socialismo venía respaldada por el éxito electoral que había obtenido por primera vez la izquierda socialista peruana, a través de su frente político Izquierda Unida, que había alcanzado más del 20% de los votos en la contienda electoral de abril de 1985, donde resultó ganador el partido político del APRA.

Dos años después otro grupo de intelectuales se animaron y publicaron una revista de carácter semestral: *Márgenes: Encuentro y debate*, respaldada por Casa SUR Socialismo Utopía y Revolución, instituto fundado por Alberto Flores Galindo en 1986. En total publicaron de manera discontinua 17 ejemplares entre 1987 y el 2000. En su primera editorial hacen una crítica a los intelectuales de la izquierda —dirigiéndose de manera tácita a los intelectuales de la revista *El Zorro de Abajo*– en torno a sus reflexiones sobre la política en el país. "¿Cuánto hace que los intelectuales de izquierda dejaron de pensar en la utopía, en la estrategia, en la urgencia de un proyecto colectivo? ¿Desde hace cuánto la palabra "política" pasó a significar, estrechamente, aquello que se hace en las altas esferas del Estado? ¿Cuándo se decidió que el pragmatismo era sensato y que el escepticismo demostraba buen gusto? Las respuestas a las preguntas anteriores están en pie y, sin embargo, es evidente que en este país el socialismo no es un mero ejercicio especulativo" (*Márgenes: Encuentro y Debate*, 1987:3).

Los intelectuales de Casa SUR buscaron a través de su proyecto editorial enriquecer el debate sobre el socialismo y la revolución en el Perú: "[…] no pensamos en Márgenes como una publicación que se reduce a sí misma. Ella será, más bien, el vértice en que se encuentren tentativas diversas de entender (y cambiar) a la sociedad peruana desde una posición que apuesta sin ambages por la utopía revolucionaria" (*Márgenes: Encuentro y Debate*, 1987:4).

Estos proyectos editoriales, se constituyeron en verdaderos referentes de lectura, y sus reflexiones alcanzarían otros espacios de difusión más allá del mundo académico. En todos ellos, expresaron sus posturas en torno a la política y la cultura del país y de la región latinoamericana. El socialismo, la izquierda política, el movimiento social, el mundo andino, la violencia de Sendero Luminoso, la transición democrática, los derechos humanos, el papel de los intelectuales, el arte y la literatura fueron las principales líneas temáticas de estas revistas.

3. El debate sobre Sendero Luminoso

Uno de los debates más importantes sostenido entre los intelectuales de izquierda de las ciencias sociales tuvo como protagonistas al historiador Nelson Manrique[7] y al sociólogo Sinesio López[8]. El punto controversial del debate se centra en sus interpretaciones sobre la naturaleza de las acciones de Sendero Luminoso: si considerarlas dentro del campo de las acciones políticas o descartarlas de ese campo. A continuación, repasaremos las ideas fuerza de este debate y los argumentos sugeridos por estos académicos para defender sus tesis.

Nelson Manrique (1986:3) considera que el carácter desarticulado y fragmentado del país ha creado distintos espacios donde se hace política. Habla de la existencia de tres fuerzas políticas que coexisten en un mismo escenario y que tienen ámbitos separados e impermeables en donde hacen el ejercicio de su política. Una primera, el Partido Aprista Peruano, que se

---

[7] Vinculado a la revista *Márgenes: Encuentro y Debate*.
[8] Vinculado a la revista *El Zorro de Abajo*, por ello, de ahí que fueron llamados "Los Zorros".

ubica en el gobierno siendo el partido político reformista de mayor trayectoria histórica en América Latina. Una segunda fuerza es Izquierda Unida que se distingue por ser la izquierda legal con mayor respaldo y, finalmente, una tercera fuerza política encarnada en Sendero Luminoso y que a los ojos de Manrique constituye la guerrilla más fuerte en esta parte del mundo, pues el concepto "terrorismo" no permite explicar qué es Sendero Luminoso.

Manrique, considera que los estudiosos de Sendero Luminoso se han agotado en exorcizarlo antes que en explicarlo como fenómeno; por esta razón es que destacan el carácter irracional, antipopular y autoritario de su accionar. Ellos se han quedado en una crítica moral frente al carácter profundamente vital que Sendero Luminoso expresa, y que se evidencia en el hecho de que habiendo transcurrido seis años desde que apareció en el escenario político público, no es posible avizorar su derrota. Es más, se ha consolidado y extendido, a pesar de no contar con respaldo internacional y estar enfrentado a la represión estatal. Manrique cree que la presencia de Sendero Luminoso resulta incómoda y produce miedo a los intelectuales. Esta suerte de ausencia explicativa es en realidad una manera de evadir una conclusión que les asusta: "Creo que hay otra razón que alimenta esta implícita renuncia al análisis. Esta se funda en el temor a la conclusión a la que este análisis puede llevar: *que Sendero Luminoso tiene una importante base social en nuestro país*" (Manrique, 1986:3).

Aunque Manrique acepta el carácter irracional e indiscriminado de la violencia de Sendero Luminoso, no descarta que posee una base social popular en el país. Ello significa que la izquierda tradicional no ha logrado despertar simpatías ni representar a un sector social que constituye la base de Sendero Luminoso, y del cual se aleja cada vez más al distanciarse de las voces radicales y poner su mirada en las clases medias del país.

La perspectiva de Manrique considera que la guerra es la continuación de la política, de este modo, la guerra desatada por Sendero Luminoso resulta encajar dentro de lo que se considera las acciones políticas, representando una versión vernacular de una propuesta revolucionaria marxista. Sendero Luminoso es "Una organización política que utiliza el terrorismo como un arma, pero cuya complejidad no se agota en él. Como tal tiene una racionalidad: determinados objetivos políticos, tácticos y estratégicos, que trata de alcanzar principalmente a través de la violencia armada" (Manrique, 1987:3).

Frente a estas tesis aparecen las críticas de Sinesio López quien considera que la guerra más bien es el fracaso de la política[9] "[…] yo creo que la guerra no es la forma de hacer política por otros medios, sino más bien el fracaso de la política" (López, 1987:1). López busca dar una

---

[9] En este punto, Sinesio López recoge la tesis sobre la política que postula Clausewitz.

interpretación distinta de Sendero Luminoso y desacreditarle como una genuina actividad política. Su argumento señala que el objetivo de la política no implica necesariamente eliminar al adversario y aunque Sendero Luminoso planteara una guerra cuyo objetivo era eliminar al Estado, no significa que ese objetivo, por sí mismo, otorgue el valor de lo político a sus acciones. La política también contempla la posibilidad de sostener discrepancias con el enemigo o mantenerlo en el escenario político.

Desde la mirada de López, Sendero Luminoso representa la derrota y el fracaso en la política que se expresa en su soledad por no haber logrado seducir a otros partidos políticos o sectores sociales a que se sumen a su proyecto de lucha armada, "[...] Sendero entra a desarrollar acciones terroristas luego de sufrir una serie de derrotas políticas en el movimiento popular y de aislarse del movimiento de masas [....] En este sentido, la "guerra" senderista no es la continuación militar del movimiento popular en ebullición sino la secuencia de las derrotas y de la soledad de Sendero Luminoso" (López 1987:1).

López considera que Manrique sobredimensiona el valor político de Sendero Luminoso. "¿Y? ¿Qué Sendero Luminoso tenga objetivos políticos que trata de conseguir por la violencia armada, hace acaso que la guerra sea la continuación de la política por otros medios? [...] Nelson Manrique olvida un principio elemental de la política: el sentido de una acción política no depende sólo de la intencionalidad del actor (más aún cuando carece de hegemonía) sino sobre todo del conjunto de relaciones de fuerza en un momento dado y de sus resultados" (López, 1987:2).

Además, rechaza el supuesto miedo que Sendero Luminoso provoca en los intelectuales llamados Los zorros. López devela la discusión de una estrategia al interior del Partido Unificado Mariateguista (PUM) que formaba parte de la Izquierda Unida, y donde militaba este grupo de intelectuales. "¿Por qué los temores a Sendero? ¿No expresa la tesis de Manrique más bien la proyección de la conciencia culpable de un pequeño grupo intelectual que para compensarla se reafirma en los dogmas y sobrevalora a Sendero Luminoso? ¿Por qué a Manrique no se le ocurre otra hipótesis: por ejemplo, que las gentes de "El Zorro de abajo" están pensando en otra estrategia para hacer la revolución?" (López, 1987:2).

Así, en este debate, tenemos en un extremo a Manrique quien defiende la idea que Sendero Luminoso es una guerrilla y que sus acciones encajan dentro del campo de la política porque tiene lineamientos, objetivos y estrategias políticas de gran vitalidad con las que han logrado captar la simpatía de una importante base social. No obstante, Manrique no desconoce o niega el uso irracional e indiscriminado que hacen de la violencia ni su carácter vertical y autoritario, pero ello no hace que sus acciones sean irracionales o que sea antipopular. Por ello, rechaza la entrada analítica que etiqueta a Sendero Luminoso como terroristas y cuyas acciones se ubican fuera del campo de la política. Cuestiona esta aproximación porque para Manrique se trata de una entrada de carácter moral que evidencia una renuncia al análisis para esquivar una verdad que atemoriza a otros intelectuales: Sendero Luminoso goza de la simpatía de bases sociales que la izquierda tradicional no ha sabido representar y, al desradicalizarse políticamente, alejándose del marxismo, y ubicándose más cercana a las clases medias del país.

En el otro extremo, tenemos a López quien considera que Sendero Luminoso representa la derrota de la política. Las acciones de SL en la década del ochenta encajan dentro de las acciones terroristas, y se ubican solitarios en este escenario luego de haber fracasado en el campo de la política por no haber sido capaz de despertar simpatías en otros partidos políticos o sectores sociales. No basta tener intencionalidad y objetivos políticos o buscar destruir a quien considera su enemigo político para pensar a Sendero Luminoso como un actor político. Para López, la presencia de Sendero Luminoso no les interpela en términos políticos sino que es la fuerza organizativa de los movimientos sociales y el juego democrático del Estado lo que lleva a "Los Zorros" a replantear su estrategia política dentro de su militancia en el Partido Unificado Mariateguista.

Si bien, el punto central de la discusión es fijar el campo de las acciones de Sendero Luminoso, considero que lo interesante es tratar de pensar si detrás de esta interrogante se está planteando otro tipo de discusión. Es decir, ¿se trata de una interpretación académica de qué es Sendero Luminoso? o ¿se buscó marcar una posición política frente a Sendero Luminoso? Y en esta línea, la evidencia del esfuerzo por dejar esa suerte de ambivalencia, ambigüedad, falta de distanciamiento o condena que, posteriormente, la Comisión de la Verdad y Reconciliación ha concluido sobre la posición de la izquierda –incluidos sus intelectuales– en el Perú.

4. La ambigüedad de la izquierda

En los primeros años de la transición democrática y el estallido de la violencia senderista dibujó un panorama lleno de incertidumbres y obligó a los diferentes sectores del país a tomar una posición. Los partidos de la derecha se ubicaron prontamente al lado de la democracia representativa, mientras que la izquierda peruana decidió acumular fuerzas para crear el frente electoral Izquierda Unida (IU)[10]. Diversos partidos de izquierda

---

[10] Dentro de la Izquierda Unida destacaron tres partidos: El Partido Comunista Peruano (pro-soviético), el Partido Comunista del Perú - Patria Roja (maoísta) y el Partido Unificado Mariateguista (PUM), producto a su vez de la unidad de tres agrupaciones: Vanguardia Revolucionaria (VR), Movimiento de Izquierda Revolucionaria (MIR) y el Partido Comunista

convergieron como una única fuerza política que decidió participar en las elecciones, municipales primero (1983) y luego presidenciales (1985), con la idea de acumular fuerzas y, posteriormente, transitar hacia el socialismo vía la revolución. Vinculados a este proyecto político aparecieron nítidamente los intelectuales más influyentes de las ciencias sociales peruanas, quienes expresaron en sus debates las tensiones ideológicas y dilemas estratégicos de la izquierda peruana de la década de 1980.

La Comisión de la Verdad y Reconciliación considera que la izquierda muestra un complejo proceso de marchas y contramarchas por definir el carácter de esta misma y su posición respecto de la democracia y, en la coyuntura de los años 80, frente a la violencia de Sendero Luminoso. Señala que la izquierda pasó de "[...] un asombro y menosprecio inicial a una tímida condena [...]" (CVR, 2003:127).

Sendero Luminoso, propició en un primer momento una suerte de radicalización del discurso antisistémico desde los propios militantes, dirigentes e intelectuales de la izquierda peruana. La radicalidad y la búsqueda del cambio social vía el uso de las armas era parte de la tradición de la izquierda. El uso de la violencia y las armas no era aquello que representaba la diferencia entre Sendero Luminoso y la izquierda. Para la izquierda se justificaba el uso de la violencia en un contexto revolucionario y de lucha de masas, pero no en la iniciativa particular de un grupo determinado. El recurso a la violencia y la opción armada siguió siendo, por tanto, un camino para la izquierda peruana. Ello explicaría la débil crítica hacia Sendero Luminoso y a su estrategia de tomar las armas. No obtante, la izquierda trató de distanciarse, aunque no de un modo claro, de la propuesta de Sendero Luminoso.

El principal problema para la izquierda consistió efectivamente en no diferenciar los actos terroristas de Sendero Luminoso del tipo de violencia revolucionaria que ellos todavía concebían como necesaria para transformar el orden político en el país. De allí que grupos opositores aprovecharon esta situación ambivalente de la izquierda para acusarlos de terrorismo[11]. La promulgación de la "Ley Antiterrorista" por el gobierno de Belaúnde Terry[12] ocasionaría además que muchos dirigentes gremiales y sindicales, miembros o simpatizantes de Izquierda Unida sean llevados a la cárcel acusados por terrorismo (CVR, 2003:128. Según la CVR, La ambigüedad de

---

Revolucionario (PCR). El PUM se caracterizaba por contar con un buen grado de organización al interior del partido y por mantener vínculos e influencia con los principales movimientos sociales del país.

[11] Para la CVR, los partidos de izquierda "[al] compartir una matriz ideológica similar [a la de los grupos terroristas], [...] no pudieron asumir una posición clara frente a la «violencia revolucionaria», ni deslindaron con el pensamiento y la acción del PCP-SL y del MRTA" (CVR 2003:129). Esta es una de las causas que la CVR atribuye al fin de la Izquierda Unida.

[12] Fernando Belaunde Terry gobernó entre 1980 y 1985.

la izquierda respecto de Sendero Luminoso continuó, aunque las declaraciones de ciertos líderes izquierdistas pudieron dejar entrever un mayor distanciamiento.

El miedo que la izquierda oficial tenía es que Sendero Luminoso desatara una violenta reacción de la derecha opositora y el gobierno. Sendero Luminoso era un peligro para los intereses de las clases populares, no en tanto organización que utilizaba las armas, sino porque daba argumentos a los grupos de derecha y el gobierno para desacreditar a la izquierda legal (CVR 2003:127-128).

Las tensiones al interior de la izquierda irán transitando entre seguir apostando por la revolución o apostar por la democracia como mecanismo de integración. En este sentido, empezó a repensar la viabilidad de un proyecto socialista en un contexto democrático. Se dice que, en su decisión de participar en las elecciones democráticas, se encubría su estrategia de un uso meramente instrumental de la democracia. El triunfo electoral de la izquierda en 1983 le otorgó un tercio de la votación a nivel nacional en los comicios municipales. Este éxito, sin embargo, no haría que la izquierda abandonara su ideal revolucionario: el miedo de la izquierda era que en un escenario electoral favorable donde pudieran llegar al poder, los grupos opositores de derecha, apoyados tal vez por las Fuerzas Armadas, derrocarían a un gobierno de izquierda. Por tanto, la opción armada, la preparación y entrenamiento de grupos o brazos armados dentro del ala radical de la izquierda continuó incluso cuando el escenario de la violencia senderista se había ampliado y el Movimiento Revolucionario Túpac Amaru había iniciado también sus acciones terroristas[13].

Esta es en suma la crítica a la izquierda peruana: transitar de un asombro y menosprecio inicial de Sendero Luminoso, a una tímida condena entendida como expresiones de ambigüedad, indefinición y falta de diferenciación. "Las divergencias de estilo de conducta política de la izquierda fueron el correlato de las ambigüedades frente a la democracia y su indefinición ante la lucha armada" (CVR, 2003:131). Podría decirse que la izquierda veía en las acciones terroristas un mero error estratégico, pues seguía teniendo como horizonte político la revolución, sin dejar de participar en el régimen democrático como una plataforma para mostrar las deficiencias del mismo y movilizar a las masas.

5. Conclusiones

A inicios de la década del los ochenta, el Perú entró a una etapa de transición hacia la democracia y a un periodo de violencia qué desató de Sendero Luminoso. Este panorama obligó a que una generación de

---

[13] El MRTA inicia sus acciones en enero de 1984.

intelectuales socialistas vinculados a las ciencias sociales repensaran su estrategia revolucionaria y las principales categorías con las que venían analizando la realidad social: política, democracia, revolución, violencia. Estos intelectuales en su intento por aclarar el lugar y la naturaleza de las acciones de Sendero Luminoso, exaltaron sus pequeñas diferencias, no solo en la entrada conceptual y teórica de qué entendían por el campo de la política y la violencia senderista, sino sobre todo el sentido de política y el uso de la violencia o armas para procurar el cambio social. En cierto sentido, develan esa suerte de encrucijada en la que se hallaba una generación de intelectuales que buscaba armonizar sus prioridades académicas con su quehacer político; y que les empujó a dos extremos: la radicalización o la reconsideración de los supuestos sobre los cuales se ejerció la actividad política en los setenta, centrando su discusión en la oportunidad del uso de las armas y los nuevos significados de la política en un contexto de transición. Si bien las conclusiones de la Comisión de la Verdad y Reconciliación ubica a la izquierda peruana en una suerte de ambigüedad inicial frente a Sendero Luminoso, estas consideraciones se matizan frente a una Izquierda Unida tan diversa en su composición y con diversos grados de radicalidad, como también, frente al esfuerzo de sus intelectuales por buscar comprender el surgimiento tan inesperado de Sendero Luminoso.

BIBLIOGRAFÍA

COMISIÓN DE LA VERDAD Y RECONCILIACIÓN (2003), "Los actores políticos e institucionales", *Informe Final*, Tomo I y III, Lima.

El Zorro de Abajo (1985), Revista de Cultura y política, Editorial, N. 1, Lima junio-julio, 1.

GONZÁLEZ, Osmar (1999), *Señales sin Respuesta. Los Zorros y el pensamiento socialista en el Perú 1968-1989*, Lima, PREAL.

LÓPEZ, Sinesio (1987),"La política, la violencia y la revolución", *Ponencia presentada en el II Congreso Nacional de Sociología Universidad Nacional de San Agustín de Arequipa*, 27 abril – 1 de mayo 1987.

MANRIQUE, Nelson (1986), "El terrorismo y la imagen del Perú", *El Caballo Rojo, segunda época*, Lima, 1/4.

Márgenes: encuentro y debate (1987), Editorial. No 1, Lima, marzo, 3-4.

PORTOCARRERO, Gonzalo (1994), "La Generación Del 68 Hablan los protagonistas", *Colección Temas en Sociología*, 2, Lima, Facultad de Ciencias Sociales PUCP.

LA TRANSICIÓN ESPAÑOLA CON LA PERSPECTIVA DE CUARENTA AÑOS

JOSÉ GIRÓN GARROTE
Universidad de Oviedo

Resumen: Nuestro propósito es reflexionar sobre la transición democrática española con la perspectiva que permite abordar el tema casi cuarenta años después. Durante mucho tiempo, el proceso de la dictadura a la democracia apareció como un modelo de transición. Sin embargo, actualmente, debemos ofrecer una visión crítica y desmitificadora. El trabajo aborda ocho temas: ley electoral, elecciones de 1977, fuerzas de Seguridad del Estado, BPS, TOP, Ejército, poder judicial y la cuestión de la pacífica/sangrienta transición.
Palabras clave: transición, ley electoral, policía, ejército, poder judicial

Abstract: Our purpose is to reflect on the Spanish democratic transition with the perspective that can address the topic almost forty years later. For a long time, the process from dictatorship to democracy appeared as a model of transition. However we currently offer a critical and demystifying vision. The work addresses eight issues: electoral law, election of 1977, state security forces, BPS, TOP, army, judiciary and the question of a peaceful/bloody transition.
Keywords: transition, electoral law, police, army, judiciary

Durante varias décadas, la versión oficial de la transición política en España ha sido considerada como un modelo para América Latina (Argentina, Uruguay, Chile) y para Europa central y oriental, a partir de 1989.

Transcurridos exactamente cuarenta años desde que el 20 de noviembre de 1975, el dictador Francisco Franco falleció, podríamos hacernos una pregunta: ¿Fue nuestra transición un modelo para mostrar al mundo entero? Durante muchos años así se vendió e incluso se exportó una idea idílica de la transición española[1]. Afirmar que en Hungría y Checoslovaquia, por ejemplo, las transiciones a la democracia fueron modélicas es emplear el rigor científico, pero ¿se puede decir lo mismo de España? En el nuevo continente, Argentina fue ejemplo de otra transición clásica aunque no exenta de dificultades.

En las páginas siguientes vamos a intentar desmitificar nuestra transición. Van ustedes a leer una exposición que tiene poco que ver con la versión oficial que actualmente se sigue manteniendo por las esferas oficiales y por los intelectuales al servicio del poder político y económico de España. La pseudociencia practicada por aquellos, carece de un mínimo rigor científico, siguiendo a Alan Sokal (2009:340). El mito de la transición maravillosa como modelo a exportar se desmorona. Lo grave es que ha tenido que pasar mucho tiempo para llegar a esta interpretación. Aunque, bien es cierto, que en los últimos años disponemos de una bibliografía que rompe con el molde tradicional.

Cinco instituciones pasaron de la dictadura a la democracia, sin ninguna transformación. Simplemente cambiaron la chaqueta o el nombre, pero su estructura y pensamiento franquista continuó intacto. Nos referimos a las fuerzas de Seguridad del Estado (la policía armada, la guardia civil, la policía secreta), el ejército y el poder judicial.

Para empezar, una cuestión previa. En España sólo tuvo lugar una transición política pues la transición económica, de una economía estatalizada y autárquica a una de libre mercado, la había realizado el propio régimen franquista desde 1959. Por tanto, una diferencia sustancial con respecto a las transiciones de Europa central y oriental.

No vamos a entrar en el tema, tan polémico para ciertos aprendices de historiadores, de cuándo empieza y termina la transición española. Se inicia con el nombramiento de Adolfo Suárez como Presidente del Gobierno, 3 de julio de 1976, y concluye con las elecciones municipales del 3 de abril de 1979. Cuando muere el dictador en su cama el 20 de noviembre de 1975 y jura como nuevo Jefe del Estado Juan Carlos I, nada en absoluto cambia en España. La dictadura continúa exactamente igual con el gobierno de Carlos Arias Navarro y el nuevo Rey. Es a partir del nombramiento de Adolfo Suárez cuando comienza el proceso de transición. Y finaliza no con la aprobación de la Constitución el 6 de diciembre de 1978, como muchos afirman de forma equivocada, sino cuatro meses después, cuando, por fin, desaparece el último reducto del poder franquista en España, que

---

[1] Entre las decenas de ejemplos, nos referiremos a uno de los más simpáticos. La llamada Universidad Complutense (de Madrid) de Verano del Este celebrada en Moscú, en julio de 1991, dirigida por Alfonso Guerra, y en la que participaron personajes tan conspicuos como Felipe González, Santiago Carrillo, Virgilio Zapatero, Félix Tezanos y otros. La mayoría de las diez conferencias publicadas, en 1992, en un volumen de 105 páginas no tienen desperdicio.

continuaba en los Ayuntamientos, tras las primeras elecciones municipales del 3 de abril de 1979. Una transición muy larga, de casi tres años, concretamente de 33 meses, que contrasta con la de Checoslovaquia, por poner un ejemplo, que dura un mes y medio en 1989[2]; o con los catorce meses (febrero de 1989 a marzo de 1990) en Hungría (Girón, 1997a:443 y 481); o en Argentina quince meses, entre julio de 1982 y octubre de 1983 (Girón, 1997b:249-253). Semejante con la de Polonia, que se alarga 34 meses, entre enero de 1989 y octubre de 1991 (Girón, 2015:50-54).

1. Introducción

Desde los inicios de la década de los setenta, la oposición democrática al franquismo había elaborado su hoja de ruta consistente en doce puntos, entre ellos: gobierno provisional, amnistía absoluta, legalización de todos los partidos políticos sin exclusiones, libertad de prensa, neutralidad política de las Fuerzas Armadas, referéndum sobre Monarquía-República, etc. Para lograr la "ruptura democrática", los partidos de Coordinación Democrática, la "Platajunta"[3], habían lanzado una importante movilización ciudadana, a través de amplios sectores del movimiento obrero, de estudiantes, intelectuales, sectores profesionales de las clases medias (Balfour, 2011:43-62), mediante huelgas, encierros, manifestaciones, propaganda, en fábricas y universidades la agitación alcanza niveles impresionantes[4]. Desde finales de los años sesenta, cuando el franquismo entra en su fase terminal, los sindicatos y partidos de izquierda e izquierda radical, dirigen una amplia movilización popular que se plasma en las siguientes cifras: jornadas anuales perdidas por huelgas: 250.000 entre 1964-69; 850.000 entre 1970-72; 1.550.000 entre 1973-75; y 13.200.000 entre 1976-78 (Pérez Díaz, 1980:19). A lo largo de 1976, casi tres millones de trabajadores participaron en huelgas (Maravall, 1984:28). Los números hablan por sí solos. Precisamente

---

[2] Una transición modélica que dura un mes y medio (del 17 de noviembre al 29 de diciembre de 1989), *stricto sensu* veintidós días, sin una sola víctima mortal, con un acuerdo entre los comunistas reformistas y una oposición formada inicialmente por una veintena de intelectuales. No es de extrañar que haya pasado a la historia como la "revolución de terciopelo". Aunque, en realidad, no hubo ninguna revolución, sino una reforma pactada y una "transición de terciopelo" (Girón Garrote, 2015, 59).
[3] La Junta Democrática de España, fundada el 29 de julio de 1974, integraba al PCE, PSP, PTE, Partido Carlista, ASA y CC.OO, e independientes García Trevijano, Vidal Beneyto y Calvo Serer, entre otros. El 11 de junio de 1975 se forma la Plataforma de Convergencia Democrática, con el PSOE, ID, USDE, ORT, MCE y UGT. La Junta y la Plataforma constituyeron, el 26 de marzo de 1976, Coordinación Democrática, conocida popularmente como la "Platajunta".
[4] En 1965, medio millón de personas habían participado en huelgas reivindicativas. En 1970, la cifra se acercaba a dos millones de trabajadores. En 1976, las horas perdidas por huelgas llegaba a 156 millones.

esta presión del movimiento obrero y estudiantil es la causa determinante que explica la transición política. Sin ella, la evolución del régimen autoritario al democrático hubiera sido muy diferente. La prueba está en el primer gobierno de Juan Carlos I, que durante siete meses continuó el régimen dictatorial, sin ninguna modificación. Cuando algunos historiadores e intelectuales orgánicos, ocultan o tergiversan el papel fundamental del movimiento popular, son responsables de ignorancia o de prevaricación. Por el contrario debemos resaltar a otros como Elías Díaz, reivindicando el papel de los actores sociales en el desarrollo del proceso "por razones de mera justicia histórica, de verdadera objetividad científica" (Díaz, 1987:200, 205 y 208).

Frente a la oposición democrática, en los últimos años del franquismo se consolida la opción inmovilista, el llamado búnker, dirigido por José Antonio Girón de Velasco, presidente de la Hermandad de ExCombatientes, Blas Piñar de Fuerza Nueva, Gonzalo Fernández de la Mora, Fernández Cuesta, Utrera Molina, Oriol y Urquijo, a quienes respalda el Ejército en pleno, la Guardia Civil y varios medios de comunicación (*El Alcázar, El Imparcial*).

La llegada al gobierno de Adolfo Suárez, nombrado por el Rey el 3 de julio de 1976, significa una tercera vía, la reforma. Inteligentemente, Suárez inicia contactos con ambas fuerzas, y utilizando el diálogo, el miedo y la presión, logra su objetivo. Pasar de la legalidad del régimen franquista a un sistema democrático, controlado desde el poder (André-Bazzana, 2006:163-173). En palabras de Torcuato Fernández Miranda "de la ley a la ley" (Fernández-Miranda, 1995:232; y Fernández-Miranda, 2015:282-289). Torcuato fue el cerebro de la reforma y Suárez el brazo ejecutor. En seis meses se realiza el milagro. Tras la aprobación de la Ley para la Reforma Política, referéndum de diciembre de 1976, la Platajunta se reconvierte en la Comisión de los Nueve y negocia con Suárez.

La oposición democrática hace dejación de su Manifiesto constituyente y dando un giro copernicano, acepta la vía reformista de Suárez. Para darle una pátina de credibilidad aparece el concepto de "ruptura pactada". ¿Quienes fueron los responsables?: Santiago Carrillo y Felipe González, el PCE y el PSOE. La cuestión es sustantiva pues el régimen franquista era jurídicamente ilegal e ilegítimo, sin embargo, Carrillo y González, echando por la borda sus principios ideológicos, el trabajo de muchos años, las esperanzas e ilusiones de centenares de miles de personas, aceptaron la vía propuesta por Suárez y la desmovilización ciudadana. El PCE y el PSOE entraron en el juego y los sindicatos CC.OO. y UGT renunciaron a demostrar su poder popular. Concretamente, en seis meses, Carrillo pasó de insultar a Juan Carlos "el Breve" a apalear a sus militantes que llevaban banderas republicanas a los mítines comunistas (Morán, 1991:190).

Aquí radica otra de las patrañas acuñadas por los historiadores del pesebre. Afirman que los partidos y sindicatos de izquierda no tenían el poder suficiente para imponer la ruptura democrática, ignorando o, peor aún, tergiversando la historia, cuando la realidad fue que los trabajadores y estudiantes demostraron sobradamente su poder de convocatoria, mediantes huelgas y manifestaciones, pero fueron González y Carrillo quienes ordenaron la claudicación y el pacto con la reforma dirigida por Suárez.

Algunos historiadores aluden al "miedo", el recuerdo a la guerra civil, como idea incrustada en la mentalidad de una buena parte de los españoles, como factor determinante en la transacción entre gobierno y oposición. Sin embargo, existe otra lectura del tema. El "miedo" fue un espantapájaros utilizado hábilmente por los interesados en desmovilizar el movimiento ciudadano. Más de la mitad de la población española había nacido después de la guerra civil, por tanto, el recuerdo del conflicto bélico era una simple leyenda sin capacidad disuasoria. Además, la ciudadanía había perdido "el miedo" al régimen franquista (Morodo, 1984:111).

No es el momento de detenernos en el debate sobre los conceptos de "reforma pactada" o "ruptura pactada". Algunos autores, Fernando García de Cortazar y Juan Pablo Fusi, se decantan por la primera; Santos Juliá y Javier Pradera, por la segunda. Según nuestra opinión, ambas opciones son meros sofismas pues en realidad la transición española fue un perfecto ejemplo de "que todo cambie para que todo siga igual"[5], siguiendo el aforismo de Giuseppe di Lampedusa. Aparentemente, todo cambió pero las estructuras de poder continuaron intactas.

El concepto de "ruptura pactada" aparece acuñado por uno de los mayores impostores de la transición. Alfonso Guerra, un intelectual de pacotilla, mentiroso y tergiversador, pero experto en sentarse durante 37 años en el Congreso de los Diputados, afirma que la transición "consiste en una ruptura pactada {...} que tiene elementos de reforma [...] y de ruptura en el contenido del producto final" (Guerra, 1984:15)[6].

José María Maravall, intelectual socialista, pero riguroso, maneja tres conceptos evolutivos: de la estrategia de la "ruptura democrática" se pasó a la "ruptura negociada", y finalmente a la "transición pactada" (Maravall, 1984:175).

---

[5] "Se vogliamo che tutto rimanga come è, bisogna che tutto cambi".
[6] Resulta revelador que el 90% del texto de 12 páginas del Prólogo al libro de Raúl Morodo, de 1984, Guerra lo reproduce íntegramente en el libro editado por Tezanos, Cotarelo y De Blas, *La Transición democrática española*, 1989, ahora como Epílogo, y vuelve a copiarlo íntegramente en su conferencia de Moscú, ya comentada, publicada en 1992. El ínclito Guerra, repite el mismo texto tres veces, sin sonrojo intelectual, y contumaz en sus necedades.

Otros autores, demuestran su necedad al asignar al Rey el papel de motor y piloto del cambio (Powell, 1991; Bernecker, 1996:113-115), cuando fue siempre a remolque de las circunstancias y de sus intereses particulares, conservar el trono[7]. Aquí reside otro de los mitos de la transición: Juan Carlos nombrado Rey por un poder ilegítimo (Franco) necesitaba una legitimidad democrática de la que carecía. Tras una larga travesía por el desierto, febrero de 1981 supuso el espaldarazo definitivo a sus propósitos. Tras utilizar a su amigo Alfonso, de siete horas de dudas y vacilaciones, sacrifica al general Armada y se convierte en el héroe de la democracia.

A continuación abordaremos ocho temas que nos permiten una nueva perspectiva del mito de la transición española a la democracia. La ley electoral, las elecciones de 1977, las fuerzas de Seguridad del Estado, la BPS, la "pacífica" transición, el TOP, el Ejército, y la supuesta independencia del poder judicial.

2. La Ley Electoral

La ley electoral aprobada por el Gobierno de Suárez mediante Decreto Ley de 23 de marzo de 1977, estableció el marco por el que se celebraron las elecciones de junio siguiente y en lo sustancial continuó en la Ley Orgánica de 19 de junio de 1985. Estableció el sistema de escrutinio proporcional mediante el método D´Hont, un mínimo del 3% para entrar en el reparto de escaños y fijó en dos el mínimo de escaños para cada una de las 50 provincias.

Debemos resaltar tres cuestiones. A) El método D´Hont es el menos proporcional de todos los proporcionales, por lo cual se aproxima al sistema mayoritario y en la práctica prima a los grandes partidos y perjudica a los pequeños, lo que conduce al bipartidismo. B) La arbitrariedad de asignar dos diputados a cada provincia: lo cual beneficia a las provincias con poca población y perjudica a los grandes centros urbanos. Por poner un ejemplo: favorece a las dos Castillas y lesiona a Madrid y Barcelona. C) El sistema de listas cerradas y bloqueadas permite a los partidos políticos establecer una auténtica dictadura interna, con el objetivo de evitar cualquier discrepancia. Los diputados se convierten en meros autómatas limitándose a apretar un botón para decir SÍ o NO, según ordene la cúpula del partido, sin capacidad para expresar su propio pensamiento. La prohibición del mandato imperativo establecido en la Constitución (art. 67.2) ha sido violado por los partidos políticos al impedir que sus diputados ejerzan el mandato representativo.

---

[7] Los autores, uno medio inglés y otro alemán, tergiversan la historia española a su antojo. Powell es un perfecto ejemplo de la legión de los intelectuales del pesebre, actualmente es el Director del Real Instituto Elcano.

Personas tan autorizadas como el catedrático de Derecho Constitucional Jorge de Esteban afirma que la Ley Electoral es "técnicamente imperfecta" y José Luis López Aranguren califica como "antidemocráticas" las listas cerradas y la disciplina de voto (Sinova y Tusell, 1990:107-124).

3. Las elecciones del 15 de junio de 1977

Las primeras elecciones generales celebradas en España desde febrero de 1939, tuvieron lugar el 15 de junio de 1977. Los medios de comunicación de todo el mundo celebraron el regreso a la democracia en España. Sin duda tenían una significación histórica. Pero la pregunta es: ¿Fueron completamente democráticas esas elecciones? La respuesta es un rotundo NO. Para que unas elecciones cumplan los estándares democráticos es necesario que todas las fuerzas políticas existentes puedan concurrir al proceso electoral y explicar sus programas políticos. ¿Sucedió así en España? Respuesta: NO. Desde enero hasta junio fueron legalizados 250 partidos políticos en España. La inmensa mayoría grupos locales de apenas media docena de personas.

Sin embargo, once fuerzas políticas con implantación regional o estatal, no fueron legalizadas y no pudieron acudir a las elecciones. Su nómina es la siguiente: Partido Comunista Obrero Español (PCOE), Partido Comunista de los Trabajadores (PCT), Organización Comunista de España-Bandera Roja (OCE-BR), Organización de Izquierda Comunista (OIC), Partido Comunista de España, marxista-leninista (PCE, m-l), Partido del Trabajo de España (PTE), Organización Revolucionaria de Trabajadores (ORT), Movimiento Comunista de España (MCE), Unificación Comunista de España (UCE), Liga Comunista Revolucionaria (LCR) y Liga Comunista (LC), entre las más importantes y con mayor implantación en fábricas y universidades. Todas ellas de la izquierda radical, vinculadas a tres modelos ideológicos: prosoviéticos, maoístas y trotskistas. Acogiéndose a la Ley Electoral, tuvieron que formar Agrupaciones de Electores, sin poder desarrollar sus programas ni aparecer con sus auténticas siglas. Candidatura de Unidad Popular (MCE, PCT y otros), Frente por la Unidad de los Trabajadores (LCR, OIC, y otros), Frente Democrático de Izquierdas (PTE, PUC, CSUT y otros), y Agrupación Electoral de Trabajadores (ORT, y otros). Entre paréntesis los partidos que formaron las llamadas Agrupaciones de Electores.

A los once anteriores, hay que sumar un partido de larga trayectoria en la historia de España como el Partido Carlista, presidido por Carlos Hugo de Borbón-Parma, de gran implantación en el País Vasco y Navarra. El Partido Carlista no fue legalizado para impedir que pudiera presentarse a las elecciones. Demostración palpable del miedo de Juan Carlos I, a que Carlos Hugo lograse en las regiones de su influencia una notable votación.

Los tres partidos republicanos existentes en España, Izquierda Republicana, Acción Republicana Democrática Española (ARDE) y Esquerra Republicana de Catalunya, tampoco fueron legalizados, por lo que no pudieron acudir a las elecciones del 15 de junio.

A pesar de que quince partidos políticos no pudieron participar en el proceso electoral, el contumaz mentiroso Alfonso Guerra afirma, sin pudor, que las elecciones de 1977 fueron "abiertas a la totalidad de los partidos políticos" (Guerra, 1984:16) y, años después, persevera en su engaño (Guerra, 1992:26).

4. Las fuerzas de Seguridad del Estado

Una de las exigencias de la oposición democrática durante muchos años había sido la "disolución de los cuerpos represivos". Con el fracaso de la ruptura y el triunfo de la reforma, el tema se olvidó, y la continuidad de la Policía Armada, el Cuerpo Superior de Policía y la Guardia Civil, fue total. Solamente, hubo un cambio cosmético, referido a la Policía Armada[8], se le cambió el color del uniforme, del gris pasó primero al marrón y después al azul; y el nombre, la Policía Armada pasó a denominarse Policía Nacional. Pero todos los mandos, oficiales y números continuaron siendo los mismos y con la misma mentalidad heredada del régimen anterior. Ello explica que la actuación represiva de la Policía Armada y la Guarda Civil, entre 1976 y 1983, fuese idéntica a la anterior etapa franquista, provocando decenas de muertos y cientos de heridos. Una policía de gatillo fácil y de asesinato impune. Los ejemplos son estremecedores. Únicamente vamos a referirnos a dos, por razones de espacio.

En Vitoria, los trabajadores celebran una huelga general en la ciudad y se reúnen en asamblea en una iglesia. Era el 3 de marzo de 1976. La Policía Armada lanza gases lacrimógenos dentro de la iglesia lo que obliga a salir a los reunidos. La Policía dispara con sus armas reglamentarias contra los que salen del templo provocando 5 muertos y 150 heridos de bala. Los responsables políticos fueron Manuel Fraga Iribarne, ministro de la Gobernación, y Rodolfo Martín Villa, ministro de Relaciones Sindicales. Todo un ejemplo de transición pacífica.

En Rentería (Guipúzcoa), el 13 de julio de 1978, una compañía de la Policía Armada al mando de un capitán, sembró el terror durante 40 minutos. Al igual que vándalos, con las culatas de los fusiles, rompieron los cristales de cuarenta comercios, las lunas de decenas de portales, los

---

[8] La Policía Armada fue creada el 3 de agosto de 1939 para reprimir y mantener el orden público. Se transformó en Policía Nacional el 4 de diciembre de 1978.

porteros automáticos, las superficies acristaladas del cine Alameda, defecaron y orinaron dentro de los portales, incendiaron y calcinaron un camión, tiraron pelotas de goma contra las ventanas donde veían vecinos asomados, rompiendo cristales y persianas (*El País*, 14-07-1978). Todo un ejemplo de comportamiento cívico.

5. La Brigada Político-Social

Fundada en 1941, era una sección del Cuerpo General de Policía, especializada en la lucha contra los partidos democráticos que se oponían a la dictadura franquista. Fue transformada, en diciembre de 1978, en la Brigada Central de Información y la mayoría de los componentes de la BPS pasaron a la nueva Brigada. Resulta asombroso conocer los nombres de una larga serie de policías del BPS, la mayoría reconocidos torturadores, como Manuel Ballesteros o Martínez Torres, que los gobiernos de la UCD y del PSOE de Felipe González, premiaron con altos cargos en la estructura policial. El relato de las víctimas torturadas es estremecedor. Conesa y González Pacheco, son dos típicos ejemplos de policías franquistas que continuaron su trabajo con la democracia.

Roberto Conesa, un reconocido torturador desde 1939. Es el último Jefe de la Brigada Político-Social. En junio de 1977, Martín Villa le nombra Comisario General de Información, y en julio le concede la medalla de oro al mérito policial. Destinado como Jefe Superior de Policía de Valencia, regresa a Madrid para dirigir la nueva BIC.

Antonio González Pacheco, más conocido como "Billy el Niño", otro de los mayores torturadores en las comisarias de la BPS desde 1973. El ministro Martín Villa, el 13 de junio de 1977, le concede la medalla de plata al mérito policial. Continúa sus actividades, ahora en relación con los asesinos de Atocha y los del GAL (Grimaldos, 2004:207-225). En septiembre de 2013, la jueza argentina María Servini de Cubría dictó orden internacional de busca y captura de este personaje por 13 delitos de torturas (*Página 12*, 19-09-2013), sin embargo la Audiencia Nacional de España rechazó la extradición en abril de 2014, con el argumento de que sus delitos habían prescrito (*El País*, 20-04-2014).

6. La sangrienta transición

Durante demasiados años se calificó oficialmente a la transición española como modelo de transición pacífica. Nada más lejos de la realidad. Desde mayo de 2010 cuando se presentó el libro del periodista y profesor Mariano Sánchez Soler, *La transición sangrienta*, esa versión beatífica no se puede sostener. Desde hace cinco años, calificar a la transición española de "pacífica" es prevaricar, en el sentido literal del término. El autor demuestra con exhaustivo detalle, a lo largo de más de quinientas páginas, con nombres y apellidos, fechas, localidades, los 591 asesinatos políticos ocurridos durante la "pacífica" transición española. Desde noviembre de 1975 a 30 de diciembre de 1983, 591 personas murieron por motivos políticos, en las comisarías, en las cárceles, en atentados terroristas o durante manifestaciones. Junto con los heridos, la suma llega a la cifra de 2.663 personas. Terrorismo de extrema izquierda, de extrema derecha, guerra sucia y represión gubernamental.

Los crímenes de origen institucional fueron 188. En los casos de Arturo Ruíz, Montejurra, los abogados de Atocha, y Yolanda González, no se investigó la participación directa de funcionarios del Estado con los procesados, por decisión de la Audiencia Nacional. Unas notas de los cuatro casos citados.

Arturo Ruíz García, estudiante de 19 años, asesinado el 23 de enero de 1976 en Madrid, por un guerrillero de Cristo Rey, José Ignacio Fernández Guaza, que jamás fue detenido. El único procesado y condenado a cinco años, fue el argentino Jorge Cesarsky, vinculado a Fuerza Nueva.

Anualmente el Partido Carlista dirigido por Carlos Hugo de Borbón-Parma, celebraba una concentración en Montejurra (Estella, Navarra). El 9 de mayo de 1976, los partidarios de Sixto de Borbón, adversario del anterior, asesinaron a dos personas e hirieron a cinco. La Guardia Civil no intervino por orden del ministro de Gobernación, Manuel Fraga. El operativo fue diseñado en el despacho del general Ángel Campano, director general de la Guardia Civil, y estuvieron implicados Antonio María de Oriol y Urquijo, presidente del Consejo de Estado, Juan María de Araluce, presidente de la Diputación de Guipúzcoa, y José Ruiz de Gordoa, gobernador civil de Navarra. Un ejemplo típico de terrorismo de Estado. Los tres asesinos fueron procesados, pero sin juicio fueron liberados al serles aplicada la ley de Amnistía de 1977.

En Madrid, en un despacho de abogados laboralistas del sindicato CC.OO., el 24 de enero de 1977, un comando de cinco pistoleros de Fuerza Nueva, Falange Española y Hermandad de la Guardia de Franco, asesinaron a cinco abogados e hirieron de gravedad a otros cuatro. Varios de los asesinos tenían vinculaciones con la BPS, pero en el juicio no se investigó la trama. Uno de los implicados se fugó de España, aprovechando un permiso penitenciario dictado por el juez Gómez Chaparro.

Yolanda González Martín, estudiante de 18 años, militante del Partido Socialista de los Trabajadores, secuestrada, asesinada y abandonada en una cuneta de una carretera comarcal cerca de Madrid, el 2 de febrero de 1980. Siguiendo el modelo de los asesinados "paseados" en la guerra civil. Los seis asesinos, miembros de Fuerza Nueva, fueron procesados y condenados por asesinato por la Audiencia Nacional en 1982, pero no fueron condenados como integrantes de banda armada, a pesar de reivindicar el crimen como miembros del Batallón Vasco-Español (Sánchez Soler, 2010:175-193). El principal acusado Emilio Hellín, condenado a 43 años de cárcel, cumplió cinco, y escapó a Paraguay. A su regreso trabajó para la Guardia Civil impartiendo cursos de formación.

A lo largo de 1977, la policía cargó contra 788 manifestaciones pacíficas en España, con el resultado de muertos y heridos. El gobierno tenía que controlar las calles y frenar a la izquierda política y sindical.

Sánchez Soler inicia su trabajo a finales de 1975, pero habría que recordar que en las postrimerías del franquismo, la policía encargada de reprimir las manifestaciones pacíficas en las calles se cobraron 19 vidas humanas, aparte de otras 7, ejecutadas por el régimen. En total, 26 muertos entre 1969-1975[9].

En la introducción queda reflejado cómo en procesos de transición política, en la antigua Checoslovaquia y en Hungría, no se registró ni una sola víctima mortal. La comparación con el caso español resulta vergonzosa. Por ello, continuar calificando a la transición española como "pacífica" es atentar a la razón y a la inteligencia.

7. El Tribunal de Orden Público

El Tribunal de Orden Público (TOP), fue creado el 2 de diciembre de 1963 como un tribunal especial para juzgar delitos políticos contra el ordenamiento jurídico del régimen franquista. Desde injurias al Jefe del Estado, hasta asociación ilícita o propaganda ilegal.

En los últimos cuatro años de su existencia (1973-76), el TOP incoa 13.559 sumarios y dicta 1.346 sentencias condenatorias. Pero el número es engañoso, pues en cada causa los procesados podían ser varios. El número total de procedimientos, en los trece años del TOP, fue de 22.660, con 3.835 juicios (Grimaldos, 2013:82), y el 74 % de las personas fueron condenadas a penas de cárcel.

---

[9] Madrid: Enrique Ruano, detenido por repartir propaganda ilegal. Muere en la comisaria (17 enero 1969). Granada: Manifestación, 3 muertos (21 julio 1970). Éibar: Manifestación de protesta contra el juicio de Burgos: 1 muerto (4 dic. 1970). Getafe (Madrid): mientras repartía propaganda de CC.OO., 1 muerto (13 sept. 1971). Barcelona: Huelga de la SEAT, 1 muerto (18 octubre 1971). El Ferrol: Manifestación, 2 muertos (10 marzo 1972); Barcelona: 8 abril 1973; Reus: 17 sept. 1973; Madrid: 24 octubre 1973; y Madrid: 20 dic. 1973, en cada manifestación, 1 muerto. Barcelona: Salvador Puig Antich y Heinz Chez, garrote vil (2 marzo 1974). Carmona (Sevilla): manifestación de vecinos solicitando agua, 1 muerto y 3 heridos por disparos de la Guardia Civil (1 agosto 1974). Vigo: 1 mayo 1975; Madrid: 30 julio 1975; El Ferrol: 12 agosto 1975; y Madrid: 18 sep. 1975, en cada manifestación 1 muerto. Madrid, Burgos y Barcelona: 5 fusilados (27 sept. 1975). Tenerife: 1 asesinado en Comisaria (31 octubre 1975). Fuente: *Informe 1952-1978: Verdad y Justicia*.

El TOP fue disuelto el 4 de enero de 1977, y el mismo día, creado, en su lugar, la Audiencia Nacional, a donde pasaron la mayoría de los jueces y fiscales del TOP. Otros recalaron como magistrados en el Tribunal Supremo. Los tres Presidentes que tuvo el TOP: Enrique Amat, pasó al Supremo en 1971; Francisco José Mateu, llegó al Supremo en 1977, al igual que José Hijas. El fiscal Luis Poyatos, nombrado fiscal del Tribunal Supremo en 1988. Antonio Torres-Dulce se jubiló en 1986 como Presidente de la Audiencia de Madrid. Los jueces del TOP, Rafael Gómez Chaparro y Jaime Mariscal de Gante, también fueron recompensados por su labor en el TOP, con una plaza de magistrados en la Audiencia Nacional.

Ningún fiscal ni juez del TOP fue inhabilitado o procesado por enviar a la cárcel a miles de personas cuyo único delito había sido solicitar pacíficamente libertades democráticas para España.

Otra cuestión es la del Tribunal Supremo, dedicado durante cuatro décadas a reprimir cualquier contestación al régimen franquista. Años después del restablecimiento de la democracia en España, "ciertos grupos de la Judicatura" continuaban conservando la mentalidad del poder político autocrático (González Casanova, 1986:12).

Una observación de carácter general relativa a los jueces y policías. La Ley de Amnistía de 15 de octubre de 1977 había prescrito la impunidad para los crímenes del franquismo. En su art. 2, párrafo f, se concede la amnistía a "los delitos cometidos por los funcionarios y agentes del orden público contra el ejercicio de los derechos de las personas". Contó con la aprobación del PSOE y del PCE.

Con un lenguaje críptico, el art. 9.3 de la Constitución de 1978 consagra la legitimidad de la dictadura franquista y garantiza que nadie podrá exigir responsabilidades por los crímenes del pasado. De esta manera, "cientos de jueces y policías" asesinos y torturadores quedaron impunes (Muniesa, 2005:76).

8. El Ejército

Otra de las instituciones que permaneció exactamente igual, sin sufrir ninguna remodelación, fue el Ejército. De todos es sabido que en las Academias militares españolas, aparte de sus estudios específicos, se les adoctrinaba a los futuros oficiales en la ideología franquista. Nada de eso cambió durante la larga transición.

Frente a este modelo, en Grecia y Argentina, las fuerzas armadas sufrieron el peso de la justicia por haber ejecutado sendos golpes de Estado. En Grecia, al terminar la dictadura, fueron llevados a juicio 30 oficiales, y los tres responsables del golpe militar condenados a muerte[10]. En

---

[10] En Grecia, el 21 de abril de 1967, mediante un golpe militar, se instauró la dictadura de los

Argentina, el 10 de diciembre de 1983, Raúl Alfonsín asumió la Presidencia de la República. Cinco días después, firmó un decreto para someter a juicio a los integrantes de las tres Juntas militares y creó la Comisión Nacional sobre la Desaparición de Personas (CONADEP). En diciembre de 1985, los generales Videla y Massera fueron condenados a prisión perpetua[11]. No es necesario realizar ningún comentario sobre la comparación entre los casos de España y los de Grecia y Argentina.

En España, la democracia mantuvo en sus cargos a los mismos generales y oficiales franquistas que habían servido al dictador. No es de extrañar, por tanto, que hubiera "ruido de sables" en numerosas ocasiones y cinco intentos de golpe de Estado. Cuando el 9 de abril de 1977 fue legalizado el PCE, el ministro de Marina, almirante Pita da Veiga, dimitió por su rechazo a su legitimación.

En noviembre de 1978, fue desarticulada la "Operación Galaxia", el primer intento de golpe militar dirigido por Antonio Tejero y el comandante Ricardo Sáenz de Ynestrillas, condenados a siete meses de prisión.

El 23 de febrero de 1981, a las 18:23 de la tarde, el teniente coronel Antonio Tejero entra en el Congreso de los Diputados y secuestra al gobierno en pleno y a la totalidad de diputados y senadores que se encontraban reunidos para elegir al nuevo presidente de Gobierno, tras la dimisión de Adolfo Suárez. Poco después, el Capitán General de la III Región Militar de Valencia, Jaime Milans del Bosch declara el estado de excepción y saca 40 tanques a la calle. En Madrid, la División Acorazada Brunete, ocupa posiciones en la afueras de la ciudad. De las once Regiones Militares, ocho estaban implicadas en el golpe. Así como también los servicios secretos del Estado, el CESID (Díaz Fernández, 2005:199-200). A la 1:14 del día 24, el Rey habla por televisión, condenando el golpe y respaldando la Constitución. La pregunta es: ¿Por qué tardó siete horas en condenar el golpe militar? La versión oficial es que TVE estaba ocupada por los golpistas y estuvo hablando con todos los capitanes generales para convencerles de que no se sumaran a Milans. Parcialmente falso. Lo realmente cierto es que Juan Carlos I estaba implicado en el "golpe blando", modelo De Gaulle de 1958, diseñado por Alfonso Armada Comyn frente al "golpe duro" dirigido por Milans del Bosch, modelo Primo de Rivera.

Coroneles, dirigidos por Papadopoulos, Pattakos y Makarezos. Tras el fracaso de la enosis, los militares abandonaron el poder en julio de 1974. En octubre fueron arrestados y procesados. En el juicio, agosto de 1975, fueron condenados a muerte los tres, sentencias conmutadas por cadena perpetua. Papadopoulos murió en la cárcel en 1999.

[11] En Argentina, el 24 de marzo de 1976 un golpe militar inició la dictadura. Tras el fracaso de la guerra de las Malvinas, los militares entregaron el poder. Raúl Alfonsín, llevó a juicio a los 9 generales integrantes de las Juntas. En diciembre de 1985, los generales Videla y Massera fueron condenados a cadena perpetua; Viola a 17 años; Lambruschini, 8 años; Agosti, 4; y el resto, absueltos (Ciancaglini y Granovsky, 1995:295-299).

Fueron los argumentos de Don Juan, su padre, recordando el ejemplo de Alfonso XIII apoyando a Primo de Rivera, doña Sofía, su esposa, con el ejemplo de su hermano Constantino de Grecia, y la prudencia y "mano izquierda" de Sabino Fernández Campos, quienes lograron convencer a Juan Carlos, tras muchas horas de conversaciones, de que abandonara a su amigo Armada y defendiera la vía constitucional. La falta de entendimiento entre Armada y Tejero desbarató los planes de ambos y llevó al fracaso de los dos golpes militares (Martínez Inglés, 1994:141-200; Silva, 1996:195-224; y Martínez Inglés, 2001:192-196).

Pocas horas después de la rendición de Tejero, el Rey convocó en La Zarzuela a Suárez, Rodríguez Sahagún, Manuel Fraga, Felipe González y Santiago Carrillo. Juan Carlos les amonestó como un buen padre y les exigió dos cuestiones: "moderar sus divergencias" y "no extralimitarse en la exigencia de responsabilidades por lo ocurrido" (Muniesa, 2005:134). La pregunta es: ¿A quién trataba de encubrir? Cabe colegir, sin mucho esfuerzo, a quién se refería.

El general retirado Carlos Iniesta Cano, implicado en el golpe, ni siquiera fue procesado. La trama civil jamás fue investigada (Pla, 1982). Fueron procesados 33 participantes en el golpe. Un año después, un Tribunal Militar sentenció a diversas penas a los acusados, pero el gobierno de Calvo Sotelo recurrió la sentencia y el Tribunal Supremo elevó las condenas: a Milans del Bosch, Tejero y Armada, 30 años de cárcel; Torres Rojas y Pardo Zancada, 12 años, y penas simbólicas al resto. Uno de los principales conspiradores, el comandante José Luis Cortina, jefe del grupo SEA en el seno del CESID, para quien el fiscal había solicitado 12 años de prisión, fue absuelto. ¿A qué pacto se llegó para que Cortina se callara lo que sabía a cambio de quedar absuelto? ¿Acaso las conversaciones grabadas entre la Zarzuela, Estoril, y las Capitanías Generales? El general Alfonso Armada fue indultado por el Rey en 1988 y Milans, dos años después.

Es muy importante reseñar la actitud de Estados Unidos ante el golpe del 23-F. La primera declaración fue realizada por el Secretario de Estado, Alexander Haig, calificando el tema como "una cuestión interna" de España, y sin condenar el golpe. Atrás quedaban todas las entrevistas del embajador de USA en Madrid, Terence Todman, el estado de alerta de las bases americanas en España, cuatro días antes del golpe, y parte de la VI Flota frente a las costas españolas (Grimaldos, 2006:190-194). Sin comentarios.

Nuevo intento de golpe militar organizado para el 27 de octubre de 1982, víspera de las elecciones generales. El día 2, fueron detenidos sus tres principales dirigentes, los coroneles, Luis Muñoz, Jesús y José Crespo Cuspinera, estaban implicados 400 militares y el cerebro era el general Milans del Bosch. El gobierno dio orden y los medios de comunicación lo respetaron de no informar del golpe para evitar "alarma social". Un

Consejo de guerra los condenó, en abril de 1984, a 12 años de prisión, pero no se investigaron las conexiones ni civiles ni militares (*El País*, 5-03-1986).

El último intento de golpe de Estado estaba preparado para el 2 de junio de 1985, si bien, los propios organizadores, altos mandos militares, acabaron por abortar el golpe al ser descubiertos por el CESID. Sin embargo, el gobierno de Felipe González decidió no practicar detenciones y el tema permaneció oculto para la opinión pública durante quince años.

9. La independencia del poder judicial

Hace falta remontarse a Montesquieu, y la plasmación de sus teorías en *El espíritu de las Leyes* (1748) y su aplicación en las Constituciones de Estados Unidos de 1787 y de Francia de 1791, para afirmar la separación de poderes y la independencia del poder judicial. En España, desde 1985, la doctrina de Montesquieu ha dejado de tener vigencia.

Nuestro sistema judicial consta de seis niveles, desde los Juzgados de Primera Instancia hasta el Tribunal Supremo y el Tribunal Constitucional. En la cúspide, el Consejo General del Poder Judicial (CGPJ). Formado por un Presidente y veinte vocales, nombrados por el Congreso y el Senado: Doce (entre jueces y magistrados) y ocho (entre juristas de reconocido prestigio). Sus competencias: nombramiento de los Presidentes y Magistrados de todos los altos poderes judiciales.

El sistema es perverso y tiene graves consecuencias. El CGPJ está nombrado por los partidos políticos, a través del legislativo, y como el CGPJ designa a los Magistrados de las tres más altas instancias judiciales, resulta, en definitiva, que son los partidos políticos quienes eligen al poder judicial. Por tanto, los art. 117-127 de la Constitución de 1978 referidos a los principios de imparcialidad, independencia y responsabilidad, no se cumplen en España.

Fue Felipe González quien introdujo la intromisión de los partidos políticos en el nombramiento del CGPJ y de los magistrados, mediante la Ley Orgánica del Poder Judicial de 1 de julio de 1985. El art. 14 de la citada Ley es una auténtica burla a Montesquieu, cuando dice: "El Consejo ha de velar por el mantenimiento a ultranza de la independencia judicial".

El abogado sevillano terminó con la independencia del poder judicial en España, una de las conquistas fundamentales de la revolución francesa de 1789, la separación de poderes. El juez Juan Alberto Belloch ha tenido que recordar que el CGPJ "está para defender a los jueces y no al Ejecutivo", mientras otros aseguran que el problema entre el ejecutivo y el judicial es que "Felipe González piensa que los jueces deben hacer la política de su Gobierno" (Sinova y Tusell, 1990:254).

El art. 330.4 de la Ley Orgánica del Poder Judicial, establece que en "los Tribunales Superiores de Justicia, una de cada tres plazas se cubrirá por un jurista de reconocido prestigio (...) nombrado a propuesta del Consejo General del Poder Judicial sobre una terna presentada por la Asamblea legislativa". Es decir, los partidos políticos en las autonomías deciden el nombramiento de magistrados que no tienen aprobadas las duras oposiciones al cuerpo judicial y son reemplazados por simples abogados o similares, amigos de los dirigentes políticos de turno, convertidos en vasallos de quien los nombró. Este ominoso sistema judicial lleva vigente treinta años.

Desde la transición únicamente un partido político, Ciudadanos, propone terminar con esta vergüenza de nuestro sistema judicial: supresión del CGPJ y sus funciones serán asignadas al Tribunal Supremo, y la supresión de los nombramientos de los parlamentos autonómicos para los cargos de magistrados de los TSJ (*El Mundo*, 7-11-2015). En definitiva, lograr la despolitización de la Justicia, reintroducir "el mérito y capacidad" en el nombramiento de los magistrados, regresar a la separación de poderes de Montesquieu y eliminar la arbitrariedad impuesta por González Márquez.

Por otra parte, el Tribunal Constitucional, es otra alta institución completamente en manos del poder político. Así lo reconoce la propia Constitución de 1978, en su art. 159.1, de los doce miembros del TC, dos son designados libremente por el Gobierno, dos por el CGPJ, y los ocho restantes por el Congreso y el Senado. El Gobierno puede controlar el TC por una mayoría absoluta de siete miembros sobre cinco (Sinova y Tusell, 1990:101). Según el art. 159.2 pueden ser nombrados "funcionarios públicos y abogados, todos ellos juristas de reconocida competencia con más de quince años de ejercicio profesional". Nuevamente se repite el caso anterior. ¿Quién decide que tengan "reconocida competencia"? Los partidos políticos. El "mérito y la capacidad" de las oposiciones desaparecen en manos de las cúpulas partidistas que entregan a sus amigos políticos la alta magistratura para que luego sirvan a los intereses partidistas de quien les nombró.

¿Existe, por tanto, en España, independencia del poder judicial? Lamentablemente, debemos contestar con una rotunda negativa.

Al igual que en la Primera Restauración borbónica (1875-1931), en los albores del siglo XXI, estamos en la Segunda Restauración borbónica, ante la dicotomía de las dos Españas: la España oficial y la España real, que analizó magistralmente José María Jover Zamora y Miguel Artola Gallego.

10. Epílogo

Limitaciones de espacio nos impiden abordar otras cuestiones importantes de la transición. La Constitución es una de ellas. Un texto largo, farragoso, con excesivo tejido adiposo, con "indudables defectos técnicos" (Díaz, 1987:91), y con graves confusiones conceptuales, "nación y nacionalidades" (Marías, 1983:170-174), entre otros temas.

Y el despropósito de nuestra administración territorial. Un simple apunte. En 1833, Javier de Burgos realiza una división territorial de España en 49 provincias, aumentada en 1927 en una, al dividir Canarias en dos. Esta estructura administrativa, basada en los Ayuntamientos y las Diputaciones, se mantuvo hasta 1978[12]. Con la Constitución de 1978 se inventa el Estado de las Autonomías, agrupando las 50 provincias en 17 Gobiernos autonómicos, en la práctica 17 reinos de taifas, con 1.268 diputados autonómicos. Junto con 45 Diputaciones, y sus 1.031 diputados, que no son elegidos de forma directa en las urnas; y con 8.122 municipios con otros tantos alcaldes y 67.611 concejales[13]. Un auténtico disparate nacional. Sólo las Diputaciones cuestan 50.000 millones de euros anuales a las arcas del Estado. Cuando se crearon las Autonomías, lo lógico y sensato hubiera sido suprimir las Diputaciones dado que sus competencias fundamentales pasaban a las nuevas administraciones. Sin embargo, no se hizo, ningún gobierno, ni la UCD, ni el PSOE, ni el PP, han querido suprimir las Diputaciones. La explicación es sencilla, significa repartir un suculento beneficio entre los principales grandes partidos y un importante clientelismo político y electoral[14].

Una reflexión final. ¿El actual "déficit democrático" que sufre España, o como algunos politólogos denominan "democracia de baja intensidad", estará en relación con una transición a la democracia que quedó inconclusa?

BIBLIOGRAFÍA

ANDRÉ-BAZZANA, Bénédicte (2006), *Mitos y mentiras de la transición*, Barcelona, El Viejo Topo, 163-173.

BALFOUR, Sebastian y MARTÍN GARCÍA, Óscar (2011), "Movimientos sociales y transición a la democracia: El caso español", en

---

[12] Durante la Segunda República, se aprobaron los Estatutos de Autonomía de Cataluña, País Vasco y Galicia, siendo anulados por el general Franco.
[13] Secretaría de Estado de Administraciones Públicas.
[14] En cuarenta años, únicamente dos partidos políticos han defendido la fusión de ayuntamientos para evitar un derroche innecesario. Hace siete años, UPyD, y en 2015, Ciudadanos. Cfr. *El Mundo*, 17 de abril de 2015.

Rafael Quirosa-Cheyrouze (ed.): *La sociedad española en la transición*, Madrid, Biblioteca Nueva, 43-62.

BERNECKER, Walther (1996), "El papel político del Rey Juan Carlos en la transición", *Revista de Estudios Políticos*, 92, 113-135.

CIANCAGLINI, Sergio y GRANOVSKY, Martín (1995), *Nada más que la verdad. El juicio a las Juntas*, Buenos Aires, Planeta, 295-299.

DÍAZ, Elías (1987), *La transición a la democracia*, Madrid, EUDEMA, 91.

DÍAZ FERNÁNDEZ, Antonio (2005), *Los servicios de inteligencia españoles*, Madrid, Alianza, 199-200.

FERNÁNDEZ-MIRANDA, Pilar y FERNÁNDEZ-MIRANDA, Alfonso (1995), *Lo que el Rey me ha pedido*, Barcelona, Plaza&Janés, 232.

FERNÁNDEZ-MIRANDA, Juan (2015), *El guionista de la transición*, Barcelona, Plaza&Janés, 282-289.

GIRÓN, José (1997 a), "La transición democrática en Hungría", en José Girón (ed.): *La transición democrática en el centro y este de Europa*, Oviedo, Universidad, tomo II, 443 y 481.

GIRÓN, José (1997 b), "Partidos políticos, militares y transiciones en Argentina", en Ádám Ánderle y José Girón (eds.): *Estudios sobre transiciones democráticas en América Latina*, Oviedo, Universidad, 249-253.

GIRÓN GARROTE, José (2015), "El final de las democracias populares; de la disidencia a las revoluciones democráticas", en Salvador Forner: *¿El reencuentro europeo? A los veinticinco años de la caída del Muro de Berlín*, Valencia, Tirant, 50-54 y 59.

GONZÁLEZ CASANOVA, J. A. (1986), "Prólogo" en Francisco Bastida, *Jueces y franquismo*, Barcelona, Ariel, 12.

GRIMALDOS, Alfredo (2004), *La sombra de Franco en la Transición*, Madrid, Oberón, 207-225.

GRIMALDOS, Alfredo (2006), *La CIA en España. Espionaje, intrigas y política al servicio de Washington*, Barcelona, Debate, 190-194.

GRIMALDOS, Alfredo (2013), *Claves de la Transición (1973-1986)*, Barcelona, Península, 82.

GUERRA, Alfonso (1984), "Prólogo" en Raúl Morodo, *La transición política*, Madrid, Tecnos, 15.

GUERRA, Alfonso (1992), "De la España invertebrada a la política del cambio", en *La transición política española*, Madrid, Fundación Banesto, 26.

MARAVALL, José María (1984), *La política de la transición*, Madrid, Taurus, 28 y 175.

MARÍAS, Julián (1983), *La España real. Crónicas de la Transformación Política*, Barcelona, Círculo, 170-174.

MARTÍNEZ INGLÉS, Amadeo (1994), *La transición vigilada. Del sábado santo "rojo" al 23-F*, Madrid, Temas de Hoy, 141-200.

MARTÍNEZ INGLÉS, Amadeo (2001), *23-F. El golpe que nunca existió*, Madrid, Foca, 192-196.

MORÁN, Gregorio (1991), *El precio de la transición*, Barcelona, Planeta,
MORODO, Raúl (1984), *La transición política*, Madrid, Tecnos, 111.
MUNIESA, Bernat (2005), *Dictadura y Transición. La España lampedusiana*, tomo II, Barcelona, Universidad, 76 y 134.
PÉREZ DÍAZ, Víctor (1980), *Clase obrera, partidos y sindicatos*, Madrid, INI, 19.
PLA, Juan (1982), *La trama civil del golpe*, Barcelona, Planeta.
POWELL, Charles (1991), *El piloto del cambio: el Rey, la monarquía y la transición a la democracia*, Barcelona, Planeta.
SÁNCHEZ SOLER, Mariano (2010), *La transición sangrienta. Una historia violenta del proceso democrático en España (1975-1983)*, Barcelona, Península.
SILVA, Pedro de (1996), *Las fuerzas del cambio. Cuando el Rey dudó el 23-F y otros ensayos sobre la transición*, Barcelona, Prensa Ibérica, 195-224.
SINOVA, Justino y TUSELL, Javier (1990), *El secuestro de la democracia. Cómo regenerar el sistema político español*, Barcelona, Plaza&Janés, 107-124 y 254.
SOKAL, Alan (2009), *Más allá de las imposturas intelectuales. Ciencia, filosofía y cultura*, Barcelona, Paidós, 340.
TEZANOS, José, COTARELO, Ramón y DE BLAS, Andrés (eds.) (1989), *La Transición democrática española*, Madrid, Sistema.

PARA UNA COMISIÓN VIVIENTE: OBSERVACIONES DE LA COMISION NACIONAL DE LA VERDAD EN BRASIL

ANNA ISABELLA GRIMALDI
King's College London - Brazil Institute

Resumen: Desde los años setenta, las transiciones a la democracia han estado acompañadas por una herramienta de reconciliación particular: las comisiones de la verdad. Este mecanismo es una respuesta a la noción de un "derecho a la verdad", tal como está descrito en la ley internacional, y ahora se considera un paso completamente normal en el camino a la democracia. Sin embargo, la opinión de esta autora es que el modelo tradicional de las comisiones de la verdad ya no es útil para la generación de hoy a la hora de alcanzar sus objetivos. Utilizando el ejemplo de la reciente comisión de la verdad Brasileña, vamos a ver cómo y por qué tenemos que reconsiderar nuestro concepto y esperanzas sobre las comisiones de la verdad.
Palabras clave: justicia transicional, Comisión de la Verdad, Brasil

Abstract: Since the seventies, transitions to democracy have been accompanied by a particular tool of reconciliation: truth commissions. Such a mechanism is the response to the notion of a "right to truth" as described in international law, and is now considered a completely normal step on the path to democratization. However, it is this author's opinion that the traditional model for truth commissions is no longer useful for today's generations in achieving any of its aims. Using the example of Brazil's recent truth commission, I will look at how and why we need to reconsider our concept and expectations of truth commissions.
Keywords: transitional justice, Truth Commission, Brazil

Hay muchas herramientas posibles cuando pensamos en una transición democrática: hay informes, reparaciones financieras e incluso museos y lugares para la memoria. Hace unos años, visité el museo de la memoria en Rosario, Argentina. El museo está en una casa donde torturaban y detenían a presos políticos durante su dictadura militar, y su existencia es un intento de deshacer las mentiras y los secretos que una vez definieron el edificio. Sirve también para no olvidar a las víctimas: el edificio lo habían transformado en una especie de memorial viviente, un homenaje a los que pasaron tiempo ahí con testimonios, fotos y proyectos artísticos creados por artistas locales.

Cuando empecé mi maestría, supe que iban a construir algo similar en Brasil: de hecho fueron muy buenas noticias porque quería hablar sobre ello en mi disertación. En 2009, la UFMG y el Ministerio de Justicia firmaron un contrato para abrir un memorial a la amnistía en Belo Horizonte, en una casa donde torturaron a muchos presos políticos. Debió haberse abierto en 2010, pero tuvieron problemas burocráticos y tuvieron que posponerlo hasta 2011. En 2011 pasó lo mismo, y cada año siguiente retrasaron la fecha prevista un año más. Todavía es un sitio en construcción y las noticias sobre su fecha de apertura ya han dejado de ser divulgadas.

La historia de este museo es un buen ejemplo de la transición Brasileña en general. En Brasil, de manera diferente a sus países vecinos como Argentina y Chile, la transición a la democracia después de la dictadura militar fue algo muy lento y regulado por el estado. No hubo procesos o reparaciones para las víctimas y el estado, e incluso políticos que apoyaron la dictadura, continuó funcionando como si nada hubiera pasado. Hay muchas razones para ello, pero la ley de Amnistía de 1979 es un buen ejemplo de la actitud del país hacia el pasado: el olvido.

Regresamos a mi tesis: dada la inexistencia del museo, mi proyecto tenía que tratar sobre algo diferente. Afortunadamente, en 2014 finalmente apareció la Comisión Nacional de la Verdad (o la CNV), y esta presentación es la historia de lo que aprendí de ella.

La CNV brasileña estudia violaciones de derechos humanos, y en particular los casos de los muertos y desaparecidos entre 1946 y 1985. Pero no solo quiere descubrir la verdad: es también un intento de reconciliar con el pasado y con la sociedad, y, como veremos, lo hace según el modelo típico de las comisiones. Es precisamente este concepto y modelo tradicional de este mecanismo de transición - la comisión - el que quiero deconstruir y sugerir por qué, dónde y cómo podemos reorganizarlo utilizando el ejemplo particular de Brasil.

Elegí esta comisión por varias razones, dado que desde el anuncio de su creación se presentó como un proyecto sorprendente. Como los demás, me pregunté por qué crearon una comisión de la verdad tanto tiempo después de la transición política y qué esperaban de ella. De muchas maneras, esta comisión es diferente a las de sus países vecinos: fue creada mas de 30 años después del periodo que estudiaba, a pesar de lo que llaman una "política de silencio" (Schneider, 2011) no cambia la ley de amnistía, publica los nombres de los violadores de derechos humanos y, lo más importante para mí, se produjo en 2014 (algo que vamos a discutir más tarde).

Aun así, de muchas maneras, sigue un modelo típico de las comisiones de la verdad. Según Priscilla Hayner (2001), una comisión se puede reconocer desde los siguientes cinco elementos:

1) Trata eventos del pasado, en lugar de lo que pasa hoy;
2) Investiga un patrón de eventos que ocurrió durante un periodo de tiempo;
3) Incluye directa y generalmente a la población afectada, utilizando su experiencia;
4) Es algo temporal, que pretende terminar con un informe final;
5) Está autorizada de manera oficial por el Estado que estudia.

Y podemos ver que, en su esquema más general, la CNV brasileña es, de hecho, bastante típica:

1) Trata el periodo entre 1946 y 1985;
2) Investiga violaciones de derechos humanos;
3) Incluye testimonios y pruebas de víctimas, y durante el proceso organizó varias conferencias públicas sobre los descubrimientos;
4) Duró poco más de dos años y terminó con un informe final;
5) Está autorizada de manera oficial por el Estado que estudia.

Entonces, si sigue las reglas, ¿cuál es el problema? De acuerdo a lo establecido en la propia comisión, así como en una declaración brindada por Dilma Rouseff, la entonces presidenta del país, sus tres objetivos son: la verdad, la memoria, y el futuro de la sociedad. Pero, después de estudiar la comisión, es muy difícil destacar dónde y cómo se esforzaron más de lo mínimo para lograr estos objetivos.

En mi opinión personal, la comisión brasileña tuvo lugar más que nada por motivos políticos: cada nación democrática moderna ha tenido una comisión de la verdad y Brasil no quería dejar de formar parte de este club. No pretendía satisfacer las necesidades y demandas de la población, sino las de aquellos del poderoso congreso. Aunque este no sea el argumento principal de mi presentación, es importante tenerlo en cuenta mientras cuestionamos los elementos de la comisión que vamos a discutir.

Para mí, este modelo de comisión ya no es válido como lo fuese algún día, precisamente porque no satisface a la mayoría de la población. En el campo de estudios de la justicia transicional, vemos que los objetivos y métodos de las comisiones cambian y crecen con el tiempo: los primeros solamente trataban de establecer una verdad, pero después añadieron objetivos como: la reconciliación a través de reparaciones financieras, disculpas o audiencias públicas; o la justicia a través del nombramiento de criminales o su proceso y más recientemente podemos ver cada vez más el análisis de factores sociales e históricos entre las páginas de los informes finales (Hayner, 2001). Por lo tanto, creo que al estudiar el caso brasileño, no resulta irrazonable decir que la CNV no es adecuada, ni intentar anticipar en qué dirección debemos ir e imaginar un nuevo modelo para las comisiones de la verdad.

En una presentación dirigida por Pedro Salazar Ugarte (IIJ/UNAM), discutimos el hecho de que en México, por tantos homicidios y violaciones de derechos humanos, nunca sería posible ni adecuada una comisión de la verdad al estilo actual (el modelo tradicional); simplemente porque no ha tenido lugar una transición - supuestamente han tenido una democracia desde 1917. Cuando una violencia de esta magnitud ocurre en democracia necesitamos otro mecanismo para tratarla. Eso también tiene implicaciones para Brasil: desde la democratización del país se ha podido observar cómo han aumentado significativamente los abusos de poder, escuadrones de muerte, violencia policial, arrestos ilegales, el uso de tortura y las violaciones de derechos básicos en las prisiones (Pinheiro, 2000).

Entonces la CNV tiene muchas más responsabilidades más allá de clarificar el pasado. En el caso brasileño, es obvio que, por la continuación de las violaciones de los derechos humanos, una comisión debe pensar también en entrar verdaderamente en la conciencia de la sociedad. Ahora voy a poner estas declaraciones en contexto utilizando tres de los objetivos principales de la comisión: la verdad; una cultura de la memoria, y que sirva también a la sociedad actual.

1. La verdad

La verdad ocupa un espacio muy grande dentro de la comisión. La mayor parte del informe trata de establecer una verdad: su primer y segundo volumen discuten la verdad en torno a las afirmaciones de que la violencia, la tortura y otras violaciones de derechos humanos eran herramientas institucionales comunes de la represión; y el tercero se dedica a establecer una verdad final sobre cada una de las 434 muertes, resultadas directamente de la violencia institucionalizada.

Asimismo, hay algunos problemas con la manera en que la verdad es presentada. Primero, pone la violencia en el contexto del pasado, comunicando una idea de que es algo terminado, mientras sabemos que el tipo de violencia de que habla continúa pasando hoy en día. Por varios motivos, parece que la historia que describe ya está escrita - durante el proceso muchas voces se perdieron o fueron ahogadas y muchos testimonios no fueron usados en el informe final. Por ejemplo, después de su publicación, conocí a alguien que formaba parte del equipo de la comisión que me contó que su trabajo sobre el uso de torturas sexuales contra hombres fue completamente rechazado. Es interesante recordar entonces, que solo uno de entre los siete comisionados era un historiador.

Segundo, asume que la verdad viene desde arriba. En la década de 1980, igual que después la transición, todavía existía una cultura de autoritarismo y quizás una voz autoritaria sobre la verdad era lo culto. Pero hoy en día, las fuentes de líneas independientes de información se están volviendo completamente normales. En Brasil, esto es particularmente cierto: durante las protestas políticas de julio de 2013, uno de los principales contribuyentes al conocimiento global acerca de violaciones de los derechos humanos por parte de la Policía Militar fue la circulación de las fotos y videos a través de redes sociales como Facebook y Twitter.

Por estos motivos es mi opinión que la verdad de la comisión, que sigue el estilo fijo y cerrado de todas las comisiones anteriores, no tiene un significado para la sociedad actual, simplemente porque no la incluye. Tenemos que considerar, en una democracia, una historia constructivista, que toma en cuenta más de una perspectiva y que no intenta enterrar el pasado. Esa sería la única manera justa de presentar la verdad sobre el pasado.

2. La Memoria

Según lo descrito por Ana Ros "la memoria ya no se ve como algo estático, sino como un proceso incluyente y de final abierto que se puede utilizar para orientar la acción en el presente" (2012:11). La memoria debe crear un diálogo, ser un proceso en lugar de un producto. Pero la CNV tiene otras ideas sobre la presentación de memoria. Ante todo, es interesante ver que en el informe final la memoria ocupa un espacio más pequeño que la verdad. El informe final contiene muchos testimonios y crea un tipo de memorial para las 434 víctimas de la dictadura, los lugares donde torturaron y guardaron presos, y los nombres de los criminales también. En otras palabras, nos presenta memorias en forma de productos, para consumir o no, como queramos.

Similar al tratamiento de la verdad, parece que la CNV asume que la memoria solo se construye dentro de la comisión: como si en los últimos treinta años la sociedad no hubiera tenido memoria sobre el pasado. Pero tenemos muy buenos ejemplos de cómo la memoria se construye fuera de la comisión, a través de movimientos sociales o el arte. Podemos ver un ejemplo en 2013, cuando el gobernador de Río de Janeiro, Sergio Cabral, anunció que un ex-centro de detención en Río de Janeiro sería conmemorado. Como esto no ocurrió, un grupo de protesta creó un perfil de facebook, un blog y una petición en línea para exigir y mantener la promesa (Kochinski, 2013).

Durante la configuración de la propia comisión, con la cuestión de la verdad y la memoria en el aire, el tema de los nombres creaba debates. Un columnista de Carta Maior argumentó que muchos de los nombres de calles y otros homenajes al personal militar en el país eran de gran importancia (Maringoni, 2012). El público no esperó una decisión oficial antes de empezar a hacer esos cambios. Antes del lanzamiento de la Comisión Nacional de la verdad, un acto anónimo de protesta en Campo Grande, MS, cambió los nombres de las calles que se relacionaban con el personal militar en la ciudad y los reemplazaron con nombres de las víctimas utilizando adhesivos, con referencia a la publicación Nunca Mais (Pavao, 2014).

Estos ejemplos muestran que la demanda pública de conmemoración tiene lugar fuera de la acción de la comisión de la verdad. También demuestran las frustraciones sociales de no poder participar en la creación de estas memorias, que están pidiendo exactamente lo que sugiere Ros. La organización del estado no es suficiente para las necesidades del público. A modo de ejemplo vale destacar otra vez el memorial de amnistía en Belo Horizonte.

3. Para la sociedad

La presentación del informe final de la comisión es también algo muy tradicional. Consiste en más de 3.000 páginas, todo ello en blanco y negro, no contiene casi ningún dibujo o foto (a parte de los perfiles de los 434 muertos) y el lenguaje es típicamente muy científico, sofisticado y frío considerando los temas de los que habla. Es muy difícil imaginar que alguien más allá de académicos, políticos y miembros de la ONU lo leyera. Técnicamente dice todo lo que debería decir, pero solo para aquellos que lo esperan: para la mayoría de la población, que, como sabemos, no tendrá mucho interés personal y directo en el asunto, que ya tiene más de treinta años, no será algo muy fácil de comprender y con lo que relacionarse.

Parece casi como que algo falta. Entonces durante mi investigación intenté regresar a las otras comisiones para buscar una explicación. Lo que noté fue que desde la comisión argentina, la mayoría de los informes incluyen una recomendación de reformar el sistema educativo para incluir las conclusiones de la comisión, pero solo en algunos casos actuaron sobre esto: En Mauricio (2011), concluyeron en el informe final que la educación era también una herramienta de reconciliación; en Rwanda (1999) tienen una comisión permanente y crearon hasta un plan de estudios y un libro de historia para niños, y; tanto en Ghana (2004) como en Sierra Leone (2004) estudiaron un periodo bajo democracia y tenían discusiones entre criminales y víctimas públicas.

Todo eso me hizo pensar en alguien que existe en el mismo Brasil: Paulo Freire, un filósofo y pedagogo que tiene una sugerencia para este tipo de problema: la educación dialógica. Frente a la educación que 'deposita' información, él sugiere que el profesor y el estudiante se enseñen el uno al otro, que la educación se vuelva un diálogo. Frente a los problemas sociales, él dice que la única manera de promover la reflexión, es a través de reflexiones sobre la propia condición de existencia. Promoviendo tal tipo de reflexión, enseñamos al 'estudiante' a pensar y actuar críticamente en su situación, para que se conviertan en actores de la historia. Cuando no pueden actuar críticamente, se vuelven silenciosos e indiferentes (Freire, 1970). Parece pues que la comisión brasileña falló en conectar con su propia sociedad en dos niveles: primero con las nuevas generaciones, y, segundo, con las viejas sugerencias de Freire, que fueron olvidadas cuando la comisión optó por las normas tradicionales e internacionales.

Aplicamos esos pensamientos al modelo tradicional teniendo en cuenta lo que acabamos de discutir:

1) Trata de eventos en el pasado, en lugar de lo que pasa hoy;
2) Investiga un "pattern of events" que ocurrió durante un periodo de tiempo;
3) Incluye directa y generalmente a la población afectada, utilizando su experiencia;
4) Es algo temporal, que pretende terminar con un informe final;
5) Es autorizado oficialmente por el estado que estudia.

¿Por qué, por ejemplo, no estudiar hasta hoy en día? ¿Crear una comisión permanente? ¿Por qué tiene que terminar en un informe final y centralizado? ¿Por qué no crear informes más cortos? ¿Uno para niños? ¿Para escuelas? ¿Por qué no crear proyectos y talleres junto con jóvenes para provocar relaciones con el pasado, también para aquellos que normalmente no están interesados?

Quiero imaginar un tipo de comisión 'viviente' que no esté obsesionada en comunicar una historia específica pero que constantemente abra y reconstruya el conocimiento del pasado, además de permitir la construcción de memorias a localidades y comunidades a través del arte y otros movimientos populares. Nunca fue mi intención criticar el trabajo que han hecho los siete comisionados y sus investigadores durante los dos años del mandato de la comisión, sino sugerir dónde y cómo podemos desarrollar nuevas funciones de comisiones en general para abordar mejor ciertas realidades tanto en Brasil como en Latinoamérica y el resto del mundo.

BIBLIOGRAFÍA

FREIRE, P. (1970), *Pedagogy of the oppressed*, Herder and Herder, New York.

HAYNER, P. B (2001), *Unspeakable Truths: Transitional Justice and the Challenge of Truth Commissions*, Routledge, New York, 2001.

KOCHINSKI, V. (2013), *"Cabral anuncia museu em memória de vítimas da ditadura em antigo prédio do Dops"*, asequible en: http://noticias.uol.com.br/cotidiano/ultimas-noticias/2013/05/08/cabral-anuncia-instalacao-de-museu-da-ditadura-em-antigo-predio-do-dops.htm, fecha de consulta: 4 de septiembre de 2015.

MARINGONI, G. (2012), *"Ditadores e torturadores não podem ser nomes de ruas"*, Carta Maior, asequible en: http://cartamaior.com.br/?/Coluna/Ditadores-e-torturadores-nao-podem-ser-nomes-de-ruas/26541, fecha de consulta: 4 de agosto de 2015.

PAVAO, G (2014), *"Adesivos mudam placas com nomes de presidentes do regime militar"*, Globo, asequible en: http://g1.globo.com/mato-grosso-do-sul/noticia/2014/03/adesivos-mudam-placas-com-nomes-de-presidentes-do-regime-militar.html, fecha de consulta: 7 de julio de 2015.

PINHEIRO, P. S. (2000), "Democratic Governance, Violence, and the (Un)Rule of Law", *Daedalus*, 129/2, *Brazil: The Burden of the past; The Promise of the Future*, Primavera 2000, 119-143.

ROS, A. (2012), *The Post-Dictatorship Generation in Argentina, Chile, and Uruguay: Collective Memory and Cultural Production*, Palgrave Macmillan.

SCHNEIDER, N (2011), "Breaking the 'Silence' of the Military Regime: New Politics of Memory in Brazil", *Bulletin of Latin American Research*, 30/2, 198–212.

TRANSICIONES Y CONTINUIDADES ENTRE EL ANTIGUO Y EL NUEVO RÉGIMEN: UNA REFLEXIÓN

MANUEL JOSÉ DE LARA RÓDENAS
Universidad de Huelva

Resumen: El concepto de transición, a pesar de que se puso de moda en la historia política en las últimas décadas del siglo XX para definir los procesos de cambio no traumático entre distintos regímenes, hunde sus raíces en realidades históricas más antiguas, que presentaron innegables continuidades por debajo de las violencias o rupturas que se produjeron. Un antecedente de estas transiciones del siglo XX puede buscarse en los cambios políticos acontecidos en España a principios del siglo XIX, cuando se enfrentaron el absolutismo, las tendencias liberales y las posiciones afrancesadas. Pese a los enfrentamientos, pueden verse a nivel de los individuos y de determinados marcos locales procesos de adaptación y trasvases ideológicos muy acusados entre el Antiguo y el Nuevo Régimen, de modo que a veces fueron los mismos protagonistas los que marcaron una evolución política que bien podríamos considerar también "transición". Este trabajo aborda ese tipo de evolución, en el marco de una reflexión general sobre el tiempo en la historia y sobre los problemas derivados de la captación y el estudio del movimiento histórico.
Palabras clave: transición, historia, tiempo, absolutismo, liberalismo

Abstract: Though fashionable in Political History by the late 20th century to define the process of non-traumatic change between different regimes, the concept of transition actually originated from older historical realities, which had undeniable continuities underneath violence and ruptures. A precedent of these transitions of the 20th century can be searched in the political changes occurred in Spain by the early 19th century, when absolutism, liberal tendencies and French-alike positions clashed. Speaking of individuals and of certain local spaces, however, we can notice deep processes of adjustment and ideological transfers between the Old and the

New Regime despite the conflicts, in such a way that the same main figures determined a political evolution that we could perfectly consider 'transition' as well. This paper deals with such kind of evolution, in the frame of a general reflection on time in History, as well as the problems derived from the perception and study of historical movement.

Keywords: transition, History, time, absolutism, liberalism

Decía León Tolstoi en *Guerra y paz* que "la inteligencia humana no comprende la continuidad absoluta del movimiento. Las leyes de un movimiento cualquiera solo son comprensibles para el hombre cuando examina separadamente las unidades que lo componen. Pero al mismo tiempo la mayoría de los errores humanos emanan del hecho de aislar de modo arbitrario, para observarlas aparte, las unidades separadas del movimiento continuo. [...] En el estudio de las leyes del movimiento histórico ocurre exactamente igual" (2008:1.195-96). Esas trabas para entender el movimiento con todas sus implicaciones son lo que hace, en historia, que el estudio de las transiciones y continuidades sea mucho más difícil –y, por ello, mucho más apasionante– que el de los sistemas aislados, que pueden, sí, ser captados como organismos cerrados y coherentes, pero que están desprovistos de uno de los objetivos principales de la explicación histórica: el tiempo. Si admitimos que la historia es la ciencia que estudia la sociedad en el tiempo, convendremos en que el análisis de las formas sociales en movimiento es irrenunciable para nuestro oficio de historiadores y que todo concepto estático es, antes que nada, un objeto ficticio.

Lo ha dicho también el historiador y sociólogo francés Jean Baechler, para quien la razón histórica "fundamenta su andadura en la elaboración de esquemas intelectuales que cortan el flujo infinito de las sociedades humanas en unidades aislables, susceptibles de captación conceptual. De eso se desprende que los sistemas de explicación funcionan eventualmente bien para cada unidad tomada en su singularidad (puesto que el sistema constituye su objeto), pero tropiezan en las mutaciones profundas que pueden afectar a una sociedad" (1976:11-12). Conscientes de que nuestros análisis comportan una inevitable carga de artificiosidad, en la medida en que tenemos que dar un sentido completo a un conjunto de datos que pueden no tenerlo o que pueden tener muchos a la vez, los historiadores nos sentimos cómodos en nuestras grandes categorías (el Antiguo Régimen, el Capitalismo, el Liberalismo, la Democracia) o bien convertimos en tales unos conceptos que, estrictamente, nacieron para ser comprendidos como móviles: hablamos del fin del Imperio Romano, del Renacimiento, de la desintegración del Antiguo Régimen o incluso de la época de las revoluciones como si fueran compartimentos estancos que se explican a sí mismos, que tienen límites definidos o cuya naturaleza goza de caracteres distintivos. Hay conceptos, incluso, tan consagrados historiográficamente como el de Revolución Francesa que parecen haber sido extraídos del flujo de la historia como si en sí mismos albergaran su propia explicación y basta examinarlos un momento con espíritu crítico para comprender que son términos que engloban muchos procesos contradictorios que suceden a la vez y cuyas fronteras distan de poder ser definidas con claridad, pese a lo cual académicamente funcionan reducidos a esquema.

Por supuesto, hay mucho de academicismo en esta necesidad de aislar en unidades el río continuo del desarrollo histórico. Atados a nuestros *curricula*, a nuestros perfiles administrativos y a unos planes de estudio que tradicionalmente han diseccionado la historia en sus grandes unidades consensuadas, los historiadores manejamos entre nosotros y transmitimos a los alumnos la idea de que solo son rentables los sistemas teóricos cerrados y estamos desprovistos de recursos para abordar los grandes procesos de cambio de la historia. Enclaustrados en nuestras áreas cronológicas de conocimiento, los lugares de intersección permanecen en penumbra. Por eso el análisis de las transiciones no puede por menos que albergar una fuerte dosis de provocación intelectual, aunque lo normal es que el concepto de transición también termine siendo otra gran categoría para analizar, como sistema, unos procesos muy difíciles de captar en movimiento.

Es decir, que, al hablar de la transición española o de la transición de los países del antiguo bloque socialista a la democracia, es posible que tales conceptos hayan terminado convirtiéndose en iconos autónomos y autojustificativos, dotados de perfiles estáticos, y cuya definición proceda necesariamente de su situación intermedia. Parece evidente que el término "transición española", una vez convertido en epígrafe, exige inmediatamente al historiador una clarificación acerca de qué puede incluirse en él y qué no, cuáles son sus límites temporales y cuál su sentido de avance, con lo que, al final, el proceso de transición se ha cosificado. Pero ya el propio planteamiento del estudio de las transiciones comporta un estímulo. Esperemos que, como concluía Baechler al poner sobre la mesa "esta contradicción entre la realidad histórica dinámica y la conceptualización histórica estática" (1976:13), el historiador no huya del devenir al no poderlo captar en sí mismo. Al fin y al cabo, el problema es más amplio y afecta a los límites de la razón humana (el propio Kant afirmaba que "el tiempo no es sino la forma de la intuición") (1970:362), de modo que también las ciencias no sociales presentan la misma incapacidad: no es casual, desde luego, que, en los terrenos de la historia natural, la idea de la evolución de Darwin, que trata de explicar el movimiento y sucesión de las especies en el tiempo largo, no haya sido capaz de convertirse en ley, sino que se mantenga aún hoy en la consideración de teoría científica.

Hay que tener en cuenta, además, que, tal vez por un eco heredado de la dialéctica hegeliana, asumida por el marxismo, o por un sentido primitivamente binario del desarrollo histórico, los historiadores estamos acostumbrados a manejarnos con soltura en el enfrentamiento de contrarios, pero vacilamos cuando es necesario abordar procesos continuos necesariamente tibios. Jacques Le Goff lo expresó con gracia al estudiar las grandes dificultades con las que el pensamiento medieval asumió el purgatorio como tercer lugar o transición entre dos destinos espirituales. No hace falta acudir a los ámbitos escolares para hacer evidente que, en la pedagogía de la historia, muchas fases se han organizado en torno a esos sistemas contradictorios, y hablamos de griegos contra persas, romanos contra cartagineses, absolutistas contra liberales, capitalistas contra socialistas, dictaduras contra democracias, ignorando la mayor parte de las veces esos espacios intermedios o anfibios que suponen, si no nos llevamos a error, la gran mayoría del tiempo histórico. Hoy nadie es ajeno a los miles de españoles que se pusieron de parte de las fuerzas napoleónicas en la denominada Guerra de la Independencia, pero pocos manuales recogen que en los enfrentamientos de la Segunda Guerra Médica, en los que se ha querido ver la lucha entre dos modos de civilización, había más griegos en el ejército de Jerjes, procedentes de las ciudades del Asia menor, que en la coalición de las tropas helénicas (Cartledge, XIV). La historia es más compleja que las imágenes que proyecta. La iconografía –llámese literatura o cine– ha consagrado, sin embargo, esas dicotomías y basta con una mirada al género del *western* y sus asociados para comprender la mixtificación de esas simplificaciones.

El problema se amplía por la prioritaria –y, a veces, casi exclusiva– atención que seguimos prestando a la historia institucional, olvidando que, en definitiva, pese a la antigua tentación de interpretar la historia como algo superior al hombre, los procesos históricos los llevan hacia delante los individuos, con sus dudas y sus vacilaciones, y con sus cambios de actitudes y pareceres. En nuestros días, sobre todo en el ámbito de la política, los *mass media* suelen penalizar los cambios ideológicos y de encuadramiento personal, consagrando la idea de que un individuo –sobre todo si es público– debe procurar una coherencia de pensamiento a lo largo de su trayectoria vital, so pena de que el cambio no se explique por causas intelectuales, sino por deficiencias éticas. Tal ficción, que hoy es utilizada para la comprensión del presente, no puede ser extendida sin más hacia el pasado, en el que este tipo de coherencias de por vida no eran siempre consideradas, ni mucho menos, como una virtud pública.

Es evidente, por tanto, que cuando enfrentamos Antiguo y Nuevo Régimen desde el punto de vista exclusivo de las instituciones estamos desenfocando la cuestión, pues dejamos al margen un gran número de individuos que navegaron a uno y otro lado de las fronteras que hemos levantado los historiadores, y cuya percepción no era entonces tan clara. Quizás la causa de esa rémora interpretativa esté también en cierta necesidad de simplificación de la razón humana para digerir y comprender las percepciones de los fenómenos, a través de los criterios de economía, jerarquía y simetría de la información. Solemos encuadrar a los individuos en categorías históricas que, en búsqueda de operatividad, eluden la matización, y cuanto mayor es el radio de explicación mayor es la ficción que se incorpora: Jovellanos es un ilustrado y Robespierre un jacobino; Byron es un poeta romántico y Shelley murió ahogado. Es obvio que hemos tomado la parte por el todo y, aunque hagamos el ejercicio de completar sus biografías poniendo de relieve sus evoluciones y contradicciones, en el puzzle de la explicación histórica esos personajes encajan en esas casillas. De más está que, en las obras completas de Gustavo Adolfo Bécquer (utilizo las publicadas por Cátedra en 2004), la obra en verso ocupe solo 51 páginas de un total de 1.579. Bécquer será siempre un poeta. Es difícil luchar contra ese tipo de simplificación por causa de la propia naturaleza del conocimiento racional y científico –que está obligado a convertir en paradigma o representación una realidad posiblemente mucho más compleja–, pero ese hecho va directamente contra el estudio de las transiciones históricas, al convertir en un concepto inmóvil aquello que en origen era un proceso dinámico.

Todo historiador ha tenido la oportunidad de comprobar, antes o después, que los esquemas de la historia general no son aplicables en las magnitudes pequeñas y que la vida de los hombres se resiste a dejarse encuadrar tan fácilmente en tales categorías. Pongamos algunos ejemplos casi al azar tomados de la transición del Antiguo al Nuevo Régimen y que en mis recientes trabajos he tenido la ocasión de ver: Jean de Dieu Soult, por poner el caso, duque de Dalmacia, ha pasado a las páginas de los manuales de historia como mariscal del ejército napoleónico, participando en las batallas de Austerlitz y Ocaña, dirigiendo el ejército de Andalucía y siendo comandante general de las fuerzas francesas en España. Ése es su encuadramiento, pero no todos saben que Soult fue ministro de la guerra tras la restauración borbónica de Luis XVIII, mientras Napoléon se encontraba desterrado en Elba, y que inmediatamente después fue jefe del Estado Mayor de Bonaparte en el gobierno de los Cien Días que concluyó en Waterloo. Tras unos años de destierro, Luis XVIII le devolvió el grado de mariscal y, en la monarquía de Luis Felipe de Orléans, fue dos veces ministro de la guerra y una vez ministro de Asuntos Exteriores. Desde luego, la iconografía lo ha consagrado en traje de mariscal napoleónico, pero no siempre fue bonapartista, o lo fue y no lo fue a la vez, muriendo a los 80 años después de una vida que le permitió asistir a numerosos cambios. En muchos casos, como el de Soult, la vida es más larga que el encuadramiento histórico y convierte al que vive en un individuo en permanente transición. Por más vueltas que le demos, Manuel Godoy será siempre el valido de Carlos IV y su vida parece esfumarse en 1808 con el motín de Aranjuez o las abdicaciones de Bayona, pero la realidad es que Godoy, más o menos desdibujado, murió en 1851, en plena época de Napoleón III, conociendo desde París la mitad del reinado de Isabel II. Pero, para los historiadores, esa vida no existe, parece no haber merecido la pena, estaba de más. O César o nada.

Aunque, por supuesto, no es tan conocido, sí he dedicado más atención al estudio de la personalidad de José Isidoro Morales, un matemático y pedagogo que estuvo al servicio de la monarquía de Carlos IV y que se integró hasta donde pudo en las clientelas ministeriales y culturales del momento antes de que la invasión francesa y los sucesos políticos desatados desde 1808 le obligaran varias veces a elegir posicionamiento. Por las transformaciones operadas en su conducta, y por la forma en que se adaptó a las circunstancias, bien podemos ver en Morales un hombre de transición, aunque el resultado de los cambios no le favoreció.

José Isidoro Morales era, como acabo de decir, un hombre del Antiguo Régimen. Presbítero, doctor en teología y maestro en artes, su perfil intelectual parecía corresponder a uno de tantos eclesiásticos amantes de las letras que llenaron los claustros universitarios españoles en las últimas décadas del siglo XVIII, si bien, desde los años ochenta, comenzó a darse en él un cambio filosófico que lo enfrentó al escolasticismo, lo acercó a las ciencias matemáticas y le hizo criticar de manera furibunda los métodos pedagógicos y los planes de estudio de las universidades, lo que le situó entre los que podríamos llamar clérigos ilustrados de su tiempo. Eso no le impidió ser director de matemáticas de los pajes del rey y lograr de la monarquía de Carlos IV su nombramiento como canónigo de la Catedral de Sevilla, sin que expresara de momento ningún alejamiento respecto a las formas del despotismo ilustrado ni evidenciara ningún recelo político hacia Manuel Godoy, por tantos criticado ya entonces. Todo cambió con los acontecimientos de 1808, que le empujaron a la trinchera liberal, entrando a formar parte de los círculos de la Junta Suprema de Sevilla y trocando en invectivas contra Carlos IV y Godoy lo que antes era devota sumisión. Tan de raíz fue su repentina conversión al liberalismo patriótico –frente a la España ocupada–, y tan importante llegó a ser su actividad en estos nuevos ambientes, que en 1809 leyó en la Junta de Instrucción Pública y luego publicó una *Memoria sobre la libertad política de la imprenta* que lo convertiría, de mano de Jovellanos y por obra de las Cortes de Cádiz, en el más claro pionero de la introducción de la libertad de imprenta en España.

Detengámonos aquí un momento. A pesar de esta caída del caballo, que le hizo cambiar el absolutismo por el liberalismo, y ello con grandilocuencia y expresividad, no hay testimonios de que tal cosa le granjease incomodidad ni la réplica de sus antiguos allegados, muchos de ellos en la misma deriva, pues gran parte de quienes se enrolaron en las filas del liberalismo eran hasta hacía poco buenos servidores de la monarquía absoluta. No parece que le penalizara, pues, su transición política, dando la impresión de que se movía en un magma ideológico que aún la historiografía no se había encargado de clasificar. Cosa distinta sería tras la conquista de Sevilla por las tropas napoleónicas y su segundo cambio de ubicación política, aunque en ese caso se trató de un salto brusco más que de un proceso continuo. Si en diciembre de 1809 tenía lugar, con la lectura y la publicación de la *Memoria* sobre la libertad de imprenta, su momento de mayor relieve en el seno del bando liberal y patriótico al que entonces pertenecía, solo dos meses después, en febrero de 1810, juraba al nuevo rey José I y pasaba a convertirse en uno de sus más claros apoyos para la consolidación del régimen bonapartista en Sevilla. Quizás no tanto por el cambio de bando, sino por la significación que adquirió a uno y otro lado de la línea divisoria, esa decisión sí le atrajo la enemistad de sus antiguos correligionarios, pero nada hace indicar que, estrictamente, esa traslación política no fuera asumible por un espectador neutral (Lara, 2016).

Inmersos en nuestra función de historiadores, a veces olvidamos lo obvio: la historia es una gran constructora de legitimidad, pero lógicamente lo hace de modo artificial y *a posteriori*. Quiero decir que es la historiografía la que decide aunque no quiera (y casi siempre quiere) cuáles son los cambios legítimos y cuáles no, quién tiene de su parte la razón histórica y quién logró situarse en la parte noble de la moralidad pública. Pero para ello hay que conocer antes, en toda transición, cuáles resultarán los procesos vencedores, porque automáticamente se proyectará sombra sobre lo demás. A José Isidoro Morales le sorprendió, como a la mayoría de españoles de su época, la derrota de las tropas napoleónicas y ese hecho no solo provocó a la postre su destierro en Francia y su muerte en París en 1818, sino que construyó un tipo de explicación en la que él, como afrancesado vencido, no tenía ni había tenido nunca la razón de su parte, por una especie de proceso inevitable (el sentido "correcto" de la historia) cuya inevitabilidad solo pudo ser construida a la vista de cómo se habían producido los acontecimientos. Lo que en Morales, a partir de la derrota de Napoleón y de la entronización de Fernando VII, fue interpretado como un cambio de bando incoherente en lo político e inmoral en lo personal, de haberse consolidado la monarquía bonapartista en España (como lo fue en Suecia), podía haberse interpretado como una transición política llena de naturalidad y sentido. Es la historiografía la que establece en los procesos de transición las señales de prohibición y dirección obligatoria y es inútil pretender que los contemporáneos circulasen siguiendo una señalización que aún no estaba colocada.

Sin quizás poder evitarlo, intentamos explicar los cambios históricos de acuerdo a nuestras ideas *a posteriori*, fijándonos en el funcionamiento teórico de las instituciones y no en las vidas de los que las llenaron de contenido. Voy a poner otro ejemplo que está obtenido del marco espacial de donde procedo: Huelva. Todo el que haya estudiado el convulso paso institucional del Antiguo al Nuevo Régimen en España, a través de su primer hito fundamental (las Cortes de Cádiz), ha dado necesariamente su importancia al cambio que se operó en el seno de las entidades municipales. La Constitución de 1812 y los decretos posteriores que ese mismo año desarrollaron sus disposiciones liquidaron los viejos conceptos españoles para definir unos nuevos ayuntamientos constitucionales en los que se eliminaban las figuras de los corregidores o alcaldes mayores y se declaraban elegibles por votación todos los cargos, eliminando así, en las que hasta entonces habían sido tierras de señorío, la antigua potestad de los señores jurisdiccionales de nombrarlos. En 1814, tras el decreto del 30 de julio por el que Fernando VII declaraba nula la actuación de las Cortes de Cádiz, se devolvería a los ayuntamientos la estructura que habían tenido antes y se reintegraría a las mismas personas en los mismos puestos. Pues bien, un tal Francisco de Mora que había sido alcalde en 1808 por nombramiento del duque de Medina Sidonia –y que volvería a serlo en 1814– también había sido alcalde constitucional en 1812 y en 1813 por elección de los vecinos, entonces constituidos en ciudadanos (Vega, 1995:382). Es decir, que, por debajo de los grandes cambios aparentes producidos en las instituciones – que en principio deberían marcar la cesura entre el absolutismo y el liberalismo–, la continuidad de las mismas personas al frente de ellas demuestra la existencia de una realidad sociológica refractaria a dejarse organizar a través de categorías históricas estáticas.

Los cambios políticos más o menos traumáticos, a los que la historia permanece habitualmente tan atenta por su espectacularidad, suelen ser matizados por la persistencia de modelos sociológicos que no se alteran con tanta facilidad ni rapidez y que a menudo se convierten en una suerte de inercia que modera la agitación superficial de las transformaciones. Se ha hablado, por poner un caso, de un franquismo sociológico paralelo al franquismo político, y que no se extingue con él. Lo mismo cabe decir para la mayor parte de los regímenes: la organización política se superpone al modo de relación social del que nace o al que ayuda a nacer, se vivifica en él y encuentra también en él su "forma perfecta". Luego, no siempre evolucionan a igual velocidad, encontrando uno en otro frenos o acicates que explican en buena parte la consistencia y ritmo de las transiciones. En gran medida, eso es lo que ha pasado en el tránsito del Antiguo al Nuevo Régimen: la formación de nuevas estructuras institucionales no supusieron siempre cambios en los modos de relación social, que sobrevivieron metamorfoseándose en otras apariencias. Quien haya leído *La persistencia del Antiguo Régimen* de Arno J. Mayer sabrá poner ejemplos. Eso se ha descrito bien en España para el clientelismo político, que posiblemente encontró su "forma perfecta" en el sistema caciquil de la Restauración, pero al que últimamente se ha rastreado con éxito en la época isabelina e incluso en las últimas fases del Antiguo Régimen, y que ha pervivido más allá del final del canovismo. En el fondo, los equilibrios de las relaciones sociales constituyen realidades en permanente transición, que forzosamente tienen que suavizar los cambios de régimen o de sistemas políticos, al modo en que Lampedusa lo describió en *El gatopardo*.

Solo teniendo en cuenta toda la carga de ficción que necesariamente comporta la categorización podemos intentar comprender la naturaleza cambiante de los procesos históricos. Al fin y al cabo, el esqueleto del conocimiento histórico es el tiempo, la transición, y, aunque la mente humana pone obstáculos racionales a la captación del movimiento, solo cuando enfoquemos los sistemas como realidades fluidas y no estáticas estaremos en condiciones de poner algún predicado a ese conjunto de procesos que se superponen, se contradicen y perviven y que llamamos historia.

BIBLIOGRAFÍA

BAECHLER, Jean (1976), *Los orígenes del capitalismo*, Barcelona, Península.

BÉCQUER, Gustavo Adolfo (2004), *Obras completas*, Madrid, Cátedra.

CARTLEDGE, Paul (2007), *Termópilas. La batalla que cambió el mundo*, Barcelona, Ariel.

KANT, Inmanuel (1970), *Crítica de la razón pura*, vol. 1, Madrid, Ediciones Ibéricas.

LAMPEDUSA, Giovanni Tomasso (1993), *El gatopardo*, Madrid, Austral.

LARA RÓDENAS, Manuel José de (2016), *José Isidoro Morales. De Andalucía a París: la vida del padre de la libertad de imprenta en España*, Sevilla, Centro de Estudios Andaluces.

LE GOFF, Jacques (1986), *La bolsa y la vida: economía y religión en la Edad Media*, Barcelona, Gedisa.

LE GOFF, Jacques (1989), *El nacimiento del purgatorio*, Madrid, Taurus.

MAYER, Arno J. (1994), *La persistencia del Antiguo Régimen. Europa hasta la Gran Guerra*, Madrid, Alianza.

TOLSTOI, León (2008), *Guerra y paz*, vol. 2, Madrid, Alianza.

VEGA DOMÍNGUEZ, Jacinto de (1995), *Huelva a fines del Antiguo Régimen: 1750-1833*, Huelva, Diputación Provincial de Huelva.

LA TRANSICIÓN DOMINICANA: ORÍGENES Y DESARROLLO[1]

DOMINGO LILÓN
Universidad de Pécs

Resumen: La transición democrática dominicana se inicia en 1978 con el triunfo del candidato del Partido Revolucionario Dominicano (PRD), Antonio Guzmán Fernández. Este triunfo electoral significó un gran cambio político en el escenario dominicano tras tres periodos electorales de triunfo del Partido Reformista (PR) y su líder máximo, el dr. Joaquín Balaguer (1966-1978), otrora también presidente y alto funcionario durante la larga dictadura de Rafael L. Trujillo Molina (1930-1961). Tras el tiranicidio (1961) y la caída del régimen se llevaron a cabo elecciones democráticas en el país, saliendo triunfador el entonces candidato del PRD, el profesor Juan Bosch, en diciembre de 1962. Mas en un ambiente internacional muy marcado por la Guerra Fría, los acontecimientos tenidos lugar en Cuba (la revolución de 1959, la invasión de Bahía de Cochinos 1961, la crisis de los misiles de 1962), el golpe de Estado al Gobierno de Bosch (septiembre de 1963) se veía venir. Esto trajo como consecuencia la "Revolución de abril" de 1965 y la intervención norteamericana de ese mismo año que culminaría con la instauración del régimen de los "doce años" de Joaquín Balaguer. Los resultados de las elecciones de 1978 traerían nuevos retos al sistema y a la vida política dominicana.
Palabras clave: transiciones democráticas, dictadura, Guerra Fría, revolución, autoritarismo

Abstract: The Dominican democratic transition began in 1978 with the triumph of the candidate of the Partido Revolucionario Dominicano (PRD), Antonio Guzmán Fernández. This electoral triumph meant a major political change in the Dominican scene after three electoral periods of triumph of the Partido Reformista (PR) and its maximum leader, dr.

---

[1] La presente contribución científica está dedicada al 650 aniversario de la fundación de la Universidad de Pécs, Hungría.

Joaquín Balaguer (1966-1978), once also President and senior official during the long dictatorship of Rafael L. Trujillo Molina (1930-1961). After the tyrannicide (1961) and the fall of the regime were carried out democratic elections in the country, leaving the then-candidate of the PRD, Professor Juan Bosch, winner in December 1962. More in an international environment marked by the Cold War, dyed events place in Cuba (the Revolution of 1959, the invasion of Bay of Pigs 1961, the 1962 missile crisis), the coup Government of Bosch (September 1963) was coming. This brought as a consequence the "April revolution" of 1965 and the American intervention of that year that culminated with the establishment of the regime of the "twelve years" of Joaquín Balaguer. The results of the elections of 1978 would bring new challenges to the system and the Dominican political life.

Keywords: democratic transitions, dictatorship, Cold War, revolution, authoritarianism

1. Introducción

El triunfo del Partido Rervolucionario Dominicano (PRD) en las elecciones de 1978 marca el inicio de las transiciones políticas latinoamericanas, acontecimiento no muy tomado en cuenta por especialistas ya que el entonces Gobierno dominicano no era una junta militar, tal cual Argentina, Uruguay, Brasil, Chile, etc., sino un régimen autoritario.

En esas elecciones presidenciales participaron candidatos de nueve partidos políticos: Partido Rervolucionario Dominicano (PRD), Partido Reformista (PR), Partido de la Liberación Dominicana (PLD), Partido Comunista Dominicano (PCD), Partido Quisquellano Demócrata (PQD), Movimiento de Conciliciación Nacional (MCD), Movimiento de Integridad Democrática (MIDA), Partido Demócrata Popular (PDP) y el Partido Revolucionario Social Cristiano (PRSC).

Antonio Guzmán y Jacobo Majluta, candidatos por el PRD, ganaron unas elecciones no exentas de crisis política: durante el conteo de los votos, militares dominicanos irrumpieron en el centro de cómputos de la Junta Central Electoral (JCE), alterando con ello el desarrollo democrático de los comicios y provocando el temor de un fraude electoral. Como tal y sucedió: cuatro senadurías fueron adjudicadas al partido en el gobierno, el PR, logrando con ello mayoría en el Senado. Con esta medida, el gobierno de Joaquín Balaguer se resguardaba las espaldas. Sin embargo, y gracias a la participación de figuras internacionales como el entonces presidente de los EE UU, Jimmy Carter, y Carlos Andrés Pérez, de Venezuela, al presidente

Balaguer no le quedó otra alternativa que aceptar la derrota. Se iniciaba así una nueva etapa en la vida política de la República Dominicana tras casi medio siglo de agitados acontecimientos políticos, tales como la dictadura de Trujillo (1930-1961), el triunfo y efímero gobierno de Juan Bosch (1962-1963), la guerra civil y posterior invasión estadounidense (1965), los "doce años" de regímen autoritario de Balaguer (1966-1978), pasando por los movimientos y acciones guerrilleras de Manolo Tavárez Justo (1963), Amaury Germán Aristy (1972) y Francisco Caamaño Deñó (1973), todos ellos enmarcados en el espíritu de la Guerra Fría que se vivía entonces.

2. La Era de Trujillo

El largo gobierno del dictador dominicano Rafael L. Truljillo Molina tiene su origen en la invasión norteamericana a la República Dominicana (1916) y en la gran depresión económica de 1929.Durante el periodo de la ocupación norteamericana de 1916-1924 se logra afianzar el monocultivo de la caña de azúcar. Igualmente se creó la Guardia Nacional, sustituta del Ejército de ocupación norteamericano al momento de su retirada del país. Trujillo sería el jefe de la Guardia Nacional y llegaría, en 1930, a ser presidente de la República Dominicana.

Ya en los primeros años de gobierno Trujillo daría muestra del carácter unipersonal y autocrático que caracterizaría a su régimen. En 1931 establece el monopolio político a través de un partido único, el Partido Trujillista o Partido Dominicano. A él debía pertenecer todo dominicano mayor de edad: "El nuevo partido se convirtió en una organización masiva, ya que al mismo debía ingresar todo dominicano con mayoría de edad; en caso contrario, la vida del ciudadano corría peligro. Todo empleado debía contribuir al Partido pagando una cuota calculada en un 10% de su sueldo. De esta manera, Trujillo recaudó con rapidez una suma cuantiosa que dedicó no sólo a fines del Estado, sino a programas sociales y de salud. El símbolo del partido era una palma y su lema 'Rectitud, Libertad, Trabajo y Moralidad' confirmaba las iniciales de Rafael Leonidas Trujillo Molina" (Peguero-De los Santos, 1989: 358).

El final de la II Guerra Mundial traería a la región del Caribe nuevas contradicciones: por un lado se pretendía, y tuvo lugar en varios países de la región, la democratización del área, la reducción y limitación de armamentos, mientras que regímenes dictatoriales como el de Trujillo aún permanecían. Aunque el régimen de Trujillo no era objeto de mucha simpatía por parte de la administración norteamericana, éste gozaría de cierta aceptación gracias a su cruzada anticomunista.

En el plano internacional, en el periodo postbélico Trujillo tuvo que enfrentarse a dos frentes: uno representado por el Departamento de Estado de los EE.UU., y el otro, por los gobiernos democráticos de Cuba, Costa Rica, Guatemala, Venezuela y en parte, Haití.

Las relaciones de la República Dominicana de Trujillo con los EE.UU. fueron ambivalentes y a veces contradictorias. Trujillo reconocía el papel hegemónico de los EE.UU. en el área, y el mundo; aún así muchas veces actuó en forma de franca oposición cuando sus intereses lo requerían. Él mismo se ufanaba de ser el más fiel Gobierno y colaborador de la política norteamericana: "[Trujillo] apoyó la política exterior norteamericana prácticamente en todos los casos. Cuando los Estados Unidos eran anti-Eje-Fascista, Trujillo era el primero en declararles la guerra (en diciembre de 1941- D.L.); cuando los Estados Unidos eran anti-soviéticos, Trujillo se volvió el paladín del anticomunismo en las Américas; y cuando los Estados Unidos estaban pro-democracia, él creaba una oposición y un sindicato obrero. Sin embargo, él no era ningún tonto, pues intentó ser lo menos dependiente posible para los asuntos internos. No sólo pagó la deuda externa a los Estados Unidos, sino que compró muchas empresas norteamericanas, particularmente bancos e ingenios azucareros, con el objeto de disminuir su dependencia y aumentar sus beneficios" (Latorre, 1975:72-73).

La ambivalencia de las relaciones de Trujillo con los EE.UU. se manifestaba en la contradicción existente entre los militares norteamericanos y el Departamento de Estado de los EE.UU. Trujillo, fruto de los *marines* norteamericanos, mantenía muy buenas relaciones con éstos, al mismo tiempo contaba con la gracia de varios "cabilderos" norteamericanos, quienes eran siempre muy bien remunerados y excelentemente recibidos en la República Dominicana. Esta diferencia de pareceres entre los militares y la Administración norteamericanas era la llamada política de "dos rieles" que menciona Bernardo Vega: "Por un lado, los militares norteamericanos actuaban en forma abierta a su favor [de Trujillo- D.L.], (...) visitándolo y elogiándolo públicamente. En privado trataban de ayudarlo. Por el otro, el Departamento de Estado había adoptado una actitud de fría indiferencia frente al dictador y se quejaba del papel de sus propios militares" (Vega, 1992:272).

Entre los funcionarios norteamericanos hostiles a la dictadura de Trujillo cabe mencionar a los embajadores Ellis O. Briggs, Spruille Braden y George Butler.

Por otro lado, en el área del Caribe se dieron varios cambios políticos: en Cuba, en 1944, Grau San Martín llegaba al poder reemplazando a Fulgencio Batista; en Venezuela, en 1945, Rómulo Betancourt sustituía a Medida Angarita. Ese mismo año de 1945 asumió la presidencia de Guatemala Juan José Arévalo y en Costa Rica, en 1948, José Fígueres era el presidente. Estos cambios en la región jugarían un papel muy importante durante unos años en la política exterior del régimen trujillista. El peligro de estos nuevos cambios políticos en la región para Trujillo no provenían de posibles acciones militares directas de estos gobiernos contra el régimen de Trujillo, sino el apoyo que ellos ofrecerían a la oposición dominicana. Apoyo no sólo espiritual, sino más bien material. Comienza así un periodo de complots entre los gobiernos mencionados (Vega, 1992:149-223).

Trujillo organizó varios complots para destituir a algunos de ellos. En octubre de 1946, el dictador mantuvo conversaciones en su residencia con algunos altos militares cubanos con la finalidad de derrocar al presidente Grau San Martín. El plan no tuvo éxito. Al mismo tiempo, se estaba gestando un plan en contra del presidente venezolano Betancourt. Las conversaciones de dicho plan empezaron en otoño de 1945 y duraron hasta verano de 1946. Para ello se utilizó la Embajada dominicana en Colombia, puesto que desde este país partirían los venezolanos implicados en la trama. Aunque hubo uno que otro acto, el plan tampoco tuvo éxito. Contra Haití, país que según Trujillo apoyaba a sus opositores, también tramaría una conspiración en 1949.

Al mismo tiempo, en estos países se estaban organizando campamentos militares de opositores dominicanos, con participación de extranjeros también, y cuya finalidad era el derrocamiento del dictador dominicano.

Durante los últimos cinco años de la década de los cuarenta se organizaron dos expediciones de combatientes dominicanos contra el régimen. La primera, en 1947, llamada expedición de Cayo Confites,[2] y la segunda, en 1949, la de "Luperón". La primera, que no llegó a materializarse debido a la presión norteamericana, habría partido desde Cuba; la segunda, que sí tuvo lugar, partió desde Guatemala. Ambas conspiraciones contaban con el apoyo de estos dos países.

A mediados de la década de los cincuenta, el régimen iba cayendo más y más en una aguda crisis política.

El 12 de marzo de 1956 fue secuestrado en Nueva York el vasco Jesús de Galíndez. Jesús de Galíndez era un vasco-español republicano, jurista de profesión, representante del gobierno vasco, quien había emigrado a la República Dominicana en 1939, tras la propuesta de Trujillo de aceptar a los españoles luego de la guerra civil. En Ciudad Trujillo tuvo una intensa labor como representante del gobierno vasco. También como intelectual, escritor de varios temas, muchos de ellos jurídicos e históricos, ensayista, poeta, al igual que como profesor de la Escuela Diplomática de la República Dominicana. En 1946 decide abandonar el país y establecerse en los EE.UU., en donde empezó a trabajar como profesor de la Universidad de Columbia, al mismo tiempo que escribía su tesis doctoral en la misma universidad y cuyo título era *La Era de Trujillo: Un estudio casuístico de dictadura*

---

[2] En esta expedición tuvo participación el joven cubano, entonces estudiante de Derecho, Fidel Castro Ruz, así como Carlo Franqui.

hispanoamericana, la cual no pudo llegar a defender, pero por la que se le otorgó el doctorado *post mortem*. Galíndez conocía muy bien al régimen y al tirano. Su secuestro levantó un gran eco, por cuanto el mismo fue realizado en territorio norteamericano. Luego de secuestrado, fue llevado a Ciudad Trujillo en donde se le hizo desaparecer por cuanto nunca fue encontrado su cadaver. Para muchos, el "caso Galíndez" marca el inicio del ocaso del régimen.

El 14 de junio de 1959 tuvo lugar la invasión de Constanza, Maimón y Estero Hondo, invasión proveniente de Cuba y con el tácito apoyo de Venezuela. Entre sus partipantes, de varias nacionalidades, cabe destacar entre otros al dominicano Enrique Jiménez Moya, comandante en Jefe, quien había participado en la guerrilla cubana de Fidel Castro, alcanzando allí el grado de capitán, así como José Ramón Enrique Cordero Michel, autor de un muy buen estudio sobre el régimen de Trujillo, *Análisis de la Era de Trujillo (Informe sobre la República Dominicana, 1959)*. Con ella, y como escarmiento, el régimen recurrió a los más horrorosos métodos represivos, llamando así la atención de la opinión pública nacional e internacional.[3]

Otros acontecimientos que incidieron en la caída de los Trujillo fue el atentado contra el presidente venezolano Rómulo Betancourt, en 1960, lo que le valió al régimen varias sanciones, entre ellas, la ruptura de las relaciones diplomáticas de los Estados miembros de la Organización de Estados Americanos (OEA) con la República Dominicana. Tras la ruptura, Trujillo trataría de establecer relaciones diplomáticas y comerciales con los países comunistas de Europa oriental y a la Unión Soviética, puesto que había perdido el apoyo de la Administración norteamericana y había la necesidad de exportar azúcar dominicano, producto controlado por el dictador gracias a sus ingenios azucareros (Lilón, 2002).

Otro gran caso que contribuyó a la caída del dictador fue el asesinato de las hermanas Mirabal, Patria, Minerva y María Teresa, muy opuestas al régimen, así como sus maridos, quienes estaban encarcelados por conspiración contra el régimen. También la Carta Pastoral de la Iglesia dominicana del 31 de enero de 1960 y su oposición al régimen, en la cual la Iglesia, otrora base y partidaria del régimen, le daba la espalda.

El 30 de mayo de 1961 caía ajusticiado el dictador Trujillo. Tras más de tres décadas de poder unipersonal de Trujilo, la República Dominicana entra en un periodo de grandes convulsiones políticas, muy condicionadas éstas por la situación política nacional e internacional de entonces.

---

[3] En marzo de 1959 Trujillo había formado la llamada "Legión Extranjera Anticomunista", entre cuyos miembros figuraban españoles, algunos participantes de la División Azul que había combatido en la Unión Soviética junto al ejército nazi, ustashas croatas y otros. El jefe de la Legión era el croata naturalizado dominicano Vladimir Secen, teniente coronel, comandante en Constanza.

3. República Dominicana, 1962-1978

Tras el tiranicidio, la República Dominicana se vio envuelta en una vorágine política muy condicionada por la situación nacional e internacional: elecciones, golpe de Estado, levantamientos guerrilleros, guerra civil, régimen autoritario.

El 3 de junio de 1961 llegó al país el general Rafael Leónidas Trujillo Martínez (Ramfis), hijo mayor del dictador y "supuesto heredero" del régimen. Sin embargo, gracias a la presión popular e internacional, especialmente de los EE UU, Ramfis y los Trujillo tuvieron que abandonar el poder y la RD.

Joaquín Balaguer, entonces presidente del país desde 1960, prometió una ley de amnistía, elecciones libres, una reforma agraria a la vez que eliminaba el Partido Dominicano, el partido del dictador y la dictadura. Balaguer luego tendría que partir él mismo al exilio.

Ese año de 1961 regresaron al país varios líderes de la oposición a la dictadura, quienes vivían en el extranjero, especialmente líderes del PRD, incluido su presidente, Juan Bosch.

Se formaron varios partidos políticos, entre ellos la Unión Cívica Nacional (UCN), el Partido Alianza Social Demócrata, que junto con el PRD de Bosch participarían en las elecciones de 20 de diciembre de ese 1961 tras la constitución de un Consejo de Estado. Las elecciones fueron ganadas por el PRD, siendo declarado presidente electo Juan Bosch el 31 de diciembre de 1961. Sin embargo, su mandato presidencial sería muy efímero: el 25 de septiembre de 1963, Bosch sería depuesto mediante un golpe de Estado. Este golpe de Estado marcaría la vida política de la República Dominicana hasta las elecciones de 1978.

Dado lo efímero, a continuación haremos mención de algunos de los logros políticos del Gobierno de Bosch en aras de la democratización de la política dominicana.

En 1963 fue aprobada una Constitución, la cual, tras más de tres décadas de dictadura unipersonal, era, naturalmente, muy democrática. El Artículo 86 establecía que el Gobierno dominicano era "esencialmente civil, republicano, democrático y representativo". El Artículo 67 reconocía el derecho de los dominicanos a organizarse en partidos políticos "para fines pacíficos y democráticos." El Artículo 70 establecía que "Toda persona podrá, sin sujeción a censura previa, emitir libremente su pensamiento mediante palabras, escritos o cualquier otro medio de expresión gráfico u oral, siempre que el pensamiento no sea atentatorio a la moral, al orden público o a las buenas costumbres, casos en los cuales se impondrán las sanciones dictadas por las leyes." Por su parte, el Artículo 15 establecía la libertad sindical. El Artículo 71 establecía la libertad de prensa.

El Artículo 93 establecía que "La soberanía reside inmanentemente en el pueblo y se ejerce por intermedio de los poderes reconocidos por la presente Constitución", estipulando que "La injerencia de los extranjeros en los asuntos políticos del país es lesiva a la soberanía del Estado. Asimismo, los dominicanos que invocaren gobiernos o fuerzas militares extrañas para la solución de las disputas internas, serán declarados violadores de la soberanía nacional y les serán aplicables las penas que la ley establezca." Un importante artículo constitucional era el 161 que establecía que "Las Fuerzas Armadas son esencialmente obedientes, apolíticas y no deliberantes."[4]

De los artículos constitucionales aquí citados vale la pena destacar los dos últimos, la de invocar "gobiernos o fuerzas militares extrañas para la solución de las disputas internas" y el papel de las Fuerzas Armadas ya que sobre éstos tratarán los próximos acontecimientos políticos que marcarían la posterior historia política dominicana.

3.1. Guerrilla, guerra civil e intervención estadounidense

Durante muchas décadas y bajo un mundo dividido en dos polos, la humanidad vivió bajo el signo de la Guerra Fría. Durante este periodo de la historia del siglo XX muchos fueron los pueblos y naciones que trataron de buscar una solución a sus problemas mediante sus propias fuerzas. Es el caso de Hungría, en 1956, y la República Dominicana, en 1965, por mencionar sólo algunos ejemplos. Por desgracia, la determinación, muchas veces mayoritaria, de esos pueblos no era suficiente como para ver culminada su lucha. La decisión final estaba en las manos de una de las grandes potencias de entonces, los EE.UU. y la ex-URSS, debido, principalmente, al estratégico valor geopolítico en que se encontraban estos pueblos y naciones.

En el caso dominicano, como bien lo destacara Ernesto de Zulueta, embajador de España en Estocolmo, en un informe del 14 de mayo de 1959: "[…]la región del Mar Caribe es el punto más vulnerable del frente americano. Domina las comunicaciones entre el Norte y el Sur de América, y el Canal de Panamá une el Atlántico al Pacífico" (Paz-Sánchez, 1997:295). Debido, precisamente, a esa importancia geopolítica, el estallido popular dominicano, más tarde convertido en guerra civil para luego ser una invasión norteamericana a Santo Domingo, y muy conocido popularmente como revolución dominicana de 1965, estaba condenada de antemano al fracaso. Las entonces doctrinas políticas imperantes jugaron un importante papel en los acontecimientos mencionados. En el caso de Hungría, a pesar de la política de "coexistencia pacífica", la dirección soviética no hubiera permitido un cambio político en un país fronterizo con la URSS; los EE.

---

[4] http://www.consultoria.gov.do/constituciones%201844-2008/Constitucion%201963.pdf

UU., por su parte y después del triunfo de la Revolución cubana, de los acontecimientos de Bahía de Cochinos (1961) y de la Crisis de los misiles de 1962, nunca hubieran permitido el surgimiento de otra Cuba en la región de el Caribe.

3.2. La Guerra Fría y el Caribe

A pesar de que los aliados habían luchado contra los regímenes fascista y nacional-socialista, en el Caribe, y específicamente en la República Dominicana, seguía gobernando el dictador Rafael L. Trujillo Molina. Debido a su anticomunismo, Trujillo representaba un fiel aliado a la política norteamericana de contención al comunismo. Mas el dictador dominicano contaba con una serie de enemigos políticos en la región, quienes habían llegado al poder. Entre ellos podemos mencionar a Grau San Martín, llegado al poder en Cuba en 1944; Rómulo Betancourt en Venezuela, en 1945; Juan José Arévalo en Guatemala, en 1945 y José Fígueres en Costa Rica, en el poder a partir de 1948. Contra estos tuvo que lidiar y capear varias crisis el dictador dominicano (Lilón, 2000:35-66).

En la primera mitad de la década de los cincuenta, América Latina tenía más de una docena de dictadores que contaban con el beneplácito del Gobierno norteamericano de Eisenhower (1953-1961). Como bien escribió Bernardo Vega, en esa época "el enemigo era el comunismo, no las dictaduras" (Vega, 1999:9).

Sin embargo, a partir de la segunda mitad de la década de los cincuenta vemos la caída de varios militares-dictadores en América Latina: en 1955 Perón en Argentina, en 1956 Odría en Perú, en 1957 Rojas Pinilla en Colombia, en 1958 Pérez Jiménez en Venezuela y en los últimos días de ese mismo 1958, Batista en Cuba. El dominicano Trujillo duraría unos años más en el poder, hasta su muerte violenta en mayo de 1961.

Tras el triunfo de Fidel Castro en Cuba, la situación de Trujillo frente al Gobierno de los EE.UU. se hizo más delicada, puesto que éstos querían evitar una segunda Cuba, como la de Castro, en el Caribe. Las autoridades norteamericanas querían deshacerse tanto de un dictador autocrático de derecha, Trujillo, como de uno de izquierda que ya se perfilaba, Fidel Castro.

3.3 Cuba en la crisis dominicana

Tras el fracaso norteamericano de Bahía de Cochinos (1961) y la Crisis de los misiles (1962), el factor Cuba socialista pasa a ser preponderante en la política norteamericana en el área del Caribe, en particular, y de América Latina en general. La finalidad de ésta era evitar otra Cuba en la región.

Resultado de este nuevo giro son los diversos golpes de Estado y la instauración de gobiernos militares en la región: en julio de 1963 es depuesto Carlos Julio Arosemena en Ecuador; en septiembre de 1963, golpe de Estado contra el presidente dominicano Juan Bosch; en octubre de ese mismo año, el presidente de Honduras, Ramón Villeda Morales es reemplazado por Oswaldo López Arellano; en 1964, a través de un golpe militar es derrocado el presidente Goulart en Brasil y en junio de 1966, el general Juan Carlos Onganía se instala en el poder en Argentina, entre otros. Todas estas maniobras políticas contaron con el beneplácito de los gobernantes norteamericanos. El mensaje político era muy claro: no a otra Cuba. Y esto fue precisamente lo que contribuyó a la crisis dominicana de 1965.

Por su parte, la influencia de la Revolución cubana, la guerra de guerrilla tan en boga entonces, influyeron enormemente en el quehacer político dominicano. En noviembre de 1963, un grupo de combatientes de la organización política 14 de Junio[5] dirigido por Manuel Aurelio Tavárez Justo (Manolo) se levantó en armas en las montañas contra el Gobierno dominicano. Desgraciadamente, a escaso un mes de dicho levantamiento, sus fuerzas y combatientes fueron aniquilados. Diez años más tarde, en 1973, otro líder dominicano, Francisco Alberto Caamaño Deñó, recorrería prácticamente el mismo camino.

3.4. La crisis dominicana de 1965

En diciembre de 1962 se convocaron elecciones libres tras varias décadas, resultando vencedor el candidato del Partido Revolucionario Dominicano (PRD), Juan Bosch, el principal partido de la oposición en el exilio. Tras 31 años de dictadura era natural que algunas medidas del nuevo gobierno resultaran atentadoras al *status quo* existente anteriormente.

En marzo de 1963 se proclamó una nueva Constitución, la cual no fue muy aceptada por varios círculos. Luego se pasó a actos concretos en contra del gobierno bajo la acusación de infiltración y orientación comunista. Los acontecimientos cubanos estaban ya influyendo en el proceso dominicano. De esta forma, en septiembre de ese mismo año de 1963 la República Dominicana, y el mundo, se despertó con el golpe de Estado al gobierno de Bosch efectuado por la jerarquía de las Fuerzas Armadas Dominicanas.

Los posteriores sucesos dieron lugar a la revuelta popular de abril de 1965 y a la posterior invasión norteamericana de ese mismo mes y año.

En el seno de las Fuerzas Armadas dominicanas fueron apareciendo una serie de jóvenes oficiales, hijos de antiguos grandes jerarcas del estamento

---

[5] Tomaron el nombre de 14 de Junio en honor a la expedición de 1959.

militar trujillista, tal el caso de los coroneles Fernández Domínguez y Caamaño Deñó, líderes indiscutibles del levantamiento popular dominicano de 1965. Estos no tenían un ideal político específico propio de cambios y transformaciones políticas. Su principal demanda era la vuelta del derrocado gobierno de Juan Bosch y la reinstauración de la Constitución de 1963.

La crisis de poder trajo como consecuencia la formación de dos bandos dentro de las FF.AA. dominicanas: de un lado los representantes del "antiguo régimen trujillista", del otro, los llamados "constitucionalistas".

En abril de 1965 estalló la guerra civil dominicana. Ante el avance de las fuerzas constitucionalistas y ante el temor de una nueva situación estilo Cuba, los EE.UU. decidieron cortar por lo sano e invadir el país con una fuerza de 22,000 marines. Los norteamericanos "adornaron" el hecho bajo la bandera de la OEA, lo que desprestigió más este organismo internacional.

Resumiendo los acontecimientos dominicanos desde el ajusticiamiento de Trujillo, mayo de 1961, hasta la inavasión norteamericana, abril de 1965, podemos enumerar algunas consideraciones:

- los acontecimientos dominicanos de abril de 1965 estuvieron precedidos de una feroz dictadura: la de Trujillo;
- el gobierno del depuesto presidente dominicano Juan Bosch, tras la dictadura intentó democratizar el país. El gobierno de Juan Bosch no intentó siquiera un acercamiento a los países comunistas dada la ideología que entonces profesaba, lo que quitaba fuerza a la tesis norteamericana de otra Cuba;
- el triunfo del movimiento de las masas populares parecía inminente a corto plazo, siendo abortado sólo por la invasión norteamericana;
- la revolución dominicana no encontró el apoyo necesario en los foros internacionales ya que los norteamericanos capitalizaron la OEA a tal punto que, amparándose en el Tratado Interamericano de Asistencia Recíproca (TIAR), varios países latinoamericanos enviaron tropas a la isla caribeña.

A pesar de la derrota militar de los constitucioanlistas y del pueblo dominicano liderado por Caamaño por parte del ejército norteamericano, Caamaño logró que con la instauración de un nuevo gobierno no se tomaran represalias contra los participantes en la contienda. Caamaño fue enviado como Agregado militar de la Embajada Dominicana en Londres, desapareciendo un día y trasladándose a Cuba en donde preparó, junto con unos pocos dominicanos, un pequeño grupo de guerrilleros con quienes intentó hacer la revolución. De nuevo el espíritu de Cuba se manifestaba en la República Dominicana. Mas, en este caso, no tuvo los mismos resultados que con Fidel: en 1973, tras el desembarco guerrillero, Caamaño fue asesinado por las tropas del Gobierno de Joaquín Balaguer.[6]

---

[6] El tema de la guerrilla de Caamaño es tan amplio y complejo que para su explicación se

En junio de 1966, y bajo ocupación norteamericana, no era de extrañar que fuese Joaquín Balaguer, uno de los principales funcionarios trujillista y favorito de los norteamericanos, quien ganara las elecciones.

3.5. Régimen autoritario: Joaquín Balaguer 1966-1978

El dr. Joaquín Balaguer regresaría de su exilio a la República Dominicana el 28 de junio de 1965. Juan Bosch haría lo mismo el 25 de septiembre de ese mismo año. Para entonces, el país se había "pacificado", aunque se encontrara aún con la presencia de tropas estadounidenses y de otros países americanos.

Se estableció la fecha de elecciones para el 1966, iniciándose la campaña política ya en marzo de ese año. Varias organizaciones políticas participaron en las elecciones, destacándose el Partido Reformista, con Balaguer a la cabeza, y el PRD, con Bosch. Naturalmente, para la Administración norteamericana, el triunfador de dichas elecciones debería de ser Balaguer. Pero se animaba al PRD a participar en dichas elecciones para legitimizar dicha actividad. Así, el resultado fue el esperado: el PR de Balaguer triunfó con un 56.4% de los votos frente a un 38.9% del PRD.

Cabe destacar que la campaña política se caracterizó por una intención de "demonizar" a Juan Bosch como "comunista" o que en dado caso de triunfo del PRD, Bosch sería de nuevo objeto de un golpe de Estado.

De esta forma, el 1 de julio de 1966, Joaquín Balaguer fue juramentado como presidente de la República.

Los tres periodos de gobierno de Balaguer, conocidos como "los doce años" (1966-1978), se caracterizaron por la política de construcción de carreteras, calles, acueductos, puertos, escuelas, centrales hidroeléctricas, etc. Era la llamada política de "cemento y varillas" que contribuyeron al desarrollo del país.

La inversión extranjera, principalmente capital estadounidense, jugó su papel. En el país se establecieron muchas empresas tales como la Falconbridge Dominicana, la Rosario Dominicana, Shell, Nestlé, Gulf & Western, Philip Morris y muchas más.

Sin embargo, en la República Dominicana también es recordado por la cantidad de jóvenes universitarios, líderes sindicales y de organizaciones populares, periodistas que fueron asesinados.También es recordado por la corrupción, el tráfico de influencia que caracterizaba al régimen. Tanto así que una vez Balaguer mismo diría que la corrupción "se detenía en la puerta de su despacho".

---

necesitaría tanto espacio como este ensayo mismo.

4. A modo de conclusión: el estado de la democracia en la RD tras 1978

El triunfo del PRD con Antonio Guzmán como candidato a presidente trajo grandes esperanzas a una gran parte de la sociedad dominicana. Bajo el lema de un "Cambio en el liderazgo político del país, en el nivel de vida de los sectores marginados, y en el acceso de diversos grupos sociales a la toma de decisiones a nivel público" (Brea–Duarte–Tejada–Báez, 1995:15), se presentó como el elegido para llevar a cabo esas tareas que la sociedad dominicana había esperado casi medio siglo.

Sin embargo, tanto el primer gobierno del PRD, 1978-1982, como el segundo, 1982-1986, no cumplieron con estas esperanzas depositadas. Naturalmente, estos gobiernos coincidieron con una de las crisis económicas más terrible de la región. Pero aún así, fueron varias las causas que deterioraron la política y el poder del PRD ante las grandes masas: "El clientelismo, la corrupción y la incapacidad del gobierno de manejar la crisis, el alejamiento del Estado con respecto a la sociedad, el aumento de la distancia entre dirigentes del partido en el gobierno y las bases, la autonomización de éstos con respecto a las masas han sido considerados factores de gran incidencia a la hora de evaluar la relación de los gobiernos perredeístas y la democracia dominicana" (Brea–Duarte–Tejada–Báez, 1995:20).

La mejor ilustración de esa decepción la vemos quizás en el final de ambos presidentes: Antonio Guzmán se suicidaría en el mismo Palacio Nacional el 4 de julio de 1982, a solo 43 días para expirar su mandato presidencial. Jorge Blanco, presidente del PRD durante el periodo 1982-1986, tras un periodo de gobierno caracterizado por levantamientos populares, muertes y violencia, fue acusado en 1987 de desfalco, malversación de fondos, estafa, robo, abuso de confianza, teniendo que hacer frente durante mucho tiempo a estas acusaciones judiciales.

Esta mala gestión del PRD hace posible el retorno de Balaguer, quien a pesar de la edad y ciertas limitaciones físicas, vuelve al poder como líder carismático, gobernando de nuevo durante los periodos 1986-1994.

El año de 1994 y con el llamado Pacto por la Democracia, la democracia dominicana entra en una nueva etapa. Esta vez con la ausencia de los dos grandes caudillos de la política dominicana que habían marcado casi todo el siglo XX dominicano: Joaquín Balaguer y Juan Bosch (Lozano, 1994:11-16).

BIBLIOGRAFÍA

BOSCH, Juan (1991), *Crisis de la democracia de América en la República Dominicana*, Santo Domingo, Ed. Alfa y Omega.

BREA, Ramonina – DUARTE, Isis – TEJADA, Ramón – BÁEZ, Clara (1995), *Estado de situación de la democracia dominicana (1978-1992)*, Santo Domingo, PUCMM.

CASSÁ, Roberto (1991), *Contrarrevolución y desarrollismo*, Santo Domingo, Alfa y Omega.

FERRERAS, Ramón Alberto (1981), "Trujillo y la economía", en: AA.VV: *Trujillo: 20 años después*, Santo Domingo, República Dominicana.

FRANQUI, Carlos (1976), *Diario de la revolución cubana*, Francia, Edition Ruedo Ibérico.

GLEIJESES, Piero (1978), *The Dominican Crisis. The 1965 constitucionalist revolt and american interventio*, Baltimore y Londres, The Johns Hopkins University.

HARTLYN Jonathan (1998), *The Struggle for Democratic Politics in the Dominican Republic*, Chapell Hill y Londres, The University of North Caroline Press, 1998, (*La lucha por la democracia en la República Dominicana*, Santo Domingo, FUNGLODE, 2008.)

LATORRE, Eduardo (1975), *Política dominicana contemporánea*, Santo Domingo, República Dominicana.

LILÓN, Domingo (2002), "Trujillo y los países comunistas", *Actas del III Congreso Internacional de Historiadores Latinoamericanistas*, Santiago de Compostela, CD-ROM.

LILÓN, Domingo (2000), *Armas y poder. Los húngaros y La Armería de San Cristóbal*, Santo Domingo, R.D., Editora Cole.

LOZANO, Wilfredo (1986), *El reformismo dependiente*, Santo Domingo, Editora Taller.

LOZANO, Wilfredo (1994), "República Dominicana: el fin de los Caudillos", *Nueva Sociedad*, 134, 11-16.

MALAGÓN, Javier (1991), "El exilio en Santo Domingo, (1939-1946)", en: NAHARRO-CALDERÓN,

J. M. (coord.): *El exilio de las Españas de 1939 en las Américas: "¿Adónde fue la canción? "*, Barcelona, Editorial Anthropos, 172-173.

PAZ-SÁNCHEZ, Manuel de (1997), *Zona rebelde. La diplomacia española ante la revolución cubana (1957-1960)*, Centro de la Cultura Popular Canaria.

PEGUERO, Valentina - DE LOS SANTOS, Danilo (1989), *Visión general de la Historia Dominicana*, 13 edición. Santo Domingo, República Dominicana.

VEGA Y PAGÁN, Ernesto (1955), *Historia de las Fuerzas Armadas. (La Era de Trujillo; 25 años de Historia Dominicana)*, t. 17, Ciudad Trujillo, Impresora Dominicana.

VEGA, Bernardo (1992), *Trujillo y las Fuerzas Armadas norteamericanas*, Santo Domingo, República Dominicana.

VEGA, Bernardo (1999), *Los EE.UU. y Trujillo. Los días finales, 1960-1961. Colección de documentos del Departamento de Estado, la CIA y los Archivos del*

Palacio Nacional Dominicano, Santo Domingo, R.D. Fundación Cultural Dominicana.

PORTUGAL EN ETAPA TEMPRANA DE LA CONSOLIDACIÓN DEMOCRÁTICA IDEAS DE NATÁLIA CORREIA Y ANTÓNIO DE SPÍNOLA, ABRIL-SEPTIEMBRE 1974

MARIANNA KATALIN RACS - ÁGNES JUDIT SZILÁGYI

Universidad Eötvös Loránd, Budapest

Resumen: A principios de los años 70, después de 13 años de lucha, la guerra colonial de Portugal se convierte en un callejón sin salida. La revolución del 25 de abril representa el fin del ciclo imperial iniciado con la expansión marítima en el siglo XV. La consumación del régimen de Salazar era necesario e inevitable. La guerra colonial no solo perjudica el prestigio de las Fuerzas Armadas, sino también delapida la riqueza del estado. Aunque después del 25 de abril, la revolución solo tiene un sentido superficial, ya que el nuevo poder es incierto, indeciso y dividido. Todo omienza con una revuelta militar encabezada por grupo de jóvenes oficiales demócratas y antifascistas con el deseo de poner fin a la guerra colonial. Y el resultado, en pocos meses, es una deformación. Este escrito analiza las ideas de Natália Correia y António de Spínola, en el período entre Abril-Septiembre del 1974.
Palabras clave: Salazarismo, colonialismo, Estado Nuevo, 25 de Abril, democratización

Abstract: In the early 70s, after 13 years of struggle, the colonial war of Portugal became a dead end. The revolution of April 25 marked the end of the imperial cycle started with the maritime expansion in the 15th century. The consummation of the Salazar regime was necessary and inevitable. The colonial war not only harmed the prestige of the armed forces, but also exhausted financially the state. However after April 25, the revolution seemed to be only superficial, as the new government was uncertain, indecisive and divided. It all begun with a military revolt led by a group of

young democrats and antifascist officials with the desire to end the colonial war. The result, in a few months, was distortion. This paper analyzes the ideas of Natália Correia and António de Spínola, in the period between April and September of 1974.
Keywords: Salazarism, colonialism, New State, April 25, democratization

1. António de Spínola y Natália Correia

Los acontecimientos decisivos ocurridos el 25 de abril de 1974 dividen drásticamente por la mitad la historia de la década de 1970 en Portugal. Uno de los principales íconos de la ciudad de Lisboa, el gran puente colgante construido entre 1962 y 1966, oficialmente designado en su día como puente Salazar, conserva en su actual denominación la memoria del principio de la Revolución de los Claveles. Las consecuencias directas de la revolución son conocidas también en Hungría. Se sabe que al término de la dictatura personal más dura del siglo XX: el régimen autoritario portugués; el Salazarismo se transformó en Marcelismo, lo que radicalmente dio origen a una nueva dirección a la política de Lisboa.

Otra muestra de esto también ocurre en el año 1989 en otras partes de Europa, en la preparación del cambio de régimen, la erosión interna de la estructura anterior y los factores perturbadores exteriores desempeñaron un papel igualmente importante. La vieja élite política no desaparece sin dejar rastro en la etapa de la vida pública después de la transformación. Así entre los agentes de la revolución portuguesa podemos encontrar figuras que habían contribuido al funcionamiento de la maquinaria de la dictadura y otros que no habían salido del país físicamente pero mental e intelectualmente se distanciaron de la dictadura. Estas figuras directa o indirectamente prepararon e instaron el cambio. Este análisis compara los textos de dos representantes de ambos grupos mencionados y presenta las áreas problemáticas más importantes de la vida política portuguesa en el periodo posterior a la revolución.

La figura emblemática de cambio de régimen, António de Spínola (1910-1996) representa el grupo de elite (militar) interna de la dictadura. El general había tenido una brillante carrera al servicio del Estado Nuevo de Salazar. La culminación de su carrera comenzó cuando primeramente fue gobernador militar de Guinea-Bissau entre 1968 y 1973, y después vicejefe del Estado Mayor General. A partir de los años 1970 cuando la indefensión del sistema político se torna cada vez más clara, en sus trabajos teóricos se llama atención fuertemente sobre la necesidad de reforma del imperio[1]. El volumen, Portugal e o Futuro (Portugal y el Futuro), publicado en febrero de 1974, ha propuesto una reforma federal del imperio colonial y se convirtió en catalizador de la revolución. El proprio general se ha convertido en una personalidad destacada de la fase inicial de la Revolución de los Claveles y después de la inssurección asumió oficialmente el poder con autozación del Movimiento de las Fuerzas Armadas (MFA) y como intelocutor de Marcelo Caetano (Reis, 1999:39). Spínola solo fue capaz de mantenerse en el poder durante unos meses, en el período de transición que estudiamos: entre el 25 de abril de 1974 y el 28 de septiembre del mismo año fue Presidente de la República de Portugal. En marzo de 1975 tras un intento fallido de tomar el poder nuevamente, desaparece de la vida política completamente.

La otra figura recibió menos atención en la historiografía y es casi completamente desconocida en Hungría, sin embargo, debido a su obra, a su importancia en la historia de la literatura y al carácter interesante – sobre todo en la última década – cada vez más investigadores analizan y presentan su obra (Dinis, 2003).

Natália Correia (1923-1993) era una poetisa portuguesa, una intelectual y activista, una periodista, una pensadora que figuraba continuamente en los acontecimientos sociales de Portugal. Nació en las Azores y después vivió en Lisboa. Al mismo tiempo, la adhesión y el amor por la patria fueron siempre un motivo de lucha importante para ella. A través de su madre conoció el mundo de los pintores, escritores, músicos, etc. (Almeida, 1994:22-25). Su trayectoria poética se desarrolló en los años 1940, cuando publicó su primera obra, y se convirtió en periodista de Rádio Clube Português, una de las principales radios portuguesas. A partir de entonces la prensa fue el principal foro de Natália Correia donde su presencia era continua. Ella compartía su actividad literaria y pública de forma simultánea en los periódicos. Correia estaba en contacto con la oposición del Estado Nuevo y en 1945 conoció a Mario Soares (1924) con quien construyó una sólida amistad. José Norton de Matos (1867-1955) y Humberto Delgado (1906-1965) fueron también sus amigos íntimos y suficientemente valientes para participar en las elecciones presidenciales como candidatos de la oposición.

Natália Correia irrumpió rápidamente en la conciencia pública con sus obras tempranas, y su fama creció aún más entre los años 1950-60. Escribió poemas, obras de teatro, ensayos, y a partir de 1948 expresó cada vez con más fuerza su posición política, que más tarde ha interpretado así: "Mi participación política no tiene nada que ver con el poder. Me limito a

---

[1] *Por uma Guiné melhor* (1970), *Linha de acção* (1971), *No caminho do Futuro* (1973), *Portugal e o Futuro* (1974)

cumplir con la responsabilidad que cualquier poeta digno de ese nombre asume en que su objetivo es transformar el mundo" (Almeida, 1994:32). Correia nunca ocultó que iba en contra del régimen de Salazar y luego de Caetano. Sus artículos, como la difusión de sus libros, fueron prohibidos en varias ocasiones. Como una figura pública comprometida con la libertad trató de temas tan sensibles como, por ejemplo, la situación social difícil y desventajosa de las mujeres. Era una intelectual femenina que ultrapasó por mucho a su época.

Entre los años 1960-70 la casa de Natália Correia en Lisboa se tornó en un lugar de encuentro intelectual, un salón literario y de vida pública (Almeida, 1994:36-39). Durante este período Correia vivió una etapa muy creativa y fructífera. En 1966, cuando publicó su Antologia de Poesia Erótica e Satírica (Antología de la poesía erótica y satírica), la censura prohibió la circulación del libro. Natália Correia fue juzgada en la corte en 1970 y condenada a tres años de libertad condicional. Así la ruta literaria de Correia está, cada vez más, fuertemente ligada a la lucha por la libertad.

En diciembre de 1971, Natália Correia y sus amigos abrieron la barra Botequim, que hasta la década de 1990 fue el foro más influyente de los intelectuales en Lisboa. Inicialmente la barra lanzó programas literarios, y gradualmente se convirtió en un lugar importante de eventos culturales y políticos. Poetas, músicos, pintores —artistas y amigos— portugueses y extranjeros se reunieron aquí con regularidad (Dacosta, 2003:10.). Después del 25 de abril 1974, la Botequim se convirtió definitivamente en un foro político: los oficiales militares que prepararon la Revolución de los Claveles, entonces muchos miembros del Movimiento de los Capitanes, sobre todo el Grupo dos Nove (Grupo de Nueve) y los moderados del MFA se reunieron con frecuencia en la Botequim. La diversidad política de la clientela armonizó con el espíritu abierto de Natalia Correia. Ella mantenía una imparcialidad entre las diversas tendencias, y su posición independiente de intelectual y de dueña (Dacosta, 2003:11).

En este análisis usamos fuentes diferentes para recordar los pensamientos de António de Spínola y Natália Correia sobre 1974 y los eventos contemporáneos. En el caso de Spínola utilizamos los discursos y entrevistas públicos que él ha recopilado en un volumen en la emigración, después de su intento fallido de retorno al poder en 1975 (Spínola, 1976). Ya en el preámbulo enfrentamos las orientaciones antimarxistas de Spínola y su deseo de autojustificación ¿por qué ha fracasado el modelo político de la derecha civil y de él en el período temprano de la consolidación democrática?

En el caso de Natália Correia utilizamos el diario de la poeta que escribió entre el 25 de abril 1974 y el 20 de diciembre 1975, y que fue impreso por primera vez en 1978 (Correia, 2003). El diario es un género de tono personal que presenta las reflexiones de una activista intelectual, libre de convenciones sociales. Son los pensamientos de una mujer que mantenía su libertad intelectual durante el régimen de Salazar y que mentalmente estaba fuera del sistema y sin ambiciones políticas. António de Spínola es una figura a menudo mencionada en el diario de Natália.

Para Natália Correia y para muchos portugueses, Spínola era en esencia una sensación viviente. El general era una figura con un papel mesiánico cuya labor fue iniciar el movimiento que podía acabar con el sistema autoritario de 48 años. La reflexión sobre el otro en las obras es unilateral y es solamente Natália Correia quien elogia repetidamente al general. Estas dos figuras se conocieron personalmente en Guinea en el año de 1973 en relación con asuntos de redacción. "Registro la abrumadora impresión que tenía de ese hombre cuyo aspecto parecía alquilado de un armario de Guardia Imperial Prusiana. Digo parecía. De hecho, creo que los monóculo, guantes y látigo son puntales antes de un estilo militar en honor a las antiguas nociones portugueses y enterrados en la conciencia pantanosa de un ejército subordinado de la autocracia Salazarista. Pero esta imagen transmite algo así como una melancolía [...] que contempla tristemente la historia"(Correia, 2003:24).

Después de la euforia revolucionaria de la primavera, en el verano de 1974, ambos autores sintieron el peligro. Ninguno de ellos estaba satisfecho con el desarrollo de la vida política portuguesa cuyos eventos intercambiaron los papeles de los dos: Correia asumió una función cada vez más activa en el nuevo sistema (a partir de 1977 trabajaba en la Secretaría de Cultura del Estado y a partir de 1980 era diputada en el Parlamento), mientras que Spínola poco a poco se alejó del centro del poder y se convirtió en un observador externo de los acontecimientos al margen del mapa político y después en el exilio. Spínola perdió el control sobre los eventos.

En el caso de la transición democrática portuguesa tenemos que analizar várias cuestiones estrechamente relacionadas. Los acontecimientos revolucionarios tuvieron lugar en un corto lapso de tiempo y casi sin sangre, pero el período de consolidación fue más prolongado y estuvo acompañado de manifestaciones callejeras y disturbios. A finales de 1974 estalló la crisis política en el país. Después del fin de la dictadura el poder político se concentró esencialmente en manos de dos grupos: General Spínola, y el Comité de Coordinación del MFA. Estos dos grupos representaron posiciones muy diferentes en relación a la eliminación del sistema colonial y la transición democrática causando conflictos sérios políticos, malestar social e inseguridad (Reis, 1999:41). Al mismo tiempo Portugal tenía que encontrar su lugar en el equilibrio del poder internacional.

2. Sobre las colonias

En el tema de la reestructuración del imperio colonial portugués, Spínola tomó posición por una conversión de carácter federal, y en mayo de 1974 todavía imaginaba un Portugal pluricontinental. Sin embargo, el 27 de julio, siendo Presidente de Estado, tuvo que proclamar una ley sobre el derecho a la autodeterminación de las colonias por una decisión del gobierno interino. Por un lado fue generoso al decir: "Los pueblos de África, como a menudo he señalado, son plenamente capaces de organizar de forma independiente sus instituciones políticas y defender su propia libertad" (Spínola, 1976:147). Por otro lado, su actitud paternalista se reflejó en sus expresiones y declaraciones tales como: "la población de nuestros territorios de ultramar"; "estas nuevas naciones han nacido en Portugal" o "Portugal se mantiene ser la segunda patria de todos los ciudadanos de estas nuevas naciones, como ha sido de todos los brasileños" (1976:145-150). El mundo creado por los portugueses era un mundo idealizado en la visión de Spínola.

Con la ley (7/74) de libre determinación de los territorios africanos, el 27 de julio de 1974, finalmente cerró la guerra colonial sangrienta que había comenzando en 1961. Los 13 años de guerra costaron 40% del presupuesto del Estado, y en términos de recursos humanos el saldo fue de 800 mil civiles reclutados, 6340 muertos y 112 miles de heridos (Szilágyi, 2009:122). En el verano de 1974, el Gobierno portugués inició las negociaciones con los movimientos de liberación y hasta febrero de 1976 reconoció a todos los estados africanos independientes establecidos en los ex-territorios portugueses. La situación de Macao y Timor Oriental fue diferente, debido a que estos se independizaron completamente de Portugal mucho más tarde (Reis, 1999:40).

Consecuentemente, la regularización de las colonias no fue evidente en los meses inmediatamente posteriores a la Revolución de los Claveles. Este fue el tema que dividió más a los actores políticos y a la opinión pública entre abril y junio de 1974. Muchas personas estaban de acuerdo en la posición original de Spínola y eran defensores de una transformación federal, además querían evitar la secesión completa de colonias.

Según las notas del diario de Natália Correia, ella inicialmente creyó en la supervivencia de un imperio reformado. Después de la victoria de la revolución, Natalia consideró las siguientes dos preguntas como las más importantes: "... asegurar la supervivencia de la nación en su conjunto pluricontinental y acelerar la formación de asociaciones civiles con el fin de promover el sufragio directo para la elección de una Asamblea Constituyente que se traducirá al Presidente" (Correia, 2003:21).

Sin embargo, en septiembre de 1974, tuvo que admitir que las realidades políticas eran diferentes en el caso de las colonias. El 10 de septiembre del mismo año, escribió: "Hoy la independencia del nuevo Estado de Guinea

Bissau fue reconocida. [...] Spínola se despide de la teoría pluricontinental [...] La cuestión de ultramar encuentre así una solución en perspectiva bilateral de un debate entre Oriente y Occidente [...]" (Correia, 2003:73-74).

3. La transformación de Portugal y el ámbito internacional

La redemocratización de Portugal comenzó solo siete meses después de que Salvador Allende y el gobierno de Unidad Popular habían fracasado tras el golpe militar liderado por Augusto Pinochet. La diferencia principal entre la situación de ambos países fue que en Portugal, en la primera etapa de la transformación, un ejército perteneciente al sistema de la OTAN defendió los objetivos de carácter socialista, y este hecho asustó a la mitad occidental del mundo bipolar en los años 70. Spínola, desde un comienzo, consideró importante preservar las buenas relaciones con los Estados Unidos de América. Como Presidente, en primer lugar recibió al embajador estadounidense Stuart Nash Scott. Posteriormente, Mário Soares, ministro de Relaciones Exteriores del Partido Socialista (PS), también aseguró a los americanos una amistad ininterrumpida entre los dos países (Moreira de Sá, 2003:116).[2] Durante dichas relaciones, Portugal atravesaba por un momento particularmente preocupante, que el primer gobierno provisional tenía dos ministros comunistas: Álvaro Cunhal y Avelino Gonçalves. Con esta decisión, Spínola descuidó las tradiciones del mundo bipolar y aprovechó la popularidad política doméstica de los dirigentes del Partido Comunista. "El jefe blanco de Cunhal logra el mayor éxito. De regreso de un exilio de catorce años, [...] el jefe del Partido Comunista Portugués surgió como el legendario caballero de la más poderosa organización clandestina de la resistencia a la dictadura depuesta. [...] Un brazo se destaca de la muchedumbre. Fue Mario Soares. Un largo abrazo selló la reunión de dos líderes políticos olvidando los viejos desacuerdos en la euforia de la liberación. Mucha generosidad [...] en la forma del republicanismo sentimental de Soares [...]. Cunhal, su tipología indica, está hecho de un temperamento que aplica las emociones sólo en juegos políticos útiles. Para el líder comunista Mário Soares es solo un trampolín al poder" (Correia, 2003:30-31).

El posicionamiento del PCP en el gobierno provisional causó gran inquietud en Washington. El temor era principalmente que este ejemplo pudiera ser contagioso, y revoluciones similares ocurrieran en Roma, París, Madrid o Atenas. Y esto, a largo plazo, pudiera amenazar la cohesión de la

---

[2] Más sobre las relaciones de Portugal con los Estados Unidos en la época en ANTUNES, José Freire (1986), *Os Americanos e Portugal. Os Anos de Richard Nixon (1969-1974)*, Lisboa, Dom Quixote.

OTAN. Los Estados Unidos no querían que la base militar en las Azores hubiera caído en manos de la política hostil. Esta interrogante se convirtió en un tópico relevante, particularmente en el verano de 1974, cuando en Chipre el conflicto turco-griego se intensificó y se requería de una inminente renovación del acuerdo sobre la base aérea en las Azores.

En tales circunstancias, tuvo lugar una breve reunión entre el general Spínola y el republicano Richard Nixon. Poco antes de su renuncia – volviendo de Oriente Medio, de Jordania – el presidente de los Estados Unidos hizo una parada en las Azores y visitó la base militar de Lajes, en la isla llamada Terceira. Fue el primer Jefe de Estado extranjero, con quien Spínola se reunió después de la inauguración. En el encuentro, Nixon aseguró a Spínola su confianza y amistad, y declaró: "Un viento muy fuerte sopla a través de estas islas hoy, y los vientos de cambio político nunca han soplado tan fuerte en el mundo intero como hoy. [...] un Portugal libre, próspero e independiente es vital no sólo para la Alianza Atlántica, pero vital también para los intereses de los Estados Unidos, así como a los intereses de la gente de Portugal" (Nixon, 05-12-2015). Bellas advertencias estaban en sus palabras, cuando mencionó los intereses comunes. Spínola, el representante del modelo conservador-autoritario, aunque por un corto período de tiempo, creyó que como Presidente de Portugal podía evitar la concentración de desplazamiento hacia el movimiento de izquierda, el cual fue atroz para el gobierno de los EE.UU.

En septiembre de 1974, en uno de sus discursos, expresó: "Los portugueses tienen derecho a la libertad absoluta para decidir el sistema político deseado; [...] No nos podemos permitir que sea la reacción de extrema derecha o de oportunismo de extrema izquierda limitar esta libertad [...]" (Spínola, 1976:181).

Ambos protagonistas de la reunión presidencial en poco tiempo fueran obligados a abandonar sus puestos. En 1974, Nixon fracasó en el escándalo Watergate (9 de agosto) y Spínola fracasó en su intento por tomar el poder absoluto (30 de septiembre). "Renuncié a la presidencia de la República el 30 de septiembre de 1974 –declaró un año después– así expresé claramente mi rechazo a la transformación comunista de mi país, y de ninguna manera quería contribuir a ella [...]" (Spínola, 1976:310). La partida de Spínola neutralizó a la derecha civil y debilitó los valores importantes para los Estados Unidos de América. El exjefe de Estado Mayor, el general Francisco da Costa Gomes, se convirtió en el nuevo jefe de Estado. "En el MFA los defensores del modelo socioeconómico marxista-socialista ganaron posiciones significativas y sus vínculos con el PCP se tornaron cada vez más evidentes y estrechos" (Reis, 1999:41). El aliento cordial fue sustituido por la presión diplomática y económica por parte de la administración de Gerald Ford con a respeto de Portugal (Moreira de Sá, 2003:116-130).

El público portugués comenzó a sopesar temprano los efectos del 25 de abril ante la suspicaz crítica internacional, especialmente en el caso de los Estados Unidos y de la Unión Soviética. Las especulaciones sobre el asunto se extendieron rápidamente en la compañía de Lisboa y pueden ser halladas en el diario de Natália Correia. Un hombre portugués que vivía en un país anglosajón y parecía estar muy bien informado, una vez explicó a un grupo de amigos de Natalia que, en su opinión, Portugal solo es un —aunque, sin duda importante— elemento del juego de poderes internacionales, en medio del contexto de un sistema de engranajes más amplio. Según él el 25 de abril es parte del camino que conduce al viejo sueño zarista —dijo— están formando las tijeras rusas: llegar del Mar Negro, a través de los Dardanelos y Gibraltar a los estados bálticos sin mayores obstáculos. Sin mencionar que con la liberación de las colonias, el control de los oleoductos de la Península Arábiga hacia América y Europa se centraría en manos rusas. Por otra parte, todo se ejecuta con el consentimiento de los Estados Unidos, quienes también querrán beneficiarse de la nueva situación, sobre todo de forma económica. Según el hombre desconocido, detrás de todo se encontraba el Grupo Bilderberg y de esta manera, las grandes potencias decidieron el destino de Portugal. En su diario, Natália Correia califica claramente la teoría del portugués desconocido como una broma (Correia, 2003:36-38).

Poco más de un año después, aún en medio de la consolidación de la transición, resultó claro que: "En agosto de 1975, el liderazgo soviético fue interesado en la aplicación de la retención, en la finalización con éxito de la Conferencia de Helsinki, y no en el nacimiento de un Cuba en Europa del Sur." (Szilágyi, 2009:132-133). Las líneas de batalla de la Guerra Fría se tornaron, solo más tarde, en un verdadero conflicto armado en las colonias portuguesas durante su lucha por la liberación.

4. ¿Cómo proceder en la política nacional?

El tercer gran problema en el proceso de la redemocratización de Portugal fue ¿cómo eliminar la influyente herencia del Salazarismo? y ¿qué carácter debe tener el nuevo sistema? ¿Cómo combatir problemas como el subdesarrollo económico, la desigualdad social, la falta de experiencia e instituciones democráticas y el déficit cultural? Había dos soluciones políticas como opción: la democracia parlamentaria basada en la elección o el camino revolucionario y el modelo socialista colectivista (Reis, 1999:41).

Por otra parte, ajeno a las soluciones antes planteadas, no faltaron la política de las calles y la presión violenta. El día 1 de mayo de 1974 Natália Correia percibe aún la euforia de la libertad de expresión y la diversidad de las reivindicaciones legítimas en las manifestaciones: "Carteles y coplas abren una gama de colores y multimodo. Reclaman el derecho a la huelga.

Demandan poner fin a la guerra colonial. La liberación de miles de patriotas encarcelados en Angola. Álvaro Cunhal en el Gobierno Provisional. Reclamos sindicales. Una tijera enorme cortando por la mitad la censura" (Correia, 2003:29).

Después, entre mayo y junio, la imagen vista por Natália se tornó más alarmante. La transición pacífica basada en las reformas estaba en riesgo: "Parece, de hecho, ser una fractura y no el reformismo que se puede observar en el horizonte cerca de la aciónes del desenfreno revolucionario [...]"(Correia, 2003:41).

El día 22 de junio de 1974, Natália Correia describió así la situación: "Continuaran las represalias, las amortizaciones silvestres, las sesiones plenarias de los estudiantes y trabajadores enfurecidos, asaltos y saqueos de casas, ocupaciones industriales de las empresas, asalto ideológica masiva y tutti quanti la movilización de las masas para una agresión revolucionaria que pretende reprimir el contenido reformista del programa del MFA" (Correia, 2003:55).

Al igual que Correia, Spínola ve también preocupante la política de las calles y en sus discursos de este período apela por la paz y propone poner fin al frenesí de sus emociones. Más tarde, en sus mensajes y declaraciones enviadas desde el exilio, describe a los comunistas como responsables del fracaso de la transición reformista. Previamente, Spínola había actuado más diplomáticamente y no identificó exactamente a los enemigos internos de la democracia. Por ejemplo, el 4 de junio de 1974, según las palabras dirigidas a los simpatizantes de Tomar, Spínola hace un llamado al sentido común del pueblo portugués e insta a la precaución contra la ideológia peligrosa sin nombre que "detrás de la máscara de la idea deformada de la libertad, nos gobierna en dirección de un régimen mucho más despótico que el sistema inclinado el día 25 de abril. [...] queremos un país libre, digno y pacífico y no una pseudodemocracia que nos lleva al caos" (Spínola, 1976:69-70).

El 25 de julio, en la escuela de caballería de Santarém, Spínola habló sobre la importancia de la armonía de la tradición y las reformas; y que el proceso de reconstrucción no debe olvidar los viejos valores: "Debemos construir una nueva sociedad y debemos guardar los valores históricos heredados, la protección de este patrimonio no puede ignorar el progreso y desarrollo hacia una sociedad más equitativa. Nuevas reglas no significa el abandono de los auténticos valores nacionales" (Spínola, 1976:135).

Para el Presidente, el Ejército siempre ha desempeñado un papel importante en la preservación del equilibrio del poder y ha sido considerado como la primera potencia en la gestión de la política de reforma. Según Spínola, el país no se puede solidificar sin el apoyo de las fuerzas armadas. Como él dijo: "Y cuando se habla de las Fuerzas Armadas, va mucho más allá del sentido ordinario sólo como medio de defensa militar, sino es algo que encarna todos los valores nobles y que puede ser el orgullo de la patria"

(Spínola, 1976:134). En una entrevista realizada en enero de 1975 externó lo siguiente sobre la doble responsabilidad del MFA: "... para liberar al país; [...] para proteger a la nación contra todo que amenaza la libertad física- o ideológicamente, sea de las potencias extranjeras o de una minoría interna" (Spínola, 1976:225).

***

Las luchas políticas dentro del MFA —después de un tiempo sin Spínola— prolongaron el proceso de redemocratización de Portugal hasta abril de 1976. La Constitución fue adoptada el día 2 de abril de 1976 y en base a eso se realizaron las elecciones el día 25 de abril. Para la sociedad portuguesa los valores representados por el modelo social del Partido Socialista se han convertido en los más importantes, ya que simbolizaron la idea de justicia social. Sin embargo, el socialismo y la tendencia moderada de Melo Antunes mostraron un carácter distinto; diferente de todos los modelos europeos (Szilágyi, 2009:134). La figura del General Spínola se hizo incompatible con el nuevo sistema emergente, aunque Natália Correia asumió un papel cada vez más activo en la vida política.

BIBLIOGRAFÍA

ALMEIDA, Ângela (1994), *Retrato de Natália Correia*, Lisboa, Círculo de Leitores.

CORREIA, Natália (2003), *Não percas a Rosa. Diário e algo mais*, Lisboa, Editorial Notícias.

DACOSTA, Fernando (2003), "A Natalidade de Natália" en *Natália Correia - 10 anos depois*, Porto, Universidade do Porto - Faculdade de Letras, 9-18.

DINIS, António P.B. (2003), "Friedrich Nietzsche e Natália Correa: dois espíritos livres" en *Portugal-Alemanha-Brasil. Actas do VI Encontro Luso-Alemão / 6. Deutsch-Portugiesisches Arbeitsgespräch*, CEHUM (Col. Hespérides 14), Braga, I. 169-187.

MOREIRA DE SÁ, Tiago (2003), "O apoio dos Estados Unidos da América à instauração da democracia em portugal" en Rogrigues, Luís Nuno (ed.): *Regimes e império: as relações luso-americanas no século XX*, IPRI, Lisboa, 113-146.

NIXON, Richard, "Remarks at the Conclusion of Discussions With President Antonio de Spinola of Portugal.," June 19, 1974. en Gerhard Peters and John T. Woolley, *The American Presidency Project*, asequible en: http://www.presidency.ucsb.edu/ws/?pid=4265, fecha de consulta: 5 de diciembre de 2015.

REIS, António (1999), "Az 1974-es szegfűs forradalom", *Beszélő*, 4:12, 38-44.
SPÍNOLA, António de (1976), *Ao serviço de Portugal*, Lisboa, Ática/Bertrand.
SZILÁGYI, István (2009), "Hajnalhasadás áprilisban – A Fegyveres Erők Mozgalma és a szegfűk forradalma Portugáliában" en SZILÁGYI, I.: *Európa és a mediterrán világ*, Budapest, Áron Kiadó, 120-141.

REPRESENTACIONES SOCIALES DE LA DICTADURA, LA DEMOCRACIA Y LA MEMORIA. EL CASO ARGENTINO

EDUARDO ANDRÉS VIZER
Universidad de Buenos Aires

Resumen: Este trabajo intenta presentar dos aspectos fundamentales para entender ciertas condiciones históricas comparativas que hacen a la democracia y la represión en la creación del Estado en la Argentina y en el Brasil. El protagonismo del "pueblo" (o la falta de este protagonismo histórico en el caso de Brasil) marcan el tipo de relaciones —a la vez estructurales y procesales— diferentes en las relaciones entre el Estado y la sociedad en ambos países. Se presentan los problemas de la desigualdad social y la lucha por el reconocimiento y la representatividad de sectores sociales y —en el caso de Argentina— la represión y la ilegalidad del peronismo, expresado en la figura del partido político justicialista y el movimiento peronista. Una hipótesis central en términos comparativos entre ambos países es el protagonismo fundamental que el Estado imperial cobró en el Brasil prácticamente hasta fines del siglo XIX, y la falta de participación y representación de instituciones representativas de la sociedad. El ejemplo opuesto se presenta en el caso de Argentina desde el comienzo de su historia como nación desde 1810. Aquí la figura del líder militar, el caudillo popular y el hombre "intelectual" de la ciudad toman la delantera para luchar por la formación de un Estado, a diferencia del Brasil donde la 'sociedad' prácticamente no aparece hasta fines del siglo XIX. Y esto marca un tipo de luchas diferentes por la construcción del Estado, la representación de la sociedad y su participación efectiva.
Palabras clave: Estado; democracia; representación; represión; sociedad; dictadura

Abstract: This paper intends to present two fundamental aspects in order to understand certain historical comparative conditions of democracy and repression in the creation of the state in Argentina and Brazil. The active role of society (or the lack of it in the case of Brazil) denotes the different type of relations - both structural and procedural - in the relations between state and society in both countries. The problems of social inequality and the struggle for recognition and representation of social sectors are presented, and in the case of Argentina, the repression and declared illegality of Peronism, expressed in the figure of the movement and the Peronist political party. A central hypothesis in comparative terms between the two countries is the fundamental role that the imperial state represented in Brazil almost until the late nineteenth century, and the lack of participation and participation of representative institutions of society. The opposite example is given in the case of Argentina since the beginning of its history as a nation since 1810. Here the figure of the military and the popular leader as well as the presence of "intellectuals" took the lead to fight for the formation of a State, unlike Brazil where 'society' hardly appeared until the late nineteenth century. And this marks different kind of struggles for state building, representation of society and its effective participation.

Keywords: State; democracy; representation; repression; society; dictatorship

1. El derecho universal a tener derechos y la desigualdad

Quiero comenzar mi presentación por una proposición que tiene el carácter de principio universalista: *"Todo ser humano tiene derecho a tener derechos".*

Si se acepta esta proposición, por extensión lógica podemos sostener que toda negación de derechos universales (en este sentido, derechos universales significa "implícitos y extensivos a todo ser humano por igual") implica una negación inaceptable a nuestra proposición original. En otras palabras: no se puede negar a nadie el derecho fundamental a tener derechos. Más allá de esta lógica –prácticamente silogística–, el problema de la realidad social, política y económica estriba en que si bien todos nacemos con iguales derechos legales, nadie nace con iguales condiciones de acceder a ejercer esos derechos en nuestras sociedades. Nuestras sociedades son esencialmente desiguales, y solamente la religión y la Justicia sostienen el principio de la igualdad al menos en términos del discurso formal, en el religioso y en las representaciones sociales de los medios de comunicación "políticamente correctos". Las religiones, conscientes de la separación entre la realidad y el discurso, encuentran una solución al dilema proyectando la igualdad y la justicia al mundo celestial, o sea, excluyendo la exigencia de igualdad de derechos en el seno de la propia realidad social (asegurando así el statu quo, "a Dios lo que es de dios y al César lo que es del César"[1]). Por otro lado, el sistema judicial –además de la política– asentado en normas, valores y procedimientos, es el único sistema social que puede ejercer cierto poder universalizante (sumamente limitado y parcial) sobre la realidad social, ya sea en los ámbitos económicos, políticos, sociales o culturales. Un poder relativo y sujeto a un equilibrio permanente y negociado de fuerzas, intereses y derechos adquiridos.

Es precisamente el hecho de ser un poder relativo y no absoluto (como sería el caso en la Edad Media para el poder religioso y el poder incuestionado del rey y señor), el que forzosamente se debe asentar en las sociedades democráticas por medio de derechos y acciones de sectores sociales con suficiente fuerza de presión como para ejercer un derecho potencial para exigir la legalización y la institucionalización de sus demandas: sindicatos, movimientos sociales, grupos minoritarios, ONG´s, sectores excluídos, etc. Una característica de la sociedad realmente democrática consiste precisamente en la aparición de estos actores sociales en un espacio público anteriormente reservado solo a los representantes del statu quo (la "gente como uno", empresarios, banqueros, representantes políticos, de la Iglesia, la milicia y el poder estatal). El reconocimiento democrático a ocupar el escenario de las calles y los parques, a manifestarse públicamente como excluídos, como "diferentes", es solamente el primer paso en el camino del reconocimiento de un derecho a ser incluído como diferente –homosexuales, minoría étnicas, físicamente disminuidos, etc.– con iguales derechos que cualquier otro ser humano. Podemos resumirlo como "igualdad dentro de la diferencia y diferencia dentro de la igualdad". El derecho universal a la diferencia.

En un mundo abstracto de razonamiento cartesiano, la igualdad de derechos asume un carácter de universal positivo: la igualdad es real porque es legal, cualquier persona es legalmente igual a otra en derechos. Pero como todos sabemos, la realidad no se reduce ni se ajusta a lo legal, y es profundamente desigual en todos sentidos. Todos nacemos en condiciones externas desiguales –social, económica y culturalmente–, con capacidades personales diversas pero también desiguales (dotes físicas, mentales, cognitivas, etc.). El mundo social moderno es rico en diversidad y en variaciones y profundamente desigual. Las luchas sociales parecen ser una permanente pugna entre clases de personas (y clases sociales) que buscan profundizar las diferencias merced a logros, conquistas, posesiones (y a

---

[1] La Teología de la Liberación fue en este sentido un intento de eludir este dilema entre la igualdad "celestial" y la desigualdad terrenal. Por otro lado, el Papa Bento asume abiertamente la disyunción entre ambos mundos, ubicando a la Iglesia en un discurso fundamentalista, o en lo que prefiero denominar un "universalismo negativo" que niega la realidad y la suplanta por un discurso sin referencia exterior posible o peor aún, autoreferente.

veces la violencia directa como método), y aquellos que solo buscan la seguridad, y generalmente la paz, que muchas veces solo se consigue por medio de cierto retraimiento social. Los primeros buscan la desigualdad como motor de la historia y de sus propias vidas, los segundos la aceptan como inevitable e intentan negociar y convivir con ella (no es esta una forma de ver las características del capitalista y la del obrero o el empleado, de las corporaciones por un lado y los sindicatos por el otro?). En los países capitalistas en los que parte de la riqueza producida colectivamente ha tenido que ser distribuida con políticas y medidas que disminuyen las desigualdades más flagrantes a la dignidad humana (países escandinavos, Canadá y algún otro), las propias desigualdades económicas pasan a generar una dinámica de crecimiento generalizado y una distribución más equitativa de los beneficios del trabajo. Pero en los países en que la distribución de la riqueza es profundamente regresiva, las desigualdades flagrantes no logran – o no pueden– ser disminuidas solo mediante huelgas y protestas, y el proceso legal de la justicia y la acción social y política se expresan en formas generalmente violentas y muchas veces en los márgenes de la legalidad. Se pierde la confianza en la negociación y en las medidas de fuerza legales, y así el propio sistema social, económico y la justicia son puestos en duda y en jaque permanente. El sistema político y social pasa a ser considerado solo una herramienta de sostenimiento de la desigualdad. En otras palabras, el Estado pierde su valor de representación de todo el colectivo social, de expresión universal de la nación. O aún en otras palabras, pierde su condición de universal positivo para ser considerado una mera expresión de intereses particulares. Para el pueblo, las representaciones sociales del Estado se transforman en meras expresiones de un estado profundamente desigual, explotador y manipulado por una clase, o un sector identificado solo con sus propios intereses, generalmente asociados a intereses extranacionales.

2. El "caso" argentino

Estas representaciones negativas sobre el Estado (ya sea ejercido por autoridades elegidas en elecciones o en un régimen de facto) toman una fuerza considerable si son sostenidas por miembros de un partido de masas o un sector político mayoritario que ha sido ilegalizado. Este ha sido el caso del partido justicialista (o peronista) en el caso argentino, ya que a partir de 1955 fue declarado ilegal durante 17 años por la denominada Revolución Libertadora[2]. El partido peronista solo volvió a ser legalizado tras la crisis y

---

2 No solamente el partido fue ilegalizado, sino también el pronunciamiento público del propio nombre de Perón, en una suerte de nominalismo según el cual lo que no se nombra no existe más, dando lugar a la creación de una serie de términos sustitutos. Por ej., se había

el fin del gobierno militar que había tomado el poder con un golpe en 1966. Ante el "dilema de Perón" y la ingobernabilidad permanente, los militares deben reconocer y legalizar al peronismo, y en 1973 este gana las elecciones en una compleja y violenta combinación de sectores de izquierda y derecha del propio partido. Pero ante la crisis política desatada tras la muerte de su líder (Perón) en 1974, y la ineptitud total de su viuda y sucesora, además de un siniestro equipo de personajes que la circunda, un nuevo golpe militar en marzo de 1976 declara al peronismo ilegal – esta vez junto a todos los partidos y las actividades políticas.

Tras la primera ilegalidad de 17 años para un partido mayoritario como el peronismo (a partir del primer golpe de 1955), se había generado en grandes sectores de la población argentina una imagen totalmente parcial no representativa del estado de derecho y de las instituciones democráticas en general. El sistema del derecho y la igualdad política se vieron profundamente degradados, y por consiguiente, para grandes sectores de la población argentina las representaciones de la democracia pasaron a ser asociadas a una mentira oficial, a una suerte de entelequia meramente discursiva[3]. La democracia y los derechos políticos no se correspondían entre sí. La democracia no era percibida como la expresión del ejercicio de los derechos políticos de la población, sino solamente una forma falaz y engañosa de ejercer el poder de los órganos del estado por parte de un sector minoritario de la sociedad que ejercía ese poder precisamente mediante la negación del derecho político y la exclusión de las grandes mayorías a una expresión política libre. Los sectores minoritarios capaces de ejercer el poder podían ser alternativamente civiles (en elecciones que proscribían al peronismo) o bien militares (como con el golpe de 1966). De cualquier modo, el poder institucional del estado solo se ejercía mediante la proscripción de una parte mayoritaria de los derechos políticos de la mayoría. La democracia formal se había transformado en la única forma admitida de democracia, una democracia condicionada, distorsionada, reservada a las minorías que podían ejercer determinadas parcelas de poder de decisión. Los límites del "sistema" se hallaban delimitados por los sectores de poder real: terratenientes, algunos sectores de la industria, y fundamentalmente la corporación militar, todos bendecidos por una iglesia católica profundamente conservadora, cuando no reaccionaria (los sectores progresistas de la iglesia: tercermundistas, curas obreros, militantes de la teología de la Liberación y hasta obispos fueron asesinados, silenciados o separados de la iglesia, lo que no impidió la presencia de capellanes de las Fuerzas Armadas en las sesiones de tortura).

---

instituído el sobrenombre de "juancito" por Juan Perón, o "carlitos" o "tío carlos" por Carlos Marx.

3 Recuerdo manifestaciones políticas de las décadas de los años sesenta donde algunos manifestantes peronistas escupían en la calle cada vez que repetían la palabra "democracia".

3. El huevo de la serpiente

En este sistema legal y socialmente inestable, cualquier medida política o cualquier decisión que presentase un riesgo para los sectores de poder real, fueron automáticamente tildados de sospechosos, y ya un poco antes del golpe militar de 1976, considerados abiertamente subversivos, sujetos a medidas de represión que preanunciaban la era de terror que se avecinaba. En el Brasil del golpe de 1964 (el antecesor de todos los golpes militares posteriores que se realizaron en América del Sur bajo el siniestro Plan Cóndor, recibió el novelesco nombre de "os anos de chumbo", (o sea años de plomo). Si en los rangos superiores del ejército del Brasil predominó finalmente una cierta ideología de corte desarrollista) ya en el Chile de Pinochet (1973) y sobre todo en el golpe de los militares argentinos del 76 predominó por un lado un sector fundamentalista con una ideología de restauración nacionalista y de exterminio de las izquierdas, y otro sector liberal que pretendía la transformación y apertura irrestricta de la economía a los mercados mundiales según los principios del Consenso de Washington. Tanto en Chile como en Argentina el objetivo declarado públicamente era "aniquilar la subversión". Los términos de las declaraciones oficiales tomaban la forma de bandos, de partes de guerra. El "cuerpo de la patria" debía ser preservado del cáncer subversivo que se escondía en lugares oscuros, con los "agentes del mal" y de la anarquía agazapados a la espera del momento y la situación propicia para asestar sus golpes salvajes: bombas, secuestros, asesinatos, asaltos a comisarías y cuarteles militares. El discurso de la guerra antisubversiva se había instalado bajo el paraguas ideológico de la Guerra Fría, negando al "enemigo" cualquier referencia a su lucha por una democracia más justa, por una desigualdad menor o por la libertad de pensamiento y acción. En otras palabras, el discurso oficial se asemejaba al lenguaje de una serie de televisión: los agentes del mal serían los agentes del "caos" y los sustentadores de "la paz y el orden" sería el estado militar como agente del orden (un orden establecido en base al terror, a la eliminación física del "enemigo" y a la abolición de cualquier mención al orden de los derechos políticos, la vuelta a la democracia, y a la propia Constitución nacional; esto sin mencionar la prohibición de libros, la sospecha sobre el psicoanálisis, o aún el nombre sospechosamente eslavo de un autor, sin hablar de la expulsión o desaparición de profesores, escritores, militantes, familiares o meros testigos inocentes de actos de barbarie represiva, la que en realidad había comenzado con una "liquidación interna" de los Montoneros y del peronismo de izquierda ya en el propio gobierno peronista en el año 74, o sea dos años antes del golpe militar).

A partir del golpe militar de marzo de 1976, el huevo de la serpiente se había finalmente quebrado para hacer pública la aparición de las peores formas de atrocidad y represión, instalando de hecho un discurso fundamentalista y una práctica represiva para la que toda medida debía ser evaluada solamente en base a su eficacia para "eliminar a los agentes del caos". El monstruo pudo finalmente salir de su caparazón, proclamándose como estandarte de una cruzada por la "salvación de la patria". Los términos del discurso oficial fueron caricaturescos, pero en esos momentos no inspiraban la sonrisa despectiva que despiertan hoy, después de casi cuarenta años de ausencias y duelos aún no cerrados del todo. El terror no es una caricatura, una caricatura alude a una persona, a un grupo, a un estado, pero el terror es simplemente autorreferente, alude a una posible muerte, a la desaparición física, a un poder absoluto. Y ese poder no admite réplica, simplemente funda la única realidad que existe en ese momento, una realidad de vida o muerte.

El fundamentalismo del golpe militar de 1976, por más ridículo que sea a nuestros ojos actuales, buscó refundar el país (claro, un país según la concepción acartonada de esos militares dogmáticos, según los intereses de grupos económicos asociados a capitales financieros globales, interesados en financiar operaciones especulativas tomando dinero del exterior a tasas mucho mas bajas que en el propio país y protegidos por una famosa "tablita cambiaria", y también apoyados por los sectores mas reaccionarios de la curia, según una visión "restauradora" de los valores y los principios mas conservadores de la iglesia católica). Se podría establecer curiosas aunque engañosas semejanzas con el discurso del Restaurador Rosas ciento cuarenta años atrás, proclamando la muerte de "los salvajes unitarios". La metáfora de la sociedad como un cuerpo enfermo, y de la patria al borde del caos, fundamentaron discursos de intervención sobre el cuerpo social como un poder del estado facultado para ejercer una cirugía mayor que volviese a "curar" la sociedad, restaurar los valores perdidos, instaurar el orden y "salvar la nación". El discurso y las prácticas de poder de la dictadura argentina tomaron todas las características de un discurso y una práctica fundamentalista de ejercicio del poder. Un discurso y una práctica "particularistas" (por oposición a los discursos y las prácticas "universalistas utópicas" de las asociaciones revolucionarias de izquierda (como el ERP, o Ejército Revolucionario del Pueblo), y al discurso "nacional populista" del peronismo de izquierda (Montoneros).

Para una sociedad considerada enferma e infantil, era necesaria la tutela de un estado dictatorial. Pero a esos militares les faltó una condición indispensable para ejercer esa tutela: la comprensión intelectual de una visión ampliada de futuro y desarrollo, una visión universalista que escapaba totalmente de sus mentalidades y su formación estrecha. Tal vez los militares brasileños entendieron mejor esa parte de su "misión" en parte por una formación positivista que los proyectaba más allá del horizonte de la seguridad hacia ciertos valores de un "desarrollismo" justificado por una visión expansionista de ocupación física de un país inmenso y de la misión de defensa de fronteras inestables por parte de sus fuerzas armadas, sin aterrorizarse por los riesgos de la expansión de la educación a poblaciones marginadas (como fue el caso del " horror" de la dictadura argentina hacia los intelectuales, ciertas disciplinas científicas y las ciencias sociales en general, así como la distorsión manipulativa de valores y términos "los argentinos somos derechos y humanos", en alusión a las críticas al gobierno por parte de organizaciones internacionales de derechos humanos).

Otra diferencia marcante entre ambas dictaduras (y en general con las naciones hispanas) se remonta históricamente a lo que considero que puede presentarse esquemáticamente como la divergencia central que separa las relaciones entre sociedad y estado en el Brasil y en las naciones hispanoamericanas. De forma algo simplificada se puede decir que mientras el Brasil siempre contó con un estado fuerte heredero del Imperio, ganando su propia independencia prácticamente como una dádiva del propio emperador, las naciones "hispanas" pasaron por varias revoluciones sangrientas y experiencias frustradas. Revoluciones independentistas "contra" el estado imperial (España), y décadas de guerras, luchas civiles, y procesos permanentes de deliberación – con interregnos autoritarios o dictaduras. Fundamentalmente se hallaba en discusión la búsqueda de instituciones que aseguraran la "construcción del estado". Podemos resumir estas argumentaciones en la forma siguiente: mientras el Estado brasilero se hallaba a la "búsqueda" y la construcción de su sociedad, las naciones hispanoamericanas se formaban a través de la lucha de la propia sociedad (de sus clases sociales, grupos, sectores, etc.) en la búsqueda incierta de la construcción de un estado, la construcción de dispositivos institucionales que articularan las relaciones entre cierta anarquía social y formas institucionales que aseguraran su representación política. Creo que sin este argumento histórico no se puede entender el fundamentalismo "fundacionista" de la dictadura argentina.

Volviendo al "caso" argentino, todo el discurso justificador de un estado de guerra interno permanente por parte de las fuerzas armadas en la dictadura pierde su razón de ser cuando – ante la casi desaparición e irrelevancia de los grupos armados después de 1980 y el surgimiento de huelgas y malestar social irreprimibles – la cúpula militar intenta una estrategia suicida de sobrevivencia buscando esta vez definir y construir un "enemigo externo objetivo", (Inglaterra) y una justificación aglutinadora para la nación: la recuperación por la fuerza de las Islas Malvinas. El discurso "salvacionista y fundamentalista" de las fuerzas armadas encuentra su fuerza emocional al construir su nuevo enemigo: la figura de la ministra Thatcher (curiosamente identificada con la imagen de Hitler, e Inglaterra como la tierra de los piratas). La caricatura ridícula y el absurdo comenzaron a ocupar a partir del 2 de abril de 1982 (día de la invasión – o recuperación – de las Malvinas por parte de las fuerzas armadas) las tapas de todos los diarios y el discurso repetido hasta el cansancio de los medios de comunicación. Durante el mes de mayo, la estratagema propagandista y militar logró galvanizar a la mayoría de los argentinos. El discurso oficial tomaba la forma de una gesta nacional y se parangonaba con la gesta de la victoria sobre las invasiones inglesas de 1806 y 1807. Pero cuando la escuadra inglesa hunde el portaaviones Independencia y se pone en evidencia que para los ingleses la guerra de "las Falkland" también representaba una gesta de recuperación nacional, la desesperación se instala en la Casa Rosada. El dictador presidente, (el "general majestuoso" en sus pocos momentos de sobriedad alcohólica, como lo llama un periodista norteamericano), y su cohorte de asesores, pierden totalmente el rumbo, buscando o aceptando el apoyo de sus peores enemigos ideológicos: Rusia y la Cuba de Castro, llegando al ridículo de asumir como propia la tesis comunista de la guerra popular prolongada. Si los ingleses no hubieran ganado la guerra, el ridículo, la incongruencia y el absurdo lo hubieran logrado igual en poco tiempo. Todo el discurso de la dictadura se desvanecía en el sinsentido y en una parodia que llevó a los argentinos desesperados a ocupar la Plaza de Mayo en los días de junio en que se produce la rendición argentina en las Islas Malvinas, exigiendo el fin del inepto régimen militar, vencido tanto en su frente externo como en sus políticas internas. La última etapa de la dictadura se cierra con la legalización y una apertura hacia todos los partidos y los discursos políticos, una auténtica "transición hacia la democracia", aunque también una transición condicionada a negociaciones y acuerdos con sectores militares enormemente debilitados pero que querían asegurar alguna forma de paraguas legal que los cobijase ya no del prestigioso "Juicio de la Historia", sino de terrenales futuros juicios criminales generalizados (y se van configurando figuras legales como la de "obediencia debida", que dividía responsabilidades entre los cuadros superiores e inferiores de las fuerzas armadas, y años después el ignominioso "Punto Final", que para los hijos de los desaparecidos no puede representar más que una burla hacia su condición de huérfanos).

4. La transición democrática. (Comienzo de la Justicia transicional y el derecho a la memoria)

La crisis económica de comienzos de los años ochenta y la nueva deuda externa contraída en muchos casos en forma espúrea y especulativa, se sumó a la derrota militar y a una sensación generalizada de "¿y ahora qué?".

Un gran líder político, y el apoyo de un partido democrático representativo y suficientemente fortalecido con un enorme número de nuevos simpatizantes de todas las clases sociales, redescubriendo los valores reales de una democracia que había sido reducida a formalidades vacías e instituciones esclerosadas, abrieron para la Argentina una nueva etapa. El nuevo líder carismático del partido Radical comenzaba a ocupar un lugar privilegiado en el escenario político convulsionado pero lleno de expectativas: Raúl Alfonsín y su movimiento de Renovación Radical. La intuición de un líder carismático le permite siempre encontrar el discurso y los símbolos más apropiados para sus metas: Raúl Alfonsín se presentó como el adalid de un movimiento que proclamaba la "renovación restauradora de la democracia y la legalidad", representada por su permanente alusión a la Constitución Nacional. Una especie de biblia secular para la reinstauración del régimen democrático: la ley ante todo (como abogado, la ley no representaba para Alfonsín solo un instrumento, sino un valor, un principio normativo y orientador de la vida pública). En sus manos, haciendo campaña electoral con el libro de la Constitución, este asumía el papel de un símbolo todopoderoso que lograba resumir todos los valores democráticos que la ciudadanía exigía: igualdad ante la justicia, respeto, libertad e inclusión social. Tal vez exageró al afirmar que "con la democracia se educa, se come, se realiza la justicia y hasta se abren las puertas de las fábricas". Ya en el gobierno, esta extrapolación exagerada del régimen político a todos lo órdenes de la sociedad, fue rápidamente limitada por las exigencias de las leyes y los intereses económicos, pero sin embargo logró instalar en el imaginario del pueblo argentino valores y demandas fuertísimas de respeto a la democracia, a la legalidad y a las libertades civiles. Claro es que la igualdad no se instala solo con la ley o la libertad, sino a veces contra la ley y la libertad, y las terribles experiencias de algunas dictaduras comunistas del siglo XX no dejan lugar a dudas. La oposición entre libertad e igualdad no parece aún haber encontrado respuestas justas ni viables.

Podemos decir que la "primavera democrática" del primer año de gobierno (1984), parecía abrir "mil flores" para una etapa de auténtica transición a una sociedad sólidamente democrática –gobierno en el que tuve el privilegio de participar viviendo al lado del presidente las amenazas y los riesgos permanentes que acompañaron su presidencia durante casi 6 años–. Pero la realidad –en primer lugar el desconocimiento o el mal manejo de la política económica– se cobró su precio a través de la inflación y de huelgas salvajes por parte del sindicalismo peronista que no aceptaba haber perdido la mayoría electoral y los tradicionales favores del estado en los regímenes peronistas. El gobierno radical de Alfonsín descubría que había podido ganar la simpatía popular, pero no las riendas del poder político, asediado por los grandes intereses económicos, un sindicalismo opositor violento (13 huelgas generales en cinco años) y las permanentes presiones militares, temerosas de los juicios por violación a los derechos humanos en los años de la dictadura. Sabemos cómo terminó esa experiencia de gobierno auténticamente democrática a fines de 1989, pero ese no es tema de este artículo, de modo que volveré sobre los famosos Juicios a las Juntas Militares, lo que constituye uno de los hitos más notables de la historia política argentina y latinoamericana.

La Argentina vivió uno de los procesos de Terrorismo de Estado más violentos y sanguinarios de América del Sur. La Justicia Transicional comenzó a tomar figura institucional con el Juicio a las Juntas Militares en el gobierno de Alfonsín a mediados de los ochenta. El apoyo masivo hacia la figura del nuevo presidente (que había hecho su campaña presidencial esgrimiendo un ejemplar de la Constitución como si fuese el brazo de la justicia y la democracia) dio fuerzas al nuevo gobierno para iniciar una auténtica cruzada civil en busca de verdad y justicia para las decenas de miles de desaparecidos. Toda la sociedad apoyó los juicios: las tapas de los periódicos y las pantallas de televisión se llenaron de escenas de un tribunal civil con presencia de públicos (víctimas, sobrevivientes, testigos, amigos, simpatizantes, etc.). Los testimonios desgarradores y la publicación de "Nunca Más", operaron sobre la mente colectiva argentina con toda la fuerza y la carga dramática que surge de los procesos de expresión de lo reprimido. La "violencia mansa" de la Justicia, de las Madres y Abuelas de Plaza de Mayo que ahora finalmente llegaban con sus pañuelos blancos a los tribunales y a las tapas de los periódicos y las pantallas de televisión, así como las declaraciones desgarradoras de las víctimas y sobrevivientes, se oponía a las imágenes anteriores de la violencia salvaje en la represión militar. Los jueces y abogados esgrimiendo la palabra de la ley suplantaron a los fusiles, los tanques, el color pardo del uniforme militar, los gritos y las órdenes imperativas. La claridad de los tribunales suplantó a la oscuridad de la noche en que operaban los "grupos de tareas", los calabozos, los gritos de dolor de los torturados y el anonimato de los torturadores encapuchados. Todas estas imágenes se implantaron como representaciones indelebles en la memoria colectiva de los argentinos.

Tal vez una diferencia central entre la clase de justicia transicional realizada en el Brasil y la llevada a cabo en la Argentina, estriba en que mientras en el primero todos los dispositivos legales se centraron casi exclusivamente en la figura de las víctimas y la "Amnistía" de las mismas, en la Argentina el escenario cubrió en forma dramática y equilibrada no solo la presencia de las víctimas sino también la de los victimarios, sujetos al escarnio de la televisión y la exposición pública, los medios de prensa internacionales, el "escrache" (abucheo público) y finalmente la cárcel. Esto explica las diferencias de significado que sugiere el término "amnistía" entre los brasileros y los hispanoparlantes, ya que el gobierno de Menem –

posterior a Alfonsín— resuelve otorgar una amplia amnistía a los militares condenados, generando así un permanente estado de indefinición legal, dependiendo de las posiciones particulares de cada uno de los sucesivos gobiernos. Aún hoy, después de un cuarto de siglo desde la realización de los juicios, se siguen procesos —imprescriptibles— por el secuestro de niños de hijos de desaparecidos.

Hoy finalmente podemos afirmar que los miles de desaparecidos han sido incorporados como una presencia a la memoria colectiva. Han sido asumidos e incluidos como figuras simbólicas en las mentes, en los libros de historia, en monumentos, en muchísimos temas de investigación y de tesis y aún en los discursos del gobierno peronista actual (2003-2010). Podemos decir que la justicia ya superó la etapa "transicional", para instalarse —junto al derecho a la memoria— como un valor universal dentro del discurso y las prácticas de una democracia que sin embargo siempre debe ser considerada transicional, o sea en transición a formas mas justas y radicales de democracia.

Quiero terminar mi presentación recordando las palabras directrices inscriptas entre las fotos y las celdas de los recluídos, los torturados y los asesinados que se presentan en el Museo del Apartheid de Sud África: *"Democracy, Equality, Reconciliation, Diversity, Responsability, Respect, Freedom"*. Apartheid Museum/South Africa.

BIBLIOGRAFÍA

BOUZAS, Roberto. "La Argentina, Brasil y el desafío de encontrar el rumbo perdido", *La Nación*, Argentina, 11 de octubre de 2009, asequible en: http://www.lanacion.com.ar/1184736-la-argentina-brasil-y-el-desafio-de-encontrar-el-rumbo-perdido

CARVALHO, José M. (2001), *Cidadania no Brasil: um longo caminho*, Rio de Janeiro, Civilização Brasileira

DELEUZE J. & GUATTARI. (2004), "Comunicação e direitos humanos: o trabalho dos direitos", *Direitos Humanos*, 8, Brasilia, 27.

FLORIA, Carlos. (1989), "Cultura política y transición", *La encrucijada argentina*, Sergio Labourdette (comp.), Editorial Tesis, Buenos Aires, 37-50.

SANTOS, Wanderley G. (1979), *Cidadania e Justiça. A política social na ordem brasileira*. Rio de Janeiro, Campus.

KRISCHKE, Paulo. (2003), "Governo Lula: políticas de reconhecimento e de redistribuição", *Cadernos de Pesquisa Interdisciplinar em Ciências Humanas*, 47, outubro.

NEGRI, Antonio, & COCCO, Giuseppe. (2005), "GlobAL: biopoder e lutas em uma América Latina globalizada" (Record:), *Direitos Humanos*, 26.

NINO, Carlos. (1989), "La conciencia de la crisis", *La encrucijada argentina*, 27-34.

SHIRAISHI NETO, Joaquim (2007), "A particularização do universal: povos e comunidades tradicionais face às declarações e convenções internacionais" en Shiraishi Neto, J. (org.): *Direito dos povos e das comunidades tradicionais no Brasil*, Manaus, UEA, 42-44, 3.

VIZER, Eduardo A. (1989), "Argentina en transición. Política, comunicación y organización social", *La encrucijada argentina*, Buenos Aires, 147-188.

MEMORIA OLVIDADA. MUJERES REPUBLICANAS Y LA TRANSICIÓN DEMOCRÁTICA

ANITA ZALAI
Universidad de Szeged

Resumen: Los años de la transición política en España marcan un período de profundos y muy acelerados cambios en el panorama social y político español en los que el movimiento de mujeres tuvo una presencia y un protagonismo. No obstante, el tema de la represión sobre mujeres después de la Guerra Civil y durante la dictadura ha sido escasamente recogido y reconocido por la historiografía de la transición, por lo cual sigue siendo la parte menos conocida de la represión franquista. Uno de los motivos principales de este hecho es la Ley de Amnistía de 1977 que resultó ser una ley de "punto final" por su cláusula según la que todo funcionario o agente del orden público que en cumplimiento de su deber hubiera incurrido en actos de represión no podría ser juzgado. Esto ha traído como consecuencia que en los juzgados del Estado español no se hayan admitido querellas por sucesos ocurridos en este largo periodo obligando a las mujeres represaliadas a seguir callándose. Hoy día recuperar la memoria olvidada de las mujeres republicanas sigue siendo una cuestión pendiente de la recuperación de la memoria histórica en España.
Palabras clave: mujeres republicanas, represión, guerra civil, Ley de Amnistía, memoria histórica

Abstract: The years of the Spanish political transition marked a period of deep and quite intensive changes in the Spanish social and political landscape, where the women's movement had a special presence and prominence. However, the topic of the women's oppression after the Civil War and during the dictatorship has been poorly studied and recognized by the historiography of the transition, therefore it remains the least known part of Franco's repression. One of the main reasons for this is the Amnesty Law of 1977, which proved to be a law of "endpoint" for its clause stating that those officials or law enforcement officers who, in the course of duty, had engaged in acts of repression, could not be judged. As a

consequence, the Spanish courts have not admitted complaints about events that took place in this long period, forcing women to remain silent. Today the restoration of the Republican women's forgotten memory remains an unresolved problem in the struggle to restore the historical memory in Spain.
Keywords: Republican women, repression, Civil War, Amnesty Law, historical memory

Introducción

Según el estudio de Ana Aguado publicado en 2011 "la reconstrucción del protagonismo de las mujeres republicanas durante la Guerra Civil y la posguerra ha ido adquiriendo relevancia historiográfica, partiendo inicialmente de fuentes biográficas escritas y orales memorias, diarios" (Aguado, 2011). De hecho, desde los últimos años del siglo XX – según opina Conxita Mir Curcó – "el clima de mayor libertad y la progresiva apertura de archivos, especialmente militares, judiciales y eclesiásticos, hasta hace poco cerrados a cal y canto, ha dado lugar a nuevos y sugerentes trabajos que toman las mujeres como protagonistas principales" (Mir Curcó, 2004:206).

Sin embargo, el artículo de la periodista e historiadora Marta Brancas publicado el 16 de abril de 2015 con el título "La importancia de la memoria histórica Feminista" pone en duda los resultados de los últimos años. Según Brancas con la aprobación de la Ley 52/2007 llamada de Memoria Histórica se crearon muchas expectativas en la sociedad española para el conocimiento de lo ocurrido en la Guerra Civil y en el franquismo respecto a la conculcación de los derechos humanos pero, a pesar de la casi década transcurrida, esto no se ha plasmado en una realidad, especialmente en el caso de las mujeres. Según considera Marta Brancas el tema de la memoria histórica de las mujeres sigue siendo un tema pendiente, igual que la represión de las mujeres republicanas que también sigue siendo la parte menos conocida de la represión franquista. El objetivo de este artículo es analizar brevemente la situación actual de la memoria de las mujeres republicanas.

Mujeres y la Segunda República

El siglo XX ha sido denominado, con justicia, el siglo de las mujeres. Y se puede añadir que las mujeres, en cien años han hecho más historia que en varios miles de años anteriores. La historia de las mujeres en España, sin embargo, tiene unos rasgos característicos diferentes a los de la historia de las mujeres del resto del mundo occidental: por un lado, el camino que han hecho éstas últimas en medio siglo, desde el final de la Segunda Guerra Mundial, lo han hecho las mujeres españolas con 30 años de retraso provocado por la larga dictadura franquista. Por otro lado, las mujeres españolas ya habían experimentado un proceso histórico esperanzador que había sido empezado ya por las reformas de la Segunda República, el primer sistema político democrático en la historia contemporánea de España.[1]

La Constitución de 1931

La Constitución republicana de 1931 – además del voto femenino – tuvo varios artículos que influyeron directamente en la situación de las mujeres. Así, el artículo 36, destacando el carácter democrático del nuevo sistema político, por primera vez en la historia de España, reconoció la igualdad de sexos.

Además, según el artículo 40, las mujeres también podían tener cargos públicos importantes, acceder a las universidades, llegar a ser ingenieros, diplomáticos o notarios.

A base de los principios democráticos el concepto de igualdad fue extendido también a otros terrenos, como por ejemplo a la esfera privada, a la familia. En vez de las leyes discriminatorias, la del matrimonio y la familia ya se basó en la igualdad de ambos sexos y también fue legalizado el divorcio.

En el terreno laboral, el artículo 46 de la Constitución fijó que el Estado se encargaba de la regulación del trabajo femenino.

Otro tema que también experimentó un gran avance con la República fue la instrucción pública. Fue permitida la instrucción coeducada, y fue cancelada el catequismo, además, crearon escuelas nocturnas para las trabajadoras, y consiguieron reducir significativamente el analfabetismo femenino (Luis Martín, 2002:175-188).

En cuanto a la actuación de las mujeres en la vida pública, el acontecimiento más importante, sin duda alguna, fue el nombramiento de la primera ministra española, Federica Montseny, una líder anarquista, periodista, designada en noviembre de 1936, que se convirtió en primera ministra no solo de España sino también de Europa Occidental. Durante su corto mandato al frente de la cartera de Sanidad y Asistencia Pública puso en marcha por primera vez en España programas de ayuda a los desfavorecidos, convirtió los orfanatos en "hogares de la infancia", " creó liberatorios de prostitución" donde las prostitutas aprendían oficios, intentó

---

[1] http://www.fpabloiglesias.es/actividades/jornadas/710_movimiento-las-mujeres-transicion-politica-espanola

regular el aborto y se ocupó de los refugiados de la guerra. En mayo de 1937 tuvo que dimitir de su puesto. Federica Montseny, según las palabras de Elena Salgado, ministra de sanidad socialista en 2005, fue "un nuevo tipo de mujer que en su gestión política se adelantó casi un siglo a las políticas sociales de hoy" (*El Mundo*, 2005).

Debido a las reformas durante la República, y también en el período de la guerra civil, las mujeres tuvieron gran participación política y social, nunca antes experimentada. La Guerra Civil fue un punto de inflexión en la presencia de las mujeres en la esfera pública, pero a la vez un paréntesis. La guerra actuó „acelerando el tiempo histórico" en lo privado y en lo público, posibilitó el aumento de la politización y la extensión de las organizaciones femeninas, como la Agrupación de Mujeres Antifascistas (AMA) o Mujeres Libres. La opción de luchar por la República significó así para muchas mujeres la defensa de un estatus político recién conquistado, pero a la vez, una ocasión para redefinir su identidad (Aguado, 2011:12).

Por lo tanto, la victoria de Franco sobre la República supuso para las mujeres españolas el final de un corto y esperanzador período en el que vieron avanzar rápidamente sus derechos y su situación social.

El camino hacia la legitimación de la presencia femenina en el espacio público quedó truncado con la victoria franquista, sin embargo, a lo largo del franquismo, desde la diversidad de la herencia política republicana, las mujeres antifranquistas continuaron desarrollando identidades de género en las culturas políticas de la clandestinidad, del exilio y de la oposición a la dictadura (Aguado, 2011:28).

Los decenios de la dictadura franquista supusieron " una larga y oscura noche", un paréntesis para las españolas – y no solo para las vencidas en la guerra – que quedaron al margen de la evolución que la situación de las mujeres experimentó en la mayoría de los países europeos después de la Segunda Guerra Mundial.

Sin embargo, no se trataba solo de quedar al margen de la evolución, sino de haber sufrido la dura represión franquista.

Mujeres y la represión

Las mujeres de las zonas en que resultó victorioso el golpe militar de julio de 1936 supieron desde aquel mismo verano el significado de que la República hubiera sido vencida por fuerzas políticas y militares contrarias al estado de derecho. Otras lo sabrían a medida que las tropas de los militares rebeldes avanzasen por la España leal. Mientras miles de mujeres, solas o con sus familias, sufrieron la amarga experiencia de la represión y algunas iniciaron primero el largo éxodo de los refugiados y luego el de los exiliados, otras permanecieron en sus casas iniciando así un "largo tiempo de silencio" (Tavera, 2005:198).

Citando las palabras de Paul Preston, "a medida que las fuerzas franquistas conquistaban el territorio republicano... y después por toda España una vez la guerra hubo terminado el 1 de abril de 1939, la revolución feminista de la Segunda República fue vuelta del revés con una violencia brutal" (Preston, 2001:494).

A la violencia física de los primeros momentos —no interrumpida después del final de la guerra—, pronto se sumó el contenido de una verdadera "contrarrevolución" de género iniciada por Franco y sus colaboradores más directos desde los años 1936-1937 (Tavera, 2005:198).

La eliminación de toda la legislación reformista republicana relativa a la familia y a la igualdad entre mujeres y hombres se combinó con las iniciativas destinadas al sometimiento y eliminación de los vencidos, sin exclusión de mujeres o niños, y el resultado tuvo efectos multiplicadores que afectaron de manera especial al conjunto de la población femenina y, muy especialmente, a las que habían asumido responsabilidades políticas durante el período republicano. Así que podemos afirmar que las mujeres perdieron la guerra y con ella el reconocimiento legal de sus derechos como ciudadanas (Tavera, 2005:199).

A pesar de la creciente bibliografía de los últimos años el tema de la represión de las mujeres republicanas sigue siendo una parte menos conocida de la represión franquista. En este período el concepto "republicanas" se ampliaría, escondiendo la pluralidad existente. En el contexto político internacional de la Guerra Civil las republicanas pasaron a ser conocidas como rojas o antifascistas. Este cambio obedece también a la polarización política, con el debilitamiento de los partidos republicanos a favor de opciones más radicales de izquierda. Pero además, la resistencia fue protagonizada fundamentalmente por socialistas, comunistas y anarquistas. Se produjo así en el imaginario colectivo una progresiva fusión de tendencias fieles a la legalidad republicana, que se prolongó y se fijó en la memoria colectiva. Proceso debido también a la propaganda franquista, que uniformizó a todas las rojas republicanas bajo la óptica del anticomunismo (Aguado, 2011:16).

Según el estudio de Pura Sánchez sobre la represión de las mujeres en Andalucía durante la Guerra Civil y la posguerra, las mujeres represaliadas por los tribunales militares provinciales eran – en elevado porcentaje – "mujeres casadas de entre veinte y cuarenta años, sin formación y dedicadas a sus labores", o sea, de la clase trabajadora (Sánchez, 10-11-2015).

Según la propaganda franquista estas mujeres habían transgredido con sus actuaciones el modelo de mujer y debían ser castigadas por ello, además, había que recordarles cuál era su sitio. Era devolverlas al hogar, y por tanto, a la invisibilidad. Y con este objetivo se les castigó. Así pues, de acuerdo con este modelo tradicional de mujer, se juzgó a las mujeres por lo que dijeron o por lo que hicieron (y que no les correspondía decir ni hacer por ser mujeres): alentar a los hombres a combatir, propagar sus ideas, hacer propaganda de ideas izquierdistas, difundir noticias falsas sobre el avance de los ejércitos o los movimientos de tropas, injuriar al Jefe del Estado, ser de dudosa moralidad pública y privada, vivir "amancebada", ser defensora en público del ateísmo, haber encabezado una manifestación, quejarse de las condiciones de vida cotidiana, prestar auxilio a los padres, hermanos o maridos huidos, ser hija, hermana o esposa de un señalado izquierdista, recoger dinero para el Socorro Rojo, organizar los turnos para hacer la siega y hacer que fueran a segar también las señoritas de derechas, mofarse de los santos.... Todo ello acabó considerándose una transgresión social y moral intolerable que había que castigar (Sánchez, 10-11-2015).

En cuanto a las penas de cárcel sufridas por hombres y mujeres, hay que decir que las mujeres soportaron un sufrimiento extra: el que suponía cumplir la condena encarceladas con los hijos menores de tres años.

Además de la represión con apariencia de legalidad ejercida por los tribunales militares, las mujeres sufrieron otra represión, ejercida de modo directo por las tropas y los paramilitares. Se les castigó duramente por su breve escapada de los estereotipos de género con humillaciones tanto públicas como privadas. Se trataba del terrible sometimiento de las mujeres al escarnio público, rapándoles la cabeza, haciéndoles tomar aceite de ricino y paseándolas después a la vista de todos en comitivas espeluznantes, acompañadas en ocasiones por bandas de música. Estas acciones, precedidas o seguidas en ocasiones de violaciones, tenían como objetivo servir de escarmiento a las transgresoras, por lo que se trataba de acciones selectivas y humillantes en extremo. La propaganda que denunciaba a todas las mujeres de izquierdas como putas lo justificaba (Sánchez, 10-11-2015). "Castigos ejemplares, simbólicos, de lo que pasaría a las malas mujeres que se salieran del modelo católico fascista. Es lo que el psiquiatra González Duro ha llamado la otra represión puesto que las mujeres cuantitativamente fueron menos afectadas por las ejecuciones, prisiones, campos de trabajo, etc., pero tuvieron mayor protagonismo en otra represión, que correspondía a la estrategia de una violencia menos normativizada, ejercida con mayor arbitrariedad y sobre la base de coacciones morales humillaciones, vejaciones, violencias ocultas, amenazas latentes y degradación social, cuyo objetivo era el aislamiento social de las supervivientes" (Brancas, 2015).

El caso de las mujeres solas era especialmente dramático porque fueron consideradas 'traidoras' por ser viudas o mujeres de desaparecidos. Ellas encarnaban lo opuesto al ideal de familia numerosa con mujer sumisa que se convirtió en uno de los tres pilares del nuevo régimen. Fueron robadas y despojadas de todos sus bienes, la vivienda y las cuentas de ahorro, de sus talleres, dejándolas en la miseria más atroz. A muchas no se les reconoció ni el estatus de viudas porque se anularon todos los matrimonios civiles republicanos y, acorde con esto, no se les concedieron pensiones y nunca les ha sido devuelto el patrimonio.

Como consecuencia de este proceso muchas mujeres incluso tuvieron que prostituirse como única forma de alimentar a sus familias, ese fue un trabajo femenino masivo en la España de la posguerra (Brancas, 2015).

Se puede afirmar que la experiencia de la derrota no fue siempre la misma, ni uniforme. Sí lo fue, en cambio, su significado de género. Como consecuencia de la victoria franquista, las rojas fueron barridas de los ámbitos públicos y las mujeres, en general, se vieron recluidas en unos hogares que constituyeron un verdadero exilio doméstico (Tavera, 2005:199).

La memoria de las mujeres republicanas

La recuperación de la memoria silenciada de las mujeres vencidas no se inició hasta la muerte de Franco o el inicio de la transición democrática. Y no tiene nada de paradójico que en esta recuperación interaccionaran diferentes protagonismos, desde los colectivos hasta los individuales (Tavera, 2005:222).

Cuando la sociedad española retomó el reconocimiento en la década de los años setenta y especialmente tras la muerte de Franco, su contenido se movió dentro de los límites políticos establecidos por la recuperación de la democracia y por la propia transición. Por la Ley de Amnistía de 1977 se estableció el sobreseimiento de actuaciones políticas anteriores al 20 de noviembre de 1975; pero este acuerdo no excluyó la promoción, en paralelo, de todas aquellas formas de memoria que incluyeran o partieran de la demanda de responsabilidades políticas o jurídicas. Se trataba de aceptar un nuevo silencio, pero esta vez pactado y en ningún caso incompatible con los mecanismos genéricos de la voluntad general democráticamente desarrollada. En efecto, lo que no hubo durante la etapa de la UCD, ni durante la larga década socialista —según ha reconocido recientemente Felipe González— "es no la exaltación, sino reconocimiento de las víctimas del franquismo» y, por ello, en 2001, este político socialista y ex presidente del gobierno reconocía sentirse también «responsable de parte de la pérdida de la memoria histórica" (Tavera, 2005:202).

El objetivo de la recuperación de memoria durante la transición estaba en asegurar los máximos rendimientos despertando la mínima oposición posible y desarmando, al mismo tiempo, los eternos argumentos del bando político contrario. Los protagonistas de esta recuperación fueron, aunque con resultados diversos, los movimientos sociales y los estudios historiográficos antifranquistas y, en especial, los de las jóvenes mujeres universitarias (especialmente Rosa María Capel y Mary Nash). Éstas retomaron la historia de las mujeres allí donde la habían dejado en las décadas de los años veinte y treinta los textos publicados por Margarita Nelken, María Lejárraga, la muy prolífica periodista y escritora Carmen de Burgos o tantas otras militantes feministas (Tavera, 2005:223).

La reconstrucción del protagonismo de las mujeres republicanas durante la Guerra Civil y la posguerra partió inicialmente – como ya hemos mencionado – de fuentes biográficas escritas y orales, sobre todo de memorias. Un ejemplo temprano de estos esfuerzos de recuperar la memoria sobre los confinamientos y encarcelamientos fue el testimonio de la comunista Tomasa Cuevas y los otros testimonios que ella recogió en la trilogía formada por sus tres libros sucesivos publicados en 1985 y 1986.

Estos materiales constituyen una fuente histórica privilegiada – junto a muchas otras – para el análisis de las experiencias de las mujeres en la guerra. Aunque en ocasiones proporcionen una visión especular respecto a los discursos políticos del momento, muestran la necesidad de analizar las experiencias femeninas silenciadas no solo durante el régimen franquista, sino también en la transición democrática, e incluso por parte de la historiografía especializada (Aguado, 2011:3).

Las memorias, las autobiografías o las historias de vida han abierto nuevas posibilidades de acceso a nuevos sujetos históricos, y a problemáticas históricas poco valoradas tradicionalmente, o poco presentes en las fuentes históricas más clásicas (Aguado, 2011:5).

En resumen, a base de estas fuentes, podemos afirmar que el camino hacia la legitimación de la presencia femenina en el espacio público quedó truncado con la victoria franquista, sin embargo, a lo largo del franquismo, desde la diversidad de la herencia política republicana, las mujeres antifranquistas continuaron desarrollando identidades de género en las culturas políticas de la clandestinidad, del exilio y de la oposición a la dictadura. La represión condicionó la militancia, condicionó la lucha antifranquista, y concretamente, la experiencia femenina en la militancia clandestina (Aguado, 2011:28-31). Un ejemplo de la vida militante fue la de Remedios Montero „Celia", la ex guerrillera antifranquista que murió en 2010 a los 84 años, que resumió la actitud de las mujeres militantes con las palabras siguientes: "¿Ante tanta injusticia se podía dejar todo por miedo? Te daba más rabia y te trasmitía mucho más valor para seguir adelante. Había que seguir adelante para volver a conquistar todos esos derechos que la República nos había dado por una gran mayoría en las urnas" (Aguado, 2011:34).

Antes de terminar quiero citar, una vez más, al historiador Paul Preston, especialista de la historia de la Guerra Civil española que en el epílogo de su libro *Palomas de guerra* escribió lo siguiente: "La historia completa de la emancipación parcial y la represión subsiguiente de las mujeres en la España de los años treinta todavía no ha encontrado historiador. Aunque las mujeres conformaban el 50 por ciento de la población afectada por la guerra, es asombroso que de los casi veinte mil libros publicados sobre la guerra civil española, probablemente menos del 1 por ciento los hayan escrito mujeres o traten del papel de las mujeres" (Preston, 2001:433). Sin embargo, revisando las publicaciones sobre el tema de las mujeres republicanas del último decenio podemos afirmar que la situación ha ido mejorando, hay cada vez más estudios y libros que tratan el papel de las mujeres y que son escritas por mujeres. Por lo tanto, podemos compartir la opinión de Susanna Tavera que dice lo siguiente: "aunque fuera parcial, hubo recuperación de la memoria" (Tavera, 2005:224).

BIBLIOGRAFÍA

AGUADO, Ana (2011), "Memoria de la Guerra Civil e identidades femeninas antifranquistas", *Amnis*
2/2011 (3), asequible en: https://amnis.revues.org/1508, fecha de consulta: 15 de octubre de 2015.

BRANCAS, Marta (2015), "Hace falta un empujón más. La importancia de la Memoria histórica feminista 16 de abril de 2015", asequible en: http://www.feministas.org/la-importancia-de-la-memoria.html, fecha de consulta: 30 de junio de 2015.

Constitución de 1931, asequible en: www.congreso.es/constitucion /.../cons_1931.pdf, fecha de consulta: 1 de diciembre de 2011.

"La primera mujer ministra de Europa era anarquista y española", asequible en: www.elmundo.es/elmundolibro/2005/02/07/historia/ 1107797501.html, fecha de consulta: 19 de diciembre de 2011.

Ley de la Memoria Histórica (Ley 52/2007 de 26 de diciembre), asequible en: http://leymemoria.mjusticia.gob.es/cs/Satellite/LeyMemoria/es/ memoria-historica-522007, fecha de consulta: 30 de junio de 2015.

LUIS MARTÍN, Francisco de (2002), *La FETE en la Guerra Civil española (1936-1939)*, Barcelona, Ariel.

MIR CURCÓ, Conxita (2004), "La represión sobre las mujeres en la posguerra española", en Ángeles Egido León – Matilde Eiroa San Francisco (eds.): *Los grandes olvidados – Los republicanos de izquierda en el exilio*, Cuadernos republicanos Núm. 54, Madrid, Centro de Investigación y Estudios Republicanos.

PRESTON, Paul (2001), *Palomas de guerra*, Penguin Random House Grupo Editorial, asequieble en: https://books.google.hu/ books?id=BIYjAQAAIAAJ&q=Paul+preston+casi+veinte+mil+librospub

licados+sobre+la+guerra+civil+espanola+probablemente&dq=Paul+prest on+casi+veinte+mil+librospublicados+sobre+la+guerra+civil+espanola+ probablemente&hl=hu&sa=X&ved=0CCgQ6AEwAWoVChMIx8mH9dG VyQIVhZ1yCh2UoAEX, fecha de consulta: 20 de octubre de 2015.

SÁNCHEZ, Pura, "La represión de las mujeres en Andalucía durante la Guerra Civil y la posguerra (1936-1950)", asequible en: http://www.pensamientocritico.org/pursan0307.html, fecha de consulta: 10 de noviembre de 2015.

TAVERA Susana (2005), La memoria de las vencidas: política, género y exilio en la experiencia republicana. *Ayer* 60/2005 (4),197-224, asequible en: http://mav.org.es/documentos/NUEVOS%20ENSAYOS%2007%20SEP T%202011/memoria%20vencidas.pdf, fecha de consulta: 21 de octubre de 2015.

LITERATURA

LA MEMORIA COMO INDUSTRIA: UNA DISCUSIÓN A PARTIR DE *EL IMPOSTOR* DE JAVIER CERCAS

CARLOS BURGOS JARA
University of San Diego

Resumen: La memoria ha pasado a ser en España una categoría incuestionable que se pondera con frecuencia (y justicia), pero a la que muchas veces no se aborda críticamente. Javier Cercas propone, en su novela *El Impostor*, repensar el tema de la memoria y del testimonio como discursos intocables. A través de la noción de "industria de la memoria", Cercas explorará una verdad incómoda para cierta crítica cultural: la memoria también produce representaciones estilizadas, simplificadas y falaces. La memoria, que con frecuencia busca reparar una subjetividad dañada, es indispensable para la instalación de la democracia y la justicia, pero a la vez busca un sentido único (el del testigo) que intenta explicarlo todo sin detenerse en omisiones o ausencias. La crítica suele pasar por alto la manera en que las narrativas de la memoria están marcadas por intereses personales y/o políticos que como tales juegan un rol central en la esfera pública del presente. La novela de Cercas pretende desarmar el engaño de la "industria de la memoria": una industria que produce relatos en serie sobre víctimas de crímenes atroces, sacraliza al testigo y a su testimonio, y propone a la memoria como el discurso más confiable para abordar el pasado. Para hacerlo, Cercas recurre paradójicamente al recurso de la memoria por excelencia: el relato en primera persona. Pero el de Cercas es un relato que no se limita únicamente a narrar una experiencia, sino que intenta verla desde un afuera: pensarla, apropiarse de ella. Desde las mismas herramientas que usa la "industria de la memoria", Cercas se propone minar sus fundamentos y poner en evidencia la maquinaria cultural que ha hecho posible la multiplicación de la impostura y la mentira en la transición democrática española.
Palabras clave: industria de la memoria, historia, pasado, testimonio, testigo, giro subjetivo

Abstract: Javier Cercas, in his novel *El Impostor*, proposes to rethink the subject of memory and testimony as untouchable discourses. Through the notion of "memory industry", Cercas explores an inconvenient truth for some cultural critics: the memory also produces stylized, simplified and misleading representations. Memory is essential for democracy and justice, but often times it intends to find only one sense (the one of the witness) that tries to explain everything with no qualms about omissions or absences. Criticism often overlooks how narratives of memory are marked by personal and / or political interests, that as such, play a central role in the public sphere of the present. Cercas wants to disarm the notion of "memory industry", this is: an industry that produces serial stories about victims of heinous crimes, sacralizes the witness and his testimony, and proposes memory as the most reliable discourse to approach and understand the past. In order to do so, Cercas paradoxically resorts to the memory resource par excellence: the first-person narration. Cercas tells us a story that is not limited to narration, but also tries to see it from the outside and reflect on it. Using the same tools that the "memory industry" normally uses, Cercas wants to undermine its foundations and denounce the cultural machinery that has enabled the multiplication of deceptions and lies in the Spanish democratic transition.
Keywords: Memory industry, History, Past, Testimony, Witness, Subjective Turn

En *El impostor*, Javier Cercas aborda uno de los temas más viejos y manidos de la transición democrática española: el problema de la memoria. El tratamiento que le da, no obstante, dista un poco de los lugares comunes que normalmente salpican un tópico como este. Lejos de hacer una apología de la memoria o de realizar el milésimo llamamiento hacia su "conservación", *El impostor* arremete contra todo el aparato cultural que ha hecho posible su sacralización.

Cercas no quiere solamente contarnos la historia de Enric Marco (un viejo impostor que engañó a medio mundo y se hizo pasar como superviviente de los campos nazis), sino sobre todo mostrar la manera en que opera lo que él llama "la industria de la memoria". Es decir, poner en evidencia la maquinaria que hizo posible una mentira de semejantes dimensiones. Recordemos que Marco no solo desplegó su testimonio en centenares de conferencias y entrevistas: también embaucó al gobierno alemán y español de los que recibió importantes reconocimientos y distinciones (más de un parlamentario español llegó a las lágrimas al escuchar el infortunio de Marco en los *lager* nazis).

La "industria de la memoria", según Cercas, transformó a Marco en un héroe. Lo colocó, además, como un antídoto contra una de las "taras nacionales": el olvido y la ignorancia de un pasado violento. En este sentido, Marco fue investido de un aura cuya autoridad es muy difícil de cuestionar: el aura que posee cualquier testigo que ha sido víctima de una experiencia atroz y que convierte automáticamente a su testimonio en una suerte de verdad incuestionable sobre lo que ha vivido. Dice *El impostor*: "No falla: cada vez que, en una discusión sobre historia reciente, se produce una discrepancia entre la versión del historiador y la versión del testigo, algún testigo esgrime el argumento imbatible: *¿Y usted que sabe de aquello, si no estaba allí?*. Quien estuvo allí –el testigo– posee la verdad de los hechos; quien llegó después –el historiador– posee apenas fragmentos, ecos y sombras de la verdad"[1] (Cercas, 2014:276).

El testimonio, en este contexto, se vuelve un elemento intocable. Después de todo, es muy difícil impugnar o desmentir un recuerdo que resulta para el testigo desgarradoramente doloroso. El testigo no solo tiene todo el derecho a recordar, sino también a exigir el reparo de una subjetividad dañada por un crimen atroz. Aquello es indispensable para la instalación definitiva de la democracia y la justicia. Para Cercas, el problema surge cuando se pretende que el testimonio sea el discurso más autorizado para hablar sobre un tema, cuando se reclama que lo narrado sea la única fuente posible sobre un momento histórico, o al menos la más confiable y completa. En ese momento, todo se trastoca. La legítima exigencia del testimonio de reparar una injusticia no legítima a ese mismo testimonio a proponerse como la última palabra sobre un tema concreto. El testigo tiene todo el derecho a recordar: a lo que no tiene derecho es a exigir que ese recuerdo sea aceptado como una evidencia incontestable para abordar el pasado.

Cuando se insiste en una memoria que busca sacralizar al testigo y al recuerdo, se suele relegar a un segundo plano a otros campos que también buscan tratar con el pasado. En *El impostor*, Benito Bermejo es un oscuro historiador que se enfrenta a Enric Marco, una de las estrellas nacionales de la memoria. El enfrentamiento entre estos personajes proyecta la disputa que, en el plano de la cultura, se ha dado en las últimas décadas entre historia y memoria. La difícil suerte de Bermejo parece ser la misma que ha corrido el discurso histórico (al que no pocas veces se ha cubierto con un manto de suspicacia y sospecha). Aquel lugar común que afirma que "la historia la escriben los vencedores" ha sido tomado con frecuencia como una realidad inapelable que invalida al texto histórico y lo confina al espacio

---

[1] La cita, aunque incluida en *El impostor*, pertenece verdaderamente a un artículo que Cercas había publicado en el diario *El País* varios años antes (diciembre de 2009) y que se titulaba "El chantaje del testigo".

de lo parcializado y lo tendencioso. El prestigio desmesurado del testigo, dice *El impostor*, no es algo que deba sorprender a nadie: "en España –y acaso en toda Europa– el chantaje del testigo era más potente que nunca, porque no se vivía un tiempo de historia, sino de memoria" (Cercas, 2014:279).

La discusión que plantea la novela de Cercas no es, en lo absoluto, nueva. Varios críticos y escritores habían planteado ya desde hace algún tiempo sus reservas a la sacralización del recuerdo. Tzvetan Todorov, casi dos décadas atrás, había dedicado un libro a lo que él llamaba "los abusos de la memoria" (2008). Y Paul Ricoeur (2003) ha reflexionado ampliamente sobre el tema en su influyente *La memoria, la historia, el olvido*.

En América Latina, Beatriz Sarlo ha hablado de una "cultura de la memoria" y de un "giro subjetivo" para referirse a la sacralización del testigo y del testimonio en el análisis sobre los regímenes autoritarios del cono sur de los años sesenta y setenta. Esto tiene más de un punto de contacto con el caso español: para Sarlo, uno de los problemas centrales de las lecturas que se han hecho sobre la violencia política pasa por su excesiva concentración en los derechos y la verdad de la subjetividad. Aquello coincidiría, además, con el giro que se ha dado en la sociología de la cultura y los estudios culturales que han colocado a la "razón del sujeto" en el centro. El problema acá no es cuestionar la validez o la necesidad del testimonio como herramienta jurídica (sin testimonios ninguna condena a aquellos crímenes hubiese sido posible). El argumento de Sarlo va más bien por el lado de cuestionar los privilegios del testigo y del testimonio como las fuentes más confiables para abordar una experiencia histórica. Resulta contraproducente no someter al testimonio a las reglas que se aplican a otros discursos, apelando únicamente a la verdad de la experiencia (o del sufrimiento). No se puede, dice Sarlo, fundar sobre la memoria "una epistemología ingenua cuyas pretensiones serían rechazadas en cualquier otro caso" (2005:57).

La memoria es un deber y una necesidad tanto política como moral y jurídica. Además, la memoria tiene una fuerza que rara vez la historia alcanza. Es la experiencia de primera mano en la cual se refleja el horror de un crimen. Pero la narración no puede ni debe contestar todas las preguntas. Y en ningún caso, como afirma Paul Ricoeur, puede reemplazar a la explicación o a la comprensión de ese crimen. La memoria también simplifica y estiliza: busca cerrar sentidos que se le escapan al memorista, y trabaja más con certezas que con hipótesis. El testimonio no puede ocupar el lugar del análisis. Entre otras cosas porque, como dice Sarlo refiriéndose al caso argentino, "el pasado recordado es demasiado cercano y, por eso, todavía juega funciones políticas en el presente" (2005:83). Quienes recuerdan muchas veces participan todavía del debate político actual y están interesados en que sus opiniones y testimonios sean invertidas en el presente.

No es infrecuente que un testimonio esté marcado por la ideología. Desde luego, el discurso histórico tampoco está libre de aquel problema. Pero la historia, como demuestra *El impostor*, está sometida a unos controles públicos que están fuera del espacio de la subjetividad. Ahí radica la diferencia. Cuando el testigo quiere competir con el historiador en la aproximación a un momento concreto reclama ciertos privilegios que tienen a su experiencia y subjetividad como única garantía. Pero el análisis y la comprensión de un momento histórico no pueden pasar fundamentalmente por el recuerdo. El que recuerda aporta una información valiosa para el análisis de una experiencia, pero no tiene por qué ser quien mejor comprenda dicha experiencia.

El impostor señala un problema en la noción de "memoria histórica". Historia y memoria no son términos equivalentes. Pueden complementarse en la misma medida en que pueden llegar a oponerse: "La memoria y la historia son, en principio, opuestas: la memoria es individual, parcial y subjetiva; en cambio, la historia es colectiva y aspira a ser total y objetiva. La memoria y la historia también son complementarias: la historia dota a la memoria de un sentido; la memoria es un instrumento, un ingrediente, una parte de la historia. Pero la memoria no es la historia" (Cercas, 2014:277). El historiador y el testigo tampoco cumplen funciones equivalentes: "Un historiador no es un juez; pero la forma de operar de un juez se parece a la de un historiador: como el juez, el historiador busca la verdad; como juez, el historiador estudia documentos, verifica pruebas, relaciona hechos, interroga testigos; como juez, el historiador emite un veredicto. Este veredicto no es definitivo: puede ser recurrido, revisado, refutado; pero es un veredicto. Lo emite el juez, o el historiador, no el testigo. Éste no siempre tiene la razón; la razón del testigo es su memoria, y la memoria es frágil y, a menudo, interesada: no siempre recuerda bien; no siempre se acierta a separar el recuerdo de la invención; no siempre recuerda lo que ocurrió sino lo que ya otras veces recordamos que ocurrió, o lo que otros testigos han dicho que ocurrió, o simplemente lo que nos conviene recordar que ocurrió. De esto, desde luego, el testigo no tiene la culpa (o no siempre): al fin y al cabo, él sólo responde ante sus recuerdos; el historiador, en cambio, responde ante la verdad. Y, como responde ante la verdad, no puede aceptar el chantaje del testigo; llegado el caso, debe tener el coraje de negarle la razón" (Cercas, 2014:278).

La industria de la memoria potencia el recuerdo. Pero también se define desde una realidad que parece difícil de negar: la memoria vende más que la historia. El mercado está siempre ansioso por encontrar relatos en serie de víctimas heroicas que terminan imponiéndose ante las dificultades más terribles. Cercas concluye que, más que en la habilidad de Marco para el engaño, es en la industria de la memoria donde reside la razón de fondo que posibilitó el enorme despliegue de una mentira como la que Marco montó. Después de todo, la industria de la memoria se nutre de nuestra novelería en la misma medida en que se nutre de nuestra necesidad de autoengaño, nuestro conformismo y nuestra pereza (que prefiere todo el tiempo el facilismo y la simplificación al análisis y el esfuerzo crítico).

Hay que reconocer, en este punto, que el caso de Marco es mucho más extremo que otros. Pero la verdad es que Marco es el fin natural al que ha llegado la radicalización del discurso memorístico en España (y en gran parte del mundo occidental): la industria de la memoria no solamente ha dejado de detenerse en las posibles incongruencias o contradicciones del testigo, sino que ha renunciado por completo a aplicar una mirada crítica hacia nada de lo que el testigo afirma. Un estado de cosas semejante es el caldo de cultivo perfecto para la impostura y los impostores. Y por esa vía, al final, la industria de la memoria termina siendo letal para la propia memoria.

Las refutaciones ante posiciones como las que sostiene *El impostor* son también conocidas. Hace unos años, el crítico estadounidense John Beverly acusaba a los críticos del testimonio de dar un "giro neoconservador". Dicho giro respondía, para Beverly, a una tentativa de "rechazo del testimonio y la autoridad de la voz y la experiencia subalterna y popular" (2007:161). Aquellos críticos habrían buscado elaborar una defensa del escritor-crítico y su función cívico-pedagógica[2]. Este giro "neo-conservador" buscaría volver a poner las cosas en su sitio; es decir, en manos de los expertos. Sería un intento de una intelectualidad burguesa, profesionalizada, por "recapturar la autoridad cultural y hermenéutica del mercado, por un lado, y por otro, de las nuevas formas heterogéneas de agencia popular" (Beverly, 2007:163).

Habría que analizar en detalle las posibles intenciones o agendas ocultas que se encontrarían detrás de ciertos críticos de la memoria (Cercas, en este caso; Sarlo, en el caso argentino). Pero lo que no se puede hacer es desechar todos sus cuestionamientos y críticas en aras de sus supuestas agendas. Ante todo, deben desmontarse los argumentos, no hay que centrarse exclusivamente en el lugar de la enunciación. Entre otras cosas, porque también se puede realizar el planteamiento inverso: hay carreras (la de Beverly es una de ellas) que deben una parte nada despreciable de su prestigio a la potenciación de la memoria. El campo académico (no solo el mercado editorial) ha encumbrado como pocos a la industria de la memoria. Aquél ha sido un espacio en el que ésta ha cobrado una notable centralidad

---

[2] La defensa de Sarlo tendría, para Beverly, una agenda oculta: la de implementar un neo-arielismo que vincularía los valores y la identidad cultural latinoamericana de una manera especialmente significativa con su expresión literaria.

en áreas como los estudios culturales y poscoloniales. El mundo académico ha elevado con demasiada frecuencia los discursos de la memoria sobre otros campos: no solo el histórico, sino también el sociológico o el literario. Después de todo, la industria de la memoria puede ser entendida también como una feliz historia de amor entre academia y mercado.

Cuestiones de forma

El problema por la forma tiene una curiosa e interesante aproximación en el libro de Cercas. Hay que recordar que en *El impostor* no solamente el historiador enfrenta al testigo: lo hace, además, el narrador-escritor. Una mirada superficial al texto nos podría llevar a concluir que el libro de Cercas es solo una narración de "denuncia"; es decir, el texto se reduciría a la simple necesidad de despotricar contra un impostor y contra la maquinaria cultural que lo ha hecho posible. Pero la verdad es que la postura del narrador de *El impostor* es mucho más insegura que la del mero denunciante. Está todo el tiempo tanteando sobre su lugar frente a Marco y lo llena de dudas el tener que escoger la mejor manera de contar una historia como ésta: "Yo no puedo escribir tu biografía; ni quiero escribirla. Tu biografía tienes que escribirla tú" (Cercas, 2014:397).

La pregunta por la forma del libro es una constante que recorre el texto. El rechazo a la estructura meramente biográfica es claramente planteado por el narrador, aunque eso no excluya al dato biográfico como una parte esencial en la confección del libro. Pero, ¿qué tipo de libro es *El impostor*? Podríamos decir, de una manera muy general, que el de Cercas es muchos libros a la vez. Es, en primera instancia, una novela sin ficción sobre Enric Marco. También es una novela sobre la industria de la memoria en España. Y también, podría decirse, es un relato no ficticio sobre las relaciones entre Cercas y Marco. Porque *El impostor* es, ante todo, eso: el relato en primera persona de un autor que se enfrenta a uno de los mentirosos más célebres de la transición democrática española. Y se enfrenta a él como a su doble siniestro; pues Cercas, al igual que Marco, también se vio beneficiado por la industria de la memoria (recordemos el éxito arrollador de su novela *Soldados de Salamina*). Por ello, en esta novela Cercas también se enfrenta a sus propios demonios y pretende exorcizarlos. Lo interesante es que, para hacerlo, echa mano del relato de la memoria por excelencia: la narración no ficticia contada desde la primera persona. Pero la novela de Cercas parece utilizar las estrategias del relato en primera persona justamente para minar desde dentro a la industria que ha encumbrado a este tipo de narración. Después de todo, hay una diferencia sustancial entre el relato de Cercas y el de Marco: la inseguridad del primero contrasta con la seguridad del segundo.

El texto de Cercas está repleto de dudas, entre otras cosas, porque no confía en la primera persona que lo enuncia. Sus apreciaciones son siempre sometidas a juicio. Cercas quiere ir más allá de la experiencia y está lejos de pensar que ésta produce conocimiento por sí misma. Cercas pretende aproximarse a la figura Marco, pero él no se coloca en mejor posición que el lector para comprenderlo. No subraya el valor de su experiencia directa con él como un lugar más adecuado para conocer a su protagonista. No privilegia a la primera persona del relato, no le otorga un "status" especial a la subjetividad que produce la narración. Es una primera persona dubitativa que, en todo caso, busca conocer en vez de limitarse a relatar. Luego de leer *El impostor*, nos queda claro que Cercas se ha encargado de revisar el montón de evidencia con que cuenta, y que su relación con esa evidencia es el análisis: la voluntad de *pensar* la vivencia, no solo de *narrarla*. Lejos de encerrarse en su experiencia, busca salir de ella: observarla como si hubiera sido vivida por otro. Trata de luchar todo el tiempo contra la antipatía que su personaje llega a provocarle y hace lo posible por ser ecuánime (aunque no siempre lo consigue). Cercas desconfía de su experiencia y de su propio juicio sobre Marco. Por eso está constantemente recurriendo a otros testimonios (y, empezando por el suyo, los somete a todos a interpretación). Aquella era tal vez la mejor forma de aproximarse a Marco: no montar una ficción sobre una ficción, sino buscar una aproximación que desmonte, desde el mismo relato en primera persona, el testimonio intocable que él había eregido con la venia de la industria de la memoria. En la misma textura de la novela encontramos un contrapunto con la maquinaria cultural que hizo posible a un personaje como Marco.

Cercas apela también a otros recursos que van más allá del conocimiento de primera mano que tiene de su protagonista: busca modelos literarios con que compararlo[3]. Marco es, al mismo tiempo, un héroe, un villano y un pícaro. También es una suerte de Quijote, que no se conforma con una vida mediocre y elige inventarse una. Tal vez por ello Marco había resultado un personaje atractivo para cineastas (el libro recuerda el documental *Ich bin Enric Marco*, de Santiago Fillol y Lucas Vermal) y escritores consagrados como Mario Vargas Llosa o Claudio Magris. Como Alonso Quijano, dice *El impostor*, Marco parece un personaje salido de la ficción. Un tipo que llega a borrar en su cabeza la frontera entre verdad y mentira, y llega a creer que es

---

[3] La literatura, como la historia o la memoria, sirve también como un dispositivo para adentrarse en el presente y en el pasado. Y lo que se condena en la historia y en la memoria pasa a ser en la literatura su condición de posibilidad: la mentira. A diferencia de la memoria y de la historia, la literatura puede saltarse alegremente cualquier límite de verdad sin que ello implique ningún demérito. Precisamente, al dar rienda suelta a la invención, con frecuencia choca con imágenes y formas que muchas veces nos permiten acceder con mayor precisión a una comprensión del pasado. La literatura puede, además, representar una experiencia sobre la que no existe ningún testigo, hablar sobre lo que nadie ha hablado (y a pesar de ello intentar comprenderlo).

de veras el personaje que ha creado. Probablemente por ello, luego de que estallara el escándalo, Marco no se inmutó. Él mismo era incapaz ya de separar la realidad de la ficción: "[…] tras el estallido de su caso y el descubrimiento de su impostura no reconoció su equivocación ni permaneció en silencio ni se conoció a sí mismo o se reconoció como quien era, sino que se negó a aceptar su verdadera identidad y salió a defenderse en la prensa, la radio, a televisión y el cine, salió a defender su yo inventado, el yo heroico que querían abatir, apuntalando a duras penas, con elementos de su pasado real, la existencia de aquel personaje ficticio" (Cercas, 2014:230-231).

Marco no es un bufón simpático o un novelista frustrado. Al igual que Alonso Quijano, él jamás se hubiera conformado con escribir sus sueños: él quería protagonizarlos. Solo que Marco inventa no solo su presente, como Alonso Quijano, sino también su pasado. Aquí *El impostor* conecta el destino de su protagonista con el destino de la nación: "Marco inventó un pasado (o lo adornó o lo maquilló) en un momento en que alrededor de él, en España, casi todo el mundo estaba adornando o maquillando su pasado, o inventándoselo. Marco reinventó su vida en un momento en que el país entero estaba reinventándose. Es lo que ocurrió durante la transición de la dictadura a la democracia en España" (Cercas, 2014:233).

El problema no es solamente olvidar el pasado: es también reinventarlo para acomodarse en él de la mejor manera. La industria de la memoria marca una división tajante entre memoria y olvido. Pero la memoria no se opone al olvido. La memoria requiere del olvido: la memoria es selección, se mueve siempre en la dinámica entre escoger y desechar. Tal como planteaba Borges en *Funes el memorioso*, es imposible restablecer el pasado en su totalidad. Y no hay ningún problema en ello. El problema se da cuando se impone, desde el poder, lo que debe seleccionarse y recordarse. O cuando la memoria, como en el caso de Marco, se sacraliza de tal forma que se vuelve un elemento con el que es imposible establecer una relación crítica. La memoria, en esos momentos, deja libre el camino a la impostura y al narcicismo. Cercas ve en el narcicismo de don Quijote, el personaje por excelencia de la literatura española, una de las claves para entender no solo a Marco, sino a la transición democrática española en su conjunto. El viejo impostor catalán no resultó ser un antídoto contra las taras nacionales. Por el contrario, terminó siendo uno de los ejemplos más acabados de su existencia.

La industria de la memoria, que hizo posible a personajes como Marco, no es un remedio contra la desmemoria. Su antípoda, como dijimos, no es el olvido sino el pensamiento, la reflexión crítica. La industria de la memoria trivializa el pasado. La comunidad, por esta vía, termina alejándose de la comprensión y privilegiando la pura superficie. Pero una comunidad, como nos muestra el libro de Cercas, debe poder apropiarse de una experiencia, pensar en ella desde un afuera, jamás limitarse solamente al haberla sufrido.

BIBLIOGRAFÍA

BEVERLY, John (2007), "El giro neoconservador en la crítica literaria y cultural latinoamericana", *Revista Nómadas*, 27, Bogotá, 158-165.
CERCAS, Javier (2014), *El impostor*, Barcelona, Penguin Random House.
RICOEUR, Paul (2003), *La memoria, la historia, el olvido*, Madrid, Trotta.
SARLO, Beatriz (2005), *Tiempo pasado. Cultura de la memoria y giro subjetivo. Una discusión*, Buenos Aires, Siglo XXI Editores.
TODOROV, Tzvetan (2008), *Los abusos de la memoria*, Barcelona, Paidós.

DE LA DICTADURA A LA DEMOCRACIA A TRAVÉS DE LA POESÍA: EL TESTIMONIO DE ANÍBAL NÚÑEZ (1944-1987) Y DE JAVIER EGEA (1952-1999)

ANA BELÉN CÁNOVAS VIDAL
Université Bordeaux Montaigne

Resumen: Los poetas Aníbal Núñez y Javier Egea fueron testigos directos de un periodo lleno de cambios que quedaron reflejados en sus obras y que ilustran la compleja realidad de la segunda mitad del siglo XX en España. Sus poemas no solo evidencian el rechazo de una dictadura represiva y cruel; sino también el desencanto ante el esperado paso a la democracia, una etapa que rompería con la opresión precedente pero que no cumplió con todas sus expectativas. España conoció efectivamente en pocos años una libertad desmesurada; sin embargo, no tardó en quedar atrapada en otra potencia dominadora como fue el capitalismo, convirtiéndose para ellos en una decepcionante sociedad materialista y corrompida políticamente.

Intentaremos desvelar aquí algunas de las transformaciones más significativas de aquel momento a partir de ejemplos poéticos concretos de estos dos autores. Gracias a ellos, asistiremos al análisis de aspectos como el cambio del papel de la mujer, la impronta de la Iglesia o el ejército en la sociedad española durante y después del franquismo; o la actuación de ciertos políticos, como Felipe González, en el periodo democrático.
Palabras clave: transición española a la democracia, Capitalismo, Poesía, Javier Egea, Aníbal Núñez

Abstract: The poets Aníbal Núñez and Javier Egea were direct witnesses of a bursting period of changes which remained reflected in their works and which illustrates the complex reality of the second half of the 20th century in Spain. Their poems demonstrate not only the rejection of a repressive and cruel dictatorship, but also the disenchantment before the awaited transition to the democracy, a transition that would break with the previous oppression but that did not fulfill all their expectations. Spain experienced in a few years an enormous freedom. Nevertheless, this freedom was soon captured by another dominating system: the capitalism. Spain was transformed, for these authors, into a disappointing materialistic and politically-corrupted society.

We will try to reveal here some of the most significant transformations of that period from specific poetical examples of these two authors. Thanks to them, we will attend to the analysis of aspects as the change of the role of the woman, the stamp of the Church or the army in the Spanish society during and after the Franco's regime; or the behavior of several politicians, as Felipe González, in the democratic period.

Keywords: spanish transition to democracy, capitalism, poetry, Javier Egea, Aníbal Núñez

Uno de los distintivos que une las trayectorias de Aníbal Núñez (1944-1987) y Javier Egea (1952-1999), dos grandes poetas del último tercio del siglo XX, es su posición como testigos de los acontecimientos de un ciclo histórico tremendamente agitado ante el que no quedaron impasibles. Lo que intentaremos en este artículo es realizar un recorrido por las circunstancias que marcaron este periodo mediante algunos de sus poemas.

Empezaremos centrándonos en la etapa dictatorial, cuyas características veremos concentradas en un poema de Aníbal Núñez titulado "Tríptico de la infancia". El autor se remonta a su niñez, al inicio del franquismo. Sus versos nos llevan, en tres partes, por la amarga realidad de aquellos años turbios de posguerra mediante una especie de ficción autobiográfica en la que actualiza esos recuerdos infantiles desde su madurez. De esta manera nos ofrece un poema de corte narrativo, con una historia contada a dos voces que contrastan y nos muestran dos caras de una misma realidad.

Nos centraremos solamente en un fragmento de la segunda parte del poema, trasladándonos al ámbito de la escuela, en la que el llamado nacionalcatolicismo impregnó la educación de la sociedad española. Los niños debían tener un comportamiento ejemplar, a imagen y semejanza de los modelos católicos. Incluso los hijos de padres "rojos" tenían evidentemente que aprender a creer a la fuerza:

> "robándonos el sueño tanto cuento
> de niños ejemplares y de mártires
> precoces que no iban
> a robar fruta verde o por morera
> al patio de las monjas donde estaba
> a punto de surgir refugium pecatorum
> la refulgente virgen a llevarnos

> qué aburrido con ella a coger lilas
> para el altar de mayo (quien más diera
> ganaba
> un peldaño hacia el cielo
> con papá y mamá si no eran rojos)
> (y, a nuestro pesar, lo eran)" (Núñez, 2009:167).

La Virgen representa un refugio para los pecadores. Bajo su tutela, los niños deben alejarse de tentaciones como la de robar fruta –probablemente no por diversión, sino por el hambre que pasaban–, y actuar de manera virtuosa, siempre bajo la influencia de imágenes terroríficas, como en este caso, la de los mártires. No parece que disfruten de su infancia como todo niño debiera, sino que viven una especie de adiestramiento continuo cuya recompensa será conseguir un lugar en el cielo, lejos de los pecadores (representados aquí por los propios padres).

En cualquier caso, este es solo un breve ejemplo de la intromisión de la Iglesia en la vida de los españoles durante la dictadura: un elemento empleado para controlar y homogeneizar a la población, tal y como sucedería con las Fuerzas Armadas, que, habiendo servido lealmente al bando nacionalista durante la guerra, seguirían ocupando un papel primordial. La descripción de este sector nos la ofrece de nuevo Aníbal Núñez, en un claro tono de burla, en su "Soneto Grisáceo":

> "Te vistieron de gris con uniforme
> te dieron una chapa y una porra
> y saliste a la calle tan conforme
> con permiso oficial de armar camorra
>
> dispuesto a demostrar todo lo enorme
> que es tu amor a la patria que en la gorra
> viene representada aquiliforme
> aunque en el fondo no es más que una zorra,
>
> dejaste el azadón que hoy enmohecido
> dormita en el corral que abandonaste
> –se puede uno ganar bien el cocido
> sin trabajar–: aquel maldito traste
> áspero sucio feo retorcido
> no es como la pistola: ¡qué contraste!" (2009:128)

El autor hace referencia a los conocidos "grises", que vestidos con un uniforme de dicho color, representaban el Cuerpo de Policía Armada y de Tráfico organizado por orden de Franco al terminar la Guerra y que se convertiría más tarde (a partir de la Constitución de 1978), en el Cuerpo de Policía Nacional. Sabemos que muchos hombres fueron recluidos a la fuerza para colaborar en la Guerra Civil. A otros se les convencía ahora mediante condiciones que podían ser atractivas para muchos en un momento de tan grande miseria. Formar parte del ejército suponía en muchos casos escalar posiciones en la sociedad, pues se consideraba un trabajo digno. Era también la ocasión para muchos de conseguir un trabajo sin cualificación requerida, lo que ofrecía muchas facilidades para la incorporación al mundo laboral de los muchos aspirantes prácticamente analfabetos: solo hay que recordar que "[…] el Ejército español se encontró en 1939 con un porcentaje de reclutas analfabetos entorno al 15-20 por ciento" (Quiroga Valle, 2010:486).

Contra esos "vendidos" al sistema ataca Aníbal Núñez en estos versos. Los presenta como seres sin ningún dinamismo, que han recibido y acatado las normas de forma pasiva ("te vistieron de gris"/ "tan conforme"). Hay un cinismo brutal en la segunda estrofa, en la que el yo poético arremete contra esa ignorancia pueril de los recién reclutados: "dispuesto a demostrar todo lo enorme/ que es tu amor a la patria", patria que solo puede corresponderse con la concepción franquista de una España unificada bajo su impuesto fascismo –representado por el símbolo del águila–, de la que se burla equiparándola con una zorra –en su acepción malsonante, como es evidente–. La patria es una zorra que está corrompida, al igual que sus recién llegados defensores, que han abandonado su honrado trabajo para forjar esa nación. Obviamente, los reclutas han preferido ponerse a su servicio a la dura labor del campo. Y así han cambiado sus aperos por la pistola, contraste que impresiona al autor, que una vez más desde la ironía los acusa de haberse convertido en integrantes de un sistema que atenta contra la integridad moral y social de sus ciudadanos y reduce toda posibilidad de libertad. Así lo manifiesta también Javier Egea en este fragmento:

> "Por tós los caminos
> andaba la guardia
> que se me venían los gritos del pecho
> solito y sin agua
> ***
> Toques de silencio
> pa callarnos tós
> pero no se calla ni mi pensamiento
> ni mi corazón" (2012:388)

Si hasta aquí hemos evocado dos motores de control del régimen como fueron la Iglesia o las Fuerzas Armadas, a continuación nos centraremos en el aspecto económico que determinó esta etapa. El fin del aislamiento que caracterizó el periodo inicial de la autarquía, culmina en 1959 con el Plan de Estabilización, a partir del cual España empieza una fase de crecimiento, o lo que conocemos como "Desarrollismo" o "Milagro económico español". Uno de los efectos esenciales de este desarrollo sería el fenómeno masivo de emigración del campo a la ciudad, que cambiaría la naturaleza agrícola de España a través de un intensivo proceso de industrialización que hizo salir a numerosos españoles del ambiente rural en busca de mejores condiciones de vida, lo que desplegó una nueva clase media española: "Solamente de 1960 al año en que se produjeron las primeras elecciones democráticas (1977), cambiaron de municipio de residencia seis millones y medio de personas [...]. Fenómeno que tuvo su faz paralela en el crecimiento de los grandes centros urbanos-industriales, donde pudieron germinar y desarrollarse nuevas mentalidades y formas de vida" (Tezanos Tortajada, 2004:224).

A pesar de la supuesta mejora, evidentemente cambiar de vida no era fácil y no todos se mostraron ilusionados con la mudanza. Pero ante la imposibilidad de seguir viviendo en el campo, que apenas daba para comer, muchos no tuvieron más remedio que abandonar tristemente el hogar. Y así nos dice Núñez:

> "Pero un mal día no puede
> el hombre
> más
> cuesta arriba del hambre, no:
> reniega,
> da un portazo a su sangre y al terruño.
> Y en silencio,
> hace, sencillamente el equipaje
> mientras aprieta el llanto entre los dientes" (2009:144).

Otro tema derivado de esta tendencia es el consecuente crecimiento de las ciudades, que estuvo marcado por una ola de construcción acelerada –no exenta de beneficios para el régimen gracias a un fomento de la especulación–, que cambiaría para siempre el aspecto de ciudades como Madrid. De ello da cuenta una vez más uno de los poemas de Núñez, "Arquitecto en proyecto", que ilustraría la idea en estos pocos versos:

> "Quise ser arquitecto quise
> ahora
> quisiera ser tan alto como la luna
> para perder de vista tanta incongruente grúa" (2009:143).

El yo poético desiste del sueño de convertirse en arquitecto, pues de niño fantaseaba con una ciudad edificada a partir de espacios verdes que ya no podrá tener lugar. Ahora lo que quisiera es estar fuera de esa urbe horrible para no ver los estragos que ha sufrido.

Haciendo referencia al mismo fenómeno llevado a cabo en gran parte de las costas españolas, Javier Egea nos dice:

> "Y vi las altas grúas de los versos más tristes
> poniendo sobre el mar
> la urbanización y los peces
> de su cuerpo lejano
> su inaccesible casa para siempre" (2012:355).

Las grúas también le provocan un gran desconsuelo al yo poético, que hasta le han suscitado la escritura de los "versos más tristes". Este horrible proceso de construcción va a quitarle la vida a los seres vivos que le rodean, representados aquí por los peces, que se van a ver invadidos por las urbanizaciones que hoy día caracterizan gran parte de nuestro litoral.

Coincidiendo con ese crecimiento económico, asistimos también al nacimiento de nuevas costumbres consumistas inexistentes hasta entonces. Y es que ese "Estado de Bienestar" que se comenzó a perseguir estuvo representado, entre otras cosas, por una serie de adquisiciones materiales que de repente muchos españoles pudieron (o creyeron) poder permitirse: es la época de la llegada de la televisión a las casas (que había nacido en 1956), de las vacaciones de verano en Benidorm o del SEAT 600, símbolo de esa entrada de España en la sociedad de consumo.

En este contexto, la mujer, cuyo papel es todavía mayoritariamente el de madre y ama de casa abnegada, sintetiza ese gusto por el consumo, puesto que muchos de los productos están destinados al hogar, al cuidado estético femenino o a la satisfacción de sus supuestos deseos. Así lo atestigua este fragmento del poema "En primavera especialmente" de Núñez:

> "En primavera especialmente
> su dermis necesita un tratamiento
> para neutralizar las secreciones
> excesivas limpiar
> los poros obstruidos
>
> en primavera sobre todo cuando
> todo renace es necesario
> ANTES DEL MAQUILLAJE
> A FONDO vigilar
> la natural desecación del cutis

QUE DÉ EL TOQUE FINAL SOBRE SU NUEVO
ROSTRO ADORABLE
desde luego
hay que evitar en la estación florida
someterse a los rayos infrarrojos
de los atardeceres
sin tomar las debidas precauciones" (2009:186).

Como en muchos de los poemas de "Fábulas domésticas", el yo poético se sirve de un tono publicitario para hacer una crítica a la superficialidad que se instauró en estos años, en los que de repente la imagen física tomó una importancia capital, tanto para hombres como para mujeres, pero especialmente para estas últimas. Así, se necesitan una serie de tratamientos y productos faciales y corporales que seguramente no se utilizaban antes de este auge irracional, pues la economía no permitía hacer frente a gastos secundarios. Pero ahora el cuidado de la apariencia es una exigencia más.

A finales de la dictadura, nos encontramos pues con una población educada en los parámetros católicos, reprimida por el ejército, pasando del ámbito rural al urbano y entrando de lleno en el sistema capitalista. Y así ingresamos en la etapa posterior, la llamada Transición española.

Uno de los acontecimientos que sin duda marcaría el nuevo rumbo del país sería la legalización del PCE el 9 de abril de 1977, que tras tantos años en la clandestinidad se incorporaba al espectro político de la nueva era. Una anexión no exenta de controversia y dificultades, que no sentó bien a todos. La derecha más conservadora y anti-reformista, representada por el llamado "búnker" o por las Fuerzas Armadas de corte franquista, no asumieron, como era de esperar, este cambio hacia la integración democrática de España y la representación de todos los partidos para su reconstrucción política, que: "llegaron a la conclusión de que solo podría modificarse el proceso de cambio político iniciado, mediante operaciones de desplazamiento o suplantación, es decir, mediante acciones de carácter golpista" (Muñoz Bolaños, 2013:119).

Así, la esfera más vetusta del ejército, que se resistía a ceder su poder en aras de la democracia, nos ofrecería uno de los espectáculos más lamentables de esos años, como fue el intento de golpe de Estado del 23 de febrero de 1981 durante la investidura de Calvo Sotelo. Esta tentativa es materia poética para Javier Egea, en cuyo poema "La investidura", ofrece una burla ante el ridículo que para el yo poético supuso este acto:

"Hace 3 años, señores,
y por las mismas calendas
(el 23 de febrero,
si quieren exacta fecha),

irrumpieron en las Cortes
la barbarie y la vergüenza.
Por eso, ciego en Granada,
este juglar trae a cuenta
unos versos que cantó
con ocasión tan funesta.
Y no piensen que son lujos,
aficiones agoreras,
ganas de rizar el rizo,
sino asunto de conciencia.
Es la vida que me obliga,
la rosa que me alimenta.
Es la historia que nos dice:
no vive quien no recuerda.
También por dejar aviso
a las gentes venideras
de que el fascismo y la muerte
nada ni a nadie respetan.
No quisiera despedirme
sin contarles que en Suecia
–al ver por televisión
un bufón en plena escena–,
para vergüenza de España
dijeron de esta manera:
¿Qué pinta en un Parlamento
un soldado con montera?
Hace tres años señores
y aún no hallan respuesta" (2012:91).

A modo de juglar, como hará en muchos de sus poemas, Javier Egea ofrece un canto de denuncia al fascismo, tanto el pasado como el presente, para que las generaciones futuras no olviden lo que esconde: el fascismo es para él como la muerte y no siente ningún respeto por nadie. Hasta en el extranjero se asombran del teatro con el que compara el escenario del Palacio de las Cortes, en el que un bufón (Tejero) preside el espacio con una montera, en una ridiculización del yo poético hacia el tricornio, sombrero distintivo de la Guardia Civil en esta época.

El fracaso del golpe y la consecuente pérdida de poder de las Fuerzas Armadas, así como la integración de los comunistas en el reciente panorama político, nos llevan en todo caso a la construcción de una democracia que había estado ausente durante décadas. En este sentido el suceso más relevante acaeció durante las elecciones de 1982, en las que el PSOE consiguió una victoria aplastante que supondría la verdadera alternativa al franquismo, al ser la primera vez que un partido de la oposición conseguía llegar al poder.

Pero a pesar de las ilusiones renovadas que trajo este triunfo, el gobierno socialista se vio envuelto en un aura de contradicciones y de polémica, que produjeron en muchos una absoluta decepción. Los versos que mejor representarían esta idea los recogen las "Coplas de Carmen Romero", de Javier Egea, en las que el yo poético transmite su descontento a la entonces compañera sentimental del Presidente Felipe González:

> "Díselo, Carmen Romero,
> dile que estamos aquí,
> que él parece estar allí
> y es aquí donde lo espero;
> dile que ningún obrero
> entiende que un presidente
> mande guardias a su gente
> en vez de mandar trabajo,
> dile que va cuesta abajo
> frente a la Cuesta de Enero,
> díselo, Carmen Romero.
>
> Dile que están encendidos
> los faros de un pueblo oscuro,
> dile que mire al futuro,
> no a los Estados Unidos;
> dile que estamos perdidos
> en medio del capital,
> que una rosa sin rosal
> naufraga en las oficinas
> dile que por las esquinas
> anda el sueño prisionero,
> díselo, Carmen Romero.
>
> Dile tú, Primera Dama,
> cuando hagas su equipaje,
> que a veces también viaje
> por los campos de Ketama
> y dile, cuando la cama
> anula la presidencia
> y el amor dicta sentencia
> contra todos los misiles,
> que aún florecen a miles

banderas del sueño obrero,
díselo, Carmen Romero" (2012:99).

El yo poético le pide a Carmen Romero que sea una especie de intermediaria entre el Presidente y las exigencias de la izquierda. Felipe González se presenta como un ser inaccesible, por lo que la voz poética prefiere dirigir sus demandas a su pareja, en la creencia de que ésta logrará abrirle los ojos, pues es la única que comparte momentos de intimidad con él, propicios quizá para hacerle cambiar de rumbo.

La principal crítica establecida sería el abandono del pueblo obrero por parte del Partido Socialista, es decir, el alejamiento de los principios de base del partido, al haberse vendido al capitalismo imperante, representado aquí por los Estados Unidos, que lo ha cegado y dejado sin luz, dando lugar a un pueblo oscuro y sin futuro. Los obreros se ven "perdidos / en medio del capital", sufriendo a un gobierno que parece haber dejado de lado a los trabajadores, privilegiando las ganancias.

La rosa del socialismo no encuentra su origen, ya no tiene rosal donde agarrarse, ha perdido su raíz. Y los sueños de una España alejada de la dictadura están naufragando, puesto que se está sumergiendo en otra tiranía que los ata y les corta la libertad como clase obrera: ese capitalismo que pierde de vista lo humano y que ha embaucado completamente a su máximo representante. Pero el yo poético no pierde la esperanza de que el amor lo haga reflexionar, es lo único que le queda, así que se permite sugerirle a la Primera Dama (apelativo al estilo estadounidense), que lo intente persuadir en el lecho conyugal. Está convencido de que todavía quedan verdaderos socialistas cuyo sueño permanece vigente. Y por ellos puede aún (y debería) enmendar los errores.

Este poema se inserta en la etapa de fuerte debate en España a propósito de la OTAN, de ahí ese dictar "sentencia contra todos los misiles". Felipe González, en clara oposición cuando España entró en la Organización del Tratado del Atlántico Norte bajo el gobierno de Calvo Sotelo en 1982, prometió durante la campaña electoral la congelación de esta adhesión y la convocatoria de un referéndum para que los españoles decidieran el futuro de su permanencia.

No parece que las palabras de Javier Egea llegaran muy lejos, pues solo un par de años después de la publicación de este poema tuvo lugar un hecho que sintetiza esa gran decepción que sintió el poeta: el consentimiento de los españoles para la continuación de España dentro de la OTAN en ese referéndum celebrado en 1986 —sin duda como fruto del agudo posicionamiento a favor y la persuasión llevados a cabo por el propio gobierno—. El resultado se tradujo así en el olvido de aquella primera actitud anti-OTAN del líder socialista; cambio que dejaba ver el oportunismo del PSOE, que se posicionó en uno u otro lado según sus necesidades y que actuó en conformidad para llevar a los votantes a su terreno. La cuestión de la OTAN fue el detonante para desenmascarar el cambio ideológico del partido y su giro imperialista, que le haría ser criticado ahora por la izquierda y que engendraría un categórico rechazo en la poesía de Egea.

Los pocos ejemplos tratados hasta aquí nos bastan sin embargo para establecer un breve panorama de la evolución de la dictadura hasta la entrada en la democracia y para dilucidar cómo fueron transformándose las posiciones del régimen y de los gobiernos correspondientes, así como la sociedad de aquellos años intensos. Los notables cambios tanto a nivel económico como social se reflejan fielmente en los poemas de Aníbal Núñez y Javier Egea, que suponen una auténtica y arriesgada manifestación de principios y permanecen hoy como reflejo de su pensamiento crítico. En los textos analizados ambos nos descubren aquello que les perturba, dejando un legado poético que nos llega intacto, como una fuente testimonial rica y duradera que merece ser percibida en tanto que vitrina donde reconocer un periodo agitado e imprescindible para la comprensión de nuestra historia reciente.

BIBLIOGRAFÍA

EGEA, Javier (2012), *Poesía Completa (Volumen II). Obra dispersa e inédita*, Madrid, Bartleby Editores.

MUÑOZ BOLAÑOS, Roberto (2013), "Las Fuerzas Armadas y la legalización del PCE", *Rubrica Contemporánea*, Vol. 2, 4, 101-120.

NÚÑEZ, Aníbal (2009), *La luz en las palabras. Antología poética*, en Vicente Vives Pérez (ed.), Madrid, Cátedra.

QUIROGA VALLE, Gloria (2010), "Alfabetización, Formación Profesional y Servicio Militar: la labor educativa del ejército español (1939-1947)", *Actas del IV Congreso de Historia de la Defensa*, Madrid, 479-502.

TEZANOS TORTAJADA, José Félix (2004), "España: estructura y dinámica social", en Carlos Navajas Zubeldía (coord.): *Actas del IV Simposio de Historia Actual*, Logroño, 17-19 de octubre de 2002, Vol. 1, 2004, 215-232.

LA HUELLA DE LA DICTADURA Y DE LA REPRESIÓN EN LA LITERATURA *RESPIRACIÓN ARTIFICIAL* DE RICARDO PIGLIA

ÁGNES CSELIK

Instituto de Enseñanza Bilingüe Húngaro-Español Károlyi Mihály

Resumen: En *Respiración aritificial* de Ricardo Piglia la dictadura deja sus huellas en todos los fractales de la narración. Nunca se habla de la realidad política del momento, los personajes prefieren hablar del pasado y del futuro para evitar el presente y los temas de la comunicación son la literatura, la estética, la filosofía y la historia. A pesar de la aparente pasividad de los personajes frente a la realidad política que les rodea, todos toman su decisión personal y optan por resistir al sistema. La clave secreta del texto encriptado, imposible de descifrar para la política es la estética, la calidad artística y la moral humana.

Palabras clave: resistencia, moral, estética, huellas de la dictadura, texto encriptado

Abstract: Dictatorship leaves its traces on all fractals of the narration in Ricardo Piglia's *Respiración artificial*. There is no small talk about contemporary political reality. Everyone prefers to talk about the past or the future. Communication evolves around literature, esthetics, philosophy and history. Every character makes a personal decision, despite of their passivity and resistance to the system which surrounds them. Politics cannot decode the secret keywords of the encrypted text which are the artistic quality and human moral.

Keywords: resistance, moral, esthetics, footprints of dictatorship, encrypted text

¿Por qué es tan difícil hablar de contenido político a la hora de tratar la literatuta de alta calidad? ¿Por qué será que los mensajes políticos expresados directamente siempre deterioran la calidad artística? Y al mismo tiempo, por qué es que paradójicamente y a pesar de los pesares la literatura casi siempre está estrechamente vinculada con el contenido político, sobre todo si hablamos de un continente donde la realidad política determina definitivamente el día a día de los cuidadanos e inevitablemente se infiltra en la esfera privada de cada uno sin permitir excepciones.

Ricardo Piglia es uno de los autores más reconocidos de la literatura argentina actual, y el tema latente que determina la mayoría de sus novelas es la dictadura. Basta pensar en *Respiración artificial* (1980), *La ciudad ausente* (1992), *Blanco nocturno* (2010).

La presente ponencia estudia la novela *Respiración artificial* desde el punto de vista de las múltilpes maneras en que la dictadura deja huellas en todo los segmentos de la narración.

La fábula de la novela es bien conocida: Emilio Renzi —protagonista eterno de las novelas de Ricardo Piglia — busca a su tío, a Marcelo Maggi, historiador, que por su parte está investigando la vida de Enrique Ossorio, secretario privado de Rosas que se suicidó. Emilio Renzi sueña con llegar a ser escritor y escribió una novela sobre la vida enigmática de su tío que después de ciertas aventuras actualmente vive en un exilio elegido por él mismo. Tras leer la novela, Marcelo Maggi decide escribir una carta a su sobrino, a quién prácticamente no conoce personalmente. Entablan una relación epistolar que más allá de las historias familiares y personales se enfoca en cuestiones de filosofía, estética, literatura e historia. Después de un año de comunicación bastante amena, Emilio Renzi decide visitar a su tío en Concordia, Entre Ríos, lugar de residencia de Marcelo Maggi, donde éste trabaja como profesor de historia. Cuando Renzi llega a Concordia, su tío no le espera en la estación de trenes, Renzi va al club del pueblo donde se encuentra con los amigos de Maggi (Tardewski, el conde Tokray y Marconi), de los cuales varios son exiliados europeos. Le invitan a esperar a su tío y mientras mantienen una serie de conversaciones sobre estética, filosofía, estética, literatura e historia. Después de pasar toda la noche esperando y conversando, sobre todo con el polaco Tardewski, éste le entrega los apuntes de Marcelo Maggi que el Profesor le dejó como encargo que los entregara a su sobrino.

El resumen refleja que en ningún momento de la novela encontramos alusión directa al presente político, a la dictadura. Justamente esta ausencia es la que hace tan palpable la presencia omnipotente del poder político que todo el mundo intenta evitar en las conversaciones y en las cartas. El único personaje que habla abiertamente del control de la información y de la correspondencia es Luciano Ossorio, viejo tullido, minusválido en una silla de ruedas, que vive totalmente aislado del mundo. Él le cuenta a Renzi que es consciente de que sus cartas son leídas, controladas, filtradas y desviadas, y que de vez en cuando hasta le llegan cartas escritas a otro destinatario, mientras las suyas no siempre llegan a las manos correctas. Lejos de ser producto del delirio de un viejo, el agente Arocena trabaja con la correspondencia, completamente aislado, igual que el propio Luciano Ossorio.

Cartas

La carta, el género epistolar es una forma de comunicación que actualmente ya está pasada de moda. Emilio Renzi reflexiona sobre este tema en una de sus cartas (sic!) y declara que Ernest Hemingway pasó del género epistolar al género telefónico, porque la razón de existencia de las cartas fue liquidada por la aparición del teléfono (Piglia, 1980:99). Sin embargo en la primera parte de la novela el contacto entre los personajes se lleva a cabo mediante cartas. Marcelo Maggi investiga la correspondencia de Enrique Ossorio para poder reconstruir la dictadura de Rosas y Emilio Renzi mantiene el contacto con Maggi por medio de cartas. El Senador Luciano Ossorio, bisnieto de Enrique Ossorio dicta y recibe cartas.

Las cartas, por definición, van destinadas a una persona que en el espacio y en el tiempo se encuentra a distancia del remitente, con lo cual el peligro de una posible desviación o pérdida y malentendidos a la hora de interpretarlas son bastante acentuados. Más aún, si hay una voluntad, una fuerza exterior que deliberadamente retiene y desvía la correspondencia, como es el trabajo del agente Arocena.

Los que se esfuerzan por mantener alguna comunicación escrita escriben en clave: la historia superficial sirve para encubrir el mensaje, el remitente y el destinatario intentan intercambiar informaciones entre las líneas, entre el sentido literal de las palabras.

Arocena que se esfuerza por descifrar la información oculta se intercala en este proceso de comunicación como un elemento ajeno que al mismo tiempo y en cierto sentido llega a ser un agente intrínseco, puesto que el que encripta el texto lo hace pensando en él y en sus esfuerzos de decodificar. El proceso de comunicación bilateral se convierte en una comunicación trilateral en la que participan el remitente, el destinatario y el agente. El contenido, la historia distrae y llama la atención y sirve para confundir. A fin de cuentas molesta y dificulta considerablemente el trabajo del agente: "El mayor esfuerzo consistía siempre en eludir el contenido, el sentido literal de las palabras y buscar el mensaje cifrado que estaba debajo de lo escrito, encerrado entre las letras" (96).

La cuestión básica para Arocena es encontrar la clave oculta en la misma carta. Se despoja del sentido literal y se pone a trabajar sistemáticamente a base de principios matemáticos. Es fundamental dar con la clave correcta, puesto que la interpretación depende de ella. Arocena es un maestro de su profesión, casi es un artista: "Uno, sin embargo, tendría que ser capaz (pensó) de descubrir la clave incluso en un mensaje que no estuviera cifrado" (96).

La habilidad de encontrar la clave secreta en un mensaje no cifrado le asemeja al agente Arocena al Inquisidor de la novela *Los hermanos Karamazov* de Dostoievski. No será pura casualidad que Emilio Renzi más adelante conversará entre otros temas sobre la misma novela en Concordia, esperando la llegada de Maggi. Los poderes dictatóricos funcionan con la misma mecánica y la misma lógica en todos los tiempos.

Investigación

Como resultado de varias horas de trabajo concentrado, el agente, en una carta que aparentemente habla de la relación de la ficción literaria y la verdad, reconstruye el texto oculto y descubre una carta cifrada de Enrique Ossorio a Marcelo Maggi (99). La solución de Arocena es brillante y el lector no puede librarse de la impresión de que al fin y al cabo él, como investigador de textos literarios, está haciendo lo mismo que Arocena: leer la correspondencia de otras personas, analizar, ordenar, deshilachar y reestructurar el texto literario en busca de un contenido, de un mensaje oculto, lo que resulta ser una comparación especialmente desagradable, puesto que Arocena es agente de un sistema dictatórico.

La versión de Arocena queda catalogada para el estado y es declarada la versión oficial. Pero al mismo tiempo es un absurdo completo, puesto que Enrique Ossorio es el bisabuelo de Luciano Ossorio, suegro de Marcelo Maggi. El Senador, Luciano Ossorio, no llegó a conocer a su padre por el fallecimiento de este y el padre de su parte tampoco conoció al suyo por el mismo motivo. Físicamente es imposible que Enrique Ossorio, fallecido tres generaciones antes escribiera una carta al yerno de su bisnieto. La interpretación del agente Arocena es totalmente errónea.

Lo que a nivel biológico es imposible, por lo tanto, a nivel político resulta ser una barbaridad, no lo es a nivel literario. Marcelo Maggi, historiador, investiga a Enrique Ossorio, por lo tanto puede ser interpretado como destinatario tardío de las cartas del secretario de Rosas. La cadena de investigaciones sigue con Emilio Renzi que investiga la biografía de Marcelos Maggi y hereda la investigación del Profesor de Enrique Ossorio. A nivel literario se llega a establecer comunicación verdadera y sincera a través de varias generaciones que está totalmente fuera del alcance de la lógica e inteligencia matemática del agente Arocena.

Diálogos

La segunda parte de *Respiración artificial* consta de una serie de conversaciones mantenidas a lo largo de la noche de espera. Gran parte de ellas es contada por Tardewski, cuya lengua madre no es el español, lo que aumenta la posibilidad de cambiar ciertos contenidos, ciertos matices lingüísticos sin querer.

Tardewski narra a Emilio Renzi su conversación mantenida tiempo atrás con Marcelo Maggi. En la práctica eso significa que había una conversación original entre Tardewski y Maggi. Después Tardewski le cuenta a Renzi su conversación con Maggi. Y por último en la novela Tardewski narra cómo le contó a Renzi la conversación que había tenido con Maggi. Expresado el proceso de la narración con una fórmula matemática es: 1^3.

Renzi de su parte narra lo que le contó Tardewski sobre su vida. Las diferentes narraciones se superponen y llegan a formar un prisma de narraciones en el que entran todos los participantes de todos los tiempos con sus opiniones y reacciones respectivas.

El tiempo dislocado

En *Respiración artificial* cada personaje tiene un contacto especial con el tiempo: prefiere escribir y hablar del pasado y del futuro para evitar el horror del presente. Enrique Ossorio escribe: "Releo mis papeles del pasado para escribir mi romance del porvenir. Nada entre el pasado y el futuro: este presente (este vacío, esta tierra incógnita) es también futura" (79).

El presente, lo que es un vacío para Enrique Ossorio sirve de alivio para Marcelo Maggi, historiador: "La historia es el único lugar donde consigo aliviarme de esta pesadilla de la que trato de despertar" (19).

La pesadilla es el presente, y al final de la novela, cuando ya es indudable que el Profesor no va a volver, el amigo Tardewski le dice a Renzi: "¿Cómo podríamos soportar el presente, el horror del presente, me dijo la última noche el Profesor, si no supiéramos que se trata de un presente histórico? Quiero decir, me dijo esta noche, porque vemos cómo va a ser y en qué se va a convertir podemos soportar el presente" (184).

El fluir del tiempo se percibe en la dirección contraria también, es decir del futuro hacia el pasado, eludiendo siempre el presente: "Un descubrimiento. Me paseaba por el cuarto, de un lado al otro, tratando de olvidar este dolor, cuando de pronto comprendí cuál debe ser la forma de mi relato utópico. El Protagonista recibe cartas del porvenir (que no le están dirigidas)" (83). "Trabaja el Protagonista con estos documentos como si fuera el historiador del porvenir" (91).

Pasado y futuro se abrazan, el historiador trabaja con el pasado para el porvenir y el escritor inventa la utopía del futuro para trabajar como un historiador del porvenir. Tanto el historiador, como el escritor se unen en el esfuerzo de eludir el presente.

Una carta estudiada con cuidado por Arocena habla de la relación incomprensible entre la literatura y el futuro, sobre una extraña conexión entre los libros y la realidad. El remitente plantea la pregunta: "Tengo solamente una duda: ¿Podré modificar las ecenas? ¿Habrá alguna forma de intervenir o sólo puedo ser expectador?" (99)

Literatura en la literatura

Esta carta fue descifrada, malinterpretada por Arocena, por lo tanto, la respuesta a la pregunta es afirmativa: sin lugar a dudas, la literatura es capaz de influir directamente en la historia, puesto que el remitente y el lector se entienden en el presente y en el futuro lejano también.

Tardewski aclara: "¿Joyce? Trataba de despertarse de la pesadilla de la historia para poder hacer bellos juegos malabares con las palabras." Marcelo Maggi parafraseó las palabras de Joyce dándole un significado completamente inverso. Tardewski prosigue."Kafka, en cambio, se despertaba todos los días, para *entrar* en esa pesadilla y trataba de escribir sobre ella" (210).

Franz Kafka, según la teoría de Tardewski, narrada por Emilio Renzi, posiblemente se encontró con Adolf Hitler en Praga, en el Café Arcos en 1910, lo escuchó con atención horrorizada y "Kafka hace en su ficción, antes que Hitler, lo que Hitler dijo que iba a hacer" (205). *El proceso* de Kafka demuestra "en el detalle más preciso cómo se acumulaba el horror. Esa novela presenta de un modo alucinante el modelo clásico del Estado convertido en un instrumento de terror" (205).

La literatura, lejos de ser un mero juego estético, utópico, es la misma verdad, es el alma y el portador de la única verdad sincera y vigente.

Dislocaciones personales

Los personajes de *Respiración artificial* son exiliados, que perdieron su patria, su conexión con la lengua madre y viven solos, en un mundo hostil, sin esperanza de poder volver al hogar perdido.

Enrique Ossorio, personaje epistolar, se fue para los EEUU, residió en hoteles y frecuentó un prostíbulo para poder mantener conversación en español con una negra prostituta, nacida en La Martinica. (Ella es una exiliada también, igual que Enrique Ossorio. Dos exiliados conversan en el idioma de la infancia.)

Marcelo Maggi se exilió a Concordia, donde coincidió con Vladimir Tardewski, el filósofo polaco, desterrado, extranjero, y con el conde Tokray, aristócrata ruso.

El filósofo Tardewski confiesa no ser bueno en el juego de palabras, sin embargo lo era antes [...] cuando todavía podía jugar con la lengua madre (167). Cuando aparece su artículo sobre Kafka y Hitler, traducido al español por encargo, el autor es incapaz de leer su propio artículo, puesto que todavía no tiene suficiente nivel de español para ello, pero enseguida descubre que su nombre fue mal impreso: en vez de Tardewski figura Tardowski al pie del artículo (177). La errata en el nombre de Tardewski es la metáfora de su situación personal, de la pérdida total de la identidad personal.

Por su parte, el conde Tokray va al cine para ver películas soviéticas a fin de poder escuchar ruso. Su desencanto es que siempre tiene la impresión de que el idioma que escucha es artificial, suena como si estuviera doblado al ruso (117). Cuando por fin es invitado por el cónsul ruso a una recepción y podría encontrarse con sus compatriotas, la tarjeta de invitación va dirigida a señor Tokray, y no al conde Tokray (122), como le correspondería, por lo tanto decide no ir a la recepción. Tanto el conde, como Tardewski son despojados de su nombre en un momento crucial de su vida.

Los desterrados y los exiliados de Concordia pasan su tiempo practicamente en el club y vuelven a dormir a un hotel o a un alquiler solitario. No hay casas familiares, tampoco hay intimidad hogareña.

El tema de la conversación de Tardewski con Emilio Renzi, entre otras cosas, es Franz Kafka, judío, de lengua madre alemana, residente en Praga, entre la mayoría cristiana y con lengua madre checa. Kafka es el modelo perfecto del aislamiento y 'de paso' es el mayor escitor del siglo XX.

Duplicidad

El número clave de la novela *Respiración artificial* en diferentes segmentos es el dos.

En cuanto al tiempo, se habla casi exclusivamente de dos tiempos, del pasado y del futuro, nunca del presente.

Los personajes se duplican de varias maneras. Emilio Renzi es el alter ego de Ricardo Piglia, cuyo nombre completo es Ricardo Emilio Piglia Renzi. Para más, en la novela se comenta varias veces que Emilio Renzi es como si fuera el mismo Marcelo Maggi joven (142), por lo que el personaje duplicado sigue multiplicándose más todavía.

Hay dos Ossorios: Enrique y Luciano; hay dos exiliados extranjeros en Concordia: Tardewski y el conde Tokray; hay dos que ejercen de profesores: Marcelo Maggi y Tardewski.

El dos predomina en las escenas y las acciones.

Hay dos discusiones en el club y en ambos casos debaten sobre el tema de ¿quién es el mejor escritor? En las dos discusiones al final habrá que elegir entre dos escitores: en el primero, que debate sobre literatura mundial, la cuestión es la primacia de Franz Kafka versus James Joyce; en el segundo, que debate sobre literatura argentina, la cuestión es la superioridad de Jorge Luis Borges versus Roberto Arlt.

El dos es un número par, porque en esta novela todo tiene su paralelismo, su réplica, su opuesto o su inversión. El dos es un número que se encuentra en ambos lados del espejo, reflejando su imagen inversa: Es la unidad hecha fracción y al mismo tiempo, según su significado numeral esotérico, es el reflejo pasivo de la Unidad. El número dos tiene importancia en cada escala de la narración, es decir, en cada fractal. El dos es el uno bifurcado que significa que no hay un solo camino, una sola y exclusiva solución, sino que coexisten versiones paralelas, todo puede ser y tiene que ser cuestionado, repensado y planteado de varias maneras. A la misma vez, ninguna variante es superior al otro, todos tienen el mismo derecho de estar presentes y existir en el corpus de la novela.

La duplicidad[, la posibilidad de tener variantes, cualquier segmento de inseguridad que aparece es una rebelión latente contra la dictadura, lo que reclama y exige un solo orden incuestionable, una jerarquía definida y no aguanta duda, resistencia o sentido doble.

El silencio

En *Respiración artificial* el significado de la palabra pronunciada y el de la historia contada sirve para encubrir y proteger el mensaje verdadero. Todo el mundo habla y se comunica con textos encriptados. Bien lo sabe el agente Arocena, como se ha analizado antes, por el trabajo de descifrar las cartas desviadas por las autoridades. Arocena trabaja a base de lógica y cálculos matemáticos. Consigue soluciones que no coinciden con la realidad.

El agente no sabe que la literatura se vale de otras herramientas y funciona en otro registro para establecer una comunicación directa y eficaz, puesto que "Hablar de lo increíble es poner en peligro la supervivencia del lenguaje como portador de la verdad del hombre. Riesgo mortal" (210).

La narración de la resistencia prefiere la elípsis: las huellas de lo que falta marcan inconfundiblemente un significado muy concreto. "En la literatura [...] lo más importante nunca debe ser nombrado" (141).

En *Respiración artificial* falta el presente en las narraciones, y ante todo y sobre todo falta Marcelo Maggi, el Profesor.

"Como usted ha comprendido, dice ahora Tardewski, si hemos hablado tanto, si hemos hablado toda la noche, fue para no hablar, o sea, para no decir nada sobre él, sobre el Profesor" (210), y acto seguido comienza a hablar en pasado de Marcelo Maggi. No hay ninguna escapatoria del orden totalitario, Emilio Renzi y Tardewski no tienen otra opción que limitarse a pasar la noche charlando, esperando al Profesor. La resistencia de ellos dos es la narración y la espera.

El texto literario sin pronunciarlo directamente comunica con toda claridad que Marcelo Maggi, el Profesor, desapareció como tantos otros y ya no hay ninguna esperanza de que pueda volver. El mismo Profesor ya sabía bien lo que iba a pasar: le habló a Renzi sobre un posible viaje, le invitó a verle a Concordia y le dejó sus papeles a Tardewski para que los entregara más adelante a su primo. En una sola frase: Marcelo Maggi dejó su testamento para Emilio Renzi.

Actos de resistencia

A pesar de la aparente pasividad de los personajes frente a la realidad que les rodea, en *Respiración artificial*, a la hora de tomar decisiones personales prácticamente cada personaje se opone activamente al sistema, ejerce la resistencia llevada hasta las últimas consecuencias. El ejemplo más palpable es Marcelo Maggi, que nunca deja de hacer sus investigaciones aunque sabe perfectamente que con esta actitud arriesga la vida.

El Senador Luciano Ossorio manda y recibe cartas cifradas, los personajes cuentan historias, leen, conversan y con todos los actos expresan su derecho a la libertad. El tema de las conversaciones gira alrededor de la historia y de la literatura, disciplinas peligrosas, porque enseñan principios morales.

Varios eligen el destino de ser exiliados, y no deja de ser ironía cruel del destino que, escapando de un sistema totalitario (Tardewski huye del fascismo y el conde Tokray del comunismo), los dos se instalan sin saber en un país donde reside otro sistema totalitario. El conde Tokray juega con la idea de convertirse en un museo de las modales y de la cultura de la antigua aristocracia rusa. "Podrían observar mis maneras, mis modales, mi forma de usar el lenguaje, toda esa distinción natural que la marea de la historia ha borrado. Y le diré más, dijo el conde, no me sentiría incómodo, sino todo lo contrario. No lo consideraría una afrenta, ni una colaboración abierta con el Régimen. Sería en realidad un ejemplo de mi fidelidad al Zar y a la cultura y las costumbres de la época de esplendor de la nobleza rusa, conservada y preservada por mí. [...] ese museo serviría para hacer reflexionar a los jóvenes rusos a quienes les bastaría comparar el antiguo modo de vida, representado por mí, con la vida actual, con su propia vida en esos monobloques *onereux et bizarres*; les bastaría sólo con comparar para que los velos cayeran de sus ojos. ¿No podría ser esa una forma de iniciar el movimiento de conciencia que nos lleve a la derrota del Régimen y a la Restauración?" (119-120)

Tardewski descubre que *Mi lucha* de Hitler es la crítica práctica y la culminación del racionalismo europeo que se inició con *El discurso del método* de Descartes y saca sus conclusiones personales. Decide terminar su carrera de filósofo de gran futuro, abandona sus estudios universitarios, rompe con los círculos académicos y decide ser un fracasado. "Prefiero [...] ser un fracasado a ser un cómplice" (191).

Emilio Renzi, por su parte, investiga la vida de Marcelo Maggi, probablemente liquidado por el sistema, hereda y recoge los apuntes del Profesor sobre Enrique Ossorio, y en el futuro cercano posiblemente seguirá con las investigaciones interrumpidas de Maggi; Emilio Renzi decide enfrentarse con la pesadilla del presente igual que lo hizo Franz Kafka en otro momento.

Respiración artificial habla, entre otros, de Enrique Ossorio, Marcelo Maggi, Tardewski, el conde Tokray, Franz Kafka y Emilio Renzi, y al mismo tiempo habla de historia, de literatura y de filosofía. *Respiración artificial* es un acto de resistencia en sí, y un homenaje a todos los seres humanos que siguen siendo hombres morales según la terminología de Immanuel Kant, es decir saben que el más alto de los bienes no es la vida, sino la conservación de la propia dignidad (211).

La clave secreta del texto encriptado, imposible de descifrar para la política es la estética, la calidad artística y la moral humana.

BIBLIOGRAFÍA

FERNÁNDEZ PORTA, Eloy (2000), "Teoría y práctica del relato en Ricardo Piglia", *Quimera*, 198/2000.

FRYE, Northrop(1996), *Poderosas palabras. La Biblia y nuestras metáforas*, Barcelona, Muchnik Editores S.A.

GONZÁLEZ, José Manuel (2009), *En los "bordes fluidos". Formas híbridas y autoficción en la obra de Ricardo Piglia*, Bern, Berlin, Bruxelles, Frankfurt am Main, New York, Oxford, Wien, Peter Lang, Perspectivas Hispánicas, 27.

LÁSZLÓ, János (2005), *A történetek tudománya. Bevezetés a narratív pszichológiába*, Budapest, Új Mandátum Könyvkiadó.

LÉVY, Jacques (2002), "A helyek szelleme", en Benda Gy. – Szekeres A. (szerk.), *Tér és történelem*, Budapest, L'Harmattan.

MESA GANCEDO, Daniel (coord.) (2006), *Ricardo Pilglia y el arte nuevo de la sospecha*, Sevilla, Universidad de Sevilla.

NUÑO, Ana (2000), "Por fin, Piglia", *Quimera*, 198/2000.

PIGLIA, Ricardo(1996), *Respiración artificial,* Buenos Aires, Espasa Calpe Argentina.

LA RELACIÓN DE MARIO VARGAS LLOSA CON LA REALIDAD: SU REFLEJO EN LAS REVISTAS LITERARIAS SERBIAS

VESNA DICKOV
Universidad de Belgrado

Resumen: El propósito del presente trabajo es mostrar la imagen y la visión de la realidad que se formaron los lectores en Serbia sobre la base de los ensayos de Mario Vargas Llosa publicados en las revistas y los periódicos literarios serbios en el transcurso de las últimas tres décadas, teniendo en cuenta que la función principal de las obras literarias, para Vargas Llosa, es despertar el sentido y el pensamiento críticos en los lectores respecto a todos los problemas de la sociedad moderna (opresión, falta de libertad, corrupción, dictadura, guerra, injusticia social).
Palabras clave: literatura hispanoamericana, Vargas Llosa, realidad, recepción, Serbia

Abstract: The purpose of this paper is to show the image and vision of reality created among the readers in Serbia on the basis of the essays of Mario Vargas Llosa published in Serbian literary magazines and journals during the last three decades, taking into consideration that the main function of the literary works, for Vargas Llosa, is to awake the readers´ critical sense and thinking with regard to all the problems of modern society (oppression, lack of freedom, corruption, dictatorship, war, social injustice).
Keywords: Latin American literature, Vargas Llosa, reality, reception, Serbia

El corpus entero literario de Mario Vargas Llosa es un reflejo de la relación de este autor con la realidad, sobre todo la de América Latina y, especialmente, la del Perú en diferentes ámbitos (político, social, económico). A partir de la idea de lo real como fundamento de las obras de ficción, que son a la vez la expresión literaria de la realidad y la rebelión contra la misma, Vargas Llosa dejó de practicar en sus novelas totales la focalización de la narración desde el punto de vista de la primera persona, también abandonó el papel de narrador omnisciente, y desarrolló una aplicación de procedimientos narrativos (dato escondido, salto cualitativo, caja china, vasos comunicantes, elemento añadido) que le hicieron posible la creación de una literatura completamente objetivizada.

Pero ¿qué es lo que Mario Vargas Llosa sitúa bajo la noción literatura objetivizada? La respuesta a esta pregunta se puede encontrar en su artículo "El arte de mentir" que llegó hasta los lectores serbios a mediados de los años ochenta del siglo pasado, gracias a su traducción hecha del inglés por Gabriela Arc que fue publicada en la revista literaria belgradensa *Književnost* (1985). A partir de la pregunta si lo que escribía era verdad, o sea si sus novelas son ciertas o falsas, Vargas Llosa plantea el problema de la verosimilitud de la prosa narrativa y, más adelante, de la naturaleza de la ficción misma, lo que le enfrenta con una nueva cuestión: ¿es la novela, como género literario, sinónimo de irrealidad? La generalización, a primera vista contradictoria, de que todas las novelas siempre mienten y ofrecen una visión falaz de la vida, pero que, mintiendo, expresan una curiosa verdad, que solo puede expresarse disimulada y encubierta, disfrazada de lo que no es, tiene una explicación muy sencilla que revela, según Vargas Llosa, que toda novela, o mejor dicho, toda obra de ficción, nace de una inconformidad de casi todos los seres humanos con su suerte y de su deseo de querer una vida distinta de la que llevan; de ahí proviene que todas las novelas rehacen la realidad embelleciéndola o empeorándola, lo que nos lleva a la conclusión de que la función principal de la literatura es cambiar la realidad (1985:653).

Teniendo en cuenta que las novelas no se escriben para contar la vida, sino para transformarla añadiéndole algo, Vargas Llosa subraya que la originalidad de una obra de ficción reside precisamente en esos agregados a la vida en los que el escritor materializa sus obsesiones, experiencias y memorias estimulantes para su imaginación y que la originalidad es más profunda cuanto más ampliamente exprese una necesidad general y cuantos más sean, a lo largo del espacio y del tiempo, los lectores que identifiquen, en esos contrabandos filtrados a la vida, sus propios "oscuros demonios" (1985:654).

La línea fronteriza entre verdad y mentira en la ficción no depende del carácter realista o fantástico de una anécdota, sino la decide la calidad literario-estética de las modificaciones realizadas al transmitir los hechos de la vida real a la ficción, destaca Mario Vargas Llosa, y distingue dos tipos de las modificaciones respectivas: primero, las modificaciones que imprimen las palabras a los hechos que se notan tanto en el caso de un escritor realista que elige - entre innumerables palabras/signos que se le ofrecen - unas y descarta otras convirtiendo de tal modo "lo que describe" en "lo descrito", como en el otro caso del novelista de estirpe fantástica que describe mundos inexistentes que se vuelven, para el lector, símbolo o alegoría, es decir, representación de realidades y experiencias que él es capaz de identificar como posibles en la vida, y, luego, las modificaciones que se refieren al tiempo novelesco - sirven al escritor para conseguir ciertos efectos psicológicos y muestran cuál es la perspectiva cronológica del narrador para describir el tiempo narrado (el pasado anterior al presente; el pasado remoto que nunca llega a disolverse en el pasado próximo desde el que narra el narrador; el eterno presente, sin pasado ni futuro; un laberinto temporal en que pasado, presente y futuro coexisten, anulándose) (1984:654-655).

Todo lo dicho lleva a la conclusión de que la verdad de una novela depende únicamente de su propia capacidad de persuasión y de la fuerza comunicativa de su fantasía, o como dice Vargas Llosa, toda novela que hace vivir a sus lectores una ilusión, es buena novela y dice la verdad, mientras que toda novela que es incapaz de lograr esa superchería miente y se puede considerar la novela mala; consecutivamente, la novela es un género amoral o, más bien, de una ética *sui géneris,* para la cual verdad o mentira son conceptos exclusivamente estéticos (1984:656).

Tomando en consideración todo lo expuesto hasta ahora, podemos ver que el propósito de las obras literarias consta en llenar el espacio vacío entre la vida real y los deseos y fantasías humanos, es decir, en aplacar la insatisfacción humana, reflejando a la vez una protesta más o menos profunda y cierto escepticismo. La idea de la ficción como un sucedáneo transitorio de la vida es planteada por Mario Vargas Llosa sobre la base de que la ficción siempre florece en los tiempos difíciles, cuando alguna cultura religiosa entra en crisis y la vida cotidiana se aleja de los esquemas, dogmas y preceptos que la sujetaban, porque el orden artificial de las obras de ficción proporciona refugio, seguridad y liberación de todos los temores que la realidad incita y no alcanza a saciar o conjurar; sin embargo, la literatura también azuza los apetitos humanos, espoleando la imaginación, puesto que vivir a través de las ficciones las vidas que uno no vive en la realidad es fuente de ansiedad, un desajuste con la existencia que puede tornarse rebeldía, actitud indócil frente a lo establecido. Por ello, no nos debe sorprender que los regímenes, que aspiran a controlar totalmente la vida, desconfían de las ficciones y las someten con frecuencia a censuras. Salir de sí mismo y, de esta manera, ser otro, aunque sea ilusoriamente y sólo por unos momentos breves, representa una manera de ser menos esclavo y de experimentar los riesgos de la libertad, concluye Vargas Llosa (1984: 657).

La función social de la literatura, así como su razón y manera de existir, están esencialmente ligadas con el nivel de la libertad obtenida en ciertas épocas de la historia humana, tema principal del ensayo "La cultura de la libertad" de Mario Vargas Llosa, una obra amplia que está compuesta de seis partes independientes, marcadas respectivamente con números romanos, y que fue traducida del español al serbio por Ivan Radosavljević y publicada a comienzos de los años noventa del siglo XX en el periódico literario de Belgrado *Književne novine*.

Las primeras dos partes del ensayo arriba mencionado llegaron hasta los lectores serbios unidas bajo el título "La cultura de la libertad". El autor, siempre muy centrado en la realidad objetiva a fin de determinar su propio papel del escritor en circunstancias concretas, examina el estado actual de la sociedad contemporánea que con cada día nuevo está más vinculada y sometida al progreso tecnológico acelerado e intenta adivinar el futuro de los libros en tales condiciones sociales impuestas. El choque entre las dos culturas, la alfabética y la audiovisual, que está ya en transcurso, deja pocas esperanzas en cuanto a la supervivencia de la primera, que utiliza las letras, frente a la segunda, que opera con los signos. Aunque consciente de que el libro como modalidad formal dominante - hasta nuestros días - de presentar una obra de ficción a sus usuarios y de conservar los conocimientos humanos ha llegado a ser un anacronismo por razones del desarrollo excelente de los medios de comunicación de masas (radio, televisión, cine, internet), Vargas Llosa todavía rechaza la posibilidad de pronta reducción de la cultura alfabética al nivel de los círculos universitarios y científicos, porque la desaparición de los libros significaría también la desaparición de la cultura de la libertad y transformación del mundo en una sociedad de robots imbéciles. El favoritismo de la cultura audiovisual sobre la alfabética no ocurre por pura casualidad, según la opinión de Vargas Llosa, sino es dirigida deliberadamente por aquellos hombres cuyo interés no democrático impide el desarrollo de la creatividad individual, destruye la imaginación y disminuye la sensibilidad humana (1994a:11).

La escritura es un acto de libertad, en muchos países su última defensa. El destino de la escritura está indisolublemente ligado al destino de la libertad, este "vicio" o "enfermedad" que, aunque un poco tarde, afectó a buena parte de la humanidad y que será, o ya lo es, el obstáculo primordial que detendrá el impacto apocalíptico de penetración de la cultura audiovisual. Mario Vargas Llosa destaca que el proceso creativo es la única oportunidad de un hombre para expresar la totalidad de su ser, puesto que todas las obras de arte - y las de la ficción, por supuesto - representan los resultados de los esfuerzos conjuntos de lo intelectual y de la intuición, de lo consciente y de lo subconsciente, y, por lo tanto, tienen el valor estético eterno en los aspectos temporales y espaciales, como por ejemplo los poemas de Homero o las comedias de William Shakespeare. La obra literaria del primero es producto del triunfo de la razón de la antigua Grecia sobre la irracionalidad característica de las civilizaciones precristianas; este triunfo ha sido sobre todo la victoria de la libertad, porque el poeta por primera vez en la historia de la humanidad no era encargado solamente de ilustrar la moral reinante con el ritmo y la melodía, sino que se sentía libre de crear como un individuo independiente, utilizando toda su imaginación, introspección, deseos y razón. Por otro lado, el genio de Shakespeare, que era el primero que puso sobre la superficie las pasiones contradictorias que impregnan a menudo el alma del ser humano hasta su mismo fondo, se desarrolló gracias a la capacidad intelectual extraordinaria del famoso autor inglés de reconocer las circunstancias sociales favorables que le ofrecía su época, comparada con las dictaduras de Adolf Hiltler e Iósif Stalin; el imperio de los Tudor era tiránico en su esencia y muy rígido en cuanto a la moral pública, pero no prestaba mucha atención al teatro, considerándolo una actitud demasiado plebeya y fuera del ámbito de la cultura oficial, lo que ofrecía un privilegio creativo a los dramaturgos que Shakespeare supo aprovechar de la mejor manera posible. Sin entrar en un análisis más detallado de otros ejemplos, Vargas Llosa concluye que es indudablemente muy difícil, casi imposible, definir una noción tan compleja como la libertad y que, por ello, sería mucho más útil investigar su presencia a lo largo de la historia humana, estudiar los peligros que la amenazan y adivinar qué es lo que ella significa tanto para un individuo como para la sociedad en su conjunto (1994a: 11).

La tercera y la cuarta partes del ensayo "La cultura de la libertad" aparecen en su traducción al serbio unidas bajo el título "La hazaña de la libertad". Llevado por el concepto de que la libertad en la literatura, así como en todas las demás actividades humanas, viene inesperadamente y casi por casualidad, Vargas Llosa destaca su fuerte impulso creativo y renovador: las obras de alta calidad artística nacen con más frecuencia en condiciones de creación libre, mientras que, bajo vigilancia y con censura, su número es muy escaso, muy buen ejemplo de ello es la literatura hispanoamericana colonial que después de tres siglos desde su duración, salvo algunas rarísimas excepciones como Sor Juana Inés de la Cruz y Garcilaso de la Vega, el Inca, dejó un gran número de autores que trabajando en condiciones estériles y definidas por reglas fijas, tuvieron que dirigir sus esfuerzos creativos hacia el campo de las decoraciones exteriores que a menudo entraban en extravagancias formales, ya que el campo de las ideas fue estrechamente definido por las normas dogmáticas vigentes. Aunque la libertad creativa no ofrece por sí misma ningún tipo de garantía de genialidad, es cierto que solo la obra nacida de la totalidad humana comprende, junto con la capacidad artística, también la valentía moral y que supera los límites del tiempo y del espacio, acentúa Vargas Llosa añadiendo que esto rara vez ocurre en las culturas religiosas o ideológicas opresivas, en las cuales el creador está siempre obligado a respetar varias limitaciones exteriores e interiores (censura, autocensura) (1994b:11).

La más importante consecuencia de la introducción de la libertad en otras actividades humanas como el comercio y desarrollo de la artesanía, que Mario Vargas Llosa destaca varias veces a lo largo de su ensayo, es la aparición del hombre como individuo independiente con su entidad moral, jurídica e histórica, que ocurrió en la época moderna durante el auge de la historia ética de la humanidad. La idea del hombre como individuo con todos sus derechos y obligaciones en los cuales se basan la existencia y vida en la comunidad representa el producto directo de la hazaña de la libertad ganada y, a la vez, el motor principal del desarrollo de civilización entera, que, sin embargo, puedan tener connotaciones tanto afirmativas cuanto negativas (1994b:11).

Tomando en consideración todos los aspectos de la libertad obtenida y las experiencias de su uso y abuso en un pasado más o menos lejano, Vargas Llosa se pregunta cuál será nuestro futuro. Su respuesta contiene una mezcla de optimismo y pesimismo, porque es muy evidente que habrá otros abusos de la libertad en el futuro, pero, por otro lado, también es obvio que tanto el individuo como la nación siempre optarán por ella cuando tengan la posibilidad de hacerlo y cuando no la tengan estarán preparados para hacer mayores sacrificios en obtenerla. La abolición de la libertad llevada a cabo hasta ahora en varias sociedades con dictaduras autoritarias o religiosas y aquellas con regímenes totalitarios ha demostrado hasta ahora que el fervor religioso fanático pueda convertir la libertad en algo inútil, ofreciendo una ilusión de felicidad y satisfacción emocional que no se encuentran en ella, a condición de convertir a uno en parte integral del colectivo sin ningún tipo de proyección individual autónoma (Vargas Llosa, 1994b:11).

Las últimas dos (quinta y sexta) partes del ensayo "La cultura de la libertad" disponibles para los lectores serbios están unidas en un texto con el título "La renuncia a la libertad", texto en el que el autor reflexiona sobre la opción, siempre presente, de vivir sin libertad en una sociedad opresiva por razones religiosas o ideológicas. A partir de la observación de que la libertad trae consigo – junto a beneficios y ventajas - la responsabilidad de hacer una elección entre las diferentes posibilidades ofrecidas, lo que a algunos intelectuales puede resultar una tarea insoportablemente angustiosa y pesada, Vargas Llosa llega a la conclusión de que de ahí provienen las teorías sobre la libertad como una noción relativa, un privilegio formal relacionado con el poder y la felicidad, una ilusión de la cual se aprovecha una minoría gobernante para disimular la explotación de la mayoría y, más adelante, que este concepto conduce a la aparición de un fenómeno peculiarmente relacionado con nuestro tiempo que debería hacernos a todos pensar muy seriamente: en los países libres hay muchos intelectuales y artistas que con fervor defienden las ideas totalitarias, mientras que en las sociedades opresivas, sea por la causa izquierdista o por la derechista (como

Chile o Polonia), los intelectuales y artistas son los que lideran la lucha por la libertad (1994c:11).

Cuando el ojo crítico de Mario Vargas Llosa se vuelve hacia Europa, encuentra una evolución interesantísima de comprensión de la idea de libertad: la magia de la utopía inicial marxista-leninista se disipó en la posguerra con los resultados crueles del Gulag, numerosas revueltas de trabajadores, la dictadura de hierro, la censura de libre pensamiento o el control total de individuo, de modo que el intelectual europeo de hoy es, en general, un crítico lúcido del totalitarismo que admite, aunque de vez en cuando a regañadientes, que cualquier democracia liberal media garantiza las formas humanas y progresivas de la vida, lo que no le impide por otro – contradictorio – lado a mostrar frecuentemente su plena solidaridad con las ideas totalitarias que nacen en los países del Tercer Mundo.

En cuanto a la América Latina, Mario Vargas Llosa lamenta que muchos escritores renombrados que contribuyeron significativamente a la difusión de la fama de las letras hispanoamericanas y la lengua española en todo el mundo han puesto su nombre y palabra al servicio de los regímenes e ideologías enemigos de la libertad, ya se trata del totalitarismo marxista o de las dictaduras militares, y destaca que, por otro lado, los pueblos latinoamericanos nunca se inclinaban al despotismo, la mejor prueba son las elecciones celebradas durante los últimos veinte años en muchos países americanos (el Perú, Bolivia, Uruguay, Brasil, Venezuela, Argentina, Ecuador, Chile) en los cuales siempre ganaba la opción democrática de la vida común, independientemente de la orientación de izquierda o derecha del gobierno electo, lo que se explica por el fuerte deseo de la gente por la libertad, que en la América Latina no se ha perdido a pesar de la pobreza económica, injusticia, falta de educación, desesperación, frustración e infelicidad que trae la vida cotidiana (1994c:11).

Al final del ensayo, Mario Vargas Llosa introduce una metáfora al comparar el progreso de la civilización occidental, nacido de la emancipación del individuo, con un animal de dos cabezas, subrayando de tal modo su esencia contradictoria: mientras que una cabeza de este animal – la idealista y generosa – está dirigida hacia el bienestar y origina la aparición de la cultura de la libertad, otra cabeza – la mundana – está dirigida hacia la adquisición de poder a toda costa y lleva a la sociedad humana a la destrucción, que en nuestra época sería fatal, tomando en cuenta el desarrollo de la tecnología nuclear de la guerra. Puesto que es imposible erradicar del hombre el espíritu de destrucción bélica, la única solución a este problema Vargas Llosa la encuentra en dirigirlo desde el campo de las ciencias exactas y naturales hacia la literatura, que además de ser una manera de simple entretenimiento, tiene la función catártica, porque representa una realidad en la que el hombre puede expresar, sin hacer ningún daño, todos sus deseos, sueños y los más profundos instintos, es decir, "todos sus demonios" que harían la vida imposible si realmente sucedieran (1994c:11).

Uno de los mayores "demonios" humanos es para Mario Vargas Llosa el nacionalismo, al que dedicó su ensayo "El elefante y la cultura", que los lectores serbios pueden encontrar traducido del español por Jasmina Lazić y publicado en la revista literaria *Beogradski književni glasnik*. La composición de este ensayo comprende dos partes marcadas con números romanos igualmente que el ensayo anteriormente mencionado.

En la primera parte, el autor define el concepto del "nacionalismo cultural" y sus rasgos principales. El nacionalismo en el ámbito de la cultura consiste, según Vargas Llosa, en considerar lo propio como un valor absoluto e incuestionable y lo extranjero un desvalor, algo que amenaza, socava, empobrece o degenera la personalidad espiritual de un país. El "nacionalismo cultural" es una enfermedad global del siglo XX que arraiga fácilmente, incluso en los países de antigua y sólida civilización como la Alemania de Hitler, la Italia de Mussolini, la Unión Soviética de Stalin, la España de Franco, la China de Mao que intentaron crear mediante dogmas y censuras una cultura incomunicada y defendida del extranjerismo y el cosmopolitismo, mientras que en nuestros días – observa Vargas Llosa – está presente especialmente en los países del Tercer Mundo donde muestra su pretensión principal de autosuficiencia envuelta en el airecillo patriótico que consta en luchar por la "independencia cultural" y emanciparse de la "dependencia cultural extranjera" a fin de "desarrollar nuestra propia cultura" (2010:126).

Teniendo en cuenta que el nacionalismo es la cultura de los incultos, Vargas Llosa lo considera el mayor tropiezo, apoyado por la ignorancia y la demagogia, para el desarrollo cultural de países, y propone que hay que combatirlo resueltamente, pues en caso de llegar hasta el nivel en el que se convierte en política oficial del "ogro filantrópico" es previsible que la vida rica, creativa y moderna jamás será posible (2010:127).

Mario Vargas Llosa no clasifica las culturas en "dependientes" o "emancipadas", sino que distingue las culturas pobres y ricas, arcaicas y modernas, débiles y poderosas. Lo que es común para todas ellas es su inevitable dependencia o interconexión puesto que ninguna cultura se ha gestado, desenvuelto y llegado a la plenitud sin nutrirse de otras y sin, a su vez, alimentar a las demás, en un continuo proceso de préstamos y donativos, influencias recíprocas y mestizajes, en el que sería dificilísimo averiguar qué corresponde a cada cual y añade que ahora, cuando el extraordinario adelanto de las comunicaciones ha volatizado las barreras entre las naciones y ha hecho a todos los pueblos copartícipes inmediatos y simultáneos de la actualidad, las culturas están vinculadas aún más fuertemente que antes (2010:127).

Con el objetivo de ilustrar lo absurdo de las nociones de "lo propio" y "lo ajeno" en el dominio cultural, al final de la primera parte del ensayo "El elefante y la cultura", Vargas Llosa menciona a Rubén Darío, Octavio Paz y Jorge Luis Borges como los escritores que han dado a la literatura hispanoamericana un sello más personal, mostrando menos complejos de inferioridad frente a los valores culturales forasteros, lo que le hace concluir que la originalidad no está reñida con las influencias y ni con la imitación o el plagio, porque el único modo en que una cultura puede florecer es en estrecha interdependencia con las otras (2010:128).

La segunda parte del ensayo, el autor la dedica a la manera en cómo un país debe y puede fortalecer y desarrollar su cultura. Para Vargas Llosa la cultura contemporánea será auténtica y creativa solamente si permanece abierta a todas las corrientes intelectuales, científicas y artísticas, estimulando la libre circulación de las ideas, de manera que la tradición y la experiencia propias se vean constantemente puestas a prueba, y sean corregidas, completadas y enriquecidas por las de quienes, en otros territorios y con otras lenguas y diferentes circunstancias, comparten con nosotros las miserias y las grandezas de la vida humana (2010:129).

A partir de la idea de que la vida cultural es más rica mientras es más diversa y mientras más libres e intensos son el intercambio y la rivalidad de ideas, Vargas Llosa representa a los lectores su país natal, el Perú, como un excelente ejemplo del mosaico cultural en el que coexisten desde las culturas prehispánicas y la cultura española hasta el substrato africano-asiático y la mezcla de comunidades amazónicas con sus idiomas, leyendas y tradiciones. También menciona a los escritores – Martín Adán, José María Eguren, José María Arguedas, César Moro – que de la mejor manera, con sus obras de ficción respectivas, comprueban que la literatura peruana, a pesar de todos sus aspectos contradictorios (extranjerizante y folklórica; tradicional y vanguardista; costeña, serrana o selvática; realista o fantástica; hispanizante, afrancesada, indigenista o norteamericanizada) se desenvolvió con una libertad de la cual nunca gozó su propio pueblo, porque los dictadores privaron de libertad a los hombres en el pasado, mientras que las dictaduras de ahora son ideológicas y quieren dominar las ideas y los espíritus protegiendo la cultura nacional contra la infiltración foránea, o sea contra el peligro de la "desnacionalización", mediante los sistemas de control del pensamiento y la palabra que sumen a la sociedad en el letargo espiritual (2010:130-131).

La única manera de asegurar la libertad y el pluralismo cultural reside en fijar claramente la función del Estado en este campo. Aunque es plenamente consciente de que es difícil y casi utópico conseguir la neutralidad frente a la vida cultural en nuestros días, "ese elefante tan grande y tan torpe que con sólo moverse causa estragos", Mario Vargas Llosa insiste en la idea de que el Estado es el que debe garantizar la libertad de expresión y el libre tránsito de las ideas, fomentar la investigación y las artes, garantizar el acceso a la educación y a la información de todos, sin imponer o privilegiar doctrinas, teorías o ideologías, sino permitir que éstas florezcan y compitan libremente (2010:132).

Además de la falta de libertad, otros dos peligros gravísimos, según Mario Vargas Llosa, amenazan el campo de la cultura tanto en los países subdesarrollados como en los desarrollados: por un lado, tenemos que enfrentarnos con el dogmatismo de los progresistas, así llamados a sí mismos, que ven a las potencias forasteras empeñadas en envilecer la cultura, aunque, en realidad, son ellos los que crean las dificultades imaginarias y continúan con la intolerancia cultural, y, por otro lado, tenemos los productos seudoculturales que - como el resultado del adelanto tecnológico de las comunicaciones y del desarrollo de la industria cultural - son ávidamente consumidos por una enorme masa de lectores ofreciendo un simulacro de vida intelectual y anulando los valores artísticos de verdadera cultura (2010: 132-133).

Teniendo en cuenta que los medios de comunicación masivos no son culpables del uso mediocre o equivocado que se haga de ellos, la solución del problema causado por los productos seudoculturales no consta en las censuras y su prohibición, sino en la obligación de los artistas, científicos e intelectuales de conquistarlos para la verdadera cultura, elevando mediante la educación y la información el nivel del público y exigiendo al Estado y a las empresas que controlan estos medios una mayor responsabilidad y un criterio más ético en el empleo que les dan (2010:133-134). Indudablemente, se trata de un proceso fundamental de reconversión de todo el sistema cultural, que debe abarcar desde un cambio de psicología en el artista y en sus métodos de trabajo, hasta la reforma radical de los canales de difusión y los medios de promoción de los productos culturales; este proceso será largo y difícil, pero – asegura Vargas Llosa al final de su ensayo "El elefante y la cultura" – representa la única manera de acercarse al ideal de un mundo en el cual "la cultura sea por fin de todos, hecha por todos y para todos" (2010:134).

Se puede concluir que los lectores en Serbia obtuvieron, a partir de los ensayos de Mario Vargas Llosa publicados en las revistas literarias serbias, no sólo una imagen compleja y muy detallada de varios aspectos – especialmente los culturales – de la realidad contemporánea tanto hispanoamericana como global, sino también unas sugerencias del escritor peruano sobre cómo superar los problemas de la sociedad moderna en su transición de la dictadura a la democracia, sugerencias que permitirán a los lectores desarrollar su propio sistema de pensamiento crítico sobre los acontecimientos actuales, propósito esencial de toda obra de ficción según el credo literario de Vargas Llosa.

BIBLIOGRAFÍA

VARGAS LLOSA, Mario (1985), „Da li je proza umetnost laži", *Književnost,* 80/4, Beograd, 653-657.
VARGAS LLOSA, Mario (1994a), „Kultura slobode", *Književne novine,* 884, Beograd, 11.
VARGAS LLOSA, Mario (1994b), „Kultura slobode (2): Podvig slobode", *Književne novine,* 885, Beograd, 11.
VARGAS LLOSA, Mario (1994c), „Kultura slobode (3): Odricanje od slobode", *Književne novine,* 886, Beograd, 11.
VARGAS LLOSA, Mario (2010), „Slon i kultura", *Beogradski književni časopis,* 20/21, Beograd, 125-134.

BUCAREST, DE LA DICTADURA A LA LIBERACIÓN: UNA APROXIMACIÓN A TRAVÉS DE LAS OBRAS DE MIRCEA CĂRTĂRESCU

ALBA DIZ VILLANUEVA
Universidad Complutense de Madrid

Resumen: En la trilogía *Orbitor* del escritor rumano Mircea Cărtărescu se ofrece una visión de un período importante de la historia de su país: desde la II Guerra Mundial hasta la Revolución de 1989, que pone fin a la dictadura de Ceaușescu, precedida por el gobierno de Gheorghiu-Dej y la ocupación soviética. El objetivo de este trabajo es abordar la mirada de Cărtărescu sobre esta época, así como las consecuencias directas sobre la ciudad de Bucarest, que sufrirá en su propia fisonomía los delirios megalómanos del dictador y que se alzará, en ayuda de las personas que la habitan, para acabar con la crítica situación del país y traer la libertad para su pueblo.
Palabras clave: Mircea Cărtărescu, dictadura, Revolución Rumana, espacio urbano, Bucarest

Abstract: Trilogy *Orbitor*, of the Romanian writer Mircea Cărtărescu, focuses on an important period in the history of his country: from the Second World War to the Revolution of 1989, which puts an end to the dictatorship of Ceaușescu, preceded by the government of Gheorghiu-Dej and the Soviet occupation. The aim of this paper is to consider Cărtărescu's vision of this period as well as its effects on the city of Bucharest, which suffers the consequences of the megalomaniac delirium of Ceaușescu. The city will rise up to attend people who live there, in order to finish critical situation of the country and to achieve freedom.
Keywords: Mircea Cărtărescu, dictatorship, Romanian Revolution, urban space, Bucharest

Este trabajo pretende centrarse, más que en la transición hacia la democracia en Rumanía desde la dictadura de Nicolae Ceaușescu, en el hito histórico que pone fin a este período de penurias y represión (la Revolución Rumana de 1989) y en la peculiar manera en que Mircea Cărtărescu lo ficcionaliza en su trilogía *Orbitor* (concretamente, en el tercer tomo, *Aripa dreaptă*), combinando, en un mismo plano, los acontecimientos históricos, el contexto real extraliterario, con fragmentos de sueños, alucinaciones o deseos. El onirismo, rasgo propio de su narrativa especialmente destacado en las tres novelas, planea también sobre el episodio que nos ocupa. La historia rumana sirve de contexto para situar la acción de las novelas y cobra parte importante en ellas; no obstante, al igual que sucede con otros elementos como la propia urbe, al ser ficcionalizada muchas veces pierde de vista su referente, y es modificada de acuerdo a las intenciones narrativas del escritor. Así, de la misma forma que la ciudad real da lugar a modelos culturales urbanos que la distorsionan, mediante configuraciones metafóricas como pueden ser la ciudad-cuerpo, la ciudad-madre, la ciudad como objeto erótico y, sobre todo, la ciudad-sueño, los acontecimientos relativos a la situación político-social recreados en la obra pueden distanciarse, a veces de forma extrema, de aquellos que han pasado a formar parte de la historia oficial del país.

En el comienzo de *Orbitor. Aripa dreaptă*, se muestra ese ambiente convulso de diciembre de 1989, en los días inmediatamente anteriores al estallido de la Revolución en las calles de Bucarest, escenario por excelencia de las obras del escritor rumano. La gente comenta, sobre todo en las largas colas en las que los bucarestinos se agolpan durante horas para conseguir algo de comida, las noticias que llegan desde Timișoara. La información sobre las revueltas es confusa, en ocasiones notablemente exagerada, hiperbolizada quizá por la propia población a causa del boca a boca o del miedo, quizá por los medios de comunicación. Se habla de protestas ciudadanas; de eslóganes y pintadas pidiendo la destitución del dictador; de la entrada de los manifestantes en el Comité regional del Partido Comunista Rumano; de la quema de libros y retratos del *Conducător*; de las banderas tricolores con el escudo de la República Socialista Rumana arrancado; pero, por encima de todo ello, los habitantes hablan —siempre en voz baja ante el temor de ser escuchados por informantes o alguno de los muchos agentes de la *Securitate* (policía secreta) que solían infiltrarse en las colas— acerca de la represión brutal por parte del gobierno y sus órganos de seguridad: los tanques destruyen a cañonazos edificios del centro de la ciudad, y ejército, milicia y policía secreta disparan contra la población civil, causando numerosos heridos y víctimas, así como cientos de detenidos, que sufren torturas y vejaciones atroces: "Hay miles de arrestados en Timișoara [...], les pegan, los torturan. Los arrojan, vivos, desnudos y atados con alambre de espino, a descampados, en la helada de -18°. Se han encontrado cientos de muertos alineados en un gimnasio, con quemaduras de cigarrillo y con los ojos arrancados [...]. ¡Dios, qué salvajada! ¿Quién podría hacer algo así? ¿Quién puede odiar con tanta fuerza a la gente? [...] ¡Policías! ¡Agentes de la *Securitate*! Cuántos sádicos hay entre ellos [...]. Encontraron también a una mujer destripada, con el niño arrancado del vientre y puesto sobre el pecho. Ambos cubiertos por la nieve, congelados por el frío del invierno. La mujer tenía el vientre cosido con cuerda de embalaje. Son monstruos, no personas. La ciudad está totalmente aislada, nadie entra, nadie sale" (Cărtărescu, 2007:101-102)[1].

La novela se hace eco también del mítin protagonizado por Ceaușescu el 21 de diciembre, en el que el dictador, que pretendía calmar los ánimos y condenar la sublevación de Timișoara —apelando a la unión popular y recurriendo a los sintagmas rígidos y las fórmulas características de sus discursos ya carentes de cualquier significación (Popeanga, 1990)—, se ve totalmente contrariado y anonadado por las protestas que surgen entre los asistentes. Desde el balcón presidencial del Comitetul Central (actual Palacio del Senado), Ceaușescu ve cómo sus palabras, lejos de cumplir sus propósitos, generan abucheos y signos de desprecio; incapaz de frenarlo, regresa al interior del edificio.

Tras este episodio, que los bucarestinos han podido seguir desde sus televisores, los acontecimientos se desencadenan rápidamente. El ambiente deviene cada vez más turbulento en la capital; ya se habla abiertamente de revolución: los estudiantes se movilizan para protestar contra la represión en Timișoara y contra el dictador. A través del protagonista, Mircea, que participará de forma directa en algunos de los actos revolucionarios, asistimos a la convulsión de los fatídicos días previos a la Navidad de 1989. Una multitud de estudiantes se congrega en Piața Palatului (Plaza del Palacio), actual Piața Revoluție (Plaza de la Revolución), frente al Comité Central. Los manifestantes entonan al unísono eslóganes, como "Nu vă fie frică, Ceaușescu pică!" ("¡No tengáis miedo, Ceaușescu cae!"), "Ole, ole, ole, Ceaușescu nu mai e!" ("¡Olé, olé, olé, Ceaușescu ya no está!") o ,"Jos, Ceaușescu! Jos, jos, jos!" ("¡Abajo, Ceaușescu! ¡Abajo, abajo, abajo!"), ya oídos en Timișoara y que habrían de permanecer en la historia como auténticos símbolos de la Revolución. Entre los tanques que esperan órdenes para entrar en acción, francotiradores desde los tejados, milicianos camuflados en el tumulto y demás fuerzas del orden enviadas para sofocar las revueltas, la atmósfera se tensa hasta que, finalmente, se abre fuego contra los manifestantes, quienes, pese al terror y el desconcierto de los que son presas en primera instancia, se mantienen unidos. El siguiente

---

[1] Las traducciones de los tomos segundo y tercero de *Orbitor*, *Corpul* (2008) y *Aripa dreaptă* (2007), son mías. Para el primer volumen, *Aripa stângă*, sigo la traducción al español publicada por Funambulista (*Cegador*, 2010).

fragmento, que culminará con el asesinato de una estudiante, puede servir como ilustración de la marea humana que inunda el corazón de la capital y persevera en su lucha: "¡Libertad, libertad!", gritaban los trescientos jóvenes en el frío, la oscuridad y la desolación del gran desfiladero de *Calea Victoriei*, cuando, sin previo aviso, los dos tanques dispararon las primeras ráfagas con las ametralladoras de a bordo. Su llama [...] aumentó un momento la agitación caótica de los cuerpos vestidos pesadamente, de pleno invierno, en un cuadro lívido: fantasmas sin sangre, ojos relucientes, bocas tan abiertas que se veía, en el fondo de la garganta, la úvula, manos crispadas sobre las ropas de otros, cabellos de mujer esparcidos en el aire de alrededor, incendiándolo. Y la respiración desvaída de trescientas bocas, levantándose inmóvil hacia el cielo, vaporoso como un espejo acercado a los labios del moribundo, gritando su propio lema: "¡Estamos vivos, estamos todavía vivos!". Casi instantáneamente explota el ruido, proyectado en las vitrinas con las cortinas plisadas de la brasería, en las placas de travertino de los bloques de entreguerras, haciendo que los tímpanos sangrasen y que las vísceras se contrayesen. Gritos agudos de las chicas, desorden tremendo, el intento de huir hacia atrás, hacia *Piața Victoriei*, el golpe de los escudos de plástico, el dolor sordo de las porras de goma sobre la cabeza, sobre la espalda, los gorros caídos al suelo, pisoteados, la huida hacia atrás, algunos cayendo, agarrándose desesperadamente a los demás. La presión enorme de los cuerpos buscando escapatoria, presionando caóticamente ora en un punto, ora en otro, de la multitud elástica [...]" (Cărtărescu, 2007:211).

Cuando más mermadas parecen estar las fuerzas de los estudiantes, en favor de quienes legitiman el régimen mediante su defensa, la Revolución da un vuelco importante. Columnas de obreros van llegando desde las zonas industriales de la ciudad hacia el centro, en la mañana del 22 de diciembre. Pasan frente a las fuerzas del orden sin miedo, pues los arrestos y agresiones han cesado: ahora atentar contra los manifestantes supondría atentar contra los trabajadores, base social del régimen, modelo social por excelencia de la República Socialista de Rumanía (Chavero Pozo, 2001:7). La vía principal de la ciudad, Calea Victoriei (la calle de la Victoria) y los aledaños, las plazas del Palacio y de la Universidad son algunos de los principales escenarios de la vorágine revolucionaria, a la que se ha unido la Armada: en los tanques ondean ahora banderas tricolores y los manifestantes se suben a ellos, haciendo el símbolo de la victoria y cantando el antiguo himno nacional, *Deșteaptă-te, române* ("¡Despiértate, rumano!"). El dictador, al ver reducidos sus apoyos, abandona la capital en el helicóptero presidencial, desde la terraza del Comité Central, logrando escapar a tiempo de los revolucionarios que asaltan el edificio, y queman sus retratos y sus obras.

Cuando el movimiento revolucionario estaba a un paso de triunfar, habiendo conseguido ahuyentar al dictador, conquistar la TV y poner de su parte al Ejército, una nueva ola de pánico se extiende en las calles bucarestinas, de mano de un enemigo anónimo, el "terrorista", la figura más temida, perseguida y enigmática de la Revolución Rumana (Stefanescu, 2004:19). En un intento de identificarla, los personajes barajan distintas posibilidades: agentes extranjeros, miembros de la policía secreta o los miles de huérfanos, que, habiendo sido adoctrinados en una obediencia absoluta a los Ceauşescu, y adiestrados en la lucha armada, todavía permanecían leales al matrimonio, al que consideraban como sus propios padres. Ante esta nueva y temible amenaza, los habitantes se refugian en sus casas y en las bocas de metro, mientras en el exterior prosiguen los tiroteos y cañonazos.

El caos invade la ciudad en la noche trágica del 22 al 23 de diciembre: se declara el Estado de Urgencia, hay controles en los domicilios y patrullas en cada rincón. La gente teme que Ceauşescu haya vuelto, creen verlo por todas partes, y los que, como Costel —padre del protagonista y uno de los muchos miembros del PCR—, han evidenciado mediante la quema de su carnet su apoyo a la revolución y su profundo desencanto ante la traición de los ideales comunistas por parte del régimen, expresan su miedo a las posibles represalias.

Es en este punto de inflexión en que la sublevación parece flaquear cuando entran en escena, transgrediendo la dimensión histórica del relato, unos nuevos personajes determinantes en el desarrollo del movimiento revolucionario. Se trata de las estatuas de los distintos puntos de la geografía bucarestina que, bajando de sus pedestales o de las fachadas en que se encontraban, forman un ejército que pretende liderar el cambio. Bucarest, que a lo largo de toda la trilogía había sido presentada en como ciudad-cuerpo, como organismo vivo capaz de realizar acciones y experimentar sentimientos humanos, despierta ahora de su letargo para tomar parte activa en la superación del régimen que los había sometido —a los ciudadanos, pero también a la propia urbe— a tanta miseria. Y es que la ciudad, hasta ahora testigo mudo de las vicisitudes históricas por las que ha atravesado el país, ha sufrido en su arquitectura, en sus calles, plazas, edificios y barrios todos sus efectos, desde los bombardeos de la Segunda Guerra Mundial hasta la revolución que aquí nos ocupa, pasando por los años del nacional-socialismo, perdiendo muchos de sus elementos característicos y, por ende, parte importante de su identidad.

En el primer volumen, *Aripa stângă*, vemos el resultado de la implicación de Rumanía en la Segunda Guerra Mundial, que, antes de pasar al bando contrario se sitúa en primera instancia al lado del Eje, con el afán de recobrar los territorios perdidos a favor de Rusia y Hungría (VV.AA., 1994). En abril de 1944, aviones aliados bombardean Bucarest, dejando algunas partes de la ciudad, especialmente el centro histórico, muy deterioradas. En una de las calles céntricas más afectadas, Pictor Arthur Verona, se muestra un panorama desolador: las bombas han reducido a escombros los edificios, comercios y talleres de la zona. Los restos humanos se mezclan con los restos materiales; entre el polvo, fragmentos de piedra, ladrillo, cristal y metales sobresalen miembros cercenados, vísceras, órganos y charcos de sangre, mientras que otros muchos cuerpos quedan sepultados. Esta "carnicería" convierte la mentada calle en la "calle de la muerte" (Cărtărescu, 2010:182-183) y a la capital en ciudad "cementerio" (Popeanga, 2014:265). Tras los ataques aéreos sobre la vecina ciudad de Ploieşti, punto estratégico debido a sus yacimientos de petróleo, las fuerzas americanas se ciernen sobre la capital, dejando un Bucarest herido, mermado tanto en población como en patrimonio histórico (Durandin y Tomescu, 1988).

Con la llegada del comunismo a Rumanía, la capital experimenta numerosos cambios, desde la más superficial ostentación de símbolos (banderas rojas que ondean en los portales o en lo alto de los edificios, estatuas de personalidades directa o indirectamente relacionadas con el comunismo, etc.) hasta la profunda remodelación urbana: tanto durante el mandato de Gheorghiu-Dej, como con el posterior régimen *ceauşista*, se destruyen multitud de edificios e incluso barrios enteros para edificar en su lugar ora bloques para la clase obrera, ora gigantes arquitectónicos como Casa Scânteii o Casa Poporului.

El proceso de urbanización desenfrenada se plasma en el derribo (sentido por el protagonista como amputación) y en el levantamiento de los grandes bloques de cemento y hormigón de influencia soviética, conocidos popularmente como "cajas de cerillas": "[…] los nuevos barrios obreros, levantados a un ritmo cada vez más acelerado para la gente trabajadora tras 1950, muestra del cuidado para el hombre del Partido de la clase obrera. Hectáreas de bloques […], células de hormigón con techos que parece que se desmoronan encima de ti, aplastándote vivo. Bloques sobre bloques, a una palma los unos de los otros, con nombres codificados como las piezas de una plaquita electrónica, bloques con infiernos desbordados, que huelen a basura doméstica, con tuberías de plomo venenoso […]. Complejos avícolas para la gente, lagares grisáceos de exterminación donde las mejillas se reabsorben hacia adentro y la piel se avejenta. Miles, decenas de miles de bloques obreros con paredes delgadas como el papel, por las que oyes el eructo, los tacos, los esfuerzos para cagar y los gemidos de los vecinos, bloques donde en invierno el agua de los radiadores se congela y los rompe, donde en verano se te hierve el cerebro por el bochorno" (Cărtărescu, 2007:229-230).

La pobreza de estos lugares, donde se ven confinados los obreros, contrasta con la grandiosidad y el lujo de edificios como Casa Scânteii, actual Casa Presei Liber. Construido por orden de Dej a imitación de la Universidad Lomonosov para albergar la sede del periódico oficial del Estado (*Scânteia*), es uno de los más importantes templos del comunismo. Este enorme palacio de mármol blanco exhibe algunos de sus emblemas, como la hoz y el martillo, la estrella de cinco puntas y la gran estatua de Lenin que lo preside, cinco veces más alta que un hombre corriente. Pero, sin duda, Casa Poporului es, tanto por sus características como por su simbolismo, el edificio que mejor ejemplifica la barbarie de este período.

Principal exponente del socialismo megalítico, por encima de otras empresas faraónicas como el Transfăgărășanul (el camino que atraviesa las cimas más altas del país) o el canal Danubio-Mar Negro, es el edificio más grande del mundo en cuanto a volumen, con sus dos millones y medio de metros cúbicos solo en la superficie, y el segundo en extensión, después del Pentágono, con casi medio millón de metros cuadrados construidos. El conjunto, compuesto por 21 cuerpos de edificios levantados en seis niveles hasta la altura de 100 metros, reunía las tres instancias supremas del poder: la Presidencia, el Consejo de Ministros y el Consejo de Estado. Este espacio, a un tiempo fascinante y detestable, suscita múltiples rumores y leyendas que magnifican sus ya de por sí desmesuradas proporciones y características; se dice que su interior es de un lujo excesivo, donde hasta los grifos son de oro; las alfombras, de miles de metros cuadrados, tan espesas que podrías hundirte en ellas hasta las rodillas; las lámparas de cristal, con miles y miles de brazos... Pero son sus subterráneos el objeto de las especulaciones más disparatadas: el búnker subterráneo no solo comunicaría a través de miles de túneles con todas las instituciones del Estado y contaría con sus propias habitaciones, baños e instalaciones de purificación de aire, sino que sería inmune a explosiones nucleares, enfermedades e, incluso, a la muerte. El coloso es la muestra más notable de la ciudad mítica (Angoso García, 2002:110) o ciudad-himno (Fraticelli, 2009:37) que se pretende erigir en aras del "progreso": "De hecho, *Casa Poporului* no era un edificio, era todos los edificios a la vez, de todos los tiempos y de todos los continentes. En el cuerpo de mamut de la quimera *ceaușista* reconocías la Universidad Lomonosov, el Faro de Alejandría, el Empire State Building, los zigurats y las pirámides, el Reichstag, la Torre de Babel, hasta las construcciones ciclópeas a lo largo de las islas Canarias, los vestigios de la Atlántida, los inmensos cilindros de granito de Tiahuanaco, o incluso las construcciones de Cydonia [...]. Los montes habían sido despojados de mármol y de piedra, los ríos habían sido dragados de arena, los filones de hierro y de oro habían sido agotados. Decenas de miles de esclavos habían padecido durante años la mega-obra del nuevo faraón, mezclando el hormigón con huesos y sangre, enterrando la sombra en los cimientos del monstruoso monasterio" (Cărtărescu, 2007:468-469).

Durante el segundo tomo de *Orbitor*, asistimos a la construcción del "coloso babilónico" (Cărtărescu, 2008:129), con las excavadoras trabajando día y noche, a un ritmo acelerado. En las obras de este edificio descomunal sin precedentes, quienes no sucumben en el intento padecen condiciones extremas; exhaustos y helados, los cientos de soldados que participan en el faraónico proyecto acuden a las salas de cine en busca de refugio y un poco de descanso. Las basílicas ortodoxas (*biserice*) son arrancadas de sus cimientos y llevadas sobre ruedas hasta garajes y depósitos en los bloques; cientos de familias son obligadas a abandonar sus casas, llevando todas sus pertenencias a cuestas; los edificios y demás viviendas son arrasadas dando lugar a un terreno vacío y cenagoso, donde se habría de erigir el gran monstruo arquitectónico. Como resultado, donde una vez había estado Uranus, un barrio tranquilo de pequeñas villas, ahora no había más que un gran desierto lleno de basura, excrementos, hierros y tablas llenas de clavos. Este lugar mítico se construye, por tanto, sobre una base de muerte y destrucción; es, a un tiempo, monumento y mausoleo con el que Ceaușescu pretende grabar su nombre en la historia (Popeanga, 2012).

Si los bombardeos de las potencias extranjeras amputaban a la ciudad algunos de sus miembros, la sistematización y los delirios del megalómano dictador acaban por mutilar la capital rumana, distanciándola de sus habitantes, que ya no pueden reconocerla ni reconocerse en ella (Diz Villanueva, 2015): Bucarest se torna entonces la ciudad más triste del mundo (Cărtărescu, 2008:15), asfixiada también, como el resto de Rumanía, por las tres efes: foamea, frigul și frica ("hambre, frío y miedo") (Cărtărescu, 2007:281). Hambre, en un país que destina todos sus recursos a pagar la deuda externa dejando los mercados desiertos y a sus ciudadanos sin prácticamente nada que llevarse a la boca, salvo lo poco que consiguen tras largas horas en las colas; frío, por el nulo o pésimo aislamiento de los bloques de viviendas y los constantes cortes en el suministro eléctrico, que impiden combatir los duros inviernos de temperaturas bajo cero; y miedo, tanto al Estado y a sus mecanismos de control y represión[2] como a sus propios vecinos, debido a las frecuentes delaciones que equiparan a buena parte de la población civil con esa temida "herramienta del miedo, [...] instrumento de tortura psicológica inimaginable" (Cărtărescu, 2007:281- 282) que es la Securitate: "¿Y quién, si mira sinceramente su propia alma, no es, de hecho, también un poco agente de la *Securitate*? ¿Quién no ha denunciado al colega, en cualquier reunión de partido, así, por pura necedad, para no callar o para no quedar en evidencia, que ha presentado las actas para irse del país, que tiene dinero, que engaña a su mujer...? ¿Quién ha tenido fuerza para resistir cuando el agente de la *Securitate* de la

---

[2] La lista es larga: férrea censura; espionaje y extorsión; deportaciones, detenciones, torturas y asesinatos; campos de trabajo; manipulación mediante los medios de comunicación (en los que la intención propagandística y el culto al dictador sustituyen a su primigenia función informativa) y la educación (o, mejor dicho, el adoctrinamiento) en las escuelas; el plan de aumento de natalidad y los denigrantes exámenes ginecológicos a que eran sometidas las trabajadoras; las humillantes revisiones médicas en las fábricas; etc. Por todo ello, el régimen comunista rumano se considera, junto con el albanés, el más represivo de Europa Central y del Este (Bartosek: 1998:498).

fábrica, de la escuela, del IAS le ha propuesto hacer notas informativas?"(53-54).

Ante este panorama, la ciudad, en este caso representada a través de algunos de sus elementos constituyentes, reacciona. Las estatuas se sublevan. Si de una parte vemos a la Revolución Rumana, una gigante muchacha de piedra vestida con traje nacional que encarna los ideales democráticos de su pueblo, ayudando a los manifestantes y protegiéndolos de las balas con su propio cuerpo; por otra, asistimos a la formación de un ejército de hombres y mujeres de yeso, mármol y metal, encabezado por la enorme estatua de Lenin de Casa Scânteii, que decide participar del proceso revolucionario. Una y otras verán frustradas sus intenciones.

En el caso de la gran mujer rumana, tras ayudar a algunos revolucionarios a penetrar en el Comité Central, "centro supremo del poder" (Cărtărescu, 2007:418), es violada. La Revolución, simbolizada por la gran estatua, resulta ser un artificio[3] de un grupo de opositores al régimen (entre los cuales se encuentran algunos de sus miembros, como militares) que conspiran para hacerse con el vacío de poder tras la captura, el juicio y el fusilamiento de Ceaușescu y su mujer en la parte de atrás de un cuartel militar de Târgoviște[4]. En el interior de este espacio, los supuestos revolucionarios se reparten cargos y sientan las bases de la "nueva era": la disolución del Partido Comunista, la entrega de armas al Ejército por parte del resto de fuerzas... y un "lavado de imagen", una operación estética consistente en cambiar la denominación en vez del objeto designado (de *Securitate* a "servicio de información", de *Miliția* a la "policía"...). En la reescritura de Cărtărescu, que se hace eco de las muchas teorías e incógnitas surgidas en torno a estos sucesos (Stefanescu, 2004; Chavero Pozo, 2001), la revolución aparentemente espontánea sería en realidad un golpe de Estado minuciosamente organizado desde ciertos sectores del régimen y perpetrado en virtud de la manipulación mediática, encaminada a dramatizar los acontecimientos y a sembrar el pánico. La nueva fuerza urdida en las sombras recibe el nombre de *Frontul Supraviețurii Noastre* ("Frente de Nuestra Supervivencia"), cuyas siglas coinciden, y no de forma arbitraria, con las del Frente de Salvación Nacional, que tomó, en la realidad extraliteraria, las riendas del país tras la Revolución.

En el caso de las tropas de bustos, atlas, gorgonas y demás esculturas, eligen como guías a un miembro de la *Securitate* y a su mujer, una activista bien posicionada en la jerarquía del partido, debido quizá al desconocimiento de la auténtica condición del matrimonio, quizá a una

---

[3] La estatua es caracterizada a imitación del cuadro de Constantin Daniel Rosenthal *România Revoluționară*.
[4] Este hecho quedaría inmortalizado para la historia en una fotografía televisada del cadáver, la única "muestra de que el dictador ya no existía, de que habían escapado del tirano para siempre" (Cărtărescu, 2007:423).

estrategia acorde a las verdaderas intenciones de los hombres de piedra. Cualesquiera que sean las razones de su elección, el hecho es que los convierte en un nuevo peligro que amenaza toda posibilidad de cambio.

Pero, en este juego de mitificación-desmitificación del proceso revolucionario, interviene aún un factor más: la aparición divina gracias a la cual la ciudad, sometida a incontables penurias, es redimida. En el día de Navidad de 1989, fecha de la muerte del dictador, nacerá un nuevo Mesías, que ascenderá y se sentará, a la derecha del Padre, sobre esa máquina celestial (*Slava Domnului*, "la Gloria del Señor") que ha sobrevolado el cielo de Bucarest desde el comienzo de la Revolución, siguiendo de cerca el desarrollo de los acontecimientos. Los habitantes de la ciudad, que han acudido hasta el lugar donde se produce el Milagro (y que no es otro que la Casa del Pueblo), son alzados hacia el cielo y conducidos hacia una tierra mejor, mientras que la ciudad sucumbirá a una lluvia de fuego y azufre. Mediante la presencia divina, el destino de la ciudad se equipara al de otras ciudades bíblicas y es liberada, mediante un apocalisis que cabe entender no como condena sino como salvación, de un futuro incierto y aparentemente tan aciago como su pasado. En definitiva, la anhelada libertad del país llega por la acción, no de sus dirigentes ni falsos valedores, sino del propio pueblo, representado por el personaje de Herman, el elegido para incubar en su cráneo y dar a luz a la esperanza.

BIBLIOGRAFÍA

ANGOSO GARCÍA, Ricardo (2002), "Bucarest, la larga agonía del París de los Balcanes", *Historia 16*, 317, 109-121.

BARTOSEK, Karel (1998), "Europa central y el sureste", en Stéphane Courtois (ed.): *El libro negro del comunismo. Crímenes, terror y represión*, Madrid, Espasa Calpe, 441-509.

CĂRTĂRESCU, Mircea (2007), *Orbitor. Aripa dreaptă*, Bucarest, Humanitas.

CĂRTĂRESCU, Mircea (2008), *Orbitor. Corpul*, Bucarest, Humanitas.

CĂRTĂRESCU, Mircea (2010): *Cegador*, Madrid, Funambulista.

CHAVERO POZO, José Javier (2001), "La Revolución rumana de 1989", *Papeles del Este. Transiciones poscomunistas*, 2, 3-18.

DIZ VILLANUEVA, Alba (2015), "Ciudad víctima y ciudad verdugo: la reescritura de Bucarest en *Cegador*", en Alba Diz, Edmundo Garrido y Javier Rivero (eds.): *La ciudad hostil: imágenes en la literatura*, Madrid, Síntesis, 121-133.

DURANDIN, Catherine y Despina TOMESCU (1988), *La Roumanie de Ceaușescu*, París, Editions Guy Epaud.

FRATICELLI, Barbara (2009), "Bucarest. Encuentros, reencuentros y desencuentros", en Eugenia POPEANGA (coord.): *Bucarest: luces y sombras*, Sevilla, Grupo Nacional de Editores, 31-42.

GILAVE, Grupo de Investigación "La aventura de viajar y sus escrituras" (2012), "Nuevas mitologías urbanas", *Ángulo Recto. Revista de estudios sobre la ciudad como espacio plural*, vol. 4., 2, 99-146, asequible en: http://www.ucm.es/info/angulo/volumen/Volumen04-2/varia01

POPEANGA, Eugenia (1990), " El sistema cultural rumano y el totalitarismo", *República de las letras*, 28, 83-90.

POPEANGA, Eugenia (2014), "La ciudad total: Bucarest vista por Cărtărescu", en Eugenia Popeanga (coord.): *Reflejos de la ciudad. Representaciones literarias del imaginario urbano*, Berna, Peter Lang, 255-272.

POPEANGA, Eugenia (2015), "De la ciudad hostil a la ciudad sin atributos", en Alba Diz, Edmundo Garrido y Javier Rivero (eds.): *La ciudad hostil: imágenes en la literatura*, Madrid, Síntesis, 31-45.

STEFANESCU, Barbu (2004), "La transición de la dictadura a la democracia. El caso de Rumanía", *Pasado y memoria. Revista de historia contemporánea*, 3, 5-28.

VV.AA. (1994), *Rumanía'95*, Bucarest, Editura Minerva.

TRANSICIONES UTÓPICAS – LA FORMACIÓN DE UNA SOCIEDAD DEMOCRÁTICA EN LA OBRA DE JULIO CORTÁZAR

ZSUZSANNA DOBÁK-SZALAI
Universidad Eötvös Loránd

Resumen: *El topito sueña* es aparentemente un cuento infantil, pero en realidad es una crítica utópica de la sociedad, la realización de una pesadilla que plantea un mundo demasiado técnico para destruirlo todo y guiar a su protagonista a un modo de vida y una sociedad primitivos. La base de la nueva sociedad es la amistad y la mutua ayuda, pero se va completando con los elementos de la fiesta y el rito. El retorno al arquetipo natural es temible y divertido al mismo tiempo, pero la impotencia del hombre frente al poder inmenso de la naturaleza lo hace más amenazador que deseado. En cambio, en *La autopista del sur* de Julio Cortázar la pérdida de la utopía le causa pena al protagonista, pero la realidad excepcional es sólo pasajera. Un simple atasco se transforma en un estado de emergencia, hecho que conlleva una nueva estructura temporal, cíclica y colectiva. Los conductores empiezan a formar una sociedad alternativa, cuyo principio organizador es la solidaridad. Pero cuando desde la perspectiva del nuevo orden viajar es completamente surreal, el atasco termina de repente, el grupo se deshace, y con ello desvanece la sociedad, la realidad y el tiempo alternativos. Las dos obras critican el mundo dominado por la técnica y el tiempo histórico, la corrida veloz y sin sentido hacia el futuro, el vacío de la vida concentrada exclusivamente en el individuo. Presente trabajo analiza la manipulación del tiempo y otros instrumentos utilizados en las dos obras para crear una realidad y sociedad alternativas.
Palabras clave: sociedad, solidaridad, utopía, tiempo cíclico

Abstract: *The Mole in a Dream* is apparently a children's story, but it is actually a utopian critique of the society, the realization of a nightmare implemented by an excessively technical world to destroy everything and guide the main character towards a primitive way of life and society. The basis of this new society is formed by friendship and mutual aid, but it is completed with the elements of party and rite. The return to the natural archetype is scary and funny at the same time, but the helplessness of man against the immense power of nature makes it more threatening than desired. At the same time, in Julio Cortázar's *South Highway* the loss of utopia exasperates the main character, but the exceptional reality is only temporary. A simple traffic jam becomes a state of emergency, which leads to a new temporary, cyclical and collective structure. Drivers begin to form an alternative society where the organizing principle is solidarity. But when from the perspective of the new order travelling becomes completely surreal, the jam suddenly ends, the group dissolves, and the alternative society, reality and time also vanish. The two works criticize the world dominated by technology and historical time, the fast and meaningless rush towards the future, and the emptiness of life focused exclusively on the individual. This paper analyses the manipulation of time and other instruments used in the two works to create an alternative reality and society.

Keywords: society, solidarity, utopia, cycle time

La literatura crea mundos, y estos mundos son a veces más justos y bonitos que la realidad. Lo mismo pasa en las dos obras tratadas en mi trabajo, que son bien diferentes: un episodio de una serie de dibujos animados checa y un cuento argentino, cuyo punto de encuentro es el profundo conocimiento de la dictadura por parte de sus autores y la representación de una sociedad alternativa basada en valores humanos como la amistad, la mutua ayuda y la solidaridad. Varios teóricos están de acuerdo con la idea de que el concepto de tiempo dominante en nuesta época y el progreso tecnológico preocupan a mucha gente y esta preocupación aparece también en la literatura. Para Mircea Eliade, por ejemplo, el hombre moderno es el hombre histórico, "el que crea historia de una manera conciente y premeditada" (2006:203). Pero "las filosofías historicistas no pueden proteger al hombre del horror de la historia" (229), por eso "intentan volver a guiar el tiempo histórico cargado de la experiencia humana al tiempo cósmico, cíclico e infinito" (220). Tanto en *El topito sueña* de Miler Zdeněk como en *La autopista del sur* de Julio Cortázar se puede ver una vuelta a un arquetipo temporal primitivo, cíclico que supera la vida del individuo y abarca una vida colectiva, lo que recuerda la teoría de Octavio Paz, según la cual el arquetipo temporal de la sociedad primitiva es cíclico: considera el pasado como el origen y el paso del tiempo como la repetición rítmica del pasado atemporal (1990). Esto no solo provoca la sensación de la regularidad, de la existencia de una norma, sino también duplica el sentido del futuro: es el fin de los tiempos pero, a la vez, la resurrección, el nuevo comienzo. De esta manera el tiempo es infinito e impersonal en la vida ritual primitiva, frente al arquetipo moderno occidental que percibe el tiempo como algo finito y personal.

Al principio del dibujo animado, cerca de la casa del topito un coche rojo tiene avería. El elemento del coche rojo es recurrente en la serie infantil, porque el color rojo es llamativo y sobresaliente y ayuda a los espectadores (mayoritariamente niños) a identificar el coche como algo específico e importante en la obra. La avería proyecta el desenlace, pero al mismo tiempo alude también al problema básico, el deterioro del mundo técnico. El conductor cambia la rueda, pero de una forma especial: usando un mando a distancia manejado por la voz humana, sin hacer cualquier esfuerzo. Después se llega a saber que el protagonista usa el mismo mando multifuncional en todos los ámbitos de su vida. Mientras tanto el topito se mete en su coche, y cuando el chófer nota la presencia del animalito, se asusta, frena bruscamente y se pone a buscarlo como loco. Su conducta es enemistosa, trata al animal como un intruso molesto que no tiene nada que hacer en el mundo de las máquinas. Por supuesto, el topito se esconde, burlándose del hombre. Por fin, el conductor llega a su casa, y con él llega el topito también. La casa es completamente autómata: una acera móvil lo lleva a todas partes, así que no tiene que ni caminar; lo tiene todo a su servicio. Diferentes máquinas le sirven la cena, le dan de comer, en el baño le quitan la ropa, le bañan, le secan con la toalla y le vuelven a vestir. Mientras tanto el hombre se comporta infantil, juega en la bañera como un niño pequeño y se deja servir. La representación del mundo tecnológico es evidentemente hiperbólico y algo utópico pero logra reflejar la relación angustiosa entre el hombre y las máquinas. El topito observa el funcionamiento de la casa y saca provecho de todo: se deja servir una cena abundante, pero por casualidad entra en el lavaplatos y sale completamente blanco, sin color. Este gracioso motivo de cuento infantil se culmina en el acto cuando el ratón, amigo del topito, lo vuelve a pintar de negro. Pero el mismo acto es una prospección, porque la ayuda, la amistad y la benevolencia serán las fuerzas que forman la sociedad más adelante en la obra.

Mientras tanto el hombre se queda dormido frente al televisor, la pantalla se oscurece y el dibujo animado prosigue con la imagen de una serie de autos movidos por toros. Ante esta visión surreal que recuerda una obra del escritor húngaro, István Örkény titulada *Hasta nuestros más audaces sueños pueden realizarse*, el protagonista se echa a reír, pero pronto le falta gasolina y en la gasolinera dicen que no hay ni una gota del combustible, por lo que tiene que volver a su vez en el auto tirado por un toro. Esto es la primera fase del fracaso de la civilización, cuando en vez de las máquinas los animales vuelven a ayudarle al hombre, la gente se torna de nuevo a los métodos tradicionales y van regresando a una cultura ancestral. El segundo momento de este proceso de retorno es cuando el protagonista nota llegando a su casa que no funciona nada: no hay luz, ni conección de teléfono, y no corre agua del grifo. El hombre se queda impotente ante el fracaso de la técnica: se mete en el sillón y descuelga de vez en cuando el teléfono para ver si funciona. Este acto repetido y sin sentido muestra su dependencia de la técnica y su incapacidad de adaptarse a las circunstancias alteradas. Por fin se vuelve resignado y apático.

Pero el tiempo no se para, el otoño pasa y llega el invierno, con nieve y heladas. El cambio del clima alude al paso de tiempo, pero de una forma más bien simbólica, sin seguir las normas reales. La nieve cubre al hombre, su casa y su coche. En este momento reaparece el topito para salvar al hombre impotente: prende fuego de la madera del suelo y de los muebles. La función original de los objetos de la civilización se desapareció, se han vuelto superfluos, pero se puede darles una nueva función. El hombre va aprendiendo del topito cómo actuar sin las comodidades y facilidades acostumbradas, pero al poner el televisor en el fuego llega a saber que éste no sirve ni para eso, e incluso es malo porque llena la casa con un humo denso y negro. El protagonista empieza a actuar por su cuenta: abre un hueco en el techo para dejar salir el humo. Este acto tiene doble sentido: rompe la unidad de la casa privada de su función y es el redescubrimiento de los métodos e instrumentos tradicionales como la chimenea. El hombre se hace líder de nuevo y prepara la cena. Los buenos olores atraen a otros animales, como el erizo y el conejo, amigos del topito. El hombre y el topo los reciben con amistad y comparten la cena con los visitantes, lo que supera el motivo del reencuentro feliz al ser la fuerza organizadora de la sociedad basada en la mutua ayuda. Pero el olor a comida atrae también al oso, que es un posible enemigo siendo más grande y fuerte que los demás. Por eso se esconden y dejan que el oso se coma su cena. Por fin, el topito ha de salir de su escondite para revivir el fuego y el oso nota su presencia. La primera e instintiva reacción del topito es mostrarse subdito: se inclina ante el oso y empieza a cantar. Intenta ganar la benevolencia del representante del poder a través de entretenerlo. Son dos motivos bien conocidos de cualquier dictadura. A poco tiempo también los demás acompañan al topito formando un coro, y por suerte, al oso le gusta la función, así se hacen amigos y en la noche ya duermen todos juntos, protegiéndose del frío. El oso deja de ser dictador para ser uno de ellos, amigo y más tarde, protector del grupo.

Por la mañana gotas de agua anuncian el fin del invierno y la llegada de la primavera trae de inmediato el verano. Las estaciones de traspaso son, como se ve, de poca importancia. Todos corren fuera de la casa, al aire libre y el hombre se desnuda para tomar el sol. Con esto el hijo de la civilización regresa a la naturaleza, los avances técnicos se quedan atrás. El idilio se corta de nuevo por un enemigo natural, un jabalí se echa atrás del protagonista, cual se huye en bicicleta y después salta en el agua de un lago. El jabalí se lleva la ropa del hombre y sale montando en su bicicleta. En esta escena absurda la naturaleza (representada por el jabalí) retoma el avance tecnológico (la bicicleta), pero el oso se enfrenta al jabalí y recoge la bici. El gesto del oso muestra amistad, solidaridad y su papel de protector dentro de la nueva sociedad, aunque la bicicleta que en sí, como objeto carece de importancia, al final se deteriora. El protagonista se pone una alfombra con un hueco en medio en vez de su ropa robada, vistiéndose de hombre primitivo, y el topito le prepara una lanza, con lo que se completa la imagen. El hombre primitivo intenta cazar pero la cabra se huye. Al final no la matan sino la lechan, optando por la solución pacífica. La ganadería es un nivel más elevado de la civilización que la caza, y se ajusta mejor a la concepción de una sociedad basada en la amistad y mutua ayuda.

Otro ejemplo es la aparición del siguiente enemigo y su domesticación. Un león se hace dueño de la casa, pero se queda trepado entre los muelles del sillón al amasarlo como un gatito. De esta manera se hace reo de una civilización pasada. El león intenta huirse pero no puede deshacerse de los muelles y se queda colgado en un árbol. El topito y el hombre lo salvan, y el león, de acuerdo con el elemento de cuento infantil „buena acción por buena acción" les muestra una porra escondida bajo una piedra, pero esta idea es la fuerza organizadora de la sociedad formada por el protagonista y los animales.

El cuento prosigue con otra dificultad, porque una cigüeña roba al topito para alimentar a sus crías. Por suerte tienen su nido en el auto rojo del protagonista, otro ejemplo de una máquina en servicio de la naturaleza, y el topito llega a meterse en el coche por la ventana y tocar la bocina con lo que espanta al pájaro. El objeto técnico protege al topito de su enemigo natural, porque él conoce su uso original, mientras que la cigüeña lo desconoce. Esto muestra que el topito pertenece tanto a la civilización como a la naturaleza, es un intermediario entre los dos mundos.

Por la aventura de la cigüeña el topito se separó del hombre y sus amigos y se hizo protagonista de los acontecimientos. Los espectadores ven sus andanzas por el jardín, hasta que llega a la casa que está tomada ya por completo por la naturaleza: hay un árbol enorme en medio, lo que señala también el paso de tiempo, sin cualquier intención de verosimilitud. Subiendo al árbol el topito llega a la segunda planta donde hay tres objetos: un caballito mecedor, una máquina de coser y un gramófono. En esta realidad alternativa los tres objetos sirven para el juego y entretenimiento, puesto que el caballito mecedor es y siempre ha sido un juguete, la máquina de coser ya no sirve para otra cosa que jugar y el gramófono lo usa el topito como tiovivo y comparte la diversión con unos ratones recién aparecidos. En este momento surge al lado de la mutua ayuda y amistad un nuevo elemento de la sociedad que se forma espontáneamente: el entretenimiento, acompañado por la música. Al compás de la música salen los animales y el hombre, y todos empiezan a bailar juntos, hecho que muestra la fuerza de la música, del ritmo, del baile, de la fiesta y del rito para crear una comunidad. La música se va cambiando en un ritmo primitivo, y los animales y el hombre van formando un círculo bailando ritualmente. Esto es importante, porque, como dice Jan Assmann, la fiesta y el rito tienen un papel primordial en la vida colectiva, porque su repetición regulada asegura la transmisión del saber en la que se basa la identidad de la sociedad y garantiza la unión espacial y temporal del grupo (1999:57). La fiesta estructura el tiempo, es decir, le da cierto ritmo y orden (58), y el rito da coherencia al tiempo y ayuda al hombre a ajustarse a la estructura circular de la regeneración de la naturaleza a través del principio de la repetición estricta (102).

Pero la llegada de otro enemigo natural rompe esta unión y estropea la fiesta colectiva: un elefante enorme, casi como un mamut lo destruye todo que se da en su camino. Este animal es inaccesible, los demás no pueden entrar en contacto con él, son impotentes frente a este gigante que pertenece a otra dimensión. El elefante está a punto de aplastar al hombre primitivo que en vano buscó ámparo en el sillón, cuando el hombre se despierta en el mismo sillón, en el cual se quedó dormido viendo la tele. El punto de contacto entre el sueño y la vigila es el lugar, el sillón. Al despertarse el hombre se alivia y se alegra de verse vuelto a la civilización técnica, donde todas las máquinas funcionan y actúan en vez de las personas que pueden ser pasivas. El hombre se mete en su coche, pero esta vez llama también al topito para que le acompañe, aunque el topito ha estropeado el jardín entero. Sin embargo, el hombre no se enfada y se comporta muy amistoso con el animalito: el sueño influye en su actitud en el plano de la realidad. En este momento acaece el choque final: el coche se para, haciendo circular la estructura de la obra al repetir el motivo de la avería inicial, en la gasolinera no hay combustible, repitiendo la escena de la pesadilla, y el topito trae la porra bien conocida del sueño, lo que es analepsis y prolepsis al mismo tiempo, aludiendo a la repetición de la pesadilla en la realidad de la obra. Además, la reacción del topito muestra el conocimiento de la pesadilla del hombre por parte del animal, es decir, el sueño y la realidad confluyen en la figura del topito. Los acontecimientos están acompañados por una música siniestra que se va cambiando en el ritmo primitivo conocido de la pesadilla. La cara del hombre refleja susto pero el topito está riéndose: la realización del sueño, es decir la vuelta del mundo tecnológico al arquetipo primitivo es alarmante y graciosa al mismo tiempo, pero el desenlace del sueño – la impotencia y sujeción ante la inmensidad de la naturaleza simbolizada por el elefante – la hace más bien amenazadora que deseada.

La situación es bien distinta en el cuento de Julio Cortázar titulado *La autopista del sur*, donde la pérdida de la utopia causa pena y nostalgia en el protagonista, pero la realidad alternativa, excepcional es pasadiza, es como unas palabras entre paréntesis, después de las cuales la frase sigue sin estorbo, sin cualquier cambio duradero en el orden convencional. En esta obra también se ve la confluencia de ficción y realidad: una escena cotidiana, un atasco de tráfico se vuelve fantástico al convertirse en un estado de emergencia. Como se veía en la obra anterior, el tratamiento especial, inverosímil del tiempo es primordial en la estructura del cuento. Cortázar llega suspender el tiempo a través de indicaciones temporales imprecisas y contradictorias que absuelven la importancia del tiempo e imposibilitan medirlo. Los estancados en el atasco poco a poco dejan de contar los minutos y las horas; días y noches, incluso estaciones van cambiando – igual que en el dibujo animado. El tiempo subjetivo, el tiempo vivido (*Zeiterlebniss*) se apodera del tiempo real y los pasajeros quedan estancados en un presente eterno, lo que posibilita el surgimiento de una estructura temporal nueva, la cíclica. Este tiempo cíclico se presenta en un nivel colectivo, lo que queda representado por la muerte de la anciana y la concepción de una nueva vida. Pero no sólo el tiempo sino también el espacio se cambia, se reduce a una fila de coches estancados, como una serpiente inmóvil o una caravana de máquinas inútiles. La autopista termina siendo un punto de encuentro, el espacio de vida y muerte, el escenario de un mundo alternativo. La apuesta es la supervivencia de los pasajeros, cuyo instrumento es la creación de una sociedad alternativa basada en la solidaridad.

El primer nivel de la colectivización es llamar „extranjeros" a los mensajeros, porque este acto muestra el sentimiento de unidad, de reconocerse miembros de un grupo frente a los demás. Después empiezan a compartir comida y bebida, y al buscar agua para la niña siguen instintivamente la idea de que los fuertes han de ayudar a los débiles y necesitados. Pasada la primera noche empiezan a organizarse concientemente: reparten sus provisiones y eligen a un líder. El focalizador-protagonista se niega a aceptar la invitación al liderazgo y lo pasa al conductor del Taunus, rechazando así la responsabilidad. El grupo empieza con el comercio, cambian comida por bebida, y otros grupos, otras células van formándose, la fila serpentina se estructura en varias pequeñas colectivas que definen su propia identidad frente a los demás grupos. Estas pequeñas sociedades castigan a los que miran sus propias necesidades antes que las de la colectiva, es decir, no sólo crean leyes y reglas sino las cumplen y las hacen cumplir. Los conductores cambian sus coches según la necesidad y reparten los papeles según las aptitudes, prestando mucha atención a los atributos sexuales, tal como en las sociedades primitivas. Los líderes de los diferentes grupos tienen reuniones, es decir, superan el nivel de su propia sociedad para ponerse en contacto e incluso cooperar con éstas. Crean un hospital improvisado y oraganizan expediciones para conseguir bastimento, aunque sin éxito. El mundo exterior, fuera de la autopista es amenazador, los locales, representantes de la realidad primera son enemistosos e inaccesibles, por eso los estancados en el atasco se aislan completamente. Los que no pueden o no quieren adaptarse a las nuevas reglas y circunstancias desertan o se suicidan. Por fin aparece el elemento del contrabando, esta vez del agua, que es la mercancía que más escasea.

En este mundo colectivo el individuo carece de importancia, los conductores y pasajeros se deshumanizan, se diferencian a través de las marcas de sus autos y poco a poco pierden sus últimos razgos humanos: al principio tienen una profesión, como médico o ingeniero, pero al final ya no se llaman ni la muchacha del Dauphine o el hombre del Taunus, sino simplemente Dauphine y Taunus. Se puede ver la confluencia de lo mecánico y de lo humano, donde la gente no tiene pasado ni futuro, solo presente, y su destino es la generalización y uniformización. El coche era antes un símbolo del estatuto social, y es una máquina destinada a correr, al desplazamiento veloz, pero ahora – qué paradoja – está condenado a inmovilidad, perdiendo su función. Sin embargo, en la nueva orden el coche consigue una función nueva: no solo ayuda la identificación de los conductores sino sirve de un nuevo espacio de vida, y funciona de hospital, almacén o dormitorio, etc.

La narración misma es a su vez estática, representando la inmovilidad de los coches, hace uso del estilo indirecto libre, y está llena de intercalaciones, en tercera persona del singular, pero con una focalización interna. El focalizador es el protagonista, el conductor del 404, ingeniero de profesión. Esto es todo lo que se llega a saber de la figura central. En la narración retrospectiva domina el uso del imperfecto y del pluscuamperfecto, apenas aparece el indefinido, lo que conlleva la sensación de la inmovilidad, de un presente eternizado; los detalles, las descripciones abruman los acontecimientos, los nombres oprimen los verbos en las frases largas y serpentinas. La repetición infinita de ponerse en marcha, frenar y volver a pararse crea la ilusión del desplazamiento, pero, en realidad, es en vano, no lleva a ninguna parte. Los diálogos entre los conductores son cortos, sin contenido esencial, son lugares comunes representados en estilo indirecto libre, reducidos a un breve resumen, disminuyendo de esta manera su importancia, igual que los pasajeros quitan la importancia a los chismes sobre el posible motivo del atasco. Estas noticias no son más que suposiciones, creaciones de la fantasía, ficciones. Son como los mitos de creación: intentan explicar el origen del nuevo orden, porque entenderlo es una exigencia interna del ser humano, y sobre todo la es entre malas circunstancias.

Junto a las molestías de los extremados cambios climáticos (después de un bochorno que causa golpe de calor y deshidratación viene un frío que pela), aparecen las incomodidades causadas por las necesidades físicas como el hambre y el deseo sexual, por las enfermedades (por ejemplo, el delirio de la monja), y por la falta de higiene, es decir los malos olores de los cuerpos sucios, de los excrementos e incluso de los cadáveres.

Y de repente, cuando ya nadie lo espera ni lo desea, el atasco se acaba. En esta realidad alternativa moverse, avanzar es completamente surreal. El aceleramiento gradual causa excitación y miedo en los conductores, es la vuelta al orden anterior, a lo normal. El protagonista toca la mano de la muchacha demostrando su unidad y su felicidad compartida ante el cambio. Sueña con tener futuro con ella, una vida común cuyo elemento recurrente es el aseo junto con el acto sexual. Pero el ritmo acelerado del tráfico disuelve el grupo, y de esta manera se descompone la sociedad alternativa en la cual todo el mundo tenía su propio lugar y papel, todos conocían a los demás. No era una sociedad compuesta de individuos sueltos y árbitros, sino era una comunidad. Pero con el movimiento se deshace la realidad y el concepto de tiempo alternativos. El protagonista se asusta ante la pérdida de su nueva vida, y hace un último esfuerzo para encontrar en la multitud de coches en movimiento a la muchacha, pero es imposible. No le queda otra opción que la aceptación resignada de la inevitable vuelta a la realidad primera, pero critica el mundo dominado por la tecnología y el concepto de tiempo histórico, la desenfrenada corrida hacia un futuro inalcanzable y la oquedad de la vida concentrada solo en el individuo.

De esta manera, podemos ver que en ambas obras acaecen transiciones sociales e ideológicas que van del individualismo al colectivismo. La dictadura como punto de partida no aparece en ninguna de las obras como tal, pero el mundo de *La autopista* está súbdito al concepto del tiempo histórico y el del *Topito* a la tecnología. Los elementos democráticos de las nuevas sociedades son bien reconocibles: la autoorganización instintiva, la mutua ayuda, la solidaridad, la protección de los más débiles, la elección de líderes, la formación común de reglas, etc. El motivo de estas transformaciones es el estado de emergencia en ambas obras, lo que rompe la rutina, imposibilita el funcionamiento de los mecanismos de la realidad y por lo que lo excepcional se hace norma. El individualismo pierde su vigencia porque la gente se necesita mútuamente. La sociedad de Cortázar es una comunidad más cerrada que se identifica frente a otros grupos de la caravana y de los locales - representantes de la realidad primera -, mientras que la sociedad de Miler es mucho más abierta y acogedora. Pero ¿son sostenibles estas sociedades alternativas? En *La autopista* la sociedad se disuelve sólo por el fin del estado de emergencia que era su generador. En cambio, en el *Topito* un enemigo natural poderoso destruye la sociedad, es decir, la naturaleza es más fuerte que la comunidad y no tienen instrumentos o métodos para defenderse. Es decir, estas transformaciones sociales e ideológicas son puras utopías, pero muestran la inquietud de sus autores, que no solo critican la sociedad de su tiempo, sino también buscan mejores soluciones.

BIBLIOGRAFÍA

ASSMANN, Jan (1999), *A kulturális emlékezet: írás, emlékezés és politikai identitás a korai magaskultúrákban*, Budapest, Atlantisz.
CORTÁZAR, Julio (2003): "La autopista del sur", en *Obras Completas I*, Barcelona, Galaxia Gutenberg.
ELIADE, Mircea (2006), *Az örök visszatérés mítosza*, Budapest, Európa.
MILER, Zdeněk (1984), *El topito sueña* (película de dibujo animado).
PAZ, Octavio (1990), *Los hijos del limo – Del romanticismo a la vanguardia*, Barcelona, Biblioteca de Bolsillo.

EL ARTE DE DENUNCIA EN LA POSTDICTADURA LATINOAMERICANA, LUISA VALENZUELA Y REGINA JOSÉ GALINDO

MARIJA URŠULA GERŠAK
Universidad de Ljubljana

Resumen: El arte, y especialmente la novela, en América Latina desde las *Crónicas* siempre mantenía una estrecha relación entre el arte-la historia-la política porque es difícil callarse ante una realidad llena de injusticias. A base de dos ejemplos, la novela *Cola de lagartija* de Luisa Valenzuela y el performance, *¿Quién puede borrar las huellas?* de Regina José Galindo se quiere ejemplificar la importancia del arte en la postdictadura latinoamericana. Con sus obras luchan contra el olvido de los horrores ocurridos durante los regímenes dictatoriales y sus consecuencias, cuestionan el mismo quehacer artístico y se inscriben en lo que las teóricas feministas denominaron "escribir el cuerpo o desde el cuerpo".
Palabras clave: postdictadura, escritura, performance, feminismo, compromiso político

Abstract: Since the *Crónicas* art in Latin America – and especially the novel – has always kept close relationship with history and politic because it is difficult to be silent in a reality full of injustices. This paper analyses the novel *The Lizard's Tail* by Luisa Valenzuela and performance, *¿Quién puede borrar las huellas?* by Regina José Galindo with the aim to emphasize the importance of art in the post-dictatorship era in Latin America. With their works the two authors act against the oblivion of the horrors during the dictatorial regimes and their consequences, question the artistic work itself and include themselves in what French feminist theorists call "writing the body or from the body".
Keywords: dictatorship, writing, performance, feminism, political commitment

> El que mira es el responsable de lo que ve
> (Wlademir Dias-Pino)

1. Introducción

En este artículo se intenta presentar el inicio de una investigación que busca comunicación y contacto entre literatura y performance, creyendo que las prácticas artísticas (incluido el cine, el teatro, la música y otras expresiones) desempeñan un papel social y político en las sociedades que experimentaron las dictaduras de los años sesenta hasta los ochenta[1] y dejaron un "desmoronamiento de las bases sociales y culturales del país a causa de las consecuencias de la violencia ejercida por el poder estatal" (Muiño Barreiro, 2012:150). Nos centraremos en las prácticas artísticas que en la postdictadura tematizan los hechos y los horrores ocurridos durante las dictaduras y sus consecuencias en las sociedades latinoamericanas de hoy en día, desempeñando un papel de denuncia, testimonio, recuperación del recuerdo y el derecho a la memoria convirtiéndose de esa manera tanto en el acto político como en una búsqueda estética.[2] Son una continuación de las obras de denuncia realizadas ya durante las mismas dictaduras, pero desde otra posición y enfoque. Intentan presentar las múltiples facetas de la violencia institucionalizada practicada durante los regímenes de las juntas militares o, en algunos países, durante los periodos de extrema violencia y represión, que cuestionan al mismo tiempo el quehacer artístico. ¿Cómo representar un terror y una violencia incomprensibles?

2. Arte de denuncia en la postdictadura

La misma palabra 'postdictadura' es amplia y crea problemas a la hora de intentar delimitar el concepto. A nosotros nos sirve para marcar una época de transición (que incluso puede durar hasta hoy) después de las dictaduras de derechas en el territorio de América Latina (marcado por el término periférico). Y que, a pesar de las peculiaridades que puede presentar cada país latinoamericano, las dictaduras fueron sincronizadas y estuvieron

---

[1] Aunque la historia latinoamericana está llena de caudillos, dictadores y dictaduras las juntas militares de aquellos años fueron singulares sobre todo en el empleo sistemático del terrorismo de Estado, ya que fueron instruidas en las más crueles torturas, represión y eliminación de los opositores.
[2] En el arte latinoamericano de postdictadura hay un sinfín de tendencias y corrientes, no solamente el arte de denuncia o el arte comprometido con el contexto social y el quehacer artístico que es el tema de este artículo.

relacionadas unas con otras, como nos enseña el descubrimiento de los documentos de la Operación Condor[3]. La excusa fue la lucha contra las guerrillas, el comunismo y la justificación, el establecimiento del orden y el progreso. Jorge Dubatti dice sobre la época de postdictadura cuando habla sobre el teatro —aunque su observación se puede aplicar a otras expresiones artísticas— que "remite a una unidad por su cohesión profunda en el redescubrimiento y la redefinición del país bajo las consecuencias de la dictadura. [...] Entre 1983 y 2008 la dictadura se presenta como continuidad y como trauma" (2008). Y ello a pesar de que para la mayoría de los países latinoamericanos podemos afirmar que tienen gobiernos electos democráticamente después de los años ochenta del siglo pasado.

La caída del régimen socialista de Salvador Allende en 1973 en Chile, según David A. Muíño Barreiro (2012), simbolizó el fracaso de los planes de modernización y proyectos revolucionarios que fueron un impulso para el auge o *boom* cultural de los años 60 después de la Revolución Cubana y un fracaso de numerosas utopías y esperanzas de poder construir estados democráticos. Además significó la victoria del neoliberalismo (simbolizada por la llegada de los "Chicago Boys") que más tarde arrasó las economías latinoamericanas (la deuda externa, el narcotráfico, hoy en día una violencia incontrolable). Significó también la perpetuación del régimen y las élites que gobernaban en América Latina desde la independencia o incluso antes. Eso conllevó, además, que el papel del intelectual cambiase. D. A. Muíño Barreiro constata que la literatura perdió una gran parte del poder que tenía antes (2012:151). El intelectual / escritor latinoamericano desde la independencia participó en la construcción de las naciones / países, muchas veces ocupando cargos políticos importantes "contribuyendo con sus textos o intervenciones a la conformación del imaginario colectivo que posibilita la institución de la nación" (2012:155).

La postdictadura significó el fin del *boom* y de los movimientos revolucionarios. Para la posdictadura es significativo el rechazo del discurso totalizante y totalitario característico para la dictadura militar. Según David Antonio Muíño Barreiro "...literatura asume un nuevo compromiso ético en la producción de diferencias" y "nuevos modelos de representación con los que expresar tanto las experiencias de los que sobrevivieron a la violencia estatal como los vacíos dejados por los que sucumbieron a ella" (2012:159).

---

[3] El profesor de derechos humanos Martín Almada descubrió en 1992 en Paraguay los «archivos del terror» que comprobaron la existencia de la así llamada «Operación Cóndor», creada en los años setenta por los servicios de inteligencia de Argentina, Chile, Brasil, Paraguay, Uruguay, Bolivia con la colaboración de Estados Unidos con el pretexto de combatir el comunismo y a los activistas de izquierda. Colaboraron también otros países, como Perú, Guatemala, Colombia y Venezuela. La Operación posibilitó y se instruyó en la persecución, la tortura, las desapariciones, los arrestos y los asesinatos. (Gac-Artigas, 2010:154)

Eso es una lucha en contra de un discurso histórico monopolizado por el aparato estatal, lucha para recuperar la memoria y contra la amnesia oficial.[4] Si en el contexto de la construcción de la memoria hablamos de un intento de comprender los suceso traumáticos del pasado o denunciarlos, no olvidarlos, al mismo tiempo demuestra, como afirma Aletta de Sylvas (2012), la imposibilidad de la presencia plena de la historia, de la 'verdad', ofreciendo versiones subjetivas y por eso plurales. Añade que cuestionar el pasado es dialogar, establecer una comunicación. Además, en un determinado contexto social, la literatura (la ficción) y el arte desempeñan el papel del pensamiento crítico, político, y el papel de la historiografía para, como dice Graciela Soriano "llenar unas carencias en la conciencia histórica que ni la historiografía ni la filosofía de la historia habían podido satisfacer" (1996:50), sobre todo cuando la historiografía es objeto de manipulación y cuando en determinada sociedad solamente se logra un consenso aparente. Por ejemplo, en casi todas las sociedades latinoamericanas sigue presente el problema de la impunidad que imposibilita juzgar a los que cometieron crímenes durante las dictaduras (esto también lo problematiza la performance de Galindo).

Gwendolyn Díaz habla sobre las características del postmodernismo periférico en la literatura, que son válidas para otras obras de arte: "La desintegración de sistemas, la ambigüedad semántica, la deconstrucción en múltiples facetas, la multiplicidad de centros y el cambio perpetuo…" ((1994:97). Ya no hay una sola verdad, ya no hay una sola perspectiva… Aparecen voces antes excluidas de la literatura: exiliados, mujeres, homosexuales y están en contra de cualquier tipo de discurso autoritario y reescriben la historia. La novela / el arte con los procedimientos, como son la fragmentación, la polifonía, la alegorización, la carnavalización y otros, ataca y quiebra y se rebela contra el discurso dictatorial autoritario y omnipotente, pero también cuestiona el acto mismo de la escritura que también es un acto de poder.

3. Hacer el arte con el cuerpo

A modo de ejemplificar lo expuesto anteriormente, en este artículo se incluyen las obras de dos artistas-mujeres (voces antes excluidas) de diferentes épocas. La novela *Cola de Lagartija* (1983) de la argentina Luisa Valenzuela y la performance de guatemalteca Regina José Galindo, *¿Quién puede borrar las huellas?* (2003). Parte de las obras de ambas artistas luchan contra el olvido, contra la historia oficialista, problematizan la relación arte / realidad y reflexionan sobre su quehacer artístico. Además, ambas crean con el cuerpo o sobre el cuerpo.

---

[4] Hoy en día ya se habla de la industrialización de la memoria.

Las feministas francesas Julia Kristeva, Helène Cixous, Luce Irigaray y Monique Wittig, "quienes partiendo de los estudios psicoanalíticos de Jacques Lacan, empezaron en la década de los 70 a proponer una inscripción literal y metafórica del cuerpo femenino en la escritura" para "desmantelar el sistema falogocéntrico que siempre ha excluido lo corporal, lo maternal, lo semiótico" (Sánchez-Palencia, 2002: 104).[5] Introdujeron la noción de escribir el cuerpo o desde el cuerpo (con el cuerpo / sobre el cuerpo). Escribir con el cuerpo es la tradición y práctica en la que tienen un papel importante las mujeres artistas que quieren "re-significar el cuerpo" (Sánchez-Palencia, 2002:101), el cuerpo femenino, pero también cualquier cuerpo colonizado, reprimido, marginalizado. El cuerpo femenino como representación simbólica de la nación y de la tierra en los territorios colonizados y donde se encuentran los paralelismos de discursos del imperialismo y del patriarcado (Suárez Briones et. al., 2002:16). Carolina Sánchez-Palencia Carazo constata que no es nada nuevo "que el pensamiento occidental siempre ha privilegiado el alma, el raciocinio y el intelecto a expensas del cuerpo, en gran medida por identificar a este último con lo femenino..." (2002:101). Además, con las estructuras binarias, afirma, –uno/otro, masculino/femenino, salud/enfermedad, heterosexual/homosexual...– "se establece la lógica de un ejercicio de poder y exclusión" (Sánchez-Palencia, 2002:103). Y añade: "Dado que no existe cuerpo sin mirada que lo represente y sin lenguaje que lo nombre, y que, en estos casos, ambos son instrumentos de poder, será necesario desde el feminismo romper la mirada dominante e inventar un nuevo lenguaje:..." (104). Además de aparecer temas antes no presentes (el placer, la menstruación, el dolor) tuvieron que inventar un nuevo lenguaje, abierto a la irracionalidad y vinculado al periodo preedípico. Son estrategias deconstructivistas del lenguaje patriarcal y de las estructuras del poder patriarcales: "...la deconstrucción del sujeto humanista (que, recordémoslo, es un sujeto universal supuestamente, pero varón, blanco, burgués, occidental y heterosexual de facto), la deconstrucción de la Historia y la reconstrucción subsiguiente de un proyecto de transformación social que tenga en cuenta la multiplicidad de nuevos sujetos culturales" (Suárez Briones et. al., 2000:12-13). Por eso son prácticas subversivas. Durante las represiones de las dictaduras uno de los objetos de represión por excelencia era también el cuerpo femenino. Muchas mujeres fueron violadas como castigo por ser 'rebeldes', como manera de disciplinarlas y domesticarlas (Aletta de Sylvas, 2012). Francine Masiello destaca que hacer el arte con el cuerpo también significa revelar las "estrategias" del victimario: "...la escritura de la oposición... devuelve al cuerpo al centro del discurso de manera que puede

---

[5] En este artículo, como ya se ha mencionado varias veces, no nos limitamos a la literatura, sino también a las performances.

hablar la verdad sobre su propia opresión. Mostrando los abusos a que ha sido sometido, el cuerpo expone pues las estrategias del régimen y obtiene una nueva identidad" (citado en Aletta de Sylvas, 2012: 3).

4. *Cola de lagartija* de Luisa Valenzuela

La escritora argentina Luisa Valenzuela es conocida, por ejemplo, por su reescritura[6] de los cuentos de hadas para develar el contenido patriarcal. Aletta de Sylvas (2012:7) afirma que la escritora se apropia del lenguaje falocéntrico y lo transforma, modifica el lenguaje para cambiar la estructura del poder. En sus obras sobre la violencia en Argentina durante la época de José López Rega y la junta militar, como en *Aquí pasan cosas raras* (1975), *Cambio de armas* (1982) y *Cola de lagartija* (1983) se centra en los horrores de un poder y se sitúa en un contexto político determinado. En su ensayo *Escribir con el cuerpo* (2003) habla de la escritura del cuerpo y sobre la escritura que emana de lo irracional, o de lo que parece no poder ser verbalizado. Para ella escribir con el cuerpo significa "estar comprometido de lleno en un acto que en esencia es un acto literario" (2003). Lo relaciona con el lenguaje del que tiene que apropiarse y transformarlo, intentar "entender la realidad que nos rodea" (2003). Concluye el ensayo con las palabras que se refieren a la teoría de las feministas francesas sobre la escritura del cuerpo: "...como buenas mujeres, como escritoras, sabemos que detrás de toda afirmación categórica hay una verdad oculta que la desmiente y devela. [...] Y sabemos hasta qué punto sí, el cuerpo está intensamente comprometido en el acto de escritura pero no para que el otro lo robe o secuestre, sino para que podamos comprendernos más allá del plano intelectual" (2003).

En su novela *Cola de lagartija*[7] escribe la biografía del Brujo (José López Rega) el autor de la Triple A (Alianza Anticomunista Argentina) en 1973, que sentó las bases para la dictadura militar. La Triple A usaba como métodos las amenazas, los secuestros, las desapariciones y los asesinatos de los que eran considerados izquierdistas. En la novela nos enfrentamos a El Brujo, de cuerpo monstruoso, un andrógino. En *Cola de lagartija* se entretejen ficción y mito, hechos reales de la biografía de El Brujo y experiencias de la escritora que vivió los años del terror en Argentina (1976-1979). Se borra la frontera entre la representación y la realidad. Muchas veces por la polifonía de las voces. A veces se confunden las voces de El Brujo y la narradora, Rulito, y se invierten los roles. Incluso la misma narradora 'entra' en la novela. Al principio del segundo capítulo: "Yo, Luisa

---

[6] Una experiencia frecuente en así llamada literatura femenina.
[7] La novela fue escrita en 1981 en el exilio en Estados Unidos. Primero se publicó en inglés y en el año 1983, con el fin de la dictadura militar, en Argentina en español.

Valenzuela, juro por la presente intentar hacer algo, meterme en lo posible, entrar de cabeza, consciente de lo poco que se puede hacer en todo esto pero con ganas de manejar al menos un hilito y asumir la responsabilidad de la historia. [...] Ya va extendiendo sus límites y espera [El Brujo] invadirnos a todos después de haberme invadido a mí en mi reino, el imaginario. Porque ahora sé que el también está escribiendo una novela que se superpone a ésta y es capaz de anularla" (Valenzuela, 1998:123).

Como dice Annick Manick (2007) la autora/narradora (de nuevo se problematiza la relación realidad/ficción) se compromete ante la Historia, se ficcionaliza para "asumir la responsabilidad de la Historia". Problematiza la escritura sobre su personaje porque significa aproximarse a él, crear lo que enuncia. El Brujo se apodera violentamente del cuerpo político de la nación ejerciendo el terror y la violencia. Lo que quiere hacer también con la escritura. Él también está escribiendo el libro. Y ella decide no ser un testigo callado y pasivo, sino activo y cambiar el rumbo de la historia / de la ficción. La autora/narradora decide dejar de escribir su biografía, resiste, matando a El Brujo al dejar de escribir sobre él, matando al mismo tiempo lo que hay «en cada uno de nosotros» como dice en una de las entrevistas. 'En esta sencilla ceremonia hago abandono de la pluma con la que en otras sencillas ceremonias te anotaba. Ya ves. Somos parecidos: yo también creo tener mi gravitación en los otros. Callando ahora creo poder acallarte. Borrándome del mapa pretendo borrarte a vos. Sin mi biografía es como si no tuvieras vida. Chau, brujo, felice morte" (Valenzuela, 1998:211).

La "escritura del cuerpo" aquí no se refiere solamente al cuerpo femenino sobre el que se ejerce la violencia de todo tipo, y es también un símbolo de toda la nación argentina, sino que Valenzuela invierte los roles. Es también el cuerpo de El Brujo, que es un monstruo con tres testículos, uno de los cuales es su hermana con la quien quedó embarazado –"la alegorización del poder totalitario" (Mangin, 2007:1). Intentó apoderarse de la fuerza femenina de dar a luz. Su cuerpo deformado al final de la novela estalla. La narradora / autora tomó la decisión y abandonó la escritura del orden del lenguaje masculino, y al final negó al Brujo el derecho de crear, al fin y al cabo, es ella, la mujer, la que crea, la que da la vida, la que puede concebir. Cuando la narradora Rulito y la escritora Valenzuela dejan de escribir la biografía de El Brujo y hacen estallar su cuerpo, se sirven de esa fuerza de destrucción con el objetivo de anular al tirano cuando intenta apoderarse de la escritura y de la concepción. A través del lenguaje ("nuestra arma" dice en el prefacio a la novela uno de los personajes), del acto de escribir, de la alegoría y parodiando el discurso dominante toma parte activa dentro de la misma novela contra la situación de terror que se vivía en Argentina durante el gobierno en sombra de José Lope Rega. Como afirma Annick Mangin, en esta novela es importante el "papel del cuerpo como sede y metáfora de la relación de poder de los dominantes sobre los dominados" (2007:2).

5. Performance o arte de acción

Los numerosos ejemplos de las performances[8] o acciones artísticas se inscriben en esa lucha contra el olvido. Son intervenciones (acción, situación, *happening*, *body art*, *live art*...) que quiebran las fronteras del arte y los modos de representación, como afirma Bojana Kunst (2003:822). Patricia Bentacur dice que son provocativas, radicales y borran las fronteras entre el arte y la vida.[9] Cecilia Vázquez describe el arte performativo de la siguiente manera: "La performance, como un tipo de expresión artística que surge de la articulación de varias prácticas vinculadas al arte (el teatro, la danza, la ejecución de todas ellas ligadas al cuerpo) combinándolas y, al mismo tiempo, trascendiendo sus límites, tiene como uno de sus rasgos más destacados el hecho de crear algo nuevo, inesperado y a menudo disruptivo. Ritual participativo..." (2013).

Como parte del arte conceptual, lo más importante dentro de una obra son las ideas por las que se creó. No se apela al goce inmediato de la contemplación. No es un objeto físico producido y vendido. En ese aspecto es una acción rebelde, subversiva y en contra del consumismo del arte. Las performances intervienen en los espacios públicos para darles el valor de espacios de comunicación ciudadana, en palabras de Cecilia Vázquez (2013), de esa manera volverlos espacios críticos, espacios políticos diferentes que el discurso hegemónico no puede silenciar ya que son inmediatos, fugaces.

La acción artística fue muy importante en los años sesenta y setenta del siglo pasado en parte debido al contexto socio-político con el que comunicaron. Berta Sichel explica la situación en América Latina al respecto: "Aunque se ha escrito mucho sobre el arte conceptual, el video y la performance creados por mujeres artistas europeas y norteamericanas, Latinoamérica es todavía un territorio relativamente desconocido, aun cuando durante los últimos años se han publicado ensayos en catálogos que intentan reconstruir dicha historia. Artistas latinoamericanas como Lotty Rosenfeld, Anna Bella Geiger (Brasil), Leticia Parente (Brasil) y Margarita Paska (Argentina), entre otras, han centrado su obra en temas políticos y

---

[8] El performance hoy en día ya está institucionalizado, ya nos es una acción guerrillera de los márgenes de la sociedad. También la radicalización y la intervención artística se han comercializado (Kunst, 2003). Todas las citas de la autora eslovena Bojana Kunst son traducidas por la autora de este artículo.

[9] Las vanguardias de las primeras décadas del siglo XX también querían con las intervenciones en los espacios públicos y provocaciones acercar el arte a la vida.

personales, así como en su identidad como mujeres y como artistas procedentes de países que son periféricos respecto a los centros artísticos dominantes" (Sichel, 2013).

Utilizan el cuerpo como herramienta activa, el cuerpo en las performances es tanto el sujeto como el objeto. Como constata Bojana Kunst (2003) el cuerpo de la mujer siempre se ha representado como objeto, es decir, se desvela y reconoce solamente mediante la intervención del sujeto artístico masculino autónomo. Es por eso que las mujeres artistas tienen un papel importante en la historia de la performance del siglo XX. Y cita a Amelia Jones cuando dice que "los performances, al exponer su corporalidad femenina, es una de las maneras de representar a los sujetos débiles, invisibles por la historia del arte occidental que no tuvieron legitimidad en el marco de las posiciones artísticas, críticas y estéticas" (2003: 821-822).

Las performances de los 60 y 70 del siglo XX, precisamente al exponer el cuerpo femenino, desvelaban modelos de visibilidad autoritarios e institucionalizados. Aquí reside esa fuerza subversiva, como en la escritura de Luisa Valenzuela. Silvana Serafin advierte que la violencia masculina contra la mujer es la deconstrucción de la identidad-mujer en cuanto cuerpo impuro (sangre). Las artistas quieren "liberarse del estereotipo de mujer-objeto que, ya que al negar la subjetividad, le impide a la mujer participar en la vida social e incidir en sus transformaciones" (Serafin, 2010:184). Cuando la mujer deja su casa, entra en la sociedad, en el "cuerpo comunitario", entendido como "lugar", empieza a ser sujeto histórico (185).[10]

6. ¿Quién puede borrar las huellas? de Regina José Galindo

Regina José Galindo (1974) es una artista —poeta y performer— de renombre guatemalteca que participó en numerosos bienales del arte, sus obras forman parte de varios museos y obtuvo diversos premios.[11] En sus performances evoca su condición de ser latinoamericana y su condición de

---

[10] Durante la dictadura militar argentina, la primera rebelión contra el régimen abierta y en un espacio público fueron las Madres de Plaza de Mayo que con sus cuerpos, andando demandaron que se quiebra el silencio sobre sus hijos.
[11] Por ejemplo, estuvo presente en los bienales de Valencia (cuatro veces), Moscú, La Habana, Sidney, Valencia, Ljubljana... Su obra se encuentra en la Fundación Daros (Suiza), el Museo de Arte Contemporáneo (Costa Rica), la Fundación Teseco (Italia), el Blanton Museum (Texas), el MMKA de Budapest (Hungría)... En 2005 ganó el León de Oro en la Bienal de Venecia en la categoría de artista joven, lo que le abre puertas a nivel mundial. También obtuvo, por ejemplo, el Gran Premio de la XXIX Bienal de Artes Gráficas de Ljubljana en 2011 o el Premio Príncipe Claus de Países Bajos en 2012.

ser mujer y lo relaciona con los problemas globales y locales (el capitalismo, la globalización, la biopolítica, la discriminación, la violencia...). Se interesa por cuestiones de las identidades sexuales, culturales y sociales. Denuncia la violencia contra las mujeres, la opresión política en Guatemala, el saqueo de Guatemala y de América Latina que existe ya desde la colonización, las discriminaciones raciales y otros abusos. Sus obras y acciones son manifestaciones, son protesta políticas. Sin embargo, no se trata de producciones panfletarias: "No creo que los artistas seamos un riesgo para el Estado. No me siento una activista ni trato de hacer una denuncia moral. Tampoco creo que todo arte debe ser político. Para mí el arte es el campo de mayor libertad que existe y a través de él me expreso. Sí me interesa generar un debate, y plantar la semilla de una reflexión en el público" (Espinoza A, 2015).

Regina José Galindo es una artista de *body art*. Para ella "el cuerpo es el vehículo más directo que [tiene] para poder hablar" (Martín Vodopivec, 2013). Somete a su cuerpo a situaciones reales y extremas para denunciar y rebelarse contra la injusticia desde el cuerpo y con el cuerpo que se vuelve metáfora de su postura política. Para ella es importante que el significado y la interpretación de sus obras los realicen los espectadores que se convierten de ese modo en cómplices. "Cuando un cuerpo se enfrenta a otro cuerpo hay esa transmisión de energía que es inevitable. Así, vas generando una experiencia en el público que es básicamente lo que a mí me interesa. El análisis va después de ver el performance. [...] Eso es lo que pasa con el performance es energía pura" (Galindo, 2015).

Su performance *¿Quién puede borrar las huellas?* (2003) es una obra de denuncia política y lucha contra el olvido de los crímenes cometidos por el ex-militar, genocida y golpista Efraín Ríos Montt[12], y en rechazo a su candidatura presidencial en 2003. También apunta a la impunidad tan carcterística para los militares que cometieron crímenes durante las dictaduras militares en los años sesenta y setenta. Además, apunta a la amnesia colectiva de los guatemaltecos y se rebela contra la sensación "no puedo hacer nada". Regina José Galindo camina desde la Corte de Constitucionalidad (el tribunal que permitió a Mott presentarse en las elecciones presidenciales) hasta el Palacio Nacional, llevando un balde lleno

---

[12] En 2003 la Corte Constitucional de Guatemala aprobó la candidatura de Ríos Montt a la presidencia del país (en aquel entonces fue Presidente del Congreso y después de la elecciones que no ganó, el diputado). En 2013 fue condenado a 80 años de cárcel por genocidio y crímenes contra la humanidad. La Corte de Constitucionalidad anuló la sentencia. A principios del año 2015 se inició un nuevo proceso, pero la defensa consiguió que se le declarase incapaz para el juicio. "La Comisión de Esclarecimiento Histórico (CEH, patrocinada por la ONU), pudo documentar que durante los 17 meses de su Gobierno, unas 10.000 personas, en su mayoría campesinos indígenas sospechosos de colaborar con la guerrilla, fueron asesinados por las fuerzas del Estado y 448 aldeas fueron, literalmente, borradas del mapa" (Elías, 2015).

de sangre humana. A cada paso pone sus pies en el balde para dejar huellas en el pavimento, en memoria de las víctimas del conflicto armado en Guatemala que duró más de treinta años. Son las huellas de miles de personas asesinadas.

En esa obra el cuerpo de Regina José Galindo es el victimario y la víctima (Martín Vodopivec, 2013). La sangre simboliza la violencia, los asesinatos, pero también simboliza la impureza y la fuerza femeninas como algo primordial, la resistencia y la subversión. La sangre como advertencia. Como Luisa Valenzuela, invierte los roles para que no se olviden los crímenes. "El sujeto objetivado en el cuerpo de la artista, es un cuerpo colectivo, el cuerpo como el objeto del poder, como cuerpo social en definitiva representa "la materialidad del poder sobre los cuerpos mismos de los individuos"(Michel Focault citado en Martín Vodopivec, 2013).

7. Conclusión

Ambas artistas deconstruyen el discurso autoritario-dictatorial, luchan contra el olvido, elaboran nuevos modelos de representación para poder expresar los problemas actuales. Llenan unos vacíos que la historiografía oficial no pudo o no quiso llenarlos. Y reatribuyen al lenguaje el significado subversivo tanto hacia la política como al quehacer artístico. "La lucha por el recuerdo asume el valor de una lucha de carácter político en la que no sólo se protesta contra los crímenes del pasado sino que también se exige la recuperación del discurso histórico monopolizado por el aparato estatal" (Muíño Barreiro, 2012:161).

Apuestan por un arte comprometido y representan el horror y una violencia incomprensibles haciendo el arte desde el cuerpo y con el cuerpo. Creen que el arte da significado a la sociedad y participa en los procesos de su comprensión, pero no da respuestas, formula preguntas y crean angustia. El lector, el espectador es el que crea el significado e interpreta. Su arte puede afirmar los sistemas consolidados, puede cuestionarlos y puede cambiarlos. Y nos invita a mirar y responsabilizarnos de lo que vemos.

BIBLIOGRAFÍA

ALETTA DE SYLVAS, Graciela (2012), "Género, violencia y dictadura en la narrativa de escritoras argentinas de los 70", *América* [en línea], 7, asequible en: https://amerika.revues.org/3567, fecha de consulta: 21 de septiembre de 2015.

BENTANCUR, Patricia (2015), "Clemente Padín. La práctica como crítica". Participación. Encuentro Latinoamericano de Performance, MACA-Museo de Arte Contemporáneo Argentino, Junín, Buenos Aires,

Argentina, asequible en: http://www.encuentrolatinoamericanodeperformanceparticipacion.com/#!la-prctica-como-crtica-/c1flt, fecha de consulta: 5 de noviembre de 2015.

DÍAZ SOURCE, Gwendolyn (1994), "Postmodernismo y teoría del caos en "Cola de lagartija" de Luisa Valenzuela", *Letras Femeninas*, número extraordinario conmemorativo 1974-1994, 97-105, Asociación Internacional de Literatura y Cultura Femenina Hispánica, asequible en: http://www.jstor.org/stable/23022480, fecha de consulta: 25 de agosto de 2014.

DUBATTI, Jorge. (2008), "Por qué hablamos de Postdictadura 1983-2008", *La revista del CCC* [en línea], 4, asequible en: http://www.centrocultural.coop/revista/articulo/85, fecha de consulta: 21 de septiembre de 2015.

ELÍAS, J. (2015), "Un informe médico exime a Ríos Montt de ir a un segundo juicio", *El País* [en línea], asequible en: http://internacional.elpais.com/internacional/2015/07/08/actualidad/1436374484_749667.html, fecha de consulta: 1 de diciembre de 2015.

ESPINOSA A., Denisse (2005) "Regina José Galindo, la artista que trae un desierto de aserrín a Santiago", entrevista, hecha el 7. 7. 2015, *La Tercera* [en línea], asequible en: http://www.latercera.com/noticia/cultura/2015/07/1453-637734-9-regina-jose-galindo-la-artista-que-trae-un-desierto-de-aserrin-a-santiago.shtml, fecha de consulta: 1 de diciembre de 2015.

GAC-ARTIGAS, Priscilla (2010), *Hoja de ruta. Cultura y civilización de Latinoamérica*, Academic Press ENE, New Jersey, USA.

GALINDO, R. J. (2015), Entrevista en *Semáforo de Radio U.* de Chile, 8 de julio de 2015, asequible en: http://radio.uchile.cl/2015/07/08/regina-jose-galindo-el-performance-es-energia-pura, fecha de consulta: 5 de noviembre de 2015.

KUNST, Bojana (2003), "Telo v sodobni umetnosti: performans in nevarne povezave", *Teorija in praksa*, año 40, 5, 821-838, asequible en: http://dk.fdv.uni-lj.si/db/pdfs/tip20035kunst.PDF, fecha de consulta: 21 de septiembre de 2015.

MANGIN, Annick (2007), "Literatura y dictadura: *Cola de lagartija* de Luisa Valenzuela". Discours et contrainte, Université Paris-Sorbonne, Les Ateliers du Séminaire Amérique Latine, n°2, sous la direction de Milagros Ezquerro et Julien Roger, Lien, asequible en: http://www.centrocultural.coop/revista/articulo/85, fecha de consulta: 25 de agosto de 2014.

MARTÍN VODOPIVEC, Yasmín (2013), "Ura anatomije", en Cullen, Deborah (ed.), *Prekinitev / 30. grafični bienale* [catálogo], Ljubljana, Mednarodni grafični likovni center. (La autora me cedió el texto en español inédito. Las citas y referencias se refieren a este texto.)

MUÍÑO BARREIRO, David Antonio (2012), "Postmodernidad y (post)dictadura. Consideraciones teóricas sobre la literatura argentina postdictatorial", *Impossibilia*, 3, 150-163, asequible en: http://dialnet.unirioja.es/servlet/articulo?codigo=3905365, fecha de consulta: 8 de junio de 2015.

SÁNCHEZ-PALENCIA CARAZO, Carolina (2002), "Cuerpos, lenguajes, miradas: tres narradoras británicas contemporáneas", *Philologia hispalensis*, 16/2 (Ejemplar dedicado a: Escritoras atlánticas y escritoras mediterráneas / Carmen Ramírez Gómez (ed. lit.)), 101-117, asequible en: http://dialnet.unirioja.es/servlet/articulo?codigo=1030177, fecha de consulta 5 de diciembre de 2015.

SERAFIN, Silvana (2010), "Mujer y política: una difícil relación. Algunos ejemplos en las escritoras argentinas de la segunda mitad del siglo XX", en Serafin, Suzana; Perassi, Emilia; Regazzoni, Susana; Campuzano, Luisa (coordinadoras): *Más allá del umbral. Autoras hispanoamericanas y el oficio de la escritura*, Sevilla, Editorial Renacimiento (Colección Iluminaciones), 177-200.

SICHEL, Berta (2013), "Lotty Rosenfeld. Por una poética de la rebeldía", *Artichock* [en línea], Revista de Arte Contemporáneo. Texto sobre la exposición Lotty Rosenfeld. Por una poética de la rebeldía (Centro Andaluz de Arte Contemporáneo, 8 de marzo – 21 de julio de 2013), asequible en: http://www.artishock.cl/2013/03/20/lotty-rosenfeld-por-una-poetica-de-la-rebeldia/, fecha de consulta: 21 de septiembre de 2015.

SORIANO DE GARCIA PELAYO, Graciela (1996), *El personalismo político hispanoamericano del siglo XIX. Criterios y proposiciones metodológicas para su estudio*, Caracas, Monte Ávila.

SUÁREZ BRIONES, B.; MARTÍN LUCAS, M. B. y FARIÑA BUSTO, M. J. (eds.) (2000), *Escribir en femenino. Poéticas y políticas*, Barcelona, Icaria.

VALENZUELA, Luisa (1998), *Cola de lagartija*, Editorial Planeta Mexicana.

VALENZUELA, Luisa (2003), *Escribir con el cuerpo*, asequible en: http://peligrosaspalabras.blogspot.si/2006/12/escribir-con-el-cuerpo.html, fecha de consulta: 8 de junio de 2015.

VÁZQUEZ, Cecilia (2013), "Performances artísticas callejeras en Argentina y Perú. Dinámicas del arte y la intervención política en contextos recientes de crisis económica y sociopolítica", *ASRI*, 5, asequible en: file:///C:/Users/URA~1/AppData/Local/Temp/Dialnet-PerformancesArtisticasCallejerasEnArgentinaYPeru-4408788.pdf, fecha de consulta: 21 de septiembre de 2015.

RITOS DE PASO EN EL TEATRO VANGUARDISTA/ALTERNATIVO ESPAÑOL Y POLACO DE LAS TRANSICIONES DEMOCRÁTICAS

KATARZYNA KACPRZAK
Vistula University Varsovia

Resumen: La autora sostiene que el teatro, como muchos otros fenómenos sociales, políticos o culturales ha desempeñado un papel en las transiciones democráticas en Polonia y en España. Estudia las similitudes y las diferencias entre las estrategias de unas compañías de teatro españolas y polacas: La Fura dels Baus, Els Joglars, Teatr 8 Dnia y Teatr Biuro Podróży. Concluye que el teatro, tenga tal intención o no, termina, o bien reflejando los cambios sociales, o bien condicionándolos, o bien siendo parte de ellos. Sigue las nociones de Arnold van Gennep y Victor Turner interpretando la transición como un rito de paso de una forma de estructura social a otra. Mantiene que las compañías mencionadas han desarrollado varias estrategias artísticas que se pueden entender como los ritos de paso que han jugado algún papel notable en los respectivos periodos de cambios sociales. Ilustra la tesis con ejemplos de diferentes espectáculos de los grupos polacos y españoles.
Palabras clave: ritos de paso, liminalidad, transiciones democráticas, teatro alternativo, teatro de vanguardia

Abstract: The author argues that theater, like many social, political or cultural phenomena, contributed to democratic transitions in both Poland and Spain. She investigates similarities and differences between the strategies of selected Spanish and Polish theater companies: La Fura dels Baus, Els Joglars, Teatr Biuro Podróży and Teatr 8 Dnia. She demonstrates that even when the reflection of political change had not been an intended message, this message is there and sometimes it itself triggers a political change. She operates within the conceptual framework of Arnold van Gennep and Victor Turner, mapping the democratic transition on a rite of

passage between the varying formulae of social structure. She maintains that the theatre companies under consideration developed various artistic stratagems that can be construed as rites of passage that have affected the social change in these countries. The conclusions have been illustrated with the analysis of specific shows of the said theatre troupes.
Keywords: rites of passage, liminality, democratic transitions, alternative theatre, avant-garde theatre

El teatro, como cualquier fenómeno social, político o cultural, ha desempeñado un papel en las transiciones democráticas europeas. Estudiaremos aquí las similitudes y las diferencias entre las estrategias de algunas compañías de teatro españolas y polacas: La Fura dels Baus, Els Joglars, Teatr 8 Dnia (Teatro del Octavo Día) y Teatr Biuro Podróży (Teatro Agencia de Viajes). El teatro, tenga tal intención o no, termina o bien reflejando los cambios sociales, o bien condicionándolos, o bien siendo parte de ellos. Una de las posibles interpretaciones de una transición político-social es la que sigue las nociones de Arnold van Gennep y Victor Turner, es decir, transición como rito de paso de una estructura social a otra. Los seguidores de los dos estudiosos interpretan las formas artísticas de periodos de transición en términos de *liminalidad* o *liminoide*.

Decía Víctor Turner que, en una cultura desarrollada, todo el repertorio de géneros "espectaculares" (performativos) y narrativos se podría comparar a un gabinete de espejos que reflejan problemas y crisis sociales. Estos reflejos se someten, a continuación, a una serie de transformaciones y mutaciones propias de cada género, hasta que un análisis exhaustivo de todos los aspectos del problema, o drama social, "permita buscar, de forma consciente, unas medidas o remedios para solucionar la crisis". Además, según el famoso antropólogo, los dramas sociales y los dramas escénicos se condicionan mutuamente (Turner, 1988:99). Los dramas sociales, sugiere, son la materia cruda a partir de la cual surge el teatro (Turner, 2009:48).

El concepto de *liminalidad*, introducido por Gennep en las ciencias etnográficas, en la reelaboración de Turner se desdobla en lo *liminal* y lo *liminoid*: lo primero serían las áreas de actividades humanas desarrolladas en las sociedades más tradicionales, como mitos, ritos, prácticas de tipo religioso, masonerías, etc., es decir, lo que todavía unía el trabajo con la obligación social; mientras que lo *liminoid* aparecería con la industrialización, la urbanización, la profesionalización, las migraciones laborales, etc., o sea, todos los elementos que surgen desde el momento en que el trabajo y el ocio se separan. El arte, el deporte, los juegos y otras formas de ocio constituirían fenómenos *liminoides* (Korver, 1991:34-35).

El teatro, en el conocido esquema de Turner, interpretado por

Schechner (2006:88), pertenece a los fenómenos *liminoides* por definición, fenómenos producidos por una sociedad industrial que ya no vive en un mundo donde el trabajo y los ritos eran parte del mismo universo. Pero, dentro de esa condición *liminoide*, el teatro reproduce el esquema básico de van Gennep, pues al realizar una separación del público y de los actores del resto del cuerpo social, los introduce en un estado *liminal* para, al final, volver a reunirse con la vida y la estructura sociales cotidianas. La estructura gennepiana Turner la enriquece con una etapa más.

Las cuatro fases de cada ciclo de dramas sociales, en la óptica de Turner, serían: una separación (una infracción al orden establecido), un margen (*limen*) equivalente a una crisis, una devolución del equilibrio y una agregación (una remediación[1]) que se realizaría o bien mediante una vuelta al orden, o bien mediante un cisma (Turner, 1994:4, MacAllon, 2009:14-15).

Además, todos los *cultural performances* son, por definición del antropólogo americano, géneros liminales o *liminoid*, puesto que, o siempre ocurren en fase de crisis, o representan un aspecto de crisis permanente en las sociedades, una válvula por donde las pequeñas y grandes crisis se van escapando, o solucionando. En este sentido, son lo que queda de la liminalidad primitiva. Y como un estado liminal o *liminoide* es, necesariamente, transitorio, una transición en el seno de una sociedad también cumple las características de un estado liminal. Lo afirman, por ejemplo, Abellán y Sánchez: "La Movida ha sido preferentemente interpretada como el rito de paso de la cultura española en pos de su normalización, pero habría que precisar que el sujeto fue más el cuerpo social que la minoría de agentes que se vieron involucrados en ella" (2006:47).

El objetivo de este corto ensayo es concluir que las actividades artísticas de los grupos del teatro llamado vanguardista, experimental, o alternativo de los años 70, 80 y 90, en Polonia y España, conllevan rasgos de estados liminales en el sentido de Turner-Schechner, y también, revelan estrategias, a veces no plenamente conscientes para las compañías, que ayudaron a ciertos grupos sociales a realizar de forma más plena las transiciones democráticas.

En este orden, sería posible adoptar dos perspectivas para interpretar el caso de las transiciones democráticas y el teatro alternativo/vanguardista. La primera consistiría en considerar que las compañías de teatro alternativo tienen solamente dos estados: o bien están en la liminalidad en un primer periodo de su existencia, y luego se "agregan" a una estructura social nueva (o antigua, si no ha habido cambios); o bien están en la liminalidad toda su

---

[1] Usamos aquí diferentes traducciones de: Korver (1991) y nuestras propias, a partir de MacAloon, Turner (2009) y Turner (1994).

existencia, y dejan de existir si su condición de liminalidad deja de poderse mantener.

La segunda perspectiva, más turneriana, nos llevaría a especificar las cuatro fases de un drama social en una sociedad en vías de transición desde un sistema autoritario a una democracia. Se presentarían en la forma siguiente:

1. una separación: p.ej. obras de las compañías que ponen en duda y socavan los fundamentos de sus estructuras sociales correspondientes [p.ej. *Ajenjo* (1985) y anteriores obras del Teatro 8 Dnia (en adelante, T8D), y las obras de Els Joglars anteriores a *La Torna* (1977)];
2. un margen equivalente a una crisis: p.ej. *La Torna* y su proceso, la emigración del T8D;
3. una devolución del equilibrio: p.ej. los emigrados vuelven (Albert Boadella, T8D), todos pueden crear con plena libertad de expresión;
4. una agregación: en ambos casos, español y polaco, es un orden que conserva algunos rasgos del anterior, pero básicamente se propone evolucionar rápidamente hacia la democracia. De allí que un largo proceso de transición política, económica y social involucra también muchos fenómenos *liminoid* en el mundo del teatro, entre ellos lo que llamaremos aquí los "ritos de paso" de la transición.

Adoptaremos esta denominación para designar diferentes estructuras y construcciones artísticas que, a nuestro entender, o bien preparan, o bien llevan a cabo, o bien finalizan cierto tipo de prácticas que hacen a las compañías teatrales partícipes y actores del drama social. Incluiremos entre ellas: nuevos lenguajes teatrales que surgen como consecuencia de los excesivos desórdenes sociales (p.ej. los primeros espectáculos de la Fura dels Baus, o *Giordano*, del Teatro Biuro Podróży, TBP en adelante), obras que suponen un ajuste de cuentas con el pasado reciente (*Ziemia niczyja, Réquiem, Teczki* del T8D) o con las consecuencias inmediatas de los cambios sociales (*Portiernia* del T8D o *Carmen Fúnebre* del TBP), obras provocadoras, imposibles en estructuras previas (*Teledeum* de Els Joglars), obras que proponen repensar los antiguos y nuevos valores (*Nie wszyscy są z nas* del TBP), u ofrecen nuevos paradigmas (*Noun, MTM* y el teatro digital de la Fura), y más formas que vamos a ir enumerando en el presente texto. No podremos, por falta de espacio, analizar todas las etapas que acabamos de enumerar, aquí traemos solo algún ejemplo, empezando por la fase de la separación.

Els Joglars empieza como compañía de pantomima pura, pero poco a poco va dejando los *maillots* blancos, y empieza a provocar cada vez más a la clase política y a la Iglesia. En *El joc*, uno de los "números" cuenta un fragmento del Génesis: Dios toma forma, a la vez, de serpiente y de ángel, para finalmente suicidarse. Otra escena, un juego de fusilamientos, se refería a los famosos "procesos de Burgos"[2]. Una crítica política inequívoca se contenía también en *Cruel Ubris*. *Mary d'Ous*, a su vez, fue el espectáculo más vanguardista de la historia del grupo. Albert Boadella examinó unos métodos de trabajo musical dentro del teatro y compuso una obra de forma cercana a la de una fuga: un preludio y dos temas que se juntan en un *crescendo* final. Los temas son los motivos de encuentros y saludos entre tres Johnes y tres Marys, cada uno de ellos acabado con un batir de huevos imaginario, y otro motivo de una figura enigmática apodada "ísimo", aludiendo al dictador y al ambiente de miedo en su entorno (Kacprzak, 2001:57).

Ajenjo no fue el primer espectáculo del T8D en socavar los cimientos de la dictadura. El grupo se hizo famoso en Polonia desde principios de los años 70 con espectáculos basados, p. ej., en la poesía de sus jóvenes poetas coetáneos, criticando la falta de libertades básicas y el absurdo cotidiano del sistema político del real socialismo tardío. Los miembros del T8D fueron objeto de persecución política: hasta los años 80, no se les dejaba viajar al extranjero, y durante los 80 el gobierno comunista dejó salir al extranjero solo a la mitad del grupo, con pasaportes válidos para un viaje de ida. Antes de que se encontraran en el exilio, el último espectáculo hecho en Polonia por todos ellos, *Ajenjo*, contaba la vida de un país sumido en el llamado "estado de guerra" (ley marcial). Imágenes y escenas memorables, muy fuertes, de persecución de un opositor, de peregrinos autoflagelándose, alternaban con otras alegres o muy cómicas. T8D tenía un don para encarnar la tragicomedia de una "dictablanda" que, antes de expirar, todavía alcanzó a matar y a horrorizar. Uno de los ritos de paso en Polonia, después del golpe militar, era asistir a eventos culturales clandestinos: es así como un grupo teatral básicamente de ateos acabó actuando sobre todo en iglesias, patrocinado por los que, 20 o 30 años después, serían sus opositores o detractores. A veces, antes del espectáculo, los actores le decían al público que les esperaba una hora de libertad y que tenían que aprovecharla juntos. Recordarlo 30 años después evidencia cuán lejos estamos de la época de la transición: en los años 80, T8D apostaba por unir entornos y mundos que trabajaban juntos dentro de la oposición al régimen comunista, a pesar de presentar visiones del mundo a veces completamente opuestas. Esos mundos, una vez en democracia, pronto se opondrían unos a otros, llegando a ser incluso enemigos feroces.

Ajenjo es un íntimo fresco de la sociedad polaca en un estado de radical separación de los ciudadanos y del poder y en un periodo de pérdida casi

---

[2] En diciembre de 1970, tuvieron lugar unos juicios de miembros de ETA. Los acusados fueron condenados a la pena de muerte pero, gracias a numerosas manifestaciones y protestas sociales, sus penas fueron conmutadas por las de cárcel. Todo el asunto demostró la desmoralización y el debilitamiento del régimen.

completa de ilusiones para el futuro. Formalmente, T8D dispone de un método propio de creación colectiva, pero en aquella época también tiene un director de escena. La obra es un collage típico usado por los teatros experimentales desde los años 60: con un espacio único compartido entre el público y los actores, un "guion" o partitura de acciones que no forman una narración cronológica, o meramente lógica, desde el punto de vista tradicional aristotélico. Los actores en cada escena hacen otro papel. Pueden ser cualquier protagonista, personajes grises de la masa o miembros de las élites. Pueden ser un objeto, como en Shakespeare o en el teatro popular (Morawiec, 1996:193). Es un montaje por imágenes, por escenas creadas a partir de improvisaciones (método parcialmente prestado al Teatro Laboratorio de Grotowski), sin obra literaria de base.

El espectáculo empieza con un poema inspirado en el libro 8º del Apocalipsis de San Juan, sobre la gran estrella Ajenjo:

> "En aquel tiempo nos visitó la Estrella Ajenjo
> Y amargos se hicieron nuestro pan y nuestro amor
> y todo ser
> El día se hizo semejante a la noche,
> La vida, semejante a la muerte
> Si seguíamos todavía, no era más que por
> habernos conjurado con los muertos
> Si amábamos todavía, lo hacíamos
> sólo en sueños" (Morawiec, 1996:192).

Elżbieta Morawiec (1996:192) dice que la obra podría llamarse "Viajes polacos", "Destinos polacos", o bien "Gólgota polaco". La unidad narrativa es asegurada por el motivo del viaje y del *homo viator*. Varios tipos humanos viajan por la Polonia del estado de guerra. Vida cotidiana, sueños, pesadillas. Es también un viaje hacia la esperanza, hacia la alegría, hacia una vida digna, porque la imagen que presenta T8D de la sociedad polaca no es blanca y negra. No se habla de unos malvados y unos ángeles en todo opuestos, sino que la barrera entre el bien y el mal transcurre dentro de cada uno de nosotros.

Desde nuestra perspectiva, el espectáculo constituye un rito de paso: son los tiempos del Apocalipsis, en los cuales y por los cuales el teatro debe de ayudar a pasar a su público. Propone aplacar heridas, pero no dejar olvidar las injusticias. Pudimos ser testigos de la poderosa influencia que, en albores de la caída del comunismo, ejercía T8D, a través de *Ajenjo* y también de la enorme importancia de su retorno a Polonia desde Moscú, de su simbología[3].

---

[3] La compañía formó parte de una gran iniciativa teatral, *Mir Caravane* que, en 1989, unió a

Como ejemplo de obra creada en fase de crisis del drama social turneriano, citaremos *La Torna*, de Els Joglars. El montaje constituyó un caso fronterizo en la transición española, y en el teatro español. Teóricamente estrenada en una España nueva, en 1977, se representó 40 veces y a continuación empezó un procedimiento judicial contra la compañía y su director, Albert Boadella, fue encarcelado. El espectáculo contaba la historia de un perfecto desconocido, un inmigrante sin techo cuya nacionalidad, a la sazón, fue objeto de malentendido: "un polaco [luego se averiguaría que fue un alemán - K. K.] que había matado a un guardia civil [...], Heinz Chez, un delincuente común, era la torna de la ejecución de Salvador Puig Antich[4], para quitarle protagonismo. A partir de ahí (Boadella) se monta un espectáculo de máscaras ya que se imagina a Heinz Chez en un mundo del que no conocía la lengua, los ritos ni las formas, únicamente se reconoce su propia cara, todos los demás son un tenebroso juego de máscaras. Es la primera vez que Els Joglars hacen un espectáculo que se puede leer, que tiene texto" (Página web de Els Joglars, 16-12-2015). La obra, en tono esperpéntico, retrataba a los "componentes de las fuerzas armadas" (nota de la Capitanía General de la Guardia Civil) como gallinas en un gallinero, que hablan de forma casi ininteligible, seres de muy corta inteligencia, rudos, primitivos, insensibles. Por medio de contrastes constantes entre la seriedad y la profunda gravedad de los hechos y las actitudes, insoportablemente grotescas e inhumanas a la vez, el grupo lograba un efecto de trastorno, de turbación y de conmoción en el público. Una de las escenas producía un efecto fortísimo: un niño casi moría por casualidad cuando un verdugo experimentado le explicaba cómo funcionaba el garrote vil a un novato (padre del niño), pero la escena se desarrollaba de forma comiquísima hasta este último momento.

La obra resulta ser un rito de paso: provoca primero comportamientos de las autoridades militares muy en la línea del antiguo régimen, pero luego acaba por ceder a la presión de las nuevas instituciones, de las prácticas democráticas nacientes. Excomulga temas "intocables" y ajusta cuentas con un crimen impune. El interesantísimo apéndice de la historia se escribe casi treinta años después: se publica un libro en alemán sobre "la verdadera historia de Heinz Chez", se estrena un documental, y Albert Boadella, en el Institut de Teatre de Barcelona, monta una segunda versión de *La Torna*, introduciendo nuevos personajes (de los militares, que serían los mismos representados en la versión de 1977, pero ahora jubilados).

Como la fase de la devolución del orden del esquema turneriano, en nuestro caso, ocupa un lugar menos expuesto, pasaremos directamente a

---

varios grupos de teatro europeos: las compañías efectuaron una gira por Europa, desde Moscú a París, con motivo del bicentenario de la Revolución Francesa, acompañando los cambios políticos en el bloque del Este y anticipando la caída del comunismo.

[4] Político oposicionista, anarquista catalán, condenado a muerte en 1974.

tratar ejemplos de la fase de agregación, también limitándonos a lo más esencial del tema. Sobre el significado de los primeros espectáculos de la Fura dels Baus para la transición democrática española escribimos en otro sitio (Kacprzak, 2016)[5], aquí lo resumiremos en muy pocas palabras. El lenguaje furero, propuesto con la llamada trilogía (1983-88), consistía en una agresión brutal al espacio del público, una violencia contenida, pero auténtica, que podría recaer sobre el público, un maltrato del cuerpo de los actores, actuaciones en espacios postindustriales, aspectos de un ritual urbano y atavístico y, en general, en una tendencia a amenazar a los espectadores y sacarlos de su burbuja de seguridad.

"Parece como si estuvieran aplicando métodos de cualquier dictadura, pero voluntariamente y en democracia. [...] era un poco tratarlo como había hecho el sistema político anterior: mantenerle en vilo, en peligro, inseguro. Borrar a las figuras humanas de un paredón, con golpes de pintura que salían de vistosas mangueras, se parecía a un fusilamiento [...]. El propósito parecía ser liberar al público de miedos y tensiones por medio de aprensiones y sustos. Darle una oportunidad de desahogarse, de correr, saltar y gritar [...]. El público salía aturdido, impresionado, declaraba haber sentido un miedo real [...]. Los fureros buscaban una catarsis colectiva a través de una locura de cuerpos sin barreras que los paren. Buscaban una fiesta mítica, una *orgía* de sentidos, no tanto sexual, como primaria, orgánica, ritual, atávica. A nuestro entender, sus primeras obras eran también un antídoto –aun sin que el grupo lo afirmara conscientemente– contra los traumas de una sociedad escindida en dos bandos, sociedad bañada en sangre de las víctimas del franquismo, víctimas del terrorismo, víctimas de la Guardia Civil en transición, etc. Los ritos de la iniciación, motivos repetidos en varios espectáculos fureros, pueden ser interpretados como iniciación a un nuevo tipo de sociedad" (Kacprzak, 2016).

Turner distingue varios tipos de ritos que se podrían discriminar también en el teatro: ritos de (contra) desgracias y ritos profilácticos (Turner, 1988:104). Nos atreveríamos a afirmar que se podrían identificar elementos de algunos de estos ritos en las prácticas de las compañías que nos interesan, en los respectivos periodos de transición, p. ej. la trilogía de la Fura la identificaríamos con un rito profiláctico, *La Torna*, *Giordano* y *Tierra de nadie*, todas a la vez, con un rito, a la vez, de desgracia y profiláctico.

Desgraciadamente, no disponemos de espacio para analizar profundamente la estructura del rito en cuestión en cada pieza. Para describir brevemente en que consiste la unión de un rito de desgracias y otro, profiláctico, hemos seleccionado el espectáculo de T8D, *Ziemia niczyja*

---

[5] En el artículo sostenemos que el nuevo lenguaje teatral que propuso la Fura dels Baus en España de los años 80 contribuyó para liberar a la sociedad española de los traumas de la época franquista y posfranquista.

(*Tierra de nadie*): Elżbieta Morawiec (1996:251) sugiere que la obra se podría llamar *Nuestra Europa (*o *Mi Europa,* como la traducción al castellano de una de las obras de Czesław Miłosz*).* Si *Ajenjo* fue un sueño sobre viajes y fuga que se soñaba en una casa llena de pesadillas, *Tierra de nadie*, dice Morawiec, es un sueño sobre la vuelta a casa. Y esa casa significa muchas cosas, no solo Polonia, no solo la Europa actual (1991) aunque hay mucho de ambas. Es un viaje histórico: resume los tiempos del terror rojo y llega hasta las fuentes de la locura europea. Habla del "mordisco de Hegel" en Europa y de sus resultados: la tierra de nadie, tierra de emigrantes, refugiados locos por volver a casa y al mundo de los valores. Representa las famosas fugas fantásticas por el muro de Berlín y las fugas hacia la locura: Nietzsche, Van Gogh, Artaud, Camille Claudel, todos de la misma familia humana. La familia de los nostálgicos de la libertad. Y nostálgicos de la imagen de casa con sus corolarios: amor, ternura, calor, belleza.

Es un psicodrama *sui generis* de los actores y, a la vez, un enorme rito de paso: a través de su experiencia del exilio, los actores filtran vivencias de miles de gentes sin casa y de miles de locos por la libertad. Y la cotidianeidad de las fugas por el muro de Berlín, al final, es igual a la más alta creatividad de los poetas (la imaginación de los huidos en máquinas imposibles). La escena del *Happy birthday* confronta el oficial optimismo y la superficialidad occidental que aquejaban a todo refugiado del bloque del Este, la insoportable levedad del ser, se diría, frente a la incomprensible, para el Occidente, vivencia del que había sufrido huidas y persecuciones, muertes, maltratos y expulsiones. La obra quiere recordar y concluir las desgracias pasadas, pero también prevenir las posibles desgracias futuras (rito profiláctico).

Otro tipo de rito de paso que distinguiríamos en la producción de los grupos en cuestión son algunas escenas parecidas en espectáculos estrenados antes y después de la transición, que seguramente hacen alusión conscientemente unas a otras. Es como si la compañía hiciera un ajuste de cuentas entre la vieja y la nueva realidad.

En *Ajenjo* tiene lugar un particular juicio sobre Polonia: los actores representan a miembros de las élites del *ancien régime* comunista y sus secuaces (p. ej. un juez ataviado con traje de colegiala y una bufanda de zorro, un individuo que parece alguien entre agente secreto y asesino) y con gran agudeza y sentido de humor, reproducen sus vistas: la primera parte de la escena empieza con exclamaciones: "¡Polonia!", "¡Polonia!", de cuatro personajes raros, fantasmas medio locos, medio borrachos, describiendo al país de los tiempos de la estrella Ajenjo: "las mujeres jóvenes dejan de poder diferenciarse de las viejas, las hijas de las jóvenes, niñas pequeñas, están sentadas en sus sillas, inmóviles, con bolsos colgando inútilmente", "Polonia: mal menor, fusilar, hundir en el cieno, matar a golpes de estaca o porra, ahogar con mordaza, piedrecillas a los pies y hundir", "Polonia: amo viajar por Polonia, por prisiones, por salas de espera, con mano en la maleta, Polonia que se pierde con sus ansias: casa sin cuidados, mujer sin marido, el marido bebe, madre sin hijo, el hijo, en el talego, novia sola, el novio, en el ejército, hace tres meses que no escribe". Una mujer tumbada, borracha, medio puta, pero elegante, con gafas oscuras, grita: "Polonia, atravesada por una red de ríos envenenados, envuelta con un sudario de humos industriales, clavada con cubos de hormigón, en silencio, a veces parece que caen las estrellas, *demonios polacos*, este sueño es viscoso como el vodka, ¿usted permite que acabe su chupito?" (*Ziemia niczyja*, 01:02:07-01:04:40).

A su vez, en *Portiernia (Portería)* (2003), vemos a unos políticos de la nueva Polonia. Empiezan con risibles fórmulas de cortesía usadas por los gobernantes ataviados y tocados con ridículas pelucas, o disfrazados de personajes de otro sexo. "Excelentísimo señor diputado", "Excelentísima miembro de la comisión", "Respetadísimo señor presidente", "Eminencia", todos se van maquillando y presentando como si estuvieran ante las cámaras de la televisión, "Señor Presidente, la imparable actividad legisladora…", "cláusula de máximos privilegios", "estrategia de la coalición", van recitando los actores, tomando ridículas poses y muecas, y haciendo que el público reviente de risa. Con mueca rara y problemas de pronunciación: "Presupuesto, subvención, behaviorismo". Van bailando una danza idiota, añadiendo: "compromiso y consenso", "coalición interna del gobierno, minoritaria"; va creciendo un vals loco con fórmulas insensatas, poniendo en evidencia lo insignificante del lenguaje oficial de la clase política. "Nota a mano confidencial, creativa", van sumando inventos que no difieren mucho del absurdo de la jerga burocrática. "Corrupción, protección directas y no reembolsables". Al final, ya no pronuncian palabras, sino profieren gritos y ladridos, vistiéndose a la vez con largas servilletas blancas en el cuello, como para comer. Acaban babeando sangre (*Portiernia*, 9:24-11:29).

Los paralelismos que encontramos entre las dos escenas son: la sátira contra las autoridades, la ridiculización de sus gestos, actitudes y discursos; estructura de escenas colectivas que intentan reflejar la esencia del régimen reinante, disfraces exagerados y cómicos, comportamientos rituales y discursos insensatos, independientemente del sistema. El artista efectúa el rito de paso, escenificando las respectivas conductas simbólicas de ambos regímenes.

Hay más ejemplos de este tipo de "remake alusivo" en T8D: la actriz Ewa Wójciak es objeto de unos cuidados "cosméticos", se la maquilla como para hacer de ella una figura de un cuadro, tanto en *Ajenjo*, como en *Tierra de nadie*. Otras escenas que aluden unas a otras son las que representan fiestas y descanso, o bien escenas de esfuerzo continuado e inagotable (repetición múltiple de una acción) en *Ajenjo* y *Baila mientras puedas*.

Ewa Wójciak se refirió a otro paralelismo entre *Portiernia* y, esta vez, *Ziemia niczyja*, comentando que este último espectáculo (de la recién estrenada transición polaca) hablaba del muro de Berlín que separaba al bloque del Este del "mundo feliz". Mientras que los primeros ensayos e improvisaciones para *Portiernia* partieron del motivo irónicamente invertido del nuevo muro que se había trasladado de Berlín a la frontera este de Polonia, y que ahora iba a separar el resto de la Europa oriental de nuestros países que habían "felizmente" realizado el proceso de la transición (Skorupska, 2009:39).

Estas reminiscencias de espectáculos propios (probablemente, no siempre realizadas a propósito) hacen de puente entre los tiempos de antes y de después, entre los tiempos cuando el teatro encarnaba los sueños imposibles sobre una vida bella, justa, entre amores y amigos, y los nuevos tiempos, donde resulta que también las alegrías del vivir cotidiano son lo poco, o lo mucho, que queda de nuestras luchas, nuestros ritos y nuestras transiciones. La muerte, sin embargo, sigue siendo la muerte: en *Ajenjo*, el personaje encarnado por Tadeusz Janiszewski muere asesinado por los sicarios del régimen, pero en *Baila mientras puedas*, los actores llevan a cuestas el ataúd de un amigo, ¿muerto en un accidente, suicidado, sucumbido a la inexorable fuerza del paso del tiempo?

Es especialmente interesante la inversión de las nuevas formas escénicas respecto al viejo régimen: en España, Els Joglars y la Fura crean nuevos ritos laicos, provocadores, blasfematorios, claramente distanciadores de todo elemento religioso y cristiano (aún recurriendo a la imaginería cristiana, como en la figura medio Cristo de *Suz-o-Suz*), incluso sirviéndose de la liturgia cristiana *á rebours* (*Teledeum*). En Polonia, TBP, a su vez, recurre al universo cristiano, tomando prestado de allí sus protagonistas e iconos (Giordano Bruno ataviado y "crucificado" como Cristo, con alusiones transparentes al *Príncipe Constante* de Grotowski, la Muerte y los Ángeles luchando por el alma de Giordano, en *Nie wszyscy są z nas* [*No eran de los nuestros*, título cita prestada de la Primera epístola de San Juan], toda la historia contada se inspira en un caso de robo de la figura de Cristo de una iglesia polaca, y el espectáculo revisa la espiritualidad contemporánea, preguntándose por si es posible vivir sin valores cristianos, aún aislados de su sistema principal, la religión). Y un grupo tan radicalmente de izquierdas, de bohemios y gente antisistema como es T8D no deja de recrear ciertos ritos pararreligiosos como marco de escenas relacionadas con la mentalidad y la espiritualidad de mucha parte del pueblo polaco y del ruso. T8D, odiando el sistema político soviético, admira la cultura y la espiritualidad de los maestros rusos: Marina Tsvetaeva en *Tierra de nadie*, cuando vuelve a Rusia, es tratada como icono, en el doble sentido: "¡Qué bella es!", exclaman los pequeños ciudadanos rusos al verla, a la vez preparándola y maquillando, como si fuera una figura santa, y como si la fueran metiendo directamente en el lecho de muerte. Los *tableaux vivants* en *Ajenjo* evocan evidentes reminiscencias de pinturas sagradas.

De lo anteriormente expuesto podemos concluir la existencia de varias similitudes entre las estrategias de las compañías españolas y polacas: a casi todas de las que nos acabamos de ocupar (quizá menos a Els Joglars), en los nuevos tiempos, les queda mucho de una actitud utopista del teatro experimental de los años 60 y 70. Si, primero, representaron una oposición radical al sistema anterior, a veces la siguen representando frente al sistema nuevo, aunque sus críticas resulten alguna vez menos convincentes. Varias obras, de un periodo de transición que comprenderíamos entre unos años antes de los cambios políticos hasta varios años después de la fecha clave, se propusieron provocar también otro tipo de cambios: ya introduciendo nuevos lenguajes escénicos, ya ajustando cuentas con el pasado para abrir caminos al futuro, ya resumiendo las consecuencias inmediatas de las transiciones, provocan, proponen nuevos paradigmas o valores, reflexionan sobre sistemas de valores antiguos.

Turner opina que si tienen lugar una separación y una crisis dentro de una sociedad, el drama social nunca encontrará una solución definitiva; el armisticio será temporal y sus condiciones serán causa del siguiente conflicto. Lo más probable es que las causas directas de los dramas sociales residan en un conflicto inherente a la estructura social: parece que a nuestra especie le acaban aburriendo hasta las soluciones más favorables, y puede que, detrás de esta cualidad inherente, esté una inquietud de índole evolutiva (Turner, 1988:105). Es una tesis provocadora, pero Turner sugiere que los dramas sociales nos mantienen con vida, proporcionándonos siempre nuevos problemas que solucionar.

En Polonia se ha concluido varias veces que el teatro de los tiempos de la dictadura fue un arte de verdad, y todo lo posterior no ha sido, muchas veces, digno del nombre de arte. ¿Será así hasta el momento en que las nuevas formas de *cultural performances* sepan, de nuevo, representar (¿y proponer resoluciones de?) los dramas sociales? En el siglo XXI el teatro desempeña un papel menor, lo han sustituido el cine, los macroconciertos y el deporte. Tadeusz Janiszewski dijo en 2009 en una entrevista: "Nadie puede decir que los artistas hemos derribado el comunismo. Pero creo que fuimos parte de aquella historia, y nuestra parte es algo de lo que estoy muy orgulloso" (Página web de Teatr Ósmego Dnia, 16-12-2015). Creemos que Els Joglars compartirían esta opinión respecto al franquismo. A su vez, La Fura dels Baus y Teatr Biuro Podróży podrán estar orgullosos de haber propuesto nuevos lenguajes y nuevas soluciones que articularon las ansias y los procesos mentales o espirituales de algunos de sus compatriotas durante y después de las transiciones democráticas.

BIBLIOGRAFÍA

ABELLÁN, Joan, SÁNCHEZ, José Antonio (et al.) (2006), *ARTES de la escena y de la acción en España, 1978-2002*, Cuenca, Ediciones de la Universidad de Castilla-La Mancha.

KACPRZAK, Katarzyna (2001), "Els Joglars: Kuglarze XX wieku", *Didaskalia*, 46, Kraków, 57-62.

Kacprzak, Katarzyna (2016), "Cambios sociales en España de los años 80 desde la perspectiva teatral: violencia, género y sentido de la *communitas* en las obras de la Fura dels Baus", bajo edición: *Actas del XV Congreso del Instituto Internacional de Sociocrítica* (Varsovia, abril 2015).

KORVER, Mariët de. (1991), *¡Truenos y relámpagos!: Mito y ritual en la trilogía de La Fura dels Baus*, Utrecht, Universidad de Utrecht.

MacALOON, John J. (2009), "Wstęp: widowiska kulturowe, teoria kultury", en John J. MacAloon (ed.), *Rytuał, dramat, święto, spektakl. Wstęp do teorii widowiska kulturowego*, Warszawa, Wydawnictwa Uniwersytetu Warszawskiego, 11-35.

MORAWIEC, Elżbieta (1996), *Seans pamięci. Szkice o dramacie i teatrze*, Kraków, Wydawnictwo Baran i Suszczyński.

Página web de *Els Joglars*: www.elsjoglars.com, fecha de consulta: 16 de diciembre de 2015.

Página web de Teatr Ósmego Dnia: http://osmego.art.pl/, fecha de consulta: 16 de diciembre de 2015.

SCHECHNER, Richard (2006), "Rytuał", en Richard Schechner, *Performatyka: wstęp*, Wrocław, Ośrodek Badań Twórczości Jerzego Grotowskiego i Poszukiwań Teatralno-Kulturowych, 74-107.

SKORUPSKA, Paulina (ed.) (2009), *Teatr Ósmego Dnia 1964-2009*, Warszawa, Ośrodek Karta, Dom Spotkań z Historią, Agora S.A.

TURNER, Victor (1988), "Teatr w codzienności, codzienność w teatrze", trad. Piotr Skurowski, *Dialog*, 9, Warszawa, 97-115.

TURNER, Victor (1994), "Betwixt and Between: The Luminal Period in Rites of Passage", en L. Carus Mahdi, *Betwixt and Between: Patterns of Masculine and Feminine Initiation*, Illinois, Open Court Publishing Company, 3-19.

TURNER, Victor (2009), "Liminalność i gatunki performatywne", en MacAloon, J. (ed.), *Rytuał, dramat, święto, spektakl. Wstęp do teorii widowiska kulturowego*, Warszawa, Wydawnictwa Uniwersytetu Warszawskiego, 39-74.

Espectáculos citados

Espectáculos de La Fura dels Baus y de Els Joglars (Centre de Documentació i Museu de les Arts Escèniques): *M.T.M.*, *Fausto 3.0*, *ØBS*, *Boris Godunov*, *Metamorfosis*, *La Torna*, *La Torna 2*.

Espectáculos de Teatr Ósmego Dnia (Portiernia, 2004, Ziemia niczyja, TVP Poznań, 1993) y de Teatr Biuro Podróży: archivos de ambas compañías.

LOS REFLEJOS DE LA DICTADURA EN LA OBRA LITERARIA DE ZOÉ VALDÉS

BOJANA KOVAČEVIĆ PETROVIĆ
Universidad de Novi Sad

Resumen: Uno de los campos donde los reflejos de la dictadura se pueden observar de la manera más vívida y palpable es el campo de la literatura, que a veces representa un testimonio todavía más evidente que la historia. Una de las escritoras más comprometidas de nuestros tiempos, la cubana residente en Francia, Zoé Valdés, sería el objeto de nuestra investigación dedicada sobre todo a la influencia y la presencia de la dictadura y la prohibición en la personalidad literaria y la obra de la autora hispanoamericana en sus años cubanos y franceses. Examinaremos la narrativa de Zoé Valdés dentro de sus novelas y los libros, estudios y artículos científicos que abarcan su obra. Nos concentraremos en su relación literaria y personal conflictiva con su isla nativa, a través de la mezcla de su adoración a Cuba con las críticas más duras al gobierno castrista. Considerando varias novelas de Zoé Valdés (*La nada cotidiana, El todo cotidiano, La cazadora de astros, La mujer que llora* y *La Habana, mon amour*) y nuestra comunicación personal con la autora, intentaremos mostrar que su literatura, además de ser ficción, es también un testimonio personal de la dictadura, un homenaje a la libertad y un recurso resucitador y terapéutico en el insilio y en el exilio de la autora, durante ese proceso largo, complejo y difícil tanto de Cuba como de toda América Latina.
Palabras clave: Zoé Valdés, literatura hispanoamericana, narración cubana, dictadura, transición

Abstract: One of the areas where the reflections of the dictatorship can be seen in the most vivid and palpable way is the field of literature, which sometimes is even more evident witness than the history itself. One of the most politically active writers of our time, a Cuban resident in France, Zoe Valdes, was the object of our research dedicated mainly to the influence and presence of the dictatorship and the ban in the literary personality and work of the Hispanic American author, within her Cuban and French years. We explored the narrative of Zoe Valdes in her novels and books, academic articles and studies covering her work, being concentrated on her literary, personal and conflict relationship with her native island, through her worship of Cuba and the toughest criticism of the Castro's government. Considering several novels of Zoe Valdes (*La nada cotidiana, El todo cotidiano, La cazadora de astros, La mujer que llora* y *La Habana, mon amour*)) and our personal communication with the author, we have tried to show that her literature, besides being fiction, it is also a personal testimony of a dictatorship, a tribute to freedom and a resuscitator and therapeutic resource in the *insile* and exile of the author, during this complex and difficult long process, both in Cuba and throughout Latin America.

Keywords: Zoé Valdés, Hispanic American literature, Cuban narrative, dictatorship, transition

Introducción

El continente latinoamericano es uno de los universos literarios más vívidos y turbulentos en cuanto al tema de la dictadura y el exilio. El país de tres grandes dictadores y decenas de grandes escritores, independiente gracias (entre otros) a su poeta y héroe José Martí, la República a partir de 1902, Cuba primero sufrió la dictadura de Gerardo Machado (1871-1939), fundador del Partido Popular cubano, quien abandonó el poder en 1931 tras la huelga general del país y se exilió a los Estados Unidos. Dos décadas después, el coronel jefe del ejército cubano, Fulgencio Batista, inició el golpe de estado en 1952, y de la misma manera fue descabezado en 1959, de parte de la Revolución cubana y el joven Fidel Castro, cuyo medio siglo de dictadura heredó su hermano Raúl en 2008. En el año revolucionario 1959, justo durante el discurso de Ernesto Che Guevara en la Plaza de la Revolución habanera, nació Zoé Valdés, una de las voces antidictatoriales más fuertes de América Latina, cubana en el exilio parisino desde hace 20 años, enemiga de su patria, bloguera apasionada y escritora con una decena de premios literarios.

Uno de los motivos importantes de la obra de Zoé Valdés es la dictadura (castrista u otra) en sus varias formas y con sus múltiples ecos, pero siempre dolorosa y destrazosa, y siempre comiendo sus propios hijos. "There are episodes in several of Valdes' novels that critique Fidel Castro and his regime, implying that the people are living in an oppressive situation and suffering interior exile (*insilio*[1]) due to the political system" (Miller

---

[1] Para las futuras investigaciones véase http://pendientedemigracion.ucm.es/info/angulo/volumen/Volumen02-1/articulos02.htm

Boelts, 2010:61-62). Usando el humor y la ironía de la manera directa y auténtica, Zoé Valdés refleja el orgullo y el sufrimiento de un millón de exiliados de Cuba, que a pesar de que "una vida normal era todo lo que queríamos vivir" (Valdés, 2015:134), vivían en busca de la "vida y libertad". Justo con esas dos palabras la autora polémica titula su blog[2], visitado diariamente por cientos de miles de personas.

En este trabajo trataremos sus cinco novelas: *La nada cotidiana* (1995), *El todo cotidiano* (2010), *La cazadora de astros* (2007) y *La mujer que llora* (2013), más su de momento último libro, *La Habana, mon amour* (2015). Aunque lo consideramos muy significativo para el tema de la dictadura, por estar limitados por espacio aquí no podremos cubrir todos los elementos antidictatoriales de la obra de Zoé Valdés[3], pero prestaremos la atención, para las futuras investigaciones, en su ensayo novelado *Ficción Fidel* (Planeta, Barcelona, 2008) y en numerosos artículos en los periódicos y las revistas españoles, franceses e hispanoamericanos, en su blog de mucho prestigio entre los cubanos exiliados y los escritores e intelectuales latinoamericanos e hispanohablantes, tan como en sus discursos político-literarios por todo el mundo.

Entre la dictadura cubana y la democracia parisina

Zoé Valdés escribió su primera novela (y la única publicada en Cuba), *Sangre azul*, en 1993. Al volverse a publicar en España en 1996 por la Emecé de Barcelona, esa novela era finalista del Premio Sonrisa Vertical y una de las revelaciones literarias del año. Después de ese libro, la mayoría de las novelas y los textos de Zoé Valdés trataron el tema de la dictadura y siguen haciéndolo. "La dictadura cubana influyó en mi obra porque era la realidad que yo conocía, no conocía otra. Y ha seguido influyéndome puesto que esa dictadura sigue viva, sigue existiendo. Aunque yo he escrito sobre otros temas, siempre hay algo que recuerda esa realidad. Me cuesta escribir, en estos momentos, mucho. Pero lo considero indispensable, considero importantísimo escribir sobre lo que he vivido" (Valdés, 2015: comunicación personal).

Las referencias a la dictadura las vamos a buscar en la novela *La nada cotidiana*, publicada en 1995, también de parte de Emecé de Barcelona. Esa novela le "cerró las puertas de su país" a su autora y le "abrió las del mundo" (Valdés, 2013: comunicación personal), y que se encuentra entre las 100 mejores novelas en español elegidas por el diario *El Mundo*[4] dentro

---

[2] http://zoevaldes.net/
[3] http://www.cervantes.es/imagenes/File/biblioteca/bibliografias/valdes_zoe_bibliografia_2015.pdf
[4] http://www.elmundo.es/elmundolibro/2001/01/13/anticuario/979503106.html

del Proyecto Millenium. Lleno de motivos autobiográficos, como la mayoría de las novelas de Zoé Valdés, el segundo capítulo de este libro corto e intenso contiene un detalle que explica el nacimiento de la protagonista Patria, explicando también la rebeldía de Zoé Valdés, la escritora con la edad de la Revolución cubana: "Cuenta mi madre que era el primero de mayo de 1959, ellá tenía nueve meses de embarazo, ya sabía que yo era niña. Cuenta que caminó y caminó desde La Habana Vieja hasta la Plaza de la Revolución para escuchar al Comandante. Y en pleno discurso comencé a cabecearle la pelvis, a romperle los huesos. [...] Antes de salir de la concentración multitudinaria, al pasar por delante de la tribuna, el Che le puso la bandera cubana en la barriga [...] Y Fidel continuaba con su arenga más verde que las palmas. Y yo dando cabezazos, codazos, tortazos, queriendo huir de su cuerpo, de todas partes" (Valdés, 1996:15).

La nada cotidiana es el libro más traducido, vendido y analizado de Zoé Valdés, la novela "cuyo tono parece desafiante, casi agresivo, en su descripción de lo sexual y de su desencanto con el régimen castrista" (Oviedo, 2004:462). Llena de símbolos, alegorías, lemas o eslogans, la novela cuyos protagonistas se llaman (o la autora les llama) Patria, Gusana, Militonta, Nihilista o Traidor contiene referencia a varios escritores cubanos (Guillermo Cabrera Infante, José Lezama Lima, Alejo Carpentier) y europeos (Umberto Eco, Marguerite Yourcenar, Patrick Süskind, Thomas Mann), muchos de ellos objetos de censura. Además, *La nada cotidiana* abarca los tópicos cruciales y emblemáticos de toda la obra de Zoé Valdés: "In this novel are themes that can be read throughout the 13 novels that Valdés has published over the last two decades: the writing of the body, the search for a voice that speaks from direct experience, narration of the self, the construction of female/individual identity in relation to the theme of nation, testimony, the redistribution of roles that semanticize the masculine and the femenine, the parody of literary genres, and humor" (Timmer, 2014:5291).

Hay que tener en cuenta que Zoé Valdés escribió ese libro en la época llamada "Período especial" cubano[5]. Después de la caída de la Unión Soviética (1991), Cuba sufrió una gran crisis económica que todavía se empeoró en el momento cuando Zoé Valdés publicó su primera novela (1993). En el libro de ensayos *Cuba in the Special Period. Culture and Ideology in 1990s* (editora Ariana Hernández-Reguant), una de las autoras, profesora de la Universidad de Texas Jacqueline Loss subraya: "What we do know about transitions of the late twentieth century, whether from fascist regimes in the Americas or from communist ones in Central and Eastern Europe, is the the old battles did not disappear from the playing field for very long"

---

[5] Para las futuras investigaciones véase http://www.scielo.org.co/scielo.php?pid=S0123-59312012000200005&script=sci_arttext

(2009:119). En el Período especial cubano las condiciones de la vida eran pésimas, los productos alimenticios reducidos y recortes de la electricidad cotidianas. Escrita en esa época y dedicada a la hija de Zoé Valdés, Attys Luna, nacida en el Período especial, *La nada cotidiana*, además de ser una obra maestra de la ficción literaria, también "represents the beginning of the *novel of the special period* (Whitfield) in which a Cuban author narrates to a non-Cuban implicit reader" (Timmer, 2014:5306) y "así como vemos emerger el relato en la narración, conocemos el nacimiento y la crisis tanto de Yocandra como de la Revolución y su proyecto de hombre nuevo" (Sánchez Becerril, 2013:172). Zoé Valdés a través de Yocandra lo articula de la siguiente manera: "No quiero ser testigo de esa verdad para la cual no fue educada nuestra generación. Es cierto que en toda la América Latina se pasa un hambre de pinga, pero ellos no hicieron la Revolución. ¿Cuánto no nos jodieron con 'estamos construyendo un mundo mejor'? ¿Dónde está que no lo veo?" (Valdés, 1996:50)

La continuación de esta novela, *El todo cotidiano*, Zoé Valdés la escribió muchos años después, en 2010, llevando 15 años exiliada en París. Llena de humor y amargura, como muchas novelas que escribió, *El todo cotidiano* continua la historia sobre Yocandra, ahora libre (o sea, exiliada en París) y sin saber qué hacer con su libertad. Lleno de cubanismos, el libro confirma la atitud de la escritora que la verdadera resistencia del exilio es la lengua[6]. La novela es también un homenaje a la madre de la escritora, quien renace en París, libre de decir: "¡Abajo Fidel! Viva la Cuba libre!", [...] "Es la frase que más deseos he tenido de gritar todos estos años. Mira, y no pasa nada" (Valdés, 2010:94).

La hispanista serbia Verica Savić, escribiendo sobre *El todo cotidiano*, subraya las palabras de Zoé Valdés que "en medio siglo en la Isla todo ha cambiado salvo Cuba" y que "de hecho nadie hizo nada contra la dictadura" (Savić, 2012:37). Al contrario, "aquí, en esta isla-cárcel, cada día estamos más locos, más suicidas. Las prisiones están repletas, la prostitución y la corrupción reinan, la época de Batista no es nada comparada con todo lo que estos dementes le han impuesto a este pueblo" (Valdés, 2010:137). La joven Yocandra de *La nada cotidiana* aparece en *El todo cotidiano* como una mujer madura, con pocas ilusiones y con un sentimiento profundo de llevar años abusada por la dictadura castrista.

Las ilusiones tampoco quedan en la de momento última obra de Zoé Valdés, *La Habana, mon amour*: "La verdadera Habana sólo existe en la literatura, y más específicamente en la literatura de Guillermo Cabrera Infante, quien no ha logrado salvar la ciudad de la desctrucción malvada, llevada a cabo por los hermanos Castro" (Valdés, 2015:21). Se trata de una

---

[6] http://www.publico.es/actualidad/escritora-cubana-zoe-valdes-dice.html

crónica íntima, una novela autobiográfica, destinada a todos los cubanos, exiliados o insiliados.

Reflejos de la dictadura a través del arte

Deseando escribir una trilogía de novelas sobre las artistas surrealistas, Zoé Valdés publicó en 2007 su primera parte: *La cazadora de astros*, una historia sobre la pintora catalana Remedios Varo impregnada de los pensamientos y las emociones de la propia autora, encarnada en el personaje de la escritora cubana Zamia: "Lo que me sucedió con la obra de Remedios Varo fue lo siguiente: Desde que vi un primer cuadro, en un libro, me reconocí en ella, reconocí, no a mi persona, reconocí a mi otro yo laberíntico, palpé ajena a mí mis dolores, mis ansiedades, mis vacíos, mis plenitudes, mis recovecos, reconocí en su obra una manera de contar donde la ilusión, el sueño (cuando todavía era el zoeño) y la fábula añaden peso narrativo en la relación entre la obra y el espectador" (Valdés, 2012).

Entre varios ecos de la vida cubana y francesa de la autora, la novela contiene muchas referencias a la dictadura castrista, pero también a otros gobiernos extremos y personajes militantes: "[...] todo se hundiría bajo el modelo musoliniano del general Primo de Rivera, que llevaba a España hacia una dictadura, blanda, afirmaban algunos, pero dictadura al fin y al cabo" (Valdés, 2007:68) o "[...] Gala, que junto con Dalí se alejó de lo que algunos llamaron la dictadura bretoniana. Porque incluso hasta la pobre Dora Maar había caído en las redes de Picasso y sufría los ultrajes en cabizbajo silencio" (130). Reflexionando sobre dos dictaduras cubanas ya mencionadas: la de Fulgencio Batista y la del Fidel Castro, en uno de los últimos capítulos, en la forma epistolar, la protagonista/autora escribe una carta al estar todo el día leyendo documentos "sobre Fulgencio Batista y el golpe de Estado. Golpe de Estado curioso, sin derramamiento de sangre, que en un día como hoy dio el ex presidente en el año 1952, en Cuba. Error, eso era lo que ansiaba Fidel Castro" (301). Haciendo aguda e irónica análisis de su patria y el pasado, presente y futuro de Cuba, la autora dice: „No sea que se muera Castro, y que el batistato se instaure de nuevo, y haya que buscarse oportunamente un sitio en el mundo. ¡Ay, Cubita la bella! Pobrecilla gente" (302).

En un constante diálogo con la pintora catalana, Zoé Valdés se identifica con la vida de Remedios Varo y con su concepto del arte: "¿Qué pasó después con su vida y con la mía? A grandes distancias en el tiempo ella y yo teníamos y tenemos una misma manera de ver la vida, de concebirla: *no vale la pena vivir la vida sin arte*" (Valdés, 2012). En su conferencia belgradense, un año después, Zoé Valdés repitió la frase de Remedios Varo, terminando su pensamiento y su propio discurso con "[...] pero mucho menos sin libertad" (Valdés, 2013: comunicación personal).

Entre los reflejos de la dictadura, Zoé Valdés revela rebeldía y erotismo, dos herramientas, aparte del humor, que representan las armas por exelencia para luchar contra las dictaduras. „De hecho, en más de dos ocasiones había estado a punto de ser descubierta en la cama de mi amante, en una de esas «inspecciones» sin aviso previo que la policía castrista hace a sus diplomáticos en el extranjero. Por suerte, el apartamento poseía doble salida, un pasillo y un ascensor alternativos que facilitaron las fugas" (Valdés, 2007:42).

Otra novela de la mencionada trilogía es la historia titulada *La mujer que llora*[7], según la serie de los cuadros de Dora Maar hechos por Pablo Picasso durante su intensa relación amorosa. Aunque ni una sola vez menciona a Fidel Castro, Zoé Valdés en ese libro ofrece una aguda crítica contra su política y su dictadura: "Todos se van... Pero los que llegan últimamente ya no son iguales a los anteriores, vienen con el cuchillo entre los dientes, con la mentalidad formateada por la dictadura..." (Valdés, 2013:74-75).

Uno de los capítulo más llamativos para nuestro tema es el episodio cubano de las manifestaciones contra la dictadura del "país mierdero" (114) cuando apareceieron los "espontáneos", militantes de las Brigadas de Respuestsa Rápidas y cuando la autora, a través de un catálogo de fotografías, conoce la obra de Dora Maar, la amante de Bataille y de Picasso, quién "la pintó hasta la saciedad, y hasta la suciedad" (108). En la entrevista que hicimos a Zoé Valdés en noviembre de 2014, antes de su llegada a Serbia para promover la traducción de *La mujer que llora*, la autora la calificó como su "[...] novela más profunda, más interior. Como una novela de arte y de amor. En ella pude convivir con Dora Maar en una época difícil, abstrayéndome en un acto surrealista de la mía, tan difícil como ojalá no volvamos a vivir nunca más. Pude verme a mí misma, en ella. Es una novela espejo, es una novela para que los lectores me encuentren multiplicada, y encuentren a Dora Maar y a Picasso, el amor entre dos artistas, con sus virtudes y defectos, también en sus numerosas facetas" (Valdés, 2014: comunicación personal).

Literatura, dolor y libertad

La palabra más usada por Zoé Vadés en las narraciones y los artículos y documentos digitales que hemos considerado en este trabajo es "libertad". Teniendo en cuenta que en su literatura "exile constitutes a psysical and emotional topos" (Miller Boelts, 2010:iii) y que Zoé Valdés "personifies the island of Cuba as a woman and gives it human characteristics" (64)

---

[7] Para esa novela Zoé Valdés obtuvo el Premio Azorín en 2013.

podríamos decir que de esa manera la autora desea dar a las mujeres la voz propia, la manera de expresar sus pensamientos, sus emociones y sus atitudes. En su tesis, Miller Boelts ha hecho la entrevista a Zoé Valdés, en la cual la escritora cubana dijo: "For 36 years I had to talk in whispers. In the first few months in Paris, I still felt afraid to speak up" (63). En la ponencia llevada a cabo en el Instituto Cervantes de Belgrado en 2013, Zoé Valdés habló sobre su obra "Entre la vida y el arte"[8] destacando la importancia de la escritura en sus numerosos años de exilio: "Libre no era, esos escritos me fueron liberando dentro de mi caparazón" (Valdés, 2013: comunicación personal). Por otro lado, las razones de escribir sobre las mujeres fuertes, únicas, casi siempre artistas, que han vivido mucho dolor y que necesitan amor y libertad, están obviamente presentes en varias obras de la autora cubana. En *La cazadora de astros* una de las pinturas de Remedios Varo, *La huida*, definía sus "ansias de libertad" (Valdés, 2007:24), mientras la "libertad sexual del surrealismo resaltaba más en su obra que en ella misma" porque "el sexo para ella era libertad, limpia, transparente" (99). Erotismo es otra forma de expresar el arte, la rebeldía y la libertad, pero es un tema que exige mucho más espacio y un foco especial. En *La cazadora de astros*, como en muchas otras obras, en varios artículos y discursos, Zoé Valdés subraya que "extrañaba La Habana, mi ciudad natal, pero París me había enseñado la libertad, y aunque apenas podría saborearla con la punta de los labios, y siempre de manera oculta y antinatural, le había tomado el sabor con agrado" (112). A pesar de eso, Zoé Valdés escribe "Quiero regresar a La Habana. París es una ciudad muy bella y aquí me siento bien, pero no puedo vivir como lo que soy, una habanera" (Valdés, 2015:106).

Otro símbolo que tiene un valor especial en la escritura de Zoé Valdés es el mar, que en el mismo tiempo significa dictadura (el mar cubano), dolor y libertad (el mar a distancia, soñado con nostalgia). En *La nada cotidiana* el mar es omnipresente "alrededor de ella" quien se pregunta "¿Para qué nadar? ¿Para qué ahogarse?" (Valdés, 1996:13), duda cuando "Tres ventanas abiertas confirman que el mar existe" (*idem*, 19), comprueba "que el mar sigue ahí" (39) y admite "No siento nostalgia, sólo te extraño a ti y al mar" (55). En la frase inicial de la novela *La cazadora de astros* Zoé Valdés dice: "Llegué aquí porque ansiaba contemplar el mar, este mar y no otro [...] con la obsesión de recobrar el olor, el sabor, la presencia indescriptible del mar cubano" (Valdés, 2007:15). Incluso antes de irse de Cuba definitivamente, Zamia se fue a la playa, para "disfrutar del mar por última vez" (Valdés, 2007:308).

En otras novelas de Zoé Valdés, que no tratamos aquí detalladamente, las memorias de Zoé Valdés están proyectadas en varios personajes femeninos y su omnipresencia la notamos a través de Marcela en *Café*

---

[8] http://belgrado.cervantes.es/FichasCultura/Ficha87773_58_1.htm

Nostalgia, la mujer exiliada en Francia que lleva muchas memorias dolorosas de su vida cubana, Daniela de *La hija del embajador* que vive en París pero tiene la sensación de no pertenecer ni a su patria ni a la capital francesa, o varios personajes de la novela *Te di la vida entera* (Finalista Premio Planeta 1996), que deciden irse de su país porque están hartos de la situación en Cuba.

Uno de los avatares del dolor presente en la obra de Zoé Valdés es el miedo, casi siempre relacionado con la dictadura, en el pasado, el presente y el futuro: "ese miedo tan frío, que se te cuela entre los huesos y las arterias, te hiela por dentro. Todos lo hemos sentido, porque hemos vivido con ese miedo desde que nacimos. Y con ese miedo moriremos; por muy libre que seamos, el miedo nos perseguirá y nos atrapará en cualquier escondrijo en el que intentemos cobijarnos" (Valdés, 2007:309-310).

En su otra novela llena de dolor, *La mujer que llora*, el arte es otra vez una manera de curar ese sentimiento angustioso e incluso la segunda parte de la novela se titula "Todo lo que quise llorar, lo he escrito" (Valdés, 2013:119). Zoé Valdés subraya su propia imposibilidad de llorar, igual que la de Dora Maar: "ojos me pican, ardientes, intento llorar y no lo consigo. Tengo los lagrimales secos y sombríos, polvorientos, agrietados" (284). De la misma manera, a pesar de la serie de pinturas más famosas de su amante: "Dora se esforzaba en llorar, pero no podía. Dora pujaba las lágrimas, pero éstas se negaban a rodar por sus mejillas. Dora dibujaba una mueca de dolor, pero la verguenza la socavaba. Entonces el artista la sacudía con violencia por los hombros amoratados: *¡Llora, Dora, llora, Dora!*" (144).

Otro personaje con el mismo problema es Patria/Yocandra en el capítulo *Morir por la patria es vivir* de la novela *La nada cotidiana*: "Cuando regresa al estado normal llora sin lágrimas, pero su mirada tiene un brillo hidráulico" [...] y unos párrafos después "ella lora, fatal siempre sin lágrimas" (Valdés, 1996:12).

Respondiendo a nuestra pregunta si consideraba su literatura y su arte un recurso terapeútico, Zoé Valdés dijo lo siguiente: "No sé si es terapéutico. Es muy difícil escribir sobre el dolor, sobre el desgarramiento ante la falta de libertades. No es algo ligero de sentir. Es algo bastante pesado, lleva el peso del exilio [...]" (Valdés, 2015: comunicación personal). En la novela *La Habana, mon amour*, Zoé Valdés menciona, otro remedio que tuvo en su vida en el exilio, donde „nada fue fácil" (Valdés, 2015:171) justo porque „el exilio es un castigo, no es un regalo" (169): se trata del arte cinematográfico, de películas. Zoé Valdés hace todo un homenaje al cine en su novela *La Habana, mon amour*, subrayando que „antes del año 1959 en La Habana había más cines que en Nueva York o París" (Valdés, 2015:101):"Mi primera noción del mundo fue a través del cine, desde una especie de cuarto-luneta. Allí nos disparábamos unos bodrios norcoreanos y soviéticos que daban ganas de ir al baño y de llorar hasta el otro día. Creo que es la razón por la que lloro por cualquier película en los cines" (Valdés, 2015:64-65).

En la novela *La mujer que llora*, ofreciendo un resumen de su propia poética, la artista define la libertad como "[...] vida y deseo. Arte y vida" (Valdés, 2013:142). Es lo que nos parece crucial en la vida y la obra de Zoé Valdés, en el mar profundo de su ser y de su patria que extraña en casi toda su ficción, desde el primer libro escrito en exilio, *La nada cotidiana*. La autora dice que en toda su obra "probablemente quería "curar" mi memoria. Siendo la realidad ésa no podía contar nada que no tuviera que ver con mi realidad" (Valdés, 2015: comunicación personal). Y en su último libro concluye: "Veinte años fuera de Cuba es lo que llevo, sin regreso alguno, y es mucho" [...] "Yo me fui, pero ella no se fue de mi" (Valdés, 2015:171-172).

Conclusión

Investigando los reflejos de la dictadura en la obra de Zoé Valdés, sobre todo dentro de sus cinco novelas ficticias y autobiográficas, siempre impregnadas de gran valor literario y expresadas con una lengua auténtica, muy cubana o habanera, podemos concluir que tan dentro de su ficción como en los numerosos discursos y artículos sobre su propia vida y obra expresados y publicados por todo el mundo, Zoé Valdés siempre destaca la importancia de dos cosas: el arte y la libertad. Buscando inspiración palpable en el Período especial vivido en Cuba en la primera mitad de los años '90, la escritora hispanoamericana dejó su patria en 1995, pero su patria nunca dejó de ser su fuente de inspiración. A pesar de ser la enemiga de su país natal, o justo por eso, Zoé Valdés siguió escribiendo una literatura testimonial sobre sus años habaneros como una voz fuerte y alta contra el Gobierno castrista, a través de varios símbolos y recursos (arte, mar, erotismo, humor, ironía etc.).

En sus dos décadas del exilio en París, Zoé Valdés escribió más de una docena de novelas, de las cuales la mayoría (pero no todas) contienen una crítica a la dictadura (castrista o cualquier otra) expresada a través de los episodios vívidos, ficticios o auténticos. Escribiendo sobre las personas conocidas, sí misma o las artistas nadrealistas que le fascinaron con su personalidad, Zoé Valdés creó las personajes femeninas fuertes y auténticas que llegaron a tener un lugar importante en la literatura hispanoamericana.

Considerando que la obra de Zoé Valdés es todavía escasamente investigada en los círculos académicos, sobre todo en la región de los Balcanes, a pesar de tener un lugar importante en las historias de la literatura hispanoamericana y obtener una docena de premios, con este trabajo también queríamos abrir otros temas y otras posiblidades que podrían resultar interesantes para las futuras investigaciones.

BIBLIOGRAFÍA

LOSS, Jacqueline (2009) "Wandering in Russian", en Ariana Hernández-Reguant (editora), *Cuba in the Special Period. Culture and Ideology in the 1990s*, New York, Palgrave Macmillan, 105-112.

MILLER BOELTS, Sarah Anne (2010), *(Em)bodied Exiles in Contemporary Cuban Literature: Zoé Valdés*, a dissertation submitted to the Faculty of the Graduate school of the University of Minnesota, asequible en https://conservancy.umn.edu/bitstream/handle/11299/93816/Boelts_um n_0130E_11182.pdf?sequence=1, fecha de consulta: 3 de diciembre de 2015.

OVIEDO, José Miguel (2004), *Historia de la literatura hispanoamericana 4. De Borges al presente*. Madrid, Alianza Editorial.

SÁNCHEZ BECERRIL, Ivonne (2013) "La metaficción en la novela cubana del Periodo Especial", *Cuadernos Americanos* 143, México 2013/1, 163-189.

SAVIĆ, Verica (2012), *La nada cotidiana y El todo cotidiano (la continuación, la diferencia y la similitud entre dos novelas separadas por la barrera de quince años)*, trabajo de maestría, Belgrado, Facultad de Filología, asequible en: https://www.academia.edu/6964833/LA_NADA_COTIDIANA_Y_EL_TODO_COTIDIANO_LA_CONTINUACION_LA_DIFERENCIA_Y_LA_SIMILITUD_ENTRE_DOS_NOVELAS_SEPARADAS_POR_LA_BARRERA_DE_QUINCE_A%C3%91OS_, fecha de consulta: 30 de noviembre de 2016.

TIMMER, Nanne (2014), *The contemporary Spanish-American novel: Bolaño and after* (Kindle edition), New York/London/New Delhi/Sidney, Bloomsbury.

VALDÉS, Zoé (1996), *La nada cotidiana*, Barcelona/Buenos Aires, Emecé.

VALDÉS, Zoé (1996), *Te di la vida entera*, Barcelona, Planeta.

VALDÉS, Zoé (1997), *La hija del embajador*, Barcelona, Emecé.

VALDÉS, Zoé (1997), *Café Nostalgia*, Barcelona, Planeta.

VALDÉS, Zoé (2007), *La cazadora de astros*, Barcelona, Plaza & Janés.

VALDÉS, Zoé (2010), *El todo cotidiano*, Barcelona, Planeta.

VALDÉS, Zoé (2012), *Remedios Varo: el arte de existir*, conferencia, Fundación Botín, Santander, 20 de marzo del 2012, asequible en: http://zoevaldes.net/2012/03/21/remedios-varo-el-arte-de-existir/, fecha de consulta: 1 de diciembre de 2015.

VALDÉS, Zoé (2013), *La mujer que llora*, Barcelona, Planeta.

VALDÉS, Zoé (2013), Entre la vida y el arte, conferencia, Instituto Cervantes de Belgrado, 18 de abril de 2013.
VALDÉS, Zoé (2014), comunicación personal, 7 de noviembre de 2014.
VALDÉS, Zoé (2015), *La Habana, mon amour*, Barcelona, Stella Maris.
VALDÉS, Zoé (2015), comunicación personal, 9 de diciembre de 2015.

MEMORIA Y SECRETO EN *EL DUEÑO DEL SECRETO* DE MUÑOZ MOLINA[1]

SIMON KROLL
Universidad de Viena

Resumen: Este artículo trata de acercarse al tratamiento del tema del secreto en la novela *El dueño del secreto* de Antonio Muñoz Molina partiendo de algunas teorías de este fenómeno antropológico que es el secreto. Se verá como utiliza algunos aspectos básicos del secreto para la creación de su personaje principal, pero también para la creación de un discurso crítico de la Transición española. Se termina el artículo con algunas consideraciones acerca de la interacción entre memoria y secreto, analizando la amnesia de estos años con el término del secreto negativo.
Palabras clave: secreto, memoria, Antonio Muñoz Molina, *El dueño del secreto*, secreto negativo

Abstract: This article analyses the secret in Muñoz Molina's novel *El dueño del secreto*, taking into consideration different theories of secrecy. It shows how Muñoz Molina uses secrets and secrecy for the creation of his principal character, as well as for the building of a critical discourse of the *Transición española* (Spanish Transition). The author studies in a second step the interaction between secrecy and memory, analysing the amnesia from these years with the concept of the negative secret.
Keywords: secrets, memory, Antonio Muñoz Molina, *El dueño del secreto*, negative secret

---

[1] El presente trabajo forma parte del proyecto de investigación "Secrets and Secrecy in Calderón's Comedies and in Spanish Golden Age Culture" financiado por el Austrian Science Fund FWF (project number P24903-G23) y el Anniversary Fund del Oesterreichische Nationalbank (project number 14725). Le agradezco sus críticas, lecturas e indicaciones a Andrea Toman-Kroll.

1. El secreto: un acercamiento

La memoria y el secreto tienen una relación bastante compleja. Cada país con una transición política en las décadas recientes sabe o intuye perfectamente esta relación. ¿Qué recordamos o que deberíamos recordar de los tempranos años noventa del siglo XX en un país como Alemania a punto de reunirse?; ¿qué de la misma época en Hungría, Rumanía y otros países que vivieron una profunda transformación política en estos años? ¿Qué debemos recordar de los años 70 de España? Pero mucho más importante es quizá preguntarse qué es lo que no debemos recordar. ¿Qué memoria ordenan los secretos de estos años (ver también Gómez-Montero 2007; Resina 2007)? El secreto puede pedir amnesia en muchas ocasiones. Refiriéndose a la novela *El dueño del secreto*, Fiona Schouten escribe "it is read by many as a critique of transitional Spanish memory discourses, breathing a disillusionment caused by the way Spain became a democracy through compromise and forgetting" (2010:75)[2].

Antes de entrar en el mundo narrativo de Muñoz Molina conviene quizá preguntarse qué es un secreto. En el marco del proyecto de investigación "Secrets and Secrecy in Calderón's Comedies and in Spanish Golden Age Culture", dirigido por Wolfram Aichinger en la Universidad de Viena tratamos de entender el secreto como un proceso dinámico. Según la pareja Assmann (1997), Walter Benjamin (1991) y otros críticos a quienes seguimos (Eco, 2012; Fabbri, 2012; Simmel, 1906) el secreto no equivale simplemente a una cosa escondida. El secreto es una paradoja. Debe permanecer secreto, escondido, oculto pero por la misma razón de serlo (casi) todos lo quieren conocer. El hecho de declarar una cosa secreta despierta una fuerza abrumadora de revelarla.

Siguiendo el famoso *carré* de Algirdas Julien Greimas (2012:9) el secreto es lo que no parece pero es, opuesto a la mentira que define lo que parece pero no es.

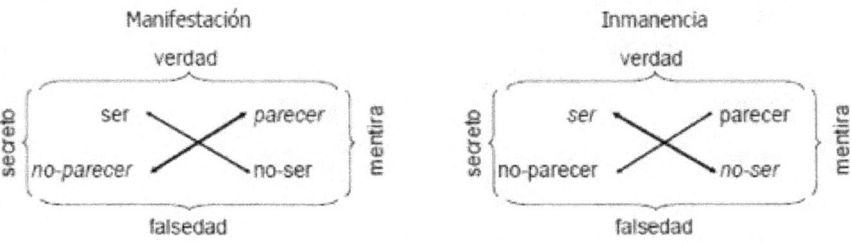

---

[2] La investigadora menciona textos de Bradu (1995) y Molero de la Iglesia (2000) para probar su hipótesis.

Los trabajos de Greimas son un importante punto de partida pero conviene indagar un poco más en esta dirección. Si tratamos de definir brevemente el secreto se podría decir: el secreto es lo que no se puede decir. Esta frase nos indica un aspecto axial del secreto. El secreto no es simplemente una cosa escondida, el secreto es una información cargada por unas reglas muy específicas de comunicación. Estas excluyen a unos e incluyen a otros, cerrando el paso a algunos y abriéndolo para otros. El secreto crea cercanía o distancia y produce así fronteras entre grupos sociales (Assmann / Assmann 1997). Cruzarlas puede ser muy significativo para bien o para mal. De todas formas, el secreto carga una información de una energía social desbordante que pone en marcha todo un mecanismo de deseo de revelación y encubrimiento. En palabras de Simmel: "El secreto en las sociedades es un hecho sociológico primario, un género y colorido particular de la convivencia, una cualidad formal de referencia, que, en acción recíproca inmediata o mediata con otras, determina el aspecto del grupo o del elemento del grupo" (Simmel, 2012:25).

Con este pequeño respaldo teórico, volvamos a retomar el hilo de la discusión de la relación entre memoria y secreto. Tienen una relación extraña. Por un lado, el secreto puede considerarse una memoria negativa cuando se trata de relegar ciertos hechos al olvido. La mejor forma de guardar un secreto es olvidar o no llegar a saber o no querer llegar a saber nunca la información protegida por el secreto. Por otro lado, puede considerarse la memoria un guardián poderoso del secreto cuando se trata de no olvidar informaciones delicadas como códigos, claves y contraseñas, y que corren mucho mayor peligro de ser descubiertas al apuntarlas en portadores materiales.

2. Secretos en la novela moliniana

En su novela *El dueño del secreto* Muñoz Molina declina muy detalladamente la interacción de estos conceptos, convirtiéndolos casi en los protagonistas secretos de su texto. En su libro de 1994, presenta a un protagonista que narra en 1993 su recuerdo de la temporada de sus estudios universitarios en Madrid, allá en el año 1974. Llega a Madrid que el narrador caracteriza por el sentimiento de una dictadura eterna. "Aquel invierno, aquellas tardes de febrero, aún parecía que la dictadura no iba a terminarse nunca, tan omnipresente, tan calcificada en sus engranajes, que sobreviviría sin riesgo a la muerte de Franco, en el caso de que éste se muriera en un plazo no demasiado lejano, lo cual no siempre parecía seguro" (Muñoz Molina, 2011:31).

Ya desde el propio título, *El dueño del secreto*, se hace evidente que el secreto vendrá a ser un tema axial de este libro, lo que también insinúa la primera frase del texto: "En 1974, en Madrid, durante un par de semanas del mes de mayo, formé parte de una conspiración encaminada a derribar el régimen franquista" (Muñoz Molina, 2011:9).

El protagonista sin nombre será según lo que él mismo narra dueño de un secreto muy poderoso capaz de derribar ese franquismo que en varias ocasiones de la novela se caracteriza como eterno, acabamos de ver un ejemplo. Ahora bien, ¿cómo es posible que un estudiante sin recursos (en varias ocasiones se menciona el hambre que tiene que pasar[3]) llegue tan lejos? Es decir, llegue a tener en sus manos los secretos de un grupo clandestino. La respuesta es sencilla, pero dado el cierto desprecio que los tiempos modernos le dieron a esta profesión, quizá nos sorprenda. Por arreglo de un amigo, nuestro protagonista llega a ser secretario de un abogado llamado Ataúlfo que por lo visto está metido en actividades conspirativas[4]. Cito a Georges Tyras que apunta al respecto: "Si llega a ser dueño de algún *secreto*, es sencillamente porque llega a ser *secretario* del abogado" (Tyras, 2009:212). Interesa subrayar la cercanía semántica entre "secreto" y "secretario". El secretario es el primero en guardar secreto, es la profesión por excelencia de manejar, callar y guardar secretos. Pero nuestro secretario tiene un problema que puede relacionarse con otro aspecto del amplio abanico de significados que encierra la palabra "secreto". La voz latina "secretum" significa sobre todo "aislamiento" o "apartado" y tendría solo en un sentido figurativo el significado de "lo oculto".

Y en español curiosamente se mantiene este significado hasta el siglo XVI, solo recuerden los versos de Fray Luis de León de su *Vida retirada* "¡Oh monte!, ¡oh fuente!, ¡oh río! / ¡Oh secreto seguro, deleitoso!" (León, 2012:11). En nota a pie de página Antonio Ramajo Caño transcribe esta expresión como "lugar apartado" (Ramajo Caño, 2012:11). Sería en estos años en los que el significado antiguamente figurativo de "secreto" se convertiría en el primer significado y que es el que conocemos hoy. No obstante, la connotación de "lo apartado" está en el campo semántico de esta palabra. Piénsese solo en el verbo secretar o en la secreción, provenientes de la misma palabra latina. Antonio Muñoz Molina parece estar jugando con esta última connotación al combinar dos elementos a primera vista arbitrarios: problemas de la vejiga y el secreto.

3. Incontinencia y el secreto

El protagonista de *El dueño del secreto* tiene un problema grave. Es hasta cierto grado incontinente (ver también Arnscheidt, 2005). Así dice en un momento: "El de la micción es un deleite muy poco celebrado, pero todo

---

[3] Ver también Morales Cuesta (1996:111).
[4] Ver también Oropesa (1999:157).

aquel que padezca, como padezco yo, el contratiempo de la incontinencia, o que tenga una vejiga proclive al enfriamiento, estará de acuerdo conmigo en que hay pocos placeres que puedan comparársele no ya en duración y en frecuencia, si no en intensidad. Oriné con los ojos cerrados tan larga y ruidosamente como un mulo, comparación, aunque algo bruta, de una total exactitud" (Muñoz Molina, 2011:40).

Pero tiene un segundo problema que curiosamente se conjuga parallamente a sus problemas de la vejiga y que es muy grave para la profesión del secretario. Cito de la obra: "Ya entonces, a los dieciocho años, padecía yo una debilidad de carácter que me ha perjudicado siempre mucho, más en mi respeto hacia mí mismo que en el trato con los demás, y que consistía, y consiste, en que no soy capaz de guardar un secreto, aunque me jacto de ser hombre reservado y poco amigo de confidencias personales. Es falso. Casi todos los secretos que me han confiado a lo largo de mi vida han sido perfectamente triviales, pero lo cierto es que no he sabido o no he podido respetar ninguno, y que en cada caso he jurado con absoluta convicción que nunca repetiría las confidencias que estaba escuchando. Si fuese cura traicionaría sistemáticamente el secreto de confesión" (Muñoz Molina, 2011:15).

Antonio Muñoz Molina utiliza la imagen de la incontinencia para describir los problemas de su protagonista de guardar secretos. Pero como vimos más arriba, la incontinencia es para el protagonista más que una metáfora. Cito nuevamente del mismo pasaje donde, refiriéndose a su problema de guardar secreto, dice lo siguiente "era […] un defecto como la incontinencia de vejiga, a la que también soy proclive, dicho sea de paso" (Muñoz Molina, 2011:15-16).

Muñoz Molina describe en este pasaje aspectos del secreto perfectamente comunes, puesto que vimos al comienzo que cada secreto despierta una fuerza abrumadora de ser revelado. Pero el protagonista es incontinente tanto a nivel corporal como a nivel discursivo. En ciertas ocasiones no es capaz de controlar sus secreciones como tampoco es capaz de guardar secretos.

Relacionar el tema del secreto con el de secreciones corporales parece ser un tema común en la literatura española cuando trata de secretos en plan jocoso. Pues aparece en *Las firmezas de Isabela* (vv. 706-717) y en *El secreto a voces* de Pedro Calderón de la Barca. Veamos muy brevemente cómo funciona en esta última. En *El secreto a voces* Fabio describe su incapacidad de no revelar el secreto del que acaba de enterarse con estos versos.

> "Hoy que tengo más que hablar,
> ¿ocasión he de tener
> de hablar menos? Eso no,
> que será piedad cruel

dejar pudrir un secreto
que a nadie sirva después,
que, corrompida la «o» en «a»,
como dijo el cordobés,
de secreto hecha secreta,
güela mal y no haga bien"
(Calderón de la Barca, 2015:vv. 2832-2841).

"Dice Fabio que un secreto, si se guarda y no se difunde, se pudrirá y, cambiando la «o» final en una «a», se convertirá en una secreta, es decir, una letrina, que olerá mal y no hará ningún bien" (Aichinger, Kroll, Rodríguez-Gallego, 2015:374).

Una diferencia importante entre el protagonista de Muñoz Molina y Fabio es obviamente que este último está orgulloso de revelar secretos. Revelarlos le da gusto. Sin embargo, podemos observar en ambos casos cómo se establece una relación entre el terreno profano de las secreciones corporales y el tema del secreto.

Ahora bien, ¿qué secreto de peso posee o cree poseer el protagonista de *El dueño del secreto*? Declara: "Una sola vez en mi vida he poseído un secreto que de verdad era valioso, que podía, como suele decirse, cambiar el curso de la Historia de España, y fue saberlo y jurar que lo guardaría y ya me quemaba como un hierro candente, y no me dejaba dormir" (Muñoz Molina, 2011:16).

Según nos cuenta, es el confidente de una sublevación contra el régimen de Franco. Pero como era de esperar tampoco es capaz de guardar este secreto y se lo revela al cabo de tres días a su amigo Ramonazo (Muñoz Molina, 2011:16). A continuación se interrumpe el contacto con Ataúlfo. Ramonazo y el protagonista se enteran por la radio de que varios clandestinos han sido descubiertos por la policía franquista a lo que huyen de Madrid. Creen que su infidelidad provocó las intervenciones por parte de las fuerzas armadas del estado. La crítica moliniana se ve ante un problema difícil de resolver. La novela se narra exclusivamente desde la perspectiva del protagonista que en varios momentos de la obra revela que no es del todo fiable. Por tanto, parece dudoso si el abogado Ataúlfo realmente estaba preparando una sublevación al igual que tampoco parece del todo seguro si la infidelidad del protagonista y su amigo efectivamente ayudó a que se descubriesen algunos focos de la oposición clandestina.

Si damos por hecho que la incontinencia discursiva de nuestro protagonista provoca la interacción policíaca podemos decir que lo que traiciona nuestro protagonista se describe en la sociología, como un secreto estratégico (Goffman, 2012:42)[5]. Es el secreto mediante el cual un grupo

---

[5] Véase también el intento de aplicar estas teorías a una comedia barroca en Aichinger /

determinado se consigue una ventaja sobre sus rivales. Es el secreto de los espías, ejércitos y demás grupos implicados en conflictos entre varios bandos. Traicionar un secreto estratégico puede tener consecuencias nefastas para la contienda del grupo correspondiente.

4. Memoria y secreto

Saltemos ahora al final del texto que es la parte en la que la memoria adquiere un papel protagonista. Apunta Mercedes Juliá: "el tema principal es investigar las causas de la amnesia histórica a nivel del individuo; las razones por las que los ciudadanos españoles insisten en olvidar esos años cruentos de la guerra civil de 1936 y la dictadura" (2014:275). Los acontecimientos de Madrid se narran todos desde la perspectiva del recuerdo. El protagonista ya mayor, casado y establecido en la provincia andaluza narra su recuerdo de su tiempo madrileño. Y vuelve a quejarse de sí mismo y su incapacidad de guardar secreto: "Un solo secreto poseí en mi vida, y lo malbaraté insensatamente, como quien logra un tesoro y lo desperdicia y lo tira y se encuentra luego con las manos vacías" (Muñoz Molina, 2011:146).

Varios críticos (Schouten, 2010; Tyras, 2009) se percataron de que el libro de Muñoz Molina tiene también una estructura del *Bildungsroman*. Sin embargo, opinan que se correspondería al tipo de *Bildungsroman* que tiene una estructura cíclica en la que el protagonista no aprende casi nada y se encuentra al final en la misma situación que al principio. Los críticos se basan naturalmente en los trabajos de Bakhtin (1986) sobre el *Bildungsroman*. Y es cierto, el protagonista no se queda en Madrid y sus ideales se esfuman en una vida aburrida de la provincia. Pero no es cierto que no haya aprendido nada en su vida. Nuestro protagonista cambia radicalmente en un aspecto. Ahora viviendo ya lejos de Madrid y de los años de la transición, es capaz de poseer y guardar un secreto. Es el secreto de su memoria de los acontecimientos de su época madrileña: "Pero me doy cuenta de que ahora poseo otro [secreto], y como no era consciente de que lo tenía no he podido traicionarlo. Nadie piensa ya en aquellos tiempos, nadie se acuerda del invierno y de la primavera de 1974, ni de la ejecución de Puig Antich o del nombre del húngaro o polaco al que le dieron garrote vil en Barcelona. Yo sí me acuerdo de todo: ése es mi secreto" (Muñoz Molina, 2011:146).

El secreto del protagonista es su memoria. Así lo apunta Fiona Schouten también: «In the final chapter, the narrator looks back on the past and mentions that he still keeps one secret: that of his memory» (2010:76).

Kroll / Rodríguez-Gallego, 2015 y los artículos publicados en el proyecto mencionado Aichinger 2011, 2013a, 2013b, 2014, 2015; Aichinger / Kroll 2013; Kroll 2012, 2014, 2015a, 2015b.

Siguiendo los esbozos teóricos acerca del término «secreto», podemos hablar aquí de un secreto con el que nuestro protagonista se separa de los demás. En la superficie de su vida se ha convertido en un pueblerino conformista. No obstante, trata de separarse y distinguirse de los demás guardando su secreto. Este marca, por tanto, fronteras sociales. Con todo, es crucial preguntarse qué es lo que recuerda. ¿Es real su recuerdo de su participación en la sublevación? O mejor dicho, ¿participó realmente en una sublevación intentada o se lo imagina todo? Juliá también pone en tela de juicio las actividades clandestinas del protagonista: "Es este secreto, el de la cobardía y desinterés del protagonista, y no el de la conspiración fracasada el que va desvelándose en las páginas de *El dueño del secreto*" (2014:287).

No estoy de acuerdo con Fiona Schouten que opina que el único recuerdo de nuestro héroe sería la imagen de una mujer desnuda. Es el recuerdo con el que termina el libro. El protagonista llega a ver una mujer desnuda involuntariamente durante su trabajo con Ataúlfo. Tiene que entregarle una carta y a ella se le abre su bata. No es el único recuerdo de nuestro protagonista, acabo de citar como se acuerda de las ejecuciones y otras cosas. Sin embargo, es muy llamativo que es el recuerdo con el que termina el libro y el que se narra con más detalle. A escondidas de su mujer se acuerda,"de aquella amiga o cómplice de Ataúlfo Ramiro a la que vi desnuda durante un segundo en Madrid, hace diecinueve años, cuando al adelantar la mano para abrirme una puerta se le desciñó la bata de seda azul delante de mis ojos y se echó a reír como si no le importara nada mi presencia. Iba a marchar, pero la seguí mirando y ella no volvió a ceñirse la bata ni se movió del umbral, y yo olí no su perfume, sino su piel desnuda, noté que me ardía la cara y pensé que si le pedía que me dejara entrar de nuevo ella no iba a negarse" (Muñoz Molina, 2011:147-148).

Este recuerdo se narra varias veces a lo largo de la novela y, cuando se narra por primera vez, la mujer curiosamente no parece tan dispuesta a dejarle entrar. Repito, no creo que se trate de su único recuerdo de estos años, no obstante, me parece que podemos observar en este detalle su manera de recordar que tiende a sublimar y embellecer sus recuerdos. Incluso lo admite el propio narrador: "uno tiende instintivamente a favorecerse en los retratos del pasado que traza la memoria" (Muñoz Molina, 2011:96). Una de las características comunes de las transiciones europeas del siglo XX parece ser el inventarse un pasado a veces glorioso, pero casi siempre armónico, positivo y embellecido, si no transformado totalmente por la amnesia[6], aspecto que investiga Muñoz Molina en su novela (ver también Arnscheidt 2006).

---

[6] En las transiciones más recientes se puede observar muchos ejemplos de ello, incluso entre el personal de las universidades. Le agradezco a Carlos Burgos (Universidad de San Diego) el interesante diálogo al respecto.

El secreto de su memoria se parece, por tanto, bastante a un secreto negativo, es decir a un secreto que no tiene ningún o casi ningún contenido y que solo vive de que se esté haciendo secreto de ello (Assmann/Asmmann, 1997:9). Vive de que se está ocultando que no hay secreto. Hasta cierto grado esto parece ser el caso de nuestro protagonista. Recuerda algunas cosas que así habrán pasado, pero su sublimación y embellecimiento las convierte en un secreto negativo. Es decir, las convierte en una memoria de hechos de cuya veracidad se tiene que dudar fuertemente. ¿Participó de verdad en una sublevación? ¿La mujer desnuda de verdad hizo ademanes de no negarse a él? El protagonista de *El dueño del secreto* es al final del libro el dueño de una memoria secreta que muy probablemente es una memoria secreta negativa y toda la novela es un intento de ocultar que no existe ningún secreto.

No obstante, hay un aspecto que inquieta. Es un aspecto que pasaron de alto algunos de los críticos que se ocuparon de este libro. Me refiero al hecho de que el protagonista subraya al final del libro varias veces que él es el único en acordarse de los años de la transición. Pregunto, pues, ¿por qué es el único en acordarse de estos años? ¿Qué secretos ordenan qué se recuerde de estos años?

BIBLIOGRAFÍA

AICHINGER, Wolfram (2011), "'Hablar delante de todos / conmigo solo'. Tiempo, espacio dramático y comunicación en *El secreto a voces* de Calderón de la Barca», en Urszula Aszyk (eds.): *Especificidad del texto dramático y la puesta en escena: dependencia o autonomía*. «Encuentros 2010», vol. 2, 19-27.

AICHINGER, Wolfram (2013a), "Confesores, espías, secretarios. Los agentes ocultos del poder y su representación en el teatro de Calderón", en Mariela Insúa y Felix K. E. Schmelzer (eds.): *Teatro y poder en el Siglo de Oro*, Pamplona, Universidad de Navarra (Colección BIADIG)/Publicaciones Digitales del GRISO, 9-21.

AICHINGER, Wolfram (2013b), "El secreto en la comedia de Calderón y en la vida cortesana", en Alain Bègue y Emma Herrán Alonso (eds.): *Pictavia aurea. Actas del IX Congreso de la Asociación Internacional «Siglo de Oro»*, Toulouse, Presses Universitaires du Mirail (Anejos de Criticón, 19), 705-712.

AICHINGER, Wolfram (2014), "Das Geheimnis als soziale Form und die Kultur der Geheimhaltung", *Text Raum Bibliodrama Information*, 21, 41, 8-13.

AICHINGER, Wolfram (2015), "*El secreto a voces* de Calderón: comedia palatina, comedia cómica, comedia de secretos", en Antonio Sánchez

Jiménez (eds.): *Calderón frente a los géneres dramáticos*, Madrid, Ediciones del Orto, 123-141.

AICHINGER, Wolfram – KROLL, Simon (2013), "Secrets and Secrecy in Calderón's Comedies and in Spanish Golden Age Culture. Outline of a New Research Focus in Calderonian Studies", *Hipogrifo*, 1, 2, 135-144.

AICHINGER, Wolfram – KROLL, Simon – RODRÍGUEZ-GALLEGO, Fernando (2015), ver Pedro Calderón de la Barca (2015).

ARNSCHEIDT, Gero (2005), *Schreiben für den Markt. Der Erfolgsautor Antonio Muñoz Molina im spanischen Kulturbetrieb*, Frankfurt am Main, Vervuert.

ARNSCHEIDT, Gero (2006), "La construcción de una historia de España. Uso e invención de 'lieux de mémoire' en la obra narrativa y ensayística de Antonio Muñoz Molina", en Ulrich Winter (eds.): *Lugares de memoria de la guerra civil y el franquismo: representaciones literarias y visuales*, Madrid / Frankfurt am Main, Iberoamericana, Vervuert, 39-55.

ASSMANN, Jan; ASSMANN, Aleida (1997), *Schleier und Schwelle, I, Geheimnis und Öffentlichkeit*, München Fink.

BAKHTIN, Mikhail (1986), "The *Bildungsroman* and its significance int he history of realism (toward a historical typology of the novel)", en Caryl Emerson, Michael Holquist (eds.): *Speech Genres and Other Late Essays*, trad. Vern W. Mc Gee, Austin, University of Texas Press, 10-59.

BENJAMIN, Walter (1991), "Über das Rätsel und das Geheimnis", en Rolf Riedemann, Hermann Schweppenhäuser (eds.): *Gesammelte Schriften*, IV, Frankfurt am Main, Suhrkamp, 17-18.

BRADU, Fabienne (1995), "*El dueño del secreto* de Antonio Muñoz Molina", *Vuelta*, 221, 46-47.

CALDERÓN DE LA BARCA, Pedro (2015), *El secreto a voces*, ed. Wolfram Aichinger, Simon Kroll, Fernando Rodríguez-Gallego, Kassel, Reichenberger.

ECO, Umberto (2012), "Reflexiones sobre Wikileaks", *Revista de Occidente*, 374-375, 173-180.

FABBRI, Paolo (2012), "Todos somos agentes dobles", *Revista de Occidente*, 374-375, 113-133.

GOFFMAN, Erving (2012), "Tipología del secreto", *Revista de Occidente*, 374-375, 41-46.

GÓMEZ-MONTERO, Javier (2007), "Crónica parcial de la memoria literaria de la Transición española", en Javier Gómez-Montero (ed.): *Memoria literaria de la Transición española*, Frankfurt am Main, Iberoamericana, Vervuert, 7-16.

GÓNGORA, Luis de (1993), "Las firmezas de Isabela", en *Teatro completo*, ed. Laura Dolfi, Madrid, Cátedra, 1993, 59-232.

GREIMAS, Algirdas Julien (2012), "Cuadrado de veridicción", *Revista de Occidente*, 374-375, 9.

JULIÁ, Mercedes (2014), *Las ruinas del pasado: aproximaciones a la novela histórica posmoderna*, Madrid, Ediciones de la Torre.

KROLL, Simon (2012), "Cifras y sus secretarios. Un manuscrito desconocido de Tomás Tamayo de Vargas", *Estudios Hispánicos*, XX, 59-66.

KROLL, Simon (2014), "La criptografía en *El secreto a voces* de Calderón», en Felipe B. Pedraza, Rafael González Cañal, Elena E. Marcello (eds.): *Judaísmo y criptojudaísmo en la comedia española. XXXV Jornadas de teatro clásico de Almagro, julio de 2012*, Cuenca, Universidad de Castilla-La Mancha, 2014, 75-84.

KROLL, Simon (2015a), "El secreto en Calderón. Análisis de algunos aspectos del secreto en las comedias de Calderón", *Hipogrifo*, 3.1, 19-34.

KROLL, Simon (2015b), "Leer a Calderón verticalmente. Cifrar en versos", *Iberoromania*, 81, 1, 32-45.

LEÓN, Fray Luis de (2012), *Poesías*, ed. Antonio Ramajo Caño, Madrid, Real Academia Española.

MOLERO DE LA IGLESIA, Alicia (2000), *La autoficción en España: Jorge Semprún, Carlos Barral, Luis Goytisolo, Enriqueta Antolín y Antonio Muñoz Molina*, Bern, Peter Lang.

MUÑOZ MOLINA, Antonio (2011), *El dueño del secreto*, Barcelona, Seix Barral.

MORALES CUESTA, Manuel María (1996), *La voz narrativa de Antonio Muñoz Molina*, Barcelona, Octaedro.

OROPESA, Salvador (1999), *La novelística de Antonio Muñoz Molina. Sociedad civil y literatura lúdica*, Jaén, Publicaciones de la Universidad.

RAMAJO CAÑO, Antonio (2012), ver Fray Luis de León (2012).

RESINA, Joan Ramon (2007), "Faltos de memoria: la reclamación del pasado desde la Transición española a la democracia", en Javier Gómez-Montero (ed.): *Memoria literaria de la Transición española*, Frankfurt am Main, Iberoamericana, Vervuert, 17-50.

SCHOUTEN, Fiona (2010), *A Diffuse Mmur of History. Literary Memory Narratives of Civil War and Dictatorship in Spanish Novels after 1990*, Bruxelles, Bern, Berlin, et al., Peter Lang.

SIMMEL, Georg (1906), "The Sociology of Secrecy and of Secret Societies", *American Journal of Sociology*, 11, 441-498.

SIMMEL, Georg (2012), "La sociedad secreta", *Revista de Occidente*, 374-375, 82-95.

TYRAS, Georges (2009), "*El dueño del secreto*: la dualidad como secreto", en Irene Andres-Suárez, Ana Casas (eds.): *Cuadernos de narrativa. Antonio Muñoz Molina. Grand Séminaire de Neuchâtel, coloquio internacional Antonio Muñoz Molina, 5-6 de junio de 1997*, Neuchâtel, Madrid, Universidad de Neuchâtel, Arcos/ Libros, 195-216.

EL ETERNO RETORNO DE DON JUAN: FIGURACIONES DEL MITO DEL ETERNO RETORNO EN EL TEATRO ESPAÑOL DE LA DICTADURA Y DE LA DEMOCRACIA (*REPRESENTACIÓN DEL TENORIO A CARGO DEL CARRO DE LAS MERETRICES AMBULANTES* DE LUIS RIAZA, Y *DON JUAN ÚLTIMO* DE VICENTE MOLINA FOIX)

JOANNA MAŃKOWSKA
SWPS Universidad de Ciencias Sociales y Humanidades

Resumen: En el marco de la problemática relacionada con la transición de la dictadura a la democracia parece interesante estudiar dos obras de los autores españoles que proponen originales enfoques del mito donjuanesco. *Representación del Tenorio a cargo del carro de las meretrices ambulantes* de Riaza, escrita en 1971, y *Don Juan último* de Molina Foix, escrita en 1992, representan, respectivamente, el teatro de la época franquista y el de los tiempos de la democracia. En ambos dramas aparece la idea del eterno retorno, aunque la forma de dramatizarlo, así como el mensaje que nos llega por medio de este recurso, son distintos en cada de los casos. En Riaza, al aludir al mito del eterno retorno, el autor parece hacerle al público una advertencia con respecto a la libertad, que cada ser vivo anhela, y las posturas que hacen imposible su conquista: los don Juanes conformistas de la obra, al renunciar a la lucha por la libertad, contribuyen ellos mismos a hacer perpetuar el estado de opresión (de terror e injusticia) en que viven. En Molina Foix, las alusiones políticas no son tan obvias, aunque los temas fundamentales de la obra, como el problema de la memoria de las violencias y los desengaños del pasado, y el reinicio del ciclo de vida, posible gracias al abandono de los propósitos de venganza, se dejan leer en el contexto de las polémicas que surgieron en España a raíz de la transformación del sistema.
Palabras clave: teatro español del siglo XX, teatro de la dictadura

franquista, teatro español de la democracia, teatro de Luis Riaza, teatro de Vicente Molina Foix

Abstract: As part of the problems related to the Transition from dictatorship to democracy it is interesting to study two works by Spanish authors that offer a novel reading of the myth of Don Juan. *Representación del Tenorio a cargo del carro de las meretrices ambulantes* by Riaza, written in 1971, and *Don Juan último* by Molina Foix, written in 1992, represent theatre of the Franco era and that of the democracy, respectively. In both dramas there appears the idea of the eternal return, although the way it is dramatized, as well as the message it transmits, are different in two cases. In the case of Riaza, by alluding to the myth of the eternal return, the author seems to give the public a warning concerning freedom, that every living being longs to, and the attitudes that make it impossible to conquer it: the conformist characters of the work, by renouncing the fight for freedom, contribute themselves to perpetuating the oppressive state (of terror and unjustice) that they live in. In the case of Molina Foix, political references are not that noticeables, although the main themes of the work, such as the problem of the memory of violence and disillusions of the past, and the resetting of the lifecycle, possible owing to abandonment of the revenge, can be read in the context of the controversies that arose in Spain in the wake of the transition of the political system.

Keywords: Spanish theatre in the twentieth century, Spanish theatre in the Franco era, Spanish theatre in the democracy, the theatre by Luis Riaza, the theatre by Vicente Molina Foix

La figura de Don Juan desde hace casi cuatro siglos no para de despertar el interés de los artistas que recurren al mítico personaje para, a través de sus vicisitudes, modificadas en función de las circunstancias socio-políticas y culturales que cambian, así como de los objetivos que los autores desean conseguir, tratar cuestiones palpitantes de su época.

En el marco de la problemática relacionada con la transición de la dictadura a la democracia parece interesante estudiar dos obras de los autores españoles que proponen originales enfoques del mito donjuanesco. *Representación del Tenorio a cargo del carro de las meretrices ambulantes* de Riaza, escrita en 1971, y *Don Juan último* de Molina Foix, de 1992, representan, respectivamente, el teatro de la época franquista y el de los tiempos de la democracia. En ambos dramas se alude al mito del eterno retorno, aunque la forma de dramatizarlo, así como el mensaje que nos llega por medio de este recurso, son distintos en cada caso.

Camille Dumoulié recuerda que el "profeta del «superhombre», Zaratustra, incita a ver en el Eterno Retorno la idea de lo sobrehumano, del que es lo suficientemente fuerte como para volver a querer la vida eternamente" (Dumoulié, 1988:576) (traducción propia). En su artículo sobre el eterno retorno en el pensamiento de Nietzsche, Dumoulié afirma que "El eterno retorno, anulando la oposición de la muerte y la vida, del ser y el devenir, abre el camino de una nueva inmortalidad" (1988:578, traducción propia). Inmortalidad y poder, los valores que los tiranos riacescos desean por encima de todo.

Antes de pasar al estudio del drama de Riaza, cabe observar que en las obras de los dramaturgos españoles del siglo veinte que, como él, vivieron bajo la dictadura, el mito donjuanesco se convierte en instrumento de denuncia de la situación socio-política y del estado de la cultura nacional[1]. La postura crítica se manifiesta en la degradación del mito que se ve grotescamente deformado por ser esa España, a que mediante él se alude, "una deformación grotesca de la civilización europea" (Valle-Inclán, 1998:591). Opinión de Valle –Inclán a la que Riaza parece arrimarse al introducir en su drama elementos del esperpento y motivos conocidos de *Las galas del difunto*.

En *Representación del Tenorio*, la figura de Don Juan se ve sucesivamente privada de las características consideradas como representativas de este mítico personaje: pasiones desbordadas, energía vital, rebeldía contra las trabas que impone la sociedad y rechazo a las reglas comúnmente respetadas: normas sociales y leyes divinas, visto como una inequívoca muestra del deseo de libertad por parte del rebelde. Todos valores que al parecer brillan por su ausencia en la España que conoce el dramaturgo. Los don Juanes que nos ofrece se convierten por tanto en unos títeres: amantes y rebeldes falsos e impotentes, en unos burladores rebajados y burlados. La obra alude directamente a *Don Juan Tenorio*, la versión romántica del mito creada por Zorrilla, parodiándola sin piedad, porque en esa realidad deformada que Riaza presenta, y que remite a la realidad extrateatral, el concepto romántico del mundo y los valores que propugna esa variante del mito: honor, amor, misericordia, fidelidad, son posibles tan sólo en forma de una caricatura grotesca del modelo.

El mito, cuyo protagonista rebelde simboliza el ansia de libertad, sirve aquí para hablar de su falta: se destaca la opresión, a la que se ven sometidos los personajes, pero se censura también la renuncia a la lucha por liberarse, por parte de los oprimidos. Se trata de un mito reflejado en el espejo cóncavo del esperpento que lo deforma y degrada. Los don Juanes grotescos, unos títeres lastimosos, son los don Juanes a la medida de sus tiempos miserables, unos anti Tenorios: restos de un mito nacional que se

---

[1] R. del Valle-Inclán en tanto que autor de *Las galas del difunto* (1926).

rompió en pedazos hace tiempo, que sirven para evocar la imagen de la España de la dictadura que conoció el autor, igual de lastimosa.

En el teatro que Riaza ofrece en aquella época, como recurso primordial destaca la dramatización de un acto ritual. Pedro Ruíz Pérez, al comentar la función de las ceremonias dramatizadas en la obra teatral de este autor, observa que "Todas estas ceremonias están destinadas a detener la fluencia del tiempo, ya que la naturaleza de éste es el cambio, la mutación. El tiempo sólo es perceptible a través de los cambios y, a la inversa, sólo en la línea del decurso temporal fluyente es posible la existencia del cambio. Cuando el tiempo se para, se detiene la evolución; nada puede cambiar. Entonces el estatismo domina la situación, ésta se constituye en orden y el orden puede mantenerse intolerable. El tiempo, pues, se convierte para el poder en una puerta de acceso de la realidad y todo lo que ésta significa para el final de su orden de ficción. Su interés primordial será mantenerla cerrada, y el cerrojo más importante lo constituye el carácter ceremonial —repetitivo, de detención del tiempo— de todos sus actos, reforzado por la naturaleza específica de estas ceremonias. Por otro lado, y como una añadidura, el tiempo es detenido artificialmente, rompiendo el desarrollo lineal de su decurso, para hacerlo avanzar y retroceder de manera arbitraria e irregular, en saltos, o para congelarlo en paréntesis vacíos, haciéndolo retornar de cualquiera de las maneras, indefectiblemente, al punto de origen, para recomenzar con un nuevo ciclo" (1985:163).

En *Representación del Tenorio*, las aventuras eróticas de Don Juan (o más bien, su parodia), así como su rebeldía fracasada, se desarrollan en varios planos, y el burlador famoso es interpretado por más de un personaje: en la función en el carro de las meretrices —una obra intercalada— lo interpretan los Amarillos, mendigos, en otras escenas, y en la obra marco, lo desempeña el personaje denominado el Blanco, hijo de una familia acomodada. Riaza acude al recurso de la *mise en abyme*, da a su drama la estructura circular, alude a una serie de estéticas y motivos literarios bien conocidos. De esta forma insiste en que todo se repite, sugiere que por todas partes ocurre siempre la misma historia protagonizada por verdugos y sus víctimas, y advierte que nada cambiará, si los actores del *theatrum mundi* postmoderno que nos presenta, siguen comportándose como sus don Juanes caricaturescos que renuncian a la libertad a cambio de condiciones de vida aceptables y un poco de diversión bajo control, dejando que se los encierre en una jaula y decidía por ellos, lo que, por otra parte, les permite no tomar la responsabilidad de sus propias decisiones y actos. Madam observa, con respecto a los clientes de su teatro-prostíbulo ambulante: "La verdad es que hay clientes a los que hay que dárselo todo hechito. ¡Como si fueran sacos!" (Riaza, 1973:71). Los sacos, junto con la jaula, forman por tanto parte de un sugerente decorado que Riaza propone.

La llegada a un pueblo, gobernado por un oscuro dictador interpretado por el personaje llamado el Negro 1, de unas prostitutas ambulantes con la representación del *Tenorio* y la participación activa en esta de los varones de la localidad, desemboca en una protesta social. La original función teatral que las prostitutas ofrecen a sus clientes promete pues a estos una recompensa en forma de acto sexual que estos se merecieron por desempeñar correctamente su papel en el teatro-prostíbulo, pero también, en el mundo en que viven. Promesa que no se cumple, por lo que los "actores", identificados con el papel de Don Juan que están desempeñando, se rebelan contra sus opresores. Los rebeldes destruyen lo que encuentran en su camino, escriben la palabra "cerdos" en las murallas y se instalan en las casas de los ricos a los que matan como a unos animales sacrificados. La rebeldía, que acaba en un juicio inquisitorial y una represión cruel, se desarrolla en un ambiente que hace pensar en un mundo en caos, con el erotismo desenfrenado, destrucción y crimen, como elementos resaltantes. Las reglas de la vida cotidiana se ven suspendidas, los personajes aparentan cambiar de sexo y posición social: situación que evoca el ambiente carnavalesco. En la obra, como en la vida, al Carnaval le sigue la Cuaresma cuya severidad en Riaza se manifiesta en la actividad del Tribunal que somete a las prostitutas, que con su canto animaban a los rebeldes, a una clase de auto de fe grotesco. Estas, obligadas a cumplir la función de chivo expiatorio, se ven sacrificadas, y tras su muerte, el ambiente queda purgado y el orden, restituido. La estructura de la obra remite al ciclo de la naturaleza que vuelve a renacer tras su peródica muerte, dramatizado este eterno retorno en clave de parodia, ya que el autor hace un vínculo entre el ciclo vital y la representación de la obra de Zorrilla, obligatoria "para Todos los Santos" (Riaza, 1973:126). Sin embargo, ni el retorno del mundo, que Riaza plasma en su obra, al caos — indispensable para que pueda renovarse (Eliade, 1998:102) —, ni el sacrificio ritual, hacen que dicho mundo renazca realmente renovado. Visto que el poder queda siempre en las mismas manos, lo que renace, es el viejo orden podrido.

A los pobres fantoches del escenario de las prostitutas, así como a ese otro Don Juan, hijo del gobernante del pueblo, se les niega la libertad de decidir su comportamiento y ellos renuncian a luchar por ella. Cuando, por fin, parecen hacerlo, su rebelión contra el orden en vigor resulta ser obra del mismo sistema que, tras apagarla, se consolida. Para el poder, ella ha significado solo "una ceremonia confirmadora de la perdurabilidad de su orden", por volver a citar a Ruíz Pérez (1985:168).

La casa de los Tenorios, donde a los hijos se les inculca el miedo a los cambios, junto con el respeto hacia la tradición, y los contactos entre los familiares se basan en una serie de ritos repetidos a diario con el fin de proteger el statu quo, es una evidente alegoría del país autoritario. La poderosa familia debe su posición a la postura de los que sirven en ella dando muestras de una admiración ciega por el modo de vivir de los señores y los valores que estos representan. Entre ellos hay verdugos, sepulteros y artistas que, vencidos por la censura e incapaces de llamar a la rebeldía, se resignan a servir a los que tienen el poder. En Riaza, el teatro, sinónimo de simulación, de fingimiento, y el arte en general, se convierte en instrumento de opresión.

En la casa de los Tenorios se celebran una serie de rituales, como el de comer, que parece de particular relevancia. Al final de la obra, los sirvientes lo comentan admirados —igual que lo hacen al inicio de la obra—, mientras los Tenorios, fingiendo su desinterés por la comida misma, celebran dicho ritual de la mesa intercambiándo lugares comunes y enfadándose el padre por el retraso del hijo —tal como lo hacían unas escenas atrás—. Sin embargo, esta vez el padre de familia es el mismo Don Juan, casado con Doña Inés. Para su hijo es tan severo y exigente como su propio padre era para él. Riaza alude de modo obvio a la petrificación del sistema, impresión aún más fuerte puesto que se trata del personaje que poco antes viene a casa de los Tenorios interpretando el papel de la estatua del Comendador. Al final de la obra vemos al antiguo niño de la casa hecho padre de un hijo que no respeta las reglas de esta. Pero también el joven "rebelde" seguirá un día el ejemplo de su padre, buen católico y burgués, porque, como se dice en la obra:

> El príncipe heredero
> Tiene la obligación
> De retomar la antorcha
> del machismo tribal. (Riaza, 1973:148)

Como observa Ruíz Pérez, en Riaza, "El entramado de las ceremonias de permanencia y sucesión es lo que constituye el orden del poder. Su destino no es más que conseguir su propio mantenimiento" (1985:165).

Para el ritual de la mesa celebrado en casa de los Tenorios, de modelo sirve la vida burguesa. Los sirvientes recitan, de modo muy solemne, todo un catálogo de comportamientos y valores admitidos en una gran casa, confirmando su eterna validez.

Ruíz Pérez en el artículo "Teatro y metateatro en la dramaturgia de Luis Riaza" afirma: "El carácter de la ceremonia, del rito es el de la rememoración y repetición de un mito o un hecho primordial. Es decir, se trata de revivir, de dar nueva vida, a una visión originaria de la realidad, a una imagen de la misma captada en su esencia más pura, sin ningún elemento de deformación. Pero la ceremonia no se compone exclusivamente del elemento mítico, sino que en ella también entra a formar parte de manera esencial el elemento de repetición, que por un olvido y degradación de su origen primitivo, puede derivar, al fosilizarse, hacia un desvirtuamiento de su significado inicial, desvirtuamiento que se convierte en el camino más seguro para toda manipulación a la que se desee someter la ceremonia, reducida ya a un conjunto de acciones despojadas de todo significado y dispuestas a adquirir uno nuevo (1986-87:489).

Y es el caso de las ceremonias de la *Representación*. En la obra, el mundo sin renovarse realmente empieza a deteriorarse. Los personajes se descomponen en un incesante intercambio de papeles, sexo, nombres, posturas vitales, y parecen difuminarse. El lenguaje pierde la facultad comunicativa, convertido en una parodia del lenguaje de los *mass-media*, de la propaganda política y mercantil. Los discursos, a veces paralelos, se contradicen, interrumpen y mezclan, por lo que desembocan en un caos comunicativo. Y de ninguna forma sirven para informar, su función siendo más bien la de enmascarar la realidad de las cosas y confundir o provocar la postura que se espera del receptor. La función de los ritos y ceremonias que los poderosos brindan a su público es detener el progreso, evitar cambios y guarder el actual estado de cosas. Los fantoches riacescos, seducidos por el espectáculo que les ofrecen los gobernantes, quedan atrapados en una suerte del círculo vicioso. El eterno retorno, que los que gobiernan esperan asegurarse por medio de un eterno espectáculo ritualizado, les permitiría por tanto perdur sin cambios peligrosos para el sistema.

Riaza, al aludir al mito del eterno retorno, parece hacerle al público una advertencia con respecto a la libertad que cada ser vivo anhela y las posturas que hacen imposible su conquista: los don Juanes conformistas, al renunciar a la lucha por la libertad, contribuyen ellos mismos a hacer perpetuar el estado de opresión (de terror e injusticia) en que viven.

En la obra de Molina Foix, alusiones políticas no son tan obvias, aunque temas como el de la memoria de violencias y desengaños del pasado, evocado en conexión con el reinicio del ciclo de vida —reinicio al que facilita el abandono de los propósitos de venganza— se dejarían leer en el contexto de las polémicas acerca del "pacto del silencio" sobre las atrocidades de la guerra civil y la dictadura franquista, que surgieron en España a raíz de la transformación del sistema.

En *Don Juan último*, la depositaria de la memoria es la madre del protagonista, personaje que podemos ver como una representación simbólica de todas las mujeres: engañadas, heridas, pero también llenas de deseos, ilusiones y buenos recuerdos, los que se convierten en una fuerza que genera el incesante renacimiento del mítico Don Juan. Es curioso observar cómo en un momento todos los personajes femeninos que desean a Don Juan dan la impresión de fundirse en uno solo: el de su madre, cuya figura puede remitir asimismo a la de la Madre Naturaleza, puesto que en la obra el ciclo vital parece depender de ella, de su capacidad de olvidarse del crimen y la muerte, y despertar a la vida. Su postura respecto al pasado y al futuro favorece el reinicio del ciclo vital, permite el eterno retorno. Ella desea a un hijo que no tenga "manos como las de la espada" (las de su amante y el asesino de su padre) ni "labios tan fríos como los de la máscara de mármol", en la que "se dibujaba la venganza" (Molina Foix, 1994:57) (los de su padre de ella matado por el padre de su hijo): herencia y testimonio del crimen y del dolor. Tal postura hace posible que la memoria del pasado se transmita a los descendientes, pero sin convertirse en razón de venganza, sino como una fuerza creadora. A Doña Diana, que se declara "neutral", la Madre le dice que la "memoria es un problema" (55). "Yo soy especialista del olvido, y en esa resignación está mi complicidad" (58), añade y sigue "...vivo y soy germen de otras vidas. Despertaré más pacíficamente. Y no me pudro aún, ni sufro heridas incurables, ni mi ojo se oscurece del todo, ni mi oído es sordo a los avisos del corazón. Ni el cuello se separa de mi cabeza maquinal, ni mi lengua se seca bajo la máscara obligatoria" (58). Mientras la Madre lo confiesa, le hacen eco otras mujeres: la Señorita Tenaz y la Criada Natural, que parecen identificarse con ella; es también el caso de Doña Diana.

La renuncia a la venganza hace posible que se reinicie el ciclo vital en el que los personajes —y sobre todo el Don Juan de la obra— se ven integrados.

Por lo que respecta a este último, Molina Foix dice que "es consciente de su limitación máxima, que es el ser no ese instigador y fundador de una leyenda, sino la encarnación repetida de un mito que todo tiempo y toda colectividad necesitan, en este caso la colectividad femenina". El dramaturgo observa que "de alguna manera, las mujeres crean a Don Juan, aunque luego puedan prescindir de él" (Espinosa, 1992:68). El suyo es un Don Juan en crisis, aunque no se trata, desde luego, de una crisis religiosa ni basada en el problema de los rivales que le aventajan, sino en la angustia de sentirse repetido, de sentirse uno más, alguien que está calcando el molde que otros hicieron antes y que las mujeres esperan de él (Espinosa, 1992:68).

Queda obvio que en *Don Juan último*, obra escrita en los tiempos de la democracia, más que la libertad considerada en el contexto político, interesa la libertad del hombre a ser él mismo y no solo una copia de los que le precedieron o un reflejo de los deseos ajenos, esclavo de las convenciones sociales y de la imagen que él mismo se ha forjado y adoptado para complacer a su entorno, o que este le impone. En Molina Foix, Don Juan, proyección de los deseos de las mujeres, queda vencido por una osa espadachina que lucha atada a un poste. El mítico burlador reconoce que, por esa falta de libertad y el automatismo de movimientos aprendidos, su rival victoriosa, que encarna una fuerza primitiva y femenina, puede pasar por su reflejo de él.

Don Juan de Molina Foix es un reflexivo que, hasta cierta edad, carece de energía y ganas de comer los dulces, que pueden simbolizar los placeres de la vida. Congelado en la imagen que hereda y perpetúa, imita y se ve imitado. Con estas características representa la inmovilidad, más propia de la estatua del Comendador, ausente de la obra. Tal "petrificación" puede explicarse por el hecho de ser este Don Juan, como él mismo constata, "una obligación", "una fantasía oficial": mito de que las mujeres precisan siempre.

En su libro sobre el mito del eterno retorno, Eliade observa que „una sola repetición de los gestos paradigmáticos hace que un acto (o un objeto) gane cierta realidad" (1998:47), "la imitación sería entonces una reactualización" (89), y la „repetición, por lo tanto, la reactualización de "aquel tiempo" de la época mítica (del tiempo de la creación)" (40). Por otro lado, afirma que "el hombre de las culturas tradicionales no se reconoce como real sino en la medida en que deja de ser él mismo y se contenta con imitar y repetir los actos de otro[2]" (46). No obstante, para Don Juan el sentirse una copia, carecer de originalidad, pero, y sobre todo, como observa Carmen Becerra, no poder lograrla jamás, "porque de lo contrario quedaría desprovisto de sentido mítico" (Becerra, 2014:183), es razón de su angustia. Confiesa preferir callarse, porque todas sus palabras ya han sido pronunciadas antes, no son suyas, no sirven sino para expresar los deseos de las mujeres. Deseos que no cambian, a pesar del paso del tiempo, condenando al mítico amante a faltar de originalidad para poder satisfacerlos. Desesperado quiere hacerse "mudo" o "nada", si le es imposible hacerse "nuevo". Tal vez encarna el ideal porque en él se encontraron simbólicamente el hombre y la mujer, cuando siendo niño, una criada le pintó la cara convirtiéndole en una "niña hermosa", de la que, al ver su propio reflejo, se enamoró "de un corto amor" (Molina Foix, 1994:31). Se lo desea, como él mismo desea a una mujer con el órgano sexual semejante al masculino: un ser humano completo.

En Molina Foix, a Don Juan no se le condena, como afirma el autor, "sino que es víctima de su propia autoconciencia como mito insuficiente, ya caduco y un poco fuera de tiempo y lugar" (68). Al final de la obra se le invita a cenar, como a sus antecedentes donjuanescos, pero no se trata de castigarle. Hay que invitarlo para que el ciclo vital vuelva a iniciarse, para que la vida continúe. La Madre dice a Doña Diana "Invítalo al banquete.[...] El gabinete nos espera. La comida espera. [...] Él no tardará. No es la víctima de ninguna venganza: es un invitado. Ha de venir. No es que estuviera muerto. Dormía. Despiértalo" (58-59).

El protagonista de Molina Foix parece simbolizar el renacimiento posible siempre y cuando se renuncie a vengar daños sufridos. Don Juan que destruye y mata, pero también da ánimo para vivir, hace pensar en el

---

[2] Todas las citas de *El eterno retorno*, de M.Eliade, son las traducciones de la autora del artículo.

ciclo vital, en el mundo que sobrevive a catástrofes. El padre de su madre (trasunto de Doña Ana) muere para que pueda nacer él: Don Juan que seguramente no será el "último". La figura de la Mujer Apocalíptica —representación simbólica de los daños sufridos por el continente salvaje que Don Juan descubre en sus fantasías, por un lado, y las de la Madre y de la Criada Natural —esta última vuelve de más allá mientras "el Comendador", que exige la venganza, permanece bajo la tierra, encerrado en su tumba y se oye su voz solo dentro de ella— que renacen, reverdecen, por el otro, evocan, respectivamente, la destrucción y la renovación: una oposición binaria inherente al ciclo vital. En Molina Foix, la idea del eterno retorno no aparece en relación con una actividad centrada en guardar el poder, como en Riaza, sino con el ciclo natural de la vida que continúa a pesar de todo.

Para terminar citemos una vez más a Eliade quien observa que el hombre de las culturas arcaicas y tradicionales para protegerse contra el terror de la historia disponía de todos los mitos y ritos, y también los comportamientos como la repetición. "En el horizonte de arquetipos y reiteración, el terror de la historia, cuando aparece, puede ser eliminado", dice el estudioso (1998:175). Se puede contar pues con "la abolición del tiempo por la imitación de los arquetipos y por la repetición de los gestos paradigmáticos" (Eliade, 1998:47). Por medio del mito del eterno retorno y los rituales respectivos, los personajes de Molina Foix suspenderían entonces el tiempo de historia y volverían al punto de partida, cuando esta resulta traumática hasta el punto que se quiera anularla. Eliade, comentando las prácticas rituales de las sociedades arcaicas y tradicionales, familiarizadas con el mito del eterno retorno, afirma que mediante ellas

"el cosmos y el hombre se ven periódicamente renovados, sin cesar y por todos los medios, el pasado se ve absorbido, desastres y pecados, eliminados etc. [...] todos estos medios de renovación apuntan hacia el mismo fin: la anulación del tiempo pasado, la abolición de la historia por medio de un permanente retorno „in illo tempore", la repetición del acto cosmogónico" (1998:94).

Los protagonistas de la obra, sometidos a la ley del eterno retorno, disfrutarían entonces del instrumento de que dispone el hombre "primitivo" que, según observa Eliade, "al dar al tiempo la forma cíclica, anula su irreversibilidad. En cada momento todo vuelve a empezar" (1998:102-103).

Asimismo parece interesante estudiar tal postura en el marco de otra afirmación del autor de *El mito del eterno retorno*, quien dice al respecto del "hombre que se sitúa en el horizonte histórico", que este "tiene derecho de ver en la tradicional concepción de arquetipos y repetición una desviada reintegración de la historia (es decir "libertad" y "novedad") en la Naturaleza (en la que todo se repite)" (1998:167-168) y aclara: "El rechazo que el hombre arcaico opone a la historia, su negativa a situarse en el tiempo concreto, histórico, sería entonces testimonio de un cansancio prematuro, fobias del movimiento y espontaneidad; obligado a escoger entre la aceptación de la condición humana con sus riesgos, de un lado, y la reintegración en la modalidad de la Naturaleza, del otro, optaría por la segunda (168).

Tal vez sea la postura vital que atrae al hombre de finales del siglo veinte, igual de cansado, angustiado y asustado de su condición humana.

BIBLIOGRAFÍA

BECERRA, Carmen (2014), "Memoria y repetición. La mirada de Molina Foix sobre Don Juan", en Karolina Kumor−Katarzyna Moszczyńska-Dürst (eds.): *Del gran teatro del mundo al mundo del teatro. Homenaje a Urszula Aszyk*, Varsovia, Instituto de Estudios Ibéricos e Iberoamericanos de la Universidad de Varsovia, 173-183.

DUMOULIÉ, Camille (1988), "L'éternel retour: la "grande pensée" de Nietzsche", en Pierre Brunel (ed.): *Dictionnaire des mythes littéraires*, Editions du Rocher, 574-579.

ELIADE, Mircea (1998), *Mit wiecznego powrotu*, Warszawa, Wydawnictwo KR.

ESPINOSA, Carlos (1992), "De nuevo Don Juan, por qué no", *Primer Acto*, 246, 66-69.

MAŃKOWSKA, Joanna (2014), "*Representación de Don Juan Tenorio por el carro de las meretrices ambulantes* de Luis Riaza: enfoque contemporáneo del mito donjuanesco", en Karolina Kumor−Katarzyna Moszczyńska-Dürst (eds.): *Del gran teatro del mundo al mundo del teatro. Homenaje a Urszula Aszyk*, Varsovia, Instituto de Estudios Ibéricos e Iberoamericanos de la Universidad de Varsovia, 185-195.

MOLINA FOIX, Vicente (1994), *Don Juan último*, SGAE.

RIAZA, Luis (1973) "Representación del Tenorio a cargo del carro de las meretrices ambulantes", en Luis Riaza, Francisco Nieva, Juan Antonio Hormigón: *Teatro*, Madrid, Edicusa/Cuadernos para el diálogo.

RUÍZ PÉREZ, Pedro (1985), "Las ceremonias del poder en el teatro de Luis Riaza", *Alfinge*, 3, 157-168.

RUÍZ PÉREZ, Pedro (1986-87), "Teatro y metateatro en la dramaturgia de Luis Riaza", *Anales de Literatura Española*, 5, 479-494.

VALLE-INCLÁN, Ramón María del, (1998) "Luces de bohemia", en Ramón María del Valle-Inclán: *Obras selectas*, Madrid, Espasa Calpe.

VERDAD Y RECONCILIACIÓN EN LA LITERATURA CHILENA (ROBERTO BOLAÑO)*

ENIKŐ MÉSZÁROS
Universidad de Szeged

Resumen: El presente trabajo se desarrolla alrededor de la transición chilena que se inició después de la dictadura de Augusto Pinochet. Tomándola como fondo histórico, coloco en el centro de mi trabajo una de las obras de Roberto Bolaño (*Estrella distante*) e intento acercarla a la problemática de la Verdad y Reconciliación, y de esta manera poder mostrar un ejemplo del papel que puede tomar la literatura en tiempos tan inestables de la historia de un país.
Palabras clave: Bolaño, verdad, reconciliación, *Estrella distante*

Abstract: Inserted into the historical context of the Chilean transition started after the dictatorship of Augusto Pinochet, in this work I'm focusing on one of the novels of Roberto Bolaño (*Distant Star*), trying to approximate it to the problematic questions emerged apropos of Truth and Reconciliation, and in this manner to present the important role of literature in such unstable times of the history of a country.
Keywords: Bolaño, truth, reconciliation, *Distant Star*

> "En un país de tanto contraste no hace falta armar mucho el relato. Basta con recordar."
> Rodrigo Rey Rosa[1]

---

* El presente trabajo tiene como anticipación la tesina de Máster *Chile: ¿Verdad y Reconciliación?* (Enikő Mészáros, Universidad de Szeged, Departamento de Estudios Hispánicos, 2014) basada en la fuente principal *Informe de la Comisión Nacional de Verdad y Reconciliación de Chile (Informe Rettig)*, tomo 1, asequible en: http://www.ddhh.gov.cl/ddhh_rettig.html

[1] Escritor y traductor guatemalteco con Premio Nacional de la Literatura, una de las figuras de la literatura latinoamericana admirada por Roberto Bolaño; en la presenta cita refiriéndose al contexto guatemalteco.

DE LA DICTADURA A LA DEMOCRACIA

La Comisión de la Verdad y Reconciliación de Chile (Comisión Retting) fue creada el 25 de abril de 1990 durante la presidencia del democratacristiano Patricio Aylwin Azócar, que definió como una obligación moral hacer esfuerzos para esclarecer la verdad del pasado y, de acuerdo con esto, poner en marcha una serie de investigaciones acerca de aquellos miles de crímenes que había cometido el Estado durante la dictadura de Augusto Pinochet (1973-1990), crímenes nunca juzgados ni condenados, hasta aquel entonces, ni pronunciados oficialmente. Según las palabras del presidente, las dudas, los dolores, el miedo y la verdad ocultada que se acumularon en el alma del pueblo chileno no pudieron ser la base de la nueva época democrática. Enfrentarse con el pasado resultó ser un paso indispensable para llevar a cabo la transición y para llegar a una reconciliación nacional. (Aylwin, 1994:108)

Chile se encontraba en un estado crítico, en un período difícil a causa de tales problemas complejos. Tanto la política y la historia como la sociedad y el individuo, más también como el arte y la literatura se vieron obligados a buscar caminos para tratar esta situación desequilibrada. La literatura, por su parte, se encargó de desarrollar sus propias verdades, construidas detrás o más allá de los datos históricos, añadiendo así una nueva realidad a la ya conocida. Roberto Bolaño (1953-2003), escritor y poeta chileno mundialmente reconocido, aunque pasó muchos años en el exilio, nunca dejó que sus lazos sentimentales con la patria chilena se perdieran en la distancia geográfica; sus obras demuestran cómo se identificaba con su gente, cómo sentía constantemente la pena y las preocupaciones que iban consumiendo su país. Bolaño, como él mismo confesó, era "el chileno" en Barcelona, representaba un país entero. Escribía sobre el mundo chileno siendo chileno, escribía físicamente desde fuera pero a la vez profundamente desde dentro de la esencia chilena de una época dominada por el fantasma de la dictadura.

"Nunca supe por qué me detuvieron. Yo iba en autobús de Los Ángeles a Concepción. Me bajaron. Me vinieron a buscar en un vehículo especial con dos armarios. Dos tíos gigantescos. En mi vida he visto carabineros más grandes como estos. Luego me llevaron a la comisaría. Estuve ocho días preso. El primer día fue muy duro porque pensé que me iban a matar. Y tuve mucha suerte. Me sacaron de la cárcel dos policías que habían sido dos compañeros míos en el liceo a los 15 años. Hasta este momento pensaba en quedar a vivir en Chile. Pero cuando me soltaron dije: Yo me marcho" (Imprescindibles, min. 13:25)[2]

---

[2] Fragmento citado de *Detectives* incluido en el volumen *Llamadas telefónicas*, la historia se basa

Arrancando uno de los volúmenes desde la cadena del universo intertextual bolañiano, coloco en el centro del presente artículo la novela *Estrella distante*, publicada en 1996 gracias a la casa editorial Anagrama dirigida por Jorge Herralde (Barcelona). Para construir el artículo quisiera fijar – antes que nada – el nombre de Carlos Wieder, personaje principal de la obra, definiéndolo como columna de mis explicaciones, punto de partida y llegada de mi argumento. Por medio de la figura de Carlos Wieder (de quien leemos mucho pero entendemos muy poco) considero ser posible acercar la novela Estrella Distante a la problemática de la "Verdad y Reconciliación" que – según se decide por cada uno – existe o no existe en la sociedad chilena posdictatorial.

"La muerte es amistad. [...] La muerte es Chile. [...] La muerte es responsabilidad. [...] La muerte es amor. [...] La muerte es crecimiento. [...] La muerte es comunión. [...] La muerte es limpieza. [...] La muerte es mi corazón. [...] Toma mi corazón. [...] Carlos Wieder. [...] La muerte es resurrección" (Bolaño, 1999:42-43).

Carlos Wieder, piloto-poeta extraordinario y atrevido, cobró fama por trozar poemas en el cielo con su avión, éstos son unos versos suyos.[3] Carlos Wieder. Apareció por primera vez en unos talleres de poesía en la ciudad de Concepción en el año 1971 o tal vez 1972 haciéndose llamar Alberto Ruiz-Tagle, hombre desconocido por sus compañeros, diferente de ellos pero diferente también de todas las personas, vestido de ropas de marca y admirado por las mujeres (y en cierto sentido admirado también por los hombres que sentían envidia hacia él exactamente por sus logros con las mujeres). Alberto Ruiz-Tagle que "hablaba como si viviera en medio de una nube" (6) (o en un punto aún más alto), que se declaraba autodidacta aunque no tenía nada que ver con los autodidactas chilenos de su tiempo, perdidos "entre el manicomio y la desesperación" (6). Alberto Ruiz-Tagle que vivía en un piso desnudo en donde algo innombrable faltaba. Un poeta tremendo y excepcional, cuya genialidad fue reconocida enseguida por los maestros de literatura, pero un poeta que "escribía con distancia y frialdad" (9), que leía sus propios poemas "con desprendimiento y distancia, como si no fueran suyos" (9). Pues claro, ¿cómo podrían ser de Alberto Ruiz-Tagle poemas que eran de Carlos Wieder?

El golpe militar chileno trajo un gran cambio para el país, sin duda, llegó a cortar su historia en dos fases: en un antes y en un después. En cuanto a los cambios que llegaron con la fase posterior al golpe, Carlos Wieder pronto se liberó de Alberto Ruiz-Tagle, se puso la figura que verdaderamente era: piloto de la Fuerza Aérea Chilena del Régimen de

---

en su experiencia personal. La cita es una transcripción propia hecha según se cita en el vídeo *Imprescindibles*.
[3] Acto muy parecido al realizado por Raúl Zurita en el cielo de Nueva York en 1982.

Pinochet y, sobre todo, responsable del engaño, la tortura y el asesinato brutal de muchas mujeres jóvenes, de aquellas mujeres para las que Wieder era objeto de adoración, para quienes Wieder era el "poeta recién salido de un temporal, inerme, calado hasta los huesos por la lluvia, pero al mismo tiempo encantador" (21). Carlos Wieder, ya ni autodidacta ni indeciso era, sino la plena "seguridad y la audacia personificadas" que "hablaba de poesía con una autoridad que desarmaba a cualquier interlocutor" (25). Porque lo constante, lo estable de Wieder fue que era un verdadero artista. Esta esencia suya no cambió, mas, mientras en Alberto esperaba encadenado, de Wieder pudo escaparse sin control, tomando dirección hacia la realización de la gran revolución de la poesía chilena. Carlos Wieder, un ser cruelísimo y sangriento, pero algo sobrenatural.

Y casi nadie se enteraba de lo que era Wieder realmente, nadie lo conocía y casi nadie entendía sus actos artísticos. No comprendían ni sospechaban las hermanas Garmendia, las bonitas poetisas, que estaba a "punto de nacer la nueva poesía chilena" (16) y que esto iba a quitarles la vida. No entendieron a Carlos Wieder ni sus colegas-militares derechistas en el año 1974, cuando Wieder presentó uno de sus grandes espectáculos aéreos en Santiago, en un día tormentoso y oscuro, ante los ojos curiosos de tantos "espíritus inquietos de Chile" (20) que estaban allí esperando la manifestación del arte de la dictadura. A ver si – piensan – el acto poético esta vez también terminaría como desastre como pasaba frecuentemente en el Chile de aquél entonces, a ver si será desastre individual o acaso desastre nacional.

Pues la mayor atracción Wieder la tenía planeada aún para después de la exhibición aérea mediante la organización de una exposición fotográfica en su piso. Para esta dedicó su habitación, en donde al lector no se le ofrece la posibilidad de entrar, aunque tampoco hace falta, Bolaño obliga al lector a ser testigo directo del efecto provocado: las personas salen de la habitación vomitando, pálidos, callados y aterrorizados. Ni los militares acostumbrados a la vista de masacres eran capaces de soportar ver las fotos de mujeres desmembradas, algunas, tal vez, todavía medio-vivas; fotos espantosas expuestas así directamente como arte, el horror manifestado en el arte sin disfraz. Era demasiado.

> "[...]Desiertos de amor.
> Ay amor, quebrados caímos y en la caída
> lloré mirándote. Fue golpe tras golpe, pero
> los últimos ya no eran necesarios.
> Apenas un poco nos arrastramos entre los
> cuerpos derrumbados para quedar juntos,
> para quedar uno al lado del otro. No es duro
> ni la soledad. Nada ha sucedido y mi sueño

se levanta y cae como siempre. Como los días. [...]"

Canto a su amor desaparecido, Raúl Zurita

En este punto se nota una ruptura en la historia de Carlos Wieder. Desde este momento se ve obligado a publicar bajo seudónimos, escondido, marginado, deambulando por el mundo. El Wieder no entendido y hasta rechazado incluso por el Régimen permite a Bolaño – solo por un instante – mostrar algo diferente del interior de esta persona que en otros casos parece tan firme e inhumana: era como si "Wieder añorara una normalidad que nunca tuvo, un status de poeta chileno protegido del Estado que de esta manera protege la cultura" (50). Resulta que era un ser extraordinario y "veía a todo el mundo y a sí mismo también desde muy lejos", desde un punto frío, aislado y brillante. A él todas las personas le "parecían unos bichos miserables"(56). No era como cualquier persona de Chile. "Wieder volaba en un pequeño avión y volaba solo" (26).

Lo que pronto nos llama la atención y que es el rasgo más conocido del estilo bolañiano es la estrecha relación que construye el escritor entre la literatura (o toda creación artística en general) y el crimen del régimen pinochetista. Muchos se atreven a sugerir hasta la complicidad del arte en los actos de violencia. Y a propósito de esta complicidad el joven poeta chileno, Andrés Urzúa de la Sotta, llega a decir que a la hora de la creación de la nueva poesía chilena lo que hace Wieder realmente no es un acto artístico sino un "acto de exterminio". (Urzúa, 2013) La creación y el exterminio encarnados en el cuerpo de Wieder forman el monstruo, el mal absoluto presentado por Bolaño, y en estas alturas quizás se pueda pensar que Wieder, después de haber sido un hombre admirado por mujeres, un teniente de la Fuerza Aérea, un gran poeta revolucionario, desdoblándose como artista-monstruo ajeno se convierte más bien en cierto medio impotente.

Sea como fuera, potente o impotente, esta manifestación horrorística del arte no puede quedar inexplicada. En un artículo de la Revista Chilena de Literatura escrito por el profesor Ignacio López-Vicuña se formula la pregunta, ¿cómo puede la literatura - que debería representar el progreso, la civilización y la humanización – comprometerse con la barbarie y la violencia? (López-Vicuña, 2009) ¿De qué tipo de reverso salvaje de la escritura es todo esto? ¿Cómo se explica?

La literatura, el arte[4] siempre surgen en un contexto. Son interesantes las palabras de Jorge Luis Borges, tantas veces citado por Bolaño en sus

---

[4] Con respecto a las cuestiones observadas en el presente trabajo me atrevo a fundir un poco los conceptos y entender "literatura" o "poesía" también a la hora de decir "arte", y al revés.

entrevistas, que consideraba que el arte y la literatura tendrían que liberarse del tiempo. Dice: "Muchas veces a mí me han dicho que el arte depende de la política, o de la historia. No, yo creo que eso es todo falso." Luego cita a Whistler, pintor norteamericano: "art happens", es decir, el arte sucede, el arte ocurre, el arte "escapa, de algún modo, a esa organizada causalidad de la historia. Sí, el arte sucede o no sucede; eso tampoco depende del artista." (Bejarano, 2012) Quisiera parar un poco y dejar inacabado este pensamiento para volver muy pronto. He mencionado arriba que el arte y el crimen se comprometen en *Estrella distante*. Pues a mí me parece que Bolaño no se contenta con establecer este lazo estrecho entre las dos cosas. Lo que parece hacer es quitarle a la dictadura los medios para otorgárselos a Wieder, a Wieder que es la poesía misma, la literatura misma, de ello se puede sacar la consecuencia que, en realidad, es la literatura misma la que absorbe la crueldad, que se empapa de sangre, que se pone en la piel del crimen, más concretamente, será la literatura la crueldad. A lo largo de la novela de Bolaño lo que seguimos de una palabra a otra es, entonces, la transformación de la literatura. Y aquí se insertan perfectamente las palabras de Bolaño, que dice que la escritura significa "saber meter la cabeza en lo oscuro, saber saltar al vacío, saber que la literatura es básicamente un oficio peligroso" (Entrevista, 1999).

Regresando ahora a la idea de que "el arte sucede", vamos entendiendo cómo el arte surge casi como inconscientemente, como debe salir de todas maneras y de cualquier contexto. En este caso, obviamente, el contexto que genera el nacimiento del monstruo wiederiano es el de la dictadura sangrienta de Pinochet. Además, como su desarrollo es inevitable, el arte irá más allá de su padre-maestro siempre, su sentido es alcanzar puntos extremos mediante los cuales el proceso cobra muchísima fuerza, tanta que en este punto de la novela, en la escena de la exposición fotográfica, el arte llega a arredrar incluso a los militares pinochetistas que salen vomitando de la exposición artística. Y en las acciones del hijo-monstruo de la dictadura, en esta manifestación extrema de la maldad, en esta imagen tan fuerte tenemos toda la verdad pronunciada, una opinión clara sobre lo intolerable que es este nivel del horror.

Naturalmente, aparte de la descripción del desarrollo del personaje central también, la novela está llena de alusiones discretas y expresivas de Bolaño acerca de cómo Chile estaba "entrando en el campeonato mundial de la fealdad" (Bolaño, 1999:13). Describe un mundo en donde las revoluciones juveniles terminan en pesadillas, donde el dolor parece ser la única cosa que ata a la vida, donde las "ratas" huyen, donde las halucinaciones son frecuentes y donde el silencio de las manos cortadas que quieren alcanzar el avión de Wieder son como la lepra.

¿Y qué pasa con la reconciliación? "Por eso que yo me atrevo, en mi calidad de Presidente de la República, a asumir la representación de la nación entera para, en su nombre, pedir perdón a los familiares de las víctimas. Por eso, también, pido solemnemente a las Fuerzas Armadas y de Orden, y a todos los que hayan tenido participación en los excesos cometidos, que hagan gestos de reconocimiento del dolor causado y colaboren para aminorarlo" (Aylwin, 1994:116).

Son intensas las palabras del presidente Aylwin y a pesar de eso no resultan ser suficientemente poderosas para alcanzar el resultado deseado. Más allá del hecho de que los responsables que cometieron violaciones no mostraron señales de arrepentimiento (o hasta seguían sintiendo orgullo por sus actos), la Comisión Retting tampoco tuvo el derecho a funcionar como tribunal, no se pudo permitir condenar o juzgar a nadie, debido a que tal acto habría violado un principio fundamental de derecho, habría contradicho el sistema constitucional de Chile.[5] Tales circunstancias dificultan, indudablemente, el alcance de la reconciliación ansiada.

Augusto Pinochet fue acusado una sola vez por el juez español, Baltasar Garzón, que tuvo como consecuencia el arresto domiciliario de Pinochet en Londres, pero al final salió liberado por su avanzada edad y mal estado de salud. Contra Carlos Wieder se formula acusación una sola vez a lo largo de la trama de la novela, por el asesinato de Angélica Garmendia, pero – igual que en los casos de la historia real – quedó prácticamente sin condena. "Muchos son los problemas del país como para interesarse en la figura cada vez más borrosa de un asesino múltiple desaparecido hace mucho tiempo. Chile lo olvida" (Bolaño, 1999:56).

En cambio, este tipo de olvido, a la hora de entenderlo en relación con la transición, parece más bien un esfuerzo semi-consciente que tiene el fin de servir como alivio a la gente. Este "olvido está lleno de memoria", como dice Mario Benedetti, y esta memoria, el recordar, es un proceso doloroso. Se intenta olvidar para no tener que evocar otra vez el terror y el miedo, un comportamiento que es el resultado de un fuerte trauma espiritual. Un pueblo superviviente, herido a nivel nacional, es como un pueblo neutralizado. Estas personas son neutralizadas o limpias, como se expresa Hernán Valdés en su obra escrita sobre Tejas Verdes: Quienes salen de los campos de concentración – "después de pruebas de humillación y terror inenarrables – no volverán a abrir la boca para protestar ni pondrán sus oídos donde se escuchen protestas. […] En un par de años o antes se habrá logrado el milagro de un país de sordomudos" (Valdés, 1978). Los que sobreviven, ya no quieren hablar, ni mirar atrás, ni protestar, ni juzgar o condenar a nadie. No tienen ni la fuerza ni el coraje, y además, ya no tiene importancia.

---

[5] "Nadie puede ser juzgado por comisiones especiales, sino por el tribunal previamente establecido por ley." (Lübbert Álvarez, 2011)

DE LA DICTADURA A LA DEMOCRACIA

Algo muy parecido podemos observar en el comportamiento del narrador de *Estrella distante* en la parte final de la novela (del narrador muy poco sabemos). La historia termina con la escena del reencuentro de Carlos Wieder muchos años después de su gran exhibición y desaparición. Ha llegado la hora en la que el narrador tiene que enfrentarse una vez más al asesino de sus amigos. Prácticamente no ocurre nada especial, no hay ninguna acción al parecer, el narrador ve a Wieder en un bar, lo que tiene que sufrir es la cercanía del asesino y los recuerdos. Enfrentarse con el terror mismo le saca muchas imágenes del pasado que no quiere ver, dice: "Volví a pensar en Bibiano, en la Gorda. No quería pensar en las hermanas Garmendia, tan lejanas ya, ni en las otras mujeres, pero también pensé en ellas" (Bolaño, 1999:71). Era un momento de escalofríos. En realidad, el peso de estos sentimientos no es llevado simplemente por el narrador, el que se enfrenta en este momento con su pasado es todo el pueblo chileno. Estos son los instantes en los que la literatura tiene contacto directo con la sociedad, cuando, junto a un personaje ficticio, todo Chile recuerda (aunque mira atrás ya desde un contexto diferente). Y ¿qué pasa después de este enfrentamiento? Se dedican pocas páginas para la escena final, pero se muestra al narrador que, después de haber sobrevivido el escalofriante reencuentro, de repente se siente liberado de un enorme peso, empieza a respirar aliviado, se pone feliz, recupera sus ganas de comer y de charlar con el camarero, prácticamente, recupera sus ganas de vivir.

Finalmente, el narrador cambia unas palabras con su compañero con el que había llegado al lugar del reencuentro, un pueblo catalán. El narrador, por su parte, había venido para ayudar a identificar a Carlos Wieder después de tanto tiempo, mientras su compañero lo había hecho con el fin de asesinar a Wieder. No se pronuncia directamente pero se sugiere que consigue acabar con él, lo vemos regresando de su misión, un poco cambiado pero con los mismos ojos, con ojos "que creen en todas las posibilidades pero que al mismo tiempo saben que nada tiene remedio" (73). (Así serían, entonces, los ojos en un mundo donde se arreglan cuentas y se hace justicia, o mejor dicho, en ese mundo también serían así los ojos.) Y para poder sacar nuestras conclusiones finales no me queda más que citar al narrador que se expresa con una cordura sorprendente aún antes de la misión cumplida: "¿Lo va a matar?" [...] "Es mejor que no lo mate." [...] "nos puede arruinar, a usted y a mí, y además es innecesario, ese tipo ya no le va a hacer daño a nadie. No vale la pena" [...] "todo se acabó. Ya nadie hará daño a nadie" (72).

> "Tengo la certeza más absoluta que en el día de la mañana,
> cuando cesen las pasiones y los resentimientos,
> la historia juzgará con objetividad nuestra tarea
> y reconocerá que la obra realizada colocó a Chile

a la cabeza de las naciones de este Continente."
Augusto Pinochet

BIBLIOGRAFÍA

AYLWIN, Patricio (1994), *Discurso del presidente Patricio Aylwin sobre la Comisión de la Verdad y Reconciliación*, I Curso Especializado en Derechos Humanos para el Cono Sur organizado por el IIDH y los Ministerios de Justicia y del Interior de Chile, 1994, asequible en: http://biblio.juridicas.unam.mx/libros/4/1836/8.pdf

BEJARANO, Alberto (2012), "¿Qué es una vida? Bolaño lee a Nietzsche a través de Schwob y Borges", asequible en: http://www.scielo.org.co/scielo.php?pid=S0121-75502012000200009&script=sci_arttext

BOLAÑO, Roberto (1999), *Estrella distante*, Anagrama, 1999, Barcelona, la versión digital asequible en: http://videosmiaula.com/planlector/m4_6_estrella_distante.pdf

"Entrevista a Roberto Bolaño" (1999) grabada en la Feria Internacional del Libro, Estación Mapocho, Santiago de Chile, en el programa *La Belleza de pensar*, la transcripción (Una nueva belleza, conversaciones con Cristián Warnken) asquible en: http://www.unabellezanueva.org/wp-content/uploads/documentos/entrevista-roberto-bolano.pdf

"Entrevista a Rodrigo Rey Rosa" (2012), *El País* asequible en: http://cultura.elpais.com/cultura/2012/09/12/actualidad/1347446988_369177.html

LÓPEZ-VICUÑA, Ignacio (2009), "Malestar en la literatura: Escritura y barbarie en Estrella Distante y Nocturno de Chile de Roberto Bolaño", *Revista Chilena de Literatura*, 75 , 2009, 199-215, asequible en: http://www.scielo.cl/scielo.php?script=sci_arttext&pid=S0718-22952009000200010

LÜBBERT ÁLVAREZ, Valeria (2011), "El derecho a no ser jugado por comisiones especiales: análisis crítico de jurisprudencia", asequible en: http://web.derecho.uchile.cl/cej/doc/LUBBERT.pdf

PINOCHET, Augusto (2006), "Última carta de Augusto Pinochet", asequible en: http://www.emol.com/especiales/pinochet2006/cartas_10.htm

URZÚA DE LA SOTTA, Andrés (2013), "Carlos Wieder y Bruno Vidal: poetas chilenos malditos", Proyecto Patrimonio Año 2013, asequible en: http://letras.s5.com/bvid280613.html

VALDÉS, Hernán (1978), *Tejas Verdes, Diario en un campo de concentración en Chile*, Barcelona, Editorial LAIA, asequible en:

http://es.scribd.com/doc/53564550/Tejas-Verdes-Diario-de-un-campo-de-concentracion-en-Chile-Hernan-Valdes

ZURITA, Raúl, "Canto al amor desaparecido", fragmento, asequible en: http://palabravirtual.com/index.php?ir=ver_video.php&wid=217&t=Canto+a+su+amor+desaparecido+(fragmento)&p=Ra%FAl+Zurita&o=Ra%FAl+Zurita

Imprescindibles - Roberto Bolaño: el último maldito, Documental emitido en el programa "Imprescindibles" de La 2 de TVE sobre la vida itinerante de Bolaño, asequible en: https://www.youtube.com/watch?v=r2RvO7dcdcg

LA LARGA TRANSICIÓN DEL LIBRO EN CATALÁN

KRISZTINA NEMES
Universidad de Szeged

Resumen: Durante la dictadura, la lengua catalana quedó marginada de la vida institucional y oficial del país y la cultura estaba sometida a un proceso inevitable de folklorización. El castellano se convirtió en la lengua de cultura de toda la población catalana bilingüe, hasta el punto de que en el caso de los usos formales la mayoría de los catalanes se sentía más competente en castellano. El resultado de la política cultural y lingüística del franquismo fue la regionalización de Cataluña y la articulación de España como estado-nación.

En el período de la Transición la industria editorial barcelonesa, orientada hacia los mercados de España y América Latina, consideraba el mercado del libro en catalán demasiado pequeño o "provinciano". Además, el potencial público lector catalán era prácticamente analfabeto en su lengua materna. A pesar de las dificultades durante los años de la autonomía, se ha consolidado un mercado del libro en catalán y la literatura catalana fue la invitada de honor de la Feria del Libro de Frankfurt en el año 2007, un éxito sin duda para una lengua sin estado.

Palabras clave: lengua minoritaria, diglosia, libros en lenguas vernáculas, construcción del país, auto-afirmación cultural

Abstract: The use of Catalan language was banned in the institutional and official life of Catalonia during the dictatorship, thus Catalan culture inevitably went through a process of folclorisation. The Castilian language took over the role of the language of culture for the whole of the bilingual Catalan population that continued to be Catalan-speaking, but felt itself more competent in Castilian in case of any formal use. The cultural and lingistical politics of the dictatorship resulted in the regionalisation of Catalonia and the consolidation of Spain as a nation-state. During the Transition the strong barcelonian editorial industry traditionally oriented towards the markets of Spain and Latin-America considered the Catalan edition as marginal and provincial, though it had a potential after the alfabetisation of Catalans in their mother tongue. Not without difficulties

but the years of the democratical transition saw a spectacular growth of the Catalan Book and the consolidation of its market. The process reached its climax in the Frankfurt Book Fair 2007 with The Catalan Culture as Guest of Honour. An international success for a stateless language.
Keywords: minority language, diglossia, books in vernacular, state buildig, cultural self-affirmation

> Quod legerent omnes, quondam dabat Itala tellus,
> Nunc e Pannonia carmina missa legit.
> Magna quidem nobis haec gloria; sed tibi maior,
> Nobilis ingenio, patria facta, meo!
>
> Janus Pannonius (1434-1472) *Laus Pannoniae*

Desde el punto de vista sociológico todas las lenguas –incluso las minoritarias– son aptas para desenvolverse en todas las funciones de la lengua en todos los niveles en una sociedad moderna y, de esta manera, vertebrar la sociedad. Las lenguas que no tienen normativa lingüística (uso formal y oficial) ni tradición de literatura escrita (uso simbólico y artístico), es decir, un nivel alto y culto del uso lingüístico, tienen que desarrollarlas para poder tener este papel vertebrador en su territorio de uso. El informe de la Unesco sobre *El uso de las lenguas minoritarias en la educación* del año 1953[1] destaca una característica distintiva del catalán: una literatura importante. "Unas lenguas como el catalán y el provenzal tienen una literatura extraordinariamente desarrollada" (Vallverdú, 1968:9).[2] En el caso del catalán tampoco falta la normativa establecida por un científico, Pompeu Fabra, en 1913. A partir de ese momento *La gramática de la lengua catalana*, adaptada por el Instituto de Estudios Catalanes, sirve como normativa moderna de la lengua que asegura la homogeneidad lingüística en su territorio de uso.

No obstante, la situación lingüística de la lengua catalana no es habitual en Europa. Aunque con una larga tradición literaria y cultural, el catalán es una lengua sin estado para vertebrar, por lo tanto, sin poder efectivo para defenderla a cambio. Su peso demográfico es pequeño y, en los territorios de los cuales es lengua propia, coexiste siempre con otro idioma, mayoritariamente con el español que, por el nombre de hablantes y por su

---

[1] *The use of vernacular languages in education*, UNESCO (10-11-2015).
[2] La literatura medieval catalana de crónicas (Bernat Metge, Jaume I) de filosofía (Ramon Llull), de poesía (Ausias March, Jordi de Sant Jordi, etc), o la famosa epopeya trovadoresca *Tirant lo Blanc*, de Joanot Martorell, son ejemplos bien conocidos.

presencia en los medios de comunicación, significa una amenaza constante para la existencia del catalán incluso en la época democrática.

Durante la dictadura, la lengua y la cultura catalanas quedaron marginadas de la vida institucional y oficial y muy lejos de las posibilidades de las lenguas y culturas de una nación de dimensión similar. Es verdad que la censura franquista tenía las mismas regulaciones para todo el país y, por cierto, eran muy duras porque hasta 1966 quedó en vigor la Ley de la Censura de 29 de abril de 1938, es decir, de los tiempos de la guerra. Pero según los resultados de la investigación de la historiadora Maria Josepa Gallofré, máxima autoridad en cuestiones de la censura franquista, las medidas aplicadas en el caso del catalán eran aún más duras, porque por lo que respecta a los libros en castellano podemos hablar de prohibición parcial de ciertos autores u obras, mientras que en cuanto a la edición catalana, el objetivo final era la aniquilación del público lector catalán y de la cultura del libro en catalán.[3] A las restricciones en general se añaden otras, específicamente lingüísticas, de las cuales la edición de *Las obras completas de Jacinto Verdaguer* (1845-1902), "mossèn Cinto", el príncipe de los poetas catalanes, sirve de buen ejemplo. Josep M. Cruzet (editorial Selecta) tardó dos años, desde 1941 hasta 1943, para obtener el permiso de reeditar las obras de esa gran figura del renacimiento cultural y literario del siglo XIX, y, aun así, solo a condición humillante de editarla con ortografía prenormativa. Esta condición fue impuesta por el lingüista y también jerarca de la dictadura Antonio Tovar (Llanas, 2006:22) con lo cuál hacia obvio la dura realidad que el poder central consideraba la literatura catalana como una literatura que tenía solo valor arqueológico, una literatura derrotada sin derecho a coexistir como lengua culta del país.

En los primeros cinco años de la dictadura se publicaron solo 99 títulos en catalán, la mayoría clandestinos y, como decía Josep Pla, "en el año 1946 no existía en el mercado ningún libro en catalán que no fuese editado como mínimo 10 años antes" (Llanas, 2006:23). Después del final de la Segunda Guerra Mundial, la regulación hace las primeras concesiones para permitir ediciones en la lengua del país. Como resultado de esta permisividad, entre los años 1946-1951 se publican 200 títulos, pero para recuperar la cantidad de títulos publicados en 1936 (865), la sociedad catalana tendría que esperar hasta 1977. Antes de los años 60, la mayoría de los títulos publicados eran de costumbrismo de folklore, unos clásicos, de religión, pero muy pocos de ellos podían satisfacer a un lector que cultivaba interés por las novedades, o por el mundo en general. Más que las obras literarias de ficción de autores autóctonos, la censura era especialmente severa con las obras ensayísticas,

---

[3] Obra de Gallofré "*L'edició catalana i la censura franquista 1931-1951*" referida por Vallverdú (2012).

de temas históricos, y las traducciones faltaron de manera completa en el mercado catalán hasta los años 60.

De esa manera, la cultura del libro y la cultura catalana en general fueron conducidas a un proceso inevitable de folklorización. El castellano se había convertido en la lengua de alfabetización y de cultura de toda la población catalana bilingüe. Este bilingüismo, que aparentemente es una gran riqueza, relega al catalán a un segundo lugar en cuanto a su valor sociológico. Este tipo de convivencia de dos lenguas se puede ilustrar con la teoría lingüística de Julián Marías, discípulo de Ortega, quién dice: "la casa lingüística de los catalanes tiene dos pisos. En el primero, el catalán, se hace vida cotidiana y familiar, escenario de las relaciones más íntimas, pero suben frecuentemente al segundo piso, al castellano, y cuando lo hacen continúan estando en casa" (Vallverdú, 1968:39). Según esta teoría, todos los catalanes son bilingües, cuando hablan castellano lo hacen sin ningún esfuerzo, pero señala también una división de trabajo entre las dos lenguas: hay una lengua inferior y otra superior que tiene el lugar de honor de la lengua de cultura, por lo tanto: diglosia. Y dice textualmente: "saber el castellano es necesario para que la personalidad catalana sea actual y no arcaica, enraizada y universal al mismo tiempo" (Vallverdú, 1968:39).

Es verdad que en el caso de los usos formales la mayoría de los catalanes de los años 50, 60, 70, 80 se sentían más competentes en castellano, pero eso era la consecuencia de la falta total de la escolarización en la lengua materna. También todos los recursos culturales modernos disponibles estaban en español. El resultado de la política cultural y lingüística del franquismo fue la regionalización de Cataluña y la articulación de España como estado-nación. El lingüista francés Antoine Meillet (1866-1936), discípulo de Saussure, formuló una regla que puede servir como explicación a la pregunta de por qué los catalanes no renuncian a su lengua materna en tales condiciones: "la experiencia demuestra que una población altamente civilizada, en posesión de una gran lengua de civilización, y apoyada en un gran pueblo de la misma lengua, no cambia la lengua..." (Vallverdú, 1968:59).

Con la liberalización de Fraga (La Ley de Prensa e Imprenta, 1966) la censura previa no se había extinguido *de facto* y quedó también como limitación severa el artículo 51, que exigía a las editoriales la inscripción en un registro del Ministerio de Información y Turismo. Para obtener este número de registro, las editoriales tenían que dar mucha información previa sobre el estado financiero de la empresa y la planificación de su producción. Además, las editoriales ideológicamente incómodas estaban obligadas a presentarse también a la policía. La Editorial Edicions 62, que solicitó el número de registro en 1966, lo obtuvo solo en 1972 y a cambio debía pasar todos sus libros al proceso de la censura voluntaria. Otra editorial marcadamente catalanista, *Publicacions de l'Abadia de Montserrat*[4], tuvo que esperar hasta la muerte del dictador para poder tener el número deseado de registro.

A partir de 1966, la edición en lengua catalana ya estaba bajo las condiciones generales de la edición en España, pero su crecimiento tenía un obstáculo muy grande: la falta de un público extenso. Puesto que los catalanes eran analfabetos en su lengua materna. Para recuperarla, los catalanes habían hecho de la resistencia cultural y lingüística el eje central de su resistencia personal, social y política. Unos ejemplos característicos de eso: la primera iniciativa clandestina del Congreso de Cultura Catalana (en 1964, en Barcelona, unos 300 congresistas, bajo el patrocinio del abad de Montserrat, Aureli Maria Escarré), o las clases clandestinas de catalán que estaban muy de moda en los años 60. El pueblo catalán no quería ser cómplice de la liquidación de sus propios orígenes culturales.

Este esfuerzo de recuperación de la lengua y la cultura catalanas existió también en el ámbito editorial. Unas editoriales de la época republicana que sobrevivían con muchas dificultades, empezaron a publicar libros en catalán desde cuando eso fue posible (Claret, Labor, Millà, Ariel, Barcino, Alpha, etc.), y se crearon nuevas en los años 60 y 70 (Edicions 62, Nova Terra, Estela, Club Editor, Enciclopèdia Catalana, Proa). En los años 60, incluso las editoriales no catalanas publicaron colecciones en catalán como, por ejemplo, Alfaguara (Llanas, 2006:75). Como resultado de sus esfuerzos, a pesar de la censura, entre autores catalanes y traducciones al catalán en 1976 existían en el mercado unos 6000 títulos catalanes comercialmente vivos (Guardiola, 1996:60). Los catalanes estaban acostumbrados a leer las traducciones en castellano porque esas traducciones existían desde siempre y para la gente bilingüe eso no representaba ningún esfuerzo extra. La nueva moda de traducir libros al catalán muchas veces había sido un fracaso económico (pequeños tirajes) como, por ejemplo, la versión catalana de *Ulysses*. Los editores catalanes, por eso, se decantaban muchas veces por autores del país, una práctica generalizada en el libro infantil y juvenil (Llanas-Chumillas, 2012). Al mismo tiempo se creaban librerías dispuestas a vender libros en catalán a pesar de que así se arriesgaban a sufrir los atentados y los incendios causados por los grupos de extrema derecha que atacaban librerías de signo antifranquista –y el catalanismo era claramente de este signo– con la complicidad de la policía.[5]

---

[4] Editorial catalana consolidada en 1950, la primera que bajo la protección eclesiástica de Montserrat pudo introducir temas y obras de reivindicación cultural-nacional catalana.

[5] En abril de 1973 la víctima fue la Editorial Nova Terra, que sufrió grandes pérdidas a consecuencia de un incendio provocado, después fue atacada la redacción de la *Gran Enciclopèdia Catalana*, donde se destruyó todo el material electrónico, los ordenadores IBM fueron robados, etc. y los asaltantes dejaron escrito sobre las paredes "Catalanistas al paredón" y, en el mismo año, un incendio destruyó la Central del Llibre Català, propiedad de

A pesar de las dificultades el número de títulos del libro catalán seguía creciendo hasta llegar en 1977 a los 865 títulos equivalentes a los títulos editados en 1936, con la diferencia de que antes de la guerra este número cubría un amplio abanico de temas y géneros para una población de 2,8 millones de habitantes. En el momento de la recuperación de la misma cantidad de libros, la población de Cataluña era ya de 5,8 millones] y fuertemente castellanizada. Incluso así, los números cantan victoria porque entre 1975 y 1985 el crecimiento total del sector editorial en Cataluña era del 400%, mientras que el sector español en el mismo periodo creció solo un 40% (Guardiola, 1996:62). Además, había un espíritu renovador en las editoriales, nacieron muchas –se consolidaron pocas– y algunas forjaron una verdadera marca (Magrana, Pòrtic, Quaderns Crema). En esta época de la Transición había en Cataluña unas 90 editoriales y 40 de ellas publicaban solo en catalán.

Al empezar la Transición, el ecosistema de cultura y comunicación omnipresente en Cataluña era español, y quedaba vigente también una inercia en la mecánica mental de la mayoría de la gente: la consciencia de una "españolidad" compartida como referencia identitaria exclusiva. Existía, al mismo tiempo, una sociedad civil que creció al margen de las instituciones y que tuvo un papel fundamental en el enderezamiento del catalán al final de la dictadura y al inicio de la transición (Tresserras, 2014). La primera convocatoria pública del Congreso de Cultura Catalana (1975-1977) dio lugar a la fundación de la AELC (Associació d'Escriptors en Llengua Catalana), una entidad profesional vinculada al catalán como lengua creadora, literaria. La asociación desarrolla su actividad en los distintos territorios de habla catalana (los denominados Países Catalanes: Cataluña, País Valenciano, Baleares, Franja oriental de Aragón, Languedoc-Rosellón en Francia, Andorra y Alguer en Italia). La AELC participó decisivamente en la refundación de la Institución de las Letras Catalanas. En 1978 se fundó la Asociación de Editores Catalanes, con 70 miembros.[6] Se perfiló así un renovado ecosistema catalán, animado por un ensanchamiento del reavivado uso social y público del catalán. Ese proceso se intensificó a finales de los setenta y al comienzo de los ochenta, con la inclusión del catalán en la escuela y, más tarde, con la Ley de la Normalización Lingüística (1983), la progresiva generalización de la política de inmersión lingüística (primer curso de 1983-84) y la puesta en marcha de TV3 con programación regular (enero de 1984). A pesar de eso, el sistema español se mantenía casi intacto en los primeros años de los ochenta también en

---

Edicions 62. En 1974 un incendio causó muchos daños en el almacén de un proveedor fundado por ocho editoriales, entre ellas siete catalanas (Anagrama, Barral Editores, Edicions 62, Fontanella, Laia, Lumen y Tusquets) y una madrileña (Cuadernos para el Diálogo) (Llanas, 2006:31-32).
[6] Los datos son del libro de Guardiola (1996).

Cataluña debido al control absoluto del mercado de la comunicación y la cultura. Los resultados de la resistencia y la militancia catalanas al comienzo de los ochenta se lograron mayoritariamente sin ayuda de subvenciones ni un sistema institucional, muchas veces a base de trabajo voluntario. La identidad "nacional" de la clase alta barcelonesa ya no era culturalmente catalana y no tenía interés en vertebrar un país nuevo bajo su liderazgo (Tresserras, 2014). En las empresas inequívocamente culturales y catalanistas como Edicions 62, l'Enciclopèdia Catalana, más tarde la Magrana, la discográfica Edigsa, o la revista *Serra d'Or*, podemos descubrir las empresas pequeñas y medianas y los profesionales acomodados, no las de origen burgués o aristocrático. Las dificultades del empresariado cultural convencional que buscaba la rentabilidad en vez de actuar por razones patrióticas o a base de voluntarios eran muy grandes en el proceso de la construcción de un sistema catalán de comunicación y cultura. Por un lado, había un pueblo casi analfabeto en su lengua materna y una oferta muy limitada de prensa, tele, radio, libros, cine, video, teatro en catalán y, por otro lado, una amplísima gama de productos culturales en castellano. Una situación muy desigual.

Durante el siglo XIX Barcelona se había consolidado como el principal centro editorial del mundo hispánico. También el famoso *boom* de la literatura latinoamericana de los años 1960 tuvo su epicentro en Barcelona debido al trabajo del agente literario, Carme Balcells, y en las editoriales barcelonesas (Libros DB, Barral Editores, Grijalbo, Planeta). La capital catalana mantenía un destacado papel de liderazgo cada vez más compartido o disputado con Madrid en la mayoría de las industrias culturales (Tresserras, 2014). Esa industria potente de Barcelona, orientada a los mercados español y latinoamericano con una tradicional vocación exportadora, consideraba el mercado del libro en catalán demasiado pequeño, "identitario" o "provinciano", o sea, un segmento complementario. Para poder construir una industria del libro en lengua catalana, había que escolarizar a la gente en catalán y crear así la base lectora, el mercado. Una de las características de la edición catalana fue la presencia de la novela y la poesía (carácter aristocrático), pero faltaba durante muchos años la literatura de quiosco, por la ausencia del público consumidor. El escritor Manuel Pedrolo[7] –entre otros– se encargó de la tarea de crearlo elaborando los sentimientos populares (en géneros populares) después de haberlos vivido que, según Gramsci, es el trabajo del intelectual progresista[8] hacia su pueblo.

El papel del libro en catalán está bien formulado por el título de una exposición itinerante, organizada por la Asociación de los Escritores en

---

[7] La página de web del autor Manolo Pedrolo.
[8] La opinión de las izquierdas de la época, ejemplo citado por Vallverdú (1968:110).

Lengua Catalana: *El libro, instrumento de enderezamiento de un pueblo* (20è aniversari AELC, 1996). El crítico literario Àlex Broch dice en su artículo sobre la generación de los escritores catalanes de los setenta: "intentaba llevar a cabo un proyecto colectivo y tenía una opinión pública sobre la realidad nacional de Cataluña que la época histórica casi exigía... para la mayoría de nosotros la actividad cultural fue también un arma de acción política" (Broch-Calafat-Izquierdo-Lluró- Sala-Valldaura, 1992:17-63). El gerente de la editorial La Magrana y primer presidente de la Asociación de Editores Catalanes, Carles-Jordi Guardiola, formuló este pensamiento de la siguiente manera: "el libro es y puede ser un instrumento decisivo de la catalanización y la recuperación de los símbolos de identidad de la sociedad catalana. Apostamos por el libro. De hecho, es el sector mejor situado para liderar este proceso de recuperación nacional y democrática" (Guardiola, 1996:59-72).

Como consecuencia de la situación muy peculiar de la lengua catalana, que de hecho es la misma que la de la lengua vernácula de las Islas Baleares y de Valencia, se complica el problema del país o el mercado de esta lengua "bacavés" (balear-català-valencià).[9] En ninguno de estos territorios la lengua es la única, los valencianos y los habitantes de las Islas son también todos bilingües. Así, sus habitantes tienen también otra *lingva franca* diferente del castellano, pero esta otra lengua común no tuvo nunca una unidad estatal, sino que ha convivido siempre con la lengua oficial con misión unificadora. Como consecuencia lógica, el catalán o el valenciano no podían vertebrar sus sociedades respectivas porque estaban y están presentes solo en ciertos usos restringidos en la vida de la sociedad. Tampoco hay unidad de pensamiento político de esos territorios que no han forjado una unidad cultural que permita que pasen curiosidades como que los editores valencianos traduzcan a veces obras al valenciano que ya han sido traducidas al catalán, como es el caso famoso de *Harry Potter*. Lo que es posible en la AELC entre los miembros escritores de cada territorio lingüístico, ya no es tan fácil en ámbitos políticos. Un ensayo muy interesante del año 1986 con el título "El libro catalán: estado de la cuestión/cuestión de estado" constata lo siguiente: "...el libro catalán necesita un Estado detrás. Necesita un poder propio, nacional, capaz de entenderlo como un hecho natural y capaz de proporcionarle el apoyo necesario sin regateo. Esa es la verdadera cuestión" (Guardiola, 1996:88-97).

Está claro que el libro en catalán, como todos los libros de países demográficamente débiles, no puede vivir sin subvención estatal. La práctica de los países nórdicos, por ejemplo, es la compra de 1000

---

[9] Propuesta del intelectual valenciano Nicolau Primitiu, después considerada por Joan Fuster como solución de la "Qüestió del nom". La anécdota fue contada por Fuster (1994).

ejemplares de los títulos de editoriales comerciales que entran en los fondos de las bibliotecas del país. En Cataluña, la Generalidad compra 200-300 ejemplares con el mismo objetivo. Como herencia de la dictadura la red de bibliotecas en Cataluña era muy precaria (igual que en todo el estado español), o primero había que desarrollarla. Según los expertos la inversión en bibliotecas públicas o escolares era ridícula incluso en los años 90 (Guardiola, 1996:158). Para el desarrollo del sector faltaba una amplia red bibliotecaria, revistas profesionales de crítica literaria, más atención al libro en los medios de comunicación y proyección internacional.

La feria del libro más importante del sector a nivel internacional es indiscutiblemente la Frankfurter Buchmesse. Es una feria profesional donde participan más de 7.200 expositores, de más de 100 estados, y unos 12.000 periodistas del mundo, así que es el lugar *par excellence* para hacerse visto por todo el mundo en la Galaxia de Gutenberg. Los editores catalanes lograron tener su parada propia en la Feria de Frankfurt por primera vez en el año 1982. Antes, la representación del libro catalán pasaba por el Instituto Nacional del Libro Español (INLE) que, después de mucha insistencia, aceptó unos 200 títulos catalanes, pero los exponía mezclados con los libros en castellano para no llamar la atención (Guardiola, 1996:54) Ya estamos hablando de la época del Estado de las Autonomías todavía sin voluntad clara de reparar las prácticas de franquismo. Por el momento la facturación anual del libro en catalán representa entre el 15% y el 20% del total del sector en Cataluña, que da más de la mitad de producción total del país. El escritor y crítico Joan Triadú, en sus memorias (cita Tresserras 2014) consideraba que el siglo XX era un auténtico siglo de oro de la literatura catalana que ahora tiene un número importante de autores reconocidos dentro del país y traducidos a varias lenguas (el catalán se encuentra ahora entre las 25 lenguas más traductoras y traducidas). Muy importante es también la presencia de autores catalanes muy prestigiosos de la literatura española que escogen como lengua de expresión literaria el castellano.[10] Algunos nombres suenan seguramente muy familiares a los lectores: Eduardo Mendoza, Manuel Vázquez Montalbán, Juan Marsé, etc.

En 1988, la Feria de Frankfurt inventó la figura del "invitado de honor", que da protagonismo cada año a un país diferente. En 2007, por primera vez, el invitado de honor fue una cultura sin país: la Cultura Catalana, un ámbito cultural definido por una lengua que no es oficial de ningún estado grande (Andorra tiene 77.000 habitantes). Todos los territorios que tienen el catalán como lengua propia suman 13,5 millones de habitantes, de los cuales unos 9,5 la entienden y más de 7,5 la hablan y 5 la tienen como lengua materna.

---

[10] La lista completa se encuentra en la página de web Patrimoni Literari del Instituto de las Letras Catalanas.

¿A qué se debe esta invitación sin precedentes? Primero, es obra de la fortísima industria editorial presente en Barcelona, que tiene sus antecedentes ya en la época del humanismo (*Don Quijote* IIª parte, 62º capítulo), a sus contactos en el sector y su internacionalización.[11] Evidentemente, son muy importantes también la lengua y la cultura catalanas, que tienen su "exotismo", porque ni Milán ni Nueva York y sus respectivas áreas culturales no fueron nunca invitados de honor aunque tienen una industria editorial muy potente.

La historia de la ascensión del libro en catalán tocó su punto culminante con esa invitación obrada por el gremio de editores de Barcelona. Porque ocurrió una cosa muy peculiar: el lema "Cultura catalana, singular i universal" no insinuaba de ninguna manera que la cultura catalana, bilingüe, finalmente solo se presentara con los escritores de lengua catalana. De hecho, no lo sabían tampoco los escritores[12] que, dos meses antes de ir a Frankfurt, todavía ignoraban si irían todos o solo los de lengua catalana. El gobierno de izquierdas, el primer tripartito de la Generalidad, donde la Consejería de Cultura estaba en manos de Esquerra Republicana de Catalunya, decidió de manera muy lógica: que la literatura catalana es la literatura escrita en catalán[13], y así los famosos escritores catalanes en lengua castellana quedaron fuera del lugar del invitado de honor. Ellos participaron en el programa solo a través de sus editoriales. Los organizadores no negaron que el libro catalán debe mucho a la potente industria de Barcelona, subrayaron los buenos contactos entre los escritores de las dos lenguas, su cooperación y su diálogo literario, pero consideraban que esa oportunidad era solo para la literatura en catalán, que querían introducir en el ámbito internacional pasando por la puerta principal de la feria. Una actuación muy consecuente con los principios de Esquerra Republicana, catalanista e independentista desde siempre. El riesgo era grande y, a pesar de los temores y los malos augurios, el éxito también (Bargalló, 2011). La literatura catalana logró la visibilidad y se presentó entre las literaturas del mundo con toda normalidad, que no es el caso de la situación política de Cataluña. La historia de la alargada transición del libro en catalán también demuestra que la transición no se ha acabado. Los catalanes construyen su país en cada espacio que les está permitido. La ocupación del territorio de la Galaxia Gutenberg —"¡Nobilis ingenio, patria facta, meo!"— es una de estas

---

[11] Datos de los países destinatarios de las exportaciones de las editoriales catalanas (2004, 63,57% - destinación América Latina, 31,27% - la Unión Europea) en el informe de Josep Bargalló (2007), director del Instituto Ramon Llull en el período de la Feria de Frankfurt.
[12] Recuerdo personal de Imma Monsó, escritora en lengua catalana, participante de la Feria.
[13] "El debat es va centrar en el concepte «literatura» afegit a una adscripció, sigui «alemanya», «polonesa» o «catalana». El consens canònic en el tema és que, si les cultures es defineixen territorialment -és a dir, la cultura catalana és tota aquella que es genera a Catalunya-, les literatures ho fan lingüísticament -és a dir, la literatura catalana és la que s'escriu en llengua catalana..." carta personal de Josep Bargalló.

construcciones virtuales donde la particularidad catalana tiene su presencia real y simbólica en el escenario internacional.

BIBLIOGRAFÍA

BARGALLÓ VALLS, Josep (2007), *Què fem a Frankfurt?* asequible en: http://es.slideshare.net/JosepBargallo/que-fem-fkt-catala, fecha de consulta: 23 de octubre de 2015.

BARGALLÓ VALLS, Josep (2011), *Un conte i una novel·la, a Frankfurt, fa quatre anys* (Frankfurter Buchmesse, 2007), asequible en: https://josepbargallo.wordpress.com/2011/10/10/un-conte-i-una-novel%C2%B7la-a-frankfurt-fa-quatre-anys-frankfurter-buchmesse-2007/, fecha de consulta: 11 de noviembre de 2015.

BROCH, Àlex - CALAFAT, Francesc - IZQUIERDO, Oriol - LLURÓ, Josep M – SALA-VALLDAURA, Josep M. (1992), *70-80-90 Literatura*, Quaderns, València, Tres i Quatre.

FUSTER, Joan (1994) "Dijous 11 abril 1969 Valencià", en *Escrits sobre la llengua*. Introducció i selecció de textos a cura de Marisa Bolta i Toni Mollà, Barcelona, Joies de paper alter pirene.

GUARDIOLA, Carles Jordi (1996), *Ofici d'editar*, Barcelona, Edicions de la Magrana.

LLANAS, Manuel (2006), *L'edició a Catalunya: el segle XX (1939-1975)*, Barcelona, Gremi d'Editors de Catalunya.

LLANAS, Manuel - CHUMILLAS, Jordi (2012), *Edicions Magrana (1976-2000) Política, Literatura i escola*, Barcelona, Publicacions de l'Abadia de Montserrat.

PATRIMONI LITERARI (2015), asequible en: http://www.lletrescatalanes.cat/es/patrimoni-literari/autors-catalans-que-escriuen-en-altres-llengues, fecha de consulta: 5 de noviembre de 2015.

PEDROLO, Manuel, Página oficial del escritor, asequible en: http://www.fundaciopedrolo.cat/?seccio=ped-Obra-ObresTraduides#, fecha de consulta: 10 de noviembre de 2015.

UNESCO, http://unesdoc.unesco.org/images/0000/000028/002897eb.pdf, fecha de consulta: 29 de octubre de 2015.

TRESSERRAS, Joan Manuel (2014), "Catalunya i la mundialització, Llengua i cultura: nous reptes", en Joaquim Albareda i Salvadó (ed.): *Catalunya, Nació d'Europa*, Barcelona, Enciclopèdia Catalana, 222-235.

VALLVERDÚ, Francesc (1968), *L'Escriptor català i el problema de la llengua*, Barcelona, Edicions 62.

VALLVERDÚ, Francesc (2012), "*L'edició catalana i la censura franquista 1931-1951. La meva experiència a Edicions 62*", Lliçó inaugural de les Jornades sobre "Traducció i censura", Càtedra Jordi Arbonès, UAB, 17/18 octubre 2012, manuscrito.

20é ANIVERSARI AELC (1996), Barcelona, Institució de les Lletres Catalanes, Generalitat de Catalunya.

ENTRE LAS EXIGENCIAS ESTÉTICAS Y LOS DICTÁMENES DEL MERCADO: LA RECUPERACIÓN DE LA MEMORIA HISTÓRICA DEL PASADO RECIENTE DE ESPAÑA EN TRES NOVELAS DEL SIGLO XXI

FLAVIO PEREIRA
Universidade Estadual do Oeste do Paraná

Resumen: La sociedad española enfrenta una situación contradictoria: al mismo tiempo en que hay una gran cantidad de productos culturales que se dedican a revisar el pasado reciente y purgar la memoria de la violencia de la guerra civil y del franquismo, muchas veces este trabajo se hace de forma superficial, atendiendo a los dictámenes del mercado. Este trabajo propone una reflexión sobre este tema a partir del análisis de las novelas *El corazón helado*, de Almudena Grandes, *Soldados de Salamina*, de Javier Cercas y *Los girasoles ciegos*, de Alberto Méndez, para verificar como están presentes las tensiones entre la estética y la ética en la recuperación de la memoria histórica por parte de la ficción española del nuevo siglo. Se parte de la hipótesis de que las obras ficcionales más cercanas a las estrategias de comercialización de la memoria histórica como producto cultural adoptan un cariz nostálgico, sentimental y romántico, si utilizamos la terminología propuesta do Northrop Frye para describir los modos de la ficción. Por otro lado, las obras ficcionales más críticas y distanciadas de los dictámenes del mercado cultural adoptan una estética mucho menos sentimental y nostálgica, insistiendo en la necesidad de aceptar el horror y el vacío dejado por la violencia del franquismo y de los defensores del régimen franquista como primer paso para enfrentar el pasado y buscar la justicia frente a las víctimas y la correspondiente construcción de una memoria colectiva pacífica del pasado reciente.
Palabras clave: *El corazón helado*, *Soldados de Salamina*, *Los girasoles ciegos*, memoria histórica, guerra civil

Abstract: The Spanish society faces a contradictory situation: at the same time that there are a lot of cultural products that are dedicated to reviewing the recent past and purge the memory of the violence of the civil war and Francoism, often this work is done superficially, taking into account the opinions of the market. This paper proposes a reflection on this subject from the analysis of the novels *The frozen heart*, by Almudena Grandes, *Soldados de Salamina* by Javier Cercas and *Blind Sunflowers*, by Alberto Mendez, to verify the tensions between aesthetics are present and ethics in the recovery of historical memory by the Spanish fiction of the new century. It starts from the assumption that those closest to the marketing strategies of historical memory as a cultural product fictional works take a nostalgic, sentimental and romantic look, if we use the terminology proposed do Northrop Frye to describe the modes of fiction. On the other hand, fictional works and far more critical of the opinions of the cultural market adopt a less sentimental and nostalgic aesthetic, emphasizing the need to accept the horror and the void left by the violence of Francoism and defenders of the Franco regime as a first step to address the past and seek justice for the victims and the corresponding building a peaceful collective memory of the recent past.

Keywords: *The frozen heart, Soldados de Salamina, Blind Sunflowers*, historical memory, civil war

Estamos próximos de la conmemoración del 80 aniversario del inicio de la guerra civil de 1936 en España y no dejan de llegar al público obras de variados tipos que, de diversas formas, abordan el pasado reciente del país. En 1994, Maryse Bertrand de Muñoz publicó un estudio basado en el corpus de cerca de mil quinientas obras de ficción que tratan en parte o en la totalidad del conflicto, en varios idiomas y escritores de cerca de treinta países, oriundos de Europa, América y Australia. Ningún brasileño consta en la relación. Respecto a la actualidad del tema de la guerra civil, ella pondera que "fue explotado y aún hoy sigue siendo una abundante fuente de inspiración como lo prueban las numerosas obras que acabo de mencionar" (1994:14).

Decidimos verificar cómo se da esta recuperación de la memoria del pasado reciente en la ficción actual, publicada ya en el siglo XXI y ver cómo elaboran literariamente el reconocimiento de las memorias de los personajes y sucesos que son, por su parte, representaciones ficcionales de posibles (verosímiles) personajes y acciones ubicados en los territorios de la guerra civil de 1936 y del franquismo[1]. Además, estas obras se presentan

---

[1] Entendemos "reconocimiento" como este proceso en el que estas memorias son extraídas

públicamente como instrumentos de intervención de los escritores en la lucha por el reconocimiento, por parte de la sociedad española contemporánea, de esta memoria aun problemática de una parte de su historia reciente.

¿Cuál sería el rasgo diferencial de la ficción producida en la época contemporánea, post-Transición, en España? Santos Alonso, que ha hecho un estudio de la novela producida entre 1975 y 2001 destaca, como características del periodo, la normalización política democrática, relacionada a la "Segunda Restauración", con la retomada del trono por Juan Carlos, de la dinastía Bourbon en 1975, siguiendo el dictamen de Franco; la connivencia entre la literatura y el mercado, el prestigio económico y social del libro en la sociedad del bienestar y las nuevas directrices a favor de la educación tecnológica y en perjuicio de las humanidades. En este contexto, un aspecto fundamental es el hecho de que el libro se convirtió en un producto de consumo como otro cualquiera y el mercado editorial se ha convertido en un espacio donde vale todo, con la inclusión de novelas fáciles, eminentemente comerciales y dirigidas al éxito popular, en las mismas colecciones que abrigan obras de alta calidad literaria y reediciones de textos considerados ya clásicos. De esta forma, se empuja para el público la paja junto con el trigo, pero buscando dar la impresión de que todo tiene el mismo valor. Teniendo en cuenta este panorama, la actividad de la crítica adquiere mayor importancia, en el sentido de separar las cosas. Este panorama confiere sentido a la constatación de Santos Alonso de que "hemos pasado de una narrativa de resistencia y subsistencia a una narrativa de abundancia" (2003:19), a medida que se consolida la democracia en España y que desemboca "salvo otras muchas excepciones de rigor, en la frivolidad y la estupidez digestivas, es decir, en un mercado de novelas cuyo máximo valor ha sido el número de ejemplares vendidos y cuya máxima responsabilidad ha sido hacer a los lectores más pasivos y, por tanto, menos implicados en la interpretación del texto" (2003:19).

Dos fenómenos editoriales dignos de nota, por mostrar la reacción del mercado a las tendencias comerciales son el denominado realismo sucio, escrito y dirigido para los jóvenes y la novela femenina, en dos modalidades: la escrita por mujeres y la escrita para mujeres. Sea como fuere, ambas tienen en las lectoras su principal público y en las editoriales su puerto seguro. El hecho es que nunca las mujeres han tenido mayor facilidad para publicar y nunca los hombres han tenido mejores condiciones de edición que cuando escriben sobre y para mujeres. La gran mayoría de compradores

---

del ámbito de la memoria privada y pasan a componer la memoria colectiva viva, cuando circulan socialmente y alimentan el debate público en torno al destino que la sociedad española debe dar a la memoria de su pasado reciente. Utilizamos el concepto de "lucha por el reconocimiento" sistematizado por Axel Honneth (2003), en el contexto de la Teoría Crítica.

de libros y, se supone, de lectores son mujeres. Se suman a estos fenómenos la moda editorial de la novela española en la Europa de final de siglo y tenemos un mercado bien calentado para una difusión vulgarizada de la cultura española, sobre todo de su literatura y de las representaciones que por ella son difundidas.

Con el inicio de la transición, la suciedad se ha barrido bajo la alfombra, es decir, la memoria histórica del pasado reciente ha sido reprimida. Aun así, como destaca de Marco, la novela histórica y la novela de memorias han llegado para perturbar este estado de las cosas en los cinco años que siguieron a la muerte de Franco(1995:116). Ya pasada una década y habiendo superado cualquier afán de regresión a la orden política anterior, con el fracaso de la tentativa de golpe de estado del 23 de febrero de 1981, España entra eufórica en la Comunidad Europea. Se consolida la democracia, pero el precio pagado por la transición es quizás muy alto: la falta de memoria y el clima persistente de crisis de la memoria colectiva o amnesia, como argumenta Colmeiro, al mostrar como el tema ha sido insistentemente retomado en las columnas del periódico *El País* en el paso del tercer milenio (2005:13). Colmeiro afirma que el camino recorrido por la memoria colectiva desde la posguerra civil hasta el desencanto del final del siglo XX se puede esquematizar en tres tiempos:

1. El tiempo del silencio y olvido impuesto por el franquismo, la larga noche de la memoria reprimida de la oposición antifranquista censurada y la sustitución de la memoria histórica por una nostalgia de un orden legendario primigenio, que se traduce en una épica imperial delirante (perceptible, por ejemplo, en *Raza*, la película cuyo guion es de autoría de Franco y que ha sido producido con fines propagandísticos del ideario de derecha);

2. El tiempo de la transición del franquismo a la democracia, entre la memoria del testimonio residual y la amnesia. El pacto de olvido de los fantasmas de la guerra civil y del legado franquista, convertido en un nuevo tabú, que por su propia condición fantasmagórica se niega a desaparecer. Hay una tentativa de recuperación de la memoria histórica y una sensación de desencanto provocada por las limitaciones del proceso político y la nostalgia de un futuro utópico definitivamente postergado;

3. El tiempo de la inflación cuantitativa y el decrecimiento cualitativo de la memoria. El espacio vacío dejado por el desencanto de la transición y su tabú acaba siendo rellenado por diferentes formas memorialistas que van más allá y debilitan, al mismo tiempo, las tradicionales márgenes de la memoria. Ocurre entonces la fragmentación y la descentralización de la memoria debido al ímpetu de memorias nacionales particulares (oriundas de las regiones que poseen una fuerte identidad regional, como la Cataluña y el País Vasco) frente a una diluida memoria unitaria nacional, como reacción

al absolutismo franquista, que reprimió las diferencias regionales[2]. Un nuevo memorialismo institucional de prestigio y de carácter epidérmico y, finalmente, la sustitución de la memoria histórica por la nostalgia de la nostalgia, que rellena, al mismo tiempo, el espacio dejado por el tabú.[3] Es el tiempo de la crisis de la memoria contemporáneo (2005:18).

Es a partir de la percepción de este contexto problemático en que se inserta la memoria histórica en España hoy que se presenta este trabajo. Se justifica la propuesta de este tema en la constatación de que en la novela española actual hay la presencia de la inter-relación entre memoria, historia y narrativa no apenas como tema de la ficción, sino que llegando incluso a incorporarse a la propia construcción novelesca, a ejemplo de *Soldados de Salamina* (2001), en que Javier Cercas se vale de la *mise en abŷme* como procedimiento necesario para la problematización de la construcción de la historia. En síntesis, la trama de la obra transcurre en la provincia de Gerona en los años 90, aunque remonte a una situación acontecida durante a la Guerra Civil, y en otra, ocurrida podo después, durante la Segunda Guerra Mundial, en el norte de África y en Francia, en la liberación de París. El libro empieza con una entrevista realizada por un narrador, también identificado como Javier Cercas, en la que emerge la sorprendente historia de cómo Rafael Sánchez Mazas, escritor ideólogo de Falange, sobrevivió a un fusilamiento. La busca de detalles sobre esta historia llevará el narrador a escribir una narrativa titulada "Soldados de Salamina", que corresponde a la segunda parte de la novela y cuya génesis es uno de los temas de esta misma novela.

La novela cuenta con pocos personajes y una trama urdida alrededor de la búsqueda de una historia y de un héroe por un aspirante a escritor que es también periodista y atraviesa una crisis creativa. Este narrador en primera persona no se identifica a principio, lo que lleva al lector a identificarlo con el propio autor de la novela, lo que forma parte del juego metaficcional propuesto por el escritor, con el efecto de cuestionar la posición de los escritores en la labor de recuperación de la memoria colectiva del pasado

---

[2] Un suceso a subrayar en este contexto fue la polémica provocada por la requisición de la Generalitat de Cataluña de devolución de dos archivos confiscados por los franquistas durante la guerra civil y depositados en el Archivo General de la Guerra Civil Española, de Salamanca, tras haber servido durante décadas de subsidio a la Causa General contra la Masonería y el Comunismo desencadenada por el régimen franquista. Un análisis detallado del evento está en Bernecker (2007).

[3] Queremos indicar con esta síntesis que la pujanza económica de España ha traído como correlato el borrado del vínculo con el pasado incómodo, agravado por el envejecimiento y muerte de los portadores directos de la memoria. Desorientadas, las generaciones más jóvenes consumen productos mediáticos en los cuales el abordaje del pasado se hace en un clima de nostalgia edulcorada, a ejemplo del abordaje de *Cuéntame cómo pasó*, cuya trama seriada se inicia con el tardofranquismo. Sin embargo, la sensación de distanciamiento frente a aquella España permanece y el vacío de memoria no se rellena satisfactoriamente.

reciente de España, a la vez que atrae la atención hacia el lugar ocupado por la literatura en este panorama cultural. En la primera página, el narrador nos informa que en 1989 había publicado su primera novela y, dos años antes, un libro de cuentos. Tras este periodo, se siguieron "cinco años de angustia económica, física y metafísica, tres novelas inacabadas y una depresión espantosa que me tumbó durante dos meses en una butaca, frente al televisor" (Cercas, 2007:15). Esta depresión se acentúa con el abandono de la esposa y para superar esta condición el escritor en crisis se reincorpora al periódico donde trabajaba, ahora en la sección de cultura, lo que lo lleva, en julio de 1994, a entrevistar al escritor Rafael Sánchez Ferlosio.

Soldados de Salamina es entonces una típica metanovela. A lo largo del recorrido novelado de la creación de la obra, Cercas va exponiendo todo lo que normalmente se esconde en un texto ficcional, lo difícil, vacilante y accidentado proceso de la creación literaria. Así, son evidenciados los personajes e historias cuya urdimbre, propiciada por la lógica o la casualidad, compone la red de memorias cuyos hilos se van jalando y (re)tejiendo por el narrador, para crear la tela narrativa que compone la novela. Cada personaje y su respectiva historia recuperados van aportando su granito de voz y evento, sumados al universo del enunciado. Resumidamente, el narrador conduce el lector en su búsqueda por un "secreto esencial" que está ligado a un suceso histórico, el fusilamiento frustrado del escritor falangista Rafael Sánchez Mazas, padre de Sánchez Ferlosio, quien a principio le contó la historia en la entrevista, en medio a otros tantos datos.

Estéticamente, la novela realiza una manipulación de elementos reales como son los datos biográficos de Antonio Machado, Rafael Sánchez Mazas, Antoni Miralles, de los "amigos del bosque" que abrigaron a Sánchez Mazas y del propio autor, convertido en narrador, para construir una narrativa que presenta una investigación en torno a un episodio poco conocido de la guerra civil que se aleja del relato periodístico o historiográfico justamente porque esta manipulación literaria pretende generar un relato coherente del cual asomará una verdad universal, moral o poética. De esta manera, lo que podría ser solo un relato de investigación periodística preso a determinados sucesos y fuentes va más allá cuando se configura en torno a ciertos tópicos literarios, a ejemplo de la pérdida y de la recuperación de la figura paterna, a la vez que elabora una discusión metaliteraria que escapa de los objetivos de un relato periodístico o historiográfico. El narrador se encuentra finalmente con Miralles y proyecta en él el padre fallecido, una especie de padre simbólico o histórico y la emotividad cargada que caracteriza el clímax subraya esta recuperación simbólica. En el comienzo, el narrador busca un héroe para sí mismo, de modo a poder concluir su recorrido particular; estamos aún en el ámbito de la vivencia privada. En un segundo momento, como un desdoblamiento de esta trama inicial en un ámbito colectivo es que Miralles asume el lugar de héroe colectivo, recuperado del olvido por el escritor en el momento en que se publica *Soldados de Salamina*. No importa que Antoni Miralles no sea efectivamente el miliciano anónimo que habría salvado la vida de Rafael Sánchez Mazas. Su heroísmo trasciende este episodio particular, visto que había luchado también en otros frentes en defensa de la civilización y contra la barbarie, sea en la Francia ocupada, sea en la Legión Extranjera. Simbólicamente, Miralles representa estos héroes anónimos que rellenan la historia y que no tienen lugar en la historiografía.

Uno de los aspectos centrales en la configuración literaria de *Soldados de Salamina* es su estructura simétrica que nos permite verificar el tránsito entre las historias, narradores y héroes en este juego de espejos que se reflejan en los niveles narrativos internos de la obra. Esta configuración es la responsable por el éxito de la novela y por el interés de la crítica en torno a ella, de modo que llegó a ser el primer gran éxito comercial del mercado literario español en el siglo XXI. La narrativa que abarca las demás tiene como narrador y héroe el propio Javier Cercas y su búsqueda por una buena historia. Esta búsqueda le conduce a varias narrativas, con sus protagonistas y subtramas. En un primer momento, tenemos el artículo "Un secreto esencial", antes publicado por Cercas en la edición catalana de *El País* el 11 de marzo de 1999 y reproducido en la novela. La novela parte de una interpretación tópica de la guerra civil que es la de la oposición atávica de las dos Españas. Así, el hecho de retomar este tópico tan persistente en la interpretación de la historia de España ayuda a explicar la polémica erguida en torno a sus significados. De cualquier forma, lo que nos interesa aquí es verificar que el escritor parte de lugares de memoria ya establecidos para transformar su obra ficcional en un nuevo lugar de memoria. Para tanto, parte de la trayectoria de dos escritores, Antonio Machado y Rafael Sánchez Mazas, representantes de las dos ideologías conflagradas en la guerra civil.

Ya el universo creado por Alberto Méndez en *Los girasoles ciegos*, única obra publicada por este autor, mimetiza la situación trágica de una España nuevamente dividida durante el final de la guerra civil y el inicio de la posguerra, esta vez entre vencedores y vencidos, a pesar de la retórica oficial que proyectaba una España unida, grande y eterna. El punto de vista elegido por el autor es el de los vencidos, lo que nos permite también afirmar que, por medio de este libro, se presenta para los lectores la derrota vista desde dentro, pues es por medio de la comunicación de la vivencia de la derrota por aquellos que la vivencian en los cuatro relatos que componen la obra que los lectores pueden tener, por medio de la ficción, la vivencia simulada de las consecuencias de perder una guerra civil. Los protagonistas de los relatos no solo hablan sobre la derrota, sino que comunican los significados de ella en tanto que experiencia por medio del énfasis en los sentidos corporales que los relatos, como textos poéticos, narran literariamente estas historias. Así, *Los girasoles ciegos* nos presenta cuatro vivencias de derrota, lo que nos permite acercarnos a la guerra civil de 1936 no como una vivencia mítica o histórica distante en el tiempo, sino como algo que nos toca porque somos humanos capaces de empatía, y el contacto con el sufrimiento ajeno naturalmente nos moviliza.

Aunque contiene cuatro relatos independientes, es decir, que se pueden leer aisladamente, estos textos se relacionan y se complementan, pero es necesario leer toda la obra para tener esta visión de conjunto. El elemento unificador es la derrota, que está explícita en el título de cada relato: "Primera derrota: 1939 o Si el corazón pensara dejaría de latir"; "Segunda derrota: 1940 o Manuscrito encontrado en el olvido"; "Tercera derrota: 1941 o El idioma de los muertos" e "Cuarta derrota: 1942 o Los girasoles ciegos". Como se ve, la acción se sitúa entre la guerra civil y el inicio de la posguerra. La derrota se extiende más allá del bando derrotado en el conflicto civil y atinge un significado más profundo. Los relatos no enfocan la vivencia de la guerra bajo una mirada maniquea o político-partidaria, todo lo contrario. Las vivencias humanas representadas trascienden las contingencias políticas, visto que el sufrimiento afecta a todos, por más que la retórica oficial se haya caracterizado, por lo menos en el principio, como un triunfalismo monolítico. Méndez rescata del olvido cuatro experiencias de la derrota que cuestionan también los sentidos de la victoria, a la vez que reivindican la memoria del conflicto civil de 1936 y la dignidad de los derrotados. Al contrario de *El corazón helado*, no insiste en la nostalgia ni en los sentimentalismos vinculados a la trivialización de la memoria traumática y su correspondiente instrumentalización como moneda de cambio simbólico en el debate político actual sobre los usos de la memoria colectiva del pasado reciente de España.

Como hemos afirmado, la derrota es el elemento temático unificador de la obra. Se trata de historia de perdedores de la guerra civil de 1936. Así, el primer relato, "Primera derrota: 1939 o Si el corazón pensara dejaría de latir" nos cuenta la historia del destino final del capitán Alegría, que lucha en el bando de los revoltosos franquistas mas decide entregarse al enemigo, en un gesto que define "como una victoria al revés", aun sabiendo que este enemigo está a punto de perder el conflicto. El segundo relato, "Segunda derrota: 1940 o Manuscrito encontrado en el olvido", anteriormente presentado al concurso de cuentos de la Fundación Max Aub nos cuenta la historia de tres personajes: un joven poeta, que huye de las tropas franquistas junto a su esposa, se dirige a Francia mas en el trayecto se esconde en una cabaña en las montañas, entre Asturias y León, lejos de todo y todos, de camino al exilio en Portugal. Su esposa muere al dar a la luz y el poeta cuida al bebé en estas condiciones hostiles, hasta la muerte de ambos unos meses más tarde. El tercer relato, "Tercera derrota: 1941 o el idioma de los muertos" está localizado en una prisión franquista y trata de la vida en este local, por medio de la trayectoria final de Juan Senra, profesor de violoncelo, que decide contar una mentira para sobrevivir mas acaba retrocediendo para que el verdugo se pueda caracterizar como tal. En el último relato, "La cuarta derrota: 1942 o Los girasoles ciegos" nos acercamos a la historia de un "topo" (un republicano escondido en su propia casa) y su familia, compuesta por la esposa y por el hijo Lorenzo, en la Madrid del inicio de la posguerra. Esta historia nos llega por medio del relato de Lorenzo que, ya adulto, retoma los eventos pasados y de un cuarto personaje, el diácono Hermano Salvador, que purga, en una carta destinada a un narratario identificado como Padre, la culpa mezclada con el fascismo apostólico por haber acosado a aquella familia y haber provocado una tragedia.

De esta forma, la derrota no es solo la del bando republicano sino que mucho más amplia, pues sus sentidos se multiplican y se desdoblan, de modo a tornarse el símbolo de una época marcada por la tragedia en la que los hombres dañaron a sus semejantes. Los relatos dan cara, cuerpo y voz a los derrotados, pues se centran en episodios específicos recogidos del caso en el que emergió España durante el conflicto y se prolongó con el fin de la guerra, a pesar de la orden impuesta por los vencedores. Se deduce de los relatos que la derrota es un sentimiento acompañado de otros tantos, como el fracaso, el odio, el asco, el rencor y hasta mismo la compasión y el amor. Podríamos sintetizar de la forma siguiente el desdoblamiento de estos temas: la "Primera derrota" vincula la derrota con el valor; la "Segunda derrota" se sumerge en las relaciones entre la derrota y el amor; la "Tercera derrota" explota las relaciones metaliterarias desencadenadas por el trabajo poético de un escritor derrotado y, por fin, la "Cuarta derrota" profundiza las relaciones oscuras entre la derrota, la culpa y el rencor.

Por su parte, *El corazón helado* (2007) se estructura como una ficción de modo romántico. En primer lugar, verificamos que la obra proyecta un movimiento catártico y, por lo tanto, incide fuertemente en la emoción. Esto queda evidente en la historia de venganza que se convierte en una historia de pasión, que envuelve a los dos protagonistas de la novela. El movimiento catártico se construye progresivamente. Raquel Fernández Perea se acerca a la familia Carrión para vengarse de Julio Carrión González, el patriarca cuya muerte da inicio a la trama tal como se presenta al lector, pero se enamora de Álvaro y el sentimiento "redime" al personaje. Por su vez, Álvaro busca en el pasado familiar elementos para desvendar el enigma que representa la identidad del padre y, de cierta forma, también redimirse al resolver esta conexión conflictiva que tiene con la figura paterna, en particular y a la familia, paralelamente.

Almudena Grandes reivindica la memoria de los vencidos de la Guerra Civil Española y la República por medio de la saga de dos familias: los Fernández, republicanos exiliados en Francia (los buenos) y los Carrión, que se benefician del régimen franquista y triunfan económicamente (los malos). Para tanto, la autora arma una intriga en la que se cruzan la pasión amorosa y la inquietud en torno a la memoria familiar de los protagonistas, Álvaro Carrión y Raquel Fernández Perea. Álvaro parte de la indagación en torno al pasado del padre para investigar sobre el pasado de la familia y Raquel busca, por medio de la venganza, hacer justicia a los daños provocados por los Carrión a los Fernández Perea. Sin embargo, estos programas narrativos son influenciados por la pasión amorosa que irrumpe en la ficción, redireccionando a los personajes hacia la reconciliación simbólica entre los vencedores y vencidos. De esta forma, pretendemos demostrar que la novela cobra sentido cuando se lee en esta clave crítica, valiéndonos de la teorización de Northrop Frye sobre los modos de la ficción en el primer ensayo de *Anatomía de la crítica* (1957). En este caso, tenemos lo que el crítico canadiense denomina recreación "sentimental" (tardía) del modo romántico. Así, se pueden revelar las virtudes y, sobre todo, los límites estéticos de esta propuesta ética desarrollada por medio de la ficción por la escritora española.

Se puede concluir del análisis que *El corazón helado* es estéticamente la peor de las tres obras, pues impone menor distancia estética entre lector y ficción. Su cariz nostálgico y, por tanto, sentimental atiende a los designios del mercado literario. De su parte, *Soldados de Salamina* está estéticamente muy lograda, busca a la vez atender a la crítica y al mercado. Impone una distancia estética mediana vía metaficción, pero que se elimina en su (anti)clímax catártico e intensamente pasional en que se elimina la distancia entre Cercas personaje y Cercas autor implícito. Por fin, *Los girasoles ciegos* es la mejor de las tres obras, la más escueta y densa; exige del lector, con su gran distancia estética, un mayor esfuerzo; de esta forma, no hace concesiones al mercado.

BIBLIOGRAFÍA

ALONSO, Santos (2003), *La novela española en el fin de siglo (1975-2001)*, Madrid, Mare Nostrum.

Bernecker, Walher L. (2007), "Los papeles de la discordia: la polémica en torno al Archivo de la Guerra Civil", en Gero Arnscheidt y Pere Joan Tous (eds.): *Una de las dos Españas: representaciones de un conflicto identitario en la historia y en las literaturas hispánicas: homenaje a Manfred Tietz*, Madrid, Iberoamericana – Frankfurt am Main, Vervuert, 25-44.

BERTRAND DE MUÑOZ, Maryse (1994), *La novela europea y americana y la Guerra Civil Española*, Madrid, Júcar, 1994.

CERCAS, Javier (2007), *Soldados de Salamina*, Barcelona, Tusquets.

COLMEIRO, José F. (2005), *Memoria histórica e identidad cultural: de la postguerra a la postmodernidad*, Barcelona, Anthropos.

FRYE, Northrop (1957), *Anatomy of criticism*, New Jersey, Princeton University Press.

GRANDES, Almudena (2007), *El corazón helado*, Barcelona, Tusquets.

HONNETH, Axel (2003), *Luta por reconhecimento. A gramática moral dos conflitos sociais*, Luiz Repa (trad.), São Paulo, Ed. 34.

MARCO, Valeria de (1995), "Um pacto de silêncio: a transição espanhola", en Oswaldo Coggiola (ed.): *Espanha e Portugal: o fim das ditaduras*, São Paulo, Xamã, 111-119.

MÉNDEZ, Alberto (2004), *Los girasoles* ciegos, Barcelona, Anagrama.

EL PARADÓJICO SILENCIO DEL TEATRO EN LA TRANSICIÓN POLÍTICA

MARIÁNGELES RODRÍGUEZ ALONSO
Universidad de Murcia

Resumen: Tras años y años de acendrada lucha contra el régimen, el teatro permanece extrañamente impasible ante el fin de la era franquista. La ausencia de una sólida actividad renovadora o de un fehaciente movimiento revolucionario por parte del teatro a la llegada de la tan ansiada transición española es una cuestión que inquieta a cuantos estudiosos se acercan al fenómeno. Los cambios teatrales no parecen venir de la mano de los cambios políticos sino que los preceden en el tiempo. Un teatro de radical "politicidad" que nace contra el régimen pierde su efectividad cuando el teatro no es ya el cauce más adecuado para verter la política; se deshace cuando se desvanecen los lazos que lo tensionaban conformándolo. Este paradójico silencio del sistema teatral precisamente en el momento en que por fin obtiene la libertad que tantos años lleva peleando es un asunto, si bien bastante debatido, aún carente de explicaciones efectivas y totalitarias que den una interpretación eficaz.
Palabras clave: teatro, transición, político, democracia

Abstract: After years of fighting against the dictatorship, theatre remains strangely impassible at the end of the Franco Regime. The lack of a solid reformist activity or of an important revolutionary movement in theatre when the desired Spanish transition came is an issue which surprises all scholars approaching to this matter. Theatrical changes do not come at same time than politics changes, politics ones used to be previous in the time. Political theatre which was born against the regime, lose its effectiveness when theatre is not yet the most suitable channel to conduct politics, it disappears when the ropes which tense it fade. This paradoxical silence of theatrical system when it obtains the freedom which it has been fighting for is an issue debated, but without an effective and complete interpretation.
Keywords: theatre, transition, political, democracy

Si teatro y política constituían en la última década del franquismo una dualidad indisoluble, en los años de la transición política asistimos a una despolitización de esta manifestación artística. Un teatro de radical politicidad que nace contra el régimen pierde su efectividad cuando el teatro no es ya el cauce más adecuado para verter la política; se deshace cuando se desvanecen los lazos que lo tensionaban conformándolo. Tras años y años de acendrada lucha contra el régimen, el teatro permanece extrañamente impasible ante el fin de la era franquista. La ausencia de una sólida actividad renovadora o de un fehaciente movimiento revolucionario por parte del teatro a la llegada de la tan ansiada transición española es una cuestión que inquieta a cuantos estudiosos se acercan al fenómeno. Los cambios teatrales no parecen venir de la mano de los cambios políticos sino que los preceden en el tiempo. Este paradójico silencio del sistema teatral precisamente en el momento en que por fin obtiene la libertad que tantos años lleva peleando es un asunto, si bien bastante debatido[1], aún carente de explicaciones efectivas y totalitarias que den una interpretación eficaz.

1. El teatro como arma política

La victoria del bando nacional conlleva la elaboración de un discurso único sobre la realidad y, por tanto, la sustracción a los vencidos de la posibilidad de verse representados en cualquiera de las artes narrativas –cine, literatura o teatro–. Tras el cese del conflicto bélico regresa a los escenarios un teatro evasionista que se aísla poderosamente de la dura situación del país. La violación continuada de esta necesidad de representación origina hacia el final de los cuarenta el reclamo de la realidad invisibilizada por los discursos triunfalistas. Surge así el realismo en nuestras letras –y poco después en nuestros escenarios– como vindicación ética y social en la España de posguerra[2]. Nace la llamada generación realista que evolucionará de unas formas más cercanas al costumbrismo a mayores experimentaciones formales en el cometido de devolver la representación de la realidad a los escenarios. El sentido nuevo que se reclama para el término es ahora de

---

[1] César Oliva se refiere a esta paradoja al contemplar la evolución que presenta la generación de los nuevos autores: "Constituyó en sí un fenómeno que es la verdadera paradoja del teatro español de la transición. El de unos autores que lucharon por un teatro en libertad en un país que, cuando la consiguió, los devoró: el desencanto acabó de manera más o menos completa con sus esperanzas" (2002:232).
[2] Gracia y Ródenas afirmarán en *Derrota y restitución de la modernidad* que, "la vocación realista nacía también de una irritación ética que solo se satisfacía con la reproducción fidedigna del entorno moral y social" (2011:116).

índole ideológica. Realismo ético o filosófico que no implica necesariamente una estética realista[3].

En este panorama, se abre paso un nuevo teatro independiente desde el que emergerá la España invisibilizada, teatro en cuyas filas militara la generación que descubrió en el teatro una posibilidad de lucha política y social al tiempo que artística. Nace pues el teatro independiente en radical oposición al oficial, en los márgenes del sistema presidido por el paradigma conservador desde los que lucha afanosamente por conquistar cierto espacio de visibilidad. Frente al carácter conservador del sistema oficial vigente, emerge su voluntad desestabilizadora, su vocación diferenciadora respecto al teatro oficial contra el que nace, ya que se define precisamente por oposición al poder que lo tensiona[4]. Es la aguda politización del fenómeno teatral la que, a nuestro juicio, convierte al teatro en periscopio de la nueva España emergente[5]. Consideramos que la inseparabilidad política-cultura y cultura-política es uno de los rasgos definitorios de este momento histórico, dualidad particularmente indisoluble en el terreno teatral. En la elección de cada montaje, de cada texto, de cada autor está interviniendo un elemento político. Son así muchos los episodios polémicos en los que el binomio teatro-poder entra en conflicto en estos días. Basten como ejemplos de tal efervescencia política en el ámbito teatral el *Tartufo* de Marsillach en el que la crítica al reciente "escándalo Matesa" se hacía evidente, la interrupción del Festival Cero de San Sebastián, la suspensión de *Castañuela 70* de Tábano teatro por la intervención de los guerrilleros de Cristo Rey o el encarcelamiento de varios miembros de Els Joglars por la invectiva o diatriba contra la milicia de su espectáculo *La torna*. El acceso a los escenarios españoles de los textos de Camus estaría acompañado de no menor significación política. Marsillach estrena *El malentendido* en 1969 con Fernando Guillén y Gemma Cuervo. José Carlos Plaza dirige al TEI en el estreno de *Los justos*, subiendo así la historia de los terroristas rusos unos meses antes del asesinato de Carrero Blanco por la banda terrorista[6]. Tras el

---

[3] Apunta Cornago Bernal cómo "el realismo empezó a desvelarse como una posición ética antes que formal, una actitud de desenmascaramiento y denuncia social" (Huerta Calvo, 2003:2648-2649).
[4] Ramón Buckley en su análisis, particularmente centrado en la evolución de la narrativa de tal momento, afirmará que "el mundo literario se constituye como tal precisamente en oposición y en su negación de los valores del mundo burgués" (1996:6).
[5] Determinadas peculiaridades semióticas del teatro como proceso de comunicación lo convierten en el más político de los géneros. La recepción colectiva y simultánea que le es propia así como la capacidad actualizadora esencial a su naturaleza genérica lo hacen más efectivo en el diálogo con la sociedad del momento. Su equivocidad tendente a la univocidad, su carácter abierto, polisémico y connotativo así como la ausencia de relación existencial entre el significante y el significado que caracterizan al signo escénico constituyen peculiaridades semiológicas que favorecen la configuración más o menos velada de lecturas políticas en las representaciones escénicas que completan el proceso de recepción.
[6] El estreno tiene lugar el 7 de enero de 1973 y el asesinato del presidente del gobierno en

Calígula de José María Rodero se halla la figura de Franco, el aplauso final adquiere el significado de un acto de compromiso político del que los espectadores todos eran cómplices. El teatro halla asimismo los vericuetos precisos para burlar la censura y hacer de sus representaciones auténticos acontecimientos políticos. La politización del acontecimiento teatral deviene rasgo característico dentro de un sistema en el que el lugar previsto para el teatro se hallaba vacío de contenido ideológico.

Si bien una línea de evolución viene marcada por la transformación de los realismos, pronto aparecerá en el horizonte dramático del momento una nueva escritura dramática que se emancipa del realismo de una forma abierta y radical. Realistas y nuevos autores comparten una posición ideológica definida por su oposición al régimen. Sin embargo, nos parece que un aliento muy distinto se halla tras unas poéticas y otras. No queda la diferencia reducida a la opción estética escogida desde un lugar compartido. La constatación de la inservibilidad del sistema racionalista y logocéntrico desde el fracaso del intento revolucionario del realismo genera la desconfianza en la palabra y en su capacidad de representación. Esto desemboca en la afirmación de la realidad inmediata –presencia del actor, materialidad fónica del sonido– y el rechazo a la mimesis convencional como reacción a la sociedad del espectáculo a la que se suma una voluntad de universalismo nacida de la conexión con la ideología del mayo francés o del movimiento hippy en lucha frontal contra el poder capitalista.

2. La despolitización del fenómeno teatral en tiempos de libertad

Con la muerte del dictador y la llegada de la transición el lugar político le es negado al teatro, justamente en el periodo consecutivo a aquel en el que lo cultural era eminentemente militante. Si teatro y política constituían en la última década del franquismo una dualidad indisoluble, en los años de la transición política asistimos a una despolitización de esta manifestación artística. Tal desideologización es percibida y constatada por el grupo Artea: "La consolidación democrática provocó que la urgencia política que afectó al teatro independiente y la alegría y la responsabilidad ciudadana que compartió el teatro de la transición desaparecieran de los escenarios. (...) lo político se interiorizó en la forma, se difuminó en lo privado o se trasladó a la reflexión sobre los medios. La estetización (que no tiene por qué ser sinónimo de pérdida de conciencia política de los creadores) afectó tanto al

---

diciembre del mismo año. Meses después, en septiembre de 1974, el atentado de la calle Correo de Madrid ocasiona doce muertos y ochenta heridos. Con anterioridad a estos acontecimientos (enero de 1974) se produjo el célebre proceso de Burgos en el que fueron condenados a muerte seis terroristas, pena posteriormente conmutada.

teatro institucional como al privado" (Artea y Sánchez, 2006:21). Desde esta perspectiva entienden las versiones esteticistas de Lluís Pasqual o la experimentación sensorial que definirá la búsqueda de grupos como La Fura dels Baus en este periodo. Consideran asimismo que "el fin de la censura, que había condicionado el trabajo de la generación anterior, y la creciente confianza en las nuevas instituciones democráticas favorecieron una progresiva orientación de los creadores hacia motivaciones de índole estética o a un tratamiento mucho más abstracto de la cuestión política" (Artea y Sánchez, 2006:15). Alberto Fernández Torres (1987) señala la temporada de 79-80 como el punto en el que se despolitiza el espectador teatral, y juzga que en ese momento ya son otros los motivos –más próximos a la espectacularidad de la propuesta que a su contenido ideológico– que le hacen acudir al teatro[7].

3. Hacia las causas de la despolitización

3.1. La doble transición española

Buckley en el ensayo *La doble transición* (1996) repara en el llamativo silencio de los intelectuales españoles en un periodo de tan decisiva importancia para nuestro presente como el transicional. Señala así cómo "faltó, en la transición española, ese *quinto poder*, esa autoridad moral que, en determinados momentos de la historia, debe ejercer la clase intelectual como contrapeso del poder político" (Buckley, 1996:xvi- xvii). Ramón Buckley (1996) así como Javier Muñoz Soro (2011) esgrimen, desde lugares distintos, lúcidas razones que tratan de esclarecer los motivos de tan sorprendente mutismo. Nos interesa particularmente esta paradoja de nuestra historia política y cultural porque consideramos que entre las razones que la explican podemos encontrar algunas que den cuenta del paralelo silencio del teatro español en los años que siguen a la muerte del dictador.

La tesis de Buckley aparece ya encerrada en el título del ensayo que la recoge: "La doble transición". Llega el estudioso a la conclusión de que la ausencia de la voz de los intelectuales españoles en la transición política está debida a la doble transición que acontece en nuestro particular panorama socio-político y cultural. Nuestros intelectuales no transicionaron en 1975, argumenta, porque ya lo habían hecho en una transición anterior: "Por eso sorprende tanto ese silencio, el de nuestros escritores, que parecían

---

[7] No implica esto la inexistencia de ciertos rasgos o tendencias que revelen síntomas de cierta democratización. La afluencia de espectáculos y festivales de teatro de calle al comienzo de los ochenta, el auge de este género escénico se hace signo de la recuperación del espacio público en los primeros años de la democracia.

destinados a jugar un papel muy importante en aquella transición política hacia la democracia. ¿Por qué no lo ejercieron? Porque *ellos ya habían 'transicionado'*, porque para entender la transición de 1975 hay que entender la transición anterior a la transición misma, la de 1968. Solo a partir de esa *doble transición* podemos empezar a entender el papel que desempeñaron los escritores tras la muerte del general Franco" (Buckley, 1996:xv). La transición que operó en la intelectualidad española, en la opinión de Buckley que secundamos, fue aquella que llegó a territorio español como eco de la revolución del 68 devolviéndonos al mapa europeo y mundial tras largos años de cerrazón y autarquía[8]. La apertura del franquismo y el cansancio del gastado panorama español los hizo transicionar en cierta medida al tiempo de la civilización globalizada.

En los nuevos autores nos parece percibir una conexión profunda con el pensamiento anarquista y libertario que surge en la España de los setenta de la mano del resurgimiento de teorías neonietzscheanas. El rebrote del pensamiento nietzscheano supone el regreso, no de un pensador, sino de un contrapensador cuya filosofía se articula en la destrucción de los sistemas de pensamiento de otros. Nos parece que, salvando las muchas distancias, de semejante modo operan los nuevos autores para con la dramaturgia tradicional[9]. La influencia de esta corriente de pensamiento nos parece notable. Ramón Buckley se refiere en su ensayo a esta corriente anarquista y libertaria con el sintagma "pensamiento radical", considera Buckley que el pensamiento radical es hijo directo del mayo francés, y por tanto de la superación y la quiebra de la razón dialéctica. Explica de este modo el cambio fundamental que se opera: "A partir del mayo francés, entra en quiebra todo un sistema de valores que había presidido el pensamiento occidental en la época de posguerra. Ya no es el capital el que detenta el poder y el trabajo el que pretende arrebatárselo, sino que ambos –capital y trabajo– forman parte de un entramado mucho más complejo mediante el cual el Estado –sea socialista o capitalista– pretende perpetuarse a sí mismo" (Buckley, 1996:64). Se inscribe este pensamiento libertario no ya solo contra el franquismo sino también y de forma más aguda contra el capitalismo y cualquier otra forma de dominación, dado que el mundo de la década de los setenta es ya un mundo incipientemente globalizado. Análoga es la posición adoptada a este respecto por los nuevos autores. Juzga Buckley que el *Panfleto contra el todo* publicado en 1978 por Fernando Savater vendría a ser el canto de cisne de movimiento anarquista y libertario. Las

---

[8] La España de los setenta estuvo ya habitada por "puras criaturas de la posguerra ya mundial, la guerra fría y la colonización cultural estadounidense, y por tanto también hijos del 68 y del rock o del consumo de drogas" afirmarán Jordi Gracia y Domingo Ródenas al referirse a este periodo (2011:183).

[9] Recuérdese el poder destructivo de la vanguardia que se infería de sus auto-poéticas así como la proliferación de términos nuevos para desmarcarse del concepto anterior de teatro.

poéticas vanguardistas de los nuevos autores presentan en sus poéticas semejante postura nihilista y rebelde, escéptica y revolucionaria al tiempo. En sus textos se percibe que ya han vivido el desencanto del fracaso de la revolución. Persiste la desconfianza de la ideología burguesa pero a esta se suma otra desconfianza, la que despierta el lenguaje revolucionario. Como los intelectuales partícipes de este pensamiento radical, los nuevos autores también experimentan la frustración del discurso ideológico. Recordemos cómo en sus auto-poéticas prologales afirmaban "que lo mejor la izquierda de la cultura no es más que una forma elegante de la derecha" o las instrucciones paródicas que revelaban "cómo hacer la revolución en tres lecciones y siete días". Evidencian estas palabras la crisis del discurso revolucionario del que ya se comenzaba a descreer. Ruibal afirmaba cómo "los autores realistas estaban encuadrados en unos postulados ideológicos que hoy han llegado a la crisis" y se auto-consideraba "hijo putativo de esa crisis" ideológica[10]. Otros rasgos que los aproximan a esta corriente de pensamiento sería la radical ruptura con el realismo que implica la disolución del sistema lógico y logocéntrico[11], la subversión del cuerpo contra la razón o la puesta en cuestión de cualquier elemento. Si al antifranquismo le siguió un posfranquismo *avant la lettre*; al tono épico de la revolución le seguiría el cínico de una vanguardia que se sabe imposible.

3.2 El precio de la transición o la ruptura pactada

Muñoz Soro (2011) considera, en cambio, que la causa de esta ausencia se halla en el elevado precio pagado en pos de la reconciliación: "la democracia exigía el sacrificio del antifranquismo en nombre de la reconciliación y de una alternativa de poder de la izquierda" (Muñoz Soro, 2011:25). "El antifranquismo –sigue Muñoz Soro en otro punto del citado artículo– se identificó entonces con un pasado que debía pasar para dejar sitio al futuro, verdadero espacio de la política, y lo que habían sido virtudes del resistencialismo y de la crítica sistemática terminaron por convertirse en los vicios de la democracia, como escribió Manuel Vázquez Montalbán en 1988" (Muñoz Soro, 2011:54). Tal sacrificio en nombre de la reconciliación política nos llevará a una concepción desideologizada y estetizada del teatro que definirá al periodo transicional. El precio de la transición teatral fue también el del antifranquismo –como lugar cultural de decisiva importancia–, lo que generó la frustración, la protesta y el desencanto de los

---

[10] "Los nuevos autores, si somos algo, somos los hijos putativos de esa crisis" (Ruibal, 1970: 46)
[11] Ya han fueron apuntadas con anterioridad algunas de las razones sociales e ideológicas de la emancipación del realismo de los nuevos autores entre las que alegábamos la desconfianza en el sistema racionalista o la reacción contra la emergente sociedad del espectáculo y por tanto contra el sistema económico y cultural de occidente que la produce y alberga.

hombres de teatro que vieron truncadas en aras de la democracia las vías abiertas en la clandestinidad. Esta tesis ha sido defendida por Alberto Miralles en diversos lugares (1974 y 1977), quien juzga que en el periodo transicional asistimos a la alianza entre la derecha y la izquierda en pos del silenciamiento de un teatro molesto y peligroso que había despertado desde las filas antifranquistas. La frustración de expectativas de la ansiada regeneración moral colectiva —que suponían— llegaría de la mano del fin del franquismo acuñó la expresión tan traída y llevada "contra Franco, vivíamos mejor". La desaparición del enemigo ideológico que destensa la cuerda, desconcierta al creador al que ahora se le demanda un producto bien distinto[12].

Estos cambios conllevan la desaparición del teatro independiente hacia comienzos de la década de los ochenta[13]. Un teatro de radical politicidad que nace contra el régimen pierde su efectividad cuando el teatro no es ya el cauce más adecuado para verter la política; se deshace cuando se desvanecen los lazos que lo tensionaban conformándolo. Si bien buena parte de estas agrupaciones se estabilizan en los llamados teatros estables[14], será otra ya la estructura que erija tales sistemas teatrales[15]. No obstante, Francisco Nieva en un artículo para *Primer Acto* (recogido en las antología publicada en 1991) juzga que "el paso transicional de la dictadura no se produjo sin sacrificios" —y añade que— "nuestra historia como pueblo a partir del siglo XVIII ha ido determinando que nuestros cambios de situación política obliguen a un borrón y cuenta nueva incoherente con la unidad fundamental que ha de tener una cultura. Que de hecho tiene la española", concluye con un comentario de clara intención crítico-sarcástica sobre la dificultad de los españoles contemporáneos para asumir tal

---

[12] Alberto Miralles recoge el drástico cambio de lugar al que se somete al teatro: "Los partidos políticos durante la clandestinidad habían pedido al teatro crítica, lucidez y desmitificación. Después, en pugna con el poder, querían evitar la provocación a la ultraderecha por miedo a los tanques, y así, el teatro tuvo que perder la agresividad que tanto ayudó a la lucha antifranquista" (Miralles en Gracia y Ródenas, 2009:323).

[13] Artea señala la franja que va desde 1978 a 1982 como periodo temporal en el que se produce la decisiva desaparición de este fenómeno (Artea y Sánchez, 2006:15).

[14] Un importante número de los profesionales que trabajan hoy en nuestra escena se formaron al calor del teatro independiente. César Oliva hace recuento de los actores, los directores y escenógrafos procedentes del teatro independiente que pasan al teatro público y privado (2002:260).

[15] Interesante nos parece la precisión que marca el grupo Artea al referirse a la desaparición del teatro independiente; consideran los responsables de esta investigación que las dramaturgias que se extinguieron con el fin del teatro independiente fueron aquellas que habían apostado por la palabra, frente a la consolidación de "las dramaturgias visuales y corporales que encontraron en los años de transición una época de esplendor" (Artea y Sánchez, 2006:15-16). Se están refiriendo a colectivos como Els Joglars o Els Comediants que tendrían en los años que siguen a la muerte de Franco una época de esplendor. Las innovaciones conquistadas desde el independiente permanecen aunque su estructura histórica se transforme a raíz de los cambios socio-políticos.

tradición (Nieva en *Primer Acto, 30 años. Antología*, 1991a:189-190). Las palabras de Nieva respaldan la tesis defendida por Muñoz Soro, trasladada ya al ámbito teatral. Los autores desterrados de las carteleras —primero, los realistas[16]; después, los nuevos autores— han criticado recurrentemente un vanguardismo mal entendido, consistente en la repetición de un repertorio tópico internacionalista desde Shakespeare a Brecht que, en cambio, obvia la investigación y la renovación desde la tradición propia. Tal importación de conquistas procedentes de tradiciones ajenas a la nuestra y el manifiesto descuido de la autóctona podrían obedecer a factores tales como la mayor rapidez y el menor coste que supone la contratación de un grupo extranjero frente a la inversión a largo plazo que implica la creación de uno nacional, el menor riesgo de crítica molesta al gobierno del momento o la apariencia de modernidad por la que tan preocupados han estado nuestros gestores culturales de raigambre política. Causas todas que testimonian cierto complejo de inferioridad congénito a la cultura española ante sí misma y ante lo foráneo.

Consideramos que las teorías convocadas a lo largo de estas páginas pueden contribuir a explicar la ausencia de una sólida actividad renovadora teatral con la llegada de la tan ansiada transición española. La primera es la propuesta por Ramón Buckley para el caso general de la intelectualidad española que defiende que el silencio de los intelectuales se debe a la doble transición ideológica y política. Avalamos su trasposición al ámbito dramático. Esta teoría converge con la sensación de posfranquismo *avant la lettre* que emana de la nueva dramaturgia. Nuestros intelectuales y nuestros dramaturgos ya habían transicionado influidos por los aires del 68[17]. Muñoz Soro considera, en cambio, que la causa de esta ausencia se halla en el elevado precio pagado en pos de la reconciliación: la democracia exigía el sacrificio del antifranquismo en nombre de la reconciliación y de una alternativa de poder de la izquierda. El mutismo a que son sometidos los nuevos autores es síntoma del sacrificio realizado en nombre del proceso transicional. La inmolación del antifranquismo desembocará en una concepción desideologizada y estetizada del teatro que definirá al periodo transicional. Ambas teorías ofrecen luz, a nuestro juicio, en la comprensión del comportamiento del fenómeno teatral.

Cuando llega la democracia los intelectuales —y con ellos dramaturgos, directores y gentes del teatro— ya habían comprendido desde las enseñanzas de Foucault que "el poder era una realidad mutante que se legitima a sí misma" (en Buckley, 1996:105). La transición no tenía, por tanto, más valor

---

[16] Valga como ejemplo el caso de Rodríguez Méndez que critica tal habitual costumbre de nuestra política cultural en el artículo titulado "El teatro español en los años ochenta: una década conflictiva" (en Amell y García Castañeda, 1988:115-122).

[17] Raúl Morodo cifra en el año 1969 el inicio de la transición ideológica y, por tanto, el comienzo de la pretransición (1984:84).

que el que alberga la sustitución de un poder por otro. La ruptura y la reforma parecían irreconciliables hasta que llegó la "ruptura pactada" y mostró que la reconciliación de intereses sería posible siempre que todos – casi todos– recibieran su parte. César Oliva aporta explicaciones que vienen a desentrañar las razones del silencio impuesto o de la no viabilidad de los nuevos autores en la escena de la transición. Considera que "las referencias al pasado inminente empezaban a molestar más de la cuenta al público, pero sobre todo a los gobernantes. A éstos no les apetecía el recuerdo de una historia reciente en la que más de uno había desempeñado un determinado papel" (Oliva, 2004:46). Estima que en el ajuste de cuentas que se realiza en la transición "se rechazó lo viejo por recordar al pasado y se ensalzó lo nuevo fuera lo que fuese. Y con lo viejo, cayó el teatro de palabra, ese que se sirve del ingenio de la situación dramática, y cuenta con un texto literariamente impecable" (47).

BIBLIOGRAFÍA

AA.VV. (1991), *Primer Acto, 30 años. Antología*, Madrid, Centro de Documentación Teatral.

AMELL, Samuel – GARCÍA CASTAÑEDA, Salvador (1988), *La cultura española en el posfranquismo. Diez años de cine, cultura y literatura (1975-1985)*, Madrid, Playor.

ARTEA y SÁNCHEZ, José Antonio (2006), *Artes de la escena y de la acción en España: 1978-2002*, Cuenca, Servicio de publicaciones de la Universidad de Castilla La Mancha.

BUCKLEY, Ramón (1996), *La doble transición. Política y literatura en la España de los años setenta*, Madrid, Siglo Veintiuno de España Editores.

CORNAGO BERNAL, Óscar (2003), "Poéticas del teatro desde 1940", en Huerta Calvo: *Historia del teatro español*, Madrid, Gredos, 2641-2665.

GRACIA, Jordi – RÓDENAS, Domingo (2009), *Más es más. Sociedad y cultura en la España democrática (1986-2008)*, Madrid, Vervuert Iberoamericana.

GRACIA, Jordi – RÓDENAS, Domingo (2011), *Historia de la literatura española. 7. Derrota y restitución de la modernidad. 1939-2010*, Barcelona, Crítica.

MIRALLES, Alberto (1974), *Nuevos rumbos del teatro*, Barcelona, Salvat.

MIRALLES, Alberto (1977), *Nuevo Teatro Español: Una alternativa social*, Madrid, Villalar.

MORODO, Raúl (1984), *La transición política*, Madrid, Tecnos.

MUÑOZ SORO, Javier (2011), "La transición de los intelectuales antifranquistas (1975-1982)", *Ayer. Revista de Historia Contemporánea*, 81, 25-55.

OLIVA, César (2002), *Teatro español del S.XX*, Madrid, Síntesis.

OLIVA, César (2004), *La última escena. Teatro español de 1975 a nuestros días.*, Madrid, Cátedra.

RUIBAL, José (1970), "Mimetismo y originalidad", *Primer Acto*, 123-124, 45-47.

EL CELEBRADO REGRESO DE MARÍA ZAMBRANO A NINGUNA PARTE

ALEJANDRO RODRÍGUEZ DÍAZ DEL REAL
Universidad de Ljubljana

Resumen: Pocos nombres hay en las letras españolas tan manoseados por autoridades de todo signo político para inaugurar estaciones ferroviarias, instituciones, calles o barriadas como el de la filósofa María Zambrano y, a su vez, pocos autores han sido tan ignorados o mal leídos a la hora de tener en cuenta una obra que descolla por su universalidad y relevancia en la filosofía y la ensayística occidentales.

El regreso a España de la autora andaluza en los años 80, tras más de cuatro décadas de exilio, corrió paralelo a un nuevo fenómeno: concebir lo cultural como un evento más de la mercantilización y de la cultura de masas. Aquella escenificación nunca interesó realmente a Zambrano, pues en sus palabras nunca se había ido de España (Varo Baena, 2006:15) y en el tiempo transcurrido fuera de su patria había aprendido a amar el destierro.

La comunicación es una reflexión sobre la vuelta de Zambrano a un país que ya no era el mismo, pues no pudo volver a ser la república perdida, aquella con la que tanto ella como muchos de sus compañeros de generación se habían identificado de forma tan intensa, en el contexto de una Transición velozmente mitificada y orquestada por una élite que no dudó en encaminar la cultura hacia la mercadotecnia y el espectáculo mediático en los que terminaría degradándose.

Palabras clave: María Zambrano, cultura de masas, mercantilización, regreso, transición

Abstract: In recent years María Zambrano's name has been used like no other names in Spanish culture by political authorities to inaugurate railway stations, institutions, streets or neighborhoods, and at the same time her writings have been ignored or misread considering a work that excels by its universality and importance in the essay genre and Western philosophy. The return to Spain in the Andalusian author in the 80s, after more than four decades in exile, ran parallel to a new phenomenon: the cultural conception as an event more of commercialization and mass culture. Such a circus never really interested Zambrano, because in his words she "had never left Spain" and during the time spent abroad she had learned to love her exile. This communication offers a reflection on Zambrano's return to a country that was no longer the same, as it couldn't retrieve the lost Spanish Republic, that stateform in which she and many others of her generation had believed so strongly, in a new context of a rapidly mythologized *Transición*, led by an elite who did not hesitate to bet increasingly for a degrading marketing culture and media spectacle.

Keywords: María Zambrano, mass culture, commercialization, return, Spanish transition to democracy

1. Introducción

En la mayoría de los regresos que se produjeron tras la muerte del general Franco y el restablecimiento de la democracia en España, la persona u obra que regresaba iba precedida de una idea clara por parte de los españoles a la hora de encuadrar su valor literario, artístico o simbólico. Así, Rafael Alberti llegó en 1977 precedido, quizás también reducido a compañero generacional de García Lorca o, como mucho, en calidad de autor de *Marinero en tierra* (1925); Picasso –que había muerto en 1973– volvió metonímicamente en 1981 en forma de aquel escoltadísimo fetiche pictórico que era el *Guernica*; Claudio Sánchez-Albornoz (presidente de la República en el exilio entre 1962 y 1971) fue recibido en el aeropuerto por unos medios de comunicación a quienes confiesa que venía llorando; Dolores Ibárruri llegaba precedida de toda un aura mítica y, por supuesto, de su apasionado sobrenombre, "Pasionaria", casi un anafórico trasunto del "No pasarán…".

¿Y María Zambrano? En un país del que las estadísticas informaban que un tercio de los españoles no leía un solo libro en 1978, porcentaje que llegó a casi la mitad (45%) que decía no leer absolutamente nada en 1985, poco impacto mediático podía producir la, llamémosla por su etiqueta reductiva, «filósofa de la razón poética». María Zambrano Alarcón vuelve a pisar España un 20 de noviembre de 1984, exactamente nueve años después de la muerte del dictador.

La concesión del Premio Príncipe de Asturias de las Letras en 1981 y del Premio Cervantes en 1988 supusieron dos hitos a la hora de impulsar la divulgación de su valiosa obra, pero Zambrano no empezaría a ser leída por un público «amplio» hasta la década de los noventa, y su nombre empezaría a usarse incluso para bautizar modernas estaciones ferroviarias o incluso buques de salvamento ya en el nuevo siglo. El esfuerzo de abstracción necesario para intentar comprender la relación entre el pensamiento zambraniano y la alta velocidad demuestra por sí solo hasta qué punto es precario el conocimiento de su obra.

Si el regreso de los exiliados tuvo casi siempre una trazabilidad en la percepción de la población española, el caso de Zambrano es quizá la historia de un regreso a ninguna parte, en parte por la inaccesibilidad de su obra ante un público lector poco formado, más allá de unas élites universitarias que además habían estado demasiado dedicadas al marxismo y a la lucha de clases durante los setenta como para entender los bizantinismos intimistas de la filósofa veleña.

El regreso de Zambrano se produjo en una década, la de 1980, en la que se generalizó o acabó de generalizarse la mercantilización del libro y la nueva idea del libro no tanto como transmisor de ideas, sino como producto de consumo, y la mayor preocupación de las casas editoriales por el número de ejemplares o tiradas, que pasan a desempeñar un papel de mayor relevancia que el propio programa de autores o títulos publicados. Un fenómeno claramente identificable ya en los noventa, por ejemplo, con la extensión de ciertas costumbres en las librerías como la de apilar piramidalmente varias decenas de ejemplares de un mismo título, visión ante la cual el lector deja paulatinamente de serlo y pasa a convertirse en comprador-partícipe de la literatura como fenómeno de masas.

2. El regreso a un país diferente

A la pregunta de una periodista en 1984 sobre qué sentía al regresar, María Zambrano le responde: "¿Regresar? Si yo nunca me he ido" (Varo Baena, 2006:15). Zambrano afirma no haberse ido nunca, pero el país que encuentra cuando vuelve a España es un país radicalmente diferente del que había abandonado en enero de 1939. Y ya no tanto por la impronta de la dictadura franquista, cuyos años más terribles habían sido los de la inmediata posguerra. En su evolución interna, el franquismo había emprendido una lenta y camaleónica transformación desde los postulados fascistas y nacionalsocialistas hasta posiciones pro-occidentales tanto en las políticas gubernamentales concretas como en el acercamiento sociocultural que había experimentado una sociedad que se sentía crecientemente europea y que ansiaba la democracia. La muerte de Franco y la transición democrática no hicieron más que acelerar ese proceso de reoccidentalización, a pesar de las dificultades de una persistente crisis económica por el colapso petrolífero de 1973.

El regreso de María Zambrano a la España de los años 80 supuso el descubrimiento, muy probablemente agridulce, de un país en el que la clase media se había ampliado de forma considerable desde hacía ya dos décadas sobre la base de la economía de mercado. En 1981 había entrado en vigor la segunda ley de divorcio de la historia de España (Zambrano recordaba perfectamente la primera, que había existido medio siglo antes, en la República) y el sueño republicano de figuras como Campoamor sobre la igualdad de sexos empezaba –ahora sí– a hacerse tímidamente realidad en la vida pública en general y universitaria en particular.

3. La transformación de la cultura en España en los años 80

Tras la muerte de Franco y la transición democrática, el cambio más visible que se produce en la sociedad española es, sin duda, el cultural, estrechamente vinculado con el triunfo de las clases medias y de una mentalidad urbana y, en palabras que ya han sido algo desterradas de nuestro vocabulario, pequeñoburguesa. Para Candón Ríos: "[...] como consecuencia del final del aislamiento internacional a partir de los años 60 en España tiene lugar un desarrollo del tardocapitalismo que se enraizó en la sociedad española a través de los *mass media*. A consecuencia de esto se adoptó entonces una nueva cultura de consumo rápido, mercantilizando toda práctica que fuera susceptible de crear grandes plusvalías, de esta manera la producción artística y literaria se orienta en este sentido. Los mercados y los *mass media* se consolidan como núcleos de influencia con capacidad de regular tendencias de consumo. Las editoriales asimilan este nuevo panorama comercial transformado a sus escritores en marcas, lo que significa que la calidad de sus obras pasa a un segundo plano bajo la maquinaria publicitaria que genera el propio nombre del literato" (2015:187). Y César Antonio Molina completa el panorama cultural de esta manera algo más precisa: "[...] los escritores, los intelectuales y los artistas negocian sus derechos de autor a través de los agentes —exactamente como en la industria del espectáculo— y empujándose para estar en las listas de los más vendidos, que ya no son por fuerza los mejores. Un libro vendido equivale a un votante. Éxito, superventas, récords, firmas masivas: lo que no se vende ya no puede ser bueno" (2014:487).

En pocas palabras, lo cultural, cuando no es dirigido estatalmente, cede el paso a lo económico. Se produce, pues, en los ochenta un contagio de todas las esferas de la vida por algo que parece ser más europeo y eficiente, una simplificación economicista de amplias esferas de la vida cotidiana, aún no del sistema educativo, algo que llegará en los noventa, pero sí de la industria editorial, por ejemplo.

No se trata tanto de que Zambrano aterrice en esa nueva España ignorando la evolución que había emprendido el mercado del libro y la vida intelectual, pues había vivido en Italia y Francia, países de Europa Occidental y no del bloque soviético. Se trata más bien del regreso a un país que, en cierta medida, le ofrece un resarcimiento por su exilio y ninguneo durante el franquismo a través de dos importantes reconocimientos públicos, como son los dos máximos galardones que la España democrática podía conceder a una trayectoria literaria y filosófica como la suya: el Príncipe de Asturias de Comunicación y Humanidades en 1981, y el Cervantes en 1988. En el caso del primero, además, se trataba de la primera vez que se concedía, lo que subraya aún más el carácter emblemático que pretendía conferírsele a la filósofa en lo que se parece querer ser escenificado como una suerte de Premio Nobel español para una nueva fase de la historia de España, en su versión novedosa de monarquía parlamentaria y reconciliada con el sustrato cultural republicano.

Con la llegada del PSOE al poder en 1982 Javier Solana se convierte en ministro de Cultura. Pocos como Solana ilustran mejor la transición realizada por su partido desde la izquierda al neoliberalismo. Muchos de los votantes desencantados se acordaban de su posición contraria a la OTAN, pasando de ministro de Cultura primero a ministro de Educación después, hasta llegar a convertirse en secretario general de la Alianza Atlántica. A Solana le sucedería en 1988 alguien mucho más coherente para el puesto, como era el escritor y superviviente del holocausto Jorge Semprún, pero la transformación de la cultura como un instrumento propagandístico más del nuevo orden democrático, incluso con gobiernos de izquierdas, estaba en marcha. Así la describe José-Carlos Mainer: "La cultura había pasado de ser una reivindicación y una nostalgia a ser una realidad omnipresente y hasta estomagante para algunos: algo que —a los ojos de sus críticos de su concepto público— propiciaba las coartadas de otras ineficacias, un motivo de exhibición y propaganda para políticos ignaros, un espejismo vacuo que ocultaba la carencia de una educación real..." (2001:160).

En cuanto a la presencia de la filosofía en la vida pública española, la Ley General de Educación de 1970 la había afianzado en la enseñanza de secundaria (BUP) y en todas las modalidades de COU o Curso de Orientación Universitaria, en la que se le consideraba vértice epistemológico. La reforma educativa conocida como LOGSE, impulsada por el gobierno socialista, acabaría con dicha centralidad (Fernández Polanco, 2009:9)[1].

---

[1] No deja de ser curiosa esta contradicción entre un sistema educativo heredado del franquismo que confiere a la filosofía una relevancia mayor que la que se deriva de una ley socialista, la de 1990, que entra en vigor en plena democracia. Fernández Polanco explica este hecho relacionándolo con la rivalidad entre academicismo y pedagogismo, que es para él una forma más de oposición entre «izquierda» y «derecha». Así, el academicismo es considerado en nuestros días «de derechas» y quienes lo defienden son tachados de «conservadores». Desde el bando contrario se les acusa de defender una sociedad

La reforma educativa se ratifica en la tercera legislatura de gobierno del PSOE, ganador de las elecciones de octubre de 1989, adelantadas un año por las desavenencias con los sindicatos, que habían convocado con gran éxito la huelga general del 14 de diciembre de 1988. Solo ese dato es ilustrativo del divorcio que según la opinión pública separaban paulatinamente a gobierno y clase trabajadora, en el marco de un ascenso de valores sociales que iban distanciándose del socialismo para pasar a denominarse socialdemocracia o liberalismo social, preludio de un neoliberalismo que arrasaría ya en los años noventa con el triunfo –en España tardío, como tantas cosas– de la revolución conservadora que se llevaría por delante buena parte del llamado "estado del bienestar".

Por tanto, esta década de los ochenta, la de la vuelta de María Zambrano a España, es la década del cambio social, la década que empieza siendo una promesa izquierdista (tras el «tejerazo» y el triunfo socialista en 1982) y que acaba para muchos con una palabra que lo resume todo o casi todo: desencanto. En términos económicos ese desencanto tiene que ver con la no-solución al problema del desempleo y la cada vez más evidente deriva liberal, capitalista o neoconservadora de los sucesivos gobiernos socialistas. Como ya se ha visto, uno de los primeros indicios que se tuvo fue la inesperada actitud proatlantista del PSOE en el referéndum de 1985 sobre la permanencia de España en la OTAN, tras años de oposición antimilitarista como una de las señas de identidad de la izquierda en general y del socialismo en particular, que en menos de un lustro pasó de tener un lema como «OTAN de entrada no» al otro diametralmente opuesto: «En interés de España, vota sí». Los primeros casos de enriquecimiento ilícito y de corrupción no tardarían en aflorar.

La evolución que vive el propio concepto de cultura puede visualizarse de manera nítida en la transformación de la industria editorial, que en los años ochenta vive una verdadera eclosión que tira aún del fenómeno del *boom* latinoamericano y de potentes casas editoriales, más fuertes en Barcelona que en Madrid, en simbiosis con nuevos fenómenos socioculturales y políticos, como la aparición de las Comunidades Autónomas y paulatina inclusión de la lectura en la esfera de todo un mercado del entretenimiento. La generalización del *best-seller* y del reclamo de los libros mediante el número de ediciones o ejemplares vendidos

---

jerarquizada y desigual, elitista o clasista, escondiendo bajo la asepsia científica un darwinismo social. El pedagogismo sería pues considerado «de izquierdas» y «progresista», y sus defensores verían en él la antesala de la sociedad sin clases y de la utopía postmarxista del hiperconsumo, en la que las masas viven ultradesarrolladas en cuanto a sus capacidades personales gracias al *brain-training* vitalicio que representa para ellas el sistema educativo de la formación permanente (Fernández Polanco, 2009:3). La Ley de Educación de 1990 (LOGSE) respondería a este pedagogismo progresista, que habría intentado responder a la universalización efectiva de la educación en España tras la primera década en democracia.

sustituye al criterio de calidad literaria. Además, la televisión ejerce un monopolio indiscutido, y será el ámbito ideal para escritores que, como Cela o Umbral, saben hacer de la literatura una excusa para convertirse en tertulianos algo frívolos y hablar de todo excepto de literatura.

4. "Amo mi exilio"

Bástenos tomar un solo y breve artículo de María Zambrano publicado por el diario *ABC* el 28 de agosto de 1989 para hacernos una idea de lo lejos que se encuentra su escritura de los nuevos parámetros y tendencias de la industria editorial y de la frivolización intelectual que se observa en España. En una de las primeras frases de ese artículo, titulado "Amo mi exilio", nos dice con indudables ecos de Jorge Manrique que "la patria es el mar que recoge el río de la muchedumbre" (Zambrano, 2014:777). Lejos, pues de cualquier concepción que reduzca geográficamente a la patria. Y continúa afirmando sobre el exilio que "el destierro es una cuesta, aunque sea en el desierto" (Zambrano, 2014:777). Hay que subirla siempre, porque " [...]no hay que arrastrar el pasado. Nos falta a los españoles, por muchas apelaciones que los retóricos hagan al pasado y por mucho ahincamiento tradicionalista a los que así se llaman, la imagen clara de nuestro ayer, aun el más inmediato. [...] todo nuestro pasado se liquida con la actitud trágica de España. Es siempre, y para todo pueblo, imprescindible una imagen del pasado inmediato, como examen de los propios errores y espejismos. El presente es siempre fragmento, torso incompleto. El pasado inmediato completa esa imagen mutilada, la dibuja más entera e inteligible. Para mí, desde esa mirada del regreso, el exilio que me ha tocado vivir es esencial. Yo no concibo mi vida sin el exilio que he vivido. El exilio ha sido como mi patria, o como una dimensión de una patria desconocida [...]"(Zambrano, 2014:778).

La identificación del exilio, del destierro, como la auténtica patria, hace como mínimo problemática la aceptación de un regreso a España como regreso a patria alguna. Es como si la autora de *La tumba de Antígona*, quizás la obra más emblemática de lo que supuso para ella el exilio, tuviera dificultades para reconocer la validez de la vuelta a la tierra natal tras haberla sublimado con la renuncia sacrificial de sus 42 años de ausencia, no habiendo escrito, sin embargo, sino desde la esencia y circunstancia, – radical, en palabras de su maestro– de ser española y no poder ser otra cosa. No habiendo podido nunca dejar de serlo, el retorno se vuelve inconcebible sin una reivindicación de su exilio, de esa otra circunstancia igualmente radical. Pero continúa Zambrano con estas palabras espeluznantes: "Creo que el exilio es una dimensión esencial de la vida humana, pero al decirlo me quemo los labios, porque yo querría que no volviese a haber exiliados

[…], que no se conociera el exilio. Es una contradicción, qué le voy a hacer; amo mi exilio, será porque no lo busqué, porque no fui persiguiéndolo. No, lo acepté; y cuando se acepta algo de corazón, porque sí, cuesta mucho trabajo renunciar a ello. [...] no le pido ni le deseo a ningún joven que lo entienda, porque para entenderlo tendría que padecerlo, y yo no puedo desear a nadie que sea crucificado. En mi exilio, como en todos los exilios de verdad, hay algo sacro, algo inefable, el tiempo y las circunstancias en que me ha tocado vivir y a lo que no puedo renunciar. Salimos del presente para caer en el futuro desconocido, pero, sin olvidar el pasado, nuestra alma está cruzada por sedimentos de siglos, son más grandes las raíces que las ramas que ven la luz. Es en la obra del amanecer, trágica y de aurora, en que las sombras de la noche comienzan a mostrar su sentido y las figuras inciertas comienzan a desvelarse ante la luz, la hora de la luz en que se congregan pasado y porvenir" (Zambrano, 2014:778).

Acepta su exilio como algo inefable y sacro, pero no lo desea a los jóvenes que encuentra. Es realmente algo contradictorio, como ella misma se atreve a reconocer. Pero también supone una cierta capitulación. Una conciencia de que todo ha cambiado, pues el tiempo todo lo muda, y de que los jóvenes de hoy tienen la suerte de no tener que exiliarse, una suerte quizá paralela a la desgracia de vivir en una España sin ilusiones comparables a la intensidad que a ella le tocó vivir.

Hay algo de heroísmo homérico en la intensidad y en la juventud truncada si bien no por la muerte, sí por una guerra y por un exilio. Ella misma habla en 1985 de su generación como "generación del toro" en *La muerte apócrifa*, por su sentido sacrificial (Zambrano, 2009:110; 2014:685-686).

"A las patrias —escribía en uno de los borradores de discurso de recepción del Premio Cervantes— lo que les sucede es que cuando aparece una aparecen otras anteriores. Quizás el paraíso perdido, o quizá algún infierno que dejamos olvidado y que nos llama para que lo recojamos, modo de resurrección" (Zambrano, 2014:759-760). Ha de tenerse presente que cuando Zambrano escribe estas palabras siente ya la muerte cercana, y toda su vida ha estado preparándose en ese infierno del que ahora siente, en toda su amarga paradoja, la llamada. En una inversión influida por el gnosticismo y por el mito de Perséfone, la vida terrena ha sido para la pensadora una cárcel, una verdadera muerte en vida, cuya creación metafórica más ilustrativa es su único drama, ya mencionado arriba, *La tumba de Antígona*. Nacer es lo más importante que nos pasa, pero nacemos indigentes y mendicantes, y en ese llegar a ser que es en lo que se convierte el ser para la existencia humana, un llegar a ser inconcluso, se devuelve uno a fin de cuentas a la muerte, ese no-ser de donde surgió.

El retorno de María Zambrano es un retorno a la antesala de la existencia eterna, siguiendo la luz de las antorchas de Hécate hacia la aurora, mientras nuevas voces que sustituyeron a las antiguas pretenden devolverla a los ínferos de la presencia.

5. Conclusión

Nada confirma mejor que Zambrano no regresa a ninguna parte que la parafernalia con la que se celebra su regreso a España. Los premios son para ella una forma de comparecencia y de visibilidad, una forma aceptada de ser visible. Pero sopesa bien "los riesgos de hacerse visible, los riesgos de un premio así": "En el nacer simplemente no se nos da el elegir, el hacerlo o no, aunque siempre esté la libertad de decir sí o no al nacimiento. […] al aceptar este premio, acepto comparecer ante la historia" (Zambrano, 2014:759).

Zambrano, que nunca se había ido, según le comentaba a la periodista recién cumplidos los ochenta años, pincha de raíz la burbuja que se había creado en torno a su regreso a costa de vender la etiqueta de su nombre. No entra ni tiene la intención de entrar en los pueriles y caprichosos juegos del mercado. Quizás ha vivido demasiado, y demasiado intensamente, como para descender a ciertos niveles. Desde la más absoluta sinceridad no le desea, es verdad, esa prisión del exilio a los jóvenes, por ser esa experiencia suya sacra e inefable, pero quizás también porque intuye que las generaciones de nuevos españoles tendrán unas coordenadas existenciales radicalmente diferentes, en las que por ejemplo el exilio no sea llamado así, sino mediante eufemismos como fuga de cerebros o emigración económica. Las ideas parecen ya no ser en Europa un motivo de exilio a fines del siglo XX. La disidencia se hace sutil y mucho más difuminada.

El intento, político primero y mercantil después, de reducir a Zambrano a etiqueta aseguradora de superventas para clientes que mecánicamente compran pero al final no leen, de convertirla en una «rockstar» de la filosofía, al más puro estilo Žižek, fracasa con la sola lectura de algunas de sus obras más relevantes, como *Horizonte del liberalismo*, *El hombre y lo divino*, *Filosofía y poesía*, *Los intelectuales en el drama de España*, *La tumba de Antígona* o *Claros del bosque*. La escritura de María Zambrano es irreductible e innegociable.

BIBLIOGRAFÍA

CANDÓN RÍOS, Fernando (2015), "La literatura posmoderna española: entre el fin de la dictadura y el auge de los mass media", *Verba Hispanica*, 23, 177-190.

FERNÁNDEZ POLANCO, Valentín (2009), "Filosofía y educación en España (1978-2008)", *A Parte Rei*, 64, http://serbal.pntic.mec.es/~cmunoz11/valentin64.pdf, fecha de consulta: 5 de diciembre de 2015.

MAINER, José-Carlos (2001), "Estado de la cultura y cultura de Estado en la España de hoy (o el Leviatán benévolo)", en: López de Abiada, J. M.; Neuschäfer, H. J.; López Bernasocchi, A. (2001): *Entre el ocio y el negocio. Industria editorial y literatura en la España de los 90*, Madrid, Verbum.

MOLINA, César Antonio (2014), *La caza de los intelectuales. La cultura bajo sospecha*, Barcelona, Destino.

VARO BAENA, Antonio (2006), *María Zambrano, la poesía de la razón*, Córdoba, Asociación Cultural Andrómina.

ZAMBRANO, María (2009), *Las palabras del regreso*, Ed. Mercedes G. Blesa, Madrid, Cátedra.

ZAMBRANO, María (2014), *OO. CC. VI: Escritos autobiográficos*, Barcelona, Galaxia Gutenberg - Fundación Zambrano - Círculo de lectores.

LOS NIÑOS PERDIDOS Y ROBADOS: REPRESENTACIONES ESCÉNICAS DE UN TRAUMA COLECTIVO

ALBA SAURA CLARES
Universidad de Murcia

Resumen: En esta investigación, dirigiremos nuestra mirada a la apropiación indebida de menores y el maltrato ejercido contra los hijos de disidentes políticos durante el régimen franquista en España (1939-1975) y el Proceso de Reorganización Nacional en Argentina (1976-1983). Nuestro interés residirá en algunas de las representaciones escénicas surgidas en ambos países durante los procesos transicionales, con el fin de ahondar en la focalización elegida para el tratamiento de esta realidad traumática. Así, nos acercaremos a *Potestad* (1985) del dramaturgo argentino Eduardo Pavlovsky, desde la perspectiva del raptor; *La historia oficial* (1985), guion cinematográfico de la argentina Aída Bortnik, a través de una madre ajena a la identidad real de su hija adoptada; y, en última instancia, la propuesta de la dramaturgia española Laila Ripoll, *Los niños perdidos* (2005), donde focaliza la mirada en los más pequeños durante el régimen franquista.
Palabras clave: niños, dictadura, Eduardo Pavlovsky, Aída Bortnik, Laila Ripoll

Abstract: This paper focuses on the abduction, misappropriation and child abuse against the descendants of political dissidents during the Francoist regime in Spain (1939-1975) and the National Reorganization Process in Argentina (1976-1983). The main interest here will be in certain dramatic works that appeared in both countries in the post-dictatorship era, with the aim to explore how they reflect this traumatic reality. The works under study are *Potestad* (1985), by the Argentinean playwright Eduardo Pavlovsky, told from the point of view of a kidnapper; *La historia oficial* (1985), a film script by the Argentinean Aída Bortnik, focused on a mother who is not aware of the real identity of her adopted daughter; and, lastly, *Los niños perdidos* (2005), a work by the Spanish playwright Laila Ripoll, in which she

pays attention to children in the Francoist regime.
Keywords: children, dictatorship, Eduardo Pavlovsky, Aída Bortnik, Laila Ripoll

Argentina y España han compartido, y continúan actualmente, numerosos contactos transatlánticos, en viajes bidireccionales: corrientes migratorias, caminos exiliares, intercambios culturales e intelectuales. Además, a lo largo del siglo XX, ambos países han conocido diferentes experiencias dictatoriales, finalizando en España con el régimen franquista (1939-1975) y en Argentina con el Proceso de Reorganización Nacional (1976-1983). A su vez, con el inicio de la democracia, España y Argentina también han participado de una experiencia conjunta en torno a la justicia transicional y, en estos casos, transnacional. Baste citar al respecto al juez Baltasar Garzón y la acción de la justicia española contra los crímenes de las dictaduras del Cono Sur y la actual Querella Argentina contra los crímenes del franquismo[1].

También en el ámbito teatral, muchos y destacados han sido los contactos históricos entre estos dos países. En esta ocasión, buscamos poner en diálogo la experiencia compartida del robo y maltrato de niños durante el régimen franquista y el tiempo del Proceso, en relación a tres textos y tres disímiles focalizaciones que aportan interesantes matices en el tratamiento ficcional de esta realidad traumática.

1. Identidades robadas, niños perdidos

En Argentina, con el inicio del Proceso de Reorganización Nacional, bajo el periodo de la presidencia de facto de Jorge Rafael Videla, tuvo lugar el mayor número de crímenes cometidos contra los individuos contrarios al régimen, iniciándose las desapariciones forzadas[2]. Pronto, desde 1977, se iniciaron las reivindicaciones incansables de las Madres de Plaza de Mayo por la recuperación de sus hijos desaparecidos y la actuación de la justicia ante estos crímenes. Fue entonces cuando muchas de ellas comprendieron que también habían desaparecido sus nietos y los bebés de sus hijas o nueras, embarazadas en el momento de la detención. Así, como una escisión de las primeras, nacen las Abuelas de Plaza de Mayo. En su trabajo constante, que a partir del año próximo cumplirá cuarenta años, las Abuelas

---

[1] Para un acercamiento a la cuestión, remitimos a los trabajos de Nina Elsemann (2012) y Montoto Ugarte (2014).
[2] Sobre la figura del desaparecido y los mecanismos llevados a cabo por el Proceso, destaca el trabajo de Gabriel Gatti (2011).

han creado un complejo y exhaustivo entramado para la recuperación de esos niños, el cual ha tenido incidencia en el campo de la genética, en el judicial, en los debates memorialísticos[3].

En este contexto, desde el año 2000 (duradero hasta la fecha) nació el ciclo *Teatro x la Identidad*. Dicho evento pretende, a través de la experiencia teatral, llamar la atención de aquellos hombres y mujeres que dudan de su identidad y que podrían ser niños apropiados durante el Proceso[4].

A partir del año 2004, este ciclo se celebrará en Madrid (así como, posteriormente, en otros lugares como Barcelona), en un deseo por encontrar a esos niños robados, ahora jóvenes que podrían haber emigrado a otros países. Si bien el ciclo se inició con propuestas argentinas y se basó en los textos que estaban recorriendo en gira ese país[5], posteriormente se generó una interesante apertura del debate hacia los propios casos españoles. Así, en las siguientes ediciones en Madrid se presentaron propuestas que reflexionaban de manera conjunta sobre el trauma compartido por Argentina y España, así como otros que ahondaban en la problemática nacional[6].

En este aspecto, si comparamos el tratamiento memorialístico de este trauma colectivo en Argentina y España, se observan las deficiencias transicionales de las que este último adolece[7]. Como señala Luz Souto, "A pesar del elevado número de víctimas en España se tardó casi treinta años para que las investigaciones sobre los robos de menores salieran a la luz. La tardanza no ha sido por la falta de voces que manifestaran el horror [...] sino por cómo se llevaron a cabo los pactos de la Transición y por la permanencia en el poder de los mismos grupos que cometieron las expropiaciones" (Souto, 2013). Así, en este campo resulta determinante el documental *El nens perdu del franquisme* (2002, en el programa *30 Minuts* de la Televisión de Cataluña, realizado en colaboración con el historiador Ricard Vinyes), según Souto "la primera investigación que produce un impacto público" (Souto, 2013).

---

[3] También Gatti (2011) analiza el trabajo de las Abuelas y el impacto generado por sus reivindicaciones. Para conocer la historia de la asociación, que iniciaba en diciembre de 2015 con la restitución del nieto 119, remitimos al volumen editado por Abuelas de Plaza de Mayo (2007).
[4] Para más información sobre el origen del festival y sus características, destacamos como primer acercamiento el artículo de María Luisa Diz (2014).
[5] Entre las obras, encontramos algunos textos destacados dentro de este ciclo, representados en Argentina y fuera del país: *A propósito de la duda* de Patricia Zangaro; *El nombre* de Griselda Gambaro; *El Sr. Martín* de Gastón Cerana; *Manos grandes* de Mariana Eva Pérez, entre otras.
[6] Así se observa en la programación de las siguientes ediciones, especialmente en los espectáculos de la última edición, en 2009, reseñada por Ignacio Amestoy (2009) para *Primer Acto*.
[7] Paloma Aguilar (2008), entre otros estudios, analiza las políticas memorialísticas en España y las características del proceso transicional en este país.

La complejidad del caso español es aún mayor, de ahí el acertado término del citado documental, "los niños perdidos". Como bien recomponen estas investigaciones, las fórmulas represivas que afectaron a los menores durante la guerra civil y hasta entrada la democracia fueron diversas. Padecieron la guerra, fueron encarcelados (o nacieron en las cárceles) y, mayoritariamente, fallecieron en condiciones infrahumanas o por la propia tortura contra ellos ejercida. Fueron repatriados y raptados de sus familias. Estuvieron a cargo de los hospicios, del poder religioso y de la ideología del régimen, así como de las teorías de segregación contra el marxismo del psiquiatra Vallejo Nájera, acogidas por el franquismo[8]. Como señala Souto, "El recuento aproximado de las víctimas de apropiación en Argentina es de unos 500 niños, mientras que en España hablamos de unos 43.000 menores solamente hasta mediado de los años cincuenta" (Souto, 2014:52).

2. Focalizaciones y propuestas ante un trauma colectivo

El arte escénico ha supuesto una voz destacada en el tratamiento ficcional de la temática de los niños maltratados o robados por las dictaduras, pionera en los casos que aquí nos conciernen en sus respectivos contextos. Como observaremos, a través de las diferentes perspectivas elegidas, el teatro está generando interesantes propuestas que aportan nuevas claves de interpretación, matices e interrogantes ante esta cuestión.

2.1. La mirada del raptor: *Potestad* de Eduardo Pavlovsky

Eduardo Pavlovsky (1931-2015) es una de las figuras más relevantes dentro del teatro argentino del siglo xx. Cercano en sus primeros años a la estética conocida como Neovanguardia, ha compaginado su labor dramática con la actoral y su profesión como médico psicoanalista.

Potestad se inscribe en toda una línea transversal del teatro de Pavlovsky de esta época, donde está reflexionando sobre la opresión dictatorial desde diferentes contextos, buscando introducirse en la mirada del represor y el descubrimiento de su identidad ante el espectador. Así sucede en textos como *El señor Galíndez* (1973), *El señor Laforgue* (1982) y la obra que aquí nos concierne[9].

---

[8] Para una profundización en la cuestión, remitimos a Ricard Vinyes (2002), así como otras investigaciones de su autoría.
[9] Para un acercamiento a las características del teatro de Eduardo Pavlovsky en este periodo, remitimos a los trabajos de Magda Castellví deMoor (1995), Patricia Estela Scipioni (2000) o Jorge Dubatti (2006).

Potestad, pieza breve de una duración no superior a los sesenta y cinco minutos, sitúa al espectador dentro del monólogo de un secuestrador[10]. La perspectiva elegida permite que compartamos con él su debilidad, su llanto y su desesperación cuando, en mitad de la tarde, unos extraños se lleven a su hija Adriana. Con el avance de la obra, y principalmente en la terrible anagnórisis final, el personaje perderá su máscara y, bajo una significativa mancha de sangre recorriendo su cara, conoceremos su verdad: él fue el raptor de una niña a la que ahora han devuelto a su legítima familia.

Con su personaje, Pavlovsky logra relativizar al opresor y conseguir que nos enternezca. De esta forma, podremos comprender que la represión tiene fórmulas de mayor sutileza que el binomio entre víctima-victimario y que "la sofisticación de la represión en América Latina hace que el enemigo se nos pueda parecer cada vez más" (Pavlovsky, 1999:24).

El trabajo de Scipioni observa, en esta y otras obras del dramaturgo argentino, una tendencia por las técnicas psicoanalistas –de interés para Pavlovsky– del psicodrama. Así lo percibe en *Potestad*, "al llevar a su protagonista a reconstruir el pasado y encontrar en él el origen del conflicto emocional en el que se halla envuelto [...]. Por medio de la re-presentación del momento traumático" (Scipioni, 2000:299). Al inicio de la propuesta, se nos muestra al personaje principal como un hombre marcado por diferentes debilidades, como en su preocupación por haber perdido su sexualidad frente a su mujer. El detallismo de su relato nos remite a la narración psicodramática de un trauma, donde minuciosamente se reconstruyen los acontecimientos previos hasta desvelar la verdad.

Tras la captura de Adriana se genera una segunda secuencia donde el monólogo del hombre es acompañado por otro personaje, Tita, con dos únicas y brevísimas intervenciones. Como señala Scipioni, "Tita, según la técnica psicodramática del doble o alter-ego, saca al personaje-paciente de su estancamiento emocional y lo impulsa a continuar la exploración de su pasado" (2000:307).

Tita refuerza la intencionalidad de Pavlovsky, pues representa la mirada de la sociedad que con la llegada de la democracia descubriría los terribles actos cometidos por el Proceso, como la apropiación de niños. Por ello, este personaje presenta un difuso rol de interlocutora que determina, como señala la acotación y se construye escénicamente, "el sentido de acercamiento o distanciamiento afectivo de los personajes en los momentos críticos" (Pavlovsky, 1989:148). El mismo acercamiento y las mismas dudas que se producen en el espectador hasta que tenga lugar el reconocimiento final de este doctor como raptor: "Me dejaron solo. ¡El papá y la mamá de

---

[10] Fue estrenada en 1985, ya en democracia, bajo la dirección de Norman Briski. Posteriormente, el texto varió notablemente y aumentó su desarrollo hasta configurar el que fue publicado en Pavlovsky (1989).

Adriana eran fanáticos, Tita! ¡A estos hijos de mil putas, si no los cargaban a balazos en la cama te cargaban ellos, te hacían volar la casa...! Estaban ahí... yo me acerqué a la cama... eran jóvenes... [...] Escuché como un llanto, Tita, en el cuarto de al lado... abrí la puerta y vi la nena" (Pavlovsky, 1989:154).

El final de la obra nos aleja de todo relativismo ante la figura del represor. Como afirma Pavlovsky "cuando hay dudas, hay una sola manera de resolverlas: el [...] esfuerzo de las Abuelas y Madres de Plaza de Mayo [...] su ética y su coherencia inquebrantables" (1999:25-26).

2.2. La mirada cómplice: *La historia oficial* de Aída Bortnik

En un mismo eje temporal y con algunos puntos de contacto, resulta interesante acercarnos a otra producción argentina en pleno proceso transicional, con el fin de observar cómo el cambio de focalización logra reflexionar desde otros vértices sobre la apropiación de niños y su incidencia en la sociedad.

La propuesta de *La historia oficial* (1985) cuenta con el guion de la dramaturga Aída Bortnik –también guionista o periodista, entre otras facetas–, cuya producción, de marcado carácter político, se inicia en la década de los setenta, viéndose marcada por el exilio en España en 1976. Esta propuesta, elaborada junto al director Luis Puenzo y presentada en democracia, reflexiona sobre los años vividos durante el régimen del Proceso. Con su estreno, el film hacía pública la historia "no oficial", tanto dentro como fuera del país[11].

La historia oficial decide ofrecer una perspectiva primordialmente centrada en Alicia, su protagonista, pero cuya focalización perdemos en algunas escenas en pos de un desarrollo polifónico. Alicia supone, para Bortnik y Puenzo, una elección focal de sumo interés y acierto.

La película, estrenada en 1985, se sitúa en marzo de 1983; es decir, en el desmoronamiento del Proceso, perdido todo su apoyo popular, especialmente tras el desastre de la Guerra de Malvinas y la hiperinflación[12]. La focalización en Alicia, profesora de Historia de instituto y esposa de Roberto, con una familia de carácter conservador, supone una metáfora de Argentina y la actualización de su juicio crítico ante el descubrimiento de los horrores del régimen.

---

[11] La película fue galardonada en numerosos festivales cinematográficos, logrando el primer Premio Oscar en Argentina a la Mejor película de habla no inglesa y una nominación a Bortnik por su guion.
[12] El estudio de Paula Canelo (2008) analiza las diferentes etapas vividas dentro del Proceso, sus características y evolución.

Ante Alicia, en un corto periodo de tiempo, se desmoronan todas sus creencias y desvelan todos los horrores: la crisis política y económica del país, observada en las relaciones sociales y empresariales de su marido; el debate y enjuiciamiento a la Historia Oficial promulgada por la dictadura, representado a través de sus alumnos y el profesor Benítez; los enfrentamientos al régimen, con las manifestaciones y el estado de excepción y exaltación que se observa en la ciudad; la sombra de duda sobre quiénes fueron cómplices al régimen, como su suegro critica a su marido; el regreso de los exiliados, en la figura de su amiga Ana; la tragedia de la tortura y la represión de los contrarios al régimen y las primeras narrativas testimoniales, también en la voz de Ana. En última instancia, todo desemboca, a través de diferentes ejes, en las noticias sobre la apropiación de niños durante el Proceso y la posibilidad, cada vez mayor, de que su hija adoptada, Gaby, sea víctima de uno de estos delitos.

La protagonista se culpabiliza por su silencio e ignorancia ante la opresión del régimen, que la convierte en cómplice. La fórmula para abandonar dicha situación es purgar su culpa con la búsqueda de la verdadera identidad de Gaby, en un viaje inverso al realizado por las Abuelas de Plaza de Mayo, presencia destacada en la película.

El film nos sitúa, con el avance de la acción, ante un doble desenmascaramiento. Por un lado, la conservadora y cómplice Alicia se nos descubre como una mujer dispuesta a aceptar los cambios sociales necesarios para la democratización del país, así como reconoce y asimila las narrativas de una renovada Historia Oficial que busca alcanzar el conocimiento de la verdad. Mientras, Roberto, el padre y marido, dibujado como amante y bondadoso, va perdiendo sus máscaras hasta aparecer ante nosotros como un torturador, un cómplice y beneficiario directo del régimen.

Como Alicia, Argentina tenía una nueva oportunidad de redimirse y situarse como cómplice de la dictadura o partícipe del proceso transicional, de la justicia, la verdad y la memoria[13].

2.3. La mirada infantil: *Los niños perdidos* de Laila Ripoll

Desde otro punto de vista, el tratamiento focal elegido por la dramaturga española Laila Ripoll para la representación de esta cuestión destacada por lo novedoso y, además, responde a unas características históricas y transicionales diferentes. El estreno de *Los niños perdidos* en el Teatro María Guerrero de Madrid, por la compañía Micomicón, se realizó en 2005, a

---

[13] Ana Laura Lusnich y Pablo Piedras (2011) han compilado diferentes estudios sobre el cine político y social en Argentina, interesante para comprender *La historia oficial* en su contexto de producción y ahondar en la misma.

treinta años del fin del régimen franquista. Teniendo en cuenta la distancia histórica de los hechos, esta propuesta teatral de Ripoll está directamente relacionada con la ya mencionada aparición del documental *Els nens perdu del franquisme*, texto que toma como fuente primaria para su ficcionalización.

La dramaturgia de Laila Ripoll (1964) se encuentra íntegramente ligada a su trabajo como directora escénica, en una estética que retoma lo grotesco, valleinclaniano y lorquiano, y de marcado compromiso político[14].

En *Los niños perdidos*, la novedosa propuesta de Ripoll nos plantea la historia desde la mirada de esos niños maltratados, despojados de su identidad y, en última instancia, asesinados por el franquismo, en una focalización que responde a los propios gustos creativos y teatrales de la autora, alejada del naturalismo.

La perspectiva elegida no despierta la conmoción en el espectador, sino que, desde la tristeza por estas historias, se genera la emoción y el juicio crítico. La mezcla entre el humor negro y el horror conforma una comedia llena de amargura que llama a la memoria, a la histórica, y a la reivindicación.

La puesta en escena de Ripoll nos sitúa en un espacio único, el desván, y entorno a cuatro personajes: los tres niños –Lázaro, El Marqués y Jesusín, el Cucachica–, y el Tuso, único adulto, con un retraso mental. Solo acompañan a estos niños perdidos Las voces que, escuchadas en *off* en la puesta en escena, recogen testimonios sobre esta tragedia, presentados de forma inconexa y repetida.

Encerrados en este espacio, los cuatro personajes juegan a hacer teatro para pasar el tiempo y superar sus miedos. Juegan para expresar, con la experiencia teatral, lo que no quieren aceptar en sus vidas, lo que temen y desean testimoniar, en un juego que supone su liberación[15].

Será Tuso, por ser el mayor, quien represente el papel represivo de la Sor, la monja que aterroriza a estos pequeños. La propuesta metateatral sirve a Ripoll para, en la voz de los niños, pero especialmente de Tuso, rememorar el papel represivo de la iglesia y el franquismo, exponer las teorías psiquiátricas de Vallejo Nájera y representar toda la horrenda realidad de estos niños perdidos.

Con el avance de la acción, y gracias a estos juegos, los pequeños son capaces de dar testimonio de su historia (relacionado con el citado documental casi homónimo). De esta manera, se genera un trágico mapa de las diferentes experiencias represivas que vivieron los niños, con la particularidad de ser narrados desde la propia perspectiva infantil. La obra nos mostrará la historia Cucachica y el aterrador, insalubre y para muchos

---

[14] Un acercamiento a la obra de Ripoll suponen los artículos de Isabelle Reck (2012) o Jorge Avilés Diz (2012).
[15] Sobre la metateatralidad y su función en este texto reflexiona el trabajo de Liliana Dorado (2011).

letal, viaje en tren a la cárcel de las Ventas de Madrid; Lázaro y la terrible batalla de Badajoz, donde quedó solo con su hermano, vagando en calles repletas de cadáveres; o el Márques, con quien se reconstruye, en palabras de Jorge Avilés Diz, "el retorno de los niños exiliados en el extranjero por el Gobierno de Franco", quienes también "sufrieron en sus propias carnes la represión, el maltrato físico y psicológico por parte de las monjas, solo por el hecho de ser hijos de republicanos" (2012:254).

Además, con Lázaro se elabora la temática de la perversa eliminación del nombre –muestra de la identidad robada–, y que supone un tópico común en las representaciones teatrales del robo de niños, como en los ciclos de *Teatro x la Identidad*[16]. Con la ternura y el humor propio de la obra, lo narrará Lázaro:

> Lázaro.¿Y sabes lo más emocionante? Que a cada asilo que iba, las monjas iban y me cambiaban el nombre [...] Y yo no soy Expósito, [...] Pero las monjas nunca me quieren hacer caso, ni con lo del apellido, ni con lo de que soy de Badajoz, y me acaban poniendo el nombre que les da la gana.
> Tuso.A lo mejor es para que no te puedan encontrar tus padres.
> Lázaro.A lo mejor. Son capaces (Ripoll, 2013:105-106).

Finalizando la obra, comprenderemos que el juego metateatral de estos cuatro personajes es aún más profundo, pues brota de la memoria de Tuso. Así, son los fantasmas de los tres niños los que comparten juego con él y descubren, junto al espectador, su realidad fantasmagórica, su categoría de "muertos vivientes", en palabras de Alison Guzmán (2012). Fallecieron, como muchos otros niños, debido a la opresión, asesinados en este caso por la Sor en un ataque de ira. El único espectador de este crimen, Tuso, hará que la Sor caiga escaleras abajo y fallezca. Por más que reclame por la memoria de estos niños, nadie lo escucha y, cuando mucho tiempo después, descubran los cadáveres, solo afirmarán: "Total, ya erais niños perdidos" (Ripoll, 2013:117).

Son fantasmas de la transición que están anclados a un trauma no superado y que repiten, una y otra vez, más allá de la muerte, las experiencias dolorosas a las que quedaron atados. Ripoll les da voz[17] ya que, para ella, solo el reconocimiento memorialístico de su carácter de víctimas

---

[16] Araceli Arreche (2014) realiza un análisis sobre esta temática en diferentes textos de *Teatro x la Identidad*.

[17] No es la única obra en la que Ripoll remite a la focalización infantil para rememorar los años de la dictadura. También lo hará en el texto breve *El día más feliz de nuestra vida*, donde se muestran unas cuatrillizas la noche antes de su primera comunión, en 1964, en pleno régimen franquista.

los libera y nos liberará de este pasado traumático. Como reflexiona la dramaturga en una entrevista: "Estamos hablando del Teatro por la Identidad —y es fantástico y hay que hacerlo-, y de los desaparecidos en América; de los nazis y los campos de concentración se ha escrito todo, y sin embargo, de nuestra propia historia no hablamos. ¡Cómo tenemos tan poca vergüenza de meternos en estos temas, sin revisar nuestro propio pasado!" (Henríquez, 2005:119-120).

3. Conclusiones

A través de diferentes focalizaciones, estas obras se inscriben en los debates de la memoria y reivindican, desde el arte escénico, el conocimiento de la verdad y la acción de la justicia transicional. Son textos, si nos acercamos a las reflexiones de Elizabeth Jelin, que buscan "honrar y homenajear a las víctimas e identificar a los responsables [...] para ayudar a que los horrores del pasado no se vuelvan a repetir —*nunca más*—" (2005:18).

Desde nuestro punto de vista, la focalización elegida en las tres obras aquí propuestas se corresponden con las diversas formas de afrontar lo memorialístico y con el estado de la materia en sus respectivos procesos transicionales. En 1985, a dos años de la llegada de la democracia en Argentina, Eduardo Pavlovsky consideraba necesario ahondar en la mirada del raptor para que la sociedad pudiera profundizar en la complejidad de este nuevo opresor. Igualmente, Bortnik y Puenzo establecen la perspectiva en Alicia, reflejando a la sociedad argentina que descubría el trauma acallado por tantos años.

Sin embargo, la distántica de Ripoll precisa que la reflexión surja de otro espacio, del espacio de lo olvidado, de los fantasmas del pasado que regresan para luchar contra el olvido y recordarnos la deuda histórica existente con ellos.

Cada una de estas propuestas ha buscado el foco idóneo para su recreación, con el fin de escenificar el horror y mantener la tensión necesaria entre el sentimentalismo y la mirada crítica del espectador. Tres visiones que buscan, desde la experiencia artística, dar voz, reconocimiento y descanso a aquellas víctimas anónimas, a aquellos niños cuya identidad fue robada o sufrieron la tortura de un régimen opresivo, a todos los niños perdidos.

BIBLIOGRAFÍA

ABUELAS de Plaza de Mayo (2007), *La historia de Abuelas. 30 años de búsqueda. 1977-2007,* Buenos Aires, Abuelas de Plaza de Mayo.

AGUILAR Fernández, Paloma (2008), *Políticas de la memoria y memorias de la política*, Madrid, Alianza Editorial.

AMESTOY, Ignacio (2009), "Argentina y España, memorias paralelas", *Primer Acto*, 330, 115-118.

ARRECHE, Araceli Mariel (2014), "Teatro x la Identidad, 2001-2012. Emergencia y productividad del movimiento en torno a un debate identitario", *Memorias del I Foro Académico de Ciencias Sociales y Humanidades: Desafíos de la Argentina en el siglo XXI*, Buenos Aires, Ediciones UADE, 20-30.

AVILÉS DIZ, Jorge (2012), "Los desvanes de la memoria: *Los niños perdidos* de Laila Ripoll", *Letras femeninas*, 38 (2), 243-261.

BORTNIK, Aída (1985), *La historia oficial*, Buenos Aires, Ediciones La Urraca.

CANELO, Paula (2008), *El Proceso en su laberinto. La interna militar de Videla a Bignone*, Buenos Aires, Prometo Libros.

CASTELLVÍ DEMOOR, Magda (1995) "Eduardo Pavlovsky: teatro de deformación y denuncia" en Osvaldo Pellettieri, (ed.): *Teatro latinoamericano de los setenta. Autoritarismo, cuestionamiento y cambio*, Buenos Aires, Corregidor, 81-102.

DIZ, María Luisa (2014), "Los modos de representación de la apropiación de menores y la restitución de la identidad durante el proceso de institucionalización de *Teatro x la Identidad*", *Kamchatka*, 3, mayo, 27-45.

DORADO, Liliana (2011), "Memoria histórica y compromiso ético en *Los niños perdidos* de Laila Ripoll", *Letras femeninas*, (37) 1, 169-185.

DUBATTI, Jorge (2006), "El teatro de Eduardo Pavlovsky: grupos textuales y poéticas de producción de sentido político" en Jorge Dubatti (ed.): *Teatro y producción de sentido político en la postdictadura*, Buenos Aires, Ediciones del CCC.

ELSEMANN, Nina (2012), "Nuevos espacios del saber en la justicia transicional: Argentina y la lucha global contra la desaparición forzada", *Iberoamericana*, XII/48, 101-112.

GATTI, Gabriel (2011), *Identidades desaparecidas. Peleas por el sentido en los mundos de la desaparición forzada*, Buenos Aires, Prometeo Libros.

GUZMÁN, Alison (2012), "Los muertos vivientes de la Guerra Civil en cinco obras de Laila Ripoll: *La frontera, Que nos quiten lo bailao, Convoy de los 927, Los niños perdidos,* y *Santa Perpetua*", *Don Galán*, asequible en: http://teatro.es/contenidos/donGalan/donGalanNum2/pagina.php?vol=2&doc=2_4, fecha de consulta: 14 de octubre de 2014.

HENRÍQUEZ, José (2005), "Entrevista con Laila Ripoll: «Yo soy nieta de exiliados y eso marca»", *Primer acto*, 310, 118-127.

JELIN, Elizabeth (2005), "Las luchas por la memoria", *Telar. Revista del Instituto Interdisciplinario de Estudios Latinoamericanos*, 2-3, 17-40.

LUSNICH, Ana Laura – Piedras, Pablo (eds.) (2011), *Una historia del cine político y social en Argentina (1969-2009)*, Buenos Aires, Nueva Librería.

MONTOTO UGARTE, Marina (2014), "Una mirada a la crisis del relato mítico de la Transición: la "Querella argentina" contra los crímenes del franquismo", *Kamchatka*, 4, 125-145.

PAVLOVSKY, Eduardo (1989), *Cámara lenta. El señor Laforgue. Pablo. Potestad*, Madrid, Fundamentos.

PAVLOVSKY, Eduardo (1999), *Micropolíticas de la Resistencia*, Buenos Aires, Eudeba.

RECK, Isabelle (2012), "El teatro grotesco de Laila Ripoll, autora", *Signa*, 21, 55-84.

RIPOLL, Laila (2013), *Trilogía de la memoria*, Bilbao, Artezblai.

SCIPIONI, Estela Patricia (2000), *Torturadores, apropiadores y asesinos. El terrorismo de estado en la obra dramática de Eduardo Pavlovsky*, Kassel, Edition Reichenberger.

SOUTO, Luz C. (2013), "Las narrativas sobre la apropiación de menores en las dictaduras española y argentina. El relato de la memoria y de la identidad", *Olivar*, 14 (20), sin paginación.

SOUTO, Luz C. (2014), "El Teatro español sobre apropiación de menores. La puesta en escena como espacio de identidad y memoria", *425°F. Revista electrónica de teoría de la literatura y literatura comparada*, 10, 50-66.

VINYES, Ricard – Armengou, Montse – Belis, Ricard (2002), *Los niños perdidos del franquismo*, Barcelona, Random House Mondadori.

TODO LO QUE ERA SÓLIDO DE ANTONIO MUÑOZ MOLINA REFLEXIONES SOBRE LAS TRANSICIONES DEMOCRÁTICAS EN ESPAÑA Y HUNGRÍA

ÉVA SERFŐZŐ
Universidad de Oregon

Resumen: *Todo lo que era sólido* (2013) es una colección de ensayos sobre el proceso de la Transición española. A causa del colapso económico de 2008, Antonio Muñoz Molina evoca otros momentos de inseguridad y reflexiona sobre la fragilidad de la democracia española. En este trabajo examinaré ¿cuáles son algunos aspectos de la Transición española que también son familiares para la sociedad húngara? y destacaré algunos fenómenos que también se manifiestan en el ámbito húngaro. El nacionalismo, la corrupción y el clientelismo, el enriquecimiento de origen dudoso, la omnipresencia de los políticos profesionales y la multiplicación de "simulacros" (proyectos grandes como la Expo, los Juegos Olímpicos y las campañas de imagen) caracterizan ambos países.En contraste con las esperanzas previas, la Transición democrática no conlleva automáticamente el bienestar económico colectivo e individual. El legado de la dictadura está todavía presente, las sociedades post-dictatoriales quedan profundamente divididas y la vida política se parece a una trinchera: los términos "adversario" y "enemigo" son intercambiables.
Palabras claves: Transición a la democracia en España y Hungría, desengaño

Abstract: *Todo lo que era sólido* (2013) is an essay collection about the democratic transition process in Spain. The economic crisis of 2008 makes Antonio Muñoz Molina to evoke other moments of insecurity and to reflect on the fragility of democracy in Spain. This work examines and emphasizes some aspects of the democratic transition in Spain which may also be familiar for the Hungarian population. Nationalism, corruption, clientelism, becoming rich under suspicious circumstances, the omnipresence of professional politicians and the multiplication of simulacrums (for example the organization of the Olympic Games and the Expo) and image campaigns characterize both countries. In contrast with previous expectations, the democratic transition processes do not necessarily result in economic prosperity. The legacy of the dictatorships remains present: the post-dictatorial societies are profoundly divided, the terms "enemy" and "adversary" are interchangeable.

Keywords: Transition to democracy in Spain and Hungary, disillusionment

"No hay sitio para [...] la certeza, para ninguna certeza. Nada es tan sólido que no pueda desvanecerse mañana mismo en el aire."–escribe Muñoz Molina en *Todo lo que era sólido* (2013), su colección de ensayos (234). A causa de la inesperada crisis económica española - y mundial - de 2008 el autor evoca otros momentos de inseguridad, y nos recuerda la fragilidad de la democracia. Como lo podemos leer en la siguiente cita: "Escribo dejándome llevar. El propio acto de escribir desata a la vez los argumentos y los recuerdos. La urgencia de comprender y de intentar explicarme a mí mismo el presente me devuelve fragmentos del pasado" (77). Muñoz Molina reflexiona sobre el proceso de la Transición democrática, los numerosos errores y logros de la democracia y el tiempo transcurrido hasta el presente desde un punto de vista socialdemócrata. Él mismo confirma que "políticamente, soy un socialdemócrata: defiendo la instrucción pública y la sanidad pública, el respeto escrupuloso de la legalidad democrática, la igualdad de hombres y mujeres, el derecho de cada uno a elegir su forma de vivir y si es preciso de morir dentro de la conciencia de nuestra responsabilidad como ciudadanos. Derechos sin responsabilidades son privilegios; un derecho individual beneficia a la comunidad; un privilegio siempre se ejerce a costa de alguien" (Muñoz Molina, 11-11-2015).

La editorial Seix Barral describe la obra como una "invitación a un debate imprescindible". ¿Qué hemos hecho mal durante y después de la Transición española?- pregunta el intelectual destacado e intenta encontrar las respuestas. La democracia no es perfecta y la realidad difiere de los sueños. El proceso de transición no funciona como los cuentos de hadas: a pesar de los sacrificios, el final feliz no está garantizado.

Cuando estaba leyendo sobre la experiencia española a menudo tenía la sensación que las observaciones hubieran podido ser escritas por un intelectual húngaro. A pesar de las diferencias fundamentales de los dos procesos, mis recuerdos sobre la transición son similares a los de Muñoz Molina en varios aspectos. En este trabajo me enfocaré en algunas experiencias análogas. Mi intento no es comparar los diferentes procesos de transición, sino simplemente resaltar algunos fenómenos que caracterizaron ambos procesos. Tampoco quiero que la experiencia española sirva como un modelo para Hungría, sino que destacaré algunos tropiezos y errores criticados por Muñoz Molina que también se manifiestan en el ámbito húngaro, como son: las diferencias políticas irreconciliables y la confusión de los términos "adversario" y "enemigo", el nacionalismo, la "mala memoria", la omnipresencia de los políticos; la corrupción y la desaparición de los controles efectivos de la legalidad en relación con el uso de los fondos de la Comunidad Europea y la multiplicación de "simulacros" (proyectos grandes como la Expo o los Juegos Olímpicos, las campañas de imagen).

En 1975 después de la muerte de Franco empieza un proceso meticuloso de negociación. Los franquistas siguen en el poder, son ellos quienes dirigen la reforma y preparan la nueva legislación. Por eso, la transición no representa una ruptura con el pasado, sino más bien un cambio gradual. Muñoz Molina señala algunos elementos de la Transición que también corresponden a mis experiencias personales de la Transición en Hungría, tales como la inseguridad, la rapidez de los cambios y la aparición de una nueva élite. Como apreciamos en la siguiente cita: "[…]En este tiempo de ahora en el que las maquinarias políticas están tan osificadas es difícil de recordar y más aún explicar la sensación de transitoriedad que lo permeaba todo entonces, la volatilidad de las cosas, la incertidumbre de todo. El porvenir era tan fluido como el presente y nada estaba garantizado. La euforia de la libertad nunca fue concreta" (2013:38).

Yo estaba en mi último año del instituto cuando cayó el muro de Berlín y los países del socialismo existente empezaron a transformarse. La transición de la dictadura a la democracia coincidió con mi transición a convertirme en una estudiante de universidad. Mi euforia fue total cuando en la primavera de 1990 estaba mirando los carteles de las primeras elecciones libres que cubrían las paredes en las orillas del río Tisza. Admiraba a aquellos universitarios jóvenes en sus vaqueros gastados, integrantes de los partidos políticos nuevos, y estaba convencida de que representaban un futuro brillante y libre.

Las líneas de Muñoz Molina sobre el cambio de actitud de los políticos nuevos, que leeremos a continuación, me hacen pensar en los políticos que llegaron al poder en Hungría en los años posteriores al comunismo: "[…] en 1977, en 1979, recién elegidos diputados o concejales, […] reaccionaban con indignación igualitaria ante las pompas del poder. Al poco tiempo no sólo aceptaban sin ningún embarazo sino que se les veía interiormente crecidos cuando se sentaban en el sillón forrado de terciopelo viejo de un despacho o asistían a una ceremonia pública, a un desfile, a una procesión, incluso no tardaron nada en aprender la desenvoltura adecuada para montarse en un coche oficial o salir de él" (2013:36).

De igual manera, aquellos estudiantes rebeldes de la transición se han transformado en políticos profesionales con el paso de los años: cambiaron sus vaqueros gastados por trajes y corbatas y pronto dejaron atrás sus ideales.

Muñoz Molina nos recuerda con ironía como en España, con la consolidación de la democracia muchos se convirtieron en opositores del sistema antiguo. "La democracia sobrevino: fue un impulso que una vez desatado nadie pudo controlar. […] El número de antifranquistas ha ido aumentando según pasaban más años desde el final de la dictadura, pero su vehemencia creciente no llega a compensar el carácter retrospectivo de tanto heroísmo" (2013:209).

En general, la caída de una dictadura siempre cambia nuestros recuerdos sobre nuestro papel en el sistema dictatorial. De un día para el otro los defensores más fiables de la dictadura y numerosos miembros de la nomenclatura se convierten en defensores de la democracia y se inventan un pasado heroico de lucha contra la opresión, como lo podemos observar en los casos específicos de España y Hungría.

En contraste con las esperanzas previas, la Transición democrática no conlleva automáticamente al bienestar económico colectivo e individual; las sociedades post-dictatoriales quedan profundamente divididas y la vida política se parece a una trinchera.

Imre Kertész, premio Nobel de Literatura en 2002 habla sobre el desengaño en su autobiografía: "Yo soy uno de estos niños crédulos, que suponían que al mismo tiempo que la democracia estaba restaurada en Hungría, con el fin de las condiciones de vida anormales todo y todo el mundo sería normal repentinamente. Como consecuencia, yo me desmayaba en una consternación tras la otra: mentiras, odio, racismo y estupidez hicieron erupción como un forúnculo que había estado creciendo durante cuarenta años y finalmente fue abierto con un bisturí" (2013:198, traducción propia).

De manera similar, Muñoz Molina también describe la falta de pluralismo y la oposición atroz de los dos bloques de la vida política en relación con la situación en España durante la época posterior a la Transición. "Como en la retórica infectada de los tiempos de Franco, entre nosotros la palabra *adhesión* sigue llevando adherido el adjetivo *inquebrantable*. Que posibilidades puede haber de verdadero pluralismo en un país donde el parlamento, que debería ser por naturaleza el escenario privilegiado de los debates públicos, […] de la disidencia radical y también de la capacidad de acuerdo, ofrece a diario el espectáculo entre grotesco y degradante de la obediencia en bloque a las directrices del partido, el aplauso cerrado al líder, el insulto soez al contrario. La forma del hemiciclo subraya la semejanza con una plaza de toros agitada por las feroces diferencias binarias españolas: sol y sombra, izquierda y derecha" (2013:126-127).

A mi juicio, la profunda división entre la derecha y la izquierda no es un fenómeno únicamente español, sino una característica de la mayoría de las sociedades postdictatoriales. Las palabras de Muñoz Molina también podrían referirse al parlamento húngaro, las divisiones entre la derecha e izquierda no son menos binarias y feroces, aunque los húngaros carezcan de las plazas de toros. La división se debe a las experiencias sobrecargadas de la dictadura, donde todo el mundo tuvo que tomar una posición en pro o en contra, ya que no era posible mantener la neutralidad. A menudo, pertenecer a un lado o al otro fue cuestión de vida y muerte y el legado de una dictadura de casi 40 años no desaparece de un día para otro.

Muñoz Molina nota la imposibilidad de discusión y crítica constructiva dentro de los grupos que constituyen la nación, puesto que cada uno, sea un partido político, una comunidad regional o nacional demanda una identificación ciega con el grupo, al cual se pertenece. En la siguiente cita Muñoz Molina expone el apoyo incondicional a los líderes locales o en sus palabras "la adhesión primitiva a un caudillo cercano, al que se conoce. Ese mismo caudillo que daba tanto trabajo y se preocupaba tanto por el pueblo se ve acusado en los tribunales. Porque es de nuestro partido no es posible que sea culpable: siempre son los otros los que roban. Porque le tienen envidia, porque no perdonan su éxito, porque nos odian" (2013:102).

La aparición de los políticos profesionales coincidió con la aparición de fortuna nueva. En los años ochenta empezaron a llegar los fondos de la Comunidad Europea a España. Muñoz Molina critica la falta de transparencia y los controles efectivos en el uso de estos fondos. Él insiste que la falta de una carrera administrativa profesional, independiente de la política contribuyó a la corrupción: "[…] al mismo tiempo que las instituciones públicas empezaban a disponer de mucho dinero desaparecían los controles efectivos de legalidad de las decisiones políticas. Entre todos los errores de la Transición española que se aireaban tan acusadoramente cuando aún no estaba permitido el lujo de la obsesión por el pasado, uno de los más graves no lo ha mencionado casi nadie: la incapacidad de crear una administración pública, profesional, solvente, atractiva como oportunidad de trabajo y progreso personal" (2013:42-43).

La consecuencia de la falta de una carrera administrativa en España fue la politización de la administración y el surgimiento de una palabra nueva para describir un fenómeno nuevo: el pelotazo. ("Negocio de dudosa legalidad con el que se gana mucho dinero de manera rápida" (2013:39). Para poder dar un pelotazo era necesario ser un político profesional o tener buenos contactos con ellos. Muñoz Molina explica que "para ganar muchísimo dinero de golpe lo único que hacía falta era disponer de adecuados contactos políticos. […] lo menos necesario era presentar una oferta que superase a todas las demás en la calidad de los materiales y en el precio: bastaba con disponer privadamente de las condiciones del concurso antes de que se hicieran públicas" (2013:51-52).

György Konrád, novelista y ensayista húngaro describe el mismo fenómeno en su libro *Aquí, en Europa*. "Algunos mediocres se dieron cuenta de que dedicándose a la política se podrían enriquecerse más y con mayor certeza que ejerciendo oficios civiles. Notamos la exagerada proliferación de políticos de carrera y la privatización de la propiedad pública, lo cual conllevó el paso del dinero público a las arcas de los políticos, triunfó el capital entrelazado con la política. La política, lejos de limitarse al lugar que le corresponde, se desbordó, hasta salirse de la olla. El número de los empleados oficiales que vive y depende de los impuestos de los ciudadanos siguió creciendo. Como consecuencia el funcionamiento del estado fue cada vez más costoso, y la lucha alrededor de la olla de la carne se volvió cada vez más feroz" (2014:190 traducción propia).

Me pregunto ¿cómo es posible que en el idioma húngaro no apareciera ninguna palabra similar? De hecho, la palabra es difícilmente traducible.

Conjuntamente, Muñoz Molina destaca que en España proliferaron los organismos que 'gestionaron la nada' y en vez de dedicarse a mejorar la salud o educación pública o cualquier elemento de la vida cotidiana, organizaron eventos extraordinarios, como los Juegos Olímpicos de Barcelona o la Expo en Sevilla, construyeron proyectos gigantescos o crearon campañas de imagen. De igual manera explica que "Desde muy pronto mostraron predilección por los simulacros; por las solemnidades, los protocolos, los acontecimientos, las conmemoraciones, las procesiones, las festividades, los organismos que consistían sobre todo en un nombre y un logotipo, los eslóganes publicitarios, las campañas de imagen: o esa entelequia que empezó a llamarse *comunicación*" (2013:52).

En España la transición económica fue gradual y precedió la transición política, mientras que en Hungría las transiciones económica y política ocurrieron al mismo tiempo. La transformación de un sistema económico protegido y regulado por el estado a un sistema capitalista del mercado libre pasó en el período de algunos años y la población húngara que estaba soñando con la selección de bienes inimaginables en las estanterías de las tiendas occidentales pronto se familiarizó con conceptos aterrorizantes como el desempleo y la inflación. Durante aquel período escuché la frase "terapia de choque" con frecuencia, y estaba convencida que la frase se refería al estado de choque de una población que estaba acostumbrada a un empleo garantizado y precios bajos. Me sorprendí cuando varios años más tarde descubrí que "terapia de choque" es un término económico y no describe el estado de ánimo de una población cuyos sueños de libertad y riqueza se esfumaron muy pronto, y en vez de una seguridad de empleo y selección de bienes bastante limitados, se quedó sin protección y llegó a conocer el lado oscuro del capitalismo. Todo lo que era sólido se derrumbó con una rapidez inesperada. Una vez que ya se ha experimentado la falta de solidez del mundo, todos los terremotos siguientes tuvieron un efecto menos chocante. En 2008 las poblaciones de los países del este ya sabían que el mundo no era sólido y la tierra podía desaparecer debajo de sus pies de un momento al otro, los españoles lo experimentaron por primera vez este mismo año.

Antonio Muñoz Molina, escritor e intelectual destacado de la transición española sintetiza los cambios profundos de la transición y la democracia subsiguiente. "Cumplí dieciocho años en lo más sombrío de una dictadura que seguía torturando a sus presos y ejecutando a garrote vil a sus enemigos y que parecía que fuera durar para siempre, y cuando cumplí veintisiete mi país tenía una constitución democrática y un presidente socialista que sólo seis años antes había militado en la clandestinidad. La democracia en la que fueron creciendo mis hijos y en la que nadie recordaba ya el miedo a un golpe militar era mucho más imperfecta que cualquiera de los paraísos utópicos o totalitarios con los que muchos de nosotros soñábamos en nuestra primera juventud: pero era el régimen comparativamente más libre y más justo que había conocido nunca nuestro país" (2013:196).

La crisis más reciente nos sirve como advertencia, tenemos que ser ciudadanos responsables, apreciar y proteger la democracia, y en ningún momento olvidarnos de lo difícil que fue conseguirla.

BIBLIOGRAFÍA

KERTÉSZ, Imre, HAFNER, Zoltán, and WILKINSON, Tim (2013), *Dossier*, K. Brooklyn, Melville House

KONRÁD, György (2014), *Itt Európában*, Budapest, Európa Könyvkiadó

MUÑOZ MOLINA, Antonio (2013) *Todo lo que era sólido*, Barcelona. Biblioteca Breve

MUÑOZ MOLINA, Antonio "Autorretrato", asequible en: http://xn--antoniomuozmolina-nxb.es/biografia/, fecha de consulta: 11 de noviembre 2015.

CINE

¡ARRIBA HAZAÑA! LA TRANSICIÓN ESPAÑOLA CONTRA LA ENSEÑANZA FRANQUISTA

JUAN MANUEL ALONSO GUTIÉRREZ
Universidad de Barcelona

Resumen: Los cambios en la sociedad española durante la Transición tienen también su reflejo en la expresión artística. El cine, como poderosa herramienta ideológica, industrial y artística mostró también estos cambios. La película que tratamos es por tanto un auténtico documento de esta época de la historia de España. En ella encontramos al alumnado de un colegio de internos que se rebela contra las normas del sistema de estudios franquista. Esto nos lleva a la pregunta de si los alumnos pretenden cambiar todo el sistema educativo, es decir, la metodología de la enseñanza, la cual posteriormente ha sido objeto de profundas reformas en los países occidentales, con la implantación del constructivismo; o bien, solo existe una contestación contra la normativa de régimen interno y contra la actitud personal del profesorado.
Palabras clave: educación, cine, Transición

Abstract: Changes in Spanish society during the Transition are also reflected in the artistic expressions. The cinema as a powerful ideological, industrial and artistic tool also showed these transformations. Our film in question is therefore an authentic document of this era of the history of Spain. We get to know the students of a boarding school who rebel against the education system of the Francoist regime. This brings us to the question of whether the students want to change the entire education system, that is, the teaching methodology, which has since undergone extensive reforms in Western countries, with the implementation of constructivism; or, this is only a protest against the rules of the regime the attitude of the teaching staff.
Keywords: education, cinema, Transition

1. Introducción

Con motivo de la celebración del Congreso "Transiciones" que se celebra en Szeged, Hungría los días 19 y 20 de noviembre de 2015, he creído oportuno abordar el tema de los cambios educativos por varias razones. En primer lugar es un tema poco explotado por los diferentes estudios sociales e históricos, y en segundo lugar, por su enorme transcendencia en esos procesos de transformación y modernización de las sociedades modernas. La enseñanza y la metodología de la educación refleja también la ausencia o presencia de esas libertades que en toda transición de la Dictadura a la Democracia nos revela el fracaso o el éxito de la misma.

El cine, como exponente de la mentalidad de una sociedad, puede servirnos para pulsar los miedos, anhelos, frustraciones e ilusiones de la gente. El séptimo arte se configuró a principios del siglo pasado como un medio de comunicación de masas. De hecho, los fascismos intentaron controlarlo inmediatamente, convirtiéndolo en un instrumento propagandístico a su servicio. El lenguaje cinematográfico y las imágenes disponen de una fuerza ideológica e icónica de tal magnitud, que su influencia y su simbolismo pueden tener consecuencias parecidas a las que en el pasado pudo haber tenido la publicación de determinadas obras escritas, los discursos radiados, o simplemente un mitin político ante una multitud. En la España de 1977, justo en medio del proceso constituyente y de la transición, el estreno de esta película atrajo a un numeroso público, que tenía una opinión muy negativa sobre la educación nacionalcatólica y que esperaba con impaciencia los inevitables cambios que seguirían a la muerte del dictador Franco.

En el cine son varias las películas ambientadas en los centros educativos. Una de las primeras, centrada en la vida de los maestros sería *Adiós, Mr. Chips* (*Goodbye, Mr. Chips*, Sam Wood, 1939), que tuvo un *remake* posteriormente, que poco aportaba (Herbert Ross, 1969). Quizá la que mayor impacto tuvo fue *Rebelión en las aulas* (*To Sir, with Love*, James Clavell, 1967). Se trataba de un film donde se manifestaba cierta inoperancia de la enseñanza tradicional en un barrio de Londres multirracial y pluricultural. Pero el film sobre la educación que más influencia ha tenido en nuestra sociedad, y quizá complementario del anterior, ha sido *El club de los poetas muertos* (*Dead Poets Society*, Peter Weir, 1989). La propuesta de una enseñanza más motivadora, libre y creativa, que depende de los intereses de los propios alumnos y donde el profesor es guía y no autoridad crea un choque con los viejos esquemas de la educación tradicional, basada en la disciplina y en la transmisión de ciertos valores de orden, academicismo y distanciamiento de la figura del profesor. Un film español de interés, centrado en la escuela rural republicana, fue *La lengua de las mariposas* (Cuerda, 1999).

¡Arriba Hazaña! no llega a tanto. La película se centra más en el sistema organizativo que en la metodología educativa. Esta última ha sido objeto de grandes reformas en los principales países del mundo. La implantación del constructivismo de Piaget y Vigotsky, así como la aparición de conceptos como aprendizaje significativo, o el trabajo por proyectos ha cambiado profundamente el sistema de estudios. Ahora el profesor no es el centro de interés de la enseñanza, sino el alumno. De esta forma se pretende reducir el fracaso escolar y adecuar los conocimientos, llamados ahora competencias (BOE, 2006), a la vida real y laboral. Sin embargo, en la película, es posible apreciar un cambio en la figura del docente, mucho más dialogante e interesado en escuchar a sus alumnos y en democratizar las rígidas estructuras del funcionamiento interno del centro.

2. Argumento del film

Nos encontramos en un colegio interno dirigido por religiosos. A golpe de silbato los jóvenes hacen fila después del recreo, en el patio de un vetusto edificio. Todos son chicos adolescentes y cantan el himno de la institución. Uno de los curas, reconocibles por llevar la tradicional sotana, increpa a los que no cantan. Desde una ventana el director vigila.

El cura echa de clase a uno de los alumnos, después de sorprenderlo escribiendo algo que califica de "asqueroso y repugnante". Cuando el chico es llevado a dirección es sometido a un interrogatorio: "¿Qué profesión tiene su padre? ¿Van a misas sus padres? ¿De qué lado hizo la guerra su padre? ¿Cuántas veces comulga por semana?" El cura director le hace leer la carta de amor que el chico estaba escribiendo en clase, y empieza a hacerle preguntas libidinosas. Como el muchacho no responde lo encierra en un desván. Allí el alumno provoca un incendio para salir.

En el comedor el cura llama la atención a un alumno glotón. Después de la cena se reza y a continuación suben a una habitación comunal. Aparentemente todo funciona con orden y disciplina, pero los estudiantes, que son de diferentes edades, en ausencia de los curas, se comportan con rebeldía. Los chicos siempre intentan burlarse de los curas más bondadosos. En el patio los chicos rompen una ventana con el balón a propósito. Comienza a generarse un ambiente de rechazo hacia los religiosos. Algunos alumnos tergiversan las oraciones con procacidades.

Fernando Fernán Gómez, interpretando al hermano Ramón, el Prefecto, se encarga de los asuntos de orden y disciplina. Tiene como libro de cabecera una obra sobre la Legión, pues ha sido sargento de este cuerpo. En su celda, mantiene como mascota un pajarillo encerrado en una jaula.

Por la noche ocurren incidentes. Los alumnos se levantan y ponen cristales en la cama de uno de ellos. La reacción del hermano Ramón, como

Prefecto, es imponer el orden haciendo que toda una clase pase toda la noche estudiando en el aula. Cuando el cura se duerme los chicos se divierten haciendo volar aviones de papel y al despertar el hermano Ramón abofetea a uno de ellos.

El hermano Director (Héctor Alterio) quiere levantar el castigo, pero el Prefecto (Fernán Gómez) se niega. El Director hace una prueba psicológica para pulsar el estado de ánimo de los alumnos y los resultados son escandalosos. Como el castigo continúa, uno de los alumnos delata a otro. Pero el aludido se declara inocente y los curas no saben cómo resolver todos estos problemas de disciplina, acentuados por el cansancio. En la misa, los muchachos se duermen, aunque el Prefecto predica firmeza y mano dura. Finalmente los chicos realizan un grave acto de sacrilegio: matan al pájaro mascota del Prefecto y lo clavan en una pequeña cruz. Las medidas disciplinarias que los religiosos toman son ineficaces y no llevan a ningún sitio. Los castigos colectivos que tienen por objeto la delación entre compañeros provoca el rechazo de los alumnos. El Prefecto continúa con sus métodos a pesar de que el Director quiere tratar el asunto con más tacto. Hay una escapada y los alumnos comienzan a desobedecer abiertamente: escribir en la pizarra mensajes revolucionarios y tirar petardos en la clase, asustando a los religiosos e interrumpiendo los estudios. El director intenta reconducir la situación y aparta al Prefecto de sus funciones. Pero los actos sacrílegos o gamberradas continúan: los alumnos simulan que han derramado el vino de un cáliz y las hostias consagradas en una cama... pero en realidad son *Coca Cola* y círculos recortados de papel. El Director, consternado, se pregunta:

> "- ¿Pero qué pretende ese loco? ¿Qué quiere de nosotros? Nosotros que dedicamos el alma y la vida a la Enseñanza. Para que el día de mañana seáis hombres y caballeros cristianos, y sepáis servir a la Humanidad y la Patria. No merecemos esto. Los hombres... las instituciones, por ser humanas tienen sus deficiencias. Pero lo reconocemos y estamos dispuestos a dialogar."

Representantes de los estudiantes pidieron no asistir a misa, ni levantarse temprano en invierno. La situación no mejoraba y en la misa, alguien soltó una paloma al vuelo e inmediatamente fue abatida. El hermano Manuel, que había ocupado el puesto de Prefecto, registra las pertenencias de los chicos, mientras comenta que son todos hijos de papá. Encuentran revistas porno en las pertenencias de los muchachos. Algunos sacerdotes piden el traslado. Cuando los curas quieren reinstaurar la obligatoriedad de la misa, los alumnos se encierran en su cuarto y empiezan a lanzar mobiliario por la ventana. Se organizan pidiendo una serie de derechos y nombran delegados.

Los alumnos se radicalizan y piden ya libertad en todos los órdenes. Los religiosos han de llamar de nuevo al hermano Ramón, quien expulsa a los tres delegados, los cuales no eran los cabecillas. Cuando la madre de uno de ellos reconviene a su hijo para que pidan perdón, éste se niega y apostilla que expulsándolos no van a arreglar nada. Efectivamente, sigue habiendo disturbios, como rotura de cristales, tirar petardos en los baños y hacer pintadas en las paredes de la clase. Los estudiantes escriben en la pizarra frases de llamadas a la rebelión y represalian a los colaboradores de los profesores.

Llega un nuevo Director, joven, con alzacuellos y sotana. Les explica que habrá algunos cambios: la misa será voluntaria. Ahora habrá delegados en cada curso y sección. Se readmite a los expulsados. Se realiza campaña electoral, y los alumnos se muestran muy contentos. Los delegados proponen una serie de cuestiones que son resueltas razonablemente por el nuevo Director. Tendrán permisos de fin de semana, sala de juegos, horarios más flexibles y podrán ver el telediario. Podrán fumar los de sexto y los de PREU[1]. Las concesiones revelan el aislamiento de ciertos cabecillas radicales. El hermano Julio es nombrado nuevo Prefecto.

3. Análisis fílmico

¡Arriba Hazaña! está basada en la novela *El infierno y la brisa*, de José María Vaz de Soto, una obra intimista protagonizada por un estudiante, Lamberto, que estudia en un colegio de frailes. Al igual que otras novelas de adolescentes internos en colegios de férrea disciplina, como sería el caso de *La ciudad y los perros*, de Mario Vargas Llosa, la sexualidad y la represión ocupan un papel central dentro de la construcción de la identidad personal de los muchachos. Aunque la obra se publicó en 1971, no tuvo grandes problemas con la censura, y seis años después fue llevada a la pantalla, aunque con otro nombre. Durante los años setenta se había realizado una transformación: las insinuantes comedias verdes del franquismo se habían convertido en cine de destape, ya más explícito. También las películas con alguna tímida crítica social desaparecieron, para dar paso a otras decididamente revanchistas. La presencia de la censura, desaparecida oficialmente en 1978, permitía ahora una libertad que era impensable en tiempos de Franco. Estos aires nuevos posibilitaron, en plena transición, la ficticia historia de una rebelión de estudiantes en un colegio religioso, la cual tenía evidentes semejanzas con los tiempos que se estaban viviendo en España, aunque la exageración de algunos episodios que ocurren en el colegio puede resultar tendenciosa, si no claramente revanchista (Caparrós, 1992).

---

[1] Curso preuniversitario. Equivalente al actual Segundo de Bachillerato.

La obra cinematográfica se puede dividir en dos partes: en la primera los estudiantes expresan su rechazo a la disciplina del colegio, simbolizada por el hermano Ramón (Fernán Gómez). El hermano Director (Alterio) intenta realizar algunos pequeños cambios, pero no obtienen resultado, ni siquiera tomando medidas disciplinarias, como expulsiones de los cabecillas. En la segunda parte aparece un nuevo Director (José Sacristán), que acepta gran parte de las propuestas de los alumnos. Esta última parte es relativamente pequeña (trece minutos), y casi parece rodada apresuradamente.

El film tendría su influencia en otras películas posteriores. En *La quinta del porro* (Francesc Bellmunt, 1980), el encierro de los reclutas en un vagón de tren y sus reivindicaciones tiene un parecido indudable con el que hacen los estudiantes en un aula. La tradición de encierros reivindicativos tenía también su conexión con la cultura de protesta propia de la cultura de la Europa Occidental.

La cinta tiene un indudable éxito al plantear un régimen ordenancista y represor muy estricto. El colegio somete a vigilancia todos los actos de los alumnos, hasta los más íntimos y personales. Bajo el lema de las tres s (sanos, santos y sabios), los religiosos practican el intervencionismo en la vida privada de los estudiantes, como realizar registros, confiscar cartas personales y realizar preguntas sobre su sexualidad. En este sentido, actúan como una metáfora del régimen franquista, que limitaba todas las libertades individuales, como el derecho de reunión, el derecho de huelga o la libertad de expresión.

Desde el punto de vista académico y de la docencia, las escenas de clase nos muestran una escuela franquista sin ambages: doctrinaria, tendenciosa, manipulativa y sin ningún tipo de rigor.

En clase, uno de los curas profesores regaña a los alumnos porque ha encontrado un libro de Manuel Azaña, *El jardín de los frailes*. Les pregunta por el autor, y uno de los niños responde que si se escribe con hache o sin hache. Otro de los alumnos dice que fue un político. El cura completa: "Un político, sí... pudiera ser... ¿pero qué clase de político? Yo se lo voy a decir: un político ateo. Un ateo masón y anticlerical, cuya principal obsesión fue perseguir a la Iglesia y a los hermanos". La clase tiene pupitres dobles. Hay un perchero de madera en la pared del fondo y el maestro habla desde una tarima. Hay dos mapas, una pizarra de madera. Encima de esta última, hay colgado de la pared un crucifijo. Esta escena nos recuerda numerosos pasajes del famoso libro *El florido pensil* (Sopeña, 1997), que trata sobre los recuerdos de infancia del autor, cuando estudiaba en los años 50 en la escuela franquista.

Desde principios del siglo pasado diversos educadores, como María Montessori, así como teóricos de la educación, como Vigotsky y Piaget, pusieron la psicología al servicio de la enseñanza, en lo que posteriormente se llamó el constructivismo. Esta teoría educativa moderna plantea cambios en el método de enseñanza. A partir de ahora el profesor tendrá en cuenta los gustos e intereses de sus alumnos, y actuará como un guía, cuya labor será que los alumnos aprendan sobre una base más sólida y teniendo en cuenta los conocimientos ya adquiridos. A partir de esas habilidades y saberes se construirá un andamiaje que resultará de un proceso de enseñanza-aprendizaje significativo, que tiene contacto con la realidad del mundo y del alumno. Para ello el profesor propondrá métodos de enseñanza basadas en la experimentación y la investigación. Hay que decir que esto no era nuevo en España. Durante la Segunda República existieron varios proyectos así: la escuela moderna y la escuela nueva. Además, se constituyeron la Institución Libre de Enseñanza y la Junta de Ampliación de Estudios. Pero todo esto fue barrido por el franquismo y su victoria militar.

El franquismo, como régimen autoritario se plasma en el intento de identificar a los culpables de una gamberrada, por medio de un castigo colectivo, lo que crea un conflicto entre el Director y el Prefecto, reformista el uno e inmovilista el otro:

> "(hermano Ramón): - Prefiero que pague algún inocente a que el culpable quede sin ningún castigo.
> (hermano Director): - Usted nunca creyó en la psicología. ¿No es verdad hermano? (hermano Ramón, impertérrito):
> (hermano Ramón) - Yo sigo creyendo en la disciplina y el principio de autoridad."

Al hermano Ramón no le importa que a veces puedan pagar justos por pecadores, porque todos somos pecadores, como llega a decir en la película. Algo desde mi punto de vista bastante discutible, pues esta especie de silogismo desvirtúa la esencia del principio de justicia de cualquier sistema político.

Cuando los alumnos se rebelan, también hay indudables conexiones con la situación política del momento, como los mensajes revolucionarios que escriben en las paredes y en la pizarra: "Primera Jornada Revolucionaria. Solidaridad Compañeros"; "Esto es una humillación. Compañeros: No a la opresión de los tiranos"; frases que en nada se diferencian de las pintadas que se podían encontrar en las calles de las ciudades de España por la época del rodaje de la película.

El reformismo franquista está perfectamente representado por la figura del hermano Director (Alterio), quién intenta infructuosamente reconducir la situación, pero sin ningún éxito, representando quizás al político Carlos Arias Navarro, Presidente del Gobierno entre 1974 y 1976.

La impotencia de los gestos de acercamiento a los rebeldes se manifiesta en frases como: "No vayan a pensar ni por un instante que si se emprenden algunas reformas tiene algo que ver con los que han hecho del terrorismo su divisa". Esta frase altisonante difícilmente se ajusta a la realidad de la escuela, donde sólo ocurren gamberradas. Parece que los guionistas estaban pensando en el fenómeno terrorista, que tuvo un importante papel coercitivo sobre los gobernantes durante la transición hacia la democracia.

El fracaso de las medidas represivas se evidencia en la película cuando la madre de uno de los expulsados obliga a su hijo a que pida perdón y éste se niega, y explica diciendo: "Expulsándonos no va a arreglar nada. Tendría que expulsar al colegio entero". La cámara se posa en la cara consternada de la madre del alumno que está mirando a su hijo y lentamente, la mujer, gira los ojos hacia el Director como tomando consciencia de la magnitud del problema.

José Sacristán en su papel de nuevo Director dialogante
(Filmoteca de Catalunya)

Los últimos quince minutos de películas están protagonizados por el nuevo hermano Director (José Sacristán), un cura joven y dialogante, que ofrece a los alumnos casi todo lo que habían pedido, pero quedándose aislados unos, o no volviendo otros de los que encabezaron la revuelta. Hay autores que han creído que esta figura es un trasunto del Presidente Adolfo Suárez (Martínez y Sánchez, 2014). Y francamente, el parecido es evidente, especialmente en la actitud y en los gestos.

Un asunto que pasó completamente desapercibido y que hoy nos podría parecer lamentable, son las represalias a los colaboracionistas, que en nuestros tiempos sería calificado como *bullying* o acoso escolar. Son escarmientos que los rebeldes realizan sobre otros alumnos: los que pasan información a la dirección, en particular los becarios, y aquellos que se encuentran en situación de mayor indefensión ante la autoridad del colegio. En el film tiene un tratamiento humorístico, que hoy nos resultaría inaceptable. Este hecho debe de conectarse con los comentarios que hacen algunos de los curas, quienes afirman que sus alumnos son "hijos de papá", es decir, pertenecientes a familias pudientes. Este sería también un rasgo de la transición española, la participación en la misma de gran parte de la burguesía y de la clase acomodada, lo que demostraba la descomposición del franquismo.

Otro aspecto que aparece en la película, y también en la novela, es la insinuación de pederastia. El hermano Director tiene una fijación que podría pasar por inquietante con el alumno Lamberto. Hay que felicitar la valentía del autor de la novela, quien reconoce este hecho en una entrevista posterior (Vaz de Soto, 2014). La adaptación cinematográfica recogió este tema. No así la perspectiva general literaria que estaban focalizada en un protagonista, Lamberto, y que en el film es un actor más de los acontecimientos, integrándose en un planteamiento coral, muy propio de la Transición.

Como conclusión del análisis fílmico se debe señalar que esta película demuestra que la necesidad de cambios estaba muy presente en la sociedad española del tardofranquismo y de la transición. Esos pequeños cambios pretendían cuestionar el modelo organizativo y de participación. La transición consistiría en una transformación de la actitud del Poder hacia los ciudadanos, pero de manera superficial, sin cuestionar el modelo productivo. Por el camino quedaron pendientes bastantes ideas y propuestas que impiden hablar de una ruptura con el régimen anterior. Se impuso el olvido de los crímenes del franquismo. El sacrificio y las penalidades de las víctimas de la represión no recibió justicia y se pasó por alto las arbitrariedades de los verdugos. De la misma forma, en las aulas es cierto que la Ley General de Enseñanza de 1971, que dio a luz a la EGB[2], fue un gran paso. Pero habría que esperar la llegada de LOGSE[3] (introducción de la obligatoriedad de la enseñanza hasta los dieciséis años) y la LOE[4] (aparición del concepto de competencias como objetivo) para contemplar cambios profundos en la metodología de la enseñanza, que seguía impartiéndose de la misma forma que hacía cien años.

---

[2] Enseñanza General Básica. La etapa de enseñanza primaria obligatoria desde los 6 a los 14 años.
[3] Ley Orgánica General del Sistema Educativo, de 3 de octubre de 1990.
[4] Ley Orgánica de Educación, de 6 de diciembre de 2006.

BIBLIOGRAFÍA

BOE (2006), "Ley Orgánica de Educación de 3 de mayo, de Educación", *Boletín Oficial del Estado*, 106, de 4 de mayo de 2006.

CAPARRÓS LERA, José María (1992), *El cine español de la democracia. De la muerte de Franco al "cambio socialista" (1975-1989)*, Barcelona, Anthropos.

Filmoteca de Catalunya (s.f.). *Página web de la Filmoteca de Catalunya*, asequible en: http://www.filmoteca.cat/web/programacio/cicles/educar-i-aprendre/arriba-hazana-amb-presentacio-a-carrec-de-pere-joan-pere-joan, fecha de consulta: 4 de junio de 2015.

MARTÍNEZ PEÑA, Carlos – Sánchez Ferrer, Guillem (2014), *Blog Kunsteros*, asequible en: https://neokunst.wordpress.com/2014/12/16/arriba-hazana-1978/, fecha de consulta: 30 de mayo de 2015.

SOPEÑA MONSALVE, Andrés (1997), *El florido pensil. Memoria de la escuela nacionalcatólica*, Múltiples impresiones: 1994, 1995 y 1997, Barcelona, Crítica.

VAZ DE SOTO, José María (2014). "El infierno y la brisa". Un pequeño "ajuste de cuentas" de Vaz de Soto", *El Ideal*, 22 de octubre de 2014, asequible en: http://www.ideal.es/agencias/20100617/mas-actualidad/cultura/el-infierno-brisa-pequeno-ajuste_201006171610.html, fecha de consulta: 31 de mayo de 2015.

Ficha técnico-artística

Título Original: *Arriba Hazaña*. Producción: Sabre Films (España, 1977). Productor: José Sámano. Director: José María Gutiérrez Santos. Argumento: basado en la novela *El infierno y la brisa*, de José María Vaz de Soto. Guión: José María Gutiérrez y José Sámano. Fotografía: Magí Torruella. Música: Luis Eduardo Aute. Decorados: Rafael Palmero. Montaje: María Rosa Salgado. Intérpretes: Fernando Fernán Gómez, Héctor Alterio, Enrique San Franscisco, José Sacristán, Gabriel Llopart, José Luis Pérez, Carlos Coque, José Cerro, Ramón Reparaz, Luis Ciges, José Franco, Manuel Guitián, Ángel Álvarez, Antonio Orengo, Iñaki Miramón, Emilio Siegrist. Color - 93 minutos. Estreno: 1-6-1978. Días: 7.078. Espectadores: 1.236.071. Recaudación: 847.822,14 €.

UN REFLEJO CINEMATOGRÁFICO ESPAÑOL SOBRE LA TRANSICIÓN RUMANA. CARLOS IGLESIAS: "1 EURO, 3.6 LEI"

CARMEN BURCEA
Universidad de Bucarest

Resumen: Después de levantarse el Telón de Acero, Rumanía ha conocido un período de cambio. Los 25 años de transición han estado "bajo el signo de las dos heridas que han afligido a la sociedad rumana por al menos tres cientos años: soborno y favor" (Constantiniu, 1997:543). Aun así, un síntoma que muestra la ruptura irreversible del pasado totalitario consta en la libertad de circulación. Precisamente la libre circulación ha forjado el fenómeno de la emigración como una expresión más de la transición rumana. En este cuarto de siglo cerca de 3 millones de rumanos han emigrado y España ha sido uno de los destinos predilectos. En el documental *1 euro, 3.6 lei* (2008), el director de cine español Carlos Iglesias trató diferentes matices de este fenómeno. La estrategia discursiva que aquí se emplea es la intertextualidad con otra película del mismo director de cine: *1 Franco, 14 pesetas* (2006). Carlos Iglesias plantea la comprensión del fenómeno a través del espejo: España 1960 – Rumanía 2008. Por consiguiente, a partir de este documental, mi comunicación se propone presentar un reflejo cinematográfico español sobre la transición rumana.
Palabras clave: transición rumana, emigración, cine, documental, Carlos Iglesias

Abstract: After the Iron Curtain upraised, Romania has experienced a period of transformation. The 25 years of transition remained "under the sign of the two wounds befallen into the Romanian society for at least three hundred years: tip and favour" (Constantiniu, 1997:543). However, one of the clues indicating the irreversible separation of the totalitarian past consist on the freedom of movement. Precisely the freedom of movement generated the immigration phenomena as a consequence of the transition. During this quarter of century, almost 3 million Romanians emigrated and

Spain was one of the favourite destinations. In the documentary *1 euro, 3.6 lei* (2008), the Spanish film director Carlos Iglesias has focused on different nuances of this phenomenon. The discursive strategy used here is the intertextuality with another film of the same film director: *1 Franco, 14 pesetas* (2006). Carlos Iglesias proposes the understanding of the phenomenon through the mirror: Spain 1960 – Romania 2008. Therefore, relying on this documentary my paper aims to present a Spanish film reflection on the Romanian transition.

Keywords: Romanian transition, migration, cine, documentary, Carlos Iglesias

1. Marco histórico

Es consabido que el concepto de la "transición" indica el paso de un régimen autoritario/totalitario a otro que pretende transformarse en democrático. En el continente europeo de la postguerra, dos "olas de democratización" indujeron el recorrido de tal intersticio: en la década de los setenta en la Europa meridional, y en la década de los noventa en la Europa oriental. Aunque no hay un modelo único de transición, los estudiosos del fenómeno (Linz, 1990; Huntington, 1991; Shmitter, 1994) han señalado algunos elementos clave del proceso: pluralismo político, elecciones libres y competitivas, economía de mercado, derechos civiles, sociedad civil activa etc. Asimismo, variables como la herencia del pasado o el papel desempeñado por ciertos *outsiders* actúan como un catalizador en grado de ralentizar o acelerar el proceso. En el caso de la transición de los ex estados comunistas, por ejemplo, la Unión Europea ha ejercido una forma de *soft power*.

El *annus mirabilis* 1989 dio inicio a la transición en la Europa oriental. Sin embargo, el fenómeno de la transición siguió caminos y ritmos diferentes (Stepan, 1986). Antes que nada, en Rumanía la ruptura con el pasado se produjo a través de la violencia, mientras que en los demás estados se produjo pacíficamente o a través de una "revolución de terciopelo" (Checoslovaquia). Aún más traumático resulta el hecho de que a pesar de los 25 años que nos separan de la caída oficial del comunismo, los eventos del diciembre '89 siguen siendo "un dilema historiográfico" (Constantiniu, 1997:541-542), lo que incidió negativamente sobre la cohesión social. Tampoco la evolución ulterior fue uniforme. Mientras que los países del grupo Visegrád (1991: Hungría, Polonia, la República Checoslovaquia) adoptaron la terapia del choque, Rumanía optó por la terapia gradual.

"Purgatorio", túnel, "sendero resbaladizo" son solo algunas de las metáforas de la transición rumana. Por lo que concierne a su duración, en una entrevista publicada en *Le Figaro* en enero de 1990, el politólogo Silviu Brucan estimó que "para asimilar la democracia, los rumanos necesitarían unos 20 años". Ulteriormente, tal predicción le pareció demasiado optimista. Y así fue ya que hoy en día Rumanía no es una democracia consolidada. Además, la dirección de la transición rumana fue "desde el exterior hacia el interior" (Pasti, 1995). Tortuosa y vacilante, desplegada en un contexto a veces tenso y a veces confuso, marcado por sincopas y treguas, la transición registró resultados lentos y parciales.

Ideológicamente, la transición supone el paso del comunismo a la democracia. Sin embargo, la democracia rumana fue "original" – según la célebre aserción del presidente I. Iliescu (1992-1996). Luego, el tan deseado "cambio" del 1996 chocó con una especie de Goliat sin cara, omnipresente y omnisciente – según el presidente E. Constantinescu (1996-2000), que al final de su mandato, se dio por vencido frente al sistema redivivo o nunca suprimido. Después del año 2000, la democracia rumana fue de color naranja, el color del partido gobernante Demócrata-Liberal. Las etiquetas del régimen político vigente en Rumanía han variado durante este lapso temporal de neo/cripto comunismo a semi/pseudo democracia.

Económicamente, la transición supone el paso de la economía planificada al capitalismo. Sin embargo, el capitalismo rumano se convirtió en una "economía depredadora" (Pasti, 1995), y la privatización – bajo el signo de la corrupción – consistió sea en la decadencia, sea en el traspaso de los recursos del estado en propiedad de los nuevos capitalistas, reclutados a menudo entre los ex activistas del partido o miembros de la "Securitate" (véase en este sentido el documental realizado por Alexandru Solomon, *Capitalismo. Nuestra receta secreta*, 2010).

La transformación del país fue una promesa cíclica, de cada alternancia en el poder. Sin embargo faltó una estrategia y sobre todo la continuidad. El principal proyecto rumano durante la transición fue la adhesión a la Unión Europea. Las negociaciones de pre-adhesión (1999) favorecieron las reformas políticas y económicas bajo el monitoreo de Bruselas (Murgescu, 2010), pero no el éxito. El mimetismo formal no fue suficiente y aun después del 2007, la transición estaba lejos de haberse concluido.

En este telón de fondo, a pesar de los tan declamados sintagmas "consenso nacional" y "sinergia de las acciones", la sociedad rumana se ha antagonizado, se ha dispersado y ha pasado durante estos 25 años de euforia a hartazgo. Una válvula del estado de anomia y de las múltiples tensiones fue la migración. El éxodo de los rumanos surge por lo tanto como una consecuencia más de la inacabada transición. Desde este punto de vista, la comparación con la transición española resulta relevante en sentido inverso, ya que en la España post franquista se dio el paso de la emigración (más de 1 millón de españoles emigraron a Centroeuropa entre 1960-1973) a la acogida.

Con la apertura de las fronteras, aproximadamente tres millones de rumanos emigraron durante este cuarto de siglo marcado por la inestabilidad política, la recesión, el paro, las desavenencias sociales, los retrasos. Las estadísticas destacan tres oleadas migratorias: 1990-1995, principalmente por razones étnicas hacia Israel, Hungría, Alemania, pero también por razones políticas (pienso por supuesto en los eventos de junio de 1990, conocidos como *Mineriada*); 1996-2001 – prevalentemente por razones económicas hacia Canadá, Italia, España; 2002-2008 – período en que la migración se convirtió en un fenómeno de masas (Marcu, 2009; Marcu, 2010). Después del ingreso en la Unión Europea (2007) se registró un incremento espectacular de los inmigrantes rumanos en España (728.967 residentes) y en Italia (1.016.000), desempeñando el factor lingüístico y cultural un papel fundamental en la elección del país de destino.

2. La representación de la historia en el cine

Según el Instituto Nacional de Estadística en 2012 residía en España un total de casi 6 millones de extranjeros registrados (Instituto Nacional de Estadística, 15-11-2015) y entre ellos destaca el número de los rumanos. De esta forma, la figura del inmigrante rumano llega a acaparar un protagonismo, prevalentemente negativo, en los medios de comunicación. El mismo director de cine Carlos Iglesias lo nota en una entrevista: "El pueblo rumano está especialmente denostado por los medios de comunicación españoles. La verdad es que ocurren dos cosas con los rumanos: los que los conocen sólo por los medios, hablan fatal de ellos; y los que los conocen en persona, hablan maravillas de ellos, que son muy buenos trabajadores, que se adaptan muy bien, que aprenden el idioma rápidamente (…)" (LebrijaDigital, 01-11-2015).

En la época del *homo videns* – el sintagma del politólogo italiano Giovanni Sartori (Sartori, 1998) – en el que prevalece la cultura audio-visual, el cine, como fiel espejo de la realidad no podía quedar fuera de este escenario. Analizadas puntualmente, las películas se convierten en fuente histórica no convencional y válido instrumento de investigación según el método inaugurado por el historiador francés Marc Ferro. Películas rumanas, italianas, españolas[1] lo atestiguan y se convierten en documentos de celuloide. Y aunque a menudo a este tipo de documentos se le recusa tal

---

[1] *Occident* (Cristian Mungiu, 2002), *Italiencele* (Napoleon Helmis, 2004); *Cover Boy* (Carmine Amoroso, 2006), *Il resto della notte* (Francesco Munzi, 2008), *Mar Nero* (Federico Bondi, 2008), Pa-Ra-Da (Marco Pontecorvo, 2008); *El sudor de los ruiseñores (Juan Manuel Cotelo, 1998), Un franco, 14 pesetas* (Carlos Iglesias, 2005), etc.

estatuto, la tesis de Michel Foucault demuestra cabalmente que todo documento es un monumento que lleva impresa en su textura una cierta dosis de subjetivismo, debida a la memoria afectiva y selectiva, a la proximidad al poder etc. (Foucault, 1969).

Ahora bien, en su documental, el director de cine español Carlos Iglesias propone una lectura empática del fenómeno y confiesa: "Me aterra que lo reduzcamos todo a números, que las historias y anhelos que encierra cada vida se pierdan en una fría estadística, cuando lo realmente importante es la humanidad" (El norte de Castilla, 01-11-2015). Su documental sobre la figura del inmigrante rumano logra una feliz síntesis entre *logos, ethos y pathos*; entre estadística, credibilidad y emociones. El gran mérito de su trabajo consta – según Valerio Lazarov – en que "permite, a través del poder de las imágenes, unir sensibilidades y despertar sentimientos, ideas y emociones que son comunes" (Europa Press, 01-11-2015). Efectivamente, *1 euro, 3.6 lei* ilustra las historias que hay detrás de la estadística y deja vislumbrar varios aspectos del fenómeno de la inmigración: sociales (marginación, reconstrucción identitaria, integración), económicos (paro, condiciones precarias), culturales (alteridad, estereotipos, interculturalidad), psicológicos (familia, infancia, alienación).

Rodado entre Madrid y Bucarest, el documental de Carlos Iglesias surgió en el año 2008 de la campaña del gobierno rumano desarrollada en España – con el lema "Hola, soy rumano" – para promover la imagen positiva de sus ciudadanos (WallStreet.ro, 01-11-2015). La única condición por parte del director de cine español fue la de contar la historia a su modo.

Carlos Iglesias no ha manifestado algún titubeo a la hora de advertir sobre la corta memoria de los españoles. Tampoco ha manifestado alguna vacilación en aseverar su enfoque subjetivo. Sin disfraces o ambigüedades, su cortometraje pone en tela de juicio conceptos como la alteridad y el etnocentrismo. Su patente estrategia consta en intercalar fragmentos de la película *1 Franco, 14 pesetas* – su primer largometraje como director de cine, del 2006, que le valió una nominación al Premio Goya – dentro del documental *1 euro, 3.6 lei*.

El título, el argumento, la perspectiva permiten considerar las dos obras como un binomio. El título – que remite al cambio monetario entre el franco suizo y la peseta española, respectivamente entre la moneda euro y el leu rumano – encierra una alusión al dictador Francisco Franco, respectivamente a la Unión Europea. O, dicho de otra forma remite a un cambio debido a la dictadura, respectivamente a la apertura que se produce con la caída del telón de acero.

1 Franco, 14 pesetas es una comedia agridulce dedicada a la memoria del pasado y al mismo tiempo un relato autobiográfico sobre su experiencia como emigrante en Suiza, en la localidad de Uzwil (cantón San Gall)[2]. A través de una mirada en el espejo, o meramente de una mirada hacia atrás, Carlos Iglesias proyecta un retrato diferente de la inmigración rumana en España, y el recurso básico de su enfoque es la comparación.

"Somos muchos los gilipollas a los que nos ha pasado lo mismo" – confiesa Carlos Iglesias (Tiempo de hoy, 01-11-2015), que con la película *1 Franco, 14 pesetas* cuenta precisamente la historia de miles de españoles en la búsqueda de una nueva vida, alejados de la España franquista, afligidos por la dictadura y la pobreza. Ni el argumento ni la fecha de su película son fortuitos, y el director de cine explica el porqué: "España se llenaba de inmigrantes y me chocó mucho el trato que les dábamos... Creí entonces que era el momento de contar mi propia historia de emigrante y la de mis padres" (SwissInfo, 1-11-2015). Con el documental *1 euro, 3.6 lei* Carlos Iglesias vuelve sobre el argumento de la migración/inmigración "porque – según su expresión – es muy higiénico e importante recordar" (LebrijaDigital, 01-11-2015).

La contextura del documental es muy austera. Prácticamente, deja que los protagonistas relaten sus trayectos personales, sus angustias e ilusiones, sus esfuerzos por integrarse y reinventarse. Por medio de las entrevistas-confesión y por medio de la intertextualidad, se sobreponen a las cifras historias reales (Adevărul, 01-11-2015).

La identificación con la España emigrante de los años '60 emerge ostensiblemente a través de un montaje paralelo en el que las citas de la película de ficción resaltan las analogías entre las historias migrantes de los rumanos hacia la España contemporánea y de los españoles hacia el Centroeuropa en los años '60 del siglo pasado.

"Los rumanos de ahora y los españoles de entonces parten en busca de lo mismo: de un bienestar que se les niega" – declara Carlos Iglesias. Se ilustra este pensamiento a través del enlace análogo de escenas e ideas entre el largo y el cortometraje, de la mezcla entre el relato de los migrantes rumanos sobrepuesto a escenas sobre los precarios españoles de antaño. El docudrama de composición híbrida luce por ende un valor documental y artístico a la par. Despliega además cuatro modalidades de percepción: cómo se perciben los rumanos entre ellos; cómo perciben los españoles a los rumanos; como perciben los rumanos a los españoles; cómo perciben los españoles recién llegados a Rumanía a los ciudadanos de este país.

La estructura del documental es cíclica, siguiendo el trayecto migrante del destierro a la vuelta. El íncipit consta en una secuencia de la despedida, en la estación de tren, "España 1960", y la réplica del padre de Martin, el protagonista: "Si las cosas se ponen feas, te vuelves...". En la secuencia

---

[2] La nostalgia de su infancia pasada en Suiza le ha llevado a rodar varias películas en suelo helvético: *1 Franco, 14 pesetas* (2006), *Ispansi* (2010), *2 francos, 40 pesetas* (2014).

final aparece la figura del protagonista, ya regresado a Madrid. Entre los dos hitos — emigración/repatriación — se suceden diez secuencias clave que recrean el hilo narrativo y siguen los tópicos de cualquier historia sobre la migración: 1) La despedida y sus consecuencias a nivel psicológico; 2) Las causas, prevalentemente económicas, de la emigración; 3) La elección del país de destino; 4) El paso de la frontera; 5) El primer impacto; 6) La integración y sus inherentes obstáculos; 7) La percepción negativa sobre los migrantes; 8) El proceso de la adaptación; 9) La vuelta al país de origen; 10) La llegada del otro y su percepción.

3. Epílogo

Epilogando el ideario y la simbología del docudrama se podría decir que la estación y la maleta son marcos distintivos del migrante genérico de cualquier origen o período; que la ilusión de tener un hogar y de preservar los vínculos familiares son comunes a todos ellos, hombres y mujeres dispuestos a coger el camino del extranjero, a encauzar la vía del destierro a fin de forjarse un futuro lejos de un país fracasado; que la frontera concreta (que hasta 2007 suponía el visado turístico) para acceder a otro país se ve doblada por la frontera comunicativa que supone asimilar otro idioma como condición para poder vivir otra vida (3:17); que ciertos alimentos "totémicos" (Roland Barthes) funcionan como símbolo de la identidad — el chorizo para los españoles y la panceta ahumada para los rumanos.

Después del cambio de escenario — que implica añoranza de lo que se ha dejado atrás (a los rumanos el paisaje de España les parece seco como un desierto) y nostalgia (al pasar la Navidad lejos del propio hogar, por ejemplo) — empieza el largo y difícil camino de la inserción en el mundo laboral y social (en construcciones o fábricas, como peones o enfermeras) al principio con el diccionario en la mano como los españoles una vez (11:20). Tampoco la acogida les resulta fácil, ya que la prensa distorsiona la imagen colectiva del migrante: "uno que mata, uno que roba, es lo que sale en la prensa española" — anota un migrante rumano. Además de la confusión entre rumanos e gitanos (que recuerda algo de las discrepancias entre catalanes y madrileños — 14:57); además de la poca unidad que hay entre los migrantes rumanos más allá del recinto de la iglesia. Sin embargo Carlos Iglesias muestra, con una cita de la película de ficción, en la que un migrante español roba en un supermercado suizo (16:45), que los españoles "tampoco éramos perfectos" (Adevărul, 01-11-2015).

A pesar de la percepción negativa colectiva que los envuelve, los migrantes rumanos logran integrarse en la comunidad de acogida, trabajan y hablan con soltura otro idioma, como atestiguan los españoles de Coslada por ejemplo.

En fin, "cada inmigrante, en cualquier tiempo, siempre está soñando con volver a su tierra" – sentencia uno de los migrantes entrevistados. Sin embargo, la mayoría de los rumanos no piensa en volver (aunque muchos se plantearon la idea de la vuelta con la crisis desencadenada en 2008). Además, los hijos nacidos y educados en el país de acogida complican la vuelta. Para ellos, la verdadera tragedia es la vuelta. Carlos Iglesias describe este sentimiento desde su perspectiva: "Cuando vuelves a tu patria sientes una nostalgia enorme de lo que has dejado" (SwissInfo, 01-11-2015). Y confiesa además: "Los que nos fuimos al extranjero siendo críos nos sentimos profundamente avergonzados del país que teníamos cuando regresamos" (LebrijaDigital, 01-11-2015).

Para concluir, la ida y la vuelta non son zarandeos bohemios de unos errantes con brillo cosmopolita o espíritu aventurero, sino la última salida frente al desencanto de la transición, a la desesperación causada por un poder político opaco y corrupto que socava la auténtica renovación, haciendo perdurar la anormalidad, dilatando *sine die* la transición.

BIBLIOGRAFÍA

"Avance de la Explotación estadística del Padrón a 1 de enero de 2012", Instituto Nacional de Estadística, asequible en: http://www.ine.es/prensa/np710.pdf, fecha de consulta: 15 de noviembre de 2015.

CONSTANTINIU, Florin (1997), *O istorie sinceră a poporului român*, București, Editura Univers Enciclopedic.

DÍAZ, Antonio, "Carlos Iglesias", asequible en: http://www.tiempodehoy.com/entrevistas/carlos-iglesias2, 19/03/2014, fecha de consulta: 1 de noviembre de 2015.

"Entrevista con Carlos Iglesias director de cine y actor", asequible en: http://www.lebrijadigital.com/web/secciones/32-cine6/1513-entrevista-con-carlos-iglesias-director-de-cine-y-actor, fecha de consulta: 1 de noviembre de 2015.

"Entrevista de Miguel Lorenci", asequible en: http://www.elnortedecastilla.es/20081023/vida/carlos-iglesias-retrata-inmigracion-20081023.html, fecha de consulta: 1 de noviembre de 2015.

"Entrevista al crítico de film Alex. Leo Șerban", asequible en: http://adevarul.ro/international/europa/un-euro-35-lei-film-emotionant-despre-imigrantii-romani-1_50acb49f7c42d5a663889626/index.html., fecha de consulta: 1 de noviembre de 2015.

"Entrevista al director de cine Carlos Iglesias", asequible en: http://adevarul.ro/international/europa/un-euro-35-lei-film-emotionant-despre-imigrantii-romani-1_50acb49f7c42d5a663889626/index.html., fecha de consulta: 1 de noviembre de 2015.

HUNTINGTON, Samuel P. (1991), *The Third Wave: Democratization in the Late Twentieth Century*, Norman, University of Oklahoma Press.

LINZ, Juan – STEPAN, Alfred (1996), *Problems of Democratic Transition and Consolidation: Southern Europe, South America, and Post-communist Europe*, Baltimore, Johns Hopkins University Press.

FOUCAULT, Michel (1969), *La arqueología del saber*, Madrid, Siglo XXI.

Fragmento de la entrevista al productor y realizador de televisión rumano Valerio Lazarov, asequible en: http://www.europapress.es/cultura/noticia-carlos-iglesias-cierra-circulo-franco-14-pesetas-documental-inmigracion-rumana-espana-20081022210927.html, fecha de consulta: 1 de noviembre de 2015.

LINZ, Juan J. (1990), "Transiciones a la democracia", *Revista Española de Investigaciones Sociológicas*, 51, julio-septiembre, Madrid, 9-33.

MARCU, Silvia (2009), "Del Este al Oeste. La migración de rumanos en la Unión Europea: evolución y características", *Migraciones internacionales*, 5/1, 155-191.

MARCU, Silvia (2010), "Fronteras de cristal de la inmigración. Visión de los inmigrantes del Este Europeo en España", *Arbor. Revista de Ciencia, Pensamiento y Cultura*, 744. 721-736.

MURGESCU, Bogdan (2010), *România și Europa. Acumularea decalajelor economice (1500-2010)*, Polirom.

PASTI, Vladimir (1995), *România în tranziție. Căderea în viitor*, București. Nemira.

RUSTOW, Dankwart A. (1970), "Transitions to Democracy", *Comparative Politics*, New York, 2/3, 337-363.

"Saatchi & Saatchi spune 'Hola, soy Rumano' pentru 3,5 mil. euro", asequible en: http://www.wall-street.ro/articol/Marketing PR/48638/Saatchi-Saatchi-spune-Hola-soy-Rumano-pentru-3-5-mil-euro.html, según Radu Florescu, CEO Saatchi & Saatchi, la campaña con un presupuesto de 3,5 millones de euro, fue "uno de los más complejos programas de comunicación proyectado en Rumanía", 19/09/2008, Media & Pub, fecha de consulta: 1 de noviembre de 2015.

SARTORI, Giovanni (1998), *Homo Videns. La sociedad teledirigida*, México, Taurus.

STEPAN, Alfred (1986), "Caminos hacia la redemocratización: Consideraciones teóricas y análisis comparativos", en O'Donnell Guillermo, Schimitter Philippe C., Whiteheard Laurence: *Transiciones desde un gobierno autoritario*, vol. 3: Perspectivas comparadas, Paidós, Buenos Aires, 105-135.

WOLFF, José M., "Carlos Iglesias, la nostalgia del emigrante" asequible en: http://www.swissinfo.ch/spa/-un-franco--14-pesetas---2%C2%AAparte_carlos-iglesias--la-nostalgia-del-emigrante/32549826, fecha de consulta: 1 de noviembre de 2015.

Filmografía
IGLESIAS, Carlos (2008), *1 euro, 3,6 lei*.
IGLESIAS, Carlos (2006), *1 Franco, 14 pesetas*.
SOLOMON, Alexandru (2010), *Capitalismo. Nuestra receta secreta*.

VACÍOS Y SOMBRAS: EL OLVIDO DE *LA VIOLENCIA* ALREDEDOR DE LA LITERATURA Y EL CINE DURANTE EL *FRENTE NACIONAL (1958-1974)* EN COLOMBIA*

ANDREA CAGUA M.
Katholische Universität Eichstätt-Ingolstadt

Resumen: Durante los años del Frente Nacional hubo un pacto para desvanecer un periodo de conflicto armado y social que seguía vivo y que dejaba profundas secuelas, la Violencia; y con ello olvidar las responsabilidades políticas. El artículo propone una primera aproximación al papel que jugaron la literatura y el cine en la elaboración del olvido de este periodo durante el gobierno de coalición.
Palabras clave: memoria y olvido, La Violencia, Frente Nacional, literatura, cine

Abstract: During the years of the *Frente Nacional* there was a political pact to forget the political responsibilities related to an armed and social conflict that was still alive and that left deep traces: *la Violencia*, which was being faded as well. The article aims to start exploring the role played by the literary and film productions in forgetting *la Violencia* during the coalition government.
Keywords: memory and forgetting, La Violencia, Frente Nacional, literature, cinema

1. Introducción

Desde hace varios años la memoria relacionada con eventos conflictivos y violentos se ha considerado un deber legal y moral de cada país que intente superarlos. Hablar del olvido es casi un crimen y seguramente encontrará resistencia por parte de algunos actores de la sociedad civil y del Estado, maquinarlo eficazmente en una democracia sería difícil. Esto debido a la naturaleza que ha adquirido la memoria histórica dentro de los marcos de Derechos Humanos de hoy en día. Pero no siempre fue así[1]. En Colombia hay un ejemplo de un olvido profundo, aunque no definitivo, que contó con la participación de las élites políticas, la prensa y parte de la sociedad. Un olvido "exitoso" que aparentemente logró imponerse por encima de otras memorias.

Este artículo quiere explorar el tema del olvido y sus formas frente a la Violencia durante el Frente Nacional en Colombia. El objetivo es lograr una aproximación inicial al papel que tenían los distintos medios en la elaboración de una memoria colectiva del episodio desde la cultura. En este caso, el foco está en la literatura y el cine pues la literatura desde el comienzo y como nunca antes había hecho suyo el tema de la Violencia. A su vez, el cine era uno de los espectáculos más vistos en las ciudades y el cual tenía y tiene a la violencia crónica como el "derrotero de identificación" por encima de todo (Suárez, 2009:10). Por eso resulta interesante ver a través de algunos ejemplos ¿Cómo se puede construir o imponer el olvido de algo que seguía vigente? ¿Es el olvido simplemente ausencia o qué otras formas tiene?

En Colombia en la década de 1940, el antagonismo entre los partidos Liberal y Conservador, junto con el tema agrario y social de fondo, dieron origen a un conflicto descarnado y complejo: hablamos de la Violencia, con mayúscula[2]. La dictadura del General Rojas Pinilla (1953–1957), quien se toma el poder con el objetivo de pacificar al país, fue el intersticio en el que los dos partidos se vieron excluidos del poder. Para retomarlo, acuerdan una coalición política llamada el Frente Nacional (1958-1974) en el que se alternarían la presidencia, dividiendo por la mitad la administración pública, cerrando la participación a terceros partidos y, justamente, pidiendo la ausencia de responsabilidades políticas con respecto a la Violencia.

---

*Este artículo se enmarca en un proyecto de doctorado en historia en desarrollo.
[1] Para una perspectiva histórica de la relación de la memoria y Derechos Humanos véase Jelin, 2008.
[2] La Violencia, podríamos decir brevemente, es un período histórico que se caracteriza por un enfrentamiento armado entre Liberales y Conservadores que tuvo lugar principalmente en el campo y en la capital se manifestó con el Bogotazo el 9 de abril de 1948. Es un fenómeno que se distingue por las desconfianzas abiertas entre los partidos en todos los niveles, el oportunismo económico y el sadismo frente al enemigo. Además de las altas cifras de muertos, también generó migración interna y descomposición de la sociedad. Se identifica el año 1946 como su origen y se discute sobre su final pues hubo un primer intento de pacificación del país en 1953 cuando el General Rojas Pinilla se toma el poder, otro en 1958 cuando se instaura el Frente Nacional o la alianza entre los dos partidos protagonistas de la Violencia para derrocar al dictador y retornar a una democracia bipartidista. Para algunos termina en 1964 cuando el conflicto se transforma en una guerra civil entre la subversión de izquierda y el Estado.

Con el fin de mantenerse al frente del gobierno sin perder la legitimidad, se sigue un proyecto que se resume en el lema: "Paz, reconciliación y olvido". El balance que se hace hoy en día es que el Frente Nacional no logró ni la paz, ni la reconciliación pero sí el olvido, y es que en el país hubo una relación ambigua entre memoria y olvido, pues la Violencia tenía una presencia amorfa en ese presente, mientras el olvido, que quizás habría podido permitir el avance de la sociedad si eliminaba los "odios heredados", era un "pacto de conversaciones entre caballeros" que querían un borrón para volver a empezar (Sánchez, 2004:20-32). Con el retorno a la democracia después de la dictadura de Rojas Pinilla y dentro de lo que E. Jelin llama las "batallas por la memoria", parece que este pacto por el olvido[3] salió vencedor.

En un contexto de grandes cambios, de un Estado que aunque ejerce el poder no logra tener presencia ni control sobre gran parte de la sociedad, habría que analizar qué posiciones tenían la literatura y el cine en este proyecto de olvido. Como se verá, alrededor de estos medios que pueden ser considerados vehículos de la memoria, se vislumbran diversas formas en que se construía dicho olvido. La represión, como método para borrar los vínculos con el pasado, es la primera que se analizará. Generar un vacío en la producción cultural intentaba lograr el silencio sobre el tema, además, de la disuasión y la evasión conducidas hacia los hábitos y el consumo del público; y, finalmente, la elaboración de imágenes simplificadas, junto con el ensombrecimiento de actores y procesos. Todo esto conforma las formas del olvido de la Violencia confeccionadas durante el Frente Nacional.

2. Olvidos intencionales o por voluntad política

La necesidad de la "restauración republicana" y "moral" para salvar al país de la decadencia de las instituciones que habían causado la dictadura y producido el caos alimentado por los "salvajes" "traficantes de muerte", era el llamado dramático y urgente que hacían los líderes de los dos partidos en 1957[4]. La Violencia, sin tener todavía mucha claridad sobre lo que era y lo que había sido, se terminaba según la historia que el Frente Nacional difundía con su lema "Paz, reconciliación y olvido", apoyado por los principales medios de comunicación[5]. Para esa llamada "reconciliación", el Estado se encaminó a borrar las huellas de los liberales y conservadores haciendo uso de las herramientas que tenía a mano: Amnistía para los

---

[3] Para ver con más detalle las condiciones acordadas para la coalición y el papel que jugaba el pacto por el olvido, véase Acevedo Carmona, 2003.
[4] Véase pactos de Benidorm y Sitges, en Medina-Sánchez (2003:255-265).
[5] En octubre de 1962 hubo un pacto entre los periódicos más importantes del país para no darle más visibilidad a la Violencia y sus actores (*El Tiempo*, 5 de octubre, 1962).

alzados "políticos", persecución a los "comunistas" y un juicio al dictador que debía quedar grabado en la historia como el único culpable[6].

Así se fundaba la nueva democracia, que no tuvo reparos en acudir a la persecución, enmarcada en el discurso del anticomunismo, el estado de sitio —que ya era la regla— y la censura, que en este artículo se entiende como "un sistema de control que impregna las instituciones, influye las relaciones humanas e influye incluso en el funcionamiento oculto del alma" (Darton, 2014:242), para romper los vínculos con un pasado inconveniente.

En el manejo directo que el Estado hizo del cine, una Junta Nacional de Clasificación de Películas Cinematográficas, que venía desde el régimen, va a continuar su trabajo de "profilaxis social" durante el Frente Nacional. El tema de la Violencia es sensible y según la visión del Estado detrás del conflicto subyace la crisis en los valores, "de ahí la necesidad absoluta de defender la moralidad del pueblo"[7]. Con influencia de la Iglesia, se censuran películas por contenidos sexuales, políticos y violentos. Se restringía la distribución y proyección de filmes nacionales y extranjeros de todo tipo.

Un ejemplo del alcance de esta censura es la película de Mario López *El hermano Caín*, la cual hasta hoy sigue perdida. Por una entrevista en 1962, se conocen el tema y la aproximación que el grupo productor quiso imprimir en la cinta:

"-¿Por qué escogieron ustedes en su película el tema de la violencia, tema que no obstante su dramática actualidad, cinematográficamente es difícil? El autor del tema, José Olario Navarrete, asegura que dentro del grupo todos estuvieron de acuerdo en que la violencia se imponía como tema cinematográfico para dar un testimonio humano de esta tremenda realidad colombiana. La película no es un "yo acuso", no ataca, no defiende, solamente plantea la tragedia, invocando el divino "no matarse" (Salcedo, 1962:7).

> El interés por abordar esta "realidad" no fue la regla en estos años, y el ambiguo control estatal detrás de los pocos intentos de corto y largometrajes ayudaron a disuadir a los realizadores de involucrarse con el tema. Según Martínez P., la película fue rechazada por la Junta de Clasificación "por motivos de orden público, pues se juzgó que los recuerdos de la violencia estaban todavía muy frescos en la memoria de la gente de muchas zonas del país" (1978:278).

---

[6] Para profundizar en el tema de los debates parlamentarios y las amnistías véase Sánchez, 1988.
[7] Memorando sobre proyecto de ley No 197, tomado de Martínez P. 1978, 226.

La literatura, por otra parte, hasta ahora no había vivido ese tipo de intervenciones. Desde el momento en que inicia la Violencia, los escritores la hicieron suya como tema de sus obras y lo seguirían haciendo, con menos entusiasmo, en los siguientes años. El control más laxo sobre este corpus literario podría explicarse porque en Colombia se compran libros pero no se leen, por el analfabetismo y porque el cine tenía mayor circulación[8] y era más popular: "El cine es otro arte. […] Lo que pasa es que es una expresión más nueva y por lo tanto, penetra más con su verdad en la opinión pública. Cuando una película es prohibida, con el acto se está señalando un miedo poderoso a que la sociedad en crisis quede al desnudo" (Posada en Arbeláez-Cobo B., 2011:291).

Asimismo, hay un elemento que no podemos ignorar y es la polarización del contexto con el triunfo de la Revolución Cubana y la radicalización del anticomunismo. En los sesenta un viejo enemigo se convertiría en el principal, el subversivo comunista, y bajo este rótulo entraron intelectuales, escritores y realizadores cinematográficos con posiciones críticas frente al gobierno y que fueron perseguidos.

Este tipo de olvidos inducidos son de "voluntad política" —usando la terminología de Jelin— y buscaban el silencio sobre un tema con medidas explícitas para imponerlos. Sin embargo, los restos que quedan del sistema simbólico en las memorias individuales no eran fácilmente manipulables (2002:29-33). Bien señalaba Assmann hablando de las paradojas de las formas represivas del olvido, que "no se puede borrar algo sin, al mismo tiempo, destacarlo y dirigir la atención sobre lo que se está invisibilizando"[9](2014). De ahí que en las dinámicas de la industria cultural se encuentren también respuestas para evidenciar los matices frente a la idea de que el olvido solo se puede imponer, pues hay una constelación que dio paso a formas más sutiles y quizás más eficientes.

3. El olvido estructural y las dinámicas de consumo

Al agitado panorama se suma que Colombia vivía durante la década de los sesenta una modernización con visos tradicionales y diversos cambios en la esfera cultural. Complementando posiciones autoritarias que encuentran su pretexto en una fragilidad del orden público, aparecen estrategias para el olvido que no juegan con lo prohibido y la imposición, sino con el deseo y el espectáculo.

---

[8] Según estadísticas oficiales, el primer semestre de 1960 contó con 164.354 funciones de cinematógrafo y con una asistencia de 35,521.032 espectadores en el país, seguido del fútbol que registró 407 partidos y 1.398.321 espectadores (DANE, 1961).
[9] Traducción propia.

Los marcos sociales ejercen su influencia sobre lo que se recuerda y sobre lo que se olvida, condicionando la relación del individuo con una memoria colectiva más amplia. Según Assmann, las elecciones humanas no se hacen en el vacío, en la cultura hemos establecido marcos para recordar y olvidar a lo largo del tiempo. De ahí que el "olvido selectivo o el poder de enmarcar" es una de las formas activas de olvido (2014) y puede ser un mecanismo que se use dentro de las dinámicas de consumo y preferencias de los lectores y espectadores. Frente a la negación de los medios, la crítica literaria y la cinematográfica, aunque no entraron en la negación directa, sí ayudaron a la generar un ánimo y desviar la atención dibujando las márgenes de los cuadros sociales que orientaban al individuo sobre lo que era relevante o interesante ver, leer y recordar.

En la literatura, las "novelas de la violencia" empezaron a ser evaluadas como "mala literatura", "deficiente" o "un inventario de muertos". *El Cristo de Espaldas* de Eduardo Caballero Calderón o *Lo que el cielo no perdona*, de Fidel Blandón Berrío, estuvieron entre las más vendidas en sus respectivos años, lo cual no garantiza que fueran las más leídas, pero no lograron posicionarse como obras claves de la historia colombiana. La crítica literaria, con un oficio estético que respondía a cuestiones políticas de otra índole más actual, tenía otros proyectos y debates entre los cuáles estaba lo que después sería el *boom* latinoamericano.

En un artículo, García Márquez dijo: "Había que esperar que los mejores narradores de la violencia fueran sus testigos. Pero el caso parece ser que estos no se dieron cuenta de que estaban en presencia de una gran novela, y no tuvieron la serenidad ni la paciencia, pero ni siquiera la astucia de tomarse el tiempo que necesitaban para aprender a escribirla. [...] Desgraciadamente, hasta este momento, no parece que algún escritor profesional, técnicamente equipado para la vida, haya sido testigo de la violencia" (1959).

Nuevamente la crítica en su oficio de analizar un lenguaje propio, le quita relevancia al contenido histórico de esas piezas. Aquellos que buscaban una comprensión más sutil en su escritura llevaron la violencia al nivel universal y no a la localidad histórica, que por cierto, tampoco era su obligación. Las formas más tradicionales de realismo difícilmente podían competirles a los nuevos autores latinoamericanos y quedaron en la sombra. No obstante, en el caso de la literatura vale aclarar que la evolución narrativa que se dio a lo largo de la década de los sesenta difícilmente permite reducir todo el corpus al rótulo de "mala literatura", aunque en el imaginario quede la idea de la falta de calidad de las obras de la Violencia[10].

La crítica de cine tuvo una posición similar. Los pocos intentos de retratar la Violencia se estrellaron contra una recepción negativa, no sin

---

[10] Para un estudio de la crítica de la novela de la Violencia véase Osorio, 2006.

razón, pues lo recursos para hacer una película eran limitados. Volviendo al ejemplo de *El hermano Caín*, los pocos críticos que la pudieron ver en una única función, antes de ser censurada, le dieron una baja valoración (Salcedo, 1962), así como sucedió con *El río de las tumbas*, película dirigida por Julio Luzardo en 1965 y que retrata a un pueblo indolente frente a los muertos que aparecen en el río haciendo una clara alusión a los años de la Violencia.

Habiéndose salvado de la censura, esta cinta lamentablemente no logró mucho público y fue retirada de las carteleras. Pero, ¿Qué hace que esta película sí se pudiera ver? Una pista la da el mismo director cuando dice que evitando la crítica directa eligió la sátira, que fue torpemente manejada y no gustó, entre otras cosas, por el "extranjerismo" con el que se aproxima a los personajes rurales: "...como no viví la violencia, me inventaba cosas, aunque no me tocaba inventar mucho, porque la violencia era algo que se veía por todas partes, así la gente tratara de taparla como si no existiera"(*Cinemateca*, 1981).

Además de algunas deficiencias formales, también se le criticó el haber mostrado el "trajinado tema social como fondo" (López, 1962:7). En esos años, los espectadores estaban fascinados por las películas extranjeras y las distribuidoras difícilmente apoyaban estos intentos nacionales, porque así los calificaban, como intentos y no como logros. El cine publicitario, que incluía propaganda en favor del Estado, contaba con mejores equipos y más recursos, pero sobre todo se preocupaba por construir la "buena imagen" del país, obsesión que perdura hasta hoy [11].

En una entrevista, Camilo Correa, crítico y realizador, cuenta que era necesario "[...]aprender a dirigir haciendo cosas aunque fueran malas, como comenzaron en otros países. [...] La gente sale feliz de esas películas porque vio (sic.) al dueto preferido o escuchó su canción favorita. Sin ese cine no se podía comenzar porque era la única manera de fortalecerse económicamente y poder filmar después películas de altura" (Martínez P., 1978:182). En muchos casos estas "películas de altura" no se podían realizar. Hay testimonio de varios proyectos que querían hablar de la Violencia, pero ya sea porque las tendencias y el público pedían otra cosa, o por falta de tiempo y recursos para iniciar, se quedaron en simples guiones o sueños confesos a colegas de oficio.

Retomando el comentario de Luzardo y García Márquez, aparece una constante: los protagonistas de la Violencia, campesinos en su mayoría, no estaban en el centro de la producción cultural. La centralización del país y la brecha entre ciudad y campo se manifestaban en este sentido, y las

---

[11] Esta idea también la maneja Juana Suárez., para quien la censura respondía al deseo de una buena imagen y no a un programa político.

narraciones más cercanas al conflicto, las memorias comunicativas, se habían quedados lejos o migraban a la periferia urbana.

La literatura que tiene un ritmo más pausado y reflexivo seguía siendo un placer de pocos, pero el cine era el espectáculo por excelencia en las urbes. Siguiendo la propuesta de Paul Connerton, las temporalidades del consumo y la producción mediática, propias de procesos de modernización, han debilitado la memoria y los vínculos con el pasado, tanto lejano como el más inmediato (2009:63-64). Aquellos que hablaban de la Violencia no la habían vivido, haciendo de sus protagonistas personas exóticas y extrañas a la realidad, y como productos, sus representaciones no eran trascendentales para revivir o vivir una experiencia cercana a un relato común, a una memoria colectiva. Eran voces que no tenían eco en un público que pedía romances y divas. La falta de publicidad y asistencia lleva a que estos filmes sean retirados de pantalla, ya que es el tiempo del consumo y la continua aparición de otros productos que facilitan que la gente disfrute viendo hacia otro lado[12]. Lo anterior ilustra no solo las preferencias del espectador y los productores, además crea las condiciones para que un tipo de imagen específica de la Violencia haya predominado.

4. El olvido en síntesis y ocultamiento

Hay una anécdota del historiador Herbert Braun que nos puede dar una idea de estos años: "[…]llegué a oír casi por casualidad, como muchos de nosotros lo hicimos, algunos rumores urbanos sobre la Violencia, de cómo había sido de horrible y cuán sangrienta y cruel y criminal y desagradable fue. No sabía nada sobre esto, y no solo porque era demasiado joven. Vivíamos en la ciudad. La Violencia era rural, del pueblo, de gente que entendíamos de alguna manera que era diferente a nosotros. ...Y después, en 1963, cuando tenía 13 o 14 años, abrí en la casa de un amigo las páginas de lo que resultaría ser el gran primer volumen de dos que narraban esos eventos rurales. Ese momento está todavía conmigo. El libro traía macabras imágenes de cuerpos mutilados de hombres, mujeres y niños. Supe entonces que los rumores eran ciertos. Cerré la portada rápidamente, como estoy seguro lo hicieron muchos. No queríamos saber" (Braun, 2012:61-62).

Silencio, evasión y negación. A esta constelación que evidencian la "presencia de la ausencia" se suma lo que sí decían los textos y filmes que atravesaron el control del Estado y circulaban en la industria cultural. La Violencia quedó consignada en un símbolo: el cuerpo mutilado, sin partido y sin historia. Las fotos del trabajo *La Violencia en Colombia. Estudio de un proceso social* de Guzmán, Fals Borda y Umaña, uno de los pocos estudios profundos que realizaron en estos años y que contradecía el proyecto

---

[12] Para profundizar en las diversas temporalidades, véase Connerton, 2009.

ambiguo de historia del Frente Nacional, siguen siendo hasta hoy la carátula del periodo, grabadas en la memoria colectiva. El "corte de franela" y el "cristo campesino" no son desconocidos para los colombianos.

Ya desde los cincuenta, varios autores se rendían ante el impacto del cuerpo violentado y no podían evitar la detallada descripción para atrapar el fenómeno social: "Apabullados por el material de que disponía, se los tragó la tierra en la descripción de la masacre, sin permitirse una pausa que les habría servido para preguntarse si lo más importante, humana y por tanto literariamente, eran los muertos o los vivos. El exhaustivo inventario de los decapitados, los castrados, las mujeres violadas, los sexos esparcidos y las tripas sacadas, y la descripción minuciosa de la crueldad con que se cometieron esos crímenes, no era probablemente el camino que llevaba a la novela" (García Márquez, 1959).

Las imágenes de estos cadáveres también hicieron parte del documental *Riochiquito* y su versión en francés, *La Colombie*, de 1965 dirigido por Jean P. Serget y Bruno Muel, que eventualmente sería censurado.

En el artículo inédito "La memoria en los ojos", Merlo explora la manera en que las imágenes sintetizan, y prácticamente sustituyen un hecho histórico. Las imágenes construyen un sentido y pueden tornarse en íconos seculares que simbolizan, muestran y ocultan. Los define como "imágenes que adquieren una sobrecarga simbólica, en marcos de referencia ampliados que las dotaron de un significado universal". (*Brink* en Merlo, 2016:11)

La literatura temprana de la Violencia, como señala García Márquez, y las imágenes, fotográficas y cinematográficas de ésta, sintetizan el período en el cuerpo violentado, mientras que logran ocultar paralelamente la particularidad de los actores, los responsables y los motores del conflicto. En *Esta fue mi vereda* (1962) de G. Canal Ramírez ya se delataba este ocultamiento. En una de sus escenas cuenta el narrador: "Sin saber por qué, cayó una mañana víctima de un disparo de origen desconocido" y "...el odio llegó a todas partes en criminal acecho".

Un caso especial se ve en *El río de las tumbas*. Si bien la película abre con un futuro cadáver que botarán al río, en ella casi no volverán a aparecer cuerpos. Y sin embargo en un reportaje especial que una revista de gran difusión le hizo a la película de Luzardo, las páginas están ocupadas por la imagen estática del muerto y recomiendan al director cambiarle el nombre a la cinta, pues "...esos cadáveres tienen poco que ver con la vida de los humildes y «olvidados municipios» colombianos; delatan sí que aún quedan rezagos, venganzas insatisfechas y rebeldías degeneradas; pero el pueblo es otra cosa", y resaltan "la bella sencillez de la vida y el «ornato» de Villavieja" (*Cromos*, septiembre 13, 1965).

Este contraste con la belleza de los pueblos, convierte a la Violencia en un pasado, un fenómeno que ya no responde al presente. Los muertos son la Violencia, y son el pasado. A la negación y la evasión que se mostraron anteriormente, viene una síntesis icónica agresiva que puede ser vista como morbosa y que lleva al espectador a "no querer saber".

5. Para concluir

Con esta aproximación al tema se pueden hacer varias consideraciones. Olvidar no es necesariamente negativo, pero aquí acudimos a una especie de olvido paralizante por parte del Estado que impide cualquier comprensión. Este aprovecha situaciones estructurales (Assmann, 2014) o relega la tarea a otros actores de la sociedad. Los ejemplos que se mencionaron muestran una sociedad que no es pasiva ni ajena al tema de la Violencia, y que tampoco camina al unísono hacia una sola memoria.

Las formas de construir memoria se conjugan íntimamente con las formas del olvido, y no solamente el olvido necesario o automático, intrínsecos de la sociedad y el sujeto. Otras formas de romper vínculos con el pasado inmediato más evidentes, como la represiva, tienen sus límites; la censura política y moral funcionan solo en algunos espacios y las dinámicas de recepción frente a la literatura y el cine señalan campos interesantes para investigar los procesos del olvido. En estos espacios, que escapan al control total del gobierno más no a su influencia, se puede ver la posición de la sociedad, que puede oscilar entre el acuerdo y el desacuerdo.

Todos estos procesos conforman el olvido de la Violencia. El Frente Nacional activamente buscó romper los lazos de la memoria individual con una colectiva. Este silencio era interdependiente con la evasión y negación en la sociedad, y con una imagen que se consideraba demasiado enferma, demasiado bárbara para observar. La despolitización y la distancia hicieron que con el tiempo la Violencia fuera algo extraño y ajeno para el centro de la industria cultural, y paralelamente, se arraigó la idea de que simplemente somos así, violentos, y hablar de la Violencia implicaba repasar las atrocidades.

Además, vale la pena mencionar que en las esferas literarias y cinematográficas aunque aparecen las distintas formas de olvido, son diferentes en su intensidad y resultados. En la literatura la crítica jugó un papel en la valoración estética de las obras, pero la imagen del cuerpo aunque presente no es la única y es relativa. El cine tiene más difusión, pero por lo mismo es más controlado como espectáculo. Depende económicamente de apoyos y la taquilla para realizarse y su materialidad hace que además sea difícil de preservar.

Hasta donde se pudo ver, no se borró de la mente de la gente la Violencia, se eliminó de la esfera pública, se desarticuló como experiencia común y sus actores políticos lograron presentarse a sí mismos como los salvadores de la moral y la república. Con las tres formas analizadas se vio que el diálogo que el sujeto podría entablar con una memoria colectiva de la Violencia no encuentra canales y cae en el vacío.

BIBLIOGRAFÍA

ACEVEDO CARMONA, Darío (2003), "El pacto de Benidorm o el olvido como antídoto para conjurar los fantasmas del odio y de la sangre" en Medófilo Medina-Efraín Sánchez (eds.): *Tiempos de Paz: acuerdos en Colombia, 1902-1994*, Bogotá, Alcaldía Mayor de Bogotá, 229-236.

ASSMANN, Aleida (2014), "Forms of Forgetting", asequible en: http://castrumperegrini.org/forms-of-forgetting, fecha de consulta: 2 de noviembre de 2015.

BRAUN, Herbert (2012), "De palabras y distinciones. Hacia un entendimiento del comportamiento cotidiano entre los colombianos durante la Violencia de los años cincuenta" en Rubén Sierra Mejía (ed.): *La restauración conservadora 1946-1957*, Bogotá, Universidad Nacional de Colombia.

CONNERTON, Paul (2009), *How Modernity Forgets*, Cambridge, Cambridge University Press.

DANE (1961), *Boletín mensual de estadística*, 120, 20 de marzo, Bogotá.

DARTON, Robert (2014), *Censores trabajando. De cómo los Estados dieron forma a la literatura*, México D.F., Fondo de Cultura Económica.

"El cine según Luzardo", *Cinemateca, cuadernos de cine colombiano*,1, Bogotá, marzo de 1981, s.p.

GARCÍA MÁRQUEZ, Gabriel (1959), "Dos o tres cosas sobre «La novela de la violencia.»", *La Calle*, 12-13, asequible en: http://www.revistaarcadia.com/agenda/articulo/dos-tres-cosas-sobre-la-novela-de-la-violencia/36312, fecha de consulta: 25 de abril de 2014.

JELIN, Elizabeth (2002) *Los trabajos de la Memoria*, Madrid, Siglo XXI Editores.

JELIN, Elizabeth (2008), "Human Rights and the Memory of Political Violence and Repression: Constructing a New Field in social Science" en Charles. H. Wood-Bryan R. Roberts (eds.): *Rethinking Development in Latin America*, Pennsylvania, Penn State University Press, 183-201.

LÓPEZ, Byron (1962), "Algo más sobre cine colombiano", *El Tiempo, Lecturas Dominicales*, 18 de noviembre, Bogotá, 7.

"La madurez del cine colombiano comienza con El río de las tumbas de Julio Luzardo", *Cromos*, 2505, Bogotá, 13 de septiembre de 1965, s.p.

"Los periódicos adoptan Normas Contra la Violencia", *El Tiempo*, Bogotá, 5 de octubre de 1962, 1.

MARTÍNEZ PARDO, Hernando (1978), *Historia del cine colombiano*, Bogotá, Editorial América Latina.

MEDINA, Medófilo-SÁNCHEZ, Efraín (Eds.) (2003), *Tiempos de paz: Acuerdos en Colombia, 1902-1994*, Bogotá: Alcaldía Mayor de Bogotá.

MERLO, Alessandra (2016), "La memoria en los ojos. Reflexiones sobre imágenes e historia: ¿podemos definir un repertorio colombiano?" manuscrito inédito.

OSORIO, Óscar (2006), "Siete estudios sobre la novela de la Violencia en Colombia, una evaluación crítica y una nueva perspectiva", *Poligramas*, 25, asequible en: http://poligramas.univalle.edu.co, fecha de consulta: 20 de abril de 2014.

POSADA CANO, Enrique (1961)"¿Cuándo caerá la máscara de la censura del cine?", *Revista Guiones*, No.4, Bogotá, 15 de julio, en Ramiro Arbeláez – Juan Gustavo Cobo Borda (2011) *La crítica de cine, una historia en textos. Artículos memorables en Colombia 1897-2000*, Bogotá, Universidad Nacional de Colombia; Proimágenes Colombia.

SALCEDO, Hernando (1962), "Sobre dos películas colombianas: Raíces de piedra. El hermano Caín", *El Tiempo*, *Lecturas Dominicales*, 11 de noviembre, Bogotá, 7.

SÁNCHEZ, Gonzalo (1988), "Rehabilitación y violencia bajo el Frente Nacional", asequible en: http://www.banrepcultural.org/sites/default/files/lablaa/revistas/analisispolitico/ap4.pdf, fecha de consulta: 14 de abril de 2014.

SÁNCHEZ, Gonzalo (2003) *Guerras, memoria e historia*, Bogotá, ICANH.

SUÁREZ, Juana (2009), *Cinembargo Colombia: Ensayos críticos sobre cine y cultura*, Cali, Programa Editorial Universidad del Valle.

LA TRANSICIÓN EN DIRECTO (Y EN CLAVE *UNDERGROUND*): *SHIRLEY TEMPLE STORY* COMO TESTIMONIO POLÍTICO, SOCIAL Y CULTURAL

VALERIO CARANDO
Università di Pisa

Resumen: Pocos meses antes de la muerte de Franco, Antoni Padrós (Terrassa, 1937), uno de los artistas más reputados de la escena *underground* catalana, emprende la realización de *Shirley Temple Story*, un largometraje – como es habitual en su autor, completamente autoproducido – en el que el cineasta arremete, entre otras cosas, contra el imaginario iconográfico de un régimen cuyo máximo representante se está lentamente apagando. El rodaje termina en 1976, al comienzo del proceso de Transición. *Shirley Temple Story* – que, una vez montada, alcanzará un metraje de casi cuatro horas – supone una de las películas que mejor reflejan el clima de desorientación colectiva de aquel convulso periodo histórico.
Palabras clave: cine experimental, Antoni Padrós, cultura *underground*, Cataluña, antifranquismo

Abstract: A few months before Franco's death, Antoni Padrós (Terrassa, 1937), one of the most appreciated artists of the Catalan underground scenery, starts filming *Shirley Temple Story*. This feature film (self-produced, as always) is used by Padrós to attack, among other things, the iconographic popular unconscious whose highest exponent is slowly dying. The shooting will end in 1976, at the beginning of the transition process. *Shirley Temple Story* (almost four hours long, in its final edited version) represents one of the films that best reflect the atmosphere of general disorientation of that frantic period in history.
Keywords: experimental filmmaking, Antoni Padrós, underground culture, Catalonia, anti-francoism

DE LA DICTADURA A LA DEMOCRACIA

> "Padrós a un *tempérament de cinéaste* délirant – je ne parle pas d'un délire à la Ken Russell, fantasmatique et esthétisant, mais d'un rapport *fou* au cinéma, à la pellicule, aux images qu'il prend"
> (Carax, 1979:42)

Cuando a finales de 1975 emprende la realización de *Shirley Temple Story*, Antoni Padrós (Terrassa, 1937) es ya un artista muy valorado en la vivaz cantera del *underground* barcelonés. Sus cuadros, que se dieron a conocer en la prestigiosa Sala Gaspar de la calle Consell de Cent – cuna de la nueva figuración catalana –, también habían cruzado el Atlántico, llegando a exponerse en la Bienal de São Paulo (1967) y, poco después, conjuntamente a las obras de otros jóvenes artistas catalanes, en la National Gallery de Ottawa (1967-1968). Incluso como cineasta experimental tiene ya cierto prestigio a mediados de los setenta, puesto que ha realizado siete cortometrajes (dos de los cuales, *Pim, pam, pum, revolución* e *Ice cream*, fueron proyectados en el National Film Theatre de Londres en 1971) y un largometraje (*Lock-out*, que tuvo un estreno de lujo en el Festival de Mannheim de 1973). Todas fueron películas autoproducidas, rodadas clandestinamente y distribuidas gracias al apabullante circuito de los cine-clubs, y por lo tanto totalmente inexistentes para la burocracia del Estado franquista. Padrós rechaza cualquier arreglo con el sistema, reivindicando un estatuto contracultural absoluto y radical: rueda lo que quiere y como lo quiere, sin ceder a las presiones de la censura ni de la industria oficial[1]. De las ocho de la mañana a las tres de la tarde trabaja en el Banco de Terrassa (luego relevado por el Deutsche Bank) e invierte todo lo que gana en la elaboración de su peculiar universo audiovisual. Un universo surreal y esperpéntico, en el que acaba cargándose tanto las instituciones del Estado (Iglesia incluida) como el falso compromiso ideológico de la burguesía *progre* barcelonesa. Padrós era – y es – el más anarquista de los cineastas *underground* ibéricos. Un francotirador sin condicionantes ni referentes, activo al margen de cualquier partido o grupo político. ¿El más *outsider* de los *outsiders*?

---

[1] El conjunto de su obra, aún a día de hoy, supone una suerte de patrimonio cultural fantasma, pues las instituciones gubernamentales de España nunca lo han reconocido ni autorizado legalmente.

1. *Shirley Temple Story*: "un musical pobre, pirata y cachondo" (Miret, 1975:30)

Shirley Temple Story, rodada entre noviembre de 1975 y la primera mitad de 1976, es el proyecto más ambicioso del cineasta; un recorrido metadiscursivo en la historia, la cultura y la estética del franquismo que habría marcado indeleblemente la cultura cinematográfica de la transición[2].

En principio, Padrós quería realizar un *pamphlet* sobre la españolada y todo aquel cine falsamente conciliante que el régimen nunca había dejado de sostener y reivindicar de la mano de la Dirección General de Cinematografía y Teatro. La idea inicial tenía como referente a otra popular niña prodigio: "En principio quería hacer una película sobre Marisol, pero se trataba de un personaje demasiado cercano y hubiera podido tener problemas. Entonces opté por Shirley Temple. Yo no sabía nada de ella, pero un día, de viaje en Italia, vi por televisión *Poor Little Rich Girl*. Luego supe también que se había convertido en embajadora de Estados Unidos. De repente pensé en otro tipo de película. A partir de la idea de Marisol hice una especie de abanderado de USA: un musical terrorista, casposo e incluso desagradable"[3].

Los primeros bosquejos del guión de *Shirley Temple Story* – que por aquel entonces llevaba el subtítulo, posteriormente suprimido, *All talking! All singing! All dancing!* – se remontan al mes de mayo de 1970. En aquella época, la más prolífica y brillante de su carrera, Padrós venía de realizar sus primeros cortometrajes en 8mm y 16mm, todos rodados y producidos bajo la tutela de la escuela Aixelà, una escuela de cine no oficial en la que operaban intelectuales tan destacados como Pere Portabella, Román Gubern y Manuel Vázquez Montalbán (Prieto, 2012:157-158; Carando, 2013). Sumergido en tan apasionante *milieu* cultural, el artista terrasense empezó a cultivar un proyecto estético tan ambicioso como fructífero: trasladar a la gran pantalla el ácido y esperpéntico universo de sus pinturas

---

[2] El argumento de la película se puede sintetizar en muy pocas líneas. Shirley Temple, interpretada por Rosa Morata – según Leos Carax "un corps enfantin et obscène qui s'articule-se désarticule à volonté, un visage génialement poupin" –, rechazada para el "papelón" de Dorothy en *El mago de Oz* (*The Wizard of Oz*, Victor Fleming, 1939), pide audiencia al mismísimo mago, gobernador del país de Esmeralda, para que reconsidere la elección de Judy Garland. Un viaje que conduce Shirley desde Philadelphia hasta las orillas de España ("El país de Esmeralda es España, pero ¿el Mago de Oz quién será?" canta en la película el trovador Jordi Figueras), acompañada en este largo recorrido por las señoras Pit, Pot y Put, hijas de generales del ejército y garantes del orden y la moral, una excéntrica hada del Este, y tres jóvenes revolucionarios "anarco-estructuralistas". La cinta ofrece un recorrido antológico no autorizado por cuarenta años de dictadura y supone, al mismo tiempo, una crónica – rigurosamente en directo – de un presente indescifrable ("El cambio se está realizando..." son las últimas palabras pronunciadas por Shirley al final de su aventura).

[3] Declaraciones al autor (28 de febrero de 2015).

pop, favoreciendo un auténtico y radical acto de transición. *Shirley Temple Story* supone la cumbre de este trayecto, una obra maestra del exceso y la desmesura, el triunfo del cine – y de la creación artística en general – como explosiva necesidad fisiológica, flujo de ideas constante, irregular e indomable. En este sentido, merece la pena constatar las observaciones de Joan Perucho, uno de los primeros intelectuales que apoyaron con convicción al joven Padrós desde las páginas de la revista barcelonesa *Destino*: "Conocí a Antoni Padrós hacia los años sesenta, formando parte de un interesante grupo juvenil de Terrassa nada indiferente a la autoridad tutelar de la querida amiga Paulina Pi de la Serra. Antoni Padrós hacía una pintura ácida y recortada, de una gran mordacidad, que se había expuesto en la Sala Gaspar. Bajo un aparente lirismo romántico que se apoyaba en la iconografía de una época desaparecida (vestidos, sombreros, corbatas, etc.), aparecía un mundo de un sadismo *grinçant*, infinitamente cruel. [...] Ahora he reencontrado a Antoni Padrós y he tenido ocasión de ver su último film *Shirley Temple Story*. Mientras contemplaba sus imágenes me percataba de la coherencia de Padrós, puesto que no había ninguna interrupción entre el Padrós anterior y el universo fílmico de ahora. La misma libertad imaginativa, la misma sádica ironía, la misma imagen de las niñas soñadas hace veinte años" (Perucho, 1986:144-145).

Padrós fue uno de aquellos chicos que, acurrucados en las butacas de los cines de barrio – a menudo durante las sesiones matinales del domingo (Padrós, 2014:13) –, incorporaron el imaginario del cine americano impulsado por un gobierno que, tras la caída del Eje Roma-Berlín, estaba intentando integrarse en el tejido político, social y económico de Occidente. Musicales, comedias y melodramas estrenados en copias dobladas y muy a menudo adulteradas por la censura: todo acababa resultando psicológicamente llano, sin matices ni ambigüedades (aunque a veces ese mismo doblaje creara involuntariamente ulteriores ambigüedades, pero esto es ya otro tema). El imaginario del cine estadounidense – ya condicionado en sus raíces por el código Hays – quedaba a su vez manipulado por la censura franquista, que se apoderaba, con el visto bueno de los mismísimos americanos, de su más íntima esencia. De ahí el interés de Padrós para este patrimonio cultural bicéfalo, que había ejercido una gran influencia sobre la sensibilidad del público español en los años de la posguerra.

El tejido narrativo de *Shirley Temple Story* supone un conjunto de referencias, puntualmente deformadas, al cine americano de los años treinta y cuarenta. En los mismos años en los que Peter Bogdanovich homenajea nostálgico el Hollywood de sus padres, Padrós no duda en ridiculizar los iconos más representativos de aquella mismísima fábrica de estrellas. Son muchas, bajo esta óptica, las películas escarnecidas, de *Drácula* (*Dracula*, 1931) a *El mago de Oz* (*The Wizard of Oz*, 1939); de *La pequeña vigía* (*Capitain January*, 1936) a *Lo que el viento se llevó* (*Gone with the Wind*, 1939). Lo que tradicionalmente pertenece al fuera de plano aquí penetra en el espacio de la representación: la Shirley Temple de Rosa Morata, maliciosa, sexualmente activa (y atractiva), aparece sentada en un inodoro, fuma, se masturba, cuenta historias blasfemas (véase la anunciación de Cristo revisitada en clave *bossa nova*, en la que sobresale la actuación de un arcángel Gabriel desnudo y en plena erección). En la picardía del personaje se refleja el anticonformismo de Padrós. Los buenos sentimientos del prototipo, tan apreciados por los incondicionales de Franco, encuentran aquí una transfiguración violenta y despiadada.

Secundando el magisterio de Roberto Rossellini, el cineasta catalán convierte las múltiples limitaciones técnicas en auténticos elementos de lenguaje. Las estrategias de producción determinan las de representación. Todos los exteriores están rodados con negativo de sonido (el soporte más barato: cinco pesetas al metro), elección que se concreta en un blanco y negro carente de matices, muy contrastado, próximo al de las antiguas películas ortocromáticas. Una imagen que brota de la escasez de recursos técnicos y exalta la independencia desvergonzada de un artista libre y ajeno a los imperativos de la industria cultural. Una imagen fría y sucia, muy acorde con la puesta en escena de una sociedad desenfrenadamente árida y grotesca.

2. Tres instantáneas de la transición: apuntes para un análisis

En *Shirley Temple Story* hay tres secuencias que capturan y restituyen visualmente, de manera muy directa, las atmósferas de un supuesto cambio. La primera de las tres se rodó el domingo 2 de noviembre de 1975[4]. Dieciocho días después, el país hubiera recibido la noticia de la muerte del Generalísimo.

A las orillas de un lago, un hombre amordazado fija la mirada en la superficie del agua. De fondo, el Adagio in Sol Minore de Albinoni-Giazotto. Una mujer vestida de blanco emerge de las aguas, se acerca a él, lo mira a los ojos, le quita la mordaza y se lo lleva hacia las profundidades del lago (¿hacia un posible futuro alternativo?). Los dos cuerpos se hunden lentamente, envueltos en una niebla artificial [Imágenes 1 – 4]. Puede que sea ésta la más lírica y abstracta – y también la más optimista – de todas las representaciones fílmicas de la inminente transición: la liberación de una mordaza, el franquismo, y el principio de una nueva etapa. Una muerte alegórica en la que subyace, precisamente, la idea misma de transición

---

[4] El mismo día en que, en un descampado de Ostia, fue encontrado el cuerpo sin vida de Pier Paolo Pasolini, todo un referente cultural para Padrós.

(¿hacia una nueva existencia?): "La secuencia del lago era un homenaje a aquellos cuadros prerrafaelitas de Dante Gabriel Rossetti, que yo admiraba tanto. Siempre aparece un lago, lleno de niebla, y una ninfa que está saliendo del agua. Quería, por medio de esta imagen, hacer entender que la joven que sale del agua para llevarse al chico de nuevo a las profundidades era la representación de la muerte. Mi sorpresa fue cuando, cierto tiempo después, en una sesión que hice en Estocolmo, me comentaron que esta simbología procedía de una leyenda nórdica, que ellos conocían bien. En el fondo, detrás de todo lo que hacemos, creo que siempre hay una serie de referentes universales que sirven en cualquier lugar del mundo" (García Ferrer y Rom, 2004:53).

Imagen 1   *Imagen 2*

Imagen 3   *Imagen 4*

El principio de una "nueva etapa" aparece representado de manera más sardónica y polémica en la secuencia de la llegada de Shirley al país de Esmeralda. En esta escena, los revolucionarios "anarco-estructuralistas", vestidos de gángsteres, matan a sangre fría – en un tiroteo de sabor grotesco, contrapuntado irónicamente por un pasodoble – a las señoras Pit, Pot y Put, hijas de generales y, por lo tanto, explícitas representantes del poder vigente [Imágenes 5 – 6]. La transición acaba transfigurada bajo los recursos estilísticos más representativos del cine negro hollywoodiense, con una desfachatez visual que sobrepasa los modelos arquetípicos (*La matanza del día de San Valentín* [*The St. Valentine's Day Massacre*, 1967]) y culmina en el esperpento. Un acto revolucionario mediado por la cámara, la cual, en manos de Padrós, se convierte en arma contundente: el cineasta, por mediación de sus queridos emisarios "anarco-estructuralistas" (uno de ellos es el también cineasta experimental Jesús Garay), acompaña al patíbulo el agonizante gobierno franquista y reflexiona también alrededor del inminente proceso de transición. Su mirada sobre el tema resulta demoledora. Durante la matanza, Shirley profiere las siguientes palabras: "¡Qué horror! Tal vez se ha iniciado ya el cambio... ¡qué espanto una democracia en el país de Esmeralda! Si al menos fuese una democracia burguesa... ¡Pero no!". Es evidente que Padrós, también autor del guion, contempla con profundo escepticismo la idea de la transición y su puesta en práctica[5].

Imagen 5

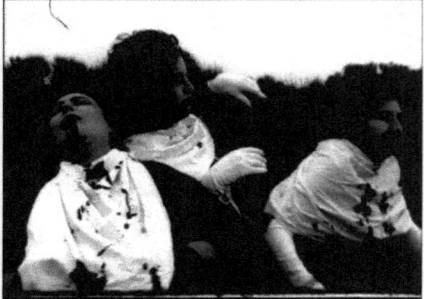
Imagen 6

Finalmente, Shirley llega al palacio del Mago – o, mejor dicho, del Caudillo – de Oz. Allí, tras la desoladora audiencia con el jefe de Estado (el cual se retira a sus habitaciones escuchando *Cántame un pasodoble español*), se entretiene con el socio de éste, el conde Drácula, que le aconseja regresar a su casa sin rechistar, "junto a la mayoría silenciosa". Mientras tanto, detrás de ellos, los "anarco-estructuralistas" son rápidamente inmovilizados, amordazados y encarcelados [Imagen 7]. El cambio se está realizando, eso es cierto, pero sin la anhelada intervención de los españoles. Una revolución fallida desde el comienzo, gestionada por un poder que, como de costumbre, lo ha tenido todo "atado y bien atado". La *silhouette* de Franco se superpone sintomáticamente a la de un vampiro que se alimenta de "la sangre, el sudor y las lágrimas" del pueblo español [Imagen 8]. Una comparación entre dos monstruos – el primero parido por la Historia (un

---

[5] Cuarenta años después, su postura no ha cambiado: la transición ha sido una farsa planificada por el antiguo gobierno, que sigue más vivo que nunca (eso sí, tras un escrupuloso cambio de piel).

dictador cuya estrella se está inevitablemente apagando), el segundo por la narrativa gótica decimonónica (un muerto viviente) – que no podría ser más reveladora.

Imagen 7   *Imagen 8*

La secuencia acaba con un lento *travelling* que se acerca al primer plano de la protagonista. En el espacio de este *long take*, Shirley/Rosa Morata se quita finalmente la máscara arquetípica que ha caracterizado el personaje desde el principio y deja que el objetivo de la cámara capture (y retenga) la profundidad de su mirada. Una mirada emocionalmente tocada, que lo dice todo. Una mirada en la que se refleja y condensa la rabia, largamente reprimida, de toda una generación de españoles [Imagen 10]. Sin embargo, tratándose de un "musical pobre, pirata y cachondo", la conmoción de Shirley acaba dejando paso a una sonrisa – no podría ser de otra manera – irreverente y liberadora [Imagen 11]. En la parte superior de este encuadre, encima de la protagonista, Padrós incluye una inscripción (la escena está rodada en el Gran Casino de Terrassa) que celebra la entrada de los nacionales en la *ciutat egarenca* al final de la guerra civil: 26 de enero de 1939 [Imagen 9]. La película acaba allí donde todo empezó. "El cambio se está realizando…", dirá Shirley poco después. En el monólogo que abría la cinta, se preguntaba desconcertada: "¿Será verdad o es solo un sueño?".

Imagen 9

Imagen 10

Imagen 11

BIBLIOGRAFÍA

CARANDO, Valerio (2013), "Antoni Padrós: l'anarchia al potere", en Associazione Vi(s)ta Nova (eds.): *Lucca Film Festival 2013. Catalogo*, Lucca, Vi(s)ta Nova, 35-40.

CARAX, Leos (1979), "Festivals: Hyères", *Cahiers du Cinéma*, 304, Paris, 40-42.

GARCÍA FERRER, Juan Manuel – ROM, Martí (2004), *Antoni Padrós*, Barcelona, Associació d'Enginyers Industrials de Catalunya.

MIRET, Rafel (1975), "Al otro lado del espejo", *Dirigido por...*, 26, Barcelona, 26-30.

PADRÓS, Antoni (2014), "To Maurice Tourneur", *La Furia Umana*, paper#7, Ourense, 13-14.

PERUCHO, Joan (1986), "El món d'Antoni Padrós", en Joan Perucho: *Els miralls*, Barcelona, Edicions de la Magrana, 144-145.

PRIETO, Xose (2012), "El cambio se está realizando...", *Archivos de la Filmoteca*, 69, Valencia, 154-167.

LA ESPAÑA DE LA TRANSICIÓN EN EL CINE

ERZSÉBET DOBOS

Budapest Business School

Resumen: En el ámbito cinematográfico había ya señales de cambio en los años anteriores a la muerte de Franco (por ejemplo, el cine metafórico de Carlos Saura), sin embargo, fue el movimiento contracultural llamado la Movida el que abrió las puertas a la presentación de la España postfranquista. El máximo icono, sin duda, es Almodóvar, pero surge toda una generación de directores jóvenes como Fernando Trueba, Fernando Colomo y muchos más. Entre varias películas emblemáticas de la época quisiera destacar y analizar *El diputado voto del Sr. Cayo* (Antonio Giménez-Rico, 1986), versión cinematográfica de la novela de Miguel Delibes, escrita en 1978, que pretende abarcar toda la complejidad de las primeras elecciones libres, vistas desde una perspectiva de los años ochenta.
Palabras clave: censura, libertad, la Movida Madrileña, cambios

Abstract: In the last years of Franco' s dictatorship there were some directors like Carlos Saura with a different idea about making films both in thematical and artistic terms. Hovever, it was the new cultural underground movement in Madrid which changed dramatically the way of thinking about life, politics and arts in the post- Franco period. Beside of the emblematic figure, of Almodóvar in the cinematography, appeared a new generation like Fernando Trueba, Fernando Colomo and many others. Their works reflect the radical changes carried out in the mentality, society and politics. I would like to highligt the film *Mr. Cayo' s Disputed Vote* (Antonio Giménez-Rico, 1986), adaptation of Miguel Delibes's novel (1978). Both the novel and the film are dealing with the complexity of the first democratic elections.
Keywords: censorship, liberty, cultural movement in Madrid, changes

Para acercarse a un tema tan complejo como la producción cinematográfica española que trata de la Transición, existen numerosos enfoques y un tratamiento del tema obviamente subjetivo. Mi opción ha sido esbozar un panorama superficial pero adecuado para dar una idea sobre la complejidad de la época tratada. Con la intención de ilustrar los cambios en la sociedad, reflejados en el cine, he destacado unos puntos clave que creo importantes para comprender mejor el rumbo que ha tomado el séptimo arte después de la época del franquismo.

1. La atmósfera y el entorno cultural

Para empezar, conviene colocar el cine en un contexto más amplio y explicar el fenómeno de la Movida Madrileña (cabe mencionar que también había Movida en otras ciudades como Vigo y Barcelona, pero la de mayor envergadura es inudablemente la de Madrid). La muerte de Franco, además de los cambios políticos, también abre paso a los cambios en el terreno de la cultura. Este movimiento contracultural, cultura alternativa o de *underground* ya venía preparándose desde los años sesenta, setenta, gracias a la apertura de España. El *boom* de turistas resulta en que se van infiltrando en la dictadura otras mentalidades, formas de vida, costumbres, otros gustos y modelos de sociedad. Los movimientos culturales juveniles y los jóvenes mismos que vienen de países menos anquilosados, más libres, lentamente empiezan a minar las bases sólidas del régimen franquista. Desde noviembre de 1975, en las noches madrileñas, siempre muy activas, las salidas nocturnas de los jóvenes se convierten en una especie de manifestación masiva pacífica y reclaman cambios. Se produce una verdadera explosión y surge un sinfín de nuevas expresiones artísticas. Se crean nuevos programas musicales: *Radio España, Radio Popular, Radio Juventud* y muchos otros. Proliferan los grupos musicales como Alaska y los Pegamoides y otros que tocan música rock, punk, tecno y una gran variedad de subculturas musicales. Las revistas *La Luna, Madrid Me Mata* dan cabida a cronistas icónicos como *Francisco Umbral*, mientras en la televisión salen nuevos programas como *Musical Expréss, Popgrama, La Bola de Cristal* y se llenan los lugares de culto como *Rock-Ola, El Pentagrama* y otros parecidos.

Nadie mejor que el alcalde socialista de Madrid, Enrique Tierno Galván comprende la euforia que vive la capital, la necesidad de nuevas formas de expresión y comportamiento. El viejo profesor humanista hasta escribe un estudio psicológico sobre la cultura marginal juvenil y ofrece apoyo político a esta cultura alternativa. "El que no esté colocado que se coloque. Queremos que Madrid sea una ciudad viva. Y la viveza de Madrid depende en gran parte de la viveza de estas plazas que estamos recobrando para el pueblo, para esta gente alegre y satisfecha. Y para la gente que no está satisfecha pero no ha perdido la alegría, para el que quiere divertirse y vivir Y que nadie lo vea mal que las muchachas y los muchachos puedan abrazarse y puedan besarse sin que se diga que es deshonestidad. Hay más deshonestidad en los que los miren que en los que lo hacen. [...] Estamos intentando luchar sobre todo contra la droga. Pero hay dos clases de droga. Hay una droga física y otra que está compuesta por hierbas, tóxicos, y otra droga moral. Los jóvenes están padeciendo por una inmensa incomprensión moral.[...]" (Tierno Galván, 10-11-2015).

En el ámbito de La Movida Madrileña el máximo icono, sin duda, es Pedro Almodóvar. El exempleado de Telefónica irrumpe en la vida pública como travestí y junto con Fabio tocan música con letras "francamente salvajes", como comenta él mismo en una entrevista televisiva. Su personalidad extravagante refleja un momento único de la atmósfera libre y frívola de Madrid que pronto trasladará a las primeras películas de su carrera como cineasta. Desde el primer momento, su cine será fácilmente identificable: el modelo Almodóvar siempre cuenta con elementos de historias imposibles, el estrés de la ciudad, temas que antes eran tabú, homosexualidad, melodrama, a veces humor y una dosis de surrealismo. Se le atribuye el descubrimiento de sus actrices fétiche como Carmen Maura, Penélope Cruz y muchas más. Se suelen calificar sus películas como "cine tipo gay" en el que abundan personajes masculinos homosexuales, travestís o transgenerados cuya presencia siempre se justifica con el mensaje del drama. También es inclemente con la religión, la iglesia y otros conceptos considerados anticuados y nocivos como la educación, la hipocresía en la familia y otros. Es una lástima que la originalidad, la gracia, la ingeniosidad, la crítica violenta, pero al mismo tiempo sofisticada del inicio de su carrera vayan disminuyendo y ajustándose a un gusto cada vez menos artístico y más comercial (véase, por ejemplo, el trailer de la película *Entre tinieblas*, Almodóvar, 1983).

2. La esfera privada

En la Transición ha surgido toda una nueva generación de cineastas: directores noveles, jóvenes desconocidos que inician su carrera en la Transición y con ellos, llega una nueva generación de actores y actrices. Pero donde se produce el cambio más radical, válido para todos los directores, es en la nueva temática: la introducción y proliferación del tema de la droga, el nuevo enfoque de las relaciones familiares, el cambio de familia modelo, una nueva visión y nuevas normas en las relaciones de pareja, las relaciones extramaritales, el divorcio, la transexualidad, etc. También en la pantalla gana terreno el protagonismo de los jóvenes, su mundo, sus problemas y conflictos en un nuevo entorno político y social. Como nuevo género, surge también la nueva comedia con gusto por lo anecdótico, fuera de lo común, que se vale de nuevos recursos como el lenguaje juvenil, un vocabulario familiar y la abundancia de tacos; por otra parte, los desnudos, la violencia y la sexualidad explícita para algunos directores se convierten en accesorios imprescindibles. No pretendo enumerar a todos los directores, maestros en dar una imagen real sobre los cambios de la Transición (coetáneamente o a posteriori) pero sí, creo que por una u otra razón, unos deben ser destacados.

Uno de ellos es Iván Zulueta, de carrera atípica. Basándose en su experiencia americana, este director, guionista y diseñador realiza cine experimental a partir de los años 70: muchos cortos y sólo dos largometrajes. El segundo, *Arrebato* (1979), cine de autor, mezcla de drama y terror, con una nueva forma de narrativa cinematográfica y envuelto en el mundo de la droga, levantó mucha polémica, pero al mismo tiempo se convirtió en una película de culto para el público intelectual.

La ópera prima de Fernando Colomo, *Tigres de papel* (1977), fue una gran revelación, seguida por otro título: *¿Qué hace una chica como tú en un lugar como éste?* (1978), también taquillero. Ambas películas abordan el nuevo fenómeno de la mujer separada con hijo, con un marido comprensivo en la primera y otro violento en la segunda, deambulando en el Madrid de la Movida, en bares y clubs de música underground con la omnipresencia de la droga.

A partir de 1975 las películas de Eloy de la Iglesia empiezan a abordar la temática sexual y homosexual: *La otra alcoba* (1976), *Los placeres ocultos* (1977), *El sacerdote* (1978), *El diputado* (1978), a la que se añaden después los temas de la marginación, la delicuencia juvenil y las drogas. Las películas del director – basadas en parte en sus propias experiencias – tienen gran valor documental por el retrato del lado oscuro de la atmósfera de las ciudades de los años 80, incluídas las víctimas de las sobredosis de drogas y de la violencia.

El mundo y los conflictos que se desprenden de la Transición, Fernando Trueba los plantea en comedias, por lo tanto con tono menos sombrío. La rapidez de los cambios políticos y sociales confunde a los jóvenes, las relaciones de pareja a la antigua ya no valen. Es tiempo de crear nuevos modelos, pero los protagonistas de *Ópera prima* (1980) y de *Sé infiel y no mires con quién* (1985) parece que no son lo suficientemente maduros para asumir responsabilidades.

No sólo por ser galardonado con el primer Óscar de Hollywood a la mejor película de habla no inglesa, otro cronista consagrado de los cambios de la sociedad española es José Luis Garci. *Asignatura pendiente* (1977) proyecta la transformación de las relaciones matrimoniales hechas ya realidad en *Asignatura aprobada* (1987). El locutor de radio de *Solos en la madrugada* (1978), joven testigo directo del cambio radical, trasmite una visión más amplia y más detallada de las alegrías, dudas, los temores del día a día de los españoles promedio, mientras *Volver a empezar* (1982) está dedicada a "una generación interrumpida" exiliada después de la Guerra Civil.

3. El escenario político

Para tener una idea más o menos completa y – dentro de lo que cabe – más realista sobre la Transición, uno debe colocarse en el contexto de la época. Sentir la atmósfera llena de la euforia de la libertad, el reto de hacer algo nuevo, tener inmensas ganas de cambiar la sociedad, pero al mismo tiempo estar preocupado por tener dudas a la hora de actuar siempre correctamente. Éstas son las principales cuestiones que ocupan a Miguel Delibes al escribir la novela en las vísperas de las primeras elecciones democráticas, en 1977, y a Antonio Giménez-Rico al realizar la versión cinematográfica de *El disputado voto del señor Cayo* (1986).

A diferencia del resto de la trayectoria de Delibes, esta novela surge en pleno proceso de la Transición y consigue captar lo esencial de las fuerzas políticas en juego y sus métodos de que valen para convencer. Por una parte, están las de izquierda, representadas por jóvenes militantes, mientras que, por el otro lado, aparece un grupo de ideología contraria: "los fachas" de derechas que no están dispuestos a aceptar los cambios y en interés de conseguir votos, recurren a la violencia e intimidación.

El "trío urbano" está compuesto por Víctor, profesor universitario, político comprometido quien había pasado 7 años en la cárcel; Laly, una joven intelectual sin experiencia de militancia pero llena de entusiasmo, ideas y voluntad para cambiar el mundo; y Rafa, un chico cínico e indiferente, conductor del coche en que viajan hacia los pequeños pueblos de Burgos.

> "[…] Rafa: Y ¿de qué va ir hoy el rollo?
> Víctor: De lo de siempre : por lo de pronto, de pensiones y seguro social. Esta tierra es de emigración fuerte. Sólo encontraremos niños y viejos. Abandono social, esctructuras medievales y bajo precio de productos agrícolas.
> Laly: ¿ Y yo? ¿Por qué no de la equiparación de la mujer?
> Víctor: Esta gente en estas montañas desconoce estos asuntos.
> Laly: ¡Estamos en 1977! Es hora de que se enteren, ¿no?
> Víctor: Estoy de acuerdo contigo. Pero hay que darle tiempo al tiempo. […]
> Laly: ¡También tú eres machista! Hay que cambiar la mentalidad de una sociedad patriarcal. ¿Cómo el coño van

a llegar a las Cortes así? Así los derechos fundamentales no se van a legislar [...] Lo que pasa es que en el fondo el 99% de vosotros sois machistas y punto.... [...]" (Giménez-Rico, 1986: Tema 10).

Los tres quedan profundamente impresionados por el sr. Cayo, un hombre de 83 años, con toda la sabiduría ancestral, orgulloso de su tierra y de la de sus antepasados. Dotado de un profundo sentido de humor, tranquilo y contento con lo que tiene en aquel ámbito rural, dice "pero yo no soy pobre" ante la incredulidad de sus visitantes.

"[...] Laly: ¿No tienen ustedes televisión?
Sr. Cayo: ¿Televisión? ¿Y para qué queremos nosotros televisión?
Laly: Qué sé yo. Para entretenerse un rato.
Rafa: ¿Y radio? ¿Tampoco tienen ustedes radio?
Sr. Cayo: Tampoco. No, señor. ¿Para qué?
Rafa: Joder, para qué. Para saber en qué mundo viven.
Sr. Cayo: ¿Es que piensa usted que el señor Cayo no sabe en qué mundo vive?
Rafa: Así pueden pasar meses sin que usted oiga una voz humana.
Sr.Cayo: No señor, eso tampoco. Los 15 de cada mes baja Manolo de Coca Cola. Baja de Palacios, en Marcos todavía hay cantina. Aquí no entra, no. Pero yo bajo al cruce y allí echamos un párrafo.
Laly: Pero vamos a ver. Usted a diario, en invierno ¿qué hace? ¿Lee?
Sr. Cayo: No señor, no. Eso, ella.
Laly: Pero si usted no lee, no oye radio, no ve televisión ¿qué hace en invierno?
Sr. Cayo: Pues labores no faltan.
Laly: ¿Y si se pone a nevar como hoy?
Sr. Cayo: Miro caer la nieve.
Laly: ¿Y si nieva quince días?
Sr. Cayo: Un mes. Aquí me siento al fuego a esperar que se descampe.
Laly: Pero mientras aguarda, en algo pensará usted ¿no? Digo yo.
Sr. Cayo: Pensar. ¿Pensar? ¿En qué quiere usted que piense?
Laly: Qué sé yo. En el huerto, en las avejas, en algo.
Sr. Cayo: Que si me da un mal, me muero aquí.

Rafa: Alucinante.[...]" (Giménez-Rico, 1986: Primer fragmento).

En el camino de vuelta, hacen una parada para tomar algo. Cada uno a su manera, profundamente impresionados por lo que acaban de ver, y aún más, por la filosofía del señor Cayo, y también bajo el efecto de un par de copas, surge una discusión. El impacto de la personalidad, la firmeza, el carácter decidido y la visión mucho más realista que la de ellos les confunde, planteándoles dudas de lo que antes estaban convencidos, les obliga a reconocer el fracaso y repensar el problema del medio rural abandonado. "[...] Ese hombre... no nos necesita. ¿Te das cuenta? ¿Con qué derecho pretendemos sacarlo de su medio para meterlo donde estamos todos? [...] ¿Sabes qué te digo yo? Nosotros, los listillos de la ciudad hemos apodado a estos tíos como burros con el pretexto de anacronismo. Y ¿qué va a ocurrir? ¿Qué va ocurrir cuando en este podrido mundo nadie va a ser capaz de decir a qué sirve la flor de sauco? [...]" (Giménez-Rico, 1986: Segundo fragmento).

4. El mensaje de la Transición

El monólogo final del título ya aludido *Solos en la madrugada* de 1977 es la perfecta radiografía del momento: por una parte resumen de acabado, y por la otra, programa para el futuro de la esencia de todos los cambios: las concluisones del caso de España, igual son universales y válidas para todas las transiciones: "[...] Hoy también se acaba "Solos en la madrugada". Se acaba por esta temporada. Pero van a acabarse para siempre la nostalgia, el recuerdo de un pasado sórdido, la lástima por nosotros mismos. Se acaba una temporada que ha durado unos hermosos 38 años. Estamos en 1977. Somos adultos. A lo mejor un poquito contrahecho, pero adultos. Ya no tenemos papá, somos huérfanos, gracias a Dios. Estamos maravillosamente desamparados ante el mundo. Bueno, pues, hay que enfrentarse al mundo. Tenemos que convencernos que somos iguales a esos de Suecia, Francia, Inglaterra. "En septiembre ya nos nos vamos reunirnos por la madrugada para contarnos las penas, para mirarnos el ombligo, para sentirnos mártires, para sufrir. No. De aquí adelante, aunque sigamos minusválidos, vamos a intentar luchar por lo que creemos que hay que luchar. Por la libertad, por la felicidad, por lo que sea. Hay que hacer algo ¿no? ¡Para una cosa hay que servirnos ese cambio, digo yo! ¡Vamos a cambiar de vida! [...] Plantarse. Hay que comprometerse con uno mismo. Hay que tratar de ser uno mismo. Hay que ir a las libertades personales. Se ha terminado eso de ser víctimas de la vida... Hay que empezar a tratar de ser libres. Yo también quiero ser libre. No tener que mentirme tanto. Sé que tengo que hacer algo. A lo mejor escuchar. Escuchar más a la gente. Hacer un programa de radio para los adultos. Hablar de las cosas de hoy porque no podemos hablar cuarenta años más de los cuarenta años. No soy político ni sociólogo. Pero creo que lo que deberíamos hacer es darnos la libertad los unos a los otros. Aunque sea una libertad condicional pero hay que empezar. Yo creo que podemos hacerlo. Pues sí. Vamos. No debe preocuparnos que nos cueste en el principio, porque lo importante es que al final habremos recuperado la convivencia, el amor, la ilusión. Pero no cabe duda y todos sabemos que tal como vivimos, vamos fracasando. Vamos, vamos a intentar algo nuevo, algo mejor. Vamos a cambiar la vida y vamos a empezar por nosotros mismos" (Garci, 1978: Final).

Los españoles lo han hecho. Basta con ver cine, el reflejo – aunque imperfecto, parcial y subjetivo – de la sociedad. ¿Y nosotros?

BIBLIOGRAFÍA

ALMODÓVAR, Pedro (1983), *Trailer de Entre tinieblas*, asequible en: http://www.youtube.com/watch?v=9qUkrgKbhDc, fecha de la consulta: 10 de noviembre de 2015.

TIERNO GALVÁN, Enrique, *La Movida Madrileña*, asequible en: http://www.youtube.com/watch?v=jO6LRfEYhwU, fecha de consulta: 10 de noviembre de 2015.

GARCI, José Luis (1978), *Solos en la madrugada*, Final, asequible en: http://www.youtube.com/watch?v=JneufsU2m6Y, fecha de consulta: 10 de noviembre de 2015.

GIMÉNEZ-RICO, Antonio (1986), *El disputado voto del señor Cayo*, Tema 10, asequible en: http://www.youtube.com/watch?v=ifLb8sR5Jy0, fecha de consulta: 10 de noviembre de 2015.

GIMÉNEZ-RICO, Antonio (1986), *El disputado voto del señor Cayo*, Segundo fragmento, asequible en: http://www.youtube.com/watch?v=FQWLR0MC3pQ, fecha de consulta: 10 de noviembre de 2015.

UNA TRANSICIÓN PARALIZADA. "APERTURA DEMOCRÁTICA" Y CINE EN MÉXICO, 1970-1976

IRIS PASCUAL GUTIÉRREZ[*]
Universidad de Valladolid

Resumen: El proceso de transición a la democracia en México ha sido, probablemente, uno de los más singulares entre los acaecidos en las últimas décadas del siglo XX, tanto por su larga duración como por la peculiaridad del autoritarismo mexicano. Aun cuando no existe un consenso completo al respecto, 1968 es una fecha crucial para la ruptura del sistema político imperante en aquellos momentos. El propósito de esta comunicación es analizar la conocida como "apertura democrática" implementada por el presidente Luis Echeverría (1970-1976) en respuesta a la crisis ocurrida en 1968. Abordaremos este fenómeno desde un punto de vista cinematográfico: el cine impulsado por el Estado durante estos años, y la reforma del mundo del cine entendida como una parte de la reforma política. Para ello trataremos las siguientes cuestiones. En primer lugar, una definición somera del contexto mexicano en 1970. Seguidamente, una panorámica de las principales características de la "apertura democrática", señalando sus alcances y limitaciones. A ello le seguirá un estudio del programa oficial respecto al cine. Y, finalmente, un repaso de las principales temáticas de las películas patrocinadas por el Estado en estos años. A este respecto queremos incidir con especial fuerza sobre el cine ambientado en el pasado, ya sea reciente o no, puesto que estas películas fueron el principal vehículo para difundir una imagen renovada del poder político, dando a entender que el gobierno de Echeverría constituía el inicio de una nueva etapa caracterizada por la superación del autoritarismo.

Palabras clave: "apertura democrática", cine mexicano, Luis Echeverría, "desarrollo estabilizador", movimiento estudiantil de 1968

Abstract: Democratic transition in Mexico has been, probably, one of the most singulars in last decades, because of its long duration and the

---

[*] Becario FPI-UVa

particularities of Mexican authoritarianism. Although there´s no a complete agreement, 1968 is a central date for its breakdown. This paper´s aim is to analyse the so-called "democratic opening" driven by President Luis Echeverría (1970-1976) in response to 1968´s crisis. We´ll approach this phenomenon from a cinematographic point of view: state-promoted films and the reform of cinema´s universe as part of political reformism. For that, we will tackle of the following issues. At first, a short definition of Mexican context in 1970. Then, an overview of the "semocratic opening´s" main features, including its scope and limitations. This point will be followed by a study of the official program in the cinema. And finally, a review of the main topics that appeared at state-sponsored films during those years. In this regard, we want to insist in films setting in past, recent or not, because these movies were the main vehicle in order to spread a political power new image, and they suggested that Echeverría´s government was starting a new age, defined by overcoming authoritarianism.

Keywords: "democratic opening", Mexican cinema, Luis Echeverría, "stabilizer development", student´s movement of 1968

1. México, 1970. Un país en la encrucijada

A la altura de 1970 el fin de la bonanza económica y de la estabilidad política, dos de los rasgos definitorios en la evolución de México durante las décadas centrales del siglo XX, situaban al país ante un auténtico "fin de época" (Cosío, 1974:15). El proceso de centralización política y de – desigual – auge industrial que desde la década de 1930 experimentó esta nación norteamericana fue en gran medida posible gracias a un sistema autoritario de corte "populista" sustentado en una imperfecta separación de poderes y en un federalismo diluido, en la confusión entre la jefatura del Estado y del gobierno y en el monopolio de la vida política por un partido (el Revolucionario Institucional, encabezado por el propio presidente) que gozaba de una relación privilegiada con sindicatos, medios de comunicación, etc. Si bien es cierto que tanto las instituciones como los diversos grupos sociales gozaban de una relativa autonomía de acción (Durand, 1993:52-53).

Este modelo autoritario había venido enfrentando crisis y oposiciones desde 1958. El excesivo centralismo, la falta de pluralidad política, la escasa independencia en sindicatos y asociaciones estudiantiles o la austeridad presupuestaria participaron, en mayor o menor medida, en las protestas lideradas por los trabajadores ferrocarrileros entre 1958 y 1959, en la eclosión de una incipiente sociedad civil encarnada en Salvador Nava y la

Unión Cívica Potosina (1958-1961) o en el nacimiento de activos grupos de oposición en Guerrero o Chihuahua, devenidos a partir de 1965 en focos guerrilleros. Todos ellos duramente castigados por las autoridades, ya sea mediante la acción policial o militar, bien mediante el fraude electoral (Krauze, 1997:218-343).

Con todo, ninguna de estas muestras de descontento alarmó a las autoridades como lo hizo el movimiento estudiantil de 1968. El 22 de julio el enfrentamiento entre alumnos de dos escuelas universitarias de la Ciudad de México fue violentamente disuelto por la policía. A partir de este momento los estudiantes capitalinos se organizaron en comités y asambleas que supusieron una experiencia participativa inédita en la vida política mexicana reciente. Sobresalió la acción del Consejo Nacional de Huelga, que lanzó a las autoridades una serie de reivindicaciones entre las que se aunaban medidas en favor de la libertad de expresión y la democracia con otras más radicales impulsadas por los sectores de izquierda. Las manifestaciones, cada vez más multitudinarias, fueron reprimidas con fuerza creciente hasta llegar al 2 de octubre de 1968, cuando la intervención del ejército y la policía en un mitin en la plaza de Tlatelolco se saldó con entre 200 y 300 muertos. Aunque este episodio respondió también a estímulos no estrictamente relacionados con el sistema político (rebeldía generacional, mala situación interna de la universidad, incapacidad de la economía para absorber en condiciones laborales satisfactorias al número creciente de titulados, etc.), es ampliamente aceptado por la comunidad historiográfica como un hito axial en el proceso de democratización de México (Loaeza, 1993:17).

Una de las mayores peculiaridades del movimiento estudiantil de 1968 (y una de las razones por las que su desarrollo inquietó sobremanera a las autoridades) fue que "abría una grieta en el sistema político mexicano por donde éste menos los esperaba: en la zona de sus mayores beneficiarios, los hijos de la clase media" (Krauze, 1997:391). Es decir, que a pesar de no lograr conectar con las masas obreras y campesinas sujetas al sindicalismo oficial, aglutinó a un sector social muy determinado: las clases medias urbanas con formación superior, el segmento más beneficiado por la evolución socio-económica de México desde que el país se abrió definitivamente al capital extranjero en los años 1940. A la superación de esta brecha se aplicará durante su mandato el presidente Luis Echeverría (1970-1976).

2. La "apertura democrática" de Luis Echeverría

El reformismo echeverrista se orientó en varias direcciones. En el ámbito económico, el "desarrollo estabilizador" (1952-1970), caracterizado por la contención del gasto público, las facilidades al gran capital y la subordinación del medio rural a las políticas de industrialización (Gallo – Sandoval, 2001:152-154), dejó paso en este sexenio a un nuevo modelo, el denominado "desarrollo compartido". Éste aspiraba a revalorizar el agro mexicano y a equilibrar el peso de las grandes empresas y el capital internacional, pero fracasó por factores como el excesivo gasto público (generador de inflación), la corrupción o el impacto de la crisis económica de 1973 sobre el sector exportador (Gallo – Sandoval, 2001:191-195). Otro rasgo que desmarcó a Luis Echeverría de las líneas de acción política y social de décadas anteriores fue la nueva orientación en política exterior. El conservadurismo y anticomunismo propios de la gestión de Gustavo Díaz Ordaz (1964-1970) dieron paso a una diplomacia cuyos rasgos más sobresalientes fueron el apoyo brindado a la Unidad Popular chilena o el énfasis puesto en la reorganización de las relaciones entre las naciones bajo principios más justos y equitativos. En esta órbita se enmarca la Carta de Deberes y Derechos Económicos de los Estados, presentada por México en la Asamblea de la CNUCYD, celebrada (precisamente) en Chile en abril de 1972 y que fue adoptada por la Asamblea General de la ONU en diciembre de 1974 (Shapira, 1978:71-79).

Estas medidas, entre otras como una mayor libertad de prensa, relativa independencia sindical, facilidades para los partidos de oposición, etc., más allá de su importancia en sí mismas, aspiraban a hacer el gobierno Echeverría asimilable a los sectores más contestatarios de la sociedad, especialmente a los movilizados en 1968. Por esta razón, el principal marco de realización de las políticas diseñadas por la administración para entablar diálogo con los descontentos del 68 fueron las instituciones de educación superior. Durante su mandato el Estado dejó de lado las actitudes represivas esgrimidas en años previos y trató de reforzar su influencia sobre las universidades mediante medidas más amables, como el respeto de la autonomía de los centros o importantes inversiones (Latapí, 1980:155-217). A ello se le sumó una generosa oferta de puestos académicos, funcionariales e incluso diplomáticos orientada a una intelectualidad que – en general – se avino a apoyar a Echeverría (Krauze, 1997:402-406). Amplias capas del mundo académico entendieron que su gestión anunciaba una ruptura respecto al autoritarismo represor de Díaz Ordaz y una vuelta al agrarismo de inspiración cardenista, tras décadas de política económica construida en torno al beneficio empresarial.

Sin embargo, la continuidad de la violencia policial (con episodios como el ataque a estudiantes de oposición durante el "Jueves de Corpus", 10 de junio de 1971) ahondó la brecha existente entre las instituciones y las nuevas generaciones crecidas durante las décadas de expansión económica (Krauze, 1997:407). Ésta será especialmente fuerte entre los grupos más escorados a la izquierda. A su entender, las promesas presidenciales de democratización y justicia social apenas ocultarían la continuidad en lo esencial respecto a décadas anteriores.

En conclusión, el proyecto político de Luis Echeverría, definido por las propias autoridades como "apertura democrática", contenía hallazgos reales. Pero la recuperación de políticas inspiradas en la etapa de Lázaro Cárdenas (1934-1940) o el desarrollo de cauces de entendimiento con los partidos de oposición no debe confundirse con un ideario de esencias democráticas. El objetivo de los nuevos gestores no fue atender las voces que pedían mayor libertad política o sindical sino, por el contrario, reforzar los lazos de naturaleza corporativa que sustentaban el autoritarismo mexicano. Adaptándolo – eso sí – a los profundos cambios sociales que México había venido conociendo desde los años cuarenta y reafirmando la promesa de movilidad social a las clases medias universitarias. Y en el que la represión hacia la oposición seguiría vigente. El carácter ambiguo, reformista pero esencialmente autoritario, de este proyecto queda, en nuestra opinión, sintetizado en el análisis que Julio Labastida dedicó a la primera mitad del sexenio: "en lo que se refiere a la "apertura", tan equivocados están los que pensaron que los cambios serían puramente oratorios, como aquellos sectores de izquierda que creyeron que ésta implicaba la tolerancia a cualquier intento de organización y movilización independiente de las clases trabajadoras" (1974:III).

3. Estado y cine en México entre 1970 y 1976

Dentro de esta política de reacomodo del autoritarismo las medidas adoptadas respecto al cine ocuparon un lugar no menor.

En este sentido es necesario considerar que la influencia del Estado sobre esta industria ha sido siempre fuerte, al menos desde que existe como tal, es decir, en la segunda mitad de los años treinta (Peredo, 2012:76). Esta relación se vio fortalecida en los años inmediatamente posteriores a la Segunda Guerra Mundial con la creación de instituciones y foros como el Banco Nacional Cinematográfico (principal proveedor de financiación orientada a las productoras privadas) o la Comisión Nacional Cinematográfica (que articuló la relación entre Estado, mundo empresarial y sindicatos del ramo según principios corporativos), ambos en 1947 (Peredo, 2012:96). En todo caso, y a pesar del control creciente sobre la financiación y del establecimiento de reglamentos censores estrictos, la voluntad del Estado mexicano nunca fue controlar por completo la industria cinematográfica. Más bien ejercer como garante de la rentabilidad de los productores privados. Por ello, la intervención pública se hacía especialmente evidente en los momentos de crisis (Ruy, 1981:46-48).

Crisis como la que asolaba al cine mexicano en 1970. El descenso en la calidad y sus consecuencias directas, la pérdida de públicos (tanto nacionales como en los principales mercados suramericanos) y el declive de la producción, eran una realidad desde la segunda mitad de los años cuarenta. Pero se hicieron especialmente evidentes a comienzos de la década de 1960 (Costa: 1988:57-58). Para revertir esta degradación artística y económica, en septiembre de 1970 Rodolfo Echeverría, hermano del aún presidente electo, fue nombrado director del BNC (De la Vega, 2012: 229). Su proyecto se articuló en torno al aligeramiento – que no desaparición – de la censura; en el impulso a las productoras que aspiraban a realizar cine industrial rentable pero de calidad y en el que se abordaran temáticas, ambientes, etc. renovadores (desde 1966 habían nacido varias casas guiadas por estos principios); y en la promoción de una nueva generación de cineastas jóvenes, con formación específica y que entendían la figura del director como "autor" de obras personales y no sujetas a las necesidades económicas del productor. Muchos de ellos se habían iniciado en el oficio en la década de 1960, al margen de la industria o en los diferentes concursos y certámenes que los sindicatos del medio y las autoridades promovieron. Entre 1971 y 1976 Arturo Ripstein, Alberto Isaac, Jaime Humberto Hermosillo, Felipe Cazals, Jorge Fons… realizaron películas dotadas de una mejor calidad técnica y artística que en épocas precedentes y en las que fue posible tratar problemáticas sociales con mayor libertad y sinceridad (García Riera, 1998:278). Asimismo, su labor fue amparada por la crítica cinematográfica heredera del colectivo Nuevo Cine (1961). Sin embargo, aunque ideológicamente distantes de la esfera oficial, estos cineastas respaldaron con su obra y sus declaraciones el discurso gubernamental. De esta forma, a partir de 1971, el cine mexicano se convertirá en una de las principales expresiones (en tanto uno de los pocos campos donde se apreció una mayor autonomía), al tiempo que agente de difusión y convencimiento de la "apertura democrática" (Costa, 1988:72).

Esta filtración de mensajes en clave oficial en las películas es inseparable, a nuestro entender, del proceso de nacionalización que afectó durante estos años a la industria cinematográfica mexicana. En teoría el proyecto de Rodolfo Echeverría se apoyaba en el estímulo a la producción privada, focalizada en las empresas que compartían su ideario: estímulo de la calidad y más libertad para el director. Por ello, ahondó en la línea que el Banco había iniciado a mediados de los sesenta: financiación de menos películas pero de mayor presupuesto. Pero este esquema hizo que los productores más tradicionales se alejaran paulatinamente de esta actividad, ya que su margen de ganancias (sustentado en el cine de baja inversión, mala calidad y orientado a los públicos más populares) se veía limitado. La retórica izquierdista y en ocasiones antiempresarial emanada de Los Pinos contribuyó a este retraimiento, que las productoras de nuevo cuño no pudieron equilibrar (además de verse afectadas, al igual que las tradicionales, por la mala situación económica general). La suma de todo ello hizo que, desde 1972, el Estado debiera afrontar una participación creciente en la producción de películas (De la Vega, 2012:234). A partir de 1975 esta tendencia se agudizó. El 22 de abril de ese año, durante la entrega de los premios *Ariel* a las mejores películas de 1974, Luis Echeverría amonestó gravemente a los empresarios privados, tachando su alejamiento de la producción de antipatriótica e irresponsable. Igualmente, anunció que salvo excepciones el crédito público se canalizaría únicamente hacia empresas gubernamentales y cooperativas de trabajadores (García Riera, 1995:117). El resultado fue "la virtual estatización del cine nacional en un país no gobernado por comunistas" (García Riera, 1998:278), dinámica que puede apreciarse en el cuadro adjunto, con cifras del mismo autor (1998:279).

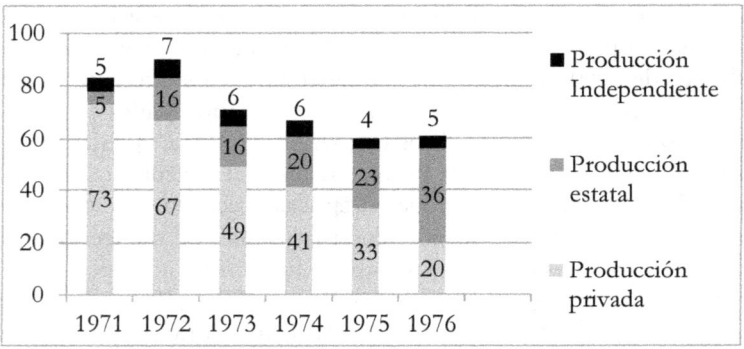

4. La retórica gubernamental en el cine mexicano ambientado en el pasado. Algunos ejemplos

Veamos ahora una muestra de cómo el cine mexicano realizado entre 1971 y 1976 recogió el discurso oficial del sexenio y lo difundió (con éxito variable) entre la sociedad. Desde luego, el conjunto de la producción cinematográfica, incluyendo las películas de producción privada y aquellas realizadas al margen de los canales de financiación, distribución y exhibición dependientes del BNC, fue permeable a la retórica echeverrista (aunque fuera para denostarla). Sin embargo, hemos entendido que para nuestro propósito, para mostrar la implicación entre reformismo en general y reformismo cinematográfico en particular, el principal campo de análisis ha de ser las películas financiadas total o parcialmente por el Estado. Entre estas vamos a atender a aquellas que sitúan su acción en el pasado y señalaremos cómo lo emplean para reflexionar sobre cuestiones políticas, económicas, culturales o sociales del presente, siempre de acuerdo con los principios del discurso gubernamental. De esta forma, hemos podido definir tres grupos o categorías: el que llamaremos "género histórico tradicional", el cine "sobre represión" y la crítica social ambientada en épocas reciente.

No descubrimos nada cuando afirmamos que el "presentismo", la acción de "trasladar concepciones y formas de vida del presente al pasado, de forma que se los pretende desarrollar en ambientes en los que no existían" (Hueso, 2009:88), es consustancial al cine histórico tradicional[1]. Pero esta trasposición en ocasiones llega a ser excesiva, deformando completamente los personajes reales y hechos acaecidos que pudieran aparecer en pantalla. Sería el caso de *Aquellos años* (Felipe Cazals, 1972). Estamos ante una cinta poco estudiada, denostada por la crítica y en parte fallida para su propio director (García Tsao, 1994:97-110). No obstante, en nuestra opinión, constituye uno de los productos culturales más relevantes del sexenio echeverrista, ya que permite apreciar la penetración de la retórica oficial en el cine con anterioridad a 1975. La película narra la historia mexicana entre 1857 y 1867, tomando como eje la figura de Benito Juárez. Su lucha contra el conservadurismo autóctono y contra Francia no sólo se presenta como un brillante jalón en la historia nacional, de acuerdo con las lecturas más tradicionales de la misma (Hale, 1996:826-827). También como un sinónimo de la oposición de los países del Tercer Mundo a las políticas estadounidenses contemporáneas, con alusiones directas a la situación de Chile en 1972 o a la Guerra de Vietnam. Al identificar a Juárez con la retórica "tercermundista" defendida por las autoridades mexicanas entre 1970 y 1976, esta película (creemos) buscaría fortalecer la legitimidad de Luis Echeverría en dos direcciones. Por un lado, incidiendo en los rasgos teóricamente más progresistas de su gestión. Teóricamente porque la asunción de algunas banderas propias de la izquierda (antiimperialismo, dependencia, etc.) aspiraba sobre todo a desarmar ideológicamente a las clases medias intelectuales más contestatarias por vía de incorporar sus inquietudes a la agenda pública. Y, por el otro, presentando las políticas adoptadas en este sentido como continuadoras de antecedentes históricamente prestigiosos.

Aunque, como vemos, la retórica gubernamental está asentada en el cine mexicano durante la primera mitad del sexenio, será entre 1975 y 1976 cuando se consolidaron dos líneas narrativas de capital importancia para entender el papel que las autoridades dieron al cine como agente difusor de su mensaje de renovación y "apertura": el cine "sobre represión" y la crítica

---

[1] Con este término nos referimos a películas (generalmente) dotadas de un elevado presupuesto y una buena ambientación y que hacen del pasado un mero marco para tramas ficticias; o bien que sí abordan un hecho realmente acontecido, cediendo el peso de la narración a personajes históricos, pero lo hacen de acuerdo a las líneas maestras del discurso político y/o historiográfico dominante en el momento en que se filmaron.

social ambientada en el pasado reciente. Ambas, con diferencias de matiz, coincidirían en denunciar una serie de elementos negativos (represión política como línea argumental principal o secundaria, inequidad económica, corrupción, etc.). Pero subrayando siempre que se trata de realidades propias del pasado que la administración echeverrista estaría esforzándose por erradicar, para conducir al país a una nueva etapa caracterizada por el avance hacia la democracia y mejores condiciones de vida.

Alberto Ruy Sánchez (1981:94-101) denominó cine "sobre represión" a las películas realizadas a raíz del golpe de Estado acaecido en Chile en 1973, caracterizadas en lo estético por su dependencia respecto de los modelos de representación *made in* Hollywood (especialmente en lo tocante al uso del "chorro de sangre" como elemento dramático) y en lo temático por narrar el surgimiento y desarrollo de movimientos sociales progresistas, finalmente aplastados por una suma de poderes económicos, políticos y militares de carácter reaccionario. Para este autor, estas cintas (situadas tanto en México como en otras latitudes y en el pasado lejano como en fechas recientes) vehicularían un discurso netamente conservador: si el espectador desea evitar que en México se den regresiones autoritarias como las mostradas en pantalla, es necesario un apoyo irrestricto al reformismo gubernamental. Algunos ejemplos en este sentido serían *Cananea* (Marcela Fernández, 1976) y, sobre todo, *Actas de Marusia* (Miguel Littin, 1975). La primera narra el desarrollo de una huelga minera en el norte de México en 1906, considerada uno de los antecedentes de la Revolución de 1910; la segunda, dirigida por un exiliado chileno, plantea un paralelismo entre la represión de una huelga socialista en las minas del salitre del norte de Chile hacia 1907 y el golpe de Estado encabezado por Augusto Pinochet.

Por su parte, el marco cronológico 1940-1970 y la ausencia (o un papel secundario) de la represión gubernamental caracterizarían al cine de crítica social ambientado en el pasado reciente. La "apertura" no acabó con la censura cinematográfica pero sí la aligeró, permitiendo a los cineastas abordar con financiación pública cuestiones socialmente sensibles y que hasta entonces habían permanecido alejadas de los circuitos mayoritarios: la pobreza rural, el caciquismo, el fanatismo religioso o incluso, incidentalmente, el propio movimiento estudiantil de 1968. Pero estas realidades se abordaron siempre dentro de unas coordenadas cronológicas bien marcadas: el periodo 1940-1970. Esto se debe a que la rehabilitación (más retórica que real) del agrarismo cardenista, entendido como expresión de los valores originales de la Revolución mexicana en oposición al "desarrollismo" (1940-1952) y al "desarrollo estabilizador", fue uno de los ejes sobre los que pivotó el discurso de las autoridades entre 1970 y 1976. Bajo estas coordenadas podemos entender *Canoa* (1975) o *Las Poquianchis* (1976). Dirigidas por Felipe Cazals y basadas en hechos reales, denunciaron respectivamente el conservadurismo retrógrado imperante en amplias zonas del país a la altura de 1968 y las consecuencias nefastas para el mundo rural de las políticas económicas implementadas a partir de 1940.

5. Algunas conclusiones

El programa reformista de Luis Echeverría fue en líneas generales exitoso, ya que el gobierno pudo reconducir y reintegrar a sus zonas de control a gran parte de las sensibilidades opositoras nacidas en los sesenta. No en balde Jorge Castañeda (1999:348) afirmó que "el sistema le debe treinta años de vida a Echeverría: sin su intento de renovación y apertura, sin su afán impetuoso de cambio, no es seguro que el sistema hubiera sobrevivido a la crisis del 68".

Una conclusión semejante puede alcanzarse respecto a su vertiente cinematográfica. Incrementó (aunque de forma muy localizada) la calidad de las películas, atrajo a las clases medias urbanas a las salas y, sobre todo, difundió entre ellas valores en consonancia con las políticas oficiales, como acabamos de ver.

Pero la "apertura cinematográfica" (término de Paola Costa) también adoleció de limitaciones. Por un lado, fracasó relativamente en el terreno económico. A pesar de que Eduardo de la Vega (2012:247) sostiene que el BNC y sus empresas filiales integraron una estructura sólida en este sentido, el descenso de la producción y el fantasma del desempleo en el sector influyeron para que, a partir de 1977, el Estado apelara de nuevo a los productores privados. Además, algunos de sus supuestos méritos serían discutibles. Así, Costa (1988:152-158) afirma que el cine que difundió los valores de la "apertura" (como el que hemos comentado aquí) comprendió pocos títulos y no caló en los públicos mayoritarios. Estas críticas están bien fundamentadas y nos recuerdan que, aunque consideramos este cine como una expresión cultural susceptible de análisis histórico y con una relevancia destacada durante estos años, tampoco conviene sobrevalorar la función social que los filmes patrocinados por el Estado desempeñaron entre 1971 y 1976.

Con todo, creemos que estas limitaciones no son tales por completo sino que también incluyen un alto componente de omisión consciente. El desinterés que el cine estatal mostró por el espectador rural, por ejemplo, subrayaría dos realidades que nos parecen muy ilustrativas de los objetivos gubernamentales. Por un lado, la vigencia que en estos años conservaban el sindicalismo oficial y demás procedimientos tradicionales con que el sistema reafirmaba su primacía y control social. Y, finalmente, la idea que guía este trabajo: la "apertura democrática" y sus medidas para con el cine mexicano como un proyecto orientando sobre todo a devolver al "consenso revolucionario" a los sectores más contestatarios de la sociedad, especialmente los movilizados en 1968.

BIBLIOGRAFÍA

CASTAÑEDA, Jorge (1999), *La herencia. Arqueología de la sucesión presidencial en México*, México, Alfaguara.

COSÍO VILLEGAS, Daniel (1974), *El estilo personal de gobernar*, México, Cuadernos de Joaquín Mortiz.

COSTA, Paola (1988), *La apertura cinematográfica. México 1970-1976*, Puebla, Benemérita Universidad Autónoma de Puebla.

DE LA VEGA ALFARO: "Del neopopulismo a los prolegómenos del neoliberalismo: la política cinematográfica y el "Nuevo Cine Mexicano" durante el periodo 1971-1982", en Cuauhtémoc Carmona Álvarez – Carlos Sánchez y Sánchez (coords.): *El Estado y la imagen en movimiento. Reflexiones sobre las políticas públicas y el cine mexicano*, México, Conaculta/Imcine, 227-269.

DURAND PONTE, Víctor M. (1993), "La persistencia del régimen político mexicano", *América Latina hoy*, 6, Salamanca, 50-57.

GALLO, Miguel Ángel – SANDOVAL, Víctor (2001), *Del Estado oligárquico al neoliberal. Historia de México 2*, México, Quinto Sol.

GARCÍA RIERA, Emilio (1995), *Historia documental del cine mexicano. 17, 1974-1976*, Guadalajara, Universidad de Guadalajara.

GARCÍA RIERA, Emilio (1998), *Breve historia del cine mexicano. Primer Siglo 1897-1997*, Zapopán/México, Ediciones Mapa/Imcine.

GARCÍA TSAO, Leonardo (1994), *Felipe Cazals habla de su cine*, Guadalajara, Universidad de Guadalajara.

HALE, Charles A. (1996), "Los mitos políticos de la nación mexicana: el liberalismo y la revolución", *Historia mexicana*, XLI, 4, México, 821-827.

HUESO MONTÓN, Ángel Luis (2009), "Reflexiones sobre la biografía cinematográfica", en Beatriz de las Heras – Vanessa de Cruz (eds.): *Filmando la historia. Representaciones del pasado en el cine*, Madrid, Ediciones, J.C., 83-95.

KRAUZE, Enrique (1997), *La presidencia imperial. Ascenso y caída del sistema político mexicano (1940-1996)*, Barcelona, Tusquets.

LABASTIDA, Julio (1974, 20 de marzo), "Crisis permanente o creación de alternativas", *La cultura en México*, suplemento de *Siempre!*, 632, México, I-VI.

LATAPÍ, Pablo (1980), *Análisis de un sexenio de educación en México, 1970-1976*, México, Nueva Imagen.

LOAEZA, Soledad (1993), "México, 1968: los orígenes de la Transición", en Ilán Semo (coord.): *La transición interrumpida. México 1968-1988*, México, Universidad Iberoamericana/Quinto Sol, 15-47.

PEREDO CASTRO, Francisco (2012), "Las intervenciones gubernamentales como estrategia de crecimiento y supervivencia durante la Segunda Guerra Mundial y la posguerra (1940-1952)", en Cuauhtémoc Carmona Álvarez–Carlos Sánchez y Sánchez (coords.): *El Estado y la imagen...*, 75-108.

RUY SÁNCHEZ, Alberto (1981), *Mitología de un cine en crisis*, México, Premià.

SHAPIRA, Yoram (1978), "La política exterior de México bajo el régimen de Echeverría: retrospectiva", *Foro Internacional*, XIX, 1, México, 62-91.

TERROR AL DESNUDO: EL CINE DE EXPLOTACIÓN EN EL CONTEXTO DE LA TRANSICIÓN ESPAÑOLA[1]

ANDRÁS LÉNÁRT
Universidad de Szeged

Resumen: En la década de los 60, debido a los cambios realizados por José María García Escudero en la Dirección General de Cinematografía y Teatro, los cineastas se atrevieron a acercarse a temas más delicados. Como consecuencia, desde la segunda mitad de la misma década aparecen algunos realizadores que introducen en su filmografía el terror y el sexo, aunque todavía de manera moderada. Los que querían mostrar escenas más explícitas (ej. Jesús Franco), se vieron obligados a trabajar en el extranjero. Sin embargo, la muerte del dictador conllevó un cambio trascendental en la mentalidad española y provocó la aparición de algunos géneros (o solo escenas) que hasta entonces habían sido impensables e irrepresentables en el cine español. El llamado *cine exploitation* (siguiendo el modelo estadounidense, pero con un toque hispano) inundó las pantallas de España. En esta época proliferaba el cine "S", el género de destape, el terror hispano, e hicieron acto de presencia los realizadores e intérpretes que llegaron a ser los símbolos de la Transición democrática.
Palabras clave: explotación, clasificación "S", terror, desnudos, censura

Abstract: In the 1960s, due to changes introduced by the popular director-general of cinema and theatre, José María García Escudero, the filmmakers had the possibility of touching more sensitive topics. Consequently, from the second half of the decade, some directors introduced in their films elements of horror and sex, although still moderately. Those who wanted to show more explicit scenes (eg. Jesús Franco), were forced to work abroad.

---

[1] La versión definitiva de este trabajo se ha realizado en el marco del proyecto I+D "Ortodoxias y rebeldías. La pluralidad de intereses en la convergencia peninsular hacia Europa (1961-1986)" (ORYRE, Ref. HAR2015-65909-R), del Ministerio de Economía y Competitidad del Gobierno de España.

However, the dictator's death led to a change in the Spanish mentality and also to the emergence of some genres (or just scenes) that had previously been unthinkable and unrepresentable in the Spanish cinema. The so-called exploitation film (following the US model, but with Spanish characteristics) invaded the screens of Spain. At that time proliferated the films categorized as "S", the genre of *destape*, Hispanic horror movies, and that was the moment when those film directors and actors appeared who became the symbols of the Spanish democratic Transition.

Keywords: exploitation, "S" films, horror, nudity, censorship

El cine, por su estrecha vinculación con los "temblores" sociales, culturales y políticos de un país, generalmente sirve como una radiografía sobre las circunstancias contemporáneas de la sociedad. El caso de España tampoco es una excepción: durante la Transición democrática el cine español participó activamente en la transformación cultural del país, en la cual los cineastas, percibiendo y aprovechando la libertad que les facilitaba la caída del régimen franquista, intentaron expresar su inquietud y demostrar al público varios temas cuya representación había sido imposible durante la dictadura nacionalcatólica[2]. En este periodo el cine de explotación también encontró a su público adecuado.

1. El cine de explotación: génesis y variantes

En la historia de la cinematografía universal, *exploitation cinema* (en su versión española: cine de explotación) ha granjeado una valoración crítica que tiende a menospreciar, incluso a despreciar, tanto las obras como a los cineastas que participan en la realización de estos filmes, e incluso al público que asiste a las proyecciones. Es indudable que la calidad artística de este tipo de cine generalmente desmerece bastante de la calidad del cine *mainstream*, pero no podemos concluir que se tratara solamente de un "cine basura", como algunos califican estos productos cinematográficos. El nacimiento de este fenómeno fílmico a nivel universal, sobre todo en los Estados Unidos, se debe a una serie de razones y circunstancias, y su implantación en España tampoco fue una casualidad o una mera aventura para que los cineastas tuvieran la posibilidad de profundizar en géneros e historias poco convencionales. En general, el cine de explotación demuestra temas y escenas que muchas veces son o eran moralmente inaceptables en

---

[2] Para obtener un panorama general sobre los temas y títulos más importantes del cine español de la Transición democrática, véase el ensayo de José María Caparrós Lera que aparece en este mismo tomo y Caparrós Lera, 1992.

la época de la proyección para la mayoría del público, sacando así a la superficie los temores (y también los deseos) del público contemporáneo y provocando, más de una vez, escándalo o repudio. La violencia, la brutalidad exagerada y el sexo son los rasgos característicos de este género, pero también se pueden añadir varios otros elementos o la combinación de todos. Este cine tiene varios objetivos: sacar el mayor provecho posible, explotar la "sed" de la gente de presenciar escenas polémicas y morbosas vistas rara vez, o incluso prohibidas en algunos círculos o países y, en algunos casos, demostrar al público, a modo de denuncia social, varios problemas del que no quieren saber nada o que ignoran. Es cierto que a menudo pertenecen al conjunto de producciones de baja calidad y de bajo coste, pero todos intentan alcanzar y atraer a un público que esté dispuesto a adentrarse en el mundo oscuro de los instintos humanos o de los fenómenos sobrenaturales. No en vano: varias obras de explotación se convirtieron en películas de culto y sirvieron como modelo para producir obras semejantes.

El cine de explotación, aunque su origen generalmente se asocia con los EE. UU. de los años 60, estaba presente ya justo después del nacimiento del cine con la aparición de las primeras escenas eróticas y pornográficas rodadas en los Estados Unidos, Francia, Inglaterra y Dinamarca. "Representar lo irrepresentable" ha sido siempre el objetivo de los cineastas de explotación en todas las partes del mundo, desvinculándose con frecuencia de los referentes estadounidenses para crear su propia tradición de explotación. Algunas de estas películas, como las de Italia y Japón, lograron una valoración estética bastante elevada, demostrando que este género, aunque no con todas sus obras, merece una mención aparte en la historia del cine universal. Dentro del género aparecieron subgéneros, enfocando un tema especial, al que las obras se vincularon en cuanto a su acercamiento o planteamiento; nació así, por ejemplo, el cine de *blaxploitation* (énfasis en la cultura afroamericana con personajes y temas relacionados con este ambiente), *sexploitation* (ambiente erótico con desnudos y sexo), *nazisploitation* (violencia y sexo durante el nazismo, destacando la brutalidad y perversidad del Tercer Reich), *nunsploitation* (monjas que aparecen en situaciones sexuales), para mencionar solo algunas subcategorías. Además, debemos mencionar los subgéneros que no incluyen en su denominación ninguna referencia a la explotación, pero que, por su tema, indudablemente pertenecen a este lugar; como, por ejemplo, las películas de *gore*, *slasher*, *giallo* o *spaghetti western*, que tocan incluso temas extremadamente polémicos, como lo hacen el cine de *rape/revenge* (violación y venganza) y el cine de canibalismo.[3]

2. Explotación *made in Spain*

Las raíces del cine de explotación español se remontan a la segunda mitad de los años 60, a la época de la política cinematográfica que se formó después de la salida de José María García Escudero de su puesto en la Dirección General de Cinematografía y Teatro. Como primer paso hacia un cine que se alejaba de la corriente cinematográfica española tradicional, los cineastas españoles no tenían la intención de crear nada nuevo u original, solamente copiar o imitar las obras estadounidenses, adaptando las historias, poco originales ya en su génesis, a un ambiente español o utilizando el universo de la mitología original. Tras el éxito de un film extranjero, pronto llegó su variante española – tal fue el caso, por ejemplo, del australiano *Mad Max* (George Miller, 1979) y la "respuesta española", *El exterminador de la carretera* (Giuliano Carnimeo, 1984). Para obtener el verdadero *glamour* de Hollywood, incluso dieron papel principal o secundario a actores estadounidenses cuyo nombre encerraba en sí la posibilidad de atraer al público: Christopher Lee, Peter Cushing, Mel Ferrer, Tony Curtis o Telly Savalas aparecieron en las películas de terror hispano. *Pánico en el Transiberiano* (Eugenio Martín, 1973), por citar un ejemplo, ofrece un verdadero elenco estelar y una historia típica de estas películas hispanas de explotación, reuniendo en la pantalla a los mencionados Lee, Cushing y Savalas con un monstruo prehistórico. Además, algunas figuras habituales y clásicas del cine de terror o de aventuras internacional también "se trasladaron" provisionalmente a la península Ibérica para que su universo fílmico se enriqueciera con varios capítulos hispanos – así, el conde Drácula, el doctor Frankenstein y su monstruo, el Hombre Lobo, Tarzán y Zorro hicieron acto de presencia en varios filmes españoles.

Para asegurar el bajo presupuesto de las obras, algunos cineastas españoles optaron por la coproducción (principalmente con Italia y Alemania) o por la confección de películas mediocres, sin intención de crear filmes de alto nivel artístico. Como resultado de la confluencia de todas las tendencias, nació el cine de terror hispano, el destape, el cine sexy-celtibérico, el quinqui, los spaghetti western rodados en España, al margen de los largometrajes que pertenecían a los géneros más tradicionales (las películas de aventuras, las policíacas o la ciencia ficción), pero por las

---

[3] Existe una bibliografía bastante amplia especializada en estos filmes (véase en inglés, por ejemplo: Watson, 1997; Schaefer, 1999; Mathijs–Mendik, 2004; Thrower, 2007; Shipka, 2011).

circunstancias de su realización o por el resultado formaban parte de la categoría de cine de explotación. Todas estas obras tenían su razón de existir, porque, con las palabras de Casimiro Torreiro, "la aceptación comercial de este filón popular, incluso fuera de España, sirvió de momentánea válvula de salida a unas productoras a las que se les cerraba el camino de las dávidas estatales y que intentaban como fuese mantenerse en el mercado, aunque siempre con escasa inversión" (2009:363). El verdadero auge de las películas de explotación llegó tras la muerte del general Franco, dentro del marco del cine de la Transición democrática, tras la abolición de a censura mediante el Real Decreto 3071, firmado el 11 de noviembre 1977 por el gobierno de Adolfo Suárez (Kowalsky, 2007:203).

Los géneros más conocidos y populares del cine de explotación son el terror y el tema erótico. Los otros géneros de explotación también encontraron su referente en suelo español, como el nazisploitation en el caso de *Tren especial para Hitler* (Alain Payet, 1977)[4], pero la mayoría de las obras pertenecían a las dos subcategorías mencionadas o a la mezcla de estas dos.

3. La pantalla desnuda

Las mujeres comenzaron a desnudarse no porque la trama les hubiera exigido tal acción atrevida, sino porque ya tenían la posibilidad de hacerlo. Con las palabras del escritor Camilo José Cela, "lo que pasa es que España se ha puesto cachonda" (Eslava Galán, 1997:85-86). El destape, que apareció en las pantallas a comienzos de los años 70, suponía la glorificación de las comedias con escenas desnudas, tomando como punto de partida las películas protagonizadas por José Luis López Vázquez, Alfredo Landa y otros actores que seguían el mismo camino. En estos filmes desfilaban mujeres semidesnudas (de cintura para arriba) y constituían los antecedentes del cine "S". El destape fue, por fin, algo original, donde España no quería copiar a los productos y géneros fílmicos extranjeros, sino que ofrecía una creación propia, añadiendo así un elemento autóctono al concepto de cine nacional español (Lénárt, 2012:112). Los argumentos y repartos se repetían con frecuencia, los esquemas y situaciones archiconocidos constituían los elementos integrantes del destape (Ponce, 2004). Desde la desaparición de la censura hasta el inicio de la crisis del género (la primera mitad de los años 80), la mayoría de las comedias españolas contenían escenas de desnudos, algunas incluso cercanas al *softcore*. Los directores de destape, como Mariano

---

[4] Según el plan de la productora, el director de esta película hubiera sido Jesús Franco, pero debido al conflicto del realizador con los productores Lesoeur (padre e hijo) la dirección del film pasó a las manos de Alain Payet (Aguilar, 2011:259).

Ozores, llegaron a ser cineastas populares cuyas películas prometían la misma calidad, los mismos temas y generalmente no decepcionaban al público que sabía perfectamente qué tipo de diversión le estaba esperando en la oscuridad de la sala de proyección.

En la segunda mitad de la década de los 70 la gestión de los asuntos cinematográficos se hizo bastante confusa. José García Moreno, que desempeñaba el cargo de director general de cinematografía en 1978 solo durante seis meses, hizo aprobar la clasificación "S", que designaba un cine para espectadores mayores de 18 años, con la especificación que "esta película, por su temática o contenido, puede herir la sensibilidad del espectador"(Puigdomènech, 2007:28). La violencia, la sangre, los desnudos y el sexo, en cantidades jamás vistas hasta entonces, ofrecían al público español algo que durante la dictadura nacionalcatólica no se había podido representar. La represión del régimen provocó que durante la agonía del general, y sobre todo después de su muerte, se desencadenaran los deseos, pasiones, agresiones e instintos sofocados. En los años 60, con la llegada de Manuel Fraga Iribarne y José María García Escudero, la pantalla había comenzado una tímida liberalización (Lénárt, 2009:40-47), hasta que desde 1973 la presencia de las mujeres desnudas sería más frecuente. El primer desnudo integral llegó a las pantallas españolas en 1975 con *La trastienda* (Jorge Grau). Directores destacados de varios géneros hicieron acto de presencia en el mundo del cine "S" y las estrellas glamurosas del cine del antiguo régimen (como Marisol, Carmen Sevilla, Aurora Bautista) también se libraron de sus ropas de vez en cuando.

La clasificación "S" la recibieron varios largometrajes extranjeros importados a España en esta época, como *El último tango en París* (*Ultimo tango a Parigi*, Bernardo Bertolucci, 1972), *Emmanuelle* (Just Jaeckin, 1974) o *La gran comilona* (*La grande bouffe*, Marco Ferreri, 1973). Aunque varias películas recibieron esta calificación por su alto contenido de violencia (como la ya mencionada *Mad Max* de George Miller o *Las colinas tienen ojos* de Wes Craven), la mayoría de las obras de esta categoría pertenecían a la misma debido a su hilo erótico. En cuanto a las películas españolas, el tema erótico tuvo un gran impacto tanto en los cineastas como en el público; parafraseando una antigua consigna, según la cual el desnudo había podido aparecer en el film por exigencias del guión, ahora el guión se escribía por exigencias del desnudo (Puigdomènech, 2007:29). Los títulos son bastante explícitos: *¿Podrías con cinco chicas a la vez?* (Ignacio F. Iquino, 1979), *Polvos mágicos* (José Ramón Larraz, 1979), *El fontanero, su mujer y otras cosas de meter* (Carlos Aured, 1981), etc[5].

---

[5] La película *Los años desnudos. Clasificada S* (Félix Sabroso, 2008) representa con fidelidad el ambiente de estos rodajes y la vida de las actrices que se desnudaban en el plató.

Al parecer, toda España tenía algún vínculo con el tema erótico, inclusos las personas que en teoría pertenecían a los sectores conservadores. A finales de los años 70 y a lo largo de los 80 el nieto del general Franco, Francisco Franco y Martínez-Bordiú permitió que los cineastas alquilaran Valdefuentes, la finca favorita de su abuelo fallecido; al margen de la clásica *La escopeta nacional* (Luis García Berlanga, 1978), se rodaron aquí unas quince películas eróticas y de terror, filmando escenas incluso en la capilla donde el Caudillo había rezado durante décadas (Sánchez-Soler, 2003: 58-59).

En cuanto al caso nacional, la especificación original de la clasificación "S" no la tomaron en cuenta siempre. Por ejemplo, algunas obras de Eloy de la Iglesia, como *El sacerdote* (1978) o *El ministro* (1978), también fueron tildadas con esta clasificación, pero es mucho más probable que su contenido político ofreciera problemas y resultaran ser políticamente inaceptables. Entre 1977 y 1982 se catalogaron 424 películas de categoría "S", unas 300 de estas fueron producciones extranjeras, mientras que 130 títulos fueron españoles o coproducciones con países extranjeros. Estas obras se podían proyectar en todas las salas de cine del país y tenían la posibilidad de obtener la misma cantidad de subvención que cualquier otro film español. El cine "S" entre 1977 y 1979 se caracterizaba más bien por un cierto tipo de experimentación y una sexualización aumentada, mientras que entre 1980 y 1982 se iba acercando hacia el softcore (Kowalsky, 2007:204-206). Además de los cines tradicionales, algunas salas se especializaron en la proyección de este tipo de películas.

El fin de la letra "S" sería la letra "X": en febrero de 1982, bajo el amparo de la directora general de cinematografía, la realizadora Pilar Miró, un decreto ley creó la clasificación "X" para los filmes de contenido pornográfico (Puigdomènech, 2007:34) y pronto se legalizaron las salas "X" para la proyección de películas pornográficas. El *hardcore* tomó el relevo del softcore, la clasificación "S" quedó relegada a segundo plano (y luego casi aniquilada) por la categoría "X".

Una explicación clara sobre el fenómeno del destape y del cine "S" nos la brinda Víctor Matellano: "Obviamente en un primer momento la cuestión sexual era un reflejo directo de la época. Al existir represión sexual, las películas muestran eso, represión. Es decir los personajes mostraban todas las carencias y las frustraciones locales frente a la apertura del exterior: la sueca maciza y liberada versus el cateto reprimido" (2011:91).

Luego el mismo autor añade: "Con la desaparición de la censura este binomio representativo de las carencias sexuales no desaparece en fondo pero sí en forma. Ahora los personajes femeninos no deambularon en pantalla en ropa interior sino directamente en estricto desnudo, materializando lo que antes tan sólo se insinuaba" (2011:91).

4. La pantalla asustada

El acta de nacimiento del género de terror hispano fue emitida en las últimas décadas del franquismo debido al aterrizaje en la península Ibérica de aquellas figuras legendarias ya mencionadas que antes habían sido responsables de los derramamientos de sangre cinematográficos en las producciones procedentes de los países anglosajones. Las historias sobre vámpiros, hombres lobo y muertos vivientes se completaron posteriormente con un amplio abanico de obras que seguían el sendero de las clásicas *La noche de los muertos vivientes* (*Night of the Living Dead*, George A. Romero, 1968), *La última casa a la izquierda* (*The Last House on the Left*, Wes Craven 1972), *La matanza de Texas* (*The Texas Chain Saw Massacre*, Tobe Hooper, 1974) y *La noche de Halloween* (*Halloween*, John Carpenter, 1978). También se nota la influencia de los italianos Lucio Fulci y Dario Argento, que forman parte de la nueva corriente de los filmes de *euroexploitation* o *eurocult* que adaptaron fielmente las tradiciones de explotación estadounidenses, añadiendo un cierto "sabor" europeo para convertirse en verdaderas películas de culto en Italia, Francia y España (Shipka, 2011:6-8). Entre 1972 y 1982, es decir, incluso en el periodo de la Transición, aproximadamente el 25% de las películas españolas pertenecía al género de films de terror, pero las cifras caen en 1983 con la ley Miró (Matellano, 2011:123). Algunos elementos del cine de terror de la Transición ya habían aparecido mucho antes en el cine español, por ejemplo, en *Gritos en la noche* (Jesús Franco, 1961) o en *La marca del hombre lobo* (Enrique Eguiluz, 1967). A principios de los años 70 cada vez más filmes de terror intentaron asustar al público, pero la Transición sería la época en la que los monstruos y los temas aterradores iniciaran su proliferación. Largometrajes típicos de terror de la época son, por ejemplo, *El extraño amor de los vampiros* (León Klimovsky, 1975), *La invasión de los zombies atómicos* (Umberto Lenzi, 1980), *Mil gritos tiene la noche* (Juan Piquer, 1981) o *El lago de los muertos vivientes* (Jean Rollin, 1982).

El aumento de las obras pertenecientes al género de terror tuvo varias razones. Por un lado, en consonancia con el cine de clasificación "S", fue mostrar al público algo que antes no había podido ver en el cine: en este caso, en vez de las partes del cuerpo femenino hasta entonces invisibles en la gran pantalla, representaba la violencia, la brutalidad, la sangre, etc.; es decir, trataba sobre el desencadenamiento de los instintos humanos con una representación explícita. Por otro lado, los directores querían conseguir el mayor ingreso posible a cambio de la menor inversión posible con temas que seguramente atraerían a un elevado número de espectadores. Ver (mejor dicho: tener la libertad de ver) la violencia desinhibida servía también como un cierto tipo de evasión y alivio para una sociedad que hasta hacía poco había tenido que mantener ocultos sus instintos. Además, era mejor ver (y gozar de) la violencia en vez de cometerla.

Al margen de los realizadores habituales (Jesús Franco, León Klimovsky, Paul Naschy, Amando de Ossorio, entre otros), de vez en cuando aparecieron detrás de la cámara directores cuya filmografía cuenta con solamente algunos filmes de terror, sobre todo en la etapa inicial de su carrera; tal es el caso de Vicente Aranda y su película *La novia ensangrentada* (1972).

Víctor Matellano opina sobre las razones que impulsaron la existencia y popularización de tal género: "Con el peplum y posteriormente el western se había consolidado un público de barrio y provincias, de películas de doble sesión, al que había que "alimentar" rápidamente con nuevos títulos. El terror, por toda la carga de sexualidad y violencia latente, podría ser rentable" (2011:126).

Los años 70 supusieron un verdadero *boom* en cuanto al número de películas rodadas, pero desde el aspecto cualitativo las producciones no tenían la intención de conquistar las cimas más altas. Naturalmente, el público tampoco reclamaba que los directores satisficieran sus exigencias artísticas y estéticas, solo esperaban recibir noventa minutos de puro entretenimiento y desahogo.

A modo de conclusión, pensamos oportuno citar como figura esencial a Jesús (Jess) Franco, que llegó a ser el maestro del cine de explotación por excelencia, sus películas suponían la confluencia de todas las tendencias que caracterizaban estos géneros. Desde la segunda mitad de la década de los 60 este director, por la violencia y los desnudos que representaba de manera bastante atrevida, se vio obligado a trabajar en el extranjero y rodar sus filmes en dos versiones.[6] Tras el desmantelamiento de la dictadura regresó a su país natal, porque las circunstancias para rodar cualquier escena con la mayor libertad eran perfectas en la España posfranquista; desde entonces las escenas de sexo y violencia cada vez más explícitas se apoderaron de sus obras. *La tumba de los muertos vivientes* (1981) o *La mansión de los muertos vivientes* (1982) intentaron seguir el sendero popular de las películas *zombie*, pero la mayoría de sus obras ya pertenecían al género de softcore y, posteriormente, de hardcore, mezclando definitivamente la violencia y el sexo explícitos. Títulos como *Sinfonía erótica* (1978), *Aberraciones sexuales de una mujer casada* (1980), *La chica de las bragas transparentes* (1980) o *La noche de los sexos abiertos* (1981) marcan las piedras angulares de su cine de explotación en la Transición democrática, además de sus obras sobre muertos vivientes. Siendo un verdadero referente del cine español de la Transición y un cineasta polifacético (director, productor, guionista, actor, compositor, montador y director de fotografía), en 2008 la Academia de las Artes y las Ciencias Cinematográficas de España le otorgó a Jesús Franco uno de los galardones más importantes, el Premio Goya de honor. Su carrera cinematográfica excepcional (con más de doscientas películas), su popularidad nacional e internacional y su personaje mítico demuestran que

---

[6] En los años 60 se rodaron dos versiones de algunas películas: una para el mercado español, con poco sexo y violencia, y otra para la versión que se exportaría al extranjero, entonces con sangre y desnudos.

trabajar y crear obras dentro del marco del género de explotación podía contribuir con elementos valiosos a la historia del cine español.

BIBLIOGRAFÍA

AGUILAR, Carlos (2011), *Jesús Franco*, Madrid, Ediciones Cátedra.

CAPARRÓS LERA, José María (1992), *El cine español de la democracia. De la muerte de Franco al "cambio" socialista (1975-1989)*, Barcelona, Editorial Anthropos.

ESLAVA GALÁN, Juan (1997), *La España de las libertades*, Madrid, Espasa Calpe.

LÉNÁRT, András (2009), "Un hombre de la apertura franquista. García Escudero", *Acta Scientiarum Socialium*, XXX, Kaposvár, 37-48.

LÉNÁRT, András (2012), "En busca del concepto del *cine nacional* español", *Acta Hispanica*, XVII, Szeged, 103-113.

KOWALSKY, Daniel (2007), "Cine nacional *non grato*. La pornografía española en la Transición (1974-1982)" en Nancy Berthier – Jean-Claude Seguin (eds.): *Cine, nación y nacionalidades en España*, Madrid, Casa de Velázquez, 203-216.

MATELLANO, Víctor (2011), *Spanish exploitation. Sexo, sangre y balas*, Madrid, T&B Editores.

MATHIJS, Ernest – MENDIK, Xavier (2004), *Alternative Europe. Eurotrash and Exploitation Cinema since 1945*, London, Wallflower Press.

Ponce, José María (2004), *El destape nacional. Crónica del desnudo en la Transición*, Barcelona, Glénat.

PUIGDOMÈNECH, Jordi (2007), *Treinta años de cine español en democracia (1977/2007)*, Madrid, Ediciones JC.

SÁNCHEZ-SOLER, Mariano (2003), *Los Franco, S.A.*, Madrid, Oberon/Grupo Anaya.

SCHAEFER, Eric (1999), *"Bold! Daring! Shocking! True!" A history of exploitation films, 1919–1959*, Durham – London, Duke University Press.

SHIPKA, Danny (2011), *Perverse Titillation. The Exploitation Cinema of Italy, Spain and France, 1960–1980*, Jefferson – London, McFarland & Company.

THROWER, Stephen (2007), *Nightmare USA. The Untold Story of the Exploitation Independents*, Godalming, FAB Press.

TORREIRO, Casimiro (2009), "Del tardofranquismo a la democracia (1969–1982)", en Román Gubern – José Enrique Monterde – Julio Pérez Perucha – Esteve Rimbau – Casimiro Torreiro (eds.): *Historia del cine español*, Madrid, Ediciones Cátedra, 341-398.

WATSON, Paul (1997), "There's No Accounting for Taste: Exploitation Cinema and the Limits of Film Theory", en Deborah Cartmell – I.Q. Hunter – Heidi Kaye – Imelda Whelehan (eds.): *Trash Aesthetics. Popular Culture and Its Audience*, London – Sterling, Pluto Press, 66-83.

EL ATENTADO A CARRERO BLANCO: LA TRANSICIÓN ESPAÑOLA VISTA DESDE ITALIA (*OGRO*, PONTECORVO, 1979)

LUDOVICO LONGHI
Universitat Autònoma de Barcelona

Resumen: Con *Ogro* Pontecorvo regresó al *istant movie* político. El término se refiere a una corriente dentro del cine italiano de las películas producidas con rapidez que aprovechan el interés público en los acontecimientos recientes. En este caso, el director italiano trabajó en el asesinato del almirante Carrero Blanco, sucesor del dictador español Francisco Franco.
Palabras clave: cine político, Transición española, terrorismo

Abstract: With *Ogro* Pontecorvo moved back to the political instant movie. It refers to a current of quickly produced films within Italian cinema that exploits public interest in recent events. In this case the Italian director worked on the murder of the admiral Carrero Blanco, the Spanish dictator Francisco Franco's successor.
Keywords: political cinema, Spanish transition, terrorism

En su escasa filmografía, el director italiano Pontecorvo ha demostrado ser el más valiente y firme seguidor de una personal firmeza ideológica. Con extremo rigor había asumido el legado de su gran maestro Rossellini. Seguía, en este sentido, el eslogan famoso del personaje de Bertolucci, interpretado por el actor Amico en *Prima della rivoluzione* (1964): "¡no se puede vivir sin Rossellini!"

Si Amico confesaba haber visto *Viaggio in Italia* (1953) 14 veces, Pontecorvo, por su parte, había declarado haber sido literalmente fulminado por la visión de *Paisá* (1946) en París. Se trataba del Rossellini más crudo y directo. No siempre el director romano había sido fiel a su ascetismo estilístico. A menudo su rigor había entrado en contradicción con la incertidumbre moral propia de su oportunismo jesuita (Brunetta, 2007:253). Sin embargo las imágenes de *Paisà* mostraban como, en distintos lugares italianos, frentes militares clandestinos organizaban acciones de guerrilla urbana contra los asesinos nazi-fascistas. Esta era la mejor manera para analizar y devolver a la gran pantalla la esencia del tentativo de rescate de los oprimidos contra sus verdugos. Subraya Pontecorvo: "Siempre he dicho que me considero deudor de dos grandes directores: Rossellini, porque adoro su capacidad de convertir en inmediatamente creíble y absolutamente verdadero todo lo que ponía delante de la cámara. Y Ejzenštein por la potencia de sus imágenes. Parece una afirmación contradictoria porque en efecto hay un abismo entre el sentido de verdad de Rossellini y la potencia de las imágenes de Ejzenštein. Sin embargo los dos me gustan y me he sentido influenciado por ambos en todas mis elecciones estilísticas y temáticas" (Martini, 2005:19).

Como su otro maestro soviético ha practicado compromisos mínimos solo en ámbito expresivo y solo en sus primeras pruebas. *La grande strada azzurra* (1957) y *Kapò* (1959) permiten que el matiz melodramático amolde la inflexibilidad de las premisas ideológicas. Se trataba de una lectura personal de las nieblas del *Potemkin*: es decir, del recurso *ejzenšteiniano* de reapropiación revolucionaria de los sistemas de producción burgueses. Una estrategia eficaz a sus proposiciones didácticas, y coherente con la herencia rosselliniana: "Pontecorvo siempre ha sido fiel al principio de realizar sus películas optimizando rigurosamente sus recursos productivos. De hecho su parca producción cuenta solo con cinco títulos rodados a grande distancia temporal el uno del otro [...] Desde *La batalla de Argel* (1966) Pontecorvo se concentra en momentos históricos contemporáneos o reciente que poseen intenso valor revolucionario [...] Junto con su guionista dirige su interés hacia esporádicos tentativos de rebelión, circunscritos y fallidos episodios de guerrilla que a la larga inauguran el despertar de la conciencia colectiva de un pueblo" (Brunetta, 2007:253).

El contexto político izquierdista italiano (prescripciones del PCUS inflexibles hasta la abertura berlingueriana) rechazaba cualquier intento de pulsión revolucionaria fuera del PCI. Así que Pontecorvo se veía obligado a explicitar los ideales utópicos de justicia social a través de historias exóticas. Lejanas geográficamente, pero cercanas metafóricamente como el México de Ejzenštein o el Berlín de *Germania anno zero* (1948). Otra vez Ejzenštein, otra vez Rossellini. El empeño con el cual pensaba seguir las lecciones de los maestros lo había llevado hacía un cine ideológicamente muy determinado. Un cine donde las relaciones entre personajes están determinadas por sus condiciones sociales. Un cine épico, coral, *engagé*, como apuntaba la crítica del *New Yorker* Kael: "Pontecorvo realiza un cine de pasión ardiente que enciende intensamente los sentimientos del público. Es un tipo de marxista muy peligroso: "un poeta marxista" capaz de convencer al espectador burgués que la revolución en algunas condiciones es algo necesaria" (Bignardi, 2009:140).

El currículum lo ascendía a candidato ideal para realizar la versión cinematográfica de un hecho histórico tan decisivo para España como el atentado contra Carrero Blanco. La propuesta había llegado (gracias a la mediación del amigo común Pirro) bajo presiones insistentes de la militante progresista Eva Forest. Ésta acababa de salir de la cárcel acusada de propaganda clandestina y de connivencia con los terroristas vascos. Se había encontrado en su habitación un manuscrito con correcciones autógrafas de *Operación Ogro* (del cual en efecto ella era autora bajo el pseudónimo de Julen Agirre) y por ello había sido acusada de haber dado apoyo logístico y haber facilitado una comunicación fluida entre la dirección de ETA y sus comandos (De las Heras, 1977).

También Pontecorvo había sido mensajero secreto, heraldo oculto de comités clandestinos. Concretamente, desde el verano de 1942, había sido encargado por Amendola y Negarville (ilustres miembros del PCI) para que mantuviera los contactos entre los grupos de partisanos de Toulouse, Marsella y Milán. En la capital lombarda había dirigido (junto con Ingrao) la redacción lombarda de *L'Unità*. En 1944, durante los meses más feroces de la ocupación nazi, se había convertido en el primer ayudante de Curiel, alias comandante *Barbieri*, importante figura de la Resistencia Italiana, audaz valiente y muy culto. Su consigna principal era la de hacer confluir todos los núcleos antifascistas en la formación unitaria del *Fronte della Gioventù*: grupo que en caso de urgencia fuera capaz de organizar y actuar acciones rápidas y puntuales. A un director de tan intensa militancia en la lucha clandestina, no tenían que haberle sonado con desafinada disonancia las palabras del comunicado de ETA: "La Organización revolucionaria socialista vasca de liberación nacional Euskadi Ta Askatasuna asume la responsabilidad del atentado que hoy, jueves 20 de diciembre de 1973, ha producido la muerte de Carrero Blanco, Presidente del actual Gobierno español. A lo largo de la lucha, en Euskadi Sur y en el resto del Estado español, la represión ha demostrado claramente su carácter fascista deteniendo, encarcelando, torturando y asesinando a quienes combaten por la libertad de su pueblo. [...] La operación que E.T.A. ha realizado contra el aparato de poder de la oligarquía española, en la persona de Carrero Blanco, debe interpretarse como justa respuesta revolucionaria de la clase trabajadora y de todo nuestro pueblo vasco a las muertes de nuestros nueve compañeros de E.T.A. y a la de todos los que han contribuido y contribuyen a la consecución de una humanidad definitivamente liberada de toda explotación y opresión. Carrero Blanco (un hombre "duro", violento en sus planteamientos represivos) constituía la pieza clave garantizadora de la continuidad y estabilidad del sistema franquista; es seguro, que sin él, las tensiones en el seno del poder entre las diferentes tendencias adscritas al régimen franquista (Opus Dei, Falange...) se agudizaran peligrosamente. Por ello consideramos que nuestra acción llevada a cabo contra el Presidente del Gobierno español, significará sin duda un avance de orden fundamental en la lucha contra la opresión nacional y por el socialismo en Euskadi y por la libertad de todos los explotados y oprimidos dentro del Estado español. Hoy los trabajadores y todo el pueblo de Euskadi, de España, de Catalunya y de Galicia, todos los demócratas, revolucionarios y antifascistas del mundo entero han sido liberados de un importante enemigo. La lucha continua. ¡Adelante por la liberación nacional y por el socialismo!" (Forest, 1994:279-281).

El mismo Pontecorvo había experimentado la prepotencia del régimen franquista en forma indirecta pero intensa en el mayo de 1969. Al acabar la larga y difícil postproducción de *Quemada* (así se tenía que llamar ya que el argumento se desarrollaba en las Antillas españolas, a pesar de haber sido rodada en Cartagena de Indias, Colombia) el gobierno dictatorial había comunicado a la United Artists su malestar por el hecho que se representasen a los españoles como colonizadores despiadados. El ministro de información y turismo Manuel Fraga en persona (Riambau, 1990) había reafirmado que si no se tomaban medidas adecuadas, se bloquearía la circulación de la película (y de todas aquellas distribuidas por la United Artists) en España y en toda la América Latina de habla castellana. Así con un *escamotage*, Pontecorvo decide añadir una pequeña "i" al título para transformar en colonia portuguesa la isla que fue quemada para vencer perpetuamente las resistencias o rebeliones de los indígenas. Gracias a una repentina operación de doblaje (recuerdo que el film que ya poseía su montaje definitivo para Europa, padece un recorte de 20 minutos en la distribución USA) los personajes hablan un extravagante *patois*: una mezcla incompleta de brasileño mal hablado e dialecto véneto. Incluso las banderas se transforman (gracias a la *truka*) en insignias lusas. Pero ahora con *Ogro*, (en acuerdo con la perspectiva de contemporaneidad del argumento) la dictadura había desaparecido y con ella la ceguera de la censura. Pontecorvo podía volver a aplicar la lección rosselliniana. Podía volver a la fórmula de *La batalla de Argel*. Podía tornar a reafirmar la convicción que una noticia de crónica reciente (recreada a través de la ficción) puede detener un alto poder cognoscitivo. El hecho de reconstruir importantes eventos in situ y de forma casi instantánea (es decir cuando todavía colores y emociones están vivos en el lugar originario donde todo ocurrió) podía animar al público. Lo podía empujar hacía una reflexión dialéctica de forma eficaz y rigurosa. Más directa que un reportaje. Era la misma receta que (como se decía antes) había usado Rossellini en *Alemania año cero*. Era la fórmula que el director pisano con su espíritu de reportero, había aplicado al análisis y a la reconstrucción diegética de conflictos sociales invariables a cualquier latitud. En el ya nombrado *Queimada* (1969) Pontecorvo había ilustrado (cor-

moderación intelectual) como el apoyo al sublevamiento de los esclavos de una colonia portuguesa contra la élite colonial blanca, formaba parte de una precisa estrategia de países (en este caso el Reino Unido) sólo nominalmente democráticos. En *La batalla de Argel* (film de 1966, casi simultáneamente con el golpe de estado de Boumédiène) Pontecorvo había recreado, en situ, el origen y la capitulación del FLN argelino. Una derrota que había concienciado a los autóctonos de la existencia de un espíritu nacional que tras el momentáneo fracaso había resurgido en la exitosa huelga plebiscitaria de 1957. El episodio narrado por Eva Forest le daba la misma oportunidad. Le permitía revivir, con profunda participación, el sentimiento de lucha coral. Recordar, respirar de nuevo el entusiasmo de la batalla colectiva, el conjunto de emociones probadas con un único latido de corazón por una entera masa de seres humanos.

Antes de redactar el libreto, Pontecorvo conduce un intenso trabajo de documentación. La imagen que en Italia se tenía del pueblo vasco era únicamente la de incansables y decididos luchadores antifascistas. Nada se sabía de la problemática política específica; nada se sabía de su lucha por la emancipación nacional. Además, había enviado un equipo entero de colaboradores en el País Vasco francés, San Sebastián y Bilbao. Querría comprender lo que había detrás de la violencia política. Descubrir todas las frustraciones ocultas que se ocultaban detrás del comportamiento extremo y violento de unos individuos y de su pueblo: "Los guerrilleros nacionalistas vascos, bien entendido que son nacionalistas de inspiración socialista, realizaron aquel día el atentado político quizás más sensacional de todos los tiempos. [...] Su primera intención era secuestrar al almirante Carrero Blanco [... y] la puesta a punto del golpe duró seis meses [... El almirante] que siempre fue la eminencia gris del fascismo español, fue nombrado primer ministro y, en lugar de un simple guardaespaldas, obtuvo una numerosa escolta. Era imposible, pues, llevar a cabo el secuestro. Aunque, según me he enterado, la personalidad de los vascos, es tal que aseguran que son capaces hasta de secuestrar la luna..." (Roca-Sastre, 1976:25).

Operación Ogro relata la crónica del atentado al almirante Carrero Blanco. El argumento se organiza alrededor de Txabi, un militante de ETA, un ex cura obsesionado por la búsqueda de lo absoluto. En 1978 (en pleno proceso de Transición democrática) Txabi todavía no ha abandonado la lucha armada. Está en desacuerdo total con su mujer Amaiur y sus compañeros Izarra, Iker y Luque que en nombre de su antigua hermandad intentan alejarlo de los propósitos extremistas. En un largo *flashback* revive su entrega a la militancia. Cuando eran niños habían sido reprimidos en su autonomía lingüística y cultural. Durante la adolescencia habían sido perseguidos por escribir mensajes subversivos en los muros; llegados a la edad adulta planifican el secuestro de Carrero Banco para tratar con el gobierno franquista la liberación de 150 presos políticos. Los cuatros ejecutores se instalan en Madrid para estudiar los hábitos del político, que son muy rutinarios. Cuando el plano parece estar a punto, Carrero es nombrado Presidente del Consejo de Ministros. El consecuente aumento de la escolta obliga a un cambio de planes. El comando central de ETA decide pasar del secuestro al asesinato. La preparación del atentado es minuciosa, larga y exitosa. Ahora en 1978 Txabi no cree que la evolución democrática pueda realmente cambiar el *status quo*. En un raid terrorista contra dos guardias civiles es herido a muerte. Sus antiguos compañeros acorren al hospital a su lecho de muerte: "*Ahora me daréis la razón*, dice el herido. Pero los amigos no han cambiado de idea y [... Txabi] no consigue entenderlo. Ellos creen en el proceso de transición, creen que el ser humano pueda cambiar. *Dios pretende mucho pero a cambio da la vida eterna ¿con qué coraje vosotros pedís a los demás la paciencia deshumana de seguir esperando?*. Los compañeros siguen negándole la razón y Txabi muere en sus brazos" (Ghirelli, 1978:95).

Los compañeros siguen negándole la razón, Pontecorvo (y los guionistas Pirro y Arlorio) también. En las intenciones del director, *Ogro* debía ser un *Instant Movie*. Tenía que explicar al público italiano la fase contemporánea de la Transición democrática española. Su difícil y paulatina conquista de los derechos civiles; el tentativo de un pacto de cohesión social que amnistiaba la antigua violencia fratricida. *Ogro* (como decía el maravilloso personaje del paleta sindicalista) tenía que atestiguar el compromiso constante; el trabajo de todos los días; la organización. Conseguir cada vez más apoyos, tratar de cambiar la cabeza de la gente poco a poco, día a día. Un trabajo sucio, durísimo, desagradecido, fácilmente despreciable. Pontecorvo y sus guionistas creen en la acción colectiva, con el máximo de gente posible y para el máximo de gente posible. Es justo cuanto señala una recensión anónima de *El Periódico* para el estreno español: "¿Cuáles son entonces las aportaciones al conocimiento y/o interpretación de este caso crucial? Pues un episodio con un albañil huelguista para sugerir que no solo ETA ha batallado por la libertad y muchas otras son las formas de lucha" (05-06-1980).

"Esta película se desarrolla en dos épocas cercanas pero muy distintas", recitaba el rótulo de apertura de la versión española. Un marco que se sitúa en la actualidad, un tiempo prácticamente simultáneo al rodaje. Es decir un periodo en el cual ya se habían celebrado las elecciones generales y la Constitución española estaba a punto de ser aprobada. Aquí se inserta el tiempo del flashback, cuando España aún vivía en la dictadura fascista y ETA planeaba el magnicidio del almirante Carrero Blanco. Se trataba de explicar un momento en el cual gran parte de las fuerzas progresistas españolas veían ETA con simpatía. Para que fuese más claro al público transalpino (que poco sabía de la cuestión vasca y tampoco mucho, en general, de la reciente historia española) Pontecorvo había decidido empezar la película con un íncipit al puro estilo *News on the March*. Era necesario que entrase en contexto de los hechos. Así que Pontecorvo piensa adoptar un matiz pedagógico, quizás demasiado esquemático, pero coherente y funcional a la voluntad de hacerse entender. Recuerda el periodista Filippini que "cuando realizó *La batalla de Argel*, Pontecorvo era un director realista. Cuando ha rodado *Ogro* se ha convertido en un pedagogo. Pero la pedagogía no sirve si obvia lo esencial de la realidad es decir su concreta perversión. De hecho frente al terrorismo opone solo un suspiro de reproche. No hay que exagerar las responsabilidades de Pontecorvo. Su película es el resultado de una cultura que antes era realista, marxista, materialista y muchas cosas más. Y que ahora se ha convertido en decoro y respetabilidad: cultura ideológica, represora, idealista educadora" (1979).

Entonces la traducción cinematográfica (filtrada a través de una visión italiana) prefiere informar antes que problematizar; ilustrar antes que suscitar un debate. Paralelamente a la tendencia (a veces excesivamente evidente) de demostrar una tesis, Pontecorvo (con la ayuda de sus colaboradores) subraya una clara intención de romper la superficialidad, de superar el maniqueísmo. Un camino indicado, una invitación a la reflexión porque la tarea del buen docente es ilustrar. Por ello *Ogro* principia con escenas de repertorio: se abre con tomas del funeral de Franco, ceremonia religiosa y pomposa. Siguen manifestaciones de júbilo en la calle, imágenes de una nación que se activa para asumir nuevas responsabilidades, elegir a sus representantes, cuidar su presente y su futuro. Una realidad imaginada, a veces soñada en las tinieblas de la clandestinidad, en la oscura resistencia de muchos mártires antifascistas. Luchadores por la libertad, gran parte de ellos vascos. Y del mismo modo que la *ouverture* de *Casablanca* llevaba a los espectadores a Marruecos, *Ogro* los envía a la península ibérica. Aparece un mapa de las Españas. La mirada se congela sobre una de ellas: la más norteña. Todas las imágenes son montadas al compás del explicador en *off*: "España 1975, muere Franco después de cuarenta años de dictadura. En estos cuarenta años el fascismo ha encerrado en las cárceles españolas más de un millón de prisioneros políticos y muchísimas han sido las condenas a muerte pronunciadas por los tribunales españoles. Ahora, por fin, España mueve sus primeros y difíciles pasos en la vía democrática. Por fin los derechos civiles y políticos, las libertades de opinión, de prensa y de voto han sido devueltos a los españoles. Se tendrá que esperar, todavía, dos años más, para que sean puestos en libertad los últimos prisioneros políticos. Muchos de ellos son vascos. Los vascos han luchado durante cuarenta años al lado de aquellos que han combatido por la libertad, porque el fascismo era el enemigo común. Pero la cuestión vasca es muy antigua y compleja: los vascos viven dentro de los confines geográficos de España, sin embargo son también una etnia con su propio idioma, su propia tradición y cultura.

Un pueblo que sobre todo reivindica el reconocimiento de su propia identidad nacional" (Gatti, 2008).

Una introducción instantánea, manifiestamente didáctica de inspiración rosselliniana. Casi una declaración de intenciones en plena sintonía con el autor de *Roma città aperta* (1945) con su capacidad de analizar y devolver a la gran pantalla la esencia de la realidad. En este sentido Pontecorvo condivide la misma idea que el poeta romántico Novalis: "una buena historia puede surgir solo de fuentes que a su vez sean ellas mismas buenas historias". Y la misma autora de la fuente originaria explica al periodista Filippini: "Había muchos que querían escribir el libro, por ejemplo también García Márquez. Me lo propusieron y yo dije que sí. El contacto se realizó a través del comité. Yo dije que sí. Alguien me vino a buscar en un punto de Guipúzcoa. Me cargó en un coche, me puso un par de gafas opacas para que no pudiera ver nada y me llevó a un punto desconocido de Vizcaya [...] Los cuatros miembros del comando tenían un aire joven vivaz, inteligente. Digamos que más o menos los he visto. Todo el texto ha sido grabado en una cinta. No admito haberlo hecho yo. He hecho solo de redactora. Luego, unos meses después de la publicación del libro, me arrestaron, me torturaron. No por sospechar de ser yo la autora sino por mi solidaridad con los vascos. La imputación era gravísima, propaganda clandestina. Más tarde dijeron que se habían equivocado. Salí de la cárcel el 1 de junio de 1977, después de dos años y nueve meses. No podía aprovechar la amnistía porque no había sido procesada. Me sacó la lucha popular: una huelga general de seis días y de tres millones de personas que pedían la liberación de veintisiete vascos (yo incluida). Hemos sido los últimos vascos en salir de la cárcel. La huelga causó seis muertes y nadie ha hablado de ello. Para los vascos vale la ley del silencio" (1979).

El relato está lleno de aventuras trepidantes, acciones espectaculares, disfraces y pelucas, robos en las armerías de la guardia civil. El vuelo final de Carrero Blanco pasa casi en segundo término ya que la parte más intrigante es toda su preparación. Hacia las nueve y media de la mañana del 20-D, una tremenda explosión había asustado a los vecinos del elegante barrio madrileño de Salamanca. En la calle Coello entre una cortina enorme de polvo y tierra, se había abierto un espantoso cráter. Un agujero enorme totalmente vacío. Los primeros testigos pensaban en una detonación debida a un escape de gas. Pero rápidamente los padres jesuitas de la iglesia de San Francisco de Borja vieron aterrizar la Dodge negra de Carrero Blanco. Había sido una potente carga explosiva colocada con minuciosa preparación técnica en un punto extremamente preciso. Plantada, en túnel subterráneo que atravesaba la calle a partir de un sótano del número 104; enterrada en una zona de máxima vigilancia, cercana tanto a la casa de la víctima como a las embajadas británica y estadounidense. *Le Monde* del día siguiente hablaba de un golpe de una brutalidad sin precedentes, de desafío al régimen dictatorial: "Tomando como objetivo al almirante Carrero Blanco, con una puntería y violencia que dejan desconcertada toda la opinión pública, los autores del atentado han individuado el símbolo perfecto de la dictadura; el símbolo de un sistema político que no quiere renunciar a sus principios fundamentales, abusos codificados, arbitrariamente, en la guerra civil" (05-06-1980).

En la introducción a la edición italiana del libro, la Forest recordaba a todos los lectores italianos que Carrero Blanco había sido el hombre de confianza de Franco desde 1940. Su carrera había avanzado hasta la asunción de la delega de gran parte de las funciones ejecutivas: jefe de estado y presidente del gobierno prerrogativas hasta entonces propias del caudillo. A pesar de la paulatina pérdida de las facultades físicas y mentales de éste, el nombramiento aseguraba la línea continuativa del régimen dictatorial ya que, según la ley orgánica del estado, el cargo de presidencia del gobierno restaba en vigor durante cinco años. Así que, en la óptica de Agirre, la conspiración representaba un acto de justicia popular contra uno de los máximos responsables de treinta y cinco años de torturas y asesinatos: la eliminación de Carrero Blanco significaba un acto político de oposición al régimen fascista.

Según la Forest (que había leído el guión, pero que nunca había querido ver la película porque sus amigos le habían explicado que el argumento era muy esquemático) el resultado no era digno de Pontecorvo. Según ella el director había confiado únicamente en las palabras de Carrillo, cuando en realidad él había entrevistado nacionalistas vascos, independentistas catalanes y militantes de ETA (Torres, 1976:19): "Esta vez, como en todas mis otras películas, el trabajo ha sido elaborado tras una larga búsqueda de material y de una escrupulosa documentación. Hemos hecho con Pirro repetidos viajes a España, a la región vasca y al sur de Francia. De este modo entramos en contacto con algunos protagonistas de la operación. Gente perseguida, inútil decirlo, que vive en la clandestinidad" (Roca-Sastre, 1976:25).

Con la misma discreción de la Forest, Pontecorvo nunca ha dado detalles sobre sus interlocutores. Nunca ha hablado de Beñarán Ordeñana, alias el flaco *Argala*, ideólogo marxista-leninista del nacionalismo vasco y cabeza del comando Txikía. Nunca se había interesado en un *biopic* apologético del ejecutor real del atentado. Le importaba describir la lucha del ser humano por su liberación en todos los sentidos. Sentía gran interés por el deseo de rescate de un pueblo. El intento de defender sus raíces más profundas. La reivindicación frustrada de derechos elementales como el de hablar la propia lengua: "Yo he pretendido retratar cuatro personajes que me parecen arquetipos vascos en unas coordenadas históricas y sociales concretas. Para ello, he tomado elementos de las personas que he conocido, como el propio Argala, pero no de manera lineal, sino mezclando características de uno y otro, intentando crear la imagen psicológica de cuatro seres humanos situados ante una situación extrema, tal como lo veo. Cuando iban a producir la película los americanos, con Pacino como protagonista, su personaje sí reflejaba de una manera más clara la personalidad de Argala tal como yo lo veía. Incluso creo que había un cierto parecido físico. El personaje actual que interpreta Poncela, recoge algunos elementos del tipo Argala, pero con añadidos que no figuraban en el personaje que iba a hacer Pacino. Por ejemplo, en el personaje actual de Poncela hay una matriz religiosa, una idea de lo absoluto casi místico, un sentimiento religioso de la vida que no aparecían en el personaje que iba a interpretar Al Pacino. En la primera versión del guión, muy anterior, por supuesto, al atentado de Anglet, Pacino-Argala moría víctima de un atentado fascista" (Unzueta, 1979).

Como ya había ocurrido en *La batalla de Argel*, la fase de documentación y preparación había sido la más lenta y rigurosa. Y como había ocurrido en *Queimada*, la coproductora asociada United Artists propone la participación de una *star*. En un primer momento, tanto al productor italiano Cristaldi como al mismo Pontecorvo (que después de los extravagantes caprichos de Marlon Brando se consideraba experto en este sentido), la propuesta parece interesante ya que aseguraba una distribución planetaria: "Se me pone el problema de decidir entre utilizar actores no profesionales para obtener un mayor verismo o, como se trata de un film de difícil interpretación porque hay mucha parte introspectiva, de carácter, de comportamiento existencial, que requiere una actuación más refinada, cambiar completamente el planteamiento y hacerlo con, por ejemplo, mi amigo De Niro que sería un personaje perfecto para el comandante del grupo, o con Pacino, otro actor extraordinario" (Torres, 1976:19).

Finalmente el intérprete de Michael Corleone había sido elegido como candidato principal. Pirro y Arlorio se habían concentrado en la redacción de un guión que le proporcionase cierto protagonismo, según una dirección que forzosamente chocaba con la idea de lucha colectiva de Pontecorvo: "En un principio el guión se pensó para Al Pacino y se iba a rodar con dinero americano. Tuve que adaptar el guión y darle a él más protagonismo. Yo acepte por la repercusión del filme, si Al Pacino trabajaba, pero no quiso hacerla al no tener, según él, la suficiente acción personal (Doueil, 1979)".

Pero todas las reescrituras de Pirro y Arlorio (y sus disputas con Pontecorvo) no habían sido suficientes para regalar a Pacino un número de posas necesaria a justificar su viaje a Europa. Para compensar el retiro de la productora norteamericana (consecuente con la defección de Pacino), Pontecorvo se había planteado una coproducción con Canadá, con rodajes en Quebec, Madrid y Roma: Sutherland intentando reanudar un antiguo proyecto sobre el médico canadiense Norman Bethune héroe republicano de la guerra civil) tenía que ser un improbable Argala. Finalmente Cristaldi consigue estipular un acuerdo con dos *partner*: los distribuidores parisinos de Action Film y la ibérica *Sabre Film*. El director ejecutivo de esta última Sámano ya se había adentrado en el territorio del cine político: acababa de estrenar, con discreto éxito *¡Arriba Hazaña!* (J. M. Gutierrez Santos, 1978). Poco antes había renunciado a producir justo un filme sobre el atentado a Carrero Blanco por la contemporánea puesta en marcha del proyecto *Comando Txikia* (J. L. Madrid, 1976) Esta última una cinta sin rigor de ningún tipo (Vidal, 1989), una versión derechista de los hechos (Gorina, 1980), donde cuatro terroristas maleantes hacen volar una caja de cerilla disfrazada de coche blindado, después de un cauto panegírico del ilustre almirante. Recuerda Sámano: "En junio de 1978 vinieron a España para tratar de montar la película. Probaron con productores más importantes que yo, pero no llegaron a un acuerdo. Finalmente decidieron someterme el proyecto. Hice traducir el guión que encontré llenos de anacronismos. Pero me interesó. Le sugerí a Pontecorvo algunas modificaciones y firmamos el contrato. Siempre me había interesado el tema, pero lo dejé correr cuando supe que José Luis Madrid realizaba una película sobre el mismo tema. Llevamos ya ocho semanas de rodaje de las doce que en total tendrá la película. Se han construido siete grandes decorados. El resto se hace en escenarios naturales en Madrid y en el País Vasco" (Torres, 1976:19).

Sin embargo, después de más de tres años de meticulosa preparación, Pontecorvo perecía haber perdido el entusiasmo inicial. Ni la inmejorable capacidad técnica del equipo autóctono (el 80% eran españoles, solo el director de fotografía Gatti y la script Montanari eran italianos), ni la inmejorable habilidad de Sacristán y Poncela, tampoco la belleza de Ángela Molina (salida de un lienzo de Julio Romero de Torres) le devolvían la alegría y la energía de los tiempos de Argel. Lo atormentaban pesantes dudas. El guión había sido cambiado y retocado más de quince veces, sin embargo las rutinarias incertidumbres de Pontecorvo habían sido oscurecidas por los contemporáneos acontecimientos del caso Moro (secuestrado el 16-3-1978 y asesinado el 9-5-1978). A pesar de que el momento y el contexto fuesen totalmente distintos, Pontecorvo temía que su película se pudiese leer como justificación de los actos terroristas de *le Brigate Rosse*. Al final decide adoptar la solución de englobar la trama conspirativa dentro de su marco histórico. Dar una perspectiva más objetiva, a partir de una distancia temporal. De esta forma la ligera simpatía que transpiraba de las dudas, de las reflexiones, de la psicología e del ingenio organizativo de los protagonistas, se atenuaba en el debate *a posteriori*: "El debate se recoge indirectamente: se dan elementos de opinión contrapuestos que pueden permitir al espectador juzgar con objetividad. Personalmente, sí, tengo una opinión, pero en el filme no aparece de forma muy acusada, sino come un elemento más que puede contribuir a que el espectador se forje una opinión con el máximo de datos. Mi opinión es que la actividad armada, históricamente justificada en un momento dado, pasa en segundo plano desde el momento en que las masas disponen de otros instrumentos de expresión y actividad política. Pero no lo digo directamente en el filme, no es algo que aparezca de manera precisa. Digamos que yo voto por una posición, pero intento con ello zanjar la discusión, decir quién tiene la razón y quién no" (Unzueta, 1979).

Es cierto que la excesiva cautela de Pontecorvo sumada al afán didáctico de matriz rosselliniana han convertido *Ogro* en una síntesis esquemática de la violenta represión franquista, en una reducción *ad usum delphini*, quizás excesivamente tranquilizadora de la existencia de una organizada actividad terrorista que hoy en tiempo de democracia no puede justificarse bajo ningún concepto. Sin embargo, visto desde una distancia prudencial de tiempo (Millan, 1979) *Ogro* resulta más problemático y digno de discusión. En primer lugar, porque ha funcionado como *digest* para los no iniciados en el tema como era la gran parte del público italiano contemporáneo al periodo de la transición española. Secundariamente, porque, recordando muy de cerca los vilipendiados filmes de tesis, Pontecorvo impone un rechazo firme del terrorismo, sin argumentar en exceso la validez de su postura política. Una operación valiosa sintetizada brillantemente en la apostilla del historiador Romaguera: "Però del que si estem segurs, o així ho creiem, és que, sigui quina sigui la valua de l'obra, l'espectador espanyol més que no pas qualsevol altre públic, s'hi ha d'interessar i no n'ha de sortir indiferent" (1980).

Con extrema trasparencia y honestidad intelectual, Pontecorvo refleja en el evento español la realidad italiana. Realiza un film de sincera reflexión y debate. Se interroga sobre los discursos apologéticos de la violencia terrorista, sobre quienes justifican (como arma de lucha contra la opresión) este recurso vergonzoso y abyecto. Un acto de cobardía que representaba y representa la estrategia operativa más lejana a los principios sociales internacionalistas. En este sentido *Ogro* representa los últimos rastros de un sueño de revolución imposible. La utopía de un posible cambio de todos y para todos muere tras fanatismos individuales. Actos criminales solitarios que han perdido el vínculo con las masas, han olvidado sus motivos humanitarios. Han enterrado sus ideales bajo las balas de las brigadas rojas (Brunetta, 2007:256).

BIBLIOGRAFÍA

AGIRRE, Javier (1975), *Operazione Ogro*, Firenze, Alfani.
BIGNARDI, Irene (2009), *Memorie estorte a uno smemorato*, Milano, Feltrinelli.

BRUNETTA, Gianpiero (2007), *Il cinema italiano contemporáneo*, Bari, Laterza.

DE LAS HERAS, Juan (1977), "Me interrogaban sobre un complot incomprensible", *El País*, 2 de junio.

DOUEIL, Teresa (1979), "Gillo Pontecorvo, director de El túnel: para realizar la película tuve que documentarme con varias personas del País Vasco", *La Vanguardia*, 4 de abril.

FILIPPINI, Enrico (1979), "Un orco strabico", *La Repubblica*, 12 de octubre.

FILIPPINI, Enrico (1979), "Pontecorvo, hai sbagliato: il Paese Basco è un'altra cosa", *La Repubblica*, 12 de octubre.

FOREST, Eva (1994), *Operación Ogro*, Hondarríbia, HIRU S.L.

GHIRELLI, Massimo (1978), *Gillo Pontecorvo*, Firenze, La Nuova Italia.

GORINA, Alejandro (1980), "Operación Ogro de Gillo Pontecorvo", *Guía del ocio*, 29 de junio.

MARTINI, Giacomo (2005), *Il cinema di Gillo Pontecorvo*, Cesena, Il Ponte Vecchio.

MILLAN, Juan (1979), "Gillo Pontecorvo habla de Ogro", *La Calle*, 17 de septiembre.

Redacción (1973), "Ogro". *Le Monde*, 21 de diciembre.

Redacción (1980), "Operación Ogro", *El Periódico*, 5 de junio.

RIAMBAU, Esteve (1990), "ETA contra Carrero Blanco", *Avui*, 15 de febrero.

ROCA-SASTRE, Elvira (1976), "Película sobre la muerte de Carrero Blanco", *El Mundo*, 26 de septiembre.

ROMAGUERA, Joaquim (1980), "Ogro", *Avui*, 1 de mayo.

TORRES, Juan (1976). "Con informes directos de ETA, Gillo Pontecorvo realizará Operación Ogro", *Tele/exprés*, 30 de diciembre.

UNZUETA, Patxo (1979), "Pontecorvo. En el túnel intento mantener un tono objetivo", *El País*, 8 de abril.

VIDAL, Nuria (1989), "Operación Ogro", *El Periódico*, 9 de marzo.

LA LEGALIZACIÓN DEL PCE EN EL CINE DE LA TRANSICIÓN ESPAÑOLA

ENRIC RUIZ GIL
Universidad de Barcelona

Resumen: Entendemos la Transición española como un periodo de interinaje entre el ejercicio de poder de la élite extractiva franquista y la consolidación en el poder de la nueva élite extractiva "democrática". Durante este periodo tuvieron lugar una serie de transacciones entre poder y oposición. La única importante que concedió el nacionalcatolicismo (oligarquía, ejército e Iglesia católica) fue la legalización del PCE. El cine español de la Transición nos ofrece un registro gráfico inmejorable, a la vez que nos informa del sentir y el pensar de la sociedad española de aquel momento. Para ello nos basamos en cuatro películas que tienen como nexo común referencias a la legalización del PCE: *El puente, Solos en la madrugada, Siete días de enero* y *Asesinato en el Comité Central*.
Palabras clave: Transición, transacción, élite extractiva, cine, PCE

Abstract: We understand the Spanish Transition as an interim period between the fascist power and the consolidation of power of the new "Democratic" extractive elite. During this period there was a series of transactions between power and opposition. The only important that granted nationalcatolicism (oligarchy, army and Catholic Church) was the legalization of the PCE (Spanish Comunist Party). Spanish cinema of the Transition offers an excellent graphic record, it informs us about the feelings and thoughts of the Spanish society of that time. To do this we rely on four movies whose common nexus references to the legalization of the Comunism Party: *El puente, Solos en la madrugada, Siete días de enero* y *Asesinato en el Comité Central*.
Keywords: Transition, transaction, extractive elite, cinema, PCE

1. Introducción

La historiografía conservadora, en general, habla del proceso de Transición como algo ejemplarizante para todos los implicados, mientras que los autores críticos abogan por un revisionismo profundo. Con la aceptación del concepto de la Transición democrática se abandonó la idea de ruptura, aspiración de la oposición democrática antifranquista, por lo que el debate tampoco es nuevo sino que está recuperando su antigua naturaleza.

Sobre el escenario del debate recuperamos tres palabras: transición, transformación y transacción. Para la Real Academia de la Lengua Española, "transición" es la acción y efecto de pasar de un modo de ser o estar a otro; "transformación" se define como la acción de hacer cambiar de forma a alguien o algo, también hacer mudar de porte o de costumbres a alguien; mientras que "transacción" es definida como acción y efecto de transigir o también trato, convenio o negocio.

En todo periodo histórico existe una definición de qué es poder, quien lo ejerce y sobre quien lo hace. La transformación implicaría una variación de los diferentes agentes que intervienen en esta ecuación, cambiaría aquello que define el poder, las personas que lo ejercen y sobre quien se ejerce.

El general Franco impuso una dictadura totalitaria contando con el apoyo incondicional del ejército y la Iglesia católica, la versión actualizada de la tradicional nobleza agraria andaluza, castellana y extremeña, y con la alta burguesía catalana y vasca (Muniesa, 2005); todos ellos envueltos por una máquina burócrata como era el Movimiento Nacional (MN). Estos agentes del poder fueron evolucionando hasta configurar unas nuevas élites extractivas[1] que consiguieron concentrar el poder y su ejercicio en manos de un núcleo político, financiero, funcionarial y mediático ubicado en Madrid.

Entendemos la Transición como el periodo de interinaje que va desde la pérdida de poder de una élite extractiva hasta la consolidación de la nueva. Al no haberse producido una ruptura no podemos datar con fechas concretas la desaparición de una y su substitución por la otra, más aún cuando todo parece indicar que la élite extractiva franquista se transformó en élite extractiva "democrática", después – eso sí –, de una serie de transacciones concedidas por las nuevas incorporaciones.

El periodo que transformó a España de dictadura militar en monarquía parlamentaria fue una sucesión de hechos que a través de la legalidad

---

[1] El concepto de élites extractivas fue incorporado por los economistas Daron Acemoglu y James A. Robinson en su libro *¿Por qué fracasan los países?* (2012). Se trata de un colectivo que se aparta de la obtención del bien común y dedican sus esfuerzos a su propio bienestar y al del grupo al que pertenecen. Las instituciones extractivas concentran el poder en manos de una élite reducida y fijan pocos límites al ejercicio de su poder. Estas élites elaboran un sistema de captura de rentas que les permite, sin crear riqueza, detraer rentas de la mayor parte de la ciudadanía en beneficio propio (Estefanía, 2013).

fascista[2] preservaron el legado del general Franco con impunidad y sin rupturismos, a la vez que se incorporaron partidos, sindicatos e instituciones democráticas gracias a una nueva legalidad constitucional.

En 1969, después de la visita de Henry Kissinger[3] a España, el general Franco nombró sucesor, a título de rey, a Juan Carlos de Borbón. Lo hizo bajo el marco de la Ley de Sucesión a la Prefactura del Estado de 1947 que reconocía a España como reino. Las Cortes de la dictadura lo reconocieron como Príncipe y Juan Carlos de Borbón correspondió jurando las Leyes Fundamentales del Reino y los principios fascistas del Movimiento Nacional.

Para la Iglesia católica la transformación democrática se ajustó a sus necesidades. El nacionalcatolicismo español había legitimado la Guerra Civil al llamarla Cruzada; divinizado la figura del dictador, llevándolo bajo Palio en su entrada en las catedrales, y proporcionado miembros de Acción Católica y del Opus Dei para las necesidades políticas del gobierno (Muniesa, 2005). El régimen de Concordato entre la Santa Sede y España es precisamente del periodo de la transformación, concretamente de 28 de julio de 1976, después de la muerte del general Franco y anterior a la aprobación de la constitución por las Cortes. Posteriormente la Constitución declaró a España como un estado aconfesional, es decir no adherido a ninguna religión oficial, pero con capacidad para establecer acuerdos y concordatos. Desde 1976 la única religión con éste estatus es la católica. La transacción con la Iglesia católica se completó con la ampliación del Concordato en 1979 con acuerdos en los ámbitos de justicia, enseñanza y asuntos culturales, económicos y de asistencia religiosa a las Fuerzas Armadas (también servicio militar de los clérigos y religiosos), y de los intereses comunes en Tierra Santa, éste en 1994.

La oposición estaba formada por movimientos sociales, partidos políticos, sindicatos; también lo eran ETA[4] (Euskadi ta Askatasuna), GRAPO (Grupo de Resistencia Antifascista Primero de Octubre) o FRAP (Frente Revolucionario Antifascista y Patriota). Donde la oposición de los partidos democráticos se mostró más unida fue en Cataluña, a través de la Assemblea de Catalunya.

La oposición presentaba dos tendencias: la rupturista de la Junta Democrática liderada por el PCE-PSUC que buscaba la amnistía, la

---

[2] RAE: adj., Excesivamente autoritario.
[3] Henry Kissinger desarrolló una política para España, como consejero presidencial de Seguridad Nacional y Secretario de Estado de EE.UU. en el periodo 1969-1977. Con ello garantizó el acceso estadounidense a las bases militares en España, tuvo una estrecha relación con Franco y procuró unas buenas relaciones futuras con Juan Carlos de Borbón (Powell, 2007).
[4] Euskadi y Libertad, banda terrorista creada en 1959, con el fin de crear un estado socialista en Euskalerria.

formación de un gobierno provisional y un referéndum para decidir la forma de gobierno (monarquía o república), con un regreso a la legalidad anterior a la Guerra Civil, libre de toda influencia franquista. El otro sector era la Plataforma de Convergencia Democrática liderada por el PSOE[5] que incorporó a socialdemócratas y democristianos; perseguía la amnistía inmediata pero no la ruptura política.

Ambas líneas opositoras se unificaron en marzo de 1976 constituyendo la Coordinación Democrática, popularmente denominada "la Platajunta". Con este movimiento de la oposición democrática reforzaba la posición de los partidos, pero quedaban fuera de la negociación los movimientos sociales y los grupos radicales. El segundo movimiento de la oposición fue reducir todavía más el núcleo negociador hasta configurar lo que se denominó la "Comisión de los nueve"[6], que a la postre fusionados con los "franquistas reconvertidos" acabarían formando la nueva oligarquía política española. Fue la "Comisión de los nueve" quien asumió la mayor parte de las renuncias que fueron vendidas a la opinión pública como concesiones necesarias para construir una plataforma de entendimiento.

La Constitución dio la soberanía al pueblo español, sin embargo éste no pudo usarla para escoger entre una república y una monarquía, ya que esto fue decidido años antes, en 1969 por las Cortes franquistas. Por otro lado, en lugar de establecer que el ejército estuviera sujeto al ordenamiento constitucional, se optó por lo contrario: que el ejército ejerciera una función de tutela sobre el ordenamiento constitucional.

Para el historiador Bernat Muniesa, resulta singular que la Constitución Española de 1978 legitime la dictadura franquista como legado histórico y se presente a sí misma como democrática ya que "consagra privilegios, santifica abusos y perpetúa injusticias". La Constitución garantiza el principio de legalidad, la jerarquía normativa, la publicidad de las normas, la irretroactividad de las disposiciones sancionadoras no favorables (Artículo 9º)[7]. Los derechos adquiridos desde el 18 de julio de 1936 quedaban legalizados. Nadie podría recurrir para recuperar bienes materiales expropiados por los vencedores, ni exigir responsabilidades por crímenes

---

[5] En Suresnes (1 de octubre de 1974) la nueva dirección dejó de tener la República como objetivo. Contó con el apoyo estadounidense (Henry Kissinger); Willy Brandt y François Mitterrand favorecieron la admisión del PSOE en la Segunda Internacional y se excluyó al PSOE-histórico republicano.

[6] Enrique Tierno (PSP), Felipe González (PSOE) Francisco Fdz. Ordóñez (socialdemócratas), Joaquín Satrústegui (liberales), Antón Canyellas (democratacristianos), Santiago Carrillo (PCE), Jordi Pujol (Cataluña), Valentín Paz Andrade (Galicia), Julio Jáuregui (País Vasco).

[7] Artículo 9º. 3. La Constitución garantiza el principio de legalidad, la jerarquía normativa, la publicidad de las normas, la irretroactividad de las disposiciones sancionadoras no favorables o restrictivas de derechos individuales, la seguridad jurídica, la responsabilidad y la interdicción de la arbitrariedad de los poderes públicos.

pasados. Cientos de jueces y torturadores quedaban protegidos por la nueva legalidad y los crímenes de la dilatada etapa franquista impunes (Muniesa, 2005).

Sin embargo para Carlos Barrera, en otra línea historiográfica, el mismo proceso es visto como una adopción de una actitud responsable por todos los agentes que intervinieron, el pueblo, la oposición, los medios de comunicación y los poderes fácticos como el ejército, que siguiendo las órdenes de Franco sería fiel al Rey, y la Iglesia católica.

Ahora bien, todo parece indicar que la legitimación de la dictadura surgida de la Guerra Civil, así como la legalidad de la monarquía nacida de la dictadura no hubiera sido posible sin la única transacción, que en apariencia, realizó la oligarquía franquista: la legalización del PCE.

2. La legalización del comunismo

El código penal reformado en 1976 prohibía las asociaciones que tuvieran por objeto la subversión del orden público o el ataque a la unidad de la patria y aquellas que "sometidas a una disciplina internacional se propongan implantar un sistema totalitario". Eran restricciones que los sectores más conservadores de las Cortes habían logrado introducir precisamente para evitar la participación de los comunistas (Barreda, 1998).

Cuando Manuel Fraga (ministro de Gobernación, 1975-1976) lideraba la reforma, en ningún momento consideró la legalización del PCE ni la de su homólogo catalán PSUC (*Partit Socialista Unificat de Catalunya*). Este prejuicio mostró su incapacidad para liderar el camino a la reforma democrática, cosa que no pasó con Adolfo Suárez (ministro secretario general del Movimiento Nacional, 1975-1976 y presidente del gobierno, 1976-1981).

La legalización del PCE era condición indispensable para que la Transición española fuera considerada como una reforma democrática. Pero la principal resistencia a la legalización se encontraba en el ejército, el poder fáctico por excelencia en una dictadura militar represora de su propio pueblo, y en la Iglesia católica. El 24 de junio de 1972, en el Convento de los Padres Oblancos de Pozuelo de Alarcón, fueron detenidos los dirigentes de la Coordinadora General de CC.OO, iniciándose el denominado «Proceso 1001», y con ello persistía la judicialización del movimiento obrero.

El gobierno de Carlos Arias Navarro (1974-1976) tuvo conversaciones con la Plataforma de Convergencia Democrática liderada por el PSOE. Su intención era dialogar con todos, menos el PCE. Fue precisamente durante el gobierno de Arias que se aprobó la Ley Asociativa que permitía que empresas y trabajadores pudieran establecer sus organizaciones, exceptuando aquellas que lo fueran de grupos de inspiración extranjera como el PCE. Esta actitud de Arias impedía que fuera capaz de generar percepciones de democracia real.

Adolfo Suárez sí fue capaz de generar percepción de democracia real. Consensuó con los diferentes poderes fácticos una negociación con la oposición democrática. En primer lugar, hizo que la Coordinadora Democrática aceptara la legitimidad de la dictadura surgida de la Guerra Civil y la legalidad monárquica surgida de ésta. Por el contrario, forzó a la oligarquía franquista, y muy especialmente al ejército, a que no actuara en contra de la legalización del PCE.

Suárez se reunió en septiembre del 1976 con jefes militares para pedirles su apoyo a la Ley para la Reforma Política[8]. Las conversaciones dieron su fruto y los altos mandos militares decidieron no oponerse a la Ley, pero insistieron en la no legalización del PCE.

El nuevo gobierno de Suárez aprobó la Ley para la Reforma Política, suprimió instituciones como el Movimiento Nacional, la Organización Sindical y el Tribunal de Orden Público, enviando al personal empleado en estas instituciones a diferentes órganos ministeriales como funcionarios.

Santiago Carrillo, secretario general del PCE, había mantenido contactos indirectos tanto con la Corona como con el gobierno. El 27 de febrero de 1976 se realizó una entrevista entre Suárez y Carrillo, desde entonces entró y salió de España en varias ocasiones de manera aparentemente clandestina. Para contentar al ejército, en una de estas ocasiones, Carrillo fue detenido en Madrid por las fuerzas de orden público.

Durante el proceso de negociación entre gobierno y oposición democrática, se fueron desactivando las huelgas, las manifestaciones y la violencia callejera, sin embargo, la violencia terrorista de extrema derecha e izquierda siguió intentando forzar el golpismo militar.

Por todo ello se destacó, por un lado, la contención de los militares y por otro, la conducta del PCE después de los sucesos de Atocha: "La impresionante y multitudinaria manifestación de duelo por las calles de Madrid, dentro siempre del más estricto orden, le valió al partido el reconocimiento público de su responsabilidad y civismo" (Barreda, 1998).

El gobierno de Suárez tomó la decisión de legalizar al PCE en última instancia. Los ministros militares, exceptuando el general Gutiérrez Mellado, supieron la noticia por la radio, no fueron informados por Suárez. En la memoria del dimitido Pita da Veiga estaba la reunión que tuvo la cúpula militar con Suárez donde el presidente, supuestamente, se habría comprometido a la no legalización.

El rey estaba de acuerdo con los acontecimientos y los mandos militares seguían las órdenes de Franco, cuando apoyaban en todo momento, por lo

---

[8] Esta ley tenía rango de Ley Fundamental y se había concebido con la idea de suprimir las siete leyes fundamentales restantes y preparar el marco jurídico democrático.

que sus protestas eran más una queja al gobierno que una amenaza real de golpe.

Por su parte, el gobierno pidió a Carrillo un gesto para aplacar el descontento militar. El día 14 de abril, aniversario de la proclamación de la Segunda República Española, Santiago Carrillo y el Comité Central del PCE aceptó la bandera roja y gualda, símbolo de la unidad de España y de fidelidad a la monarquía de los borbones.

La renuncia – para otros, traición – del PCE a la república, con la aceptación de la segunda restauración borbónica, la legitimación de la dictadura y la renuncia a la bandera tricolor se entiende desde la historiografía conservadora como una actitud pragmática de Santiago Carrillo que contribuyó a disminuir los recelos hacia los comunistas.

3. ¿Cómo reflejó el cine de la Transición la legalización del PCE?

Teniendo en cuenta que la censura desapareció con el Real Decreto de 11 de noviembre de 1977, sólo dos películas hacen mención explícita de la legalización del PCE: *Solos en la madrugada* (Garci, 1978) y *Siete días de enero* (Bardem, 1978); existe una tercera donde se intuye que dicha legalización está próxima, aunque en su vertiente sindical, en *El puente* (Bardem, 1976); y una cuarta donde se habla de la muerte del secretario general del PCE, en *Asesinato en el Comité Central* (Aranda, 1982).

3.1 El Puente

Se trata de una *road movie* dirigida por Juan Antonio Bardem en 1976 y producida por Jaime Fernández-Cid, el guión está basado en un relato de Daniel Sueiro titulado *Solo de moto* (1967) y se estrenó en marzo de 1977. La película obtuvo el reconocimiento del público con 876.910 espectadores, recibió el Primer Premio del Festival de Cine de Moscú (1977).

Juan Antonio Bardem (1922-2002) supo retratar la amargura de la España franquista, lo que le valió el reconocimiento de los críticos y la animadversión del poder hacia su trabajo como director y productor (fue arrestado durante el rodaje de *Calle Mayor* en 1956). Después de realizar una serie de films comerciales en el tardofranquismo, durante la Transición se inclinó por un cine de compromiso político con *El puente* y *Siete días de enero*. En opinión de Juan Francisco Cerón, Bardem había mostrado cuales eran los obstáculos que había que remover y cuáles eran los efectos de un régimen autoritario, pero a la vez mostraba cuáles eran los sectores dinámicos que estaban contribuyendo al cambio (Cerón, 1998).

El Puente se estructura en una serie de cortos encadenados que no dejan de ser un pase de diapositivas panfletarias con intención moralizante, que ahora adoptan la forma de registro gráfico de un tiempo y un país, al que podemos acceder gracias al trabajo del director.

El planteamiento inicial es que el protagonista resulta ser un egocéntrico que sólo piensa en las vacaciones, trabajar para gastar su dinero en fiestas y tiene a la mujer como objeto único de deseo. La decepción que le produce ser rechazado por una joven hace que decida pasar el fin de semana en Torremolinos, que aparece ante nosotros como un lugar mitológico de fiestas, sol y mujeres.

Durante el viaje montado en su motocicleta se dará cuenta de la problemática de la emigración, el abandono del campo; se divertirá con un grupo de teatro hippie y será multado por indecoroso ante un sequito funerario tradicional; en el campo encontrará un señorito rico acompañado por dos hermosas mujeres que le tratará con desprecio, y también a una familia de jornaleros que compartirán con él lo poco que tienen; conocerá la necesidad de libertad de expresión, el riesgo del activismo sindical, las desigualdades sociales... También tendrá una experiencia sexual con una mujer liberada, que le enseñará que el sexo no es sólo para satisfacer al hombre sino también a la mujer y que la brusquedad machista no tiene cabida en esa relación.

Cuando llega a Torremolinos no encuentra la deseada fiesta, ni el sol, ni las mujeres y tiene que volver a casa, pero lo hará con una inquietud nueva en su interior. Sabio como le ha hecho el camino, toma conciencia de los problemas de su país y de la solución que no es otra que la necesidad de un cambio a través de la unión, la solidaridad y el activismo.

El Puente se rodó entre agosto y setiembre de 1976 dos meses antes de la aprobación de la Ley de la Reforma Política y del fin oficial de la censura, y fue estrenada en marzo de 1977 cuando faltaba un mes para la legalización del PCE, tiempo de incertidumbre democrática. La película se enmarca en una corriente de opinión a favor del cambio político que con el poder franquista aún incólume, demanda libertad sindical, amnistía general, derecho de reunión y asociación, elecciones democráticas, etc. (Sánchez, 2014). El film refleja un estado permanente de transformación, entre lo nuevo y lo viejo, en el que el protagonista renace iniciáticamente con el espíritu necesario para afrontar los cambios.

Bardem recurre a Alfredo Landa para representar al arquetipo de español medio del tardofranquismo pero en esta ocasión sin caer en el landismo[9]. Landa interpreta ese personaje caracterizado por la mediocridad,

---

[9] Alfredo Landa entre 1969 y 1978 realizó una serie de comedias eróticas de baja intensidad donde quedaban reflejados los problemas de la sociedad española tardofranquista y de los primeros años de la Transición.

la represión sexual, el carácter bromista, el deseo de prosperar económicamente, la nula consciencia política, mero espectador de la vida pública (Sánchez, 2014). El objetivo del director no es otro que mostrar la necesidad de evolución del español medio, ante las problemáticas del postfranquismo y de su implicación en la reivindicación (política, social, laboral, sexual, etc.).

Pero Bardem deja dicho que un cambio demasiado rápido resultaría peligroso, si bien sabe que los elementos del cambio están dentro del ciudadano medio, también sabe que el español necesita su tiempo. En uno de los episodios el protagonista, haciendo autoestop, es recogido por un Ford descapotable, conducido por un burgués acompañado por dos bellas mujeres de alta sociedad. Los ocupantes están de vuelta de Torremolinos y le dicen: "Allí sólo hay horteras y jubilados, extranjeros de tercera categoría y funcionarios como en Benidorm; de Torremolinos hay que largarse como nosotros". El conductor acelera a gran velocidad y conduce peligrosamente, mientras las chicas toman drogas. El descapotable lleva matrícula de Barcelona por lo que se deduce que sus ocupantes son catalanes, por ello puede entenderse como una crítica hacia la burguesía catalana, que Bardem imaginaba más cercana a Hollywood que a Torremolinos, o que de repente tanta modernidad resulta un cambio tan brusco que puede resultar peligroso. En cualquier caso el protagonista consigue apearse y volver a la velocidad de su modesta motocicleta, que aunque no es rápida le lleva a todas partes.

La crítica recibió negativamente a la película, la derecha por verla como un llamamiento a la militancia sindical, y la izquierda le reprochó un exceso didáctico y reiterativo, con falta de reflexión.

3.2 Solos en la madrugada

La película fue dirigida por José Luis Garci (Madrid, 1944), producida por José Luis Tafur, sobre un guión de José Luis González Sinde y el propio director. Garci empezó su andadura como director en plena Transición y se convirtió en el radiógrafo de la sensibilidad de la cotidianidad de esta época (Sánchez, 2014), calificándose su cine de "Tercera Vía"[10], visto por algunos como un anticipo del pactismo característico de la Transición. Parecería como si cine y política coincidieran en rechazar sus manifestaciones más rupturistas, marginando a los realizadores y partidos más radicales, concentrando a su parroquia en las posiciones centristas y socialdemócratas, que se traducirían en un cine liberal y de clase media (VV.AA. 1995).

---

[10] José Luis Dibildos ideó el término Cine de la Tercera Vía para designar aquellas películas que se encontraban a medio camino entre las consideradas populares y las intelectuales.

Solos en la madrugada forma parte de una trilogía, junto a *Asignatura pendiente* (1976) y *Las verdes praderas* (1979), con un precedente en *Los nuevos españoles* (1975), donde se plantean de forma pesimista los cambios de costumbres en la España postfranquista, y se critican algunos aspectos de la modernidad que podrían considerarse alienantes.

La película trata sobre la vida de un locutor que dirige y presenta un programa nocturno llamado "Solos en la madrugada" donde se dedica a criticar las consecuencias del franquismo y su realidad cotidiana. Su vida pasa por una profunda crisis personal que marca su vida social y plasma en su programa mediante crónicas pesimistas.

González y Garci definen al protagonista al decorar su apartamento con un cartel del film *Historia de un pecado* (1975), como alusión al estigma que representa la dictadura en su generación y el discurso final; mostrando así la evolución de una mentalidad llena de inseguridades, tabúes sexuales, quejas de oportunidades perdidas y escepticismo hacia el futuro, a otra positiva y esperanzada.

Antes que la televisión fue Radio Nacional de España (RNE) quien dio la noticia de la legalización del PCE. Fue durante el noticiario de las ocho de la tarde, del 9 de abril de 1977, Sábado Santo, y con la voz entrecortada de Alejo García Ortega. La noticia era de tal magnitud que el periodista tomó la decisión de ir a la redacción corriendo para confirmarla antes de leerla al público casi sin aliento.

Hasta ese momento la radio en España había sido el principal medio de comunicación de masas, de ahí que el director escogiese éste medio y a un radiofonista como protagonista. *Solos...* nos ofrece ese momento histórico y lo reproduce con la voz del periodista Iñaki Gabilondo.

El tratamiento de la mujer en el film es novedoso, se trata de una mujer más moderna, más liberada, que infunde inseguridad en el hombre medio español, que se encuentra ante ella desconcertado; el matrimonio ya no es para siempre, como muchas otras cosas.

Para sobrevivir en el nuevo escenario de libertades, el protagonista se da cuenta de que debe cambiar su actitud porque ya nadie tutelará su vida, la culpa de sus fracasos ya no serán atribuibles más que el mismo, de ahí el discurso final de la película cargado de actitud positiva ante un porvenir en libertad.

3.3 Siete días de enero

La película se trata del asesinato de cinco abogados laboralistas, hecho conocido también como la Matanza de Atocha. Debido a las dificultades del director, Juan Antonio Bardem, para rodar y producir en España, a causa de su militancia comunista, se buscó una alianza con una productora francesa, por lo que la película, de 1979, es una coproducción de Serafín García

Trueba y Les Films des Deux Mondes. El film está basado en un guión del propio Bardem y de Gregorio Morán (periodista de *Diario16* que realizó una investigación sobre los hechos de la Matanza de Atocha titulado "La Semana del complot"). Por este film Bardem recibió por segunda vez el Primer Premio del Festival de Cine de Moscú (1979).

Para evitar que tildasen su película de propaganda comunista, como había pasado con *El Puente*, Bardem elaboró una narración desde el punto de vista de los asesinos y no de las víctimas. El film denuncia la actividad represora de la policía armada mostrando sus vinculaciones con la antigua estructura de la policía franquista, que parece todavía operativa, y también la manipulación de la prensa escrita, como el diario Alcázar que atribuye el asesinato de los abogados al KGB (Sánchez, 2014).

El protagonista del film es Luis María, hijo de un militar fascista muerto. Su círculo familiar y de amistades está vinculado a la ultraderecha, muy crítica con las huelgas, manifestaciones y las acciones terroristas contra militares y policías. La madre del protagonista, que trabaja para el líder de la ultraderecha en la sombra, es muy crítica con los jóvenes de la ultraderecha achacándoles falta de compromiso. Esto hace que Luis María se implique en el asesinato de los abogados laboristas. Posteriormente huye a Murcia donde es detenido e interrogado por los asesinatos.

La película reconstruye los hechos acontecidos el 24 de enero de 1977 a las diez y treinta de la noche cuando tres miembros de la Triple A (Alianza Apostólica Anticomunista) irrumpieron en un despacho de abogados de Comisiones Obreras (CC.OO.), situado en el número 55 de la calle de Atocha de Madrid y dispararon a los presentes. Resultaron muertos cinco abogados y un empleado del bufete, además sufrieron heridas graves tres más[11]. La acción iba dirigida contra Joaquín Navarro Fernández[12] dirigente de CC.OO., impulsor de huelga de empresas privadas de transporte, pero en el momento del atentado no se encontraba allí.

Los hechos deben enmarcarse en una ola de conflictividad provocada por el intercambio de acciones terroristas protagonizadas tanto por la extrema derecha como la extrema izquierda que llegaron a su punto más crítico entre el 23 y el 30 de enero de 1977.

Tanto la cúpula militar como la militancia del PCE se mantuvieron fieles al gobierno de Adolfo Suárez, cosa que contribuyó a superar la situación y seguir el camino trazado para consolidar la Transición a la democracia.

---

[11] Los fallecidos: Enrique Valdevira Ibáñez, Luis Javier Benavides Orgaz y Francisco Javier Sahuquillo Pérez del Arco; el estudiante Serafín Holgado de Antonio; y el administrativo Ángel Rodríguez Leal. Resultaron heridos: Miguel Sarabia Gil, Alejandro Ruiz Huertas, Luis Ramos Pardo y Dolores González Ruiz, casada con Sauquillo y que perdió el hijo que esperaba.

[12] Joaquín Navarro Fernández se interpretó a sí mismo.

Por la cercanía a los hechos, el rodaje, la exhibición y los sucesos narrados pertenecen a un mismo periodo histórico.

3.4 *Asesinato en el Comité Central*

Asesinato en el Comité Central es una película de Vicente Aranda, realizada en 1982, producida por Lola 2002 y Morgana Films, con un guión adaptado de Aranda de la novela de Manuel Vázquez Montalbán con el mismo título. El director reconoció no tener ninguna pretensión política ni de otro tipo, que no fuera plasmar en la pantalla la novela de Montalbán y que de su adaptación no se podía sacar ninguna conclusión aleccionadora, ya que carecía de tesis.

La trama sigue la investigación del asesinato de Fernando Garrido, líder del PCE, durante una sesión del Comité Central. El PCE encarga la investigación a Pepe Carvalho, un antiguo militante que ejerce de detective privado en Barcelona y que se desplazará hasta Madrid. Tras entrevistarse con el nuevo líder comunista y con el comisario franquista, encargado por el gobierno del caso, y ser atosigado por agentes de la CIA y del KGB, Carvalho llega a la conclusión de que sólo hay cinco sospechosos, y por eliminación descubre al culpable.

Debido a la nula intencionalidad por parte de Aranda sobre los temas tratados en el film, debemos buscarla en el autor de la novela. Manuel Vázquez Montalbán, periodista, novelista y miembro del Comité Ejecutivo del PSUC (1981), reconoció haber ido aplazando la publicación de la novela para que no se pudiera interpretar como una crítica al PCE en diferentes momentos problemáticos. El autor dejó dicho que por el solo hecho de ser novela, ésta puede ofrecer varias lecturas y que los personajes son arquetipos, no personajes reales. Más tarde manifestó haber estado preocupado durante el asalto al Congreso (23 de febrero de 1981) por si le hubiera sucedido algo a Santiago Carrillo y pudiera relacionarse con su novela, malinterpretándose. Resulta significativo que Carrillo declinara la proposición del autor para que presentara en su día la novela (Canals, 1981).

Lo más cercano al contexto histórico es la relación cacofónica de los nombres Fernando Garrido secretario general del PCE, en la ficción, y Santiago Carrillo, el auténtico secretario general, y que las fotografías que aparecen en la película de Fernando Garrido son las del auténtico Santiago Carrillo.

Resulta casi forzado comentar la intervención en la trama de la CIA y de la KGB, pero no son más que recursos literarios, nada nos dice de la intervención de la agencia americana o la soviética sobre ningún complot en contra del secretario general del PCE, ni tan siquiera el episodio rumano en el que se supone que el entonces príncipe entra en contacto con Carrillo para hablar de la legalización del PCE. Por último, el personaje del comisario Fonseca vuelve a remitirnos al perfil del policía siempre vinculado a las estructuras fascistas del régimen anterior.

4. Conclusiones

La voluntad de legalizar al PCE seleccionó a los que tuvieron que liderar la Transición, aquellos como Manuel Fraga o Carlos Arias que pretendieron tener ese protagonismo, pero sin intención de abordar la legalización, tuvieron que dejar paso a aquellos, como Adolfo Suárez, que sí fue capaz de hacerlo y por lo tanto, ser visto como único líder franquista idóneo para generar percepción de democracia real, junto con el rey Juan Carlos I.

La importancia de la legalización del PCE ha tenido escasa repercusión en el cine español. La cuestión sólo es abordada explícitamente en dos de las cuatro películas comentadas y siempre es tratada como noticia (radiofónica, en *Solos en la madrugada* o simulación de teletipo en *Siete días de enero*). Relatar un hecho como noticia, sin opinión, sin matices la hace inocua. Únicamente en *Solos...* se ve brevemente una celebración por las calles de Madrid.

En ninguna película de las comentadas se expresan opiniones radicales, salvo en *Siete días de enero*, cuando se refiere a la ultraderecha que es la parte ficcionada. Se expresan deseos de libertad y los conflictos que conllevó, pero sin rupturismos; incluso el tratamiento del divorcio en *Solos en la madrugada* es amistoso. Cinematográficamente hablando, el cambio radical no parece ser propio del español medio, más bien éste parece tener una gran capacidad de adaptación a las circunstancias. Sin descartar la autocontención – por no decir autocensura – en los directores, parece que optaron por la moderación, la tercera vía, el centrismo.

Independientemente de su calidad y su relevancia como películas, con los años, las cuatro reflejan la sociedad, la cultura y la estética de la época, son registros gráficos para el análisis gracias a su cercanía temporal a los hechos narrados. En *Siete días de enero* se utiliza material de archivo en las manifestaciones, la represión de la policía armada, la capilla ardiente y el entierro de los abogados laboralistas, éstas rodadas por el Colectivo de Cine Madrid. *Solos en la madrugada*, además del anuncio radiofónico de la legalización del PCE, nos ofrece las primeras imágenes relacionadas con las primeras campañas de propaganda política en libertad, carteles con las siglas, los lemas y los rostros de los líderes de los partidos políticos del momento (Adolfo Suárez, Felipe González, Manuel Fraga o Santiago Carrillo). Quizás la única crítica compartida por estos films es cuando se habla de la policía que siempre aparece vinculada con el aparato represor del gobierno del general Franco.

BIBLIOGRAFÍA

ACEMOGLU, Daron – ROBINSON, James A. (2012), *Por qué fracasan los países*, Barcelona, Deusto.

BARRERA, Carlos (1998), "La transición democrática (1975-1978)", en Javier Paredes (ed.): *Historia contemporánea de España: Siglo XIX*, Barcelona, Ariel

CERÓN GÓMEZ, Juan Francisco (1998), *El cine de Juan Antonio Bardem*, Secretariado de Publicaciones de la Universidad de Murcia, Primavera cinematográfica de Lorca.

CANALS, Enriq (1981), "Vázquez Montalbán: "La novela es una crítica al sentido religioso de la militancia", *El País*, 7 de abril.

ESTEFANÍA, Joaquín (2013), "Élites extractivas", *El País*, 16 de junio.

"Detenido por orden militar un redactor de «Diario 16»", *El País*, 21 de mayo de 1977.

FREIXAS, Ramón – CÁNOVAS BELCHÍ, Joaquín T. (2000), *Miradas sobre el cine de Vicente Aranda*, Editum.

"La Real Academia de la Historia modificará la definición de Franco", Sección cultura de *El País*, 7 de abril de 2015.

LÓPEZ, Juan-José (2014), "El pacto", *La Vanguardia*, 7 de junio.

MUNIESA, Bernat (2005), *Dictadura y transición: La monarquía parlamentaria* (Vol. 2), Universitat de Barcelona.

POWELL, Charles (2007), "Henry Kissinger y España, de la dictadura a la democracia (1969-1977)", en Charles Powell y Juan C. Jiménez (eds.): *Del autoritarismo a la democracia. Estudios de Política Exterior Española*, Madrid, Silex.

SÁNCHEZ NORIEGA, José Luis (ed.) (2014), *Filmando el cambio Social. Las películas de la Transición*, Barcelona, Laertes.

"Secuestro de Villaescusa, Secuestro de Villaescusa", *El País*, 12 de febrero de 1977.

TORRES, Augusto Martínez (1999), *Diccionario Espasa del Cine Español*, Madrid, Espasa Libros.

TRENZADO ROMERO, Manuel (1999), *Cultura de masas y cambio político: el cine español de la transición*, Núm. 168., Madrid, CIS y Siglo XXI.

VV.AA. (1995), *Del franquismo a la posmodernidad. Cultura española 1975-1990*, Torrejón de Ardoz, Akal.

Filmografía
ARANDA, Vicente (dir.) (1982), *Asesinato en el comité central*.
BARDEM, Juan Antonio (dir.) (1977), *El puente*.
BARDEM, Juan Antonio (dir.) (1979), *Siete días de enero*.
GARCI, José Luis (dir.) (1978), *Solos en la madrugada*.

Audios

Fonoteca de la radio: RNE, Alejo García Ortega (1977) audio de la noticia de la legalización del PCE, 9 de abril, asequible en: http://www.fonotecaderadio.com/html/pcelegal.html, fecha de consulta: junio de 2015.

POLICÍAS Y DETECTIVES EN LA PRIMERA TRANSICIÓN ESPAÑOLA

FRANCESC SÁNCHEZ BARBA
Universidad de Barcelona

Resumen: Esta comunicación pretende explorar desde la perspectiva actual la aportación cultural del cine negro español a la primera Transición (1976-1982). En un contexto de libertad política y sin la presión censora del tardofranquismo, se pusieron en marcha algunas temáticas y representaciones novedosas, aunque también pueden percibirse silencios y automatismos acordes con un periodo de incertidumbres, de cambios sin estridencias y, a lo sumo, de voladuras controladas. A partir del análisis de algunos títulos representativos del periodo, se abordarán en segundo término cuestiones como las fuentes de esa producción alrededor de lo criminal. Escritores de novela negra como Fuster, Pedrolo o Vázquez Montalbán ya habían desplegado un catálogo de obras que podían cubrir las necesidades de guiones acordes con las demandas del nuevo periodo. Se repasará además la influencia que la nostalgia y la melancolía tuvieron en los directores y productores del periodo, pendientes aún de una lejana época dorada del género, envuelto posteriormente en todo tipo de manierismos y operaciones de mestizajes y de puestas al día. Finalmente y a partir del galardonado film *La isla mínima* (2014), se reflexionará sobre una posible referencia al pacto de silencio y al cierre en falso de las heridas que marcaron esa primera transición en la que se integraron no pocos miembros del estado franquista y que, a partir de la Ley de Memoria Histórica (2007), son tema de un debate profundo.
Palabras clave: cine negro, novela negra, Andreu Martín, primera Transición española

Abstract: This paper aims at exploring, from a modern perspective, the contribution of the Spanish film noir the first political Transition (1976-1982). In an atmosphere of political freedom and without the pressure of the late Franco regime's censorship, new issues and representations rose, although silences and automatisms could also be perceived, characteristics of a period of uncertainty, quiet changes or, at the very most, of controlled attempts. Through the analysis of several representative titles of the period, we'll study topics such as the sources of these productions in relation to crime. Noir novel writers such as Fuster, Pedrolo or Vázquez Montalbán had already come forward with a number of works that could meet the demands for scripts in accordance to the requirements of the new period. We'll also reflect on how nostalgia and melancholy influenced directors and producers of that period, whose references still depended on the bygone golden age of that genre, and which were later convoluted not only with all sorts of mannerisms, but also with operations of disguise and updates. Finally, starting from the awarded film *La isla mínima* (2014), we'll reflect on a possible reference to a code of silence and a false healing of the wounds that marked that first Transition, in which quite a few members of the Franco regime were involved and which, after the Law of Historic Memories (2007), became the source of serious debate.

Keywords: film noir, novel noir, Andreu Martín, first Spanish Transition

La excelente tesis doctoral de José R. Vallés Calatrava contabilizaba más de 300 novelas negras para un género, el de lo criminal, que cobró un inesperado auge en los años del tardofranquismo y sobre todo en los primeros de la Transición española (Vallés Calatrava, 1991). Ese hecho sorprendía a escritores como Manuel Vázquez Montalbán que alertaba en el prólogo a dicha tesis que la crítica purista denunciaba los esfuerzos de los escritores de lo criminal de ese periodo de cambio como de intento de: "volver a las andadas del realismo social bajo el disfraz de la novela policíaca" (Vázquez Montalbán, 1991:7). Y es que los especialistas en literatura negra siempre han defendido que estos relatos ponían al descubierto el triángulo de conexión entre la sociedad, la política y el crimen aunque se moviesen en algunos clichés que podían encajar con el gusto popular. Así se puso de manifiesto en las Jornadas que se celebraron en Barcelona entre el 20 y el 22 de enero de 2005 en el *Primer Encuentro Europeo de Novela Negra* (Barba, 2005) que, entre otros muchos temas, abordó cuestiones vitales como la de la relación entre la novela negra y la identidad europea en un contexto en que aportaciones como la producción negra nórdica o la mediterránea se habían instalado como otras tantas señas de identidad. Dicho sea de paso este encuentro se convirtió en un homenaje al recientemente fallecido Manuel Vázquez Montalbán cuyo detective-estrella, Pepe Carvalho, había vivido en sus propias carnes la prisión en plena dictadura franquista. Como Andrea Camilleri o Petros Márkaris, el autor catalán bebe de fuentes variadas entre las que se destacan el denominado *polar* francés o los grandes clásicos como Agatha Christie o Georges Simenon.

La interconexión entre la literatura y el cine negros quedó también de manifiesto en la intervención del guionista Jean-Christophe Grange cuando reconocía que, al pasar de la novela negra que se quiere adaptar a la pantalla, hay que "olvidar en parte el libro y reescribir la historia con los medios del cine". En esa operación de reescritura se adaptarían no más de un 20 % de los diálogos, ni tampoco se podría acceder de la misma forma a la cabeza de los personajes como en el libro.

Como ya aparece mencionado en el resumen, uno de los elementos que se quieren poner de manifiesto en esta comunicación es el de la presencia de la producción de literatura negra española potencialmente transferible al lenguaje cinematográfico en las etapas que se comprenderían entre el llamado tardofranquismo (1970-1975). Esa época mortíferamente represiva del régimen sucedió a la previa (1959-1969) en la que las veleidades del desarrollismo captador de inversiones de multinacionales y de turistas sin demasiados escrúpulos no ocultaron nuestro papel de exportadores de mano de obra barata. Tras la muerte del dictador se produjo una más que problemática transición ejercida desde el aparato franquista que encabeza su apuesta democrática con un rey y un jefe de gobierno escogidos a dedo por el propio dictador. Hasta el restablecimiento pleno de las alcaldías democráticas o el de las autonomías llamadas históricas (la catalana y la vasca principalmente), no puede considerarse la vuelta definitiva al punto de partida de la legalidad constitucional de la Segunda República española.

Como se podrá apreciar de manera algo tangencial en el material de ficción que se analizará más adelante, la presencia más que destacada de elementos del aparato franquista en las "nuevas" fuerzas y cuerpos de seguridad del Estado será evidente: todos los mandos y funcionarios mantendrán su escalafón y proseguirán sus ascensos en el nuevo orden democrático. Martín Turrado Vidal examinará en profundidad los retos de esa apuesta de inclusión y reconversión en, entre otros trabajos, *La policía en la historia contemporánea de España* (2000)[1] en la que se repasa la historia de las instituciones de Orden Público desde una perspectiva de *longue durée* que abarcaría más de dos siglos, entre 1766 y 1986.

En la particular evolución de la novela negra española se dibujan tres periodos fundamentales (Vázquez de Parga: 1983, Vallés Calatrava: 1991 y Colmeiro, 1994): el primero de 1939 a 1965, el segundo de 1965 a 1975 y un tercero desde 1975 a 1990 en el que ya se añadiría el caudal político y social específico de la etapa de la Transición española. No hay que olvidar que las

---

[1] Para tener una perspectiva más general sobre la situación de otros cuerpos específicos de las fuerzas de Orden Público transferidas o reabsorbidas por la democracia, véase también López Garrido, 1982 y Batista, 1995.

dos primeras etapas se ven marcadas por el férreo control impuesto por la censura o por la autocensura, aunque en muchos casos se opte por dar prioridad a la tradición de la novela-enigma. En los años 50 y 60 destacan autores como García Pavón, Martínez Torre, Félix Llaugé o Núñez Alonso entre otros. Jalones destacables serían los ofrecidos por Manuel Lacruz con *El inocente* (1953) que, como si de diferentes movimientos de una sinfonía se tratara, apunta más de un rasgo de una novela posmoderna en la que la mezcla de los sentimientos confusos de culpabilidad del protagonista se aúnan al deseo de venganza de un policía, hecho realmente insólito en nuestra literatura aunque se difuminen los perfiles que permitan confirmar la nacionalidad española del agente. El director Josep Maria Forn adaptó la historia a la pantalla en 1959 pasando por un rosario de dificultades de todo tipo, pero tuvo la excelente idea de convertir el personaje del agente vengador en un obsesivo inspector de seguros que, como el policía de la novela, no concederá al sospechoso la presunción de inocencia. También es destacable la aportación del policía Tomás Salvador que escribió *Los atracadores* en 1955 y que describe las andanzas de tres jóvenes de orígenes sociales diversos que deciden emprender una creciente carrera criminal. El tono moralizante alertando, a partir de experiencias profesionales supuestamente vinculadas al escritor en su tarea como agente, está presente. Se hace referencia a una época problemática del crecimiento descontrolado de las periferias urbanas españolas y sí se hace un retrato fiel de la ciudad de Barcelona urbe que tradicionalmente se había asociado a la comisión de todo tipo de delitos por, entre otras razones, su exposición a perversas influencias (anarquismo, tráfico internacional en su puerto…). Bebiendo de otras fuentes más europeas, Gonzalo Suárez escribirá en 1963 la novela corta *De cuerpo presente* llevada al cine en 1965 por Antonio Eceiza y que, pese a suscitar algunas dudas, es considerada una historia criminal (Vázquez de Parga, 1983:33)

El segundo periodo, de 1965 a 1975, puede ser considerado como de cierto esplendor, puesto que no sólo se continúa la aportación de García Pavón, que con su investigador Plinio a la cabeza genera una producción de 18 cuentos, 8 novelas y 4 novelas cortas más una serie de televisión aunque se mueve en el terreno de la novela enigma con cierta ambientación rural con tipos reconocibles en otros géneros literarios. Pero esos años son también los de la irrupción de autores catalanes como Manuel de Pedrolo que, según los especialistas, introduce la novela negra española y moderna con algunas obras ya anticipadas entre 1958 y 1960, pero sobre todo en 1965 con *Joc brut* (*Juego sucio*) que da protagonismo al criminal o, en 1968, con *Mossegar-se la cua* (*Morderse la cola*), en donde se investiga al dueño de una agencia de detectives. Para Vallés Calatrava (1991:106), Pedrolo pone en evidencia "el desvelamiento de las relaciones entre crimen y clases altas" mientras que, influido por Simenon, continúa la tradición de reflejar el ambiente barcelonés de una manera algo inquietante alejada de los relatos costumbristas aunque pudiesen acercarse a la truculencia en la comisión de determinados delitos.

Finalmente, el periodo de 1975-1990 sería considerado por Sanz Villanueva (1984:48) aquel en el que "se abre una nueva era de la cultura, en este caso, del relato criminal español". Las historias serán más originales y los escritores ya "suelen situar la acción en nuestro país y utilizar personajes españoles aludiendo constantemente a la realidad nacional en todos sus frentes y abandonando la imitación" (Vallés Calatrava 1991:108). Se aumentará aún más la producción en diferentes lenguas con el concurso de varias editoriales que apostarán por la novela criminal en colecciones concretas al tiempo en que eclosionan revistas y secciones especializadas (*Calibre 38*, *Gimlet*...). Este periodo también contemplará el inicio de trayectorias como las de Juan Madrid, Andreu Martín, Manuel Vázquez Montalbán, Raúl Guerra Garrido, Eduardo Mendoza o, de manera menos seriada, de Joan Fuster con *De mica en mica s'omple la pica* (traducible de manera muy libre por "poco a poco se rebosa el vaso"). Podría hablarse de una segunda oleada que nacería a finales de los años 80 y en los primeros 90 con Sierra i Fabra, Muñoz, Torrent y otros que se situarían fuera de los límites de este estudio.

En general todos los autores mencionados en este tercer periodo tienen en común el haber nacido o crecido en la posguerra española, tener formación universitaria, compartir una visión progresista del mundo, situar la acción de sus relatos en España y publicar sus primeras obras entre 1975 y 1980 (Vallés Calatrava, 1991:114) aunque en algunos casos la primera obra se anticipe a 1974.

En esta aproximación al cine negro español de la primera fase de la transición española me parece idóneo tomar como guía el caso del escritor Andreu Martín (Barcelona, 1949) cuya novela *Prótesis* (1979) será analizada tomando como punto de partida (o de destino) su adaptación algo tardía, ya en 1984, por Vicente Aranda en el filme *Fanny Pelopaja* (1984). Para Ruth Zauner (1981:19), Martín es "el autor más negro, brutal, violento y desencantado de todos los que configuran el panorama español de la novela policíaca" (cit. Vallés Calatrava, 1991:157-158). Su trayectoria se inicia en 1979 con *Aprende y calla*, su primera novela que pone al descubierto un negocio de inmigración ilegal y continúa con, en el mismo año, *El Sr. Capone no está en casa*, que traslada la acción a los Estados Unidos en la época del gansterismo. En *A la vejez, navajazos*, relato en primera persona, se investiga el asesinato de una anciana y el robo de unas joyas modernistas que se narra en primera persona, recogiendo la peripecia detectivesca de Javier Lallana desde la Brigada de Homicidios, pasando por las diferentes secciones de los tribunales de Justicia.

Prótesis es para Vidal Santos una "narración ágil, con un sorprendente vuelco argumental hacia la mitad del relato y una tal vez excesiva demostración de violencia, incluso de sadismo" (1981:65-71) en la que se produce un enfrentamiento personal entre El Migue ("El Dientes"), de clase baja, perseguido y acorralado en diferentes momentos de la historia que, tras su salida de prisión, trabaja en espera de cumplir el deseo de matar a "El Gallego", el policía que mató a su amigo y compañero cuando formaba parte de una banda juvenil y que le torturó, vejó y destrozó su dentadura, hecho que genera un poderoso elemento visual y simbólico, y a través del cual vamos conociendo retazos de su historia. Con ella consiguió el Premio Círculo del Crimen de 1980. En *Si no es no es* (1983) Martín volverá a presentar un personaje que, como "El Migue" de *Prótesis* es a su vez víctima y verdugo.

Juan Miguel López Merino recoge algunas de las declaraciones del autor que afirma que cuando presenta la violencia, lo hace de una manera visceral y desbocada para que, entre otros motivos, aparezca como "dolorosa y desagradable para que no pueda convertirse en algo épico o deseable". Entre los temas constantes de la propuesta literaria de Martín, señala López Merino, se encuentran los de: "la agresividad, los conflictos mentales, la sexualidad desequilibrada, el terror, la venganza, el humor, la ambigüedad y el carácter doble de la realidad" aunque siempre envuelto en un deseo continuo de experimentar e innovar en lo estilístico y en lo argumental característico de todas sus obras. Asimismo R. Wolfe destaca que Martín tiene "*habilidad para bucear en el subconsciente paranoide de esta sociedad*" (López Merino, 2010:36).

En el panorama cinematográfico español, que acoge asimismo la producción cinematográfica de lo criminal hay que tener en cuenta algunos aspectos previos: En primer lugar, la buena salud de un cine comercial, especialmente la comedia desarrollista que no necesita de la calidad para acceder a un público poco especializado y que añade además no pocos elementos de contenidos sexuales sugeridos hasta que en los primeros años de democracia funcionen a pleno gas como un llamado cine de destape. También subgéneros como el *spaghetti-western*, el cine de espías o el de terror aportan cintas que abastecen una demanda amplia. En segundo lugar, los movimientos de renovación estética y temática iniciados en los años 60 con los llamados Nuevo Cine Español o la Escuela de Barcelona siguen produciendo algunos excelentes filmes aunque sumándose a aquellas propuestas llamadas de tercera vía (entre la comercialidad y la calidad, entre el asentimiento de los valores dominantes y cierta capacidad de crítica y apertura) no llegan a colmar las exigencias de un mercado más pendiente de, sobre todo, las producciones norteamericanas. De hecho, en 1973 llega a las pantallas la excelente *El espíritu de la colmena*, película de Víctor Erice que historiadores del cine como Josep Maria Caparrós consideran la mejor película española cuando menos de esa década. En tercer lugar, y centrándonos en la temática de lo criminal, hay que destacar algunos títulos y corrientes especialmente fructíferas como aquella que Cueto define como de *cine de desarraigados* o *cine quinqui* que un director catalán de larga trayectoria como José Antonio de la Loma exprime al máximo e inaugura con *Perros callejeros* (1976). Conectando de una manera más veraz que la propuesta ya comentada de Tomás Salvador con la crónica policíaca y utilizando jóvenes impregnados de un temprano historial delictivo, elabora un conjunto de filmes que aglutinan acción y denuncia a partes iguales. Entre otras muchas propuestas hay que mencionar a directores como Eloy de la Iglesia con *Navajeros* (1980), *Colegas* (1982) o *El pico* y *El Pico 2*, de 1983 y 1984 respectivamente, o el reputado Carlos Saura que retoma en *Deprisa, deprisa* (1980) algunas cuestiones ya abiertas en *Los golfos* (1959), el que fuera su primer filme. En el capítulo *Érase una vez en el barrio*, Antonio Trashorras se encarga de pormenorizar la producción de esta corriente para los años 70 y 80, asumiendo que él conocía de primera mano algunas de las historias que se contaban en la pantalla: "... cuando por aquellos años veía películas ambientadas en el barrio de La Mina de Barcelona, como es el caso de las que componen la saga de El Torete/El Vaquilla, para mí era como dar un paseo a mi propio vecindario o los de mis parientes más cercanos, como echar un vistazo, tan sólo un poco distorsionado, a los peligros y miserias del hábitat que una gran ciudad como Madrid suele reservar a los pertenecientes a esta clase social: la baja" (Trashorras, 1998:86).

Paralelamente a estas temáticas y producciones, surgen algunas propuestas interesantes que cabe destacar, aunque no puedan tener la consistencia y continuidad como la producción negra barcelonesa de los años 50 y primeros 60 a la que se adscriben algunos títulos del ya citado veterano De la Loma. Así hay que mencionar algunos títulos inmediatamente anteriores al periodo de la primera transición como la trepidante y excelentemente bien construida *Larga noche de julio* (1974) de Luis José Comerón en la que se ejecuta un planificado robo bajo el telón de fondo de una competición de motos en el circuito de Montjuic o la primera adaptación al cine de una novela del prolífico Manuel Vázquez Montalbán: *Tatuaje* (1976), llevada a la pantalla por el que acabaría siendo uno de los principales valores internacionales del cine catalán, como es el caso de Bigas Luna. El misterio de un cadáver en la playa, temática tratada ya de manera literaria por escritores como Juan García Hortelano, da pie a la investigación del detective Carvalho, a partir de ese tatuaje en la paletilla y a conocer una trama vinculada a la droga y que le conduce a Amsterdam. Al igual que Fuster o el mismo Pedrolo, los textos literarios originales ofrecen la posibilidad de volver a subrayar ese paisaje emblemático de la ciudad de Barcelona ahondando en el argot barcelonés y en su amalgama de culturas. También deben citarse algunos títulos menos encuadrables al territorio de lo criminal, que provienen del director y productor Gonzalo Herralde con *La muerte del escorpión* (1975) y, desde otra óptica, con el sorprendente documental *El asesino de Pedralbes* (1978), que da voz a un personaje espeluznante que ante la cámara explica sus pulsiones y luchas internas, ejemplificando un complejo trastorno psíquico habitualmente llevado al cine o a la novela desde el *thriller*. En esa línea hay que incorporar a Vicente Aranda que, formado en el ambiente de la citada Escuela de Barcelona, toca algunos aspectos de lo criminal, más desde una óptica psicológica en *Las crueles/El cadáver exquisito* (1969) e incluso en la posterior *La novia ensangrentada* (1972).[2]

Después de repasar de manera muy general el material literario y cinematográfico disponible producido en los años del tardofranquismo y en la primera transición, cabe regresar por unos instantes a las cuestiones básicas que motivan esta comunicación y que podrían plantearse a partir de dos preguntas: ¿Cuáles son las características o perfiles más destacados de este cine negro español de los años comprendidos entre 1977 y 1984? La segunda interrogación puede formularse de la siguiente manera: ¿Existe alguna posibilidad de abordar esa producción de lo criminal desde otros puntos de vista? La puesta en valor de nuestra transición española parece necesaria 40 años después de la muerte del dictador y, además, se dispone de una más que amplia presencia de experiencias, modelos y vías de transición en muchos países de Iberoamérica y del Este de Europa.

De manera breve, hay que señalar algunas de las aportaciones que se vislumbran en el cine negro español del periodo analizado:

1. No puede considerarse una producción masiva, aunque algunos directores importantes como Vicente Aranda o el oscarizado José Luis Garci dejan su huella en títulos destacados como los dos que serán revisados con algo más de detalle;

2. Por primera vez se integra en los guiones sin cortapisas la carga de desigualdades, violencia y marginación urbana que ha provocado o agravado un régimen dictatorial que ha apoyado procesos de modernización acelerada con el desarrollo de ciudades con escasos o nulos servicios;

3. Se homenajea ahora de manera explícita algunos clásicos del negro norteamericano o francés sin la necesidad de dar protagonismo a los Cuerpos de Seguridad del Estado o sin presentar a los delincuentes desde una perspectiva moral. En esa línea ya dibujada por la novela unos años atrás, se prefiere a los investigadores alejados de los aparatos heredados de la dictadura (detectives privados, marginados, periodistas, delincuentes con trastornos...) puesto que los tipos y patrones anteriores no sirven;

---

[2] Para seguir detalladamente la producción de los directores catalanes mencionados, véase especialmente Crusells, 2009.

4. Se apuesta también por una corriente política próxima al cine negro italiano de los años 60 que pretende poner al descubierto las conexiones entre las grandes corporaciones que se han enriquecido también gracias a su imbricación con los estamentos franquistas y que ahora, en plena democracia, ejercen una posición dominante;

5. Se incorporan a algunos filmes rostros habitualmente asociados a un cine comercial del desarrollismo para encarnar esos tipos rudos y de extracción humilde que ahora trabajan para poner las cartas boca arriba y, sin renunciar a su pasado, mostrar su lado más cotidiano ya que están totalmente incorporados a los barrios de esas grandes ciudades (básicamente, los filmes negros de finales de los 70 y los primeros 80 serán eminentemente urbanos);

6. Se realiza una crítica más o menos explícita a los Cuerpos de Seguridad reubicados a la estructura del nuevo ministerio democrático del Interior, aludiéndose a un pasado algo oscuro, aunque se opte por diferenciar a aquellos tipos honestos de aquellos otros que no pueden desprenderse de sus raíces fascistas o de haber pertenecido a la Brigada Social que se ensañó con la disidencia. *El arreglo*, filme de J.A. Zorrilla de 1983, desmenuza esa corrupción presente en los agentes de Orden Público, aunque la investigación la lleve a cabo otro agente deseoso de aclarar algunos episodios oscuros del cuerpo policial. En otra clave más realista y social, Vicente Aranda se atreverá a desvelar ya en 1987 y 1988 la operación puesta en marcha por el régimen para atrapar a "El Lute", un ladrón de aquellos catalogados de "por necesidad o hambre" o tal vez un rebelde primitivo siguiendo la etiqueta de Hobsbawm y que, de manera totalmente artificial, fue elevado a la categoría de "Enemigo público número 1" para tratar de ocultar otras cuestiones mucho más espinosas en un clima de creciente contestación social y laboral.

Que el cine negro español del periodo analizado podía tener cierta continuidad con algunos de los filmes policíacos de los años 50 y 60 en España, quedó de manifiesto en el ciclo exhibido en la 33 Semana Internacional de Cine de Valladolid de 1988 en la que se proyectaron títulos considerados de especial interés y que fueron comentados en un librito escrito por el crítico cinematográfico Antonio Llorens. A los ya mencionados anteriormente de Comerón, Herralde o Bigas Luna, se añadieron tres títulos imprescindibles como fueron *El crack* (1981) de José Luis Garci, el también mencionado *El arreglo* que se presentaba como una película en la que existía un complot, una red de tortura vinculada a la extrema derecha y que venía a proponer (o dejaba deslizar) una inquietante idea: que en nuestra sociedad no existía la ley sino simplemente "el arreglo" (Llorens, 1988:61). Dicho de otra forma, las componendas, los favoritismos, las extralimitaciones y todo aquello que se movía en el terreno de lo delictivo acababa configurando una espeluznante realidad política no alejada del mundo criminal. La tercera película que cerraba la muestra era *Fanny Pelopaja* de Vicente Aranda que, pese a estrenarse en el año 1984, adaptaba *Prótesis*, el poderoso relato de Andreu Martín publicado en 1980 y que se comentó anteriormente. Un elemento es común a estos tres títulos: se cuestiona la honestidad de algunos individuos de los cuerpos de Seguridad del Estado, si bien es cierto que también aparecen otros agentes que cumplen con su trabajo de manera rutinaria. En dos casos el personaje malvado ha dejado de ser funcionario para pasar a la seguridad privada (custodiando caudales en el caso de *Fanny Pelopaja*) o pasándose a la protección de un jerarca de una poderosa multinacional (*El crack*), ocultando un asesinato producido además en un episodio de acoso sexual y violación. En un contexto rural, ese tema es retomado en el exitoso y reciente thriller *La isla mínima* (2014) de Alberto Rodríguez que sitúa su acción en 1980, en las marismas andaluzas del Guadalquivir. Los dos investigadores son dos policías de diferentes generaciones que encarnan la forzada convivencia entre aquellos agentes curtidos en las obsesivas persecuciones de liberales y comunistas y aquellos otros formados en las escuelas y valores democráticos. Una realidad atávica similar a la sugerida en *El arreglo* desvela un paisaje social repleto de presencias falangistas que se resisten a aceptar la reorientación de las élites franquistas. Desde otra perspectiva, Manuel Gutiérrez Aragón se atreve a meterse en la piel del lobo en *Camada negra* (1977): toda una paleta de colores que modulan la presencia aún evidente del régimen franquista supervisado aún por un ejército vigilante y que producirá de manera seriada pequeños pero constantes ensayos de golpe de estado.

De manera breve hay que mencionar algunas películas que compondrían un conjunto bastante coherente: *La cripta* (1980), adaptando la novela homónima de Eduardo Mendoza; *Asesinato en el Comité Central* (1981) de Vicente Aranda, a partir del texto literario de Manuel Vázquez Montalbán, *Escapada final* (1982) dirigida por Carles Benpar, asimismo realizador de *Dinero negro* (*De mica en mica s'omple la pica*, 1983), adaptación de la novela ya mencionada de Jaume Fuster o, entre otros títulos, *Asalto al Banco Central* (1982) de Santiago Lapeira.

El crack (1981) de José Luis Garci es, por orden cronológico, el primero de los títulos escogidos para realizar un breve análisis del material novedoso que presentan. En este caso se trata de un guión original del propio director en colaboración con Horacio Valcárcel, construyéndose la figura del detective Germán Areta, que estuvo en la Brigada de Investigación Criminal (BIC) y al que da vida Alfredo Landa. Se trata de uno de los actores más famosos de las comedias ligeras de las décadas de los 60 y 70 y estereotipo del españolito medio luchando contra los tabúes y obsesiones provocadas por el uso prolongado de la falta de derechos y de educación en libertad y democracia. *El crack 2* en 1983 será una secuela motivada por el notable éxito y acogida del primer filme. Aunque rindiéndose en algunos instantes a la melancolía de un género que ya no podrá disfrutarse y desarrollarse en paralelo con los momentos gloriosos del pasado de Hollywood, el Madrid de *El crack* se alza orgulloso para no albergar los dramas y crímenes truculentos y costumbristas tratados por directores como Edgar Neville (como el de la calle de Bordadores) para competir en pie de relativa igualdad con Nueva York. Por fin el juego y las apuestas son legales en nuestras calles, pero, aunque se viva en una joven democracia, la crisis que azota nuestro país en los primeros setenta da paso a unos negocios no siempre resueltos en el marco de la legalidad. Y con esa democracia han llegado los detectives como ese Areta ("Piojo") que renunció en algún momento al cuerpo de la Policía para ejercer por su cuenta, adoptando a un ayudante extraído del lumpenproletariado y que no podrá resistirse al influjo del dinero traicionando al "amo". La desaparición de una joven es el motivo que desencadena las investigaciones, poniendo de manifiesto que existen redes organizadas de prostitución vinculadas con sectores privilegiados que echaron raíces en los últimos años del franquismo, pero cuyas redes de contactos permanecen, o así al menos se sugiere, intactos. Y, como si de la etapa del pistolerismo barcelonés (1918-1921) se tratara, esas redes se dotan de la seguridad privada, captada de entre los policías con menos espíritu de servicio público para hacer el trabajo sucio.

Una de las novedades de la película es tal vez su capacidad por ofrecer una visión amable de ese detective que intenta por todos los medios formar una familia acercándose a una madre separada y a su hija que acabará siendo víctima inocente de un atentado destinado al detective. Junto a este factor de proximidad se erige, en la resolución del caso otro interesante aspecto: Areta desconfía de la justicia o al menos de que ésta pueda poner al descubierto una red tan compleja capaz de encubrir varios asesinatos y decide vengarse del directivo y de su sicario orquestando un plan sofisticado que se ejecuta en la ciudad de Nueva York. Nuestro detective se mueve por los *rings* de boxeo, los frontones o las barberías, pero es capaz de dar un salto cualitativo para llegar adonde no llega la justicia. Y sin ahondar demasiado en la cuestión del diagnóstico, no hay ni rastro de novedad ni de entusiasmo por la democracia conquistada. Todo parece seguir igual o, cuando menos, queda mucha tarea por delante.

Fanny Pelopaja (1984) de Vicente Aranda es el segundo ejemplo escogido que, además, sirve para mostrar el uso personal pero intensivo de materiales literarios que fueron llevados al cine con celeridad. No en vano el autor de *Prótesis* (1980) trabajó en la confección de diferentes guiones para la pantalla e incluso aparece como uno de los atracadores en la película. Aunque podría realizarse un interesante estudio de la adaptación cinematográfica, sólo cabe mencionar que el personaje principal de "El Migue" o "El Dientes" es substituido aquí por un personaje femenino interpretado por la francesa Fanny Cottençon y que la joven hermana del que fuera su compañero de robos en su juventud no es aquella amante inocente forzada a enclaustrarse y a autodestruirse de la novela, sino un ser por el que Fanny siente un sentimiento de protección maternal aunque sufra un final igualmente trágico. Mientras que *El crack* es una sinfonía de una ciudad como Madrid que aún tiene capacidad para soñar, la Barcelona en la que se sitúan la novela y el filme es simplemente un envoltorio neutro en el que ciudadanos, burgueses, abogados o delincuentes (Fanny atraca sin demasiados problemas a una pareja en el parquin del mercado de la Boquería) se mueven con soltura como si la ciudad no hubiera cambiado demasiado pese a haber disfrutado de las primeras libertades democráticas. No existe ni rastro del *rock* layetano, ni del catalán, ni del gobierno autonómico provisional, ni de la alegría que los filmes de Francesc Bellmunt transmitieron en su momento y ni siquiera la sala de variedades de El Molino ha adquirido un tono diferente. La Barcelona de Martí o de Aranda recuerda aquella otra que magistralmente presentaron directores como Francesc Rovira Beleta en *Hay un camino a la derecha* (1953) o, anteriormente Rafael Gil en *La calle sin sol* (1948). Ciertamente el punto de vista adoptado en la novela y en la película es el de la mente de un/una delincuente que ha experimentado unos años de prisión y que, pese haber vivido la disciplina del trabajo alejado/a de la Ciudad Condal, inició su actividad delictiva durante la dictadura, pero su libertad, aunque en el marco de la democracia, no puede disfrutarse, ya que sólo desea vengarse de "El Gallego", el policía que asesinó a su novio (en la película) o a su amigo (en la novela) y que, además, le destrozó la boca en un escalofriante ejercicio de brutalidad. Por diferentes razones, ese agente dejó de ser funcionario público para ser ahora un guardia de seguridad de un vehículo blindado.

En el terreno de los homenajes, Aranda hace trascender la operación del robo del furgón que es explicado al detalle y que emula a no pocas joyas del cine negro, aunque aquí se trate de algo mucho más importante: el objetivo no es el botín sino el de matar a esa especie de salvaje que, curiosamente, es retratado en su vida familiar como un malhumorado y amargado padre de familia, aunque a partir del entorno de Fanny o de los policías encargados de la ulterior investigación del robo de los caudales procedentes de diferentes sucursales de bancos se dibujen pinceladas de una personalidad violenta que además sufrió internamientos por su estado mental. Pero Vicente Aranda se siente especialmente atraído por las tempestuosas relaciones sadomasoquistas que parecen ser sugeridas en la relación que la joven tuvo que sufrir para no ser denunciada por sus pequeños hurtos. La novela parece señalar que fueron las mismas diligencias policiales y no una relación privada posterior las que llevaron a esas vejaciones que el filme de Aranda pone de manifiesto. Cuando hace unos años la película fue emitida en televisión, fue clasificada como filme para mayores de 18 años lo que demuestra que la adaptación de Aranda se hacía eco del durísimo planteamiento de *Prótesis*. El panorama presentado es quizás desolador: harán falta varias generaciones para reparar el hacinamiento y el miedo acumulado en 40 años de dictadura y, por descontado, que personajes como *Fanny* o "El Dientes" no tienen esperanza o al menos no ellos ya que han acumulado un odio enorme que les impide reinsertarse. La parte del botín capturado que pertenece a la protagonista irá a parar a manos de su ahijada pero al bloquearse y no matar al ex policía éste se encargará de eliminar a toda persona que pudiese ser beneficiaria de la ayuda de la ex delincuente. El asesinato simbólico en el filme (el apuñalamiento por la espalda al volver a realizar un acto sexual forzado de nuevo por El Gallego") no es más que el preludio de un estado catatónico de Fanny que muestra el extrañamiento y la desesperanza de un mundo hostil que es retratado de manera similar por el escritor y por el cineasta.

A modo de conclusión, cabe afirmar en primer lugar que una literatura negra española madura e impulsada por editoriales, crítica y público aportó una buena cantidad de materiales a algunas de las principales películas encuadrables como de género negro. De una manera personal crearon tipos específicos de esa primera transición que dieron más que una buena prueba de ciertos síntomas de inquietud, cumpliendo así el papel de la novela negra alertando de problemas heredados de la desigualdad, el miedo y la represión. En segundo lugar, puede afirmarse que esos nuevos detectives de la pantalla, desencantados aunque comprometidos con cuestiones éticas en la esfera de lo cotidiano, bebieron de ciertos elementos de la nostalgia. Sus creadores apostaron por mantener viva la llama de los seguidores del género que por primera vez podían desarrollarlo sin cortapisas aunque ese mundo admirado y homenajeado ya se había desmoronado. Esa idea se haya expuesta de manera detallada en la tesis defendida por Carlos Losilla en *La invención de la modernidad o cómo acabar de una vez por todas con la historia del cine*: "La disolución ha dejado por fin paso a la ausencia y en ese punto donde todo desaparece, el grado máximo de tensión entre el proyecto de la modernidad según la Nouvelle Vague y los derroteros que han escogido algunos de sus hijos y se ha consumado la ruptura; de reformar el cine de Hollywood a seguir dotando de presencia al imaginario de lo sagrado fílmico" (Losilla, 2012:232-233).

Parece lógico pensar que en algún momento deberemos enfrentarnos a esa operación de re(construcción) del pasado de esos años del tardofranquismo y de los posteriores de la primera democracia para conocer a fondo esos pactos de silencio que se establecieron en secreto y que esas figuras de la ficción negra intuían que eran más importantes de lo que se aseguraba. Con la Ley de la Memoria Histórica (2007) se abrió una puerta para reparar a las víctimas del franquismo, pero la dotación presupuestaria primero y la crisis de 2008 después, obstaculizaron muchas de esas necesarias operaciones de búsqueda y restitución. Tal vez tengamos que volver a recurrir a todos esos seres de la ficción criminal y detectivesca y hechos de jirones de realidad para que investiguen por su cuenta todo aquello que las voluntades políticas o los complejos procesos judiciales no nos han podido desvelar.

BIBLIOGRAFÍA

BARBA, David (2005), *Primer encuentro europeo de novela negra: homenaje a Manuel Vázquez Montalbán*, Barcelona, Ed. Planeta.
BATISTA, Antoni (1995), *La Brigada Social*, Barcelona, Empúries, Eds. 62.
COLMEIRO, José F. (1994), *La novela policíaca en España: teoría e historia crítica*, Barcelona, Ed. Anthropos.
CRUSELLS, Magí (2009), *Directores de cine en Cataluña. De la A a la Z*, Barcelona, Publicacions i Edicions de la Universitat de Barcelona.
CUETO, Roberto (1998), *Los desarraigados en el cine español*, Gijón, Festival Internacional de Cine de Gijón.
LLORENS, Antonio (1988), *El cine negro español*, Valladolid, 33 Semana Internacional de Cine de Valladolid.
LÓPEZ GARRIDO, Diego (1982), *La Guardia Civil y los orígenes del estado centralista*, Barcelona, Crítica.
LÓPEZ MERINO, Juan Miguel (2010), *El primer Andreu Martín (1979-1989): variaciones y reincidencias*, Editorial del Cardo.
LOSILLA, Carlos (2012), *La invención de la modernidad o cómo acabar de una vez por todas con la historia del cine*, Madrid, Ed. Cátedra.
SANZ VILLANUEVA, Santos (1984), *El siglo XX. Literatura actual*. Tomo 6/2. *Historia de la literatura*. Barcelona, Ariel.
TRASHORRAS, Antonio (1998), "Érase una vez en el barrio", en Roberto Cueto: *Los desarraigados en el cine español*, Gijón, Festival Internacional de Cine de Gijón.
TURRADO VIDAL, Martín (2000), *La policía en la Historia Contemporánea de España*, Madrid, Ministerio del Interior, Dykinson.
VALLÉS CALATRAVA, José R. (1991), *La novela criminal española*, Universidad de Granada.
VÁZQUEZ DE PARGA, Salvador (1983), *La novela policiaca en España*, Ed. Ronsel, Barcelona, 1983.
VÁZQUEZ MONTALBÁN, Manuel (1991), "Prólogo" en José R. Vallés Calatrava: *La novela criminal española*, Universidad de Granada, 7.
VIDAL SANTOS, Miguel (1981), "Novela policíaca y transición", *Gimlet*, 7, 65-71.

Filmografía
ARANDA, Vicente (1982), *Asesinato en el Comité Central*.
ARANDA, Vicente (1984), *Fanny Pelopaja*.
BENPAR, Carles (1984), *Dinero negro (De mica en mica s'omple la pica)*.
BENPAR, Carles (1982), *Escapada final*.
GARCI, José Luis (dir.) (1980), *El crack*.
GARCI, José Luis (1983), *El crack 2*.
LAPEIRA, Santiago (1982), *Asalto al Banco Central*.
REAL, Cayetano (dir.) (1981), *La cripta*.
ZORRILLA, José A. (1983), *El arreglo*.

EL DESENCANTO ¿UNA METÁFORA DE LA TRANSICIÓN?

JOSEFINA SÁNCHEZ-MONENY
Universidad de Houston

Resumen: La película *El desencanto*, de 1976, resultó un gran éxito de público y taquilla en los años de la transición al presentar a la familia del poeta falangista Leopoldo Panero, ya fallecido, en plena descomposición física y moral. Los tres hijos de la familia parecen ser presos de adicciones, locura y autodestrucción, como resultado de la tiranía ejercida por el patriarca, sobre su mujer y sus hijos. En esta espiral de decadencia no falta el alcohol o la enfermedad mental, cuestión que parecía una analogía de lo que sucedía en el país en el momento, donde la muerte del general Franco, generaba una juventud traumatizada y marcada por la violencia. Por este motivo el documental fue visto como una metáfora de la transición. A pesar de no negar esta interpretación marcada por la coincidencia histórica, mi ensayo, después de cuatro décadas de revisión, pone en duda que esta sea la única lectura posible, proponiendo otras interpretaciones realizadas desde la perspectiva del tiempo.
Palabras clave: Transición, locura, franquismo, contracultura, metáfora.

Abstract: In 1976, just after Franco's death, a documentary directed by Jaime Chávarri becomes a blockbuster success. This comes as a surprise, because it is an artistic documentary in which we witness the physical and moral decadence of the family of the fascist poet laureate, Leopoldo Panero. A few years after his death we witness a progeny, destroyed by drugs, alcohol and mental problems. Because the release of the film coincides with the death of Franco, the film has been interpreted as a metaphor from dictatorship to democracy in Spain. However, although this may be a reading, I argue that there are many other themes treated in the film and that only by coincidence, the film seems to represent a microcosm of Franco's regime.
Keywords: Transition, madness, Francoism, contra culture, metaphor

1. *El desencanto*, ¿una metáfora de la transición?

En el año 1976, poco después de la muerte del dictador Francisco Franco, y todavía en un contexto de censura, tanto en la televisión como en el cine, se estrena un mal llamado documental o docudrama producido por el audaz productor Elías Querejeta y dirigido por Jaime Chávarri, joven director de familia cercana al régimen y que ya había estrenado un largometraje llamado *Viajes de fin de curso* (1975), en el que trata, como tema que después será recurrente en su obra, las relaciones de familia y la posible opresión dentro de esta institución. En cuanto a *El desencanto,* teniendo en cuenta que la obra se presentaba como un trabajo de arte y ensayo, películas que tenían un público minoritario aunque muy fiel, la obra se convirtió en un gran éxito de taquilla a la par que un escándalo tal que se mantuvo más de ocho meses en cartelera en Madrid y Barcelona, y se convirtió en foco de atención de la prensa y de los movimientos contraculturales de la época. Yo, en plena infancia, todavía recuerdo las charlas familiares de mis padres hasta altas horas de la noche cargadas de tabaco y alcohol y se me antojaba que algo muy misterioso y emocionante estaba pasando o a punto de pasar, ya que como elemento catalizador de la obra, esta coincidió con la muerte de Franco, hecho que según Chávarri fue una mera casualidad, aunque es obvio que ya se presentía un cambio político, algo que los personajes denominan poéticamente "un fin de raza". Mucho tiempo después, cuando pude acceder a la cinta y comprender algo de lo que allí se narraba, la sentí como una bomba estética e ideológica, incluso si me abstraigo del momento político en que se estrenó el film, el cual crea una clara analogía entre la situación de una familia en plena descomposición física de funciones y la situación del estado dictatorial paternalista, lo que supuso un claro espaldarazo a nivel económico y de recepción para la película.

La obra, que inicialmente iba a rodarse en un sanatorio, describe la situación de la familia Panero, cuyo patriarca, fallecido en el 62, se había convertido en el poeta oficial del régimen y había gozado de múltiples favores y prebendas, dejando aparte la cuestión de su calidad como poeta. Amigo de Luis Rosales y de toda la camarilla poética falangista y aparente enemigo de Neruda, al que dedica unos versos hirientes Panero, era un icono del fascismo que parecía haber permanecido en el ideal del héroe falangista, no dejándose corromper por la pragmática del franquismo y su adaptación a los nuevos tiempo. Desde la ciudad de Astorga, cuya mera alusión ya invoca un espacio imaginario legendario de la ficción épica castellana, la familia Panero, se presentaba oficialmente como un microcosmos del régimen en un plano estético: un patriarca al más puro estilo fascista, lejos de pragmatismos burgueses, y con una hermosa familia a la que guía, protege y parece fundamentar en la estética de la "vida pericolosa" del fascismo, improductiva pero cargada de heroísmo gestual. De hecho, en los primeros momentos del filme aparece la figura de este padre mítico y siempre ausente, a modo de estatua enfundada en un plástico protector para ser trasladado al centro de la plaza. Una imagen muy bien encontrada, ya que resalta la piedra y la catedral como elementos inmovilistas que dan a la escena un aire de medioevo muy adecuado, que contrasta con un supuesto héroe enfundado en plástico barato, mostrándose así mundano ante el mundo y su progenie a la que vislumbramos por primera vez, su viuda Felicidad Blanc, una mujer con inclinaciones literarias y amiga de autores como Cernuda y dos de sus hijos, faltando el ya célebre hermano mediano, Leopoldo María, sobre el que gira parte de este ensayo.

El propósito de este artículo es cuestionar el filme como metáfora de la transición y el fin del franquismo como categoría absoluta, y alinearme con la tesis de Del Rey en la que considera, es cierto, esa metáfora como un elemento crucial, en parte por cierta coincidencia histórica y por la voluntad de la audiencia de encontrar referentes político-ideológicos, pero centrándose más en la figura del poeta-loco-maldito, y en la presentación de la familia patriarcal como elemento destructivo y castrador, que crea unos hijos inútiles, diletantes y narcisistas, que bien pudiéramos ser todos nosotros, después del desencanto de la transición y de la aceptación del pacto del olvido, como incapacidad de justicia o de cambio.

En un primer lugar la imagen del poeta heroico, heredero de *El Cid* en la mística castellana, es presentada enfundada en plástico para ser trasladada. Esta imagen hasta cierto modo desmitificadora fue, según Chávarri, la venganza de la viuda y los hijos que estuvieron de acuerdo en que la escena se grabara de este modo.

La introducción a modo de *No-Do* – historia oficial – cambia inmediatamente al encontrarnos con el dialogo entre los dos hermanos, el mayor y el menor, Michi y Juan Luis, que entre copa y copa, tildan al padre de tirano, abusivo, alcohólico y mujeriego y se contemplan a sí mismos, con una displicencia que llama la atención, como los herederos malditos de una raza en su ocaso, o un "fin de raza", como lo llama Michi, el menor de todos. Entre diatribas, narcisismo y autocontemplación de su mundo, los hermanos comprenden que es este un mundo en decadencia, donde los valores de la generación anterior han quedado absolutamente corruptos y disfuncionales y, a causa del gran trauma del padre tirano, ellos deben enfrentarse a la vida con serias deficiencias. El hecho de que Franco muriera precisamente entonces, ayuda a la audiencia a establecer un claro paralelismo, estamos ante un proclamado fin de raza en que el tirano desaparece y hemos quedado tarados y mutilados.

También comenzamos a comprender que lo que parece ser un proyecto de cambio a una democracia supuestamente más libre y justa; este cambio será solo superficial, y servirá para contentar a una parte de occidente que desea ver reformas aparentes, bajo las cuales son los herederos del dictador los que guían esta continuidad discontinuada. "Todo debe cambiar para que todo siga igual" a modo de Lampedusa, pero este arreglo estético solo moderniza hacia fuera, mientras las bases del proyecto común, estos hermanos Panero, tan representativos del país, solo aprenden a vivir en resentimiento y trauma, el trauma cargado de silencios que callaba media España, una figura aparentemente representada en la *mater dolorosa* de la que habla Álvarez Junco, el historiador, al referirse a España, que aguanta los embistes de sus hijos, que la culpan de todos sus males. Para los Panero no existe utopía, solo literatura, y no habrá enfrentamiento al poder sino una huida a base de alcohol, drogas y contracultura, elementos absolutamente centrales en la narración de los Panero y en la historia cultural de los 70 y 80, porque, como para Ginsberg en los 60, los intelectuales y artistas de la España de la transición también vieron las mejores mentes de su generación aullando por un pinchazo de droga.

Si nos centramos en esta imagen del film, el padre tirano, los hijos enfermos y abocados a la destrucción, es cierto que el desencanto de los Panero es el mismo del que habla Teresa Vilarós en *El mono del desencanto*: "la resaca cultural producida por la falta de contenido utópico de la superestructura cultural de resistencia a la dictadura" (Vilarós, 2002:2). Sin embargo, quisiera hurgar un poco más en el filme para explorar dos elementos básicos que a mi modo de ver todavía agudizan más la desfamiliarización de la realidad presentada, la existencia del hermano omnipresente pero silenciado, y la figura de la madre Felicidad Blanc, quien sufre las acusaciones de sus hijos, mucho más que el ausente poeta falangista convertido en invitado de piedra.

Según Antonia del Rey Reguillo, Lepoldo María Panero, quien se convertirá en el más mediático de los hermanos, figura de culto y el poeta más valorado, en el film se convierte en el destructor de las leyendas épicas familiares y su personaje sobrevuela el discurso fílmico en todo momento, incluso antes de que su figura tome la palabra. A partir de entonces sus intervenciones resultarán determinantes, como una vuelta de tuerca que logra disparar el sentido del relato en nuevas direcciones.

En el diálogo etílico entre Michi y Juan Luis (el hermano mayor eclipsado por la notoriedad de Leopoldo María), se comenta que notaba que había sucedido una tragedia en la familia y que todo cambió: "no el día de la muerte de papá, no fue la muerte de papá, sino el hecho de que mi hermano Leopoldo, mi compañero de juegos desapareció un tiempo y todo estaba rodeado de un secretismo y un gran misterio". Michi prosigue, "con Leopoldo nos dimos cuenta que todo iba en serio, su poesía iba en serio, sus amenazas y sus suicidios, no eran nuestros intentos de llamar la atención. Él se mataba. Los suicidios de mi hermano Juan Luis eran literarios, los de Leopoldo, no" (*El desencanto*).

En contra de la interpretación como metáfora de la tradición, que también existía a nivel superficial, Antonia del Rey Reguillo considera que el director selecciona y organiza cuidadosamente el metraje filmado con el objeto de erigir a Leopoldo María Panero en protagonista indiscutible de la cinta y ello, porque las afinidades que el cineasta detectó entre sus propios intereses y el discurso del poeta resultarían determinantes para ayudarle a sustanciar su proyecto del filme. No debemos olvidar que la primera intención de Chávarri fue filmar en un hospital mental, para lo que no obtuvo permiso. Por otra parte, los Panero ya empezaban a ser reconocidos como poetas, excepto Michi, que se dedicaría al mundo de la noche y Luis María había sido seleccionado por Josep María Castellet para una antología que actualmente se considera mítica, *Los nueve novísimos*, cuya publicación había causado gran impacto en el mundo de las letras. También es relevante resaltar que Luis María ya empezaba a ser conocido por extravagancias extremas, uso indiscriminado de drogas y por haber sido diagnosticado con esquizofrenia, diagnosis que después se cuestionó y sobre la que siempre ha existido el tabú de la enfermedad mental, pero lo que sí es cierto es que pasó casi toda su vida adulta en sanatorios y se convirtió en figura mediática al dirigir un programa de radio desde el hospital de Mondragón.

Durante la grabación de la cinta, que al parecer se hacía sobre la marcha y en la que cada personaje cambiaba su relato según los acontecimientos del día, Chávarri se dio cuenta del valor documental y del impacto que el novísimo tenía en pantalla, nada de lo que hacía y decía parecía impostado. Podía relatar tranquilamente como había tenido relaciones sexuales en un sanatorio por dos paquetes de tabaco o como se había cortado las venas. En realidad el testimonio del novísimo era el único que estaba a salvo del consabido desencanto de que todo seguiría igual bajo una apariencia más moderna y democrática. Sin embargo, Leopoldo María está situado en el momento temporal del *interregno* en el que no se sabe lo que va a pasar y el cual forma el sustrato de los momentos contraculturales apocalípticos. A primera vista, el estrellazgo de Luis María parece improvisado, ya que aparece muy poco, sin embargo, continuamente está siendo nombrado como el "Desencanto real" de la familia, que tuvo que ser escondido. Parece ser, según relata Del Rey, que el director ya había puesto su ojo en el poeta en cuanto a material a explorar, ya que en aquel momento trataba el tema de las relaciones familiares (algo que posteriormente comentó que le obsesionaba) y consideraba que el estamento familiar es analógico al del estado, y que puede ejercer tanto control y supervisión sobre el individuo como ée. "Hay un momento en que tienes que rebelarte o romper contra esa tiranía. Para mí contarlo era una cuestión de salud mental" (Chávarri, 8).

Lo que nunca imaginó el director era que solo filmando el documental, el material iba a ser tan sumamente escandaloso, incluso para los criterios de hoy en día. No había forma posible de esconder lo que años de aislamiento, tiranía y etilismo había hecho a esos personajes salidos de un cuento de Chejov, pero con un elaboradísimo discurso entre poético y demencial, con algunos rasgos *underground*.

Desde el primer momento de la cinta se evidencia la figura entre trágica y desubicada de la madre, intentando sonar evocativa, hablando con serenidad del marido: "Los días anteriores habíamos sido felices", dice al principio, pero poco después la secuencia se traslada al interior de la mansión Astorgana donde Felicidad, quien había sido la mujer más bella de su generación (según cuentan las voces en *off* del film), relata su dificultad en adaptarse a la realidad del pueblo, cómo le costó ser aceptada y dejar su vida de *socialité* en Madrid, donde había sido amiga de varios intelectuales del 27 como Luis Cernuda o Gerardo Diego. Esta narración, rodeada de silencios, desautoriza la imagen inicial del filme como homenaje a Panero. Panero ha fallecido, como Franco, y deja una generación incapaz de valerse por sí misma, de relevarse, donde se rechaza la utopía y se buscan las huidas. Sin embargo, considero el personaje de la madre como muy ambiguo o desdibujado. En algunos momentos parece como si sus hijos quisieran pasar cuentas con ella, no con el padre opresor, sino como dice Jo Labanyi: "la película trata del drama no de la relación fantasmal con el padre muerto sino del conflicto con la madre" (Labanyi, 2011:7). La forma en que los hijos se relacionan con ella, especialmente Leopoldo que la acusa de llevarlo a un sanatorio, roza la crueldad. Todos la culpan de permitir los desmanes del padre y la sitúan como imagen ebria una madre que daña a sus hijos hasta llevarlos hasta la misma autodestrucción, tal como el mismo país. La película refleja el interés de Chávarri por la familia como estamento negativo, al menos la familia patriarcal, surca por el psicoanálisis, pero no consigue conjurar los fantasmas del pasado, y como termina de decir Michi, se autocontempla en su destrucción culpando a la mater dolorosa de todos sus dramas. Ésta concluye significativamente cuando Michi lanza una fuerte andanada contra la familia Panero: "Todo lo que yo sé sobre el pasado, el presente y el futuro de la familia Panero es que es la sordidez más puñetera que he visto en mi vida" (Michi). De este modo, la descalificación que el pequeño de los hermanos hace de la familia común queda asociada de algún modo a la figura del hermano ausente, de la que el relato parece no poder sustraerse (Del Rey Reguillo).

2. Las figuras marginales

Desde el principio del relato y aunque aparecen en el primer plano parece como si las figuras de Leopoldo María, que ya sufría de esquizofrenia y de la madre, Felicidad Blanc, van a resultar marginales en el dialogo creado por los dos hermanos, que se convierten en los demiurgos que narran las historia, sin embargo , no solo su presencia sobrevuela todo el reato, aunque aparezcan poco, sino que se convierten en los puntos centrales de la historia, ya que , a mi modo de ver, pueden trascender el trauma de la inutilidad y mutilación de los hijos del desencanto. Posteriormente se verá como este desencanto afecta a toda una generación posterior al franquismo, que deja de creer en la utopía y se sumerge en paraísos artificiales y posturas estéticas radicales. Pero tanto la madre, tan denostada en el texto, y utilizada para el momento psicoanalítico como Leopoldo María, escapan de un modo u otro a esta parálisis que sacude a los hijos de la transición, que obviamente no creen en la historia oficial que transmiten los mass media. Según Antonia del Rey Reguillo el estreno de la película en 1976, meses después de la muerte del dictador Francisco Franco, supuso una fuerte conmoción y la dotó de un valor simbólico innegable, propiciando un torrente de escritos interpretativos y que tanto el director como los protagonistas fueran sometidos a numerosas entrevistas orientadas a conocer de primera mano las circunstancias que rodearon la ideación y producción del filme. La suma de todo ello acabaría acuñando la lectura ortodoxa de *El desencanto* como metáfora del proceso político de la transición, lectura que permanece vigente en nuestros días. Sin embargo, las casi cuatro décadas transcurridas desde entonces han alumbrado nuevos y serios trabajos que aportan datos sustanciales sobre el autor y los personajes – con Leopoldo María a la cabeza – suscitando nuevas aproximaciones críticas a la película (2014:1).

A esta revisión me permito añadir la figura de la madre, que partiendo de una mundo muy androcéntrico y falocéntrico, lograra dialogar con sus hijos y posteriormente ella misma escribir un libro en que se reivindica como musa y creadora, rompiendo lazos con un pasado que parecía interminable. No hay duda que la presencia de las adicciones, mayoritariamente al alcohol, y la alusión a las relaciones homosexuales de Panero con Rosales, muy veladas, hacen de la madre un personaje patético, de socialité de la gran ciudad a reclusa en el pueblo, representando un papel, escrito por los dictados del franquismo para la mujer, sin embargo, a partir de la muerte de Panero y de las acusaciones de sus hijos sobre ser la causa de sus desgracias la convierten en esta *Mater dolorosa* que el rencor de sus hijos, y especialmente el de Leopoldo María, quien la culpa de su internamiento, parecen relegarla a ese lugar histórico. Tiempo después, ella misma explica sus motivos en *Espejo de Sombras* (1977) y *Cuando ame a Felicidad: Relatos y cartas* (1979).

Es a través de estos personajes que analizaré la historia de nuevo, descentralizándola del omnipotente padre castrador y también de los dos hermanos. También aplicare las teorías de Teresa Vilarós para conectar la visión apocalíptica del film con los movimientos (contra) culturales que siguieron posteriormente.

3. Retrato de familia y la gestación del film

Unos años después del rodaje del film, Chávarri narra cómo se gestó la película y cómo de difícil fue convencer a Leopoldo María de participar en el documental. En un primer lugar la historia iba a estar centrada en la figura del padre, donde se añadirían "la mirada de su mujer y sus hijos" (Alvares–Romero, 1999:139) y el film parecía ser una de las películas algo improvisadas (algo que en inicio fue), y sin guion, ni orden ni concierto (podría parecer una de las películas de Warhol, donde se narra aquello que pasa sin estructura alguna, con la voluntad de estilo becketiano de filmar la realidad tal cual, con todo su absurdo). Sin embargo, después de que Elías Querejeta, el productor de culto, convenciera a Lepoldo María de participar en el filme, e hace realidad la afirmación de Josep María Caparros de que "los mesetarios dejan el underground" (Caparrós, 100), en el sentido en que la película si tiene una estructura y aunque los hermanos carecían de guión y solo Felicidad se preparaba para actuar ante la cámara, es cierto que el film no es tan transgresor como los de sus coetáneos, al menos a nivel estructural. Según Caparrós, el cine de Madrid deja de ser *underground* y se convierte en *mainstream*, y la contracultura se queda en Barcelona.

En cualquier caso, la filmación fue tortuosa y solo el montaje de Chávarri y la presencia de Leopoldo María, como una presencia evocativa entre el poeta y el loco, ordenan el film de un modo que sorprendió a propios y a extraños, Chávarri el primero.

Así las cosas, las confesiones de los miembros de la familia Panero le resultarán un material muy rico y sumamente idóneo para profundizar en el tema. Ningún guión imaginable habría sido capaz de componer unos personajes tan complejos, variopintos y singulares como el trío de hermanos que, junto a la madre, iban a ser capaces de desnudarse frente a la cámara a golpe de palabras, dejando al descubierto las oscuras interioridades de su, al menos en apariencia, respetable familia burguesa. Tampoco Chávarri sospechaba el alcance de su atrevimiento, ni las notables dotes de los Panero para desenvolverse ante la cámara con total naturalidad y transformarse con acierto en las *dramatis personae* del relato (Del Rey Reguillo, 2014:4).

Antes de empezar a rodar, a Chávarri ya le habían hecho afirmaciones como "con Leopoldo no vas a poder hablar, es imposible", lo que todavía hizo a su personaje más atractivo y, posteriormente, cuando lo conoció, le pareció que compartía con el temas comunes, como la demencia o la antipsiquiatria temas que sobrevuelan todo el film, algo que su familia parece querer ocultar en el estigma de la enfermedad mental que rodea y al tiempo domina toda la narrativa. La técnica de Chávarri es presentar a los personajes como moderadores e instigadores de la historia central, en la que Leopoldo María será el eje. De este modo, el film, además de ser una metáfora de la Transición, es también una reflexión sobre lo que es aceptado como normal en la sociedad burguesa de los setenta y como actúa el panóptico del poder foucaltiano para detectar todo lo que puede ser peligroso a su cuerpo político. Las intenciones primarias de Chávarri, tal y como confiesa el mismo, parecen ir más por este lado que por la extensión de metáfora del cuerpo nacional que después se produjo. Es obvio que con los travelings iniciales y la no presencia física del poeta falangista más que cubierto de plástico como estatua, tienen la obvia intención de crear la imagen de fin de raza que tanto se comenta en el film. Otra imagen icónica y muy comentada es la conversación entre los dos hermanos y sus alusiones a la madre y hermano, imagen imprescindible junto con la conversación de Felicidad y Lepoldo María.

Si nos centramos en los diálogos entre el hermano mayor y menor y obviamente situamos los diálogos, así como las situaciones en un contexto histórico social de cambio de régimen y de valores, podemos ver como los hijos del desencanto, al igual que muchos de nosotros que también los fuimos, tienen su mayor fuerza en su oratoria y en su capacidad de huida de la realidad. Es como si el trauma los hubiera dejado incapacitados para la lucha, para significarse política y socialmente. Por eso serán figuras trascendentes en la denominada "Movida", porque si bien son transgresores y creadores, esta subversión se limita a un hecho estético, de pose, no político, o al menos no militante. Estas criaturas tendrán en la música, pop, rock y en los movimientos urbanos de rechazo a la utopía su mejor representación. No cabe duda que esto también es una postura política, pero no la que la generación posfranquista había pensado. Sin embargo, existe el desencanto con esta tradición continuista, dirigida desde Alemania y Estados Unidos y bendecida por el dictador. Esto tal vez sea una excusa, pero es una postura del malditismo de los Panero, que a pesar de su esteticismo, parecen alardear del motto *punk* de que "no hay futuro." En el diálogo entre los hermanos, sin embargo, aparece siempre la sombra del pasado. "Gracias a éstos la puesta en escena transforma a las personas reales en personajes que reviven un pasado. Se activa la sugerencia y la evocación al obligarles a desarrollar una encarnación, a convertirse en actores de sí mismos. En los dos textos fílmicos cuentan su propia historia pero también interpretan desde un espacio físico preciso con el fin de que la palabra sea transmisible y se cargue de una dimensión simbólica" (Pablo Ferrando García, 2010:5).

A pesar de su vocación de posmodernidad y su huida hacia adelante, los dos hermanos Panero, sobre cuyo diálogo sobrevuela siempre el del maldito poeta mediano, están atados, como dice Ferrando García, a una revisión de un pasado traumático, lo que ya de por sí pone en duda que la película sea solo una metáfora de la Transición, que lo es, por circunstancias histórico-sociales, pero también una reflexión sobre lo que el cuerpo político acepta como "normal" en un sentido en que se activa el panóptico del que habla Foucault en *Suirveiller et Punir* (1974), además de una reflexión sobre la enfermedad mental y el tabú que corre sobre esta.

En este sentido también es necesario abrir un debate sobre la memoria y la subjetividad. Cada personaje relata el pasado a su manera, desde su subjetividad, lo que conforma algo que Chávarri parece querer afirmar, y que los defensores de la historia como ciencia exacta se resisten a ver, la historia es un discurso más y puede convertirse en discurso literario o discurso cinematográfica, algo que también implica una narrativa, porque a pesar de que hay unos hechos inalienables, la subjetividad del hablante y la fragilidad de la memoria siempre influyen en el discurso histórico. De este modo tenemos a Felicidad, intentando disfrazar los hechos, a pesar de reconocer los celos, los abusos y las infidelidades de su marido, el discurso de Micho, que ejerce como vocero de la saga y la lúcida distancia resentida de Juan Luis. Tal vez el único que rompe el discurso convencional y transgrede sin voluntad de hacerlo es Luis María, que narra su estancia en el sanatorio, como se prostituye a cambio de tabaco y ejerce de verdugo con su madre, a quien acusa de haberlo ingresado en un sanatorio. Este es a mi modo de ver uno de los momentos epifanicos del documental. Un hijo resentido acusando a una madre asustada, madre-bruja, de haberlo internado, mientras ella se defiende frente a su incapacidad ante los intentos de suicidio de su hijo.

No en vano Jo Labanyi considera que la película puede leerse como "el drama, no del amor-odio de los hijos hacia la figura fantasmal del padre muerto, sino de la relación conflictiva entre madre e hijos, esencialmente la mantenida con Leopoldo María" (2011:77).

Dice Antonia del Rey Reguillo que a partir de la segunda parte de la película es Leopoldo María quien se apodera del protagonismo y que a partir de este todos los otros personajes serán definidos.

La estrategia de *mise en scene,* que utiliza Chávarri, es demoledora. La primera impresión que tenemos de este es en un cementerio y en aquel momento ya se nos antoja como un ser "desviado" de la norma, a pesar de ser un novísimo, es decir, un poeta con proyección, ya se nos presenta como una amenaza para el cuerpo social, esquizofrénico, adicto, poeta y con una ligera inclinación a estar cerca de la muerte, de lo Umheimlich[1], algo que demuestran sus suicidios y su puesta en escena en el cementerio.

Pablo Ferrando García analiza la escena de los dos hermanos ebrios y narcisistas. Michi Panero, en la primera parte, actúa como abogado del diablo e intermediario del narrador implícito, y provoca el discurso de su madre y de su hermano mayor Juan Luis. Juega a ser periodista. Invoca y reivindica la marginalidad de Leopoldo debido a sus veleidades con la política antifranquista (mítines, manifestaciones callejeras, preso político), así como por su vinculación con las drogas y su ingreso en el psiquiátrico. Según Michi "es uno de los temas, indudablemente, más importantes de la película, significa o cristaliza la ruptura de una serie de cosas… más que la muerte de papá…el hecho de Leopoldo…es una cosa bastante obvia…" Mientras escuchamos estas palabras, se lleva a cabo un solapado de imágenes, al incorporarse sobre las afirmaciones de Michi, una panorámica de seguimiento de Leopoldo paseando por un cementerio (cual si fuera un fantasma ominoso) hasta que se acerca frontalmente en plano medio e interpela directamente con la mirada a la cámara, es decir, al espectador (Ferrando García, 2010:15).

Mientras Michi es una especie de narrador desde cierta distancia, Juan Luis parece ser el poeta oficial de la familia, el heredero, incluso su indumentaria, su displicencia así lo muestra. En cierta manera es un narrador-actor, con cierta omnisciencia, un poeta-intelectual que sí cree en los cánones, pero que se ve opacado, y en cierto modo lo resiente, por la figura de su hermano mediano, aquel cuya existencia silenciaban y que de repente es la estrella de la familia.

Por otra parte y para terminar, querría resaltar el papel de Felicidad Blanc, que en muchos momentos es la bruja del cuento. El mismo Micho, cuando relata el alcoholismo de su padre, incluye a su madre también como padecedora de esta enfermedad, cuando algunos testimonios posteriores, como el mismo Chávarri, niegan que esto fuera así. Según Ferrando García, Felicidad es la voz de la nostalgia. Y no cabe duda de que hasta cierto punto lo es, con frases como "[…] Salimos juntos y empezó a hablarme – recuerdo que quizá fue eso la iniciación de nuestro amor – de que él no me veía como una persona joven, sino más bien una persona ya en el final de su vida. Me veía ya vieja, paseando por las murallas de Astorga ya la vida. Me emocionó tanto, terminada todo aquello que inmediatamente me enamoré" (19).

También, antes de la muerte de su esposo, pronuncia la frase de "aquellos días habíamos sido felices" (3). Sin embargo, la adaptación de Felicidad, hija de burgueses catalanes afincados en Madrid, y celebridad en

---

[1] Me refiero al término utilizado por Freud para referirse a la inquietud entre lo vivo y lo muerto, lo extraño.

su contexto de clase alta, como musa del 27 y como supuestamente una de las debutantes más cotizadas de su momento, actúa, en cierto modo, como la debutante anti-burguesa que deja el glamour de la clase alta madrileña por la belleza, sin duda, pero también aislamiento e inmovilidad de Astorga. Toda la mística del fascismo-falangismo se diluye hacia el final de la guerra mundial cuando se impone el franquismo más pragmático y prosaico, y su adaptación a la ciudad castellana será difícil.

Lo curioso es que en el film parece apabullada por el discurso androcéntrico, tanto como por su marido-fantasma como por sus hijos acusadores.

Sin embargo, no es Felicidad la mujer pasiva y sumisa al uso. Hay una escena que la delata, no como bruja, pero tal vez sí como bruja anti-androcéntrica. Debemos recordar que cuando se estrenó el film, el conocido poeta Luis Rosales, célebre también por haber acogido a Lorca en su casa antes de su asesinato, éste marchó de la sala visiblemente enfadado. Y es que parece ser que Rosales y Panero tuvieron una aventura y Felicidad, celosa y amargada, manifiesta ante sus hijos su gozo ante la nueva libertad que se le presentó ante el fallecimiento del poeta. También es relevante, cuando narra los celos de Panero. Cuando éste le pregunta quién había sido su pretendiente y Felicidad afirma que fue Cernuda, ratificando la fluidez sexual del poeta andaluz, abiertamente homosexual, Panero entra en una cólera violenta. A pesar de estos gestos los hijos, al menos en pantalla parecen demonizarla mucho más que al padre castrador. Unos años después Felicidad, que tenía una relación cordial con sus hijos, escribe el libro *Espejo de Sombras* (1977) donde cuenta su verdad, llena de privilegios de juventud y de vejaciones en la edad adulta.

Que *El desencanto* puede leerse como una metáfora de la Transición, es un hecho, aunque solo fuera por casualidad. Sin embargo, nuevas revisiones del film nos dispensan un interés en la dicotomía normal-aceptable, un interés por denostar la familia tradicional y una reflexión sobre la enfermedad mental y la inhabilidad de toda una generación traumada para crear subjetividades estables, regodeándose en la enfermedad, la decadencia y la adicción. Y también sin quererlo, sobre la situación de la mujer en su arquetipo de mala madre, característico del franquismo.

BIBLIOGRAFÍA

ALVARES, Rosa – ROMERO, Antolín (1999), *Jaime Chávarri. Vivir rodando*, Valladolid, Semana Internacional de Cine.

BLANC, Felicidad (1977), *Espejo de sombras*, Barcelona, Argos Vergara.

BLANC, Felicidad – PANERO, Juan Luis – PANERO, Leopoldo Mª – PANERO, José Moisés (1976), *El desencanto*, Madrid, Elías Querejeta Ediciones.

DAVIES, Kayce. "El desencanto de Jaime Chávarri: Los reflejos de la (post)dictadura en los espacios privados familiares", *Cine y ... Revista de estudios interdisciplinarios sobre cine en español,* 3/2, 48-57, asequible en: https://journals.tdl.org/ciney/index.php/ciney/article/view/91/95, fecha de consulta: 28 de diciembre de 2015.

DEL REY REGUILLO, Antonia (2014), "Leopoldo María Panero, decontructor de leyendas épicas familiares. A propósito de El desencanto (1976) de Jaime Chávarri", *L'âge d'or,* 7, asequible en http://roderic.uv.es/handle/10550/45027, fecha de consulta: 28 de diciembre de 2015.

FERRANDO GARCÍA, Pablo (2010), "El Fuego de la palabra, a propósito del desencanto". *Shangri-la, Derivas y ficciones aparte,* 11, 218-232.

LABANYI, Jo (2011), "Los fantasmas del pasado y las seducciones del psicoanálisis: *El desencacanto* (Jaime Chávarri, 1976)" en Manuel Palacio: *El cine y la transición política en España,* Madrid, Biblioteca Nueva, 73-85.

LÓPEZ, Sonia (2014), "El Franquismo, la transición y la mirada documental sobre la enfermedad mental" *Kamchatka,* 4, 189-207, asequible en: https://ojs.uv.es/index.php/kamchatka/article/view/4286, fecha de consulta: 28 de diciembre de 2015.

VILARÓS, Teresa (2002), *El mono del desencanto. Una crítica cultural de la transición española,* Madrid, Siglo XXI.

ÁNGEL SANZ BRIZ, EL ÁNGEL DE BUDAPEST: UN HÉROE INTERNACIONAL PARA UNA NACIÓN ESPAÑOLA SIN HÉROES

MARÍA ELENA SOLIÑO
Universidad de Houston

Resumen: Este ensayo ofrece un análisis del telefilm *El Ángel de Budapest* con la intención de situar su trama dentro del marco histórico del primer franquismo. Se examinan la técnicas narrativas que utiliza el director Luis Oliveros para situar su film dentro del marco de films sobre el Holocausto siguiendo el modelo de *Schindler's List*. El caso de Ángel Sanz Briz nos enfrenta a la pregunta ¿Puede ser héroe nacional alguien que representa a un estado anti-heroico?
Palabras clave: Ángel de Budapest, Ángel Sanz Briz, Holocausto, memoria histórica, Televisión Española

Abstract: This essay is an analysis of the made-for-TV movie *The Angel of Budapest* that situates its plot within the historical framework of the first decade of the Franco regime. It examines the narrative techniques used by director Luis Oliveros to situate it within the genre of Holocaust films following the pattern of *Schindler's List*. The case of Ángel Sanz Briz begs the question – Can someone who represented a state as unheroic as the Franco regime be a national hero?
Keywords: Angel of Budapest, Ángel Sanz Briz, Holocaust, historical memory, Spanish Television

Tras casi cuatro décadas de dictadura, el estado español, en transición hacia una democracia, tendrá como su gran reto orquestar una transición no sólo política sino social al intentar pasar de ser un estado oligárquico a una nación unificada. Si anteriormente el estado había conseguido cierta cohesión nacional exigiendo lealtad a España por medios cohersivos y que no dejaban gran espacio para la disidencia, ahora para que la Transición consiga construir una nación democrática a largo plazo, tendrá que inspirar la lealtad y amor patrio de sus ciudadanos, pero por medios voluntarios. Para el estudio de la construcción de naciones y los nacionalismos, son imprescindibles los trabajos de E.J. Habsbawm y Benedict Anderson con la idea de la comunidad imaginada en que la nación es una comunidad que se mueve al unísono a través de la historia. Para los nacionalismos, la historia de una nación se convierte en un ente casi sagrado que comparten los ciudadanos de estas comunidades imaginadas, unidas por una serie de memorias históricas y culturales compartidas. Todos los gobiernos modernos han reconocido el poder de las historias compartidas para crear la cohesión nacional. En cierto modo, de ahí viene el apoyo oficial para la pintura de temática histórica en el siglo XIX y el impulso de crear una industria nacional de cine y cadenas nacionales de radio y televisión en ciertos momentos claves del siglo XX, para crear las imágenes (y los sonidos) que comparte la nación, incluso el gran número de ciudadanos que no acostumbran leer, y reciben sus lecciones históricas por medio del cine y la televisión. Cabe mencionar que dichas historias suelen incluir héroes.

El principal propósito de este ensayo es analizar por qué el diplomático español Ángel Sanz Briz, conocido como el *Ángel de Budapest*, a pesar de su reconocimiento internacional, no es universalmente reconocido como héroe nacional en España. La historia de Sanz Briz sirve de ejemplo del fallo de las políticas de la transición, y en particular el llamado pacto del olvido, en fomentar una memoria cultural compartida por la gran mayoría, que no siga silenciando las vivencias de medio país, elemento primordial a la hora de construir una nación. En particular, analizaremos el éxito del telefilme de 2011, *El Ángel de Budapest* (Luis Oliveros) como intento de honrar la memoria del heroísmo del diplomático español, pero también cómo los méritos personales de este héroe internacional paradójicamente acaban ilustrando el uso interesado de la historia que sigue perpetuando, igual hoy que durante el franquismo y la transición, el mito de que España actuó de forma heroica en el rescate de judíos durante el Holocausto.

La nación es una idea cambiante, es un proyecto narrativo, ya que como nos recuerda Nuria Triana-Toribio, "[u]na nación no es nada sin las historias que se cuenta a sí misma"(2003:6) y las historias que construyen la nación se modifican según las necesidades del estado. El franquismo se mostró experto en modificar la historia según sus necesidades, transformando la guerra civil en una gran cruzada, re-escribiendo textos escolares, erigiendo monumentos e imprimiendo su estampa en las ciudades, cambiando nombres de calles con múltiples Avenidas del Generalísmo.

Y aquí el primer gran tropiezo de la Transición – ¿cómo representar la historia del siglo XX en España ante el llamado Pacto del Olvido, si el propósito firme del gobierno de Transición fue el de no permitir que se procesaran los crímenes políticos del franquismo? Se presentan como valores enfrentados la necesidad de mantener la paz contra el clamor por la justicia. Antonio Muñoz Molina explica que: "La historia proscrita por el franquismo fue una historia simplemente abandonada por la democracia" (2006). Santos Juliá resume el dilema del lugar de la historia en la nueva democracia con las siguientes observaciones: "Una de las grandes cuestiones de nuestro tiempo ha tenido como objeto el pasado, qué hacer con el pasado" (2009:303). La cuestión no sólo incumbe a la nueva democracia española. "No es pregunta ociosa o casual, sino obligada por la exigencia de construir unos Estados que no podían encontrar en su historia reciente las raíces de su legitimidad" (303).

España no ha llegado a condenar a nadie por crímenes de la Guerra Civil ni de la postguerra, pero tampoco ha podido producir uno de los elementos fundamentales para el mantenimiento de la comunidad imaginada. El siglo XX español no tiene héroes, seres en cuyas personas se encuentran reunidas las principales virtudes y valores que aprecia una nación unida. En 1975, e incluso ahora, hay una ciudadanía tan dividida que quien es héroe para uno, es un criminal asesino para otros. La creación de héroes nacionales había funcionado en otros momentos claves transicionales para la nación española. En la llamada Guerra de Independencia surgen las figuras de Agustina de Aragón y los héroes de 2 de mayo, encabezados por los militares Daoiz y Velarde que inspiran al pueblo en apoyo del rey y la Iglesia. La mayoría de los españoles comparten y aceptan estas memorias culturales sin cuestionarlas y solo una minoría estudia la época con profundidad.[1] Ya en el siglo XX aumenta el número de conmemoraciones y tributos a los héroes para fomentar la regeneración tras el desastre de 1898. Bajo el gobierno de Miguel Primo de Rivera, el cine también empieza a ofrecerle héroes nacionales a un público que no lee, en su intento de "hacer españoles." Uno de los directores más célebres del cine español, Florián Rey, ya expresó en 1929 que "sin cinematografía no hay nación" (García Carrión, 2007:89). Ese mismo año Rey lleva a la pantalla *Agustina de Aragón*. Franco, como Stalin, Mussolini y Hitler, estaba obsesionado con el poder del cine y su habilidad para moldear las actitudes del público. Por este motivo el gobierno estableció controles estrictos para las representaciones cinematográficas de la Guerra Civil y sus consecuencias. Desde el punto de vista de Franco, el cine no era solamente arte o entretenimiento. Tenía que servir un fin político: hacerle propaganda al estado. Los largometrajes desdibujan las líneas entre el entretenimiento y

---

[1] Los historiadores serios estudian la guerra de 1808-1813 como una guerra civil. Véase Álvarez Junco, José, (2001), *Mater dolorosa. La idea de España en el siglo XIX,* Madrid, Taurus o Moreno-Luzón, Javier, (2007), "Fighting for the National Memory: The Commemoration of the Spanish 'War of Independence' in 1908-1912," *History and Memory* 19:1, 68-94.

la propaganda. El cine franquista en los 1940 produce cine bélico, para así reescribir la historia de la Guerra Civil para el gran público, entre los films más notorios, *Raza* (José Luis Sanz de Heredia, 1942), con un guión escrito por el propio Franco bajo pseudónimo que ofrecía la imagen de un militar, muy similar a su imagen idealizada, como héroe nacional. A diferencia de estos momentos de transición política/social, cuando los regímenes pudieron construir héroes, la Transición de 1975, con su pacto de silencio, sólo ha podido destruir los héroes falsos del pasado, sin construir nuevos, dada su inhabilidad de incorporar la historia reciente al discurso público nacional de forma eficaz.

Pero si en España no tenemos héroes modernos, en el ámbito internacional sí hay españoles que se consideran heroicos – uno de ellos es Ángel Sanz Briz. En agradecimiento por haber salvado a unos 5.200 judíos húngaros de los campos nazis de exterminio, el 18 de octubre, 1966, Ángel Sanz Briz fue reconocido por Yad Vashem como *Justo de las Naciones*. En 1994 su viuda, Adela, recibe la Cruz de la Orden del Mérito de la República Húngara y se instalan unas placas conmemorativas en la sinagoga de Budapest, otra en la embajada española de esa ciudad y también en el Parque Esteban I. Su Zaragoza natal con el tiempo también le erige un busto. En Budapest una calle lleva su nombre y en Madrid una avenida.

Es innegable que sus acciones personales fueron heroicas cuando las tropas alemanas ocuparon Hungría en marzo de 1944, y también generosas ya que a falta de fondos ministeriales, contribuyó su propio dinero para alojar y alimentar a los judíos a quienes pudo refugiar. La actividad de Sanz Briz tuvo lugar principalmente en el otoño de 1944 cuando con la guerra ya perdida, los nazis, ayudados de los fascistas húngaros del partido de la Cruz Flechada, intentaron exterminar a todos los judíos húngaros. Cuando recibe órdenes de Madrid de abandonar la delegación, confía en Giorgio Perlasca para que este ex-combatiente italiano de la Guerra Civil continúe su labor. La primera iniciativa de salvar a los judíos no había llegado ni de Madrid ni de Budapest, sino de Marruecos cuando el 15 de junio, 1944, el General Luis Orgaz aprobó la petición de los judíos marroquíes de rescatar a quinientos niños judíos para recibirlos en Marruecos. Dada la imposibilidad del transporte, los niños permanecieron en Budapest bajo la protección de la delegación española, de esa forma implicando de forma directa a Sanz Briz, que había quedado a cargo de la delegación como encargado de negocios a partir de la expulsión del ministro. El 21 de agosto de ese mismo año, el nuncio papal, el padre Ángelo Rotta inicia una serie de protestas contra las atrocidades cometidas a todo aquel que tuviera antepasados judíos, documento que firma Sanz Briz, y también los representantes de Suecia, Suiza y Portugal.[2] Por fortuna, las instrucciones que recibiría Sanz

---

[2] El texto de este documento se encuentra en la obra reciente de Erzsébet Dobos, 2015.

Briz de Madrid para que moderara su postura anti-nazi, se habían demorado y pudo proceder sin desobedecer órdenes.

La situación para los judíos húngaros empeoró a partir del cambio de gobierno orquestrado por los alemanes el 15 de octubre en que el regente Miklós Horthy fue reemplazado por el fanático pro-nazi Ferenc Szálasi. Dentro de España, el nuevo ministro de Asuntos Exteriores, José Félix de Lequerica, entendío que tras la liberación de París, España debería ganar méritos ante los aliados, distanciándose de los fascistas. En realidad, durante casi toda la Segunda Guerra Mundial, el gobierno de Franco había colaborado con ambos partidos, para así intentar asegurar su sobrevivencia una vez terminada la guerra. La participación de diplomáticos españoles en el rescate de judíos le brindaba una gran oportunidad para representar a España como régimen humanitario, que había estado dispuesto a enfrentarse a los nazis. En 1949 la Oficina de Información Diplomática, emite un folleto titulado *España y los judíos* en que se lee: "España, imbuida de su espíritu cristiano y universal de amor a todas las razas de la tierra contribuyó al rescate de judíos y procedió más por intereses espirituales que por razones políticas o simplemente jurídicas. La ayuda de nuestro gobierno no sólo se extendió a los sefarditas dispersos por los continentes, sino también a todos los judíos cuando se presentó la ocasión, sin considerar su nacionalidad o el lugar en que se hallaban" (Baer, 2011:96).

Esta afirmación que se usó para perpetuar el mito de que el estado franquista había contribuido de forma sistemática a rescatar a judíos del Holocausto es falsa, incluso si se estudian los casos en que individuos judíos consiguieron cruzar la península, rumbo a América o el Norte de África, sin grandes molestias, lo cual no fue el caso de la mayoría. Pensemos en el caso de Walter Benjamin, que ante la desesperación de encontrarse con negativas cuando por fin alcanzó la frontera española, se suicidó en Portbou antes de tener que regresar a la Francia ocupada. Incluso en el Ministerio de Asuntos Exteriores alemán no comprendían la paradójica política española hacia los sefardíes: "resulta incomprensible la razón por la que el gobierno de España, por un lado, dice que se trata de españoles, y por el otro, sin embargo, declara que estos españoles no deben entrar en España" (Baer, 2011:44). Para agosto de 1944, 37.000 judíos habían atravesado España, con diferentes suertes. Algunos sufrieron reclusiones en campos españoles, otros recibieron un plazo de sólo tres días para completar el viaje, muchos tuvieron que esperar en la frontera hasta que el grupo precedente saliera de España, pero muy pocos pudieron instalarse en la península. Estas cifras se manipulan para lanzar una campaña de desinformación por parte del régimen al terminar la guerra "donde la labor de ciertos cónsules se confunde con la política del régimen" (Israel Garzón, 2007:37). *España y los judíos* describe las acciones de individuos como Ángel Sanz Briz, no del estado a quien representó toda su carrera. Después de la guerra, a la hora de paliar la imagen fascista de España, fue oportuno enviar a este héroe del Holocausto a puestos en Estados Unidos, donde cumplió sus funciones en San Francisco y Washington.

La delegación española en Budapest no fue la única en rescatar a judíos. Los diplomáticos españoles por todo el continente le brindaron pasaportes españoles y salvoconductos a los sefardíes, incluso en Berlín. Los méritos, así como las represalias sufridas, de los diplomáticos de Francia, Alemania, Italia, Grecia, Bulgaria y Rumanía, están ampliamente documentados por Diego Carcedo en *Entre bestias y héroes* (2011) y Jacobo Israel Garzón con Alejandro Baer en *España y el Holocausto* (2007). El caso de Ángel Sanz Briz en Hungría destaca sobre los demás ya que tomó la iniciativa de salvar a cualquier judío, sin necesidad de que fuera sefardí y también tuvo éxito en salvar a un grupo tan numeroso. En Budapest de los 390 pasaportes, muchos de ellos familiares, y 1900 salvoconductos, sólo 45 eran para sefardíes, los únicos que se hallaban en Budapest donde la población judía era askenazi. Los historiadores como Stanley Payne calculan que Sanz Briz pudo proteger a unos 2.300 judíos en Budapest y que las visas y salvoconductos que expidió permitieron el tránsito de entre 500 y 1.200. El número habría sido superior con mayor apoyo desde Madrid. Ante el avance del ejército soviético, Sanz Briz acata órdenes ministeriales para dejar Budapest en noviembre del 1944, dejando al italiano y antiguo combatiente de la Guerra Civil, Giorgio Perlasca, a cargo de la delegación (Payne, 2007:229-231).

Si el Estado español ha mantenido en el olvido gran parte de su historia del siglo XX, cuando en 1986 ingresa en la Unión Europea y también establece relaciones diplomáticas con Israel, el último estado europeo en dar su reconocimiento, debe compaginar la representación de su historia frente al Holocausto con la de los demás países de occidente con el mandato de nunca olvidar los horrores del pasado para que la historia no se repita. Pero no fue principalmente el ingreso en la UE, sino más bien el interés por el Holocausto en los medios globales de comunicación que inspira interés en el público español. Los españoles conocen el Holocausto principalmente por documentales americanos e ingleses y más que nada por películas como *La lista de Schindler* (*Schindler's List*, 1993) de Steven Spielberg y *La vida es bella* (*La vita é bella*, 1997) de Roberto Benigni. En 2011, España presenta su propia película sobre el hombre que presentan como el Schindler español, el telefilm *El Ángel de Budapest*, una coproducción hispano/húngara dirigida por Luis Oliveros y basada en la novela *Un español frente al Holocausto* del periodista Diego Carcedo. Programado en *prime time* el 22 de diciembre de 2011, *El Ángel de Budapest* fue la ficción española de mayor cuota televisiva del año. También fue premiada tanto a nivel nacional como internacional.

Para que quede clara la comparación directa con *La lista de Schindler*, la portada del DVD añade que el film se basa en hechos reales sobre el

"Schindler español" con lo cual el público ya recibe indicios sobre la historia que verá. La familiaridad del público con la fórmula del héroe que rescata a las víctimas también conlleva ciertos retos en cuanto a la formulación de la trama, ya que toda buena narración se nutre de alguna dosis de suspense, sin la cual el público se aburriría o sentiría que simplemente le están dando una lección de historia porque ya sabe el final. En este aspecto, el triunfo del film le debe mucho a los componentes húngaros de esta coproducción.

A diferencia de la novela, el telefilm inserta una historia de amor entre un joven judío, Antal y Sophie, una joven húngara cristiana cuyo hermano, Lajos, se ha aliado a los cruzflechados. La historia de amor que distancia este componente de la trama de la parte más documental del film, a la vez que añade el suspense necesario, inserta los traumas de la guerra por parte húngara. En esta historia secundaria, aunque Lajos al principio participa del sentimiento antisemita que se ha apoderado de Budapest, su actitud cambia al presenciar la brutalidad de sus compañeros que después de asesinar a Antal, también liquidan a Sophie cuando ésta le llora. Ante la muerte de su hermana, el joven fascista húngaro se enfrenta a los nazis, produciendo su propia muerte. El público presencia una evolución en Lajos. La cámara le había seguido mientras patrulla las calles e incluso cuando con sus amigos orina sobre los cadáveres de judíos, humilla a un anciano judío que luego es salvado por Sanz Briz, pero también cuando amenaza a su antigua compañera de clase, Eva Lang, pero tampoco es capaz de hacerle más daño del que ya estaba pasando. Lajos muere en repulsa a los nazis a quienes anteriormente se había afiliado. Este grupo de jóvenes alegorizan a la nación húngara. Si algunos se equivocaron a la hora de los conflictos, y con consecuencias trágicas tanto a nivel personal como nacional, otros, como la propia Sophie, fueron valientes y justos. Sophie incluso se atreve a llevar la estrella de David de Antal colgada al cuello en señal de amor hacia su novio judío. En cuanto a las conexiones con *La lista de Schindler*, no parece casualidad que Sophie porte un abrigo rojo, insertando un toque de color en las imágenes sombrías de las calles devastadas de Budapest. El abrigo rojo liga a Sophie a la niña judía cuya muerte tanto afecta a Oskar Schindler, y por extensión al público, en la obra de Spielberg. Es uno de los elementos que insertan a *El Ángel de Budapest* en el género de cine sobre el Holocausto, que incluye como técnica la personalización del horror por medio de la conexión emotiva del público con un personaje en particular.

Uno de los grandes logros del film es una representación de los judíos que trasciende la imagen esperada de un pueblo que en las ficciones históricas sobre el Holocausto, suele definirse puramente por su victimización. Eva Lang pugna por salvar a su familia. Antal se une a otros jóvenes, y liderados por el viejo tendero Hoffman, entran en luchas armadas contra los cruzflechados y los nazis en las calles de Budapest. Incluso plantan bombas en el depósito alemán de municiones.

La visión general del telefilm es de un pueblo húngaro, personificado en los jóvenes sacrificados ante una ideología nazi que los victimiza o los engaña, y una nación española personificada en Ángel Sanz Briz que obra con un gran sentido de justicia y valores cristianos ante los horrores del Holocausto. De ahí surge parte del problema al momento de convertir a Sanz Briz en alegoría de la nación española. El retrato de la nación húngara en la trama secundaria es equilibrado. Hay malos y buenos, algunos reconocen sus errores y son dignos de perdón, mientras que otros se aferran a sus odios. Unos actúan por sus convicciones, otros por equivocación, y muchos por miedo.

Este equilibrio falta en las escenas de la situación delicada de Sanz Briz, quien como diplomático habría jurado alianza al estado que representaba. *El Ángel de Budapest* incluye breves escenas que tienen lugar en Madrid con el ministro de Asuntos Exteriores, Lequerica debatiendo la actitud de Sanz Briz, pero ya el antiguo jefe de delegación, Muguiro, antes de su partida forzosa de Budapest le había avisado a Sanz Briz que el estado español se lavaba las manos como Poncio Pilates, pero es una sola frase dicha de forma precipitada al principio. La advertencia de Muguiro en el film refleja la evidencia documental que ha sobrevivido de la época, salvo que fue un funcionario de la embajada de Berlín, Fernando Oliván, quien ante la inacción de su gobierno, le había advertido a Madrid: "Mal profeta será, si no llega el día en que se nos critique acerbamente el que, sabiendo lo que iba a ocurrir, nos hayamos lavado las manos como Pilates y abandonando a su triste suerte estos, al fin y al cabo, compatriotas [los sefardíes], sin siquiera elevar la más mínima protesta y sin hacer nada por salvarlos" (Baer, 2006:46).

La mayoría de las escenas del film que se enfocan en las actuaciones de Sanz Briz son puramente descriptivas de las acciones que tomó. En algunas instancias se personaliza el dilema. Cuando Sanz Briz visita a los 500 huérfanos judíos que ahora tiene bajo su responsabilidad, recuerda su propia paternidad, y su preocupación por su hija, y la otra que espera. Sufre por la necesidad de vivir alejado de los suyos por la guerra. También figura el peso de la historia sobre España y la carga de la expulsión de 1492. En una de las primeras escenas en que el público es testigo de un encuentro entre Sanz Briz y un oficial nazi, el diplomático español explica que: "Nosotros no tenemos problemas con los judíos." Ante la mala reacción del alemán que espera mayor apoyo de un estado aliado, rectifica con "los expulsamos hace 500 años." Hay momentos en que se señala que las acciones de los diplomáticos eran más humanitarias que las de su estado, como cuando Raoul Wallenberg le llama "una gota de agua en el desierto," entre reproches de la alianza de Franco con Hitler. Y también hay escenas en que un Sanz Briz fuera de sí le manda informes (que serán ignorados) sobre los campos de exterminio a sus superiores en Madrid. Sin embargo con su fuerte despliegue de la bandera española, por mucho que sea un componente necesario de la trama, el impacto final del film, es de Ángel Sanz Briz como alegoría de un estado español que fue justo en los momentos más precisos. El personaje de Sanz Briz clama continuamente que rescata a los judíos en nombre del gobierno de España y del general Franco, y el público acaba creyéndole.

En cuanto a la novela *Un español frente al holocausto*, se inscribe dentro de lo que Antonio Gómez López-Quiñones llama la "retórica de la antificcionalidad" con "su preocupación por mostrar el origen de la información, por explicarle al lector cómo, quién y para qué se logra un determinado dato posteriormente incluido en la trama" (2006:13 n. 8). Pero por mucho que Carcedo se esfuerce en conseguir un tono neutral, a veces en sus intentos de mostrar la humanidad de Sanz Briz, acaba señalando la dificultad de retratar a España como nación que salvó a los judíos. Como ejemplo, analizaremos una escena que se repite parcialmente en el film. Sanz Briz presencia la quema de libros asociados con la cultura judía. En ambas obras, la hoguera sirve de prefiguración de que los cuerpos humanos también pronto serán reducidos a ceniza. A diferencia del film, la novela de Carcedo se imagina los pensamientos y sentimientos de Sanz Briz. La ofensa de la quema de libros se personaliza al ver que uno de los libros es el *Mishné Torá* de "el sabio español, de religión judía, Moisés Maimónides" (27). Siente orgullo y rabia por lo que considera un tesoro de la cultura española. Pero este filósofo también había sufrido del antisemitismo peninsular que le lanzó al exilio por lo cual Maimónides desarrolló parte de su carrera en Fez antes de trasladarse a Egipto. Puesto dentro de su contexto histórico, la referencia a Maimónides para sugerir que al atacar a los sefardíes se ataca a España no hace más que recordar las injurias del pasado. Pero esta escena también tiene otras resonancias que descubre la hipocresía de considerar a España un país justo entre las naciones. Manuel Rivas titula su novela sobre la represión falangista *Los libros arden mal* porque en España fueron los falangistas que habían vaciado las bibliotecas de la Coruña al principio de la Guerra Civil, también como prefiguración de los muchos cuerpos y almas que serían reducidos.

A veces la historia brinda casualidades ilustrativas. Al investigar la existencia de campos de concentración en España, nos encontramos con el nombre de Ángel B. Sanz, personaje histórico que nos ofrece la otra cara de la moneda en cuanto a la participación de España en el holocausto. Este otro Ángel Sanz era el director general de prisiones durante la guerra civil y los primeros años del franquismo cuando "[n]o existía interés por hacer justicia o aclarar los hechos, sino simplemente por *condenar a los rojos*" (Riquer, 2010:132). Mientras por todo el continente diplomáticos españoles salvaban a miles de judíos, en la propia España había 194 campos de concentración por los que pasaron más de 490,000 prisioneros. El último clausurado fue el de Miranda del Ebro en 1947 que había sido construido en 1937 con asesoramiento de las SS alemanas.

Las acciones de diplomáticos como Sanz Briz tampoco compaginan con el destino de miles de republicanos y gitanos que con la colaboración del gobierno que representaban estos mismos diplomáticos murieron en los campos nazis. "A partir de agosto de 1940, con la ocupación alemana de parte de Francia, algunos destacados políticos republicanos españoles fueron perseguidos y detenidos por la policía francesa y por la Gestapo y otros muchos empezaron a ser deportados a campos de concentración alemanes. Ya en fecha tan temprana como el 6 de agosto de 1940, ingresaron en el campo de concentración de Mauthausen (Austria) los primeros prisioneros españoles" (Riquer, 2010:211).

Se ha calculado que 8.964 españoles pasaron por los campos con 5.289 muertos, pero sólo son los verificados, se piensa que la cifra real sería de unos 10.000. Unos 35.000 refugiados sufrieron campos de trabajo bajo la organización alemana, Todt construyendo la infraestructura militar del Reich. Por expresa presión del gobierno franquista, los republicanos españoles fueron considerados 'apátridas' y llevaron en su uniforme un triángulo azul con las siglas RS (rotspanier), "rojo español". Curiosamente, en la España democrática ha sido la comunidad judía de Madrid que ha insistido en incluir a las víctimas republicanas y gitanas en sus conmemoraciones del Holocausto, y el estado español que insistentemente ha intentado excluirlos.

No cabe la menor duda que en ese otoño de 1944 las acciones de Ángel Sanz Briz fueron heroicas. Pero por muy heroicas que hayan sido las acciones del Ángel de Budapest, su historia sólo presenta parte de la historia de España frente al holocausto. Sanz Briz dedica su carrera a representar a un país que en los manuales escolares incitaba a los niños con las palabras: "¡Camarada! Tienes la obligación de perseguir al judaísmo, a la masonería, al marxismo, y al separatismo. Destruye y quema sus periódicos, sus libros, sus revistas, sus propagandas. ¡Camarada! Por Dios y por la Patria!" (Carcedo, 2000:104). El mismo Carcedo en 2011 retoma la historia de Ángel Sanz Briz en *Entre bestias y héroes: los españoles que plantaron cara al Holocausto* para dar una historia más balanceada de la época del Holocausto en que resalta el heroísmo de diplomáticos y simples individuos, que supieron actuar con humanidad cuando su estado no supo hacerlo.

El éxito del telefilm *El Ángel de Budapest* nos recuerda que las ficciones históricas son instrumentos para forjar la memoria colectiva, para que los ciudadanos recuerden el pasado de una manera particular que coincida con los intereses de quienes comisionan la obra. A partir del siglo XX, las películas históricas, en particular las que son subvencionadas por el estado, como es el caso de *El Ángel de Budapest* y TVE, tienen el mismo impacto de los monumentos públicos al convertirse en agentes de memoria.

La historia de Sanz Briz no puede presentarse fuera del contexto histórico de la España del primer franquismo, sin caer en la trampa de utilizar su heroísmo en el Holocausto para paliar el estigma de la asociación de España con el fascismo.[3] El caso de Ángel Sanz Briz nos enfrenta a la pregunta ¿Puede ser héroe nacional alguien que representa a un estado antiheroico? Quizá una parte crucial del Movimiento de la Recuperación de la Memoria Histórica sería no sólo recuperar la memoria de las víctimas del franquismo, sino también lo que Alejando Baer llama "la memoria del bien" (2007:39). Con *El Ángel de Budapest* se ha dado un primer paso, no sólo de crear un héroe nacional, sino también de buscar en la historia "las raíces de la legitimidad" (Juliá, 2009:303) de una nación en que a pesar de la política, algunos supieron conservar su humanidad.

BIBLIOGRAFÍA

ANDERSON, Benedict (1983), *Imagined Communities: Reflections on the Origin and Spread of Nationalism*, New York, Verso.

BAER, Alejandro (2011), "The Voids of Sepharad: The Memory of the Holocaust in Spain," *Journal of Spanish Cultural Studies*, 12/1, 95-120.

CARCEDO, Diego (2011), *Entre bestias y héroes: los españoles que plantaron cara al Holocausto*, Barcelona, Espasa.

CARCEDO, Diego (2000). *Un español frente al holocausto: cómo Ángel Sanz Briz salvó a 5.000 judíos*, Madrid, Ediciones Temas de Hoy.

DOBOS, Erzsébet (2015), *Salvados: Documentos y memoria sobre la protección española en Budapest durante el Holocausto*, Budapest, Globobook.

GARCÍA CARRIÓN, Marta (2007), *Sin cinematografía no hay nación : drama e identidad nacional española en la obra de Florián Rey*, Zaragoza, Institución Fernando el Católico.

GÓMEZ LÓPEZ-QUIÑONES, Antonio (2006), *La guerra persistente: Memoria, violencia y utopía: representaciones contemporáneas de la Guerra Civil española*, Madrid, Vervuert Iberoamericana.

HOBSBAWM, Eric J. (1990), *Nations and Nationalism Since 1780*, Cambridge, Cambridge University Press.

---

[3] Por suerte, en la última década por fin han triunfado obras como la novela de María Dueñas *El tiempo entre costuras*, también base de una serie televisa (2013 Antena 3) y la novela finalista del Premio Planeta en 2006, *El tiempo de prodigios* de Marta Rivera de la Cruz, que ofrecen una visión matizada del pasado, ofreciendo héroes anti-nazi ficticios españoles, bien situados dentro del contexto histórico del primer franquismo.

ISRAEL GARZÓN, Jacobo – BAER, Alejandro (eds.) (2007), *España y el Holocausto (1939-1945): Historia y testimonios*, Madrid, Federación de Comunidades Judías de España: Hebraica Ediciones.

JULIÁ, Santos (2009), *Hoy no es ayer. Ensayos sobre la España del siglo XX*, Barcelona, RBA Libros.

LINHARD, Tabea Alexa (2014), *Jewish Spain A Mediterranean Memory*, Stanford, Stanford University Press.

MUÑOZ MOLINA, Antonio (2006), "Notas escépticas de un republicano," *El País*, 24 de abril, asequible en: http://elpais.com/diario/2006/04/24/opinion/1145829604_850215.html, fecha de consulta: 18 de noviembre de 2015.

PAYNE, Stanley (2007), *Franco and Hitler: Spain, Germany, and World War II*, New Haven, Yale University Press.

PRESTON, Paul (2012), *The Spanish Holocaust*, New York, W.W. Norton.

RIQUER, Borja de (2010), "La dictadura de Franco", en Josep Fontana–Ramón Villares (eds.): *Historia de España*, 9, Barcelona, Marcial Pons.

RIVAS, Manuel (2006), *Los libros arden mal*, Barcelona, Alfaguara.

RIVERA DE LA CRUZ, Marta (2006), *El tiempo de prodigios*, Barcelona, Planeta.

RUEDA LAFFOND, José Carlos (2013), "Memoria televisiva y representación de la identidad: la «españolización del Holocausto»", *Bulletin of Hispanic Studies*, 90/8, 965-981.

TRIANA-TORIBIO, Núria (2003), *Spanish National Cinema*, New York, Routledge.

PRENSA Y TELE

"PUEDO PROMETER Y PROMETO": ¿LA GARANTÍA DE UN COMPROMISO O UN MERO ACTO DE HABLA COMPROMISORIO?

MIOARA ADELINA ANGHELUȚĂ
Universidad de Bucarest

Resumen: En el discurso electoral de 1977, Adolfo Suárez repite una de las formulaciones más originales, más eficaces, más longevas y a la vez más tradicionales y previsibles que podía lanzar un candidato a la presidencia del gobierno en la transición española. Aunque es de esperar que un candidato formule promesas que se compromete a cumplir (por lo que hemos afirmado que la formulación es tradicional y previsible), la estructura "puedo prometer y prometo" es original porque contiene el verbo *poder* en presente de indicativo, primera persona del singular con sentido modal (dinámico y deóntico) y también porque está asociado de manera insólita con el verbo prometer. El significado del verbo poder se puede interpretar como dinámico porque a primera vista alude a las habilidades físicas y mentales de la persona, como una garantía de que el orador es plenamente consciente de la transcendencia del momento, de que asume la responsabilidad y de que la acción para la cual el hablante está capacitado no se queda en el plan de la virtualidad, sino que se proyecta en el presente y en lo real. Sin embargo, si se toma en consideración la prótasis "si ustedes nos dan su voto", entonces el verbo poder se puede interpretar como deóntico, ya que se refiere al derecho del candidato, otorgado por el pueblo, de formar parte del contrato social antes de involucrarse propiamente dicho en el ejercicio del poder. El discurso es original también porque el orador declara sus límites, interpretables no como flaquezas, sino como muestras de realismo y sinceridad. El artículo se propone ilustrar, según las clasificaciones de los actos de habla de Austin y Searle, que no existe una identidad total entre un compromiso y un acto de habla compromisorio y que la declaración "puedo prometer y prometo" implica un acto de habla suficiente en sí mismo: aunque el hablante no cumpliera con las acciones prometidas, en realidad no se le puede tildar de mentiroso, porque cumple

con su palabra nada más pronunciarla y por el mero hecho de pronunciarla.
Palabras clave: modalidad radical, actos de habla compromisorios, análisis de discurso, discurso electoral, ethos

Abstract: In his electoral speech delivered in 1977, Adolfo Suárez restates one of the most original, effective, long-standing and at the same time, one of the most traditional and predictable catchphrases that could have ever been used by a candidate to the position of Prime Minister during the Spanish transition. Even if a candidate is expected to make promises that he commits himself to fulfil (which explains the traditional and predictable character of the catchphrase), the structure *puedo prometer y prometo* (I can promise and I do promise) is original because it makes use of the verb *poder* (can) used in the present indicative mood, first person singular with a double modal meaning (dynamic and deontic) and because it comes in an unusual association with the verb *prometer* (promise). The meaning of this verb can be interpreted as dynamic because at a first sight it appears to allude to one's physical and mental abilities, as a guarantee that the speaker is fully aware of the significance of the moment, that he assumes the responsibility and that the action he is prepared for does not remain in a virtual plan, but it is projected in the present and in the reality. However, if we take into consideration the protasis *si ustedes nos dan su voto*, then the verb *poder* can be interpreted as deontic, because it refers to the candidate's right, consented by the people, to take part in the social contract before really involving himself into the exercise of power. The speech is also original given that the speaker declares his limits, which can be interpreted not as a sign of weakness, but as a proof of his realistic view and sincerity. The article is supposed to illustrate, according to the classifications made by Austin and Searle, that there is no absolute identity between a commitment and a commissive speech act and that the structure *puedo prometer y prometo* involves a self-sufficient speech act: even if the speaker did not fulfil his commitments, in fact he can not be considered a liar, because he carries out his word as soon as he utters it and through the mere fact of uttering it.
Keywords: root modality, commissive speech acts, discourse analysis, electoral speech, ethos

1. Introducción

Acercarse al discurso de Adolfo Suárez pronunciado el 13 de junio de 1977 con ocasión de las elecciones celebradas unos pocos días más tarde es un gesto atrevido porque uno no sabe si realmente puede formular algo nuevo entorno a un discurso muy famoso y debatido, pero a la vez es un acto necesario recuperar el pasado y analizarlo desde la perspectiva del presente, bajo la lupa de los actos de habla compromisorios. Es un gesto arriesgado porque parece ser un intento de desmitificar un discurso político legendario, mostrando su punto débil en la construcción del ethos[1], de la imagen creíble y comprometida con el proyecto gubernamental que está presentando el orador.

Pero este reproche que podría dirigirse al mensaje de Adolfo Suárez no incumbe solo a este discurso o solo a este hombre político, sino a todos los discursos electorales que suponen el compromiso del hablante con los requisitos de los electores en el contexto de un presente socavado de imperfecciones. A la vez, hay que reconocer que el acto compromisorio es necesario para completar un contrato social, pero no es suficiente, porque está tachado de insustancialidad: según Austin (*How to do things with words*, 1962:23-31) y también según las explicaciones de Lyons en *Semántica* (1989:660-661), el ser humano puede hacer algo por el mero hecho de hablar, no en el sentido (bíblico) de que las palabras se conviertan en realidad nada más pronunciarlas, sino que el mero hecho de pronunciarlas representa una acción o, más exactamente, un acto de habla autosuficiente.

De todos modos, cabe señalar que la eficacia que se otorga generalmente al verbo prometer es posible gracias a dos factores: la expresividad del lenguaje y la condición de sinceridad[2]. Según el primer factor, el lenguaje tiene la capacidad de expresar más de lo que realmente se está diciendo al nivel léxico-semántico gracias a la tendencia humana de hacer conjeturas (lo que representa también el objeto de estudio de la pragmática). Sin embargo, esto determina igualmente ambigüedades y malentendidos, porque supone no poder controlar totalmente en qué punto detenerse en la interpretación de lo que, a lo mejor, el hablante mismo no había intencionado[3]. Además, es posible que el hablante quiera hacer entender a los oyentes algo que, en realidad, no se expresa de modo abierto en su ponencia, con el propósito de manipular o de poder sustraerse en caso de ser acusado[4].

---

[1] Se puede afirmar que la construcción progresiva del ethos es la principal meta del discurso, basada en la exposición de los logros del orador en el ámbito político hasta el momento del discurso, ya que este tuvo anteriormente la ocasión de ejercer diferentes cargos.

[2] La sinceridad, el hecho de no decir nada que no se considere verdadero forma parte de la máxima conversacional de la cualidad de Grice (citado por Escandell, 1996:78 y Anscombre y Ducrot, 1988:51).

[3] Maingueneau (2007:18) llama la atención sobre el hecho de que, aunque el interlocutor interprete el enunciado a partir de los datos proveídos en este, no existe ninguna garantía de que haya entendido lo que el emisor del enunciado realmente intencionaba.

[4] Se trata de la ambigüedad intencionada del lenguaje político a la que hace referencia Fernández Lagunilla, en *La lengua en la comunicación política I: la palabra del poder,* 1999: 36-49, Arco / Libros, Madrid, apud Núñez Cabezas y Guerrera Salazar (2002:45).

Sin embargo, no es inusual que políticos, politólogos, periodistas se pregunten sobre la propiedad de los términos utilizados en los discursos políticos, a la necesidad de redefinirlos o de explicarlos[5].

Por otro lado, el verbo prometer se muestra eficaz gracias a la condición de sinceridad[6] requerida por los actos de habla ilocutivos exitosos, según Searle (en *Speech Acts*, 1969: 57-61, citado por Lyons, 1989: 667). La condición de sinceridad se ve potenciada cuando el orador puede apoyar sus promesas en hechos ya cumplidos, como antecedentes que garantizan el cumplimiento de los actos futuros y como base para la construcción de una propia imagen creíble.

Desde el principio, cabe plantearse por qué referirnos a este discurso cuando hablamos de la transición española. Porque durante el período de transición, Adolfo Suárez se impuso como uno de los artífices de la instauración de la democracia en España: a pesar de ser un hombre del pasado, que había desempeñado varios cargos en el antiguo régimen, se mostraba dispuesto a hacer cambios, a dialogar y a permitir la participación de los partidos de la oposición, incluso de aquellos declarados clandestinos en la época de Franco. En este sentido, su discurso electoral es una declaración de compromiso con los valores de la democracia que se manifestará también en los discursos de los demás políticos de otros partidos, en sus intervenciones electorales igual que en el momento de la investidura, por lo cual se puede decir que Adolfo Suárez es uno de los creadores de un nuevo tipo de discurso en el espacio ibérico.

2. La construcción del ethos: clave para la eficacia del acto de habla compromisorio

Al principio hemos afirmado que la reafirmación de la credibilidad parece ser la meta del discurso, intención confirmada por la declaración del periodista Fernando Ónega:

> "– ¿Cómo se inventó la famosa frase «puedo prometer y prometo»?
> – Hay una reunión en su despacho en la que estamos él, Gutiérrez Mellado y yo. Se había detectado una pérdida de credibilidad del presidente y tenía que hacer el discurso de petición de voto en televisión para las elecciones del 15 de junio de 1977. Me dijo que necesitaba que la sociedad

---

[5] Es lo que destacan en su *Diccionario político y social del siglo XX español* Fernández Sebastián y Fuentes (2008:38), citando a Enrique Valbuena o a José Selgas y Carrasco.

[6] También según Maingueneau (2007:37), la sinceridad es uno de los principios que rigen un discurso a nivel ideal.

creyera lo que iba a prometer. Lo que hace el escribidor es ponerle música y surge el *puedo prometer y prometo*. Retocó mucho los dos primeros folios, pero los párrafos del *puedo prometer y prometo* quedaron intactos" (*La voz de Galicia*, 2014).

El discurso ha llegado a permanecer en la conciencia colectiva debido a la celebérrima frase "puedo prometer y prometo" justamente porque esta anticipa las expectativas de los oyentes, eclipsando, en cierto modo, las demás ideas del discurso, como si lo que siguiera estuviera de más.

Pero aunque esta formulación electoral sea la que mejor resistió al paso del tiempo, al ser poco probable que otro discurso político, pronunciado por otro orador, utilizara esta misma expresión y tuviera el mismo impacto, el discurso de Suárez sí contiene algo más que "puedo prometer y prometo". De hecho, esta estructura es la culminación de una serie de argumentos progresivos, dirigidos hacia la enunciación del compromiso a la que vamos a referirnos a continuación.

Además de la fórmula de inicio del discurso "buenas noches, señoras y señores", la primera palabra que utiliza el orador es un verbo de acción en primera persona singular, presente del indicativo que muestra el movimiento del hablante hacia el oyente ("vengo"). La forma se utiliza tres veces al principio del discurso para introducir verbos de acción diferentes en modo infinitivo. Aunque se podría considerar como sinónima del futuro analítico – "voy a", a diferencia de este, el verbo venir conserva más contenido semántico.

Mediante esta forma verbal, el orador se presenta como candidato de la Unión de Centro Democrático que viene a presentar un nuevo horizonte de España (referencia a los mundos posibles, a la que se alude en general en los discursos electorales o de investidura) y a solicitar votos para ser autorizado (por el pueblo) a cumplir con el proyecto de gobernación.

El verbo venir implica también una hipóstasis mesiánica del candidato: es un representante de una autoridad, se acerca a los votantes con un plan salvador, puede facilitar un mundo mejor y requiere la participación de los oyentes hallados en una situación crítica para poder cumplir con su plan.

El orador persiste en utilizar la primera persona singular, dirigiendo hacia sí mismo la atención de los oyentes, pero esta vez en actitud preventiva como prueba de su buena voluntad: "No vengo con fáciles palabras a la conquista de votos fáciles".

De hecho, lo que caracteriza todo el discurso y que conduce a la famosa frase "puedo prometer y prometo" es la actitud preventiva en cuanto a sí mismo y a sus capacidades, a la complejidad de los tiempos que corren y a las aptitudes de los partidos políticos de derecha y de izquierda. Hacia los demás partidos manifiesta una actitud paradójica: por un lado, solicita su apoyo en la acción de gobernar, pero también les está descalificando la ideología, sobre todo la marxista en el caso de los socialistas: "A nuestra derecha existen partidos y coaliciones que propugnan reformas que nosotros consideramos absolutamente insuficientes [...]. A nuestra izquierda, los partidos más importantes ofrecen a corto plazo unos objetivos moderados, pero ellos mismos no ocultan que su meta es lograr una sociedad inspirada y dominada por la ideología marxista. [...] Creemos que España se debe construir con la colaboración de derecha y la izquierda, aunque defendemos un modelo de sociedad diferente" (Suárez, 1977).

La actitud preventiva hacia sí mismo es la que más importa a la hora de introducir la fórmula "puedo prometer y prometo". Mostrar sus límites implica doble interpretación: aparentemente es un gesto descalificador, de flaqueza, pero también es prueba de sinceridad, bien valorada por los oyentes: "No puedo asegurarles soluciones inmediatas y milagrosas [...]. No puedo asegurar que se arreglen rápidamente problemas que se vienen arrastrando desde hace muchos años [...]. No puedo asegurarles nada de esto, porque somos un país con recursos limitados" (Suárez, 1977).

En este fragmento se utiliza tres veces la estructura "no puedo" en sentido dinámico (falso modal) o radical (según la terminología de Bybee, Fleischman y Pagliuca[7]), orientado hacia el agente (conforme Bybee, Fleischman, Sweetser[8]), haciendo referencia a la capacidad física e intelectual del hablante.

No solo "poder", sino también el verbo pleno semántico "asegurar" se repite tres veces, que se debe analizar en comparación con "prometer", al que contrapesa en la estructura "puedo prometer y prometo".

El orador construye también su ethos haciendo referencia a lo que ya ha realizado, al puesto ya desempeñado (aparentemente una ventaja, pero también una desventaja porque justamente el período de prueba puede haber desgastado su imagen): "En cuanto a mí, deseo expresar mi gratitud por el apoyo popular prestado al Gobierno durante estos once meses. Creo que he servido con honestidad y, desde luego, dedicando todo mi tiempo, segundo a segundo, a la tarea de gobernar" (Suárez, 1977).

El candidato destaca una vez más en el discurso el hecho de no ser nuevo en el tablero político: "Creo modestamente que en esta nueva hora de España y al pedirles su voto, no traigo mis papeles en blanco ni soy una incógnita" (Suárez, 1977), experiencia que otorga autoridad a sus declaraciones y que justifica su reserva en comprometerse con acciones vistas como inalcanzables a corto plazo.

La declaración de sinceridad de Adolfo Suárez en cuanto a sus intenciones se puede vincular a las máximas conversacionales de Grice y al

---

[7] Citado por Papafragou (2000:4).
[8] Citado por Papafragou (2000:4).

principio de la cualidad de su discurso[9]: "Si ustedes desean mi sinceridad, les diré que aspiro a proseguir la tarea, porque tengo vocación política y para un político las dificultades de dirigir un país están compensadas por la satisfacción de trabajar por y para todos sus conciudadanos" (Suárez, 1977).

También recalca los logros, atenuando la posibilidad de fracaso, estrategia utilizada por muchos políticos de diferentes nacionalidades: "Acerté algunas veces, me habré equivocado en otras ocasiones" (Suárez, 1977).

Desde esta posición, de candidato que ya ha desempeñado un cargo importante, utiliza el verbo "prometer" en pretérito indefinido, primera persona plural, para mostrar la correspondencia entre la promesa y lo que realmente se ha llevado a cabo: "Prometimos normalizar nuestra vida política, gestionar la transición en paz, construir la democracia desde la legalidad, y creemos que, con las lógicas deficiencias, lo hemos conseguido. Prometimos que todas las familias políticas pudieran tener un lugar en las Cortes, y el miércoles pueden lograrlo" (Suárez, 1977).

Lo que llama la atención en esta situación es que, a diferencia de la estructura "no puedo asegurarles que" o "puedo prometer y prometo", el verbo en pretérito está en primera persona plural, lo que supone un compromiso colectivo de la clase política enunciado por el orador como representante de la autoridad.

Lo que destaca a continuación es justamente el compromiso individual[10] "puedo prometer y prometo", la responsabilización en nombre propio, destinado a conferir más credibilidad al hablante, a enfocar en torno a su persona la atención de los oyentes.

Por lo tanto, el verbo en plural prepara el terreno y también perfila el compromiso personal de la estructura a continuación: "No puedo asegurarles nada de esto, porque somos un país con recursos limitados [...].Pero si ustedes nos dan su voto, puedo prometer, y prometo, que nuestros actos de gobierno constituirán un conjunto escalonado de medidas racionales y objetivas para la progresiva solución de nuestros problemas" (Suárez, 1977).

---

[9] Sin embargo, Maingueneau llama la atención sobre la existencia de expresiones como "a decir verdad, sinceramente, hablando en serio" que muestran que la condición de sinceridad no se respeta siempre y que, de hecho, es más bien un rasgo ideal de la comunicación humana (2007:37).

[10] La diferencia entre la forma "prometimos" y "prometo" muestra la responsabilización personal del hablante y da fe de la soledad del futuro presidente de gobierno, según Campo Vidal: "Siempre estuvo acompañado por su propia soledad. Apenas unos pocos amigos y casi de uno en uno" (2012:13), o "El hombre con mayor capacidad para seducir a quien fuera en el primer minuto de cualquier conversación, por la noche se quedaba solo en su despacho dando vueltas a un papel en el que dibujaba esquemas, escribía nombres y trazaba estrategias" (14).

En esta estructura se puede observar un orden progresivo, ascendente, que se podría resumir a: "No puedo asegurarles X, pero si me dan su voto puedo prometer y prometo Y".

Por lo tanto, la estructura "puedo prometer y prometo" se debe considerar no solo analizando cada uno de sus elementos, sino también teniendo en cuenta todo lo anterior.

El verbo "prometer" en pretérito, seguido por la prueba de las acciones cumplidas, y el verbo "prometer" en negativo otorgan más credibilidad a las acciones prometidas futuras. Se remarca igualmente el hecho de haber condicionado el acto promisorio de la decisión de los ciudadanos de otorgar su voto, lo que representa una manifestación de la democracia, una señal de que ocupar el poder no es un acto abusivo.

A través de esta formulación se revela un contrato social completo, en que se expresan ambas partes: la condición de que el contrato se cierre es que el participante mayoritario (el pueblo) dé el poder al participante con papel representativo; de hecho, este contrato social pronunciado con ocasión de las elecciones es un anticipo del contrato social manifestado en el discurso de investidura, como revelan los discursos de la democracia.

Antes mencionamos la oposición entre los verbos "prometer" y "asegurar", que solo aparentemente son equivalentes, al tener diferentes fuerzas compromisorias y también sentidos diferentes en cuanto a la relación del hablante con el grado de certeza de sus frases.

El verbo "asegurar" muestra la certeza del hablante en cuanto a la verdad del contenido de su frase y de la correspondencia entre la realidad y sus palabras, donde el "yo" es el referente. El verbo puede hacer referencia tanto al presente, como al pasado y al futuro (por supuesto, lo que está vinculado al futuro es más difícil de controlar, mientras que lo que está situado en el pasado tiene un grado más alto de certeza).

El verbo "prometer" incumbe el futuro y las acciones realizadas por el hablante en el futuro, implica más compromiso de parte del hablante porque no se refiere a una realidad de los hechos, que pueden ser o no provocados por él, sino a sus propios actos venideros. También "prometer" supone cierta solemnidad, una declaración delante de otras personas (dentro de una ceremonia oficial, en el ámbito político). De hecho, ambos verbos implican la participación de un oyente como testigo de las declaraciones. Justamente por el grado más alto de compromiso de parte del hablante es necesario usar el verbo "prometer" en las ceremonias de investidura o en los discursos electorales aunque el grado de certeza expresado por el verbo "asegurar" es mayor: en el ceremonial de la toma del poder se presta atención no solo a la correspondencia entre las palabras del orador y la realidad (mediante el verbo "asegurar"), sino también (o incluso sobre todo) al compromiso del orador con modificar la realidad según sus palabras (el verbo "prometer").

Cabe recalcar aquí que la estructura "puedo prometer y prometo" se impone no solo por su significado, por el lugar que ocupa en la construcción argumentativa, sino también por ser repetido ocho veces. Según Spang (2009:216-217), esta figura retórica, que no es gramaticalmente incorrecta, pero que tampoco aporta información al contenido de un texto (incluso retrasando o impidiendo introducir nuevas aclaraciones), tiene el papel de insistir en los datos ya ofrecidos, de "intensificar la información ya existente" (216) y de expresar "la acentuación solemne" (217).

En cuanto al significado del verbo "poder", este también afecta al significado del verbo "prometer": por un lado, sobre todo en la estructura negativa, tiene sentido dinámico (falso modal), aludiendo a la capacidad física y mental del hablante de realizar cierta acción.

Este sentido puede determinar que "poder" en "puedo prometer y prometo" se interprete igualmente como dinámico incluso en su forma afirmativa. De este modo, el orador recalcaría su entereza física y psíquica de comprometerse pública y oficialmente con llevar a cabo un plan de gobernación.

Sin embargo, la prótasis "si ustedes me dan su voto" otorga al verbo "poder" de la apódosis "puedo prometer" más bien sentido modal deóntico: el orador reconoce que necesita el permiso de parte de los ciudadanos para poder ejercitar su función, subrayando, igual que en otros discursos de la democracia, el papel soberano de los votantes.

Esta ambigüedad es posible porque "poder" expresa tanto la modalidad epistémica como la deóntica y la pseudo-modalidad dinámica, como comenta Ridruejo (2000:3215).

La estructura "puedo prometer y prometo" no se podría descomponer sin perder la fuerza persuasiva[11] de los elementos: "puedo prometer", pronunciado por sí solo, no aseguraría la validez del acto compromisorio, porque no significa hacer algo, sino reconocer la capacidad o el permiso de hacerlo.

Asimismo, "prometo", verbo frecuente en la toma del poder, necesita una fórmula renovadora para seguir siendo impactante y creíble. La forma "prometo" es una confirmación necesaria indiferentemente de la interpretación deóntica o dinámica del verbo "poder" ya que, de hecho, el sentido dinámico se encuentra en la base de la interpretación modal. Además, tanto la expresión de la capacidad física o mental como el permiso

---

[11] La capacidad de convicción del orador se relaciona no solo con la retórica del discurso, sino igualmente con la actitud frente a la cámara, con la naturalidad específica a una persona que domina este medio de comunicación, igual que John Fitzgerald Kennedy, debida posiblemente también a su calidad de ex director de la Radio y Televisión Española (Campo Vidal, 2012:28).

representan una mera virtualidad y necesitan la voluntad de la persona para cumplirse.

3. La autosuficiencia de los actos de habla compromisorios: las promesas siempre se cumplen

Sin embargo, a pesar de la construcción progresiva en que el orador se ha referido a los logros anteriores, el hablante puede no cumplir con su promesa, pero sin poder decirse que el acto de prometer haya sido falso. Al tratarse de unas promesas, de un acto de habla ejecutivo, el significado del verbo "prometer" se cumple nada más ser pronunciado, por lo cual es suficiente en sí mismo.

Se le podría reprochar al hablante la falta de substancialidad en el discurso, siendo todo solo una proyección en el futuro. Sin embargo, justamente por lo afirmado anteriormente, aunque una persona mintiera (tergiversaría la verdad de modo voluntario) en el momento de prometer, es decir no quisiera cumplir con su promesa, el acto de prometer en sí es auténtico, porque supone declarar solemnemente, hacer una afirmación. El hecho de afirmar no se puede negar aunque la intención de su emisor haya sido desde el principio no respetar su palabra. Por consiguiente, en realidad, al verbo "prometer" siempre es válido y real en el presente, y solo los participantes en el diálogo pueden inferir que sea válido y real en el futuro, sin que el hablante se comprometa realmente y sin poder ser culpado por no cumplir con su promesa.

Más exactamente, en palabras de Lyons en *Semántica* (1989:660-661), "prometer" como verbo ejecutivo "se emplea para hacer algo y no para decir que algo es o no el caso", "hacer algo" refiriéndose a la capacidad del ser humano de realizar acciones por el mero hecho de hacer declaraciones: "hacer algo por medio de la lengua" (661). Los actos de habla ejecutivos no describen y no hablan sobre algo, y tampoco se puede afirmar sobre ellos que sean verdaderos o falsos (Austin, 1962:26), no afirman que hacen algo, sino realmente hacen algo, al ser, la mayoría de las veces, acciones contractuales o declarativos (27). Por consiguiente, aunque el futuro primer ministro no hubiera cumplido con su palabra, nunca se le podría culpar de haber hecho una falsa promesa, porque el acto en sí de prometer fue cabalmente cumplido.

También se podría alegar que un compromiso o un acto de habla compromisorio es lo mismo, ya que ambos se sirven de la misma forma verbal. La diferencia consiste, empero, en las expectativas y la "inocencia" de los oyentes en cuanto al significado de la palabra: "compromiso" supone la declaración del hablante de que en el futuro sus actos corresponderán a sus palabras, es decir el esfuerzo de adecuar (modificar) el mundo según las palabras. Sin embargo, reconocer en el verbo "prometer" un acto de habla compromisorio nada más ser pronunciado significa concienciar su autosuficiencia, el hecho de que la persona ha cumplido ya con su promesa al proferirla, lo que le puede eximir de la necesidad de cumplir realmente la acción anunciada por el verbo "prometer".

4. Conclusión

Justamente este lado del lenguaje, de expresar más de sus límites léxicos y a la vez de ofrecer circunstancias atenuantes de no cumplimiento en el caso de los verbos compromisorios permite al orador ser sincero sin comprometerse realmente, poder sustraerse siempre a las posibles acusaciones de los ciudadanos. Este es un rasgo que manifiesta no solo el discurso de Adolfo Suárez, sino también de la mayoría de los políticos.

BIBLIOGRAFÍA

ANSCOMBRE, Jean-Claude – DUCROT, Oswald (1988), *L'argumentation dans la langue*, 2ª edición, Liège – Bruxelles, Editeur Pierre Mardaga.

AUSTIN, John Langshaw (1962), *How to do things with words*, Oxford, Oxford University Press.

CAMPO VIDAL, Manuel (2012), *Adolfo Suárez – el presidente inesperado de la transición*, Barcelona, RBA Libros.

"Discurso electoral de Adolfo Suárez de 1977", asequible en: http://www.rtve.es/alacarta/videos/fue-noticia-en-el-archivo-de-rtve/discurso-electoral-suarez-1977-puedo-prometer-prometo/2356940/, fecha de la consulta: 18 de junio de 2014.

"Entrevista de Fernando Ónega", asequible en: http://www.lavozdegalicia.es/noticia/politica/2013/10/20/fernando-onega-adolfo-suarez-me-encargaba-discursos/00031382266002074155726.htm, fecha de la consulta: 12 de noviembre de 2015.

ESCANDELL VIDAL, Victoria (1996), *Introducción a la pragmática*, 2ª edición, Barcelona, Ariel S.A.

FERNÁNDEZ SEBASTIÁN, Javier – FUENTES, Juan Francisco (dirs.) (2008), *Diccionario político y social del siglo XX español*, Madrid, Alianza Editorial.

LYONS, John (1977), *Semantics*, tomos I & II, Cambridge – London – New York – Malbourne, Cambridge University Press.

LYONS, John (1989), *Semántica*, 2ª edición, Teide, Barcelona.

MAINGUENEAU, Dominique (2007), *Analiza textelor de comunicare*, Iași, Institutul European.

NÚÑEZ CABEZAS, Emilio Alejandro – GUERRERO SALAZAR, Susana (2002), *El lenguaje político español*, Madrid, Ediciones Cátedra (Grupo Anaya, S.A.).

PAPAFRAGOU, Anna (2000), *Modality: issues in the semantics-pragmatics*, Amsterdam, Elsevier.

RIDRUEJO, Emilio (2000), "Modo y modalidad. El modo en las subordinadas sustantivas", en Ignacio Bosque y Violeta Demonte (coord.): *Gramática descriptiva de la lengua española*, vol. II., Madrid, Real Academia Española–Espasa Calpe.

SPANG, Kurt (2009), *Persuasión – Fundamentos de retórica*, Pamplona, EUNSA – Ediciones Universidad de Navarra S.A.

LA "EMBAJADA" DE ANTONIO FONTÁN ANTE EL *INTERNATIONAL PRESS INSTITUTE (IPI)*

JAIME COSGAYA GARCÍA, CARLOS GONZÁLEZ MARTÍNEZ, JORGE LAFUENTE DEL CANO

Universidad de Valladolid

Resumen: Antonio Fontán Pérez (1923-2010) fue uno de los políticos más destacados de la transición española a la democracia. Presidente del Senado constituyente, ocupó la cartera de Administración Territorial entre 1979 y 1980. Aparte de estos cargos, Fontán intervino en las actividades desarrolladas por el *International Press Institute (IPI)*, organismo dedicado a la defensa y promoción de la libertad de prensa en todo el mundo.

Como representante español en el mismo, Fontán dio cuenta de las transformaciones sociales, políticas y periodísticas que se fueron produciendo en nuestro país durante este período. Su participación en el *IPI* constituye, pues, un buen reflejo de la repercusión exterior que tuvo la transición española. Esta comunicación pretende analizarla a través de lo que hemos dado en llamar su "embajada".

Palabras clave: Antonio Fontán, Instituto Internacional de Prensa, prensa, transición, democracia

Abstract: Antonio Fontán Perez (1923-2010) was one of the most prominent politicians of the Spanish transition to democracy. Former President of the Senate, he was appointed as Minister of Territorial Administration in 1979. Apart from these charges, Fontán was actively involved in the activities of the *International Press Institute (IPI)*, an organization dedicated to defend and promote the press freedom all over the world.

As a Spanish representative inside *IPI*, Fontán explained to his workmates all the social and political changes, and the journalistic ones, that were taking place in our country at that time. His cooperation with the *IPI*, from this point of view, is a good reflection abroad of the Spanish transition. This communication aims to analyze it through what we have called his "embassy".

Keywords: Antonio Fontán, *International Press Institute (IPI)*, press, transition, democracy

1. Antonio Fontán y el International Press Institute (IPI)

Antonio Fontán Pérez nació en Sevilla en 1923. Aficionado a la historia y la literatura, y con un buen dominio del latín –del que se sentía orgulloso–, planeó desde joven hacer carrera académica y llegar a ser catedrático en un futuro. Lo consiguió en 1949, fecha en la que obtuvo la cátedra de Filología Latina de la Universidad de Granada. Fue en la ciudad nazarí, al poco tiempo de instalarse, y en una decisión un tanto sorprendente, donde empezó a alternar el mundo clásico con el periodismo.

Así, en enero de 1952, en compañía de un grupo de profesores e intelectuales, Fontán asumió el lanzamiento de *La Actualidad Española*, un semanario gráfico de información general inspirado en el modelo de éxito de *Life* y *Paris-Match* (Díaz Hernández, 2008:388). A esta primera iniciativa le seguiría, dos años después, en el verano de 1954, una segunda publicación: *Nuestro Tiempo*, de periodicidad mensual y con un perfil mucho más analítico (Cosgaya García, 2006). De vuelta a la vida universitaria en agosto de 1956 –en este caso, a través del Estudio General de Navarra–, Fontán dejaría la dirección de la primera llevándose consigo a Pamplona esta última revista.

Allí le aguardaba la tarea de poner en marcha el primer centro universitario en España dedicado a la enseñanza del periodismo: el Instituto de Periodismo, precursor de la actual Facultad de Comunicación de la Universidad de Navarra (Barrera, 2009). El perfil docente de Fontán, unido a la experiencia profesional que había acumulado hasta entonces, le convirtieron en una referencia cada vez más reconocible dentro del entorno periodístico. Fontán aprovechó esta circunstancia para prodigarse en varios periódicos nacionales, caso de *ABC* y *El Alcázar*, y para acometer nuevas empresas, como la creación de la agencia de noticias *Europa Press* y el relanzamiento de la revista cultural francesa *La Table Ronde*.

La trayectoria periodística de Fontán experimentó un punto de inflexión a raíz de su nombramiento como director del diario *Madrid*, en abril de 1967. De la mano de Rafael Calvo Serer, presidente del Consejo de Administración y responsable editorial del periódico, Fontán hizo del vespertino un órgano comprometido con la democratización de España (Barrera, 1995). Esta significación no tardó en chocar con el marco legal entonces vigente. La llamada Ley Fraga de 1966 había supuesto un ligero avance con la supresión de la censura previa, pero seguía reservando un amplio margen de discrecionalidad a las autoridades del Ministerio de Información y Turismo. En este contexto, los expedientes administrativos incoados contra el *Madrid* se fueron sucediendo de manera continua. En su primer año como director, Fontán vio cómo la escalada de sanciones culminaba con una suspensión temporal por cuatro meses. Lejos de suavizarse, la relación con el Gobierno se agudizó hasta consumarse en la orden de cierre definitivo, decretada en noviembre de 1971. La posterior voladura del edificio del periódico pasaría a la historia como símbolo de la obstáculos a la libertad de prensa existentes durante el franquismo.

El eco internacional que suscitó la cancelación del vespertino, junto con la posterior demolición de su sede, le permitieron entrar en contacto con periodistas de todo el mundo. El foro que le brindó tal oportunidad fue el *International Press Institute (IPI)*. Como representante español en el mismo, Fontán pudo dar cuenta no solo del marco legal de prensa imperante en nuestro país al comienzo de la transición, sino del mismo proceso de democratización política.

Impulsado por Lester B. Markel y Hubert Beuve-Mery, responsables de *The New York Times* y *Le Monde*, respectivamente, el *IPI* había dado sus primeros pasos en octubre de 1950. Entre sus objetivos fundacionales figuraban la salvaguarda de la libertad de prensa, el entendimiento entre los periodistas y las personas, el libre intercambio de noticias entre las naciones y la mejora de la prácticas periodísticas (IPI, 2015). Como era presumible, lo sucedido con el diario *Madrid* atrajo rápidamente la atención de todos sus miembros, entre los que se contaban editores de más de una quincena de países. Tras hacerse pública la decisión del Gobierno español, todos ellos mediaron para lograr la reaparición del vespertino. Como muestra de interés, Rafael Calvo Serer fue invitado a participar en la siguiente Asamblea General Anual organizada por el Instituto, a celebrar en Munich los días 5 y 8 de junio de 1972. Su intervención marcó el inicio de la relación de Fontán con el *IPI*. El hecho de que su participación en las actividades de este organismo coincidiera con el inicio y posterior desarrollo de la transición democrática le otorgó una papel de portavoz de la prensa española. En este sentido, Fontán no solo describió las condiciones en las que aún debían desenvolverse los periodistas de nuestro país, sino en el modo en que se fue desarrollando el mismo proceso democrático. Estas dos vertientes, tan relacionadas entre sí, confluyeron en el medio del que se valió para dar a conocer esas situaciones a los periodistas de otros países: los informes del boletín del Instituto, el *IPI Report*.

2. La prensa española al comienzo de la transición

El primer informe elaborado por Fontán fue publicado en junio de 1975. En él explicaba que, pese a que las trabas por parte del Gobierno habían arreciado en los últimos meses, los periodistas de nuestro país no cejaban en su defensa de la libertad de prensa. Este endurecimiento se debía, en su opinión, al modo de proceder de las autoridades. Mientras que las limitaciones hasta hacía poco consistían en la apertura de expedientes por la publicación de determinados artículos e informaciones, la tendencia a lo largo de la primera mitad de año había sido directamente el secuestro preventivo de muchas ediciones. Lógicamente, el perjuicio económico en este caso era mucho más grave que el derivado por la imposición de una multa.

Para Fontán, este aumento de las dificultades estaba relacionado con la progresiva aparición de publicaciones de tipo político. Sin duda, el interés por este tipo de informaciones había crecido a medida que se había ido acercando el final del régimen gracias, en buena medida, a que fuera de la prensa no existía ningún cauce para hablar de política. Fontán celebraba la tenacidad que, en medio de circunstancias tan adversas, estaban mostrando los periodistas españoles. Pero advertía del peligro de convertir a la prensa, por el margen más amplio de libertad de que disponía en relación a otras actividades políticas o de carácter ideológica, en un "parlamento de papel", expresión con la que ya era calificada. Esta extralimitación en sus funciones la alejaba de su misión específica. Con todo, y a menos que hubiera una importante regresión en lo que a censura se refería, esta misma deformación hacía entrever en el futuro un mayor margen de libertad.

El siguiente informe de Fontán aparecido en el *IPI Report* fue un resumen de su intervención en la Asamblea General que tuvo lugar en Filadelfia en mayo de 1976. Fontán comenzó su exposición señalando el avance que había experimentado la sección española del Instituto que presidía. Como primer miembro español del *IPI*, su labor había estado orientada a involucrar a periodistas, editores y publicistas ligados a medios independientes o que no tuviesen ninguna dependencia con el Gobierno o fuesen apadrinados por él. A la vista de las solicitudes recibidas, esperaba doblar en los próximos meses el número de miembros del Comité Nacional. Este objetivo era factible por dos razones. La primera tenía que ver con el hecho de que, después de la muerte de Franco, el escenario político español estaba empezando a cambiar "lentamente, pero de una manera irreversible". Y la segunda con el grado de profesionalidad con que se había movido en los últimos tiempos los periodistas españoles, tratando de ser "lo más claros e independientes posible" hasta el punto de comportarse "tan abiertos y valientes como los mejores e sus colegas en otros países".

Otro de los factores que explicaba este rápido desarrollo era la visita que Peter Galliner, director del *IPI*, había llevado a cabo en España en la última semana de abril de 1976. Con motivo de su viaje, Galliner había podido conversar con el Rey "en una audiencia privada que duró cerca de cuarenta minutos". Mantuvo asimismo otro encuentro con el ministro de Asuntos Exteriores, Marcelino Oreja, y diversas entrevistas con altos cargos del Ministerio de Información. Dejando de lado la parte oficial, Galliner había aprovechado su viaje para conocer los diarios, revistas y cadenas privadas de radio más importantes de Madrid y Barcelona. Estos contactos, junto con la cobertura de prensa de su visita, habían contribuido a despertar el interés suficiente como para que Fontán se mostrara optimista en cuanto a la marcha de la sección española.

Entrando a analizar la situación de la prensa, Fontán explicaba que su principal problema era el mismo que afectaba a la política. Es decir, continuaba funcionando "bajo el modelo legal y el marco general del antiguo régimen". Lo único que había cambiado, a este respecto, es que el Gobierno estaba siendo menos estricto a la hora de aplicar sanciones. En su opinión, esto se debía a tres motivos. El primero de ellos tenía que ver con la impresión del propio Gobierno de que el país estaba viviendo un período de transición. La prueba más evidente de esta actitud era el permiso concedido para la celebración del XXX Congreso de la UGT, ampliamente cubierto por la prensa diaria y semanal. El Gobierno, en segundo lugar, había rebajado sus exigencias debido al prestigio cada vez mayor de la prensa. Entre los lectores había cundido la sensación de que periódicos y semanarios estaban diciendo la verdad, y esto hacía que incluso al Gobierno le resultase muy difícil "invertir esta tendencia de confianza del público hacia la prensa". Por último, además, al frente de gran parte de los medios estaba en aquellos momentos gente joven que no compartía los viejos prejuicios de generaciones anteriores.

En un plano ya más político, Fontán recalcaba que el régimen de Franco aún no había sido desmantelado. Eso provocaba que, como ciudadanos y como periodistas, todavía se encontrasen "en el filo de una espada" hasta que se estableciera en la práctica un nuevo sistema político con la celebración de elecciones libres. Ese equilibrio inestable presentaba riesgos tanto a derecha como a izquierda. Pero confiaba en que la figura del rey, que había sido aceptado por el pueblo, contribuyese a encauzar la situación. Fontán concluía su comentario convencido de que la consolidación del *IPI* en España y los contactos permanentes y el mutuo intercambio de experiencias con los periodistas de otros países suponían una gran ayuda para los periodistas españoles.

En el verano de 1977, tras ser elegido presidente del Senado, Fontán suspendió de forma momentánea su participación en las tareas del *IPI*. En su lugar, el periodista y senador real Víctor de la Serna fue elegido presidente del Comité Español, mientras que Juan Luis Cebrián le sustituyó en el Comité Ejecutivo Internacional. Una vez superada la vorágine inicial de la transición, y sin ocupar ya puestos de responsabilidad, Fontán trazó una valoración de conjunto sobre la actitud que la prensa internacional había mantenido durante todo el proceso. Lo hizo en junio de 1980, con ocasión de la conferencia de clausura de curso de la Sociedad de Estudios Internacionales.

3. La transición española vista por la prensa internacional

La conferencia llevaba por título "La gran prensa internacional y la transición política española". Fontán inició su intervención rechazando el tópico de una España aislada internacionalmente. Esa supuesta exclusión no era tal ni por parte de España ni por parte de quienes nos miraban desde fuera. La prueba estaba en el atractivo que nuestra historia política y social contemporánea había venido suscitando en viajeros e intelectuales desde comienzos del siglo XIX. En este contexto, el final del régimen de Franco no podía representar una excepción. La singular situación española en la Europa de principios de los setenta justificaba ese interés. Ante la mirada de los observadores extranjeros, el futuro político de nuestro país se presentaba entre interrogantes.

Fontán traía a colación este detalle ahora que parecía que la opinión pública española se hallaba sumida en el desencanto. Esta impresión, a su juicio, no se ajustaba a la realidad, como había puesto de relieve "la retransmisión por radio y televisión de los últimos debates parlamentarios, que han sido seguidos por unos cuantos millones de españoles con un empeño y una asiduidad que hasta ahora sólo habían logrado en nuestro país algunos acontecimientos deportivos". Esta sensación contrastaba enormemente con el interés creciente que había demostrado en todo momento la prensa internacional durante la transición democrática. En este sentido, Fontán señalaba cómo en las últimas semanas de 1975, tras el interrogante abierto por el 20 de noviembre, la sensación predominante en esa gran prensa extranjera era la de inquietud. Pero ya en 1976, esa zozobra había dado paso a la sorpresa. Y en 1977 a la admiración, "sin apenas reservas". Si a partir de 1979, y sobre todo, en el último año, la atención había decaído no era ni más ni menos que por el hecho de que España estaba ya plenamente asimilada a los otros países democráticos de Europa. *"España"*, señalaba Fontán, "ya no es noticia más que cuando pasa algo. Y pasar algo, para el mundo de la información, es que pase algo de eso que se llama una mala noticia. [...] Somos un país normal en el que ocurren cosas normales, como en el resto de naciones de nuestro entorno socio-cultural".

Fontán pasaba luego a describir cada uno de esos estados. Pensaba que lo que había sucedido *a posteriori* no debía hacer olvidar el grado de incertidumbre con que la prensa extranjera había vivido los compases iniciales de la transición, inmediatamente después de la muerte de Franco. En este punto recordaba su "embajada" personal de aquellos días en el *IPI* ante periodistas de otros países. A todos ellos les había asegurando ya entonces "que los hechos discurrirían de forma irreversible, por la vía de lo que muchos de ellos sinceramente deseaban para bien de España, y no por la que ellos consideraban probable y en la que fundaban sus temores". A la luz de ciertas experiencias históricas contemporáneas, algunas más lejanas en el tiempo como los pronunciamientos militares y otras más recientes como las transiciones de los países que se habían visto envueltos en la Segunda Guerra Mundial, resultaba comprensible que desde el extranjero se aguardase con expectación qué vía iba adoptar el rey a la hora de conducir a España por la senda democrática —si la reforma o la ruptura— y, sobre todo, cuál de ellas iban a tolerar las fuerzas armadas.

Para Fontán, la inequívoca voluntad de Juan Carlos I de ser el rey de todos los españoles había contribuido a despejar el camino. En este sentido, sus primeros gestos "tuvieron el efecto de introducir en el juego de las interrogaciones un elemento de sorpresa, que muy pronto fue el que dominó la escena de las informaciones y reacciones de la gran prensa internacional". La confirmación poco después de que el cambio iba más allá de la mera reforma, evitando con ello la tentación rupturista, hizo que la prensa extranjera mostrara una simpatía cada vez más abierta. En esta sucesión de acontecimientos, la aprobación de la Ley para la Reforma Política hizo que, en última instancia, la sorpresa inicial se tornara finalmente en admiración. Y lo más importante, que la actitud manifestada por los periódicos tuviera "una favorable influencia no sólo sobre la opinión internacional, sino también sobre los gobiernos extranjeros", repercutiendo positivamente en nuestro país. Aunque ese efecto concreto, como concluía Fontán, se hubiera producido por el antiguo defecto español de "solicitar aprobaciones externas para asuntos de exclusiva competencia nacional".

Fontán prevenía por todo ello contra el desencanto, que constituía un síntoma de normalidad en cualquier democracia asentada. Frente a la inclinación, tan propia en la tradición española, de inquietarse ante el surgimiento de problemas sociales o económicos, como los que acechaban en el verano de 1980, Fontán apelaba al espíritu de consenso que había primado en la elaboración de la Constitución. Una terapia política especialmente indicada en una democracia "no en razón del género de los asuntos [...] sino de la gravedad coyuntural que en un determinado momento puedan alcanzar".

Un reflejo de la atención con que los miembros del Comité Ejecutivo del *IPI* habían observado desde el exterior la transición democrática se puede ver en una carta que Fontán dirigió a Adolfo Suárez a la vuelta de una de sus reuniones (1977). En ella le hacía partícipe de la expectación positiva que, junto a la inicial preocupación por la evolución española, había conseguido despertar con su decidida actuación política: "Querido Presidente y amigo: No es momento de muchas palabras ni de escritos largos. Ayer sábado, regresé de una reunión del Comité del *International Press Institute* en Londres, donde todos estaban pendientes de las noticias de España. Tengo la satisfacción de decirte que aquellos compañeros míos del *IPI*, pocos pero muy representativos de la gran prensa de todo el mundo libre, así como los directores de los principales periódicos ingleses con los que he hablado, siguen los asuntos de aquí con la misma inquietud que nosotros, y en una manifiesta simpatía por el denodado esfuerzo de hombre de Estado que tú estás desplegando al hacer frente a tus responsabilidades de esta hora. A esa información, que sin duda no es nueva para ti, sólo tengo que añadir, como ciudadano común y como político de modesta pero inequívoca significación democrática, monárquica y nacional, mi expresa solidaridad con tu enérgico y decidido empeño de estos meses para conducir a España –Estado y Patria– al futuro que merece. A los muchos testimonios de estimación y apoyo que te estarán llegando en una situación tan delicada como la actual, uno muy sinceramente el mío, con un cordial abrazo."

Fontán retomó su vinculación con el *IPI* en 1982, una vez retirado de la política activa. Incorporado de nuevo a su sección española, coordinó los preparativos de la Asamblea General Anual, que ese año tuvo lugar en Madrid. La organización de este evento, en un momento en que la libertad de expresión gozaba ya de pleno reconocimiento en España, añadió un motivo de satisfacción a la efectiva normalización democrática de nuestro país. Por todo ello, Fontán sería nombrado en 1984 miembro honorario del *IPI*, distinción que hasta entonces sólo había recaído en un puñado de miembros.

En poco más de una década, y a través sobre todo de su papel de portavoz de los periodistas españoles, Fontán había demostrado su compromiso con los objetivos del Instituto denunciando las difíciles condiciones en que había tenido que desenvolverse la prensa española hasta bien entrada la transición.

BIBLIOGRAFÍA

BARRERA, Carlos (1995), *El diario* Madrid. *Realidad y símbolo de una época*, Pamplona, EUNSA.

BARRERA, Carlos (2009), *Historia de la Facultad de Comunicación de la Universidad de Navarra. Medio siglo de enseñanza e investigación (1958-2008)*, Pamplona, EUNSA.

COSGAYA GARCÍA, Jaime (2006), "Antecedentes e influencias de la revista *Nuestro Tiempo*", en VV. AA., *VI Congreso de Investigadores del franquismo*, Zaragoza, 345-360.

DÍAZ HERNÁNDEZ, Onésimo (2008), *Rafael Calvo Serer y el grupo Arbor*, Valencia, PUV.

FONTÁN, Antonio (junio de 1975), "Restrictions rise but journalists struggle on", *IPI Report*, 2.

FONTÁN, Antonio (julio de 1976), "The spanish press in the present political situation", *IPI Report*, 8. Una versión ampliada en castellano en (15 de junio de 1976), «La prensa ante la transición», *Actualidad Económica*, 35.

FONTÁN, Antonio (30 de enero de 1977), "Carta de Antonio Fontán Pérez a Adolfo Suárez", Archivo General de la Universidad de Navarra (AGUN), Archivo Antonio Fontán Pérez (AFP), signatura 141.2.1.3314.

FONTÁN, Antonio (1980), "La gran prensa internacional y la transición política española", en VV. AA., *Estudios Internacionales – 1980*, Madrid, Sociedad de Estudios Internacionales, 339-352.

International Press Institute (IPI), "Constitution", asequible en: http://www.freemedia.at/fileadmin/resources/application/IPI_Constitution_of_2013.pdf, fecha de consulta: 26 de noviembre de 2016.

UN PARANGÓN IMPOSIBLE: LA RETÓRICA DE LA PRIMERA FASE DE LA TRANSICIÓN EN ESPAÑA Y RUMANÍA

MIRCEA-DORU BRANZA
Universidad de Bucarest

> "La libertad, Sancho, es uno de los más preciosos dones que a los hombres dieron los cielos; con ella no pueden igualarse los tesoros que encierra la tierra ni el mar encubre; por la libertad así como por la honra se puede y debe aventurar la vida, y, por el contrario, el cautiverio es el mayor mal que puede venir a los hombres". (*Don Quijote*, Capítulo LVIII)

Resumen: El artículo presente propone un parangón entre la transición política de España y Rumanía y su reflejo en el lenguaje político de esta etapa histórica. Aparentemente sería una situación muy parecida. Partiendo de la convicción de que los acontecimientos históricos de determinado período están determinados por los períodos anteriores y siendo éstos diferentes en ambos países, se constatan diferencias fundamentales entre la transición en España y Rumanía. Mientras el lenguaje político de la transición española se puede considerar decente y comedido, el de Rumanía es uno violento e instigador, al menos el que practicaron los herederos de los comunistas.
Palabras clave: transición, lenguaje político, discursos, eslóganes

Abstract: This article seeks to establish a comparison between the political transitions of Spain and Romania, and its reflection in the political language of that historical period. Apparently we are dealing with a very similar situation. Based on the belief that the historical events of a given period are determined by previous, very different periods in both countries, we observe fundamental differences between the transition in Spain and Romania. While the political language of Spain's transition can be

considered decent and measured, Romania's is a violent and stirring language, at least the one that was practiced by the heirs of the communists.
Keywords: transition, political language, discourses, slogans

A principios de 1990 en Rumanía se vehiculó como modelo de transición de la dictadura (comunista) a la democracia la transición española. Es por eso que he abordado el fenómeno de la transición en España y Rumanía. Y no lo voy a hacer tal como lo hace un historiador, porque no lo soy, sino, siendo yo lingüista de formación, me voy a centrar en la retórica de la transición. Sin embargo, mi enfoque no es uno disciplinario, sino interdisciplinario. Me propongo, por tanto, analizar algunos discursos políticos y eslóganes de la transición de España y Rumanía y parafraseando lo que le decía don Quijote a Andrés[1], considero que cada pueblo es hijo de su historia, puesto que la historia de determinado período está bien arraigada en las épocas anteriores; en otras palabras, para entender el presente hace falta ante todo conocer y entender el pasado.

Primero, voy a pasar revista a los momentos más importantes de la historia previa a la transición de España y Rumanía para tratar, luego, de ver en qué medida se parecen o difieren los discursos y eslóganes políticos de los dos países durante la transición.

1. La situación política previa a la transición

Ante todo, tal como se verá, la situación política de España y Rumanía a principios del siglo pasado es bastante parecida:
— En España, después de trece años de inestabilidad política (1923-1936), estalla la guerra civil, después de la cual se instala un régimen totalitario:
  - España se enfrentó primero a la dictadura del general Miguel Primo de Rivera (1923-1930) instaurada con el visto bueno de Alfonso XIII,
  - luego a la 'dictablanda' (1930-1931) del general Dámaso Berenguer,
  - le sigue la 2ª República (1931 – 1936) -que representó un verdadero fracaso político-,
  - la Guerra Civil (1936-1939) que destruyó el país y
  - el régimen de Franco[2] (1939-1975),

---

[1] "cada uno es hijo de sus obras", *Don Quijote*, Capítulo IV.
[2] Francisco Franco y Bahamonde (1892-1975) nació en una familia acomodada relacionada con la Armada. Siguió, como su padre, la carrera militar. Termina los cursos de la Academia

- o sea, un período de cincuenta y dos años de conflictos políticos, regímenes totalitarios y guerra civil.
- Rumanía pasó también por un largo período de inestabilidad política (1927-1945):
- el primer reinado de Miguel I (1927-1930),
- su destronamiento por su padre, Carlos II, y la proclamación de este como rey (1930-1940)[3].
- A principios de 1938, Carlos II abolió la Constitución, prohibió los partidos políticos e instauró una dictadura real que duró hasta septiembre de 1940,
- cuando se vio obligado a abdicar en su hijo, Miguel I, y a abandonar el país.
- El mariscal Antonescu consigue el poder con la ayuda de la Guardia de Hierro[4] con la que forma el gobierno –proclamando el 'Estado Nacional-Legionario'– hasta enero de 1941, cuando Antonescu expulsa del gobierno a los representantes de la Legión para evitar el golpe de Estado planeado por la misma.
- A partir del 14 de enero de 1941 por el decreto 314 se abrogó la denominación 'Estado Nacional-Legionario' y se prohibió cualquier actividad política. Se instaura, de facto, el régimen del general Antonescu, quien gobierna hasta el 23 de agosto de 1944[5].
- Le sigue el general Constantin Sănătescu, que gobierna hasta el 2 de diciembre del mismo año.
- Del 6 de diciembre de 1944 al 28 de febrero de 1945, presidente del gobierno es el general Nicolae Rădescu, que debido a la presión de la URSS se ve obligado a ofrecer su dimisión al rey[6], que bajo las mismas presiones nombra presidente del gobierno a Petru Groza, dócil ejecutante de las decisiones tomadas en Moscú.
- El 30 de diciembre de 1947 se proclamó la República Popular, estado satélite de Moscú, gobernado por el Partido Comunista Rumano (PCR) hasta el 22 de diciembre de 1989.
- Un país desmoralizado por los cambios de gobierno (treinta y tres gobiernos a lo largo de veintiocho años (1927-1945), siete

---

Militar de Infantería de Toledo y tiene, por lo tanto, una formación militar, lo que se notaría a lo largo de toda su vida y carrera militar y política.
[3] Periodo conocido en la historia de Rumanía bajo el nombre de régimen carlista.
[4] La Guardia de Hierro fue la rama política y militar de la Legión de San Miguel Arcángel o Movimiento Legionario, un partido político nacionalista de extrema derecha de pronunciado carácter místico-religioso, antimasónico, antisemita y anticomunista.
[5] El 23 de agosto de 1944 el rey Miguel I dimitió al mariscal Antonescu, lo arrestó, interrumpió la colaboración de Rumanía con las Potencias del Eje, empezó la colaboración militar con la URSS y las negociaciones para el armisticio con los Aliados.
[6] El rey Miguel está forzado a abdicar el 30 de diciembre de 1947 y a abandonar el país.

cambios de régimen en veinte años (1927-1947) y, después, un período de cuarenta y dos años de dictadura comunista durante la cual los rumanos tuvieron que vivir atemorizados por el terror desencadenado por los soviéticos y la policía política y hambrientos debido a la política económica desarrollista de la época de Ceaușescu[7] (1965-1989). Se trata pues de sesenta y dos años de inestabilidad política. No hubo una guerra civil, sí resistencia armada durante 25 años (1945-1970), lo que tuvo efectos en lo que se refiere a la represión, por parte de la Policía política (Securitate), de aquellas categorías de rumanos que no estaban de acuerdo con la imposición de una dictadura.

Hay, en efecto, muchas similitudes en cuanto a la inestabilidad política de los dos países en el período previo a la instauración del régimen totalitario.

La situación del período post-totalitario es incomprensible, si no se relaciona con el período totalitario:
– en España
  - el fin del régimen totalitario de Franco se debe a la muerte natural por vejez de este;
  - a la muerte de Franco, se proclama la monarquía constitucional, tal como estaba previsto en la Ley de Sucesión a la Jefatura del Estado de 1947, y Juan Carlos I está proclamado rey de España;
  - Carlos Arias Navarro sigue como presidente del gobierno hasta el 1 de julio de 1976, cuando, incapaz de comprender el proceso de transición, presenta su dimisión al rey;
  - el mismo día el rey nombra presidente del Gobierno a Adolfo Suárez González, quien organiza las elecciones de mayo de 1977;
  - durante el primer Gobierno de Adolfo Suárez se redacta, ratifica y promulga una nueva Constitución, resultado de la negociación entre los diferentes partidos políticos;
  - la tentativa de golpe de Estado del 23 de febrero de 1981 perpetrado por algunos mandos militares que constó en el asalto a las Cortes por un numeroso grupo de guardias civiles encabezados por el

---

[7] Nicolae Ceaușescu (1918-1989) nació en la familia de un labrador pobre que tenía diez hijos. Según el sacerdote de su aldea, su padre "no se preocupaba por sus hijos, robaba, bebía mucho, era muy violento y solía recurrir con frecuencia a palabrotas". El niño siguió los primeros cuatro grados de escolarización en la EGB de su aldea, después de lo cual se va Bucarest donde se mete de aprendiz en la zapatería de un cuñado suyo. No ha llegado nunca a finalizar sus estudios, puesto que no eran necesarios para su alto cargo dentro del Partido Comunista Rumano. No obstante, en diciembre de 1965, una de las escuelas secundarias más famosas de Bucarest le regala el Diploma de Bachillerato y un año más tarde se le otorga el título de Licenciado en Ciencias Económicas por la Academia de Ciencias Económicas de Bucarest.

teniente coronel Antonio Tejero y la ocupación militar de Valencia por el capitán general de la III Región Militar, Jaime Miláns del Bosch:
- el papel del rey durante la transición y su intervención para liquidar el intento de golpe de estado de febrero de 1981 fueron objeto de varios homenajes y galardones;

— en Rumanía
- tal como se sabe, el cambio de régimen de diciembre de 1989 es el único de la Europa de Este que hizo con sangre derramada en las calles (más de 5.000 víctimas, de las cuales 1.442 muertos). Cabe notar que en la semana previa al 22 de diciembre cuando Ceaușescu huye en un helicóptero, el número de fallecidos es relativamente bajo (159), lo cual significa que la masacre -en diferentes partes de Bucarest y de otras ciudades de Rumanía- se produjo después de la caída de Ceaușescu hasta los primeros días de enero de 1990.
- el 22 de diciembre, después de la fuga de Ceaușescu, se forma el Consejo del Frente de Salvación Nacional (CFSN) -órgano provisional del poder del Estado, encabezado por Ion Iliescu[8] en el que fueron nombrados, junto a algunos disidentes, también líderes comunistas disidentes; Iliescu declara que el CFSN no es un partido político y no participará en las elecciones;
- el 26 de diciembre de 1989 se forma un nuevo gobierno, encabezado por Petre Roman[9];
- el 27 de diciembre el FSN declara la abolición del unipartidismo y la organización de las elecciones. Como consecuencia, inmediatamente vuelven a aparecer tres partidos tradicionales: el Partido Nacional Liberal (PNL), el Partido Nacional Campesino

---

[8] Ion Iliescu (n. 1930) adhiere en 1944 a la Unión de la Juventud Comunista; estudió en el Instituto Energético de Moscú, donde se especula de haber conocido a Gorbachov. Miembro del PCR desde 1953, asciende en la jerarquía del PCR llegando a ser ministro de la Juventud y jefe de Departamento del CC del PCR hasta 1971, cuando Ceaușescu empieza a ver en él una grave amenaza, por lo cual lo aparta de todos los cargos políticos. Figura clave de la Revolución de 1989, declaró a principios de 1990 que la Revolución no fue en contra del comunismo sino en contra de Ceaușescu y su esposa. En diciembre de 1989 toma el poder apoyado por el Ejército y admite el pluripartidismo, aunque, en realidad, lo que quería era una apertura de tipo perestroika. Fue presidente interino entre 1990-1992 y presidente entre 1992-1996 y 2000-2004.

[9] hijo de Valter Roman (nacido Ernö Neuländer), líder del PCR, se refugió en la URSS en 1931, desde donde volvió en 1945 como comandante político de la División del Ejército rumano formada en la URSS por prisioneros de guerra rumanos; desempeñó un papel muy activo en la propaganda comunista de Rumanía. Recientemente se pudo comprobar que fue involucrado en el complot organizado por el KGB y los comunistas rumanos a fin de detener el gobierno de Imre Nagy, que, una vez reprimida la revolución por la URSS, pidió asilo político a la embajada yugoslava.

(PNȚ) y el Partido Social-Demócrata (PSD), prohibidos por los comunistas en 1947 y se forman otros partidos -en su mayoría- satélites de los neocomunistas; se trata de una situación paradójica ya que el "pluripartidismo caótico"[10], pese a que contribuyó a la fragmentación de las fuerzas políticas del país, impidió a la vez a que los neocomunistas confiscasen el poder político y, de esta manera, el retorno al autoritarismo.

- ante la intención del CFSN de convertirse en partido y participar en las elecciones, los tres partidos publican una declaración en la cual protestan contra las mentiras del presidente del CFSN, Iliescu;
- debido a las manipulaciones del CFSN —que dominaba los medios de comunicación— se les imputó a los tres partidos tradicionales que querían vender el país al capitalismo, que sólo querían enriquecerse a costa del pueblo trabajador, utilizándose, de hecho, la misma táctica de la desinformación (o de la manipulación informativa o mediática) que la policía política (Securitate) hacía más de cincuenta años que venía practicando;
- el 28 y el 29 de enero numerosos trabajadores de Bucarest y de otras ciudades, así como grupos de mineros[11] acompañados por las fuerzas de orden, atacan y destruyen las sedes de los tres partidos, agreden violentamente a los representantes de la oposición[12];
- el 6 de febrero de 1990 dicho Consejo se convierte en el Frente de Salvación Nacional —encabezado por el mismo Iliescu— formación política de izquierdas, en realidad, continuadora del Partido Comunista Rumano, a la cual los disidentes anticomunistas no adhirieron, para poder organizar y participar en las elecciones del mes de mayo del mismo año;
- las elecciones presidenciales y legislativas del 20 de mayo de 1990[13] las gana el FSN, el partido-Estado, de manera más que

---

[10] V. Bocancea (2002).
[11] En la historiografía rumana, dicho acontecimiento se conoce como la primera 'mineriada'. Le siguen otras cinco: la del 18-19 de febrero de 1990, cuando las autoridades pidieron a los mineros que fueran a Bucarest para restablecer el orden, la del 13-15 de junio de 1990, cuando los mineros volvieron a Bucarest, llamados por las mismas autoridades, la más violenta de todas, con más de 850 víctimas -sobre todo, intelectuales-, de las cuales alrededor de 100 muertos; hubo tres más, la de septiembre de 1991, la de enero de 1999 y la de febrero del mismo año, que fueron menos violentas y cuya finalidad era la mejora del nivel de vida de los mineros. La de septiembre de 1991 tuvo como resultado la dimisión del presidente del gobierno, Petre Roman, pero no la del presidente del país, Iliescu.
[12] Se trata de la primera intervención de los mineros de Valea Jiului en la vida política de Bucarest de las seis que ocurrieron entre 1990 y 1999.
[13] Ese domingo la Iglesia Ortodoxa celebraba el domingo del ciego de nacimiento. De ahí también la asociación del nombre de la fiesta religiosa y el domingo en que los rumanos votaron ciegamente sin que nadie les abriera los ojos; es una alusión a la casi aniquilada oposición política y su imposibilidad de presentar sus programas políticos.

convincente. Por una parte es explicable, ya que la gran mayoría de los rumanos no tenía ninguna experiencia con el pluripartidismo; además, todos los medios de comunicación estaban todavía en manos del partido-Estado que manipuló fuertemente a los electores.

No quiero detenerme ahora en si en España hubo una reforma o una continuidad del Antiguo Régimen. Es una cuestión de la que se puede hablar mucho. Lo que sí es cierto, en mi opinión, es que en el caso de Rumanía, seguro en la primera fase de la transición, hubo solo una aparente reforma, lo que provocó el desencanto y el descontento de todos los rumanos:
— de las fuerzas de la izquierda que no querían ningún cambio político (la policía política, la nomenclatura y gran parte de los obreros y campesinos manipulados por las dos primeras categorías ("van a volver los latifundistas y el rey", "se lo llevarán todo", "os vais a morir de hambre"[14], etc.);
— de las fuerzas democráticas que querían una verdadera reforma (si no una ruptura con el Antiguo Régimen), no una cosmetización con apariencias democráticas del mismo.

2. ¿Cuánto duró la transición?

Mientras que en España la transición está más o menos delimitada entre el 20 de noviembre de 1975, el día en que falleció Franco, y el 15 de junio de 1977, cuando se celebraron las primeras elecciones democráticas[15], en Rumanía, según unos autores[16], a los 25 años del cambio de rumbo, la transición no ha terminado todavía. Y esto se debe al hecho de que la transición fue acaparada en Rumanía por una élite política[17], de orientación comunista, que consolidó su poder, se enriqueció, pero llevó el país a la UE. El responsable de esta transición original es Iliescu, la figura política que atestó el sistema político heredado de Ceaușescu de rasgos aparentemente

---

[14] Se trata de sentencias que a principios de los '90 se les inoculaba a los campesinos -el electorado con el cual contaban los neocomunistas- para que no se restituyesen las propiedades nacionalizadas por los comunistas hacía más de cuarenta años.

[15] Hay historiadores que retrasan el final de la transición a diciembre de 1978, cuando se proclamó la nueva Constitución, o a marzo de 1979, cuando se celebraron las elecciones según la nueva Constitución, o hasta el fallido golpe de Estado de febrero de 1981. Según otros, la transición terminaría en 1982, con la victoria del PSOE en las elecciones generales, o en 1986, año en que España adhirió a la Unión Europea.

[16] V. Mungiu-Pippidi y Arakelian (2014).

[17] Dicha elite fue integrada inicialmente por miembros de la Juventud Comunista y de la policía política que habían controlado el comercio exterior y, más tarde, por emprendedores cuya riqueza es el resultado de transacciones ventajosas con el Estado.

democráticos, tratando de aniquilar cualquier cambio que amenazase el poder de la nueva elite política. Como ejemplo se puede aducir la situación creada en 2007[18], que aclara las reservas de la nueva élite política en lo que concierne a la ruptura con el pasado comunista del país y las estructuras de la policía política: El Consejo Nacional para el Estudio de los Archivos de la Policía Política (CNSAS) decidió que un diputado, Dan Voiculescu, propietario de la más influyente compañía de medios de comunicación de Rumanía, había colaborado con la policía política durante el régimen de Ceaușescu, pero el Parlamento optó por bloquear la decisión de CNSAS.

Dicha situación ahonda aún más la unicidad de Rumanía entre los países de la Europa de Este en lo que atañe a la transición: es el único país donde el paso del régimen totalitario al post-comunismo no fue pacífico. Además, no hubo intentos de reforma[19] anteriores a la caída del comunismo, ni tampoco tomas de posición de la sociedad civil a favor de la renovación política[20], como ocurrió en Hungría, Polonia, Checoslovaquia y, en cierta medida, en la RDA. Esta situación y la falta de cultura política de las masas tuvieron como resultado una fuerte escisión en la sociedad rumana que existe todavía en la actualidad y que se presenta totalmente dividida desde el punto de vista de sus preferencias políticas. Parafraseando a Antonio Machado hasta podría decir que, hoy en día, hay dos Rumanías.

3. Breve comparación de los discursos políticos en la primera fase de la transición. La mentalidad y la actitud de los actores políticos de la transición

Diferencias entre España y Rumanía se encuentran también en los tipos de discurso político de la época totalitaria. Los discursos de Franco eran breves, generalmente no más de diez minutos de duración[21], tan concisos como solo un militar los podía concebir, mientras que los de Ceaușescu no solían durar menos de una hora, hora y media si no aún más. Se trata, por tanto, de discursos logorreicos caracterizados por la lengua de madera[22] en

---

[18] Año de la adhesión de Rumanía a la UE.
[19] Excepto los movimientos estudiantiles del otoño de 1956 cruelmente reprimidos por la policía política.
[20] La huelga de los mineros de Valea Jiului de agosto de 1977 y aquella de los obreros de Brașov de noviembre de 1987 fueron más bien movimientos en contra de las políticas económicas y sociales del PCR que movimientos anticomunistas.
[21] http://www.fnff.es/La_Fundacion_7_s.htm
[22] Lenguaje desarrollado por los ideólogos y propagandistas comunistas caracterizado por la falta de sustancia, un vocabulario limitado a aproximadamente 500 palabras (frente a 4-5.000 cuantas necesitamos para expresarnos), uso preferente de los sustantivo en lugar de verbos, uso preferente del gerundio y del imperativo, ausencia de deícticos. v. Zafiu (2007:27-101) y Betea (2004-2005:56-57).

los cuales se hacía abuso de términos como el pueblo, el partido, los fundamentos ideológicos, etc.

3.1. Discursos políticos[23]

En España, tras la muerte de Franco, el presidente del Gobierno, Carlos Arias Navarro, formó –a petición del Rey– otro Gobierno que iba a gestionar el proceso de democratización, pero incapaz de adaptarse a los nuevos tiempos, presentó su dimisión al Rey al cabo de poco más de medio año.

Fue Adolfo Suárez la persona a quien el Rey confió la formación del Gobierno. Suárez, que había empezado su carrera política en el Movimiento[24], tuvo la capacidad de reunir a políticos de diferentes orientaciones, desde falangistas renovadores, liberales y democristianos hasta socialdemócratas y comunistas. Adolfo Suárez, en vez de romper con la estructura del Estado de Franco, utilizó los mecanismos legales vigentes para la modificación del sistema, estableciendo así los procedimientos necesarios para la creación de la monarquía parlamentaria. Supo desprenderse de los hábitos tradicionales de los políticos del Antiguo Régimen y adoptar una actitud más dinámica que se reflejaba en un lenguaje más directo y más práctico que haría posible su acceso directo a la sociedad y poner en marcha las primeras reformas políticas[25].

Suárez abre su discurso[26] de presentación del Proyecto de La Ley para la Reforma Política[27] recurriendo a la conocida técnica retórica de *captatio benevolentiae* y asegura que "la democracia debe ser obra de todos los ciudadanos y nunca obsequio, concesión o imposición, cualquiera que sea el origen de ésta", ganando de esta manera la atención y el interés del público. A continuación, presenta el proceso que hizo posible la redacción de dicha Ley insistiendo en que para "examinar con toda objetividad las demandas políticas que se producen desde la ciudadanía" se conectó con "muchos de los grupos políticos más significativos que existen en España y que ofrecen alternativas estimables, sean de derecha, de centro o de izquierda, para escuchar con respeto su punto de vista". Ya desde el principio insiste en

---

[23] Para el análisis de los discursos y eslóganes políticos me he basado en los excelentes libros de Spang (2009), Calsamiglia Blancáfort y Tusón Valls (2014) y Gallardo Paúls (2014).
[24] La Falange Española Tradicionalista y de las Juntas de Ofensiva Nacional Sindicalista (1937-1977)
[25] Cfr. Pantoja Chaves (2009:86-87).
[26] Para el texto del discurso véase la siguiente página web:
http://www.rtve.es/contenidos/documentos/discurso_suarez_ley_reforma_politica.pdf
[27] Se trata de la Ley 1/1977, aprobada el 18 de noviembre de 1976 por las Cortes del Antiguo Régimen con el apoyo del 81% de los procuradores, la cual el 15 de diciembre del mismo año fue sometida a referéndum y aprobada con más del 94% de los votos a su favor.

que se tomaron en consideración las opiniones de grupos de diferentes simpatías políticas haciendo, de esta manera, partícipe a toda la sociedad española de la Ley que iba a someterse a referéndum. Y sigue: "Reconocido en la declaración programática del Gobierno el principio de que la soberanía nacional reside en el pueblo, hay que conseguir que el pueblo hable cuanto antes." Nada se podría añadir; la sociedad española está involucrada no solo en el proceso de modernización sino también en la reformación política. Suárez sabe hacerse oír, pero también aprobar por la gran mayoría de los españoles. Añade, luego, para asegurarse de la victoria que "el principio de que la soberanía nacional reside en el pueblo, hay que conseguir que el pueblo hable cuanto antes" y anuncia también las elecciones de las Cortes por sufragio universal, lo que es un incentivo más para ganar la confianza de los españoles. Insistiendo en la necesidad de la legalidad y constitucionalidad, invita ya a votar: "Cuando este pueblo haga oír su voz, se podrán resolver otros grandes problemas políticos con la autoridad que da la representatividad electoral." Es así como convence a los españoles de que a partir de aquel momento, se podrá hablar de un Estado de derecho, asegurando de que el gobierno "no se plantea la vida política como un simple y, posiblemente, demagógico relevo de clases dirigentes", sino, al contrario, se propone "gobernar (...) la transición de un sistema de legítima delegación de autoridad a otro de plena y responsable participación".

La ruptura con el Antiguo Régimen la anuncia también cuando declara que el Gobierno tratará de "encauzar con justicia la vida económica y social", porque no quiere "topar huecos, sino dejar un país viable y ordenado para quienes nos sucedan." Insiste, además, en la necesidad de la estabilidad en todos los campos de actividad, desde la educación hasta la agricultura.

Este discurso demuestra una vez más que Adolfo Suárez era un gran comunicador y, pese a la oposición del PCE, consiguió que el PSOE y otros grupos moderados de la oposición celebrasen el creciente clima de libertad que se había apoderado de todo el país. Suárez maneja con habilidad tanto argumentos del *ethos* como del *pathos* y, ayudado, sin duda alguna, por su aspecto físico consigue, primero, la simpatía de los españoles y, luego, el voto favorable.

Rumanía tuvo que hacer frente a una transición totalmente diferente monopolizada prácticamente por ex miembros del PCR que en un par de días se apropiaron el poder con la ayuda de la policía política. Los representantes de los partidos democráticos –faltos de medios financieros y casi imposibilitados de presentar sus programas en la televisión que había sido acaparada por los neocomunistas– vieron casi aniquilados sus esfuerzos de hacerse oír.

A continuación, un breve análisis de un fragmento del discurso pronunciado por Ion Iliescu el 15 de junio de 1990 al dirigirse a los mineros después de las atrocidades que habían cometido en la Plaza de la Universidad y en el centro de la ciudad: "Les agradezco todo cuanto han hecho Vds. estos días, y, en general, toda su actitud, caracterizada por una alta conciencia cívica. Y agradezco, una vez más, a todos lo que en estos momentos han podido comprobar: que son Vds. una fuerza firme, de alta disciplina cívica, obrera, hombres en quienes podemos confiar en tiempos de bonanza, pero también, y sobre todo, en tiempos de dificultades. Han demostrado Vds., también esta vez, lo importante que es la solidaridad obrera. Con un especial sentimiento de conciencia cívica, patriótica, se percataron del difícil trance, y con ejemplar abnegación se mostraron Vds. dispuestos a ser solidarios con el nuevo Poder. Su ejemplo infundió ánimo a toda la gente de bien, que desea el progreso de la sociedad rumana. Quiero agradecerles, pues, el testimonio de alta solidaridad que han demostrado estos días." [28]

El discurso de Iliescu es una prueba de sus ideales marxista-leninistas. La lengua de madera y el léxico correspondiente, "alta conciencia cívica", "alta disciplina cívica y obrera", "sentimiento de conciencia cívica y patriótica", "testimonio de alta solidaridad" están salpicándolo a cada frase. Recurre no solo a la repetición del sintagma "conciencia cívica", sino que también les agradece tres veces a los mineros su violenta intervención en la manifestación de la Plaza de la Universidad de Bucarest, insistiendo en la ejemplar abnegación de estos, en su disposición de ser solidarios con el nuevo Poder, así como en el efecto positivo de sus actos en los sentimientos que estaba experimentando en aquel periodo la gente de bien. Iliescu está hiperbolizando la conciencia de los mineros dejando entender que ellos son los héroes de aquellos días, que a ellos se les debe la pacificación, lo que les da a los mineros un sentimiento de orgullo y de enaltecimiento. Iliescu consigue dicho efecto a través de otro procedimiento retórico: la hipérbole, tal como resulta de los sintagmas "especial sentimiento de conciencia cívica", "testimonio de alta solidaridad", etc. Otro procedimiento retórico al que recurre Iliescu es el uso del pronombre de cortesía (y su repetición: cuatro veces en solo diez líneas) que les sugiere a los mineros que gozan de aprecio y valor a los ojos del político que les está hablando. A la vez, se perfilan en este discurso las estrategias adoptadas por Iliescu para autorizarse a sí mismo como Poder, pero haciéndose también una referencia a la alta moralidad de la gente de bien en la cual se autoincluye. Dicha estrategia va de acuerdo y se debe a la especificidad del contexto histórico: el colapso de la dictadura comunista y su herencia.

La manera de pensar de Iliescu no ha cambiado. La ideología marxista-leninista se le ha quedado enquistada en la mente, de modo que con

---

[28] http://www.evz.ro/discursul-de-neuitat-pe-care-ion-iliescu-l-a-tinut-minerilor-pe-15-iunie-1990-video.html. La versión española pertenece al autor de este artículo.

bastante frecuencia hace alarde de la misma, tal como resulta de las siguientes frases pronunciadas a lo largo de los años en diferentes situaciones, cumpliendo diferentes altos cargos: presidente del CFSN, presidente de Rumanía o solo presidente de honor del PSD (Partido Social Demócrata), heredero del FSN y, por consiguiente, del PCR, no solo debido a los que lo formaron sino también debido a la mentalidad comunista[29]:

- "¡Llamemos por teléfono (a Moscú), digamos quiénes somos y qué es lo que queremos!" (Bucarest, diciembre de 1989, durante la revolución)
- "La monarquía es una reliquia de la historia." (septiembre de 1996)
- "Eso de la sagrada propiedad privada es una patarata; la restitución de los bosques es una necedad histórica." (Focşani, enero de 2001)
- "La garantía de propiedad significaría el bloqueo del derecho de enajenar la propiedad. ¿Es justo? No lo es, conforme al derecho moderno de propiedad. Eso era vigente en la Edad Media, atar a los campesinos a la tierra." (febrero de 2001)
- "Yo soy el presidente del país y hago lo que me da la gana y voy a donde quiero y nadie me para. Eso como paréntesis." (Harghita, 2002)
- "En este país estamos padeciendo una enfermedad; se trata de la alternancia en el Poder. Y aun cuando haya tal alternancia, ésta no puede interrumpir la continuidad de ciertas cosas." (Suceava, octubre de 2005)

Las diferencias entre el discurso del Poder y los discursos de la oposición son, como es de esperar, grandes desde el punto de vista ideológico, pero, sobre todo, difieren sobre todo desde la perspectiva de la retórica.

A la unicidad de la transición rumana (nada pacífica) contribuyeron también las manifestaciones de la Plaza de la Universidad de Bucarest – entre el 22 de abril y el 15 de junio de 1990[30]– en las cuales –durante 53 días– participaron cada noche más de 50.000 personas, entre las cuales muchos jóvenes, estudiantes universitarios, intelectuales, catedráticos de universidad. Se trata del más amplio movimiento protestatario de la historia de la Rumanía post-comunista, pero también la más importante y grande manifestación anticomunista de la Europa de Este después de la caída del Telón de Acero. Tan grande fue la sorpresa y la furia del FSN, que Iliescu tildó a los protestatarios de macarras y vagabundos. El insulto que Iliescu dirigió a los protestatarios se convirtió casi en el acto en el símbolo del luchador anti-comunista, porque los manifestantes empezaron a llevar unas

---

[29] La versión española de dichas afirmaciones pertenece al autor de este artículo.
[30] En Rumanía, dicha protesta se conoce también bajo el término *Golaniada*, sustantivo colectivo derivado del sustantivo *golan* (macarra).

insignias en que ponía: *golan-student* (macarra-estudiante), *golan cu două doctorate* (macarra con dos doctorados), *mamă de golan* (madre de macarra), *golan cu opinii* (macarra que opina), etc. En los muros de la Facultad de Arquitectura se colgó un cartel inmenso en el cual se podía leer *Facultatea de golani* (Facultad de macarras). Como ya se sabe, las protestas fueron cruelmente ahogadas por el FSN, la policía y los mineros.

Una muestra de discurso pronunciado en la Plaza de la Universidad de Bucarest es el del dr. Petru Creția[31]: "Se nos ha acusado últimamente de instigación irresponsable al desorden social. Ninguno de nosotros es irresponsable, y no hay que confundir nuestra intransigencia. Por otra parte, aceptamos el término «instigadores» (con el que se nos ha tildado). En efecto, deseo, junto con todos los que hoy están con Vds., instigarles no al desorden social, sino a un nuevo orden social, más justo, más libre y más próspero, fundado en una legalidad real y en la promoción en la vida pública del espíritu de la verdad y de la probidad política. En segundo lugar, les instigamos, afectuosa y sinceramente, a la eliminación real y legal de todos los elementos retrógrados y acaparadores de poder y de bienes ajenos. (...) En tercer lugar, les instigo a conseguir un marco constitucional que libere a las fuerzas vivas del país, a la gente de bien, a la gente honrada, a los correctos y limpios, individuos con talento y con experiencia que pueden hacer de este país uno nuevo, más justo y más limpio. Se trata de aquellos a quienes nadie puede mentir, ni acobardar ni sobornar. Son aquellos a quienes Vds. representan aquí, con tanto ahínco, con tanta firmeza y tanta luz. Estas personas están dando en este momento, también más allá de su horizonte, el sentido y la nobleza de esta reunión. ¡Viva la Libertad!"[32]

El discurso de Creția responde a las acusaciones del FSN y sus simpatizantes y se puede caracterizar por un tono apasionado, totalmente diferente, como se verá, de aquél que usa Coposu. Creția se propone desmontar las acusaciones del FSN a los manifestantes y sus dirigentes, recurriendo ya desde el principio a la estrategia de hacer partícipes de sus declaraciones a los protestatarios; insiste en que aquellas no corresponden en absoluto a la verdad, puesto que los manifestantes no incitan "al desorden social, sino a un nuevo orden social, más justo, más libre y más próspero, fundado en una legalidad real y en la promoción en la vida pública del espíritu de la verdad y de la probidad política." Su

---

[31] Petru Creția (1927-1997) fue catedrático de Literatura Griega del Departamento de Lenguas y Literaturas Clásicas de la Universidad de Bucarest, traductor, filósofo, editor y especialista en la obra del poeta nacional rumano, Mihai Eminescu. Creția tomó parte activa en las protestas de la Plaza de la Universidad de Bucarest de abril-junio de 1990.
[32] Romulus Cristea, "Piața Universității a intrat în geografia Europei democrate", artículo publicado el 5 de junio de 2006 en el periódico *România liberă*. La versión española pertenece al autor de este artículo.

argumentación es muy especial, puesto que combina los tres tipos de argumentos: los éticos, los lógicos y los patéticos[33]. La mejor manera de defender sus ideales políticos es hacerlo a través del contraste, de la antítesis entre la mentira -las acusaciones- y la verdad -sus ideales políticos-. Sus ideas, profundamente democráticas, le hacen aceptar que si instiga a algo es "a la eliminación real y legal de todos los elementos retrógrados y acaparadores de poder y de bienes ajenos." De la actitud defensiva pasa a un tono acusador hablando a continuación no en su nombre, sino en nombre de todos los manifestantes, lo cual, obviamente, contribuye a la entusiasta aprobación de parte del público de los ideales alrededor de los cuales construye su discurso. Se trata de una modalidad retórica de expresar pasiones y sentimientos exaltados que refuerza el impacto del auditorio (Monasterio 2010:80). Su discurso, bien estructurado, recurre asimismo a la gradación, la figura retórica lógica que expresa las ideas de forma gradual y progresiva hasta alcanzar el clímax "¡Viva la Libertad!".

Un de discurso político decente y moderado pronuncia uno de los líderes de la oposición, Corneliu Coposu[34]: "En lo que se refiere a los fundamentos constitucionales, mantenemos nuestro punto de vista, que dimos a conocer oficialmente hace ya siete meses (febrero de 1990). Consideramos que la abdicación del Rey (Don) Miguel el 30 de diciembre de 1947 es un acto ilegal, determinado por el chantaje, la amenaza y el abuso, y sancionado por el pueblo rumano. Esa abdicación fue arrancada por el primer gobierno comunista de la posguerra, a través de graves presiones de carácter militar y bajo la amenaza de matar a los mil estudiantes que habían sido encarcelados un día antes, en caso de que el Rey se negase a firmar el acta. Y, por si fuera poco, también bajo la amenaza de una confrontación civil. Por consiguiente, consideramos que la abdicación no tiene legitimidad alguna y deberá considerarse no sólo inválida sino también nula. Como partido democrático, leal a sus opciones populares, pedimos, ya desde el mes de febrero de 1990, antes de la adopción de una Constitución, que se consultase al pueblo rumano sobre la forma de Estado por la que querría optar. Hay varias soluciones constitucionales, que nuestra gente no conoce lo suficientemente bien. Nosotros venimos de una tradición de monarquía constitucional [...] y, por otra parte, hemos declarado oficialmente que seremos leales a la opción popular. Si el pueblo quiere monarquía, nosotros —con nuestra tradición monárquica— obedeceremos a esa elección. Si, por el contrario, opta por la república, hay

---

[33] Para una descripción clara de los tres tipos de argumentos v. Iacob (2006:47-51).
[34] Corneliu Coposu (1914-1995) fue uno de los líderes de la oposición en la Rumanía postcomunista. Se graduó en Leyes y fue también periodista. Hombre de confianza del líder del Partido Nacional Campesino, adhirió a este partido. De 1947 a 1964 fue preso político. En enero de 1990 refunda el Partido Nacional Campesino (obra de su mentor, Iuliu Maniu) bajo el nombre el Partido Nacional Campesino Democristiano.

que ver cuál es el tipo de república más adecuado para la situación de nuestro país. Hay una tendencia –desde luego abusiva– a instaurar aquí un tipo de república presidencial, que resulta de las normas legislativas presentadas en el Parlamento. Aun cuando se optase por una forma republicana, consideramos que –en la fase en que actualmente se encuentra Rumanía– sería totalmente inaceptable la fórmula de una república presidencial, puesto que de esta manera se correría el riesgo de un deslizamiento hacia la dictadura [...]. Después 43 años de mentiras, con una historia falsificada a través de omisiones y deformaciones, nuestro pueblo todavía vive –sin culpa suya, obviamente– en el desconocimiento de su propia historia y, por lo tanto, sin datos ni perspectiva para pronunciarse respecto a un problema de suma importancia sin conocer antes toda la verdad, sin que se le explique todo cuanto se le ocultó. Por eso, el referéndum tendría que organizarlo un gobierno independiente y neutro, con plenas garantías de objetividad."[35]

El líder democristiano recuerda a los rumanos que la historia de Rumanía fue falsificada, puesto que la abdicación del rey Miguel I es el resultado del chantaje, amenaza y abuso: "Dicha abdicación fue arrancada por el primer gobierno comunista de la posguerra, a través de graves presiones de carácter militar y de la amenaza de la matanza de mil estudiantes, encarcelados un día antes, caso de que el Rey se hubiese negado a firmar el acta." Además, la abdicación evitó una guerra civil, ya que los comunistas apoyados y dirigidos por la URSS estaban dispuestos a desencadenarla, caso de que el rey se negase a firmar el acta de abdicación. Por lo tanto, consciente de que si a principios de 1990, Rumanía volviera a adoptar la monarquía constitucional como forma de Estado, se le haría justicia no solo al rey Miguel, sino que se garantizaría el desarrollo democrático del país, Coposu trata de informar a aquellos rumanos que desconocían el episodio de la abdicación del Rey. No obstante, Coposu, fiel a sus ideales democráticos, recurre a la concesión para demostrar su flexibilidad: declara que respetaría la opción popular, caso de que se optara por una república, pero llama la atención sobre el hecho de que si se tratase de una república presidencial, "se correría el riesgo de un deslizamiento hacia la dictadura".

Su discurso intenta educar a los rumanos recurriendo a un lenguaje decente, democrático, sin insultos ni amenazas, que refleja perfectamente bien su manera comedida de ser y de actuar. Desgraciadamente, los rumanos –durante los cuarenta y cinco años de régimen comunista– habían perdido la costumbre de escuchar opiniones diferentes y de distinguir entre la verdad y la mentira.

---

[35] *Dreptatea*, 6 de marzo de 1991. La versión española pertenece al autor de este artículo.

3.2. Eslóganes políticos

A la propaganda política, del gobierno o de la oposición, le incumbe un papel esencial en lo que concierne tanto a la información como a la manipulación de las masas presentándoseles cierta imagen que, no pocas veces, se propone deformar la realidad si no reemplazarla. La gente llega a creer en tal imagen sin preguntarse si es una verídica o falsa. Los eslóganes políticos son la concretización de la propaganda política que se manifiesta especialmente durante las campañas electorales, los períodos de movimientos sociales o de transición de una forma de Estado a otra o de un régimen político a otro. Por consiguiente, los eslóganes políticos se oían y leían también durante la transición española a fin de movilizar cada vez más manifestantes a favor o en contra de política oficial.

En España, obviamente, el Gobierno de Adolfo Suárez y la oposición hicieron uso de toda una serie de eslóganes de propaganda, como, por ejemplo "Tu voz es tu voto", "Si quieres la democracia, vota", "Infórmate bien, y vota", "Habla, pueblo", "Si votas hoy sí, podrás decidir mañana", "Campesino, vota al Frente Democrático de Izquierda", "Queremos la democracia para todos los españoles, quita al cacique y pon a un alcalde", "No nos mires, únete", "Somos gente pacífica y no nos gusta gritar", "CAFE: Camarada Arriba Falange Española", para poner unos cuantos ejemplos, lemas muy decentes que no instigaban sino que sugerían o recomendaban que los españoles votaran o que se hicieran cambios en la manera de gobernar, lemas que también contribuyeron al voto a favor de la Ley.

A continuación, voy a dedicar mi atención a los eslóganes políticos[36] que se oían en Bucarest en los primeros seis meses de la transición. Seleccioné treinta eslóganes: quince del FSN y otros quince de la oposición. Se trata de frases que se estaban escandiendo por las calles y plazas de Bucarest durante las manifestaciones a favor o en contra del FSN. Los eslóganes están construidos, la mayoría de las veces, de tal manera que rimen los sintagmas que los constituyen; además se le concede un papel importante también al acento de intensidad para facilitar su memorización. Se trata, pues, de oraciones o frases generalmente breves que se proponen reflejar los sentimientos, las convicciones políticas de los manifestantes, pero también su descontento con respecto a determinado acto o acontecimiento político. Muchas veces la afirmación de sus ideales políticos se hace a través de la negación de los ideales políticos de la contrapartida.

---

[36] La versión española pertenece al autor de este artículo.

	Eslóganes de propaganda política	
	a. de los y democristianos y liberales	b. del Frente de Salvación Nacional
1	*FSN = PCR* (Frente de Salvación Nacional = Partido Comunista Rumano)	*Iliescu e român și are sufletul bun.* (Iliescu es rumano y tiene buen corazón.)
2	*FSN, FSN, du-te în URSS!* (FSN, FSN, ¡vete a la URSS!)	*Iliescu nu ceda, țara te va apăra!* (Iliescu, ¡no cedas!, tu patria te defenderá.)
3	*Nu mai vrem comuniști, securiști și activiști!* (¡Ya no queremos comunistas, policías políticos ni activistas!)	*Soarele răsare, Iliescu apare!* (Cuando sale el sol, llega también Iliescu.)
4	*Securiștii-n mină, să avem lumină!* (Los policías políticos a las minas para que tengamos luz.)	*Iliescu nu ceda, muncitorii toți te vrea!* (Iliescu, no cedas, todos los obreros están de tu lado.)
5	*Securiștii pe tarla, să crească producția!* (Los policías políticos al campo para que aumente la producción agrícola.)	*Noi muncim, nu gândim!* (Nosotros trabajamos, nosotros no pensamos.)
6	*Jos Securitatea, suntem cu armata!* (Abajo la Policía política, estamos al lado del ejército.)	*Ei au emigrat, noi am rezistat!* (Ellos emigraron, nosotros aguantamos.)
7	*Revoluția a fost doar o rotație de cadre?* (¿Fue la Revolución sólo una rotación de cargos?)	*Nu ne vindem țara!* (No vendemos nuestra patria.)
8	*Ceaușescu, nu fi trist, Iliescu-i comunist!* (Ceaușescu, no te pongas triste, Iliescu es comunista.)	*Nu vrem bani, nu vrem valută, vrem pe Roman să ne f...ă!* (No queremos dinero, no queremos divisas, queremos que Roman nos haga el amor.)
9	*Iliescu s-a aflat lovitura ta de stat!* (Iliescu, ya se sabe cómo fue tu golpe de Estado.)	*Liberali și țărăniști, puneți mâna și munciți!* (Liberales y democristianos, ¡poneos a trabajar!)
10	*Iliescu nu uita, te votăm la Moscova!* (Iliescu, no lo olvides, te vamos a votar en Moscú.)	*Afară cu vânzătorii de țară!* (¡Fuera!, traidores a la patria.)
11	*Iliescu judecat pentru haosul creat!* (Iliescu juzgado por el caos creado.)	*Nu vrem partide de fosile!* (No queremos partidos de fósiles.)
12	*Iliescu nu uita, tineretul nu te vrea!* (Iliescu, ¡no lo olvides!, la juventud no te quiere.)	*Nu partide cu dolari, sunt doar niște bișnițari!* (No a los partidos con dólares, sólo son unos ladrones.)
13	*Ați mințit poporul cu televizorul!* (Mentisteis al pueblo a través de la televisión.)	*Țărăniști în blugi și geacă care n-au văzut o vacă.* (Democristianos vestidos con vaqueros y cazadora que nunca han visto una vaca.)
14	*Țineți minte cinci cuvinte: e mai rău ca înainte!* (¡Recordad cinco palabras: esto es peor que antes!)	*Câmpeanu la azil, Coposu la cimitir!* (Câmpeanu a la residencia de ancianos, Coposu al cementerio.)
15	*Libertate, te iubim. Ori învingem, ori murim!* (Libertad, te queremos. O morimos, o vencemos.)	*Moarte intelectualilor!* (¡Muerte a los intelectuales!)

Una primera lectura de los eslóganes permite su clasificación en diferentes categorías.

Los eslóganes de los democristianos y liberales se dividen en cinco grupos:

- los eslóganes 1a y 2a identifican al FSN con el PCR,
- los eslóganes 3a, 4a, 5a, 6a y 7a insisten en la estrecha relación entre el PCR y la Policía política,
- los eslóganes 8a, 9a y 10a identifican a Iliescu con Ceaușescu,

- los eslóganes 11a y 12a sirven para delimitarse de la política de Iliescu,
- los eslóganes 13a, 14a y 15a representan las verdades de la oposición, sus inamovibles ideales, pero también su perseverancia en el cumplimiento de sus ideales.

Los quince eslóganes usan un lenguaje decente y refieren abiertamente a las máculas comunistoides del FSN y sobre todo de su jefe. Se sacan conclusiones de la actuación del FSN en el escenario político de Rumanía, como en 9a y 13a. En 4a se alude a la infiltración de los grupos de mineros que llegaron a Bucarest en los dos conflictos (las dos mineriadas anteriores, en enero y febrero de 1990) por policías políticos que los dirigían hacia las calles donde iban a intervenir para destruir las sedes de los partidos democráticos. En 11a se pide que se le enjuicie a Iliescu por el caos que creó en Rumanía después de la caída de Ceauşescu y en 10a se recuerdan los buenos contactos que había entre Iliescu y Moscú. Finalmente, en 15a se confiesa la disposición al sacrificio final por parte de los de los manifestantes a fin de alcanzar la libertad.

Los eslóganes de propaganda política del FSN se pueden clasificar en cuatro grupos:

- los eslóganes 1b, 2b, 3b y 4b sirven para adular a Iliescu obedeciendo el modelo comunista de culto a la personalidad, exacerbado durante la dictadura de Ceauşescu,
- los eslóganes 5b, 6b, 7b y 8b recurren a la antítesis para presentar las dos orientaciones políticas,
- los eslóganes 9b, 10b, 11b, 12b y 13b representan una categoría especial por tener como finalidad insultar a los oponentes políticos,
- finalmente, los eslóganes 14b y 15b pasan del insulto a la amenaza.

Al leerlos, cualquier persona se da cuenta de que, mientras que los eslóganes de los democristianos y de los liberales expresan el descontento hacia el Poder de manera firme, pero decente, los eslóganes del Poder pasan de la adulación de Iliescu a los insultos y a las amenazas. No insistiré en la descortesía hacia sus oponentes, sino en la violencia de lenguaje que casa perfectamente bien con la violencia física. En 1b se cuela una palabra, aparentemente, inocente *rumano*, pero, de hecho, es una manifestación nacionalista que refiere, probablemente, al momento de los conflictos estallados entre los rumanos y los húngaros en marzo de 1990 en la ciudad de Târgu-Mureş (Marosvásárhely, en húngaro), desencadenados, parece, por las manipulaciones de la Policía política a fin de desestabilizar el país. En 3b se recurre a la sincronía de la aparición del Sol y de Iliescu, que iluminaría el trayecto político y social de la transición. Ahora bien, en el discurso político de la Rumanía de Ceauşescu la metáfora de la luz e, implícitamente, del Sol llega al paroxismo por la alta frecuencia de uso de sintagmas como "a la luz de los documentos de partido", "guiados por el pensamiento luminoso, clarividente de...", "la luz nos viene de Este" (la URSS está situada al este de Rumanía), etc (V. Lascu, 2013). En 4b se le anima a Iliescu a seguir su política opresiva; en dicho eslogan está presente un error garrafal de gramática: la falta de concordancia de número gramatical entre sujeto y verbo, típico de los (semi)analfabetos. En 5b se recurre a la antítesis para señalar la diferencia entre los obreros e intelectuales a quienes se les acusa de pensar en vez de trabajar. En 6b hace alusión a los rumanos que se habían refugiado en el Occidente de Europa durante la dictadura comunista. Es otro de los intentos de la Policía política de dividir la sociedad rumana. El eslogan 7b es otra forma de manipular a la sociedad, haciéndola creer que la democracia tendría como consecuencia la venta de las riquezas del país, si no su colonización económica. 8b es un eslogan que escandían las mujeres que trabajaban en una fábrica de ropa de Bucarest; es evidente que en la traducción al rumano preferí usar un eufemismo para evitar el término vulgar que aparece en el original rumano. El eslogan 9b se propone convencer a la sociedad de que los demócratas (liberales y democristianos) son una categoría de gente que no quiere trabajar sino aprovecharse del trabajo de los demás rumanos. En 10b se instiga a desterrar a los oponentes del gobierno neocomunista. 11b es un insulto, porque se hace alusión a la edad de los líderes de los partidos democráticos (Câmpeanu tenía 68 años en 1990 y Coposu, 76; los dos fueron presos políticos y pasaron nueve y diecisiete años, respectivamente, en las más terribles cárceles de la Rumanía comunista. En 14b se perfila la máxima descortesía; se trata de falta de respeto, de burla, de desdén, de odio hacia dos venerables representantes[37] de los partidos políticos de la oposición. Finalmente, en 15b se hace presente la amenaza con la muerte a los intelectuales, quienes no se dejaban manipular por la altisonante propaganda del FSN.

Los últimos quince eslóganes me hacen recordar los años cincuenta del siglo pasado, cuando en Rumanía a todo paso se oía y se leía sobre la importancia de la lucha de clase, concepto fundamental del marxismo-leninismo.

---

[37] La actitud de desdén y falta de respeto hacia los mayores de edad era visible también durante la dictadura comunista y perdura también hoy día. En el caso del eslogan 14 b, a la edad de los dos políticos se añade un "pecado" más: eran intelectuales también. La descortesía y el desdén para con los mayores de edad ha llegado a ser uno de los rasgos característicos de la sociedad rumana contemporánea.

4. A modo de conclusión

Mientras que en España la transición hacia la democracia fue un proceso relativamente pacífico (podría decir que fue preparada por Franco mismo – consciente, probablemente, de que su régimen no podría sobrevivirle–, como, por lo demás, en casi todos los países de la órbita soviética, en Rumanía el comienzo de la transición fue violento en hechos y expresión; se diseñó de manera más o menos clara a nivel institucional, pero en la práctica de cada día la transición parece voluntariamente confusa, de modo que los que la vivimos tenemos la sensación de estar en un laberinto cuyo punto final se desconoce y por el cual no se sabe cuánto tiempo se tendrá que errar.

A principios de los 90 se observa una fase conflictiva a nivel social que involucró prácticamente a toda la sociedad rumana. Dicha situación es el resultado de la falta de interés de la mayoría de los políticos del PSD (que formaban la mayoría parlamentaria) por esforzarse en establecer adónde se quiere ir; en lugar de sanar un país que seguía padeciendo las consecuencias del régimen totalitario, estuvieron interesados más bien en situarse en un lugar confortable, añadiendo algo de libertad política y un poco de bienestar al modo de ser de los rumanos, construido según los modelos del balcanismo (caracterizado, entre otras, por los intereses creados y el soborno) y del comunismo.

Dichas discrepancias políticas tienen repercusiones en el discurso político y en la propaganda política de ambos países: decencia y normalidad en España –puesto que tanto los reformadores como la mayor parte de la oposición querían el cambio y la democratización del país–, violencia física y de lenguaje por parte de los neocomunistas –que no querían sino un cambio aparente– decencia y firmeza en las manifestaciones de la oposición. En ambos países la transición es un reflejo del final del régimen totalitario: en España –una transición prevista y preparada, y, hasta cierto punto, pacífica, en Rumanía– un final sangriento de la dictadura y un comienzo sangriento de la transición. La violencia física y de lenguaje manifestada por los simpatizantes del FSN contrasta claramente con las manifestaciones decentes, democráticas, pero firmes de los simpatizantes de los demócratas.

BIBLIOGRAFÍA

BETEA, Lavinia (2004-2005): "Comunicare şi discurs în limba de lemn a regimului comunist", *Argumentum*, Caietele Seminarului de Logică discursivă, Teoria argumentării şi Retorică, 3, 36-64.

BOCENCEA, Cristian (2002): *Meandrele democraţiei. Tranziţia politica la români*, Iaşi, Polirom.

CALSAMIGLIA BLANCÁFORT, Helena – TUSÓN VALLS, Amparo (2014), *Las cosas del decir*, 1ª edición en esta presentación, 2ª impresión, Barcelona, Editorial Planeta, S.A.

CRISTEA, Romulus (2006), "Piața Universității a intrat în geografia Europei democrate", *România liberă*, 5 de junio.

"Discurso de promoción de la ley para la reforma política", asequible en: http://www.rtve.es/contenidos/documentos/discurso_suarez_ley_reforma_politica.pdf, fecha de consultada: 5 de marzo de 2015.

"Discursul "de neuitat" pe care Ion Iliescu l-a ținut MINERILOR pe 15 iunie 1990", asequible en: http://www.evz.ro/discursul-de-neuitat-pe-care-ion-iliescu-l-a-tinut-minerilor-pe-15-iunie-1990-video.html, fecha de consulta: 29 de septiembre de 2015.

Dreptatea, 6 de marzo de 1991, 3.

"Fundación Nacional Francisco Franco", asequible en: http://www.fnff.es/La_Fundacion_7_s.htm, fecha de consulta: 12 de septiembre de 2015.

GALLARDO PAÚLS, Beatriz (2014), *Usos políticos del lenguaje. Un discurso paradójico*, 1ª ed., Barcelona, Editorial Anthropos / Nariño, S.L.

IACOB, Mihai (2006), *Curso de argumentación. Con aplicaciones al discurso publicitario y político*, Bucarest, Editura Universității din București.

"Ion Iliescu", asequible en: https://ro.wikiquote.org/wiki/Ion_Iliescu, fecha de consulta: 1 de octubre de 2015.

LASCU, Ioan (2013): "Metafora luminii în discursul politic totalitar", *Ramuri* 3/2013.

MONASTERIO, Diego (2010), *Nuevo manual de retórica parlamentaria y oratoria deliberativa*, 1ª ed., Buenos Aires, Konrad Adenauer Stiftung.

MUNGIU-PIPPIDI, Alina – ARACHELIAN, Vartan (2014), *Tranziția. Primii 25 de ani*, Iași, Polirom: ECA, Publicistica.

PANTOJA CHAVES, Antonio (2009), "El discurso político de Adolfo Suárez durante la Transición. Aplicaciones metodológicas", *Tejuelo: Didáctica de la Lengua y Literatura. Educación*, 5, 86-121.

SPANG, Kurt (2009), *Persuasión. Fundamentos de retórica*, 1ª ed., 2ª reimpresión, Pamplona, EUNSA.

ZAFIU, Rodica (2007), *Limbaj și politică*, Editura Universității din București.

TELENOVELAS Y MEMORIA HISTÓRICA: REPRESENTACIONES Y PERCEPCIONES DE LA HISTORIA RECIENTE EN CHILE Y COLOMBIA

MÓNIKA CONTRERAS SAIZ
Universidad Libre de Berlín

Resumen: En la última década en Chile y en Colombia salieron al aire un conjunto de telenovelas que trataban temas políticamente controvertidos y sensibles de la historia reciente de ambos países. El artículo presenta a grandes rasgos las representaciones centrales que estas producciones transmiten del pasado, analiza el papel que en ello juegan los canales de televisión e indaga por la percepción de las telenovelas y su rol en la formación de la conciencia histórica a nivel individual y colectivo.
Palabras clave: telenovela, Colombia, Chile, memoria histórica, conciencia histórica

Abstract: During the last decade, in Chile and Colombia four soap operas were aired that dealt with politicized, controversial, and sensitive topics in the recent history of both countries. The article presents a general overview of the representations of the past that these productions transmitted, it analyzes what role television channels played in the process, and explores how these telenovelas were perceived and contributed to the formation of an individual and collective historical consciousness.
Keywords: Latin soap opera, Colombia, Chile, historical memory, historical consciousness

Introducción

Los trabajos por la memoria son importantes para rememorar periodos sacudidos por la violencia política, ya sea en el marco de dictaduras, guerras civiles o conflictos internos armados. En este contexto las producciones audiovisuales han jugado un papel central como vehículos de la memoria, especialmente la producción de películas documentales y de ficción. La telenovela por ser un género y producto generalmente asociado con la frivolidad pocas veces ha sido empleada para ello. En el presente artículo se estudia un conjunto de cuatro telenovelas que precisamente trataron aspectos sensibles de la historia reciente de Chile y Colombia. En Chile nos referimos a las series *Los 80, más que una moda* y *Los archivos del Cardenal* y en Colombia a las telenovelas *Escobar, el patrón del mal* y *Tres Caínes*. En las series chilenas fue la primera vez que se trató el tema de la dictadura militar y su transición (1973 – 1989); y en las telenovelas colombianas se presentaron por primer vez con nombre propio algunas de las víctimas y victimarios de la compleja y entramada historia del narcotráfico y del conflicto armado colombiano. Los diversos actores que estuvieron detrás de estas producciones manifestaron que con estas telenovelas querían "construir la memoria histórica" de algunos hechos que afectaron la historia reciente de ambos países (Durán, 2009).

Considerando lo anterior se ha planteado un proyecto de investigación que desde los estudios de la memoria y empleando una perspectiva comparativa indaga ¿por qué los productores de estas telenovelas consideran que están "construyendo una memoria histórica"?, ¿qué tipo de representaciones del pasado están transmitiendo?, ¿hasta qué punto, los canales de televisión a través de este tipo de producciones pueden considerarse como portavoces de la memoria? y ¿cómo estas telenovelas han afectado la conciencia histórica de sus televidentes? Por ahora este artículo presentará brevemente los primeros resultados parciales tanto a nivel empírico, teórico y metodológico que se han ido tratando en el desarrollo de estas preguntas.

A continuación se enunciará inicialmente de qué se tratan las telenovelas seleccionadas, destacando a grandes rasgos las representaciones centrales que transmiten del pasado. Después se propone que estas telenovelas pueden ser entendidas como marcos de memorias emblemáticas y como archivos de memoria histórica. Una vez presentado el marco de interpretación y análisis que se está probando se tratará el papel que los canales de televisión están jugando en este proceso y finalmente se abordarán algunos puntos relacionados con la percepción de las telenovelas y su lugar en la formación de la conciencia histórica a nivel individual y colectivo.

1. Casos de estudio

Pese a las diferencias en el formato[1], las producciones que se analizaran pertenecen al género de la telenovela. Éste se distingue esencialmente por ser melodramático y transmitirse en capítulos. Las telenovelas seleccionadas cumplen –aunque con algunos matices- con las características propias del melodrama: 1). La progresión de un héroe o heroína que avanza hacia un futuro promisorio, 2). La presencia de conflictos de intereses, rivalidad de objetivos antagónicos, enfrentamiento de capas sociales, lucha contra prejuicios, resentimientos etc. 3). El héroe o heroína vence obstáculos, supera conflictos y termina destruyendo a sus enemigos. 4). Despliegue visual que emplea protagonistas físicamente apuestos, así como escenografías y vestuarios atractivos y 5). escenas de erotismo y sensualidad (Martín-Barbero, 1988).

1.1. El caso chileno: revisando la historia reciente e interviniendo la memoria colectiva

Los dos casos seleccionados en Chile guardan en común que ambos proyectos quisieron participar en la representación del pasado del periodo dictatorial (1973 – 1989) en este país. El primer proyecto en salir al aire fue la serie *Los 80, más que una moda* la cual se estrenó en el Canal 13 de Chile en octubre de 2008 y se presentó hasta diciembre del 2014. Se transmitieron un total de siete temporadas, cada una de 12 capítulos y fue producida por Canal 13 y la productora Wood Producciones. *Los 80* retrató la vida cotidiana de una familia de clase media en Santiago entre los años 1982 y 1990, aunque en la última temporada, a diferencia de las anteriores se concentró más en los personajes que en el contexto histórico y transcurrió en el año 2014. La serie fue concebida en el marco de la celebración del Bicentenario en Chile, y según lo ha explicado su productor ejecutivo, Alberto Gesswein, Canal 13 quería "revisar la historia reciente, pero desde la perspectiva de una clase media menos ideologizada y que tiene que "padecer" al resto del país, es decir a quienes toman las decisiones" (Farías, 2014:27). Esta perspectiva estaba inspirada tanto en el programa español *Cuéntame cómo pasó* como en la serie estadounidense *Los años maravillosos*, series, que como agrega Gesswein "remecieron muy fuerte a las sociedades de sus países". En *Los 80*, efectivamente al igual que en *Cuéntame cómo pasó*, se observan "narrativas opuestas como medio conciliatorio de ideologías" (citado por Rueda, 2013:151). En *Los 80* se crearon diversos personajes que

---

[1] En Chile para nombrar estas producciones se emplea indistintamente los términos series o teleseries. Éstas se transmiten por temporadas y una vez a la semana. En Colombia se les denomina telenovelas y su transmisión es diaria entre semana.

representaban múltiples posiciones tanto ideológicas, de género y de clase frente a uno de los temas centrales que se recrea: la dictadura.

La siguiente serie seleccionada es *Los archivos del Cardenal* transmitida en el canal Televisión Nacional de Chile (TVN) en dos temporadas, cada una de 12 capítulos en el año 2011 y 2014 respectivamente. La serie estuvo inspirada en los tres tomos del libro *Chile. La memoria prohibida* (1989), escrito por Eugenio Ahumada, Augusto Góngora y Rodrigo Atria y se inspiró en el formato policial de la exitosa serie estadounidense *La Ley y el Orden* (Ramírez, 2011). Mientras *Los 80* en sus contenidos trasciende la dictadura militar como único tema, mostrando también los recuerdos que se tienen de la década más allá de la dictadura (modas de éste tiempo, la música, los valores familiares, grandes eventos deportivos y artísticos de la década, la sociedad de consumo, entre otros), *Los archivos del Cardenal* se concentra sólo en la labor que ejerció la Vicaría de la Solidaridad en la defensa de los derechos humanos durante la dictadura. Aunque la puesta en escena de la vida bajo dictadura en *Los archivos* fue mucho más ruda comparada con *Los 80*, en los medios chilenos se preguntó a Josefina Fernández, creadora de *Los archivos* si el formato de telenovela no era un formato demasiado "pop" para tratar la experiencia dolorosa de la dictadura, a lo que Fernández respondió que "esa [es] la manera de llegar a la gente [e] instalar el tema de una forma masiva" (Ramírez, 2011). Así que mientras *Los 80* buscaban "revisar la historia reciente" y matizar dicotomías ideológicas, *Los archivos* buscó intervenir la memoria colectiva de la sociedad chilena instalando allí no sólo la labor de la Vicaría de la Solidaridad sino recordando una serie de sucesos emblemáticos ocurridos bajo dictadura que pese a que en su momento fueron conocidos en la prensa, pasaron desapercibidos porque la información de cierta forma llegaba, como afirmó Fernández, de manera "escondida y manipulada" (Ramírez, 2011).

1.2. El caso colombiano: ¿narco-novelas o creadoras de memoria histórica?

Escobar, el patrón del mal fue presentada en Colombia por el canal Caracol entre mayo y noviembre de 2012 y se basó en el libro *La parábola de Pablo* (2001) del periodista y ex alcalde de Medellín Alonso Salazar, el cual retrata la vida del conocido narcotraficante Pablo Escobar. Se transmitió en 113 capítulos de lunes a viernes en el horario estelar de las nueve de la noche. Desde el 2009 circulaba ya en los medios la noticia de la producción de la primera telenovela dedicada a Escobar. Y aunque en Colombia se han producido varias de las llamadas "narco-novelas", *Escobar* buscó desde el principio no ser enmarcada bajo este rótulo. En los medios se resaltó que se trataba de una producción especial porque era realizada por "dos víctimas del capo" (Durán, 2009). De hecho, una de las representaciones centrales que transmite la telenovela se propone precisamente "reivindicar a las víctimas del narcotráfico, a los mártires que lo denunciaron, a los valientes que lo combatieron", pero a su vez también se buscó intervenir una de las memorias emblemáticas que se guardan del famoso narcotraficante, aquella que lo recuerda por su filantropía. Para los productores era central mostrar el origen ilícito de sus recursos (Durán, 2009).

Cuatro meses después que se terminó de transmitir *Escobar*, se estrenó en marzo de 2013 la telenovela *Tres Caínes* en el canal RCN. Durante 80 capítulos emitidos de lunes a viernes también en el horario estelar de las nueve de la noche, *Tres Caínes* buscó recrear, como lo anunciaba su video promocional, "la historia jamás contada de los hermanos Castaño". Fidel, Vicente y Carlos Castaño Gil han sido reconocidos actores de la historia del paramilitarismo en Colombia. La telenovela explicaba con un aviso que aparecía al principio de la emisión de cada capítulo, que ésta quería dar a conocer y representar "los sucesos de una época que alteró y afectó gravemente al pueblo colombiano" y que se basaba "en testimonios rendidos en los diferentes procesos a partir de la Ley de Justicia y Paz [y] en las investigaciones y entrevistas realizadas por el autor de la Serie, Gustavo Bolívar Moreno y el periodista, Alfredo Serrano Zabala [...]"[2]. Ya desde este anuncio se representa el tema del paramilitarismo y el conflicto colombiano como algo concluido. Pero la temática central de esta producción relacionada con las actividades de los grupos paramilitares en Colombia es actualmente un tema muy sensible para la sociedad colombiana, y ésta no considera que el paramilitarismo y el conflicto sea un fenómeno terminado.

2. Telenovelas como marcos de memoria emblemática

Considerando que estas telenovelas pueden alcanzar millones de espectadores, lo que está en juego, más allá de las lógicas comerciales de la industria del entretenimiento, es también la conquista de un lugar en la memoria colectiva e individual de los sentidos del pasado que se están transmitiendo. Esto explica porque ninguna de las series pasó desapercibida, llegando no solo a ser tema de conversación en la vida cotidiana sino también materia de disputa en la esfera pública.

Para entender éste fenómeno puede ser muy útil el concepto de "memoria emblemática" de Steve Stern. Desde los estudios históricos sobre

---

[2] La ley de Justicia y paz fue promulgada en el 2005 bajo el gobierno de Álvaro Uribe Vélez y ofrece un marco jurídico de justicia transicional para viabilizar el proceso de desmovilización de grupos armados al margen la ley. En la práctica se desmovilizaron principalmente paramilitares.

la construcción de las memorias en América Latina, Stern ha propuesto éste concepto para explicar cómo se configuran los recuerdos y sentidos que se le otorgan a los hechos del pasado y que van interviniendo la memoria colectiva de una sociedad. Él ve en la historia de la memoria y el olvido "un proceso de deseo y de lucha para construir memorias emblemáticas, culturalmente y políticamente influyentes y hasta hegemónicas" (2000:13). Siguiendo a Stern propongo que el tipo de telenovelas que se están analizando, sirven de puente para interpretar los recuerdos individuales de sus televidentes en un marco de "memoria emblemática" dado por esta misma. Entendiendo así por "memoria emblemática", aquella que ofrece un eje interpretativo que captura lo que para un grupo de personas constituye "una verdad esencial acerca de su experiencia" (2005:113).

La audiencia a la que están dirigidas estas producciones y por ende la memoria colectiva que se quiere intervenir es principalmente a nivel nacional. No obstante en el trabajo de mediación de la telenovela, es decir el uso que hacen los televidentes de las representaciones que perciben, se presta para crear múltiples grupos identitarios y diversas memorias colectivas (Martín-Barbero, 1991). Por ejemplo, *Los 80* resultó ser un puente de memoria emblemática de la cultura de la década de los 80 para una generación en especial, aquella que creció en esa misma década, que hoy tiene entre aproximadamente 30 y 45 años y que es preponderantemente urbana; mientras que a la misma generación que creció en espacios rurales, *Los 80* les fue más bien indiferente[3]. En el caso colombiano, un primer sondeo realizado a través de entrevistas a jóvenes universitarios en Medellín, Popayán y Bogotá arrojó que hubo padres de los encuestados en la ciudad de Bogotá que durante la transmisión de *Escobar* rememoraron hechos concretos de los atentados cometidos por la organización de Pablo Escobar y se sintieron identificados como víctimas de lo que esta serie ha representado como una "época del terror"[4].

Estas telenovelas ya han demostrado que los marcos de memorias emblemáticas que ofrecen son polémicos en tanto transmiten sentidos del pasado que son mediados por la sociedad. Las primeras indagaciones empíricas realizadas, han develado que las diferentes percepciones de los

---

[3] De esto dan indicios las entrevistas realizadas en espacios rurales en Chile. "*Los 80* no es que se identifique con la vida del campo" Entrevista, (en adelante E.), EC (para proteger las identidades se emplearán abreviaturas), Ercilla, 11.08. 2015; "*Los 80* es algo ajeno a la vida de campo" E. CC, Ercilla, 11-08-2015.

[4] E. TC, Bogotá, 11-09-2015: "Yo no tenía mucho interés en el tiempo en sí [se refiere a la década de los 80] pero ya después mi papá contó que el presenció uno de los actos terroristas que él hizo [Escobar], él [padre de la persona entrevistada] estuvo en la bomba del DAS y él se salvó por nada, porque él estaba del otro lado del edificio, él estaba como en el sótano, pero murieron como, como 15 compañeros de él, pero mi papá nunca había hablado de eso, fue como hasta ese momento [transmisión de la telenovela] que decidió hablar de eso y dijo que tuvo durante un año estrés postraumático […]".

televidentes de dichos marcos, despliegan no sólo un complejo proceso de mediación que implicaría un enfoque interseccional para su análisis, sino que también revelan los debates entre memorias emblemáticas ya existentes y sus contra-memorias. Por ejemplo, en el caso de *Los archivos* se puede formular que una de las memorias emblemáticas que transmite la serie rememora la violación sistemática de los derechos humanos durante la dictadura militar. En los debates que circularon en la prensa hubo quienes consideraban la teleserie como "una victimización de la izquierda del país" mientras a otros les parecía que a través de la teleserie se estaba reforzando el valor de la defensa de los derechos humanos *(Cambio 21*, 25-07-2011). En las primeras entrevistas realizadas en Chile, fue interesante ver que la mayoría de los entrevistados no vieron la serie. Los jóvenes entrevistados – en realidad la generación a la que especialmente estaba dirigida la serie- en general no la vieron porque la encontraban "muy fome" (aburrida) (E., Valdivia, 13-08-2015) mientras las personas entrevistadas mayores de 40 años, en general no la vieron porque la encontraban "muy política, muy comunista" (E., BC, Ercilla, 16.08-2015).

En el caso de *Los 80*, se percibe que la serie a través de las posiciones de sus personajes ofrece varios marcos de memorias emblemáticas, quizás por esto la teleserie no causó tanta controversia en Chile. Lo interesante es que en *Los archivos* también se aprecian diferentes posturas de sus personajes que representan diversos marcos pero dado el formato policial, la estética de la producción cambia y con ello su percepción.

Mientras en Chile las telenovelas se mueven en un contexto histórico y político claramente identificable y concluido: el periodo de la dictadura militar, en las producciones colombianas los límites son difusos y el contexto histórico no se deja identificar tan fácilmente con un solo fenómeno político, quizás por eso es que las dos producciones tienen como eje narrativo personalidades específicas: Pablo Escobar y Los hermanos Castaño. Aquí radica parte del potencial del análisis comparativo de los dos casos, porque las producciones chilenas están creando memoria histórica desde un periodo de transición definido, mientras las colombianas carecen de esa claridad y la memoria histórica que están construyendo, se hace desde un contexto sin transición. Circunstancia que seguramente condiciona la forma en que son percibidas por el público y cuyo análisis comparativo con seguridad arrojará resultados importantes en el estudio de las memorias.

3. Telenovelas como archivos de memoria histórica

Cuando las telenovelas narran hechos que ocurrieron mientras transcurría la vida de la mayor parte de sus televidentes, o por lo menos la vida de sus padres, inevitablemente evocan en los televidentes los recuerdos que tienen de esa época y a su vez pueden convertirse en memorias emblemáticas. De igual forma, cuando en las telenovelas se narran diferentes sucesos históricos, es decir hechos verificables, que contextualizan sus melodramas, están dando forma a una memoria histórica, que fija en el recuerdo determinadas coyunturas, hechos especiales e imágenes visuales de los mismos. Entendiendo así para este caso el concepto de memoria histórica, como aquella memoria que se materializa en algún tipo de archivo y se basa en hechos verificables del pasado[5]. Es así como estas telenovelas cumplen tres funciones. Primero, están sirviendo como marcos de memoria emblemática que pueden servirle a los televidentes para interpretar los recuerdos de los hechos de sus memorias sueltas. Segundo, se convierten en archivo, en depósito de memoria histórica y tercero son a su vez una fuente de su tiempo en tanto en las representaciones del pasado que están difundiendo dejan huellas de su presente.

De otra parte, cuando estas telenovelas emplean en sus transmisiones imágenes reales de los hechos que narran, es decir cuando en ellas tiene lugar una "migración de imágenes" (González, 2015:77), tienen muchas más oportunidades de lograr que el televidente reviva con más facilidad sus memorias sueltas y de otorgarle el adjetivo "histórico" al tipo de memoria que están construyendo. Para aquellos televidentes que no presenciaron los hechos, pero que escucharon de ellos, esta "migración de imágenes" reales tomadas de archivos audiovisuales y sonoros, otorga una imagen y un sonido a las memorias escuchadas –u ocultas- de sus padres. La "migración de imágenes" se presta no sólo para nuevas interpretaciones de las mismas imágenes sino que además cumplen la función de otorgarle más plausibilidad y autenticidad a las narraciones de las producciones audiovisuales (González, 2015:77). De igual forma, en algunas de estas telenovelas, se emplean nombres de personas reales o se crean personajes que son fácilmente identificables para el público con personas reales, que de la misma forma que la "migración de imágenes", facilitan rememorar las memorias sueltas y darles un sentido histórico. Las palabras de una televidente de *Los 80* se corresponden con nuestra propuesta: "[…] en fin, nunca pensé que una "simple serie de televisión" fuera a convertirse en un documento histórico tan importante para quienes vivimos los tiempos más oscuros de nuestro país, también reconocí en el viejo del almacén a muchos vecinos, personas conocidas y amigas y amigos que por lo mismo dejé en el camino, ellas y ellos personas ciegas que defendían a pie juntilla a la

---

[5] En el espacio latinoamericano el empleo del término "memoria histórica" es muy usual y connota diferentes situaciones. Un análisis detallado de su empleo sobrepasa los límites de este artículo.

dictadura y miraban para otro lado cuando se les trataba de mostrar la realidad [...]."[6]

Pero memoria y más aún memoria histórica son conceptos que de acuerdo a la disciplina, el enfoque, el periodo, el sujeto que los emplea y el contexto, son entendidos de maneras distintas y empleados con diferentes funciones. Al respecto las palabras de uno de los jóvenes entrevistados plantean una discusión frente al tema: "[...] yo discrepo un poco de lo que decías de que se hace memoria histórica, discrepo mucho, porque tú sabes bien como historiadora, que la historia está contada por los libros y la memoria está contada por la gente que vivió estas experiencias, estas novelas no se centran en la gente que vivió [la] experiencia sino en algo más que vende, que venda, entonces, no lo veo que hagan memoria histórica, igual la memoria histórica no se da para generar dinero, como sí lo está haciendo para generar dinero como lo están haciendo estas novelas [...]" (E., FF, Bogotá, 11-09-2015).

Las lógicas comerciales detrás de estas producciones sin duda no pueden dejar de considerarse, así como la influencia que pueden llegar a tener en el cambio y transformación de sus contenidos. En todo caso, por ahora se manejará la hipótesis que estas producciones están construyendo memoria histórica. Lo cual se sustenta en las múltiples polémicas que surgieron en Chile y Colombia con su transmisión, los actos de conmemoración en su entorno y la opinión de sus televidentes. Por ejemplo en Colombia, para algunos las telenovelas *Escobar, el patrón del mal* y *Tres Caínes* fueron vistas como una apología a "estos criminales"; mientras en Chile la transmisión del último capítulo de la primera temporada de *Los archivos* fue celebrado y presenciado por miles de personas en el Museo de la Memoria en Santiago (*La Nación*, 13-10-2011). Adicionalmente siguiendo los comentarios que escriben en las páginas web los televidentes de estas producciones, se observa que parte de ellos manifiestan su agradecimiento a los canales por "contarles la historia" y por tratar estos temas sensibles.

4. Los canales como portavoces de las memorias emblemáticas ¿Un nuevo actor?

Siguiendo a Stern, las "memorias emblemáticas" si bien son invenciones humanas, no son invenciones arbitrarias y deben convencer a quiénes las emplean para interpretar sus memorias sueltas. Él precisa una serie de criterios para que las memorias emblemáticas construidas sean convincentes El criterio requerido más relevante, es la existencia de los "portavoces"

---

[6] Comentario de María Marchán en la página web de *Los 80*, asequible en: http://www.13.cl/programas/los-80-temporada-final/capitulos/hasta-siempre-ii-parte, fecha de consulta: 15 de noviembre de 2015.

(2000:22). En general los estudios sobre memoria han mostrado una amplia gama de portavoces de la memoria, quienes se organizan en varias instancias, desde el Estado, la Iglesia, los sindicatos o los partidos políticos y también desde los espacios formales e informarles de la sociedad civil, como las agrupaciones de familiares de víctimas, organizaciones no gubernamentales y círculos académicos y artísticos. Pues bien, si se analiza quiénes son los realizadores que están detrás de estas telenovelas, se observa que quizás se está tratando con nuevos actores en el escenario de los trabajos por la memoria de estos dos países. El equipo de portavoces está constituido por los creadores (productores, guionistas) de las telenovelas y los canales mismos de televisión, cuyas directivas autorizan la financiación de estos proyectos y los aprueban en su programación.

Resulta interesante por ejemplo que tanto los productores de *Escobar* así como la creadora de *Los archivos*, más allá de ser profesionales con una larga y distinguida trayectoria en la industria cultural de las telenovelas en sus países, tienen en común un vínculo directo con la historia que cuentan sus producciones. Los productores de *Escobar*, Camilo Cano y Juana Uribe Pachón se consideran víctimas de Pablo Escobar. El padre de Camilo Cano fue mandado a asesinar por Escobar y la madre de Juana Uribe fue secuestrada también por Escobar, además su tío, un reconocido político colombiano, Luis Carlos Galán, también fue mandado a asesinar por Escobar. Por su parte, la creadora de los *Los archivos* es hija de un abogado que trabajó para la Vicaría la Solidaridad.

Estos portavoces son novedosos en sus países porque son actores que están construyendo memoria histórica desde el campo del entretenimiento en el marco de las industrias culturales y no desde los círculos influidos por el paradigma de los derechos humanos, empleando la telenovela por primera vez como un vehículo de la memoria del pasado reciente y conflictivo de ambos países. Ahora, ¿estamos realmente ante un nuevo portavoz de los trabajos por la memoria o más bien se podría reducir la producción de estas telenovelas a una estrategia de los canales para capturar los primeros puestos en el rating? Por ahora no se puede dar una respuesta definitiva. De un lado, estamos ante unas producciones costosas, así que las telenovelas deben ser rentables y recuperar lo invertido. Además, no se puede olvidar la competencia entre los canales. En Colombia, por ejemplo, la transmisión casi inmediata de *Tres Caínes* justo cuatro meses después de que culminó *Escobar* en el canal de la competencia, no debe ser coincidencia. Además, en una comunicación con Nona Fernández, co-guionista de *Los archivos*, ella mencionó todos los esfuerzos realizados por Josefina Fernández (creadora de la serie) para lograr que algún canal adoptara y transmitiera el proyecto (Comunicación personal con Nona Fernández, Santiago, 17-08-2015). Lo cual invita a investigar y conocer mejor las dinámicas que hay en la gestión de la programación de un canal, para poder saber hasta qué punto se puede considerar el canal como un portavoz de la memoria.

De otra parte, el canal juega un papel central en las mediaciones de los televidentes. En Colombia por ejemplo, "la lealtad" a los canales privados de televisión decide en algunos hogares qué se ve en la tele. Por ejemplo, en Popayán los jóvenes entrevistados manifestaron que no vieron *Tres Caínes* porque se transmitía en el canal privado de televisión RCN, mientras que en Bogotá y Medellín algunos entrevistados no vieron *Escobar* por ser transmitida en el canal Caracol. Expresiones como "mi familia siempre ha visto Caracol" (E., AL, Popayán, 22-08-2015) o "en mi casa no ven Caracol [...] nosotros sólo vemos RCN" (E., DD, Bogotá, 11-09-2015), "[...] en mi casa hay una tradición de sólo ver RCN" (E., MM, Medellín, 28.08.2015) manifiestan la "lealtad" a los canales que sin duda es un factor importante, porque estaría sirviendo como filtro en la difusión de estos productos audiovisuales. En Chile, en este primer sondeo no se percibió algún tipo de "lealtad a los canales", pero uno de los entrevistados declaró por ejemplo que no vio *Los archivos* porque fue transmitido por TVN, "el anal de la dictadura" (E., LB, Valdivia, 13-08-2015).

Sin duda las producciones de estas telenovelas colombianas y chilenas están también guiadas por la guerra de ratings entre canales, pero que decidan producirse en este momento y no en otro guarda una relación con el momento que están viviendo en ambos países en el proceso de tratamiento de sus pasados conflictivos.

5. Recepción de las telenovelas y la conciencia histórica

La televisión ha sido considerada "como instancia primaria en la formación de una cultura histórica colectiva" (Rueda, 2013:152) y además desde múltiples disciplinas se ha comprobado que las teleseries moldean nuestra evaluación de la realidad política, al menos a una pequeña escala (Wünsch, 2014). Pero las audiencias ni reciben pasivamente, ni desafían activamente el imaginario histórico que encuentran en productos como las telenovelas, sino que más bien "negocian" lo que ven con su propio contexto. En este "ámbito de negociación" tienen lugar apropiaciones, rechazos y adaptaciones de significados percibidos. Para observar este fenómeno que no es otro que el de la percepción, se propone poner a prueba el concepto de conciencia histórica. Para entenderlo mejor, considérese que estas telenovelas no solo están situando temas controvertidos del pasado reciente de sus países en la esfera pública, sino también en la cotidianidad de los televidentes. En ese sentido, el individuo que recibe el conocimiento de estos hechos y está en capacidad de relacionarlo con su presente y su propia experiencia, se diría que está desarrollando una conciencia histórica (Heckenberger, 2005:226).

De las entrevistas realizadas resultó especialmente significativo aquellos casos en que los entrevistados vieron las telenovelas buscando entender una situación del pasado. Es un tipo de percepción clave, que se puede relacionar con la formación de conciencia histórica de una persona – o dado el caso, de una sociedad-. Por ejemplo un estudiante en Valdivia vio *Los 80* para entender por qué sus padres no hablaban de la vida en dictadura, o el caso de una señora de Santiago que vio *Los archivos* para entender mejor la vida de su antigua jefe, quien había tenido nexos con la Vicaría de la Solidaridad. En Colombia, particularmente con *Tres Caínes* se presentaron casos en que el entrevistado vio la telenovela, para entender sus propios recuerdos del conflicto: "Yo escuché de los *Tres Caínes* por radio. Y pues por ahí me interese, pues uno que ha pasado, por ejemplo este, los hostigamientos, pues uno como que trata de entender por qué matan a gente que no tienen nada que ver con ellos en medio de la confrontación que hubo en ese tiempo, es eso."(E., JP, Popayán, 22.08.2015). Tomando en cuenta estos ejemplos se puede inferir que el recurso de la imagen y a su vez la puesta en escena en de un evento, una época, un recuerdo que sea personalmente significativo en un formato masivo como la telenovela, resulta ser una técnica cultural no sólo del recuerdo sino de aprendizaje.

6. Conclusiones

Se ha señalado la relevancia de considerar la transmisión de conocimiento histórico a través de un género tan popular en Latinoamérica como lo es la telenovela. Especialmente si se considera que los contextos históricos que están tratando son recientes y que muchos de sus televidentes tienen un recuerdo se su experiencia vivida allí. En la realización de estas producciones hubo la intención de recuperar y crear una memoria histórica visitando aquellos territorios conflictivos y que representaron una situación difícil para las comunidades nacionales. El enfoque comparativo permitió reflexionar, que pese a las diferencias de los contextos históricos de ambos países, cuando se construye memoria histórica de pasados violentos en las telenovelas, éstas les sirven a sus televidentes de marcos emblemáticos de sus memorias sueltas, otorgando nuevos sentidos e interpretaciones al pasado en el presente, convirtiéndose en un elemento que ayuda a desarrollar conciencia histórica en amplios sectores de una sociedad.

BIBLIOGRAFÍA

DURÁN, Diana (2009), "La parábola televisada de Pablo Escobar", *El Espectador*, 11-07-2009, asequible en: http://www.elespectador.com/print/170884, fecha de consulta: 30 de junio de 2014.

FARIAS g., Daniela (2014), "Los 80 me permitió seguir enamorado de la televisión", *Revista Universitaria* 127, Santiago de Chile, 24-30.

GONZÁLEZ DE REUFELS, Delia (2015), „Bildmigration und Geschichte. Das Ende der chilenischen Militärdiktaturen in Pablo Larrains Spielfilm NO", en Delia González de Reufels [et al] (Hg.): *Film und Geschichte. Produktion und Erfahrung von Geschichte durch Bewegtbild und Ton*, Berlin, Bertz/Fischer, 77-88.

HECKENBERGER, Michael (2005), *The Ecology of Power: Culture, Place, and Personhood in the Southern Amazon, A.D. 1000-2000*, New York, Routledge.

MARTÍN-BARBERO, Jesús (1988), "Matrices culturales de la telenovela", *Revista Estudios sobre las culturas contemporáneas*, I, 4/5, 137-164.

MARTÍN-BARBERO, Jesús (1991), *De los medios a las mediaciones. Comunicación, cultura y hegemonía*, Madrid, Ediciones Gili.

"Multitudinario acto público en episodio final de "Los Archivos del Cardenal", *La Nación*, 13-10-2011, asequible en: http://www.lanacion.cl/multitudinario-acto-publico-en-episodio-final-de-los-archivos-del-cardenal/noticias/2011-10-13/231723.html#, fecha de consulta: 25 de junio de 2014.

RAMÍREZ, Juan Carlos (2011), "Así será "Los Archivos del Cardenal", la miniserie con que TVN promete sacudir la memoria histórica", *La Segunda online* 01-07-2011, asequible en: http://www.lasegunda.com/Noticias/CulturaEspectaculos/2011/07/659515/Asi-sera-LOS-ARCHIVOS-DEL-CARDENAL-la-miniserie-con-que-TVN-promet, fecha de consulta: 1 de septiembre de 2014.

RUEDA LAFFOND, José Carlos (2013), "Escritura de la historia en televisión: la representación del Partido Comunista de España (1975-2011)", *Historia Crítica*, 50, Bogotá, 132-156.

"Sigue polémica por transmisión de la serie 'Los Archivos del Cardenal", *Cambio 21*, 25-07-2011, asequible en: http://www.cambio21.cl/cambio21/site/artic/20110725/pags/20110725124639.html, fecha de consulta: 1 de septiembre de 2014.

STERN, Steve J. (2000), "De la memoria suelta a la memoria emblemática: hacia el recordar y el olvidar como proceso histórico (Chile 1973 – 1998)", en Mario Garcés (et al.): *Memoria para un nuevo siglo. Chile, miradas a la segunda mitad del siglo XX*. Santiago, LOM Ediciones, 11-33.

STERN, Steve J. (2005), *Remembering Pinochet's Chile*, Los Ángeles, Universidad de California.

WÜNSCH, Carsten [et al] [Hrsg.] (2014), *Handbuch Medienrezeption*, Baden-Baden, Nomos.

Producciones de Televisión
BERNARDEU, Miguel Ángel, director. *Cuéntame cómo pasó*, TVE, España, 2001-2013.

BLACK CAROL, Marlens Neal, creadores. *The Wonder Year*, ABC, Estados Unidos, 1988-1993.

BOLÍVAR, Gustavo, creador. *Tres Caínes*, RCN, Colombia, 2013.

FERNÁNDEZ, Josefina, creadora. *Los archivos del Cardenal*, TVN, Chile, 2011-2012.

GESSWEIN, Alberto, productor. *Los 80, más que una moda*, Canal 13, Chile, 2008-2014.

URIBE, Juana/CANO, Camilo, productores. *Escobar, el patrón del mal*, Caracol, Colombia, 2012.

WOLF, Dick, creador. *Law & Order*, NBC, Estado Unidos, 1990-2010.

EL GOBIERNO MILITAR PERUANO Y EL REGRESO A LA DEMOCRACIA EN *LA VANGUARDIA ESPAÑOLA*

KATALIN JANCSÓ
Universidad de Szeged

Resumen: En España y en el Perú transcurren procesos significativos a partir de los años 1968 y 1969, dirigidos por el coronel Francisco Franco y el general Juan Velasco Alvarado. Los dos regímenes militares de índoles diversas, en cierto sentido mostraban también analogías. Tras un golpe de estado, Velasco Alvarado inició en 1968 un período revolucionario introduciendo reformas imprescindibles para el país. En España, la dictadura de Franco entró en su última fase en este período. Los dos regímenes terminaron casi paralelamente. Velasco Alvarado fue destituido por el general Morales Bermúdez apenas dos meses antes de la muerte del dictador español. La segunda fase del gobierno revolucionario dirigida por Morales Bermúdez y caracterizada por una crisis económica y protesta social, abrió el camino hacia el regreso a la democracia. En mi ensayo, me concentro en ciertas fases del régimen militar peruano, su relación con España y su apreciación y repercusión durante el tardofranquismo y los primeros años de la democracia. Como fuente del estudio, examino los artículos contemporáneos del periódico más leído del franquismo, *La Vanguardia Española*, editada en Barcelona, que se ocupó de los acontecimientos peruanos de manera exhaustiva y detallada.
Palabras clave: gobierno militar peruano, Juan Velasco Alvarado, Francisco Morales Bermúdez, Fernando Belaúnde Terry, La Vanguardia Española

Abstract: Significant processes took place in Spain and Peru from 1968 and 1969. The two military regimes of different nature also had some similarities. After a military coup, Velasco Alvarado initiated in 1968 a revolutionary period in which he introduced indispensable reforms and changes. In Spain, Franco's dictatorship entered its last period. The two

regimes ended almost at the same time. Velasco Alvarado was deposed by General Morales Bermúdez, not more than three months before Franco's death. The second phase of the Peruvian military government led by Morales Bermúdez and characterised by an economic crisis and social protests opened the way to the return to the democracy. In the present study, I concentrate on certain periods of the Peruvian military regime, its relationship with Spain and its evaluation and repercussion during the late-Franco and transition periods. As a source, I examine the contemporary articles of the most popular Spanish newspaper of the period, *La Vanguardia Española*, edited in Barcelona, that dealt with the Peruvian events exhaustively and thoroughly.
Keywords: Peruvian military government, Juan Velasco Alvarado, Francisco Morales Bermúdez, Fernando Belaúnde Terry, La Vanguardia Española

En el presente estudio mi intención es examinar uno de los acontecimientos históricos peruanos que más repercusión internacional provocaron, concretamente, el gobierno militar revolucionario que se formó tras un golpe de estado en 1968 y terminó con las elecciones democráticas de 1980. Mi objetivo es enfocar los procesos desde la perspectiva española, analizando artículos contemporáneos del periódico más leído del franquismo, titulado *La Vanguardia Española*, editado en Barcelona, que se ocupó de los sucesos peruanos de manera exhaustiva y detallada.

Desde 1963, el Perú era dirigido por el arquitecto Fernando Belaúnde Terry, su presidencia se caracterizó por grandes obras públicas, levantamientos de campesinos y, a pesar de sus esfuerzos, por una crisis económica creciente. Tras un golpe de estado, en 1968 Juan Velasco Alvarado inició un período revolucionario, introduciendo reformas imprescindibles para el país. Velasco Alvarado fue destituido por el general Morales Bermúdez apenas dos meses antes de la muerte de Francisco Franco. El nuevo presidente se enfrentó con graves problemas económicos y sociales. Además de tratar de buscar medidas para frenar la crisis, inició el camino del retorno a la democracia. Esta última etapa ocupará el lugar central del presente estudio.

Tanto los inicios como los siguientes doce años y los últimos momentos del gobierno militar fueron objeto de una especial atención internacional. Uno de los motivos de este gran interés fue que a diferencia de los otros regímenes militares, Velasco Alvarado tuvo una clara intención de reformar y transformar el sistema económico y social del país, introduciendo medidas evidentemente revolucionarias y progresistas (Martín Sánchez, 2002:21) y apoyándose en una ideología antiimperialista y antilatifundista. Consciente del gran atraso, de las tensiones sociales, de las deficiencias de las estructuras económicas, de la creciente corrupción y deuda pública, del surgimiento del movimiento guerrillero y de la excesiva dependencia de los Estados Unidos, Velasco Alvarado quiso llevar a cabo una revolución nacional antiimperialista (Anderle, 1978:86-87, Zádor, 1985:468-490, Szalai, 2009). Sus primeros pasos fueron la introducción de la reforma agraria más significante en la historia peruana y la expropiación de las grandes empresas extranjeras, así como la nacionalización de los princiales medios de comunicación (Anderle, 1978:90-91). Las reformas radicales y el rumbo anticapitalista, junto con los problemas económicos emergentes originaron una reacción de protesta por la derecha peruana y un debate intenso en el interior de las Fuerzas Armadas y el Gobierno. Los procesos dieron fin al periodo de Velasco Alvarado y la junta militar ascendió a Morales Bermúdez a nuevo presidente del país (Anderle, 1997:113-114). El objetivo más importante del nuevo Gobierno fue "la salvación de la crisis económica sacrificando conquistas importantes del régimen de Velasco" (Lajo, 1978:197), por ende, se frenaron los procesos de reformas, y empezó un periodo de dictablanda que preparó al país para su retorno a la democracia.

La *Vanguardia Española* dio noticias de los acontecimientos peruanos desde los primeros momentos de la ejecución del golpe militar. Inicialmente, *La Vanguardia*, fundada por miembros de la familia Godo en 1881, fue el "órgano de expresión de una fracción del Partido Liberal de Barcelona" (Grupo Godo: 10-10-2015), aunque unos años después ya se presentó como diario independiente y símbolo de la sociedad civil catalana. El triunfo de Franco en la guerra civil provocó grandes cambios en la dirección y la ideología del periódico. Un día después de la entrada de las tropas de Franco en Barcelona, el periódico apareció con el siguiente titular en su portada: "Diario al servicio de España y del Generalísimo Franco. Barcelona para la España invicta de Franco" (*La Vanguardia*, 27-01-1939, 1). El nuevo director del diario llegó a ser Manuel Aznar Zubigaray (abuelo de José María Aznar, expresidente del Gobierno de España), seguidor fiel de Franco. El diario cambió su nombre a *La Vanguardia Española* y el adjetivo solo se quitó en 1978 (Periodista Digital, 29-10-2012). A pesar de la concentración de su difusión en Barcelona (en contra del periódico *ABC*), *La Vanguardia Española* se convirtió en el diario más vendido y más leído del periodo del tardofranquismo (Fernández Barbadillo, 2012).

El Gobierno de Velasco Alvarado entró en una etapa de crisis desde 1973, debido a varios factores. Entre las principales causas podemos mencionar los conflictos internos en el Gobierno, la crisis económica (petrolera y de la harina de pescado), la creciente tensión con los Estados Unidos (tras el acercamiento a Cuba y la adquisición de armamiento soviético con mediación cubana), el empeoramiento de las relaciones con Chile (después de la muerte de Salvador Allende), la posibilidad de la formación de un bloque militar antimarxista (con la participación de Bolivia, Paraguay, Brasil y Chile) y el estancamiento del desarrollo del Pacto Andino (Martín Sánchez, 94-95). Además, se percibía una creciente campaña anticomunista dentro del país también, así como surgieron movimientos sociales y manifestaciones contra la política del Gobierno. Los periódicos con voces críticas fueron expropiados (Anderle, 1978:94-97). La crisis interna fue agravada por los debates políticos surgidos en torno al Plan Túpac Amarú (de características anticapitalistas) y por la enfermedad cada vez más grave del general Velasco Alvarado (Anderle, 2009:139).

En estos meses se podía percibir un giro en la actitud de la prensa española hacia Perú y su presidente. Mientras en los años anteriores la prensa falangista y de los sectores reformistas era favorable al Perú y a las actitudes de Gobierno peruano (Puertas Porras, 2007:465), la expropiación y la clausura de varios diarios y radioemisoras en julio de 1974 provocaron la negativa de la prensa española (Puertas Porras, 2007:467). Apenas tres meses antes del fallecimiento de Franco se produjo la destitución de Velasco Alvarado.

En su número del 30 de agosto, La Vangaurdia dio noticia de los acontecimientos. En el artículo apareció el manifiesto anunciado por los comandantes generales peruanos en el que aseguraban la continuación del proceso revolucionario (*La Vanguardia Española*, 30-08-1975, 5). El mismo día publicaron las afirmaciones del secretario general del ministerio de Defensa, José Villalobos, quien declaró que "la quebrantada salud del presidente Juan Velasco Alvarado fue uno de los motivos de la actitud asumida [...], que en un pronunciamiento institucional de todas las regiones militares, pidieron al general Morales Bermúdez, asumir la conducción del proceso revolucionario. Agregó que continúa vigente el estatuto del Gobierno revolucionario así como todos los documentos que contengan la ideología y doctrina del actual proceso. «La política a seguir será exactamente la misma», afirmó" (*La Vanguardia Española*, 30-08-1975, 6).

A pesar del rechazo de la prensa española hacia Velasco Alvarado en los meses anteriores, su destitución de nuevo llamó la atención internacional y levantó gran interés en los medios peninsulares. El 30 y 31 de agosto de 1975 dedicaron páginas enteras llenas de informaciones y artículos a los sucesos peruanos con la clara intención de no solo informar, sino también analizar los acontecimientos, como lo muestran los principales titulares ("Seis años de poder militar", "El presidente caído fue un destacado promotor de la revolución peruana", "Los objetivos del régimen peruano y su realización", "El culto a la personalidad y las tendencias dictatoriales de Velasco Alvarado han determinado principalmente su caída"). Con respecto a la caída del general y las respectivas consecuencias, el diario entrevistó al general Lindley, embajador del Perú en Madrid, quien afirmó lo siguiente: "A mí me da la impresión de que aquello no ha sido un golpe de estado sino un simple cambio en la dirección suprema de la revolución peruana [...] El general Morales es un hombre de prestigio dentro de las fuerzas armadas de mi país. Ha sido número uno de su promoción y segundo hombre de la revolución peruana desde su puesto de primer ministro y jefe de las fuerzas armadas. Por eso pienso más en un cambio que en un golpe de estado. Téngase en cuenta que no ha habido enfrentamientos violentos" (*La Vangurdia Española,* 31-08-1975, 14).

El general Lindley también añadió que solo se trataba de un cambio en la jefatura del gobierno y que Morales iba a seguir en la línea de Velasco Alvarado. Desde el inicio del gobierno de Morales Bermúdez, Velasco Alvarado vivió retirado en Chaclacayo (departamento de Lima) hasta su muerte en diciembre de 1977. El 25 de diciembre La Vanguardia publicó un breve resumen de la obra del general y dio noticias de su fallecimiento (*La Vanguardia Española,* 25-12-1977, 40).

Entre las causas de la destitución de Alvarado, destacaron las referencias a las tendencias personalistas del general y la expropiación de los principales periódicos. Otro elemento mencionado fue la amputación de la pierna derecha de Alvarado y el empeoramiento de su salud. Los artículos detallaron los datos biográficos del presidente y presentaron a los lectores una amplia imagen de los acontecimientos en orden cronológico. Naturalmente informaron de la reacción de Washington ante los sucesos, la cual era positiva con la esperanza de que se produjera cierto distanciamiento de la Unión Soviética y de Cuba, además de que el nuevo gobierno fuera más favorable respecto a las inversiones norteamericanas (*La Vanguardia española,* 31-08-1975, 16).

Los primeros artículos de opinión no tardaron en publicarse. El 2 de septiembre de 1975 salió a luz un análisis y artículo de opinión con el título de "Las ambigüedades de una revolución", en el cual enumeraron los avances, los fracasos y las ambigüedades de los siete años del Gobierno. "Tal vez ningún gobernante peruano alcanzó el poder con tantas potencialidades y tantas mudas adhesiones como aquellos oficiales formados todos ellos en el Centro de Altos Estudios Militares de Lima. Pretendían experimentar un tipo de revolución original, no comunista, ni capitalista, *socialista humanista y de raíz cristiana*. [...] La Reforma Agraria, triunfante en algunas zonas de la costa, fracasó estrepitosamente en las regiones serranas; las nacionalizaciones de algunos recursos naturales no siempre sirvieron para vencer la dependencia estructural de la economía peruana. Por otro lado, los partidos políticos de oposición fueron silenciados, la prensa amordazada y nacionalizada y los intelectuales de izquierdas expulsados del país" (*La Vanguardia Española,* 02-09-1975, 3).

También se añadió: "Velasco intentó atraerse el apoyo del pueblo, creando organismos paraestatales, como el SINAMOS, enorme monstruo burocrático cuyo fracaso mal pudo ser ocultado por la hábil propaganda gubernamental y su inteligente servicio de relaciones públicas exteriores" (ibídem). En otro artículo especial entrevistaron al general Mercado Jarrín, ex primer ministro, considerado como principal ideólogo del proceso revolucionario peruano, quien evaluó con las siguientes palabras el Gobierno de Alvarado: "Se han llevado a cabo los pasos más importantes en el orden social. La actual coyuntura económica y, sobre todo, la tendencia inflacionista han de tener repercusiones en la economía de todos los países y más en uno que está haciendo una revolución. En consecuencia, los reajustes de orden económico tendrán gran importancia, pues ya se han hecho las principales revoluciones sociales. Y, naturalmente, seguiremos con una política externa firme e independiente" (*La Vanguardia Española*, 02-09-1975, 19).

El 7 de septiembre se publicó un artículo de opinión por el prestigioso Manuel Aznar, ex director del periódico. En sus comentarios subraya y repite varias veces que "sería inútil cualquier intento de retroceso" (*La Vanguardia Española*, 07-09-1975, 19). Según Aznar, a pesar de todos sus errores, el velasquismo "rescató para el pueblo lo principal del tesoro de riquezas que Perú alberga en su suelo, y, sobre todo, en su subsuelo. Su sucesor no podrá permitirse, en este punto, revisiones o rectificaciones fundamentales" (*La Vanguardia Española*, 07-09-1975, 19). La mayor equivocación del presidente, como lo escribe Aznar, fue la confiscación de los periódicos que eran los "baluartes de la libertad" e "instrumentos de una peruanidad profunda" (*La Vanguardia Española*, 07-09-1975, 19). Tras un análisis de los pasos del gobierno, termina el artículo con las siguientes afirmaciones: "El Gobierno de Velasco Alvarado ha dado muchos pasos que tienen condición de definitivos. [...] Y si el presidente Morales Bermúdez acierta a continuarla y confirmarla en lo principal, aunque deba retocar algunas medidas accesorias, prestará un gran servicio a su pueblo" (*La Vanguardia Española*, 07-09-1975, 19).

A lo largo de los días posteriores se publicó una serie de seis artículos titulada "Los siete años del Gobierno de Velasco Alvarado", cuya primera parte apareció bajo el título "La reforma agraria, una de las más radicales realizadas en América". Se trata de artículos de profundo análisis de la agricultura, la economía, la industria, la enseñanza, los problemas de la producción, el sistema político y los partidos, el papel del A.P.R.A. en los acontecimientos, la sociedad peruana, los procesos demográficos, etc. Es realmente asombrosa la profundidad y la minuciosidad de la serie. En un artículo particular se extendieron sobre la situación del quechua, incluso citaron un fragmento del texto del Decreto (que reconocía el quechua como lengua oficial) en idioma quechua (*La Vanguardia Española*, 17-10-1975, 52). El interés del diario por la situación peruana fue destacado, sin dudas.

Sin embargo, desde la segunda parte de octubre, la situación peruana desapareció poco a poco del orden del día y otras noticias de suma importancia llamaron la atención del público español y extranjero. En mayo de 1976, aparece un artículo que se ocupa de las tareas del Gobierno de Bermúdez y la campaña de los partidos tradicionales a forzar al Gobierno a un retorno a la democracia. Bermúdez subrayó que debía haber elecciones en un futuro próximo, pero la tarea inmediata del Gobierno era superar la crisis económica. Por consiguiente, no era momento oportuno para elecciones populares, sino estas tendrían lugar "cuando la transformación de la Revolución peruana sea irreversible" (*La Vanguardia Española*, 15-05-1976, 26). Solo se publicaron algunas noticias peruanas relevantes hasta 1978-1979, cuando el interés por los asuntos peruanos volvió a intensificarse. El creciente interés se debía en gran medida a las directrices de la política exterior española. En 1977, Adolfo Suárez, presidente del Gobierno Español reafirmó como objetivos de la política exterior "establecer vínculos fraternales y de cooperación con Iberoamérica teniendo como base la historia y la cultura común; que España se convierta en un puente entre Iberoamérica y los países de Europa; y, finalmente, la participación de España en los procesos de integración latinoamericana" (Novak Talavera, 2001:159). La prensa española prestó especial atención a la actitud de España en las reuniones del Pacto Andino y a los acontecimientos diplomáticos entre España y la región andina. Desde entonces, se realizaron visitas oficiales en diferentes niveles y se firmaron varios acuerdos de cooperación técnica, financiera y comercial. España cedió un crédito financiero al Perú por un valor de 5 millones de dólares, mientras el Gobierno peruano se comprometió a adquirir de España bienes de capital y servicios. Incluso se creó una Comisión Mixta Permanente Peruano-Española que tendría reuniones cada dos años para desarrollar proyectos de cooperación técnica, económica, científica y financiera (Novak Talavera, 2001:160-161).

A finales de noviembre de 1978, el viaje de los Reyes de España a México, Perú y Argentina servía de tema de preferencia de la sección Internacional de *La Vanguardia*. Este fue el cuarto viaje de los Reyes a América, y el primero a los países de la parte sur del subcontinente latinoamericano. El viaje levantó polémicas en la sociedad y prensa españolas, sobre todo por la intención de Juan Carlos de visitar Argentina, que fue liderada desde marzo de 1976 por Rafael Videla. El Rey simbolizaba la transición, la reconciliación y los valores democráticos y "se había convertido en embajador de dichos valores en sus viajes al extranjero" (Barrera–Zugasti, 2006:6). Su viaje a Perú fue comentado por *La Vanguardia* con un tono nostálgico hacia el pasado en algunos artículos. Se publicó una crónica por Ramón Pi[1] sobre los acontecimientos, siendo el tema central su

---

[1] Uno de los periodistas más conocidos de España, se le considera como uno de los creadores del género de las tertulias políticas radiofónicas.

visita a Machu Picchu y Cuzco, donde participó en un acto oficial de entrega de parte de las cenizas del Inca Garcilaso de la Vega. Otros artículos se ocuparon de los pasos diplomáticos entre las dos partes. Los Reyes fueron acompañados por Marcelino Oreja Aguirre, Ministro de Relaciones Exteriores y un grupo de unos 30 periodistas. El viaje se consideró un evento de suma importancia en las relaciones hispano-peruanas, se firmaron una serie de acuerdos de diversa índole (Novak Talavera, 2001:164). *La Vanguardia* informó que el rey y el presidente peruano habían firmado una declaración conjunta hispano-peruana y que Bermúdez había recibido una invitación para visitar España. Este hecho fue recibido con un tono crítico e irónico, se preguntó si había sido imprescindible la invitación formal al dictador y se sugirió que la invitación posiblemente acabaría convirtiéndose "en un gesto sin traducción efectiva" (*La Vanguardia,* 25-11-1978, 13). En algunas noticias se menciona que la oposición al régimen de Bermúdez trató de aprovechar la visita de los Reyes para expresar su desacuerdo con la dictadura. Dieron noticias de varias huelgas y manifestaciones. En otro artículo se comentó un detalle sútil de la actitud del Rey ante los regímenes militares: en ninguno de los dos países de régimen militar vestía uniforme militar (solo en México), tampoco participó en actos militares en Perú o en Argentina (*La Vanguardia,* 28-11-1978, 3).

Otro comentario se publicó sobre un discurso hecho por el Rey ante la Asamblea Constituyente recién formada (en julio del mismo año y presidida por el viejo líder aprista, Víctor Raúl Haya de la Torre) y se formuló una crítica con respecto a un detalle. En el discurso, el Rey elogió la constitución española, expuso lo que la Corona entendía como las líneas más importantes de la constitución, sin embargo, no hizo ninguna alusión al aspecto más discutido: el concenso en el procedimiento seguido para su elaboración. El discurso, sin embargo, fue simbólico para el Perú, cuya asamblea en estos meses estaba trabajando en la preparación de una nueva constitución, que sería promulgada en julio de 1979 (*La Vanguardia,* 24-11-1978, 3).

La Asamblea Constituyente se instaló en julio de 1978 y Víctor Haya de la Torre, líder y fundador del APRA, fue elegido presidente de la Asamblea. Haya de la Torre desempeñó el cargo por no más de un año, falleció en agosto de 1979. *La Vanguardia* dio noticia del fallecimiento y presentó su breve biografía. Al final del artículo, se hizo una alusión a que anteriormente Haya de la Torre había sido declarado candidato a la Presidencia para las elecciones de 1980, lo que, según el comentario del diario, "dado su estado de salud, fue sólo una consideración que tuvo el partido con él" (*La Vanguardia,* 04-08-1979, 10). Desde entonces, los dos temas centrales que figuraron en las columnas del periódico fueron las elecciones generalas previstas para el mayo de 1980 y la actitud de España en calidad de observador en las reuniones del Pacto Andino.

El día anterior a las elecciones, se publicó un largo artículo de análisis de la situación peruana en el que citaron las palabras del presidente Bermúdez: "los militares retornarán a sus cuarteles y bases para seguir cumpliendo su misión fundamental: garantizar la independencia, soberanía e integridad territorial de la República y mantener el orden interno, participando en el desarrollo económico y social del país" (*La Vanguardia*, 17-05-1980, 23). Después de dar a conocer los antecedentes históricos, publican algunos datos importantes, por ejemplo, se menciona el número de analfabetos y votantes que residen en el extranjero. El voto de los analfabetos fue uno de los logros más relevantes de la nueva legislación peruana. El artículo sopesa el futuro electoral y analiza los posibles resultados, destacando tres candidatos con posibilidades de triunfar: Fernando Belaúnde Terry de la Acción Popular, Armando Villanueva del Campo del APRA (el partido político más fuerte, sin dudas, aunque debilitado por las luchas internas tras la muerte de Haya de la Torre) y Luis Bedoya Reyes del Partido Popular Cristiano. *La Vanguardia* subraya un detalle importante: Belaúnde Terry y su partido no participaron en las elecciones para la composición de la Asambela Constituyente del año anterior, por lo que, según escribe el diario, "Acción Popular aparece así como un partido no contaminado y con un proyecto nacional válido para amplios sectores del país" (*La Vanguardia*, 17-05-1980, 23). En cuanto al posible triunfo del partido se añade que "[n]o dejará de ser irónico, y a la vez embarazoso para los militares peruanos que éstos tuvieran que entregar el poder a quien se lo quitaron casi doce años antes" (*La Vanguardia*, 17-05-1980, 23). Los analistas no concedieron muchas posibilidades de éxito a la izquierda, se esperaba el triunfo de uno de los tres candidatos mencionados. El artículo caracterizó los tres partidos como unos que tenían la intención de acercarse a los Estados Unidos, que veían con recelo el Movimiento de los Países no Alineados y que apoyaban el desarrollo del Pacto Andino (*La Vanguardia*, 17-05-1980, 23).

Tres días más tarde, *La Vanguardia* informó a sus lectores sobre el triunfo de Belaúnde Terry, quien obtuvo el 43% de los votos, porcentaje elevado que sorprendió a todos, incluso al mismo Belaúnde. *La Vanguardia* destacó dos comentarios del nuevo presidente, quien propuso "completar la labor interrumpida" (*La Vanguardia*, 20-05-1980, 21), definiendo como lema de su Gobierno que "El odio nada engendra, sólo la unión es fecunda" (*La Vanguardia*, 20-05-1980, 21). El artículo asume brevemente los detalles de sus resultados electorales en 1956 y 1962, así como su biografía e ideas políticas. Se le caracteriza como hombre de ideas populistas y, comentando sus objetivos políticos, afirman que sus preocupaciones más importantes durante su gobierno anterior fueron "fomentar la construcción de viviendas populares y ejecutar la carretera marginal de la selva" (*La Vanguardia*, 20-05-

1980, 21). En los días posteriores varios artículos trataron el tema de la transición, los detalles de los actos de toma de posesión, así como las primeras reacciones de Belaúnde y sus intenciones políticas. *La Vanguardia* publicó los detalles de una entrevista televisiva con el presidente electo y se sobresaltó sus comentarios en cuanto a su actitud hacia su ex ministro de Hacienda, Morales Bermúdez. Belaúnde Terry insistió en la necesidad de un encuentro con Bermúdez para recibir información sobre diferentes aspectos de la economía y manejo del país. El artículo destaca el propósito de Belaúnde que fue "asegurar un tránsito «sin sobresaltos ni alteraciones del orden» hacia la institucionalidad democrática" (*La Vanguardia*, 22-05-1980, 23). Los artículos de opinión no tardaron en publicarse. El 23 de mayo aparece un artículo titulado *Otro país que ensaya la democracia*, en el cual se trata de analizar brevemente la situación del país y las tareas con las que Belaúnde debe enfrentarse. Se enumera una lista de elementos alarmantes: la profunda crisis económica, la inflación, las tasas de paro muy elevadas, el descenso de la productividad y las exportaciones, el creciente número de enfrentamientos y huelgas. El artículo advierte que para afrontar la situación, Belaúnde necesitará la neutralidad de las Fuerzas Armadas, deberá contar con un apoyo parlamentario suficiente, posiblemente con la ayuda de un pacto con el Partido Popular Cristiano. Según se comenta, será difícil conseguir la neutralidad de las Fuerzas Armadas, puesto que "La maquinaria del estado sigue en manos de los tecnócratas designados por los militares gobernantes, al igual que las grandes empresas nacionalizadas" (*La Vanguardia*, 23-05-1980, 5). En la última parte del artículo se alude a la izquierda, definiéndola como "demonios familiares", quienes propiciarán la inestabilidad durante el nuevo mandato de Belaúnde" (*La Vanguardia*, 23-05-1980, 5) y se añade: "Su regreso [de Belaúnde, nota de la autora] al poder resulta esperanzador para el desarrollo democrático del continente iberoamericano. Esperamos que sus sueños sean ahora más tranquilos que en el pasado y que, cuando despierte, no vuelva a encontrar las bayonetas rodeando su lecho" (*La Vanguardia*, 23-05-1980, 5).

La Vanguardia publica la opinión del escritor y futuro candidato a la presidencia en 1990, Mario Vargas Llosa también, quien vivía en Barcelona y otras ciudades europeas desde 1970 y volvió al Perú en 1975. Su comentario está lejos de ser imparcial u objetivo. En cuanto a los resultados de las elecciones formula de la siguiente manera su juicio: "Los peruanos, votando de este modo por quién hace doce años representaba la legalidad constitucional del país, hacen saber lo que piensan de los usurpadores que abolieron el sistema representativo, la libertades públicas y la convivencia civilizada y los sustituyeron por la arbitrariedad, los atropellos, la demagogia, y el encono social" (*La Vanguardia*, 15-06-1980, 8).

En cuanto al futuro del nuevo Gobierno hace los siguientes comentarios: "¿Durará? No se puede ser excesivamente optimista, por desgracia. En los cuarenta y cuatro años que tengo, sólo un gobierno constitucional peruano ha podido terminar normalmente su mandato: los otros, o eran gobierno fraudulentos o fueron derribados por cuartelazos" (*La Vanguardia,* 15-06-1980, 8).

A lo largo de las siguientes semanas se hicieron los preparativos para la toma de posesión de Belaúnde Terry. La prensa española anunció previamente el viaje de Adolfo Suárez, presidente del Gobierno español, a Perú para participar en los actos de toma de posesión. Suárez viajó con una delegación numerosa, con la participación del Ministro de Asuntos Exteriores, el Secretario de Estado para la Información, el director general de Iberoamérica, el director del gabinete del presidente y el director general de la Oficina de Información Diplomática. Suárez tenía prevista una visita al presidente saliente Morales Bermúdez, así como mantener contactos con jefes de Estado y de Gobierno que paticiparían en el acto oficial y en una reunión cumbre de jefes de Estado del Pacto Andino. El 29 de julio, una de las noticias destacadas de *La Vanguardia* informó de la toma de posesión de Belaúnde Terry como presidente del Perú, efectuado el día anterior. El artículo refirió al discurso de Morales Bermúdez acentuando lo siguiente: "El «retorno a la democracia», exaltado por el nuevo presidente peruano, fue matizado ayer por el propio general Morales en un mensaje a la nación en el que reivindicó el papel revolucionario y progresista ejercido en los últimos doce años por el Gobierno de las Fuerzas Armadas. Morales no hizo, en cambio, la más mínima referencia al difunto general Velasco Alvarado, que derrocó a Belaúnde el 3 de octubre de 1968" (*La Vanguardia,* 29-07-1980, 3).

Los días 29 y 30 de julio se publicaron varios artículos sobre el viaje de Suárez que se ocuparon principalmente de los encuentros del presidente con los diferentes jefes de Estado y los resultados diplomáticos conseguidos. *La Vanguardia* afirmó que "la presencia del presidente del Gobierno español en Lima ha sido acogida con cordialidad y cortesía por los medios de comunicación y círculos políticos peruanos, aunque sin grandes espavimentos" (*La Vanguardia,* 29-07-1980, 3). Suárez se entrevistó con los presidentes de Colombia y Venezuela, así como con el nuevo presidente peruano y asistió a la reunión del Pacto Andino. Sin embargo, la apreciación de la *La Vanguardia* respecto a los logros del viaje fue poco positiva. Según sus comentarios "[n]o parece, sin embargo, que de los numerosos contactos del presidente español en tierra peruana vayan a salir decisiones o proyectos espectaculares. Las difíciles relaciones con Venezuela no parecen tampoco mejorado[2]" (*La Vanguardia,* 30-07-1980, 3).

---

[2] Desde hacía meses España había tenido un conflicto serio en las ya difíciles relaciones hispano-venezolanas, sin embargo, en esta ocasión, a pesar de las intenciones de Suárez, tampoco lograron mejorarlas.

El periódico prestó más atención a los pasos diplomáticos de Suárez, al mismo tiempo, hizo un comentario breve con respecto al inicio de la gobernación de Belaúnde Terry. Se destacaron algunas de las primeras medidas del nuevo presidente, tales como la amnistía nacional para los funcionarios públicos depurados por los militares, la devolución de los periódicos a sus dueños, la suspensión de la censura en los medios de comunicación social. Un día después de la toma de posesión de Belaúnde, entró en vigor la nueva constitución del país. Al mismo tiempo, el diario señaló que "la tarea del señor Belaúnde será dificilísima, dado el estado de postración en que se encuentra el país y el escepticismo de amplios sectores de la población" (*La Vanguardia*, 30-07-1980, 4).

De hecho, el nuevo presidente se enfrentó con graves problemas a lo largo de su gobernación. La inflación, el incremento de la deuda externa y la devaluación de la moneda señalaron la profunda crisis económica, es más, el Gobierno tuvo que hacer frente a un fenómeno que mostró su cara más violenta durante la década de los ochenta: el terrorismo del Sendero Luminoso y la guerra sucia que lo acompañó. La violencia de los derechos humanos, masacres, crímenes y abusos caracterizaron el periodo del nuevo presidente electo democráticamente.

La historia del gobierno militar peruano (así como el caso de la República de Panamá liderada por Omar Torrijos) es singular en el contexto latinoamericano contemporáneo. Se trata de un régimen militar cuyo líder inicia el proceso de trancisión siguiendo un plan de retorno a la democracia sin presión externa. El mismo Morales Bermúdez puso en práctica el plan Túpac Amaru que definió la fecha del final del gobierno revolucionario. En la época estudiada, se puede observar un acercamiento entre España y el Perú y todo el continente latinoamericano, cuyas señales se pueden ver en los numerosos acuerdos firmados entre las partes. España, que en el mismo periodo estaba experimentando las enseñanzas y las consecuencias de la transición democrática, tuvo una clara intención de acercarse al movimiento de los países no alineados y, en la región suramericana, al Pacto Andino. Por consiguiente, la prensa española, y, el diario *La Vanguardia*, examinado por nosotros, siguió con interés especial los acontecimientos peruanos. Valoró el paso pacífico de la dictadura a la democracia y comentó las visitas de los Reyes de España y de Adolfo Suárez como eventos simbólicos y de suma importancia en el desarrollo de las relaciones entre los dos países. Los artículos del periódico caracterizaron el gobierno revolucionario con los adjetivos nacionalista, socialista y populista, subrayaron entre sus logros la realización de una reforma agraria y el de poner punto final a la injusticia social, sin embargo no pusieron énfasis en el papel destacado de Morales Bermúdez en el proceso de la transición. La crítica más grave que se formuló contra el régimen fue su carácter autoritario y la expropiación de los periódicos de prensa. Esta última sirvió de tema para los periodistas españoles incluso después de la toma de posesión de Belaúnde Terry. Parece que el diario enlazó la noción de la democracia casi exclusivamente con la libertad de prensa, mientras tanto no se ocupó, por ejemplo, de la existencia (aunque marginada) de los partidos políticos. En agosto de 1980, Ramón Pi, en un artículo de opinión hizo una comparación entre los procesos peruanos y españoles. Según su opinión, si Velasco Alvarado pudiera continuar su presidencia, habría conducido al país posiblemente al camino del nacionalsocialismo. Caracteriza el periodo de Morales Bermúdez como una dictablanda y, aunque se trata de procesos muy diferentes en los dos países, indica un punto común: "el de pasar sin sangre de la dictadura a la democracia pluralista" (*La Vanguardia,* 16-08-1980, 6). El asunto de la libertad de expresión ocupa el lugar central del artículo y comenta de la siguiente manera lo ocurrido en el Perú: "El día de la transmisión del mando amanecieron los diarios de mayor prestigio con llamativos titulares referidos al hecho feliz de recobrar su propia libertad. Incluso uno, La Prensa, llegó al extremo de borrar de su propia historia los números editados bajo el sistema impuesto por Velasco, y retomó la numeración correlativa de sus ediciones a partir del último número publicado bajo la propiedad ahora recuperada" (*La Vanguardia,* 16-08-1980, 6). Continuando su análisis, compara en este sentido también el proceso español y peruano.

Para terminar nuestro estudio he aquí su comentario al respecto: "Pensaba yo que éste, el de la libertad de expresión, era otro de los puntos en común en los procesos peruano y español a la democracia. Y aunque con formas diferentes, el fondo de la cuestión era idéntico: la dictadura tiende a uniformar los medios de expresión y convertir la información en propaganda, mientras que la democracia tiende a diversificar la oferta informativa y de opiniones. Estuve, antes de ahora, en el Perú en otra ocasión, hace casi un año y medio, y entonces los periódicos me parecieron algo sumamente semejante a la cadena del Movimiento entre nosotros. Ahora eso no puede decirse de la prensa peruana. Y cavilaba yo, mientras veía al presidente Belaúnde recibiendo delegaciones extranjeras, cómo es posible que el Perú haya resuelto en veinticuatro horas lo que en España no se ha logrado en cinco años de democracia; cómo es posible que todavía hoy España sea un país con periódicos del Estado. Trataba de consolarme pensando que se trata de dos procesos distintos, con connotaciones diferentes. Pero no he conseguido engañarme a mí mismo. Los problemas de reconversión son, efectivamente, diversos, pero el problema de fondo es el mismo, es idéntico, y se puede formular en muy pocas palabras: la democracia es incompatible con la prensa del Estado. El poder político y la prensa no pueden coincidir en una democracia" (*La Vanguardia,* 16-08-1980, 6).

BIBLIOGRAFÍA

ANDERLE, Ádám (1978), "Az 1968. évi perui forradalom fejlődésének tapasztalatai" (Las experiencias del desarrollo de la revolución peruana de 1968), en *A nemzetközi munkásmozgalom történetéből, Évkönyv 1978*, Budapest, Kossuth.

ANDERLE, Ádám (1997), "Demokratúra Peruban" (Democratura en el Perú), en *Diktatúra és demokrácia között (Entre dictatura y democracia)*, Szeged.

ANDERLE, Ádám (2009), "A perui katonai forradalom", en *Történelmi minták és utak*, Szeged.

BARRERA, Carlos – ZUGASTI, Ricardo (2006), "La prensa española y el viaje del Rey a Argentina de Videla en 1978", *Revista Historia y Comunicación Social*, 2006, 11, 5-19.

FERNÁNDEZ BARBADILLO, Pedro (2012), "'La Vanguardia', el periódico más leído del franquismo", *Libertad Digital*, 26 de octubre de 2012, http://www.libertaddigital.com/opinion/pedro-fernandez-barbadillo/la-vanguardia-el-periodico-mas-leido-del-franquismo-66132/

La historia de *La Vanguardia*, página web del Grupo Godo, asequible en: http://www.grupogodo.net/institucional/historia/

LAJO L., Manuel (1978), "Desarrollo económico peruano. Del Plan Inca al Plan Túpac Amaru", *Comercio exterior*, 28/2, México, 197-2005.

"La Vanguardia pasa del 'Franco caudillo victorioso' al 'Catalunya es una nación'", *Periodista digital*, 29 de octubre de 2012, asequible en: http://www.periodistadigital.com/cataluna/barcelona/2012/10/29/editorial-vanguardia-franco-caudillo-victorioso-prensa-obrera-catalunya-independentista-nacion.shtml

MARTÍN SÁNCHEZ, Juan (2002), *La revolución peruana: ideología y práctica política de un gobierno militar 1968-1975*, Sevilla, SCIC, Universidad de Sevilla.

NOVAK TALAVERA, Fabián (2001), *Las relaciones entre el Perú y España (1821-2000)*, Lima, PUCP.

PUERTAS PORRAS, Elizabeth – MALDONADO FÉLIX, Héctor (2007), "Perú y España, política exterior peruana 1968-1975", *Investigaciones Sociales*, XI/18, Lima, 455-471.

SZALAI, Éva Emese (2009), "La política exterior del gobierno de Velasco Alvarado, Perú, 1968-1975", *Conferencia Nacional del Círculo Científico de Estudiantes*, Hungría.

ZÁDOR, Márta (1985), "A perui agrárfejlődés és az 1969-76-os földreform tanulságai" (El desarrollo agrario peruano y las consecuencias de la reforma agraria de 1969-76), *Agrártörténeti Szemle*, 3-4, 468-490.

Artículos de prensa
La Vanguardia Española

"Diario al servicio de España y del Generalísimo Franco. Barcelona para la España invicta de Franco", 27 de enero de 1939, 1.

"Golpe de estado en Perú", 30 de agosto de 1975, 5.

"Según un miembro del gobierno Velasco Alvarado ha sido sustituido a causa de su quebrantada salud", 30 de agosto de 1975, 6.

"El general Morales Bermúdez anuncia cambios en los procedimientos políticos. El nuevo presidente afirma, sin embargo, que no se alterarán en un solo milímetro la ideología y los principios del régimen", 31 de agosto de 1975, 14.

"Perú: ha fallecido el ex presidente Juan Velasco Alvarado", 25 de diciembre de 1977, 40.

"En Washington se ve con buenos ojos el pronunciamiento de Perú", 31 de agosto de 1975, 16.

"Las ambigüedades de una revolución", 2 de septiembre de 1975, 3.

"Declaraciones del general Mercado Jarrin, ex primer ministro del Perú, a 'La Vanguardia'", 2 de septiembre de 1975, 19.

"Peru: de Belaúnde Terry al General Morales", 7 de septiembre de 1975, 19.

"El quechua, vehículo de enseñanza y cultura en Perú", 17 de octubre de 1975, 52.

"Reafirmándose en un socialismo humanista y cristiano. Perú: Morales Bermúdez descarta la celebración de elecciones en un futuro próximo", 15 de mayo de 1976, 26.

La Vanguardia

"El rey Juan Carlos expone los lazos que unen a la comunidad iberoamericana", 25 de noviembre de 1978, 13.

"Buenos Aires: Los discursos del Rey, una constante defensa de las libertades", 28 de noviembre, 1978, 3.

"Lima: El Rey de España, ante la Asamblea peruana", 24 de noviembre de 1978, 3.

"El fallecimiento de Haya de la Torre. Un viejo luchador nacionalista", 4 de agosto de 1979, 10.

"Perú: Primeras elecciones generales en 17 años", 17 de mayo de 1980, 23.

"Perú tiene de nuevo régimen democrático", 20 de mayo de 1980, 21.

"Perú: Belaúnde quiere un tránsito "sin sobresaltos" a la democracia", 22 de mayo de 1980, 23.

"Otro país que ensaya la democracia", 23 de mayo de 1980, 5.

Vargas Llosa, Mario: "Las elecciones peruanas. Voto a la libertad", 15 de junio de 1980, 8.

"Perú: España, presente en la toma de posesión de Belaúnde Terry", 29 de julio de 1980, 3.

"Lima: Suárez se entrevistó con los presidentes de Perú y Venezuela", 30 de julio de 1980, 3.

"El viaje de Suárez", 30 de julio de 1980, 4.

Pi, Ramón: "La vía peruana a la libertad de prensa", 16 de agosto de 1980, 6.

TRANSICIÓN Y TERRORISMO: LA IMAGEN DEL TERROR EN TELEVISIÓN ESPAÑOLA (1976-1979)

VIRGINIA MARTÍN JIMÉNEZ
Universidad de Valladolid

Resumen: Este artículo estudia el tratamiento que Televisión Española (TVE) dio a las acciones terroristas durante los primeros años de la Transición democrática (1976-1979). Partiendo de la tesis de Piñuel (1986) sobre el "ritual del terrorismo", se ofrece un análisis de contenido de la difusión u omisión televisiva de las acciones de los grupos violentos ante una selección de los hitos significativos del cambio democratizador. Las principales fuentes utilizadas han sido, junto con una actualizada bibliografía, las emisiones que custodia el archivo de TVE, los baremos de opinión del CIS y las entrevistas cara a cara y en profundidad a profesionales que trabajaron en este medio durante la Transición.
Palabras clave: transición democrática, medios de comunicación, Televisión Española, TVE, terrorismo

Abstract: This article analyzes how state television in Spain (TVE) reported terrorism during the early years of transition to democracy (1976-1979). Based on Piñuel's theory (1986) concerning the "ritual of terrorism", the author of this study shows a qualitative study about terrorism actions broadcast in TV or its omission during the most relevant moments of Transition. The sources used for this study were an updated bibliography, the TVE programs from the archives of this television station, CIS surveys and in-depth and face-to-face interviews with journalists who lived through the Transition.
Keywords: Democratic Transition, Mass media, Spanish Television, TVE, Terrorism

1. La incidencia del terrorismo en el proceso democratizador

Durante los últimos años del franquismo arraigó en gran parte de la sociedad española la esperanza de que la llegada de la democracia fuera acompañada de la desaparición del terrorismo. Esta ilusión, que muy pronto se desvanecería, se derivaba de una visión simplista de la violencia organizada, entendida como una respuesta al sistema dictatorial que había imperado en España desde finales de los años 30. Si había surgido para hacer frente al totalitarismo, una vez desarticulado éste, se desvanecería con él. Sin embargo, los grupos terroristas, que contaban cada uno de ellos con una dinámica propia, se convirtieron en una variable determinante del proceso de cambio (Sánchez Cuenca, 2009).

La "estrategia de la tensión" desplegada por el terrorismo pretendía dar al traste con todo el proyecto político democratizador. Los atentados, muertes, secuestros o demás actos de violencia persiguieron la consecución exitosa del "esquema de la tenaza golpismo-terrorismo" expuesto por Muñoz Alonso (1986). Cuando los terroristas entraban en acción ansiaban que "el ruido de sables" se acrecentara, hasta el extremo de que acabara por impedir el éxito de la democratización. A pesar de los objetivos diferenciales perseguidos por cada grupo, había en todos los casos un punto de convergencia: "crear una alarma tal en la sociedad que sea preciso detener la transición e imposibilitar la reforma. Se intenta provocar una involución política que, en las condiciones de la España de la segunda mitad de los setenta, no podría ser sino trágica. Terrorismo y golpismo se alimentan mutuamente de tal modo que acaban haciéndose interdependientes. La esperanza de uno radica en la fuerza del otro" (Reig Cruañes, 2000:748).

Número de víctimas mortales (1976-1979)					
Grupos terroristas	1976	1977	1978	1979	Total
ETA	17	10	65	76	168
GRAPO	1	8	6	31	46
Otros grupos terroristas	0	9	14	10	33
Total por año	18	27	85	117	247

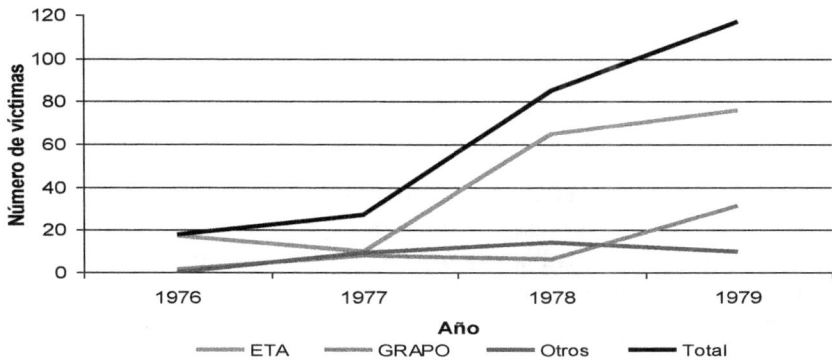

Fuente: Pulgar Gutiérrez, Mª B. : *Víctimas del Terrorismo*, 1968-2004, Dykinson Madrid, 2004. Elaboración propia

Esta presencia constante del "terrorismo tradicional", si empleamos el término acuñado por Wilkinson (1990), fue alimentada por grupos de distinto corte ideológico y capacidad de incidencia. Entre ellos encontramos a la banda terrorista ETA (Euskadi ta Askatasuna) y a los GRAPO (Grupos de Resistencia Antifascista Primero de Octubre) como autores del mayor número de muertes durante los años que conciernen a nuestra investigación. Por otra parte, estarían, entre otros, las distintas agrupaciones de extrema derecha o extrema izquierda –como el FRAP (Frente Revolucionario Antifascista y Patriótico) o la Triple A (Alianza Apostólica Anticomunista)– y diversos grupos de corte independentista.

Como puede verse tanto en el cuadro como en el gráfico, durante los primeros años de la Transición (1976-1979) murieron víctimas de atentados terroristas 247 personas (Pulgar Gutiérrez, 2004). De todas ellas, un 68% fallecieron debido a la violencia de la banda terrorista ETA. De manera llamativa, a medida que avanzaba el proceso democratizador, aumentaba el número de atentados y muertes. El incremento más notable se produjo en los dos últimos años que estamos analizando en esta investigación: de 1977 a 1978 se multiplicaron por tres la cantidad de víctimas y en 1979 se alcanzó la cifra de 117 fallecidos.

El crecimiento incesante de la escalada terrorista vino acompañado del aumento del número de colectivos que eran susceptibles de sufrir un atentado o un secuestro. En el caso de ETA, por ejemplo, según el estudio de Florencio Domínguez, a partir de 1976 se añadió a la lista ya existente de posibles víctimas –fundamentalmente miembros de las Fuerzas de Seguridad del Estado– a los presidentes de las Diputaciones y a los jefes de la Policía Municipal. En 1977 entraron en el punto de mira los militares; en 1978, los familiares de los agentes policiales y, al año siguiente, los militantes de Unión de Centro Democrático y Alianza Popular (2000:348-349).

El terrorismo era una contundente amenaza para el desarrollo y la estabilidad de la Transición que acabó por convertirse, utilizando el planteamiento defendido por John Keane (2004), en el peor enemigo de la democracia. La existencia de este adversario antidemocrático generó un frente unificador que aglutinaba a la mayor parte de las fuerzas políticas y los medios de comunicación. Para terminar con este potencial involucionista parecía necesario una estrategia de concentración nacional que agrupara a la sociedad en su conjunto, a los dirigentes del cambio y a los principales agentes socializadores, entre los cuales se encontraba la televisión.

2. La opinión pública ante el terrorismo

El fenómeno terrorista debe comprenderse bajo la categoría interpretativa de "ritual" desarrollada por Piñuel (1986). Los atentados desencadenan una dinámica social que se convierte en una liturgia en la cual van a participar tanto los agresores como la sociedad en su conjunto. La reacción social ante la violencia y la narración que de lo ocurrido hagan los medios de comunicación es lo que contribuirá a la culminación del proceso de ritualización. Como defiende este autor, la peculiaridad del terrorismo consiste en que es capaz de convertir una pauta social agresora en una pauta expresiva. Esto se consigue en el momento en el que los medios se hacen eco del desafío que con las agresiones se ha lanzado a la nación. La violencia se ejecuta confiando en que tendrá un rendimiento político y social a través de la codificación que de lo ocurrido puedan hacer los *mass media* y la posterior descodificación que lleve a cabo la opinión pública (Piñuel, 1986).

Como podremos ver a lo largo de este trabajo, Televisión Española desarrolló una política mediática estudiada a la hora de enfrentarse al fenómeno terrorista en un momento tan delicado como fue la Transición. El poco espacio con el que el terrorismo contó en la agenda televisiva refleja una intención clara de alterar ese "ritual" del que nos habla Piñuel. Aunque la estrategia de TVE será analizada con detalle en el próximo apartado, podemos adelantar que el punto de vista a través del cual se trataron los actos de violencia y los mensajes que se transmitieron en la cadena estatal ante los atentados perpetrados fueron indispensables para conformar una opinión pública que reaccionara de manera democrática y disciplinada ante la creciente escalada terrorista.

Esa estrategia mitigó la provocación de los efectos sociales que los exaltados perseguían. En vez de producirse una respuesta autoritaria o un enfrentamiento generalizado se favoreció que la opinión pública, modelada en gran medida por lo emitido en la televisión estatal, rechazara la violencia, se mostrara partidaria de proseguir por la vía de la reforma política y comprendiera, como ha expuesto Reig Cruañes, que la desestabilización nacional y la involución entrañaban el auténtico peligro. La moderación de la opinión pública reflejó una desconfianza creciente en los radicalismos y en los "salvadores nostálgicos" y, cómo ocurrió, en general, ante lo relacionado con la evolución democrática, se produjo una "reunificación de la opinión pública sobre fundamentos democráticos y reformistas" (2000:750).

La violencia terrorista avivó el sentimiento de temor y como consecuencia fortaleció los anhelos de una alternativa pacífica que posibilitara instaurar una democracia estable en España. La tendencia moderadora y el miedo ejercieron el papel de "nodrizas de la libertad", si empleamos la expresión acuñada por López Pintor (1982:59); puesto que gracias a su generalización en la opinión pública, en gran medida a través del medio televisivo, los dirigentes del cambio consiguieron el apoyo necesario para llevar a cabo el proceso democratizador.

Esta postura mayoritaria encierra también una apuesta por la firmeza gubernativa ante los actos terroristas, que se consideraba indispensable para lograr la consecución del proyecto de transición. Sin embargo, como quedó reflejado en la encuesta sobre secuestros políticos realizada por el Instituto de Opinión Pública en diciembre de 1976[1], esta prioridad por la resistencia ante la violencia puede llegar a ser considerada como una opción de carácter autoritario, ya que se consentía una actitud firme del Gobierno sin que ésta viniera acompaña de la ampliación de las libertades; como si la congelación momentánea del proceso quedara justificada si con ello se acababa con los extremistas y se garantizaba un futuro democrático (Reig Cruañes, 2000:752).

En General

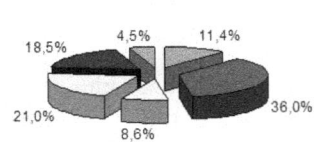

☐ Negociar con los secuestradores la libertad de terroristas para evitar la muerte de los secuestrados
■ Mantenerse firme para evitar futuros secuestros
☐ Negociar con los secuestradores y ampliar las libertades políticas
☐ Mantenerse firme y ampliar las libertades políticas
■ No sabe
☐ No contesta

---

[1] Estudio nº 1117 del CIS. Ámbito nacional. Universo: mayores de 21 años. Muestra: 1061 entrevistas. Fecha del trabajo de campo: 26-27 de diciembre de 1976.

En el caso del Sr. Oriol

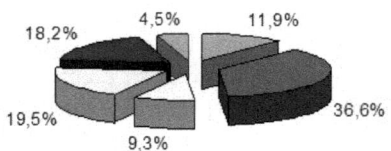

- ▣ Negociar con los secuestradores la libertad de terroristas para evitar la muerte de los secuestrados
- ▪ Mantenerse firme para evitar futuros secuestros
- ▢ Negociar con los secuestradores y ampliar las libertades políticas
- ▢ Mantenerse firme y ampliar las libertades políticas
- ▪ No sabe
- ▣ No contesta

Postura que debería seguir el Gobierno ante los secuestros políticos	En General	En el caso del Sr. Oriol
Negociar con los secuestradores la libertad de terroristas para evitar la muerte de los secuestrados	11,4	11,9
Mantenerse firme para evitar futuros secuestros	36,0	36,6
Negociar con los secuestradores y ampliar las libertades políticas	8,6	9,3
Mantenerse firme y ampliar las libertades políticas	21,0	19,5
No sabe	18,5	18,2
No contesta	4,5	4,5
	100	100
Total encuestados	1.061	1.061

Fuente: Estudio nº 1117 del CIS. Ámbito nacional. Universo: mayores de 21 años. Elaboración propia. Muestra: 1061 entrevistas. Fecha del trabajo de campo: 26-27 de diciembre de 1976.

Este estudio pretendía medir las actitudes sobre los secuestros desde dos perspectivas: una general y otra más concreta acerca del secuestro de Antonio María Oriol. En realidad no existían importantes diferencias entre las opiniones expresadas ante uno y otro hecho; lo cual manifestaba que la postura con respecto al caso general estaba fuertemente influenciada por el reciente secuestro del presidente del Consejo de Estado[2]. Entre las posibles respuestas con las que contaban los encuestados la opción más elegida –por un 36%– fue la que consideraba la firmeza como la mejor vía para terminar con los secuestros. Frente a ello, la segunda más escogida –por un 21%–

---

[2] Estudio recogido en *Revista Española de Opinión Pública*, nº 48, abril-junio, 1997, 347.

fue la que, además de apoyar una postura firme del Estado, consideraba positivo ampliar las libertades.

Con respecto a la negociación como alternativa encontramos que poco más del 11% apostaba por otorgar la libertad a los terroristas para conseguir llegar a un acuerdo con ellos, mientras casi un 9% negociaría pero ampliando las libertades para que no se paralizara el proceso democrático. Ambas posturas, como ha expuesto Reig Cruañes, "participan de la idea, por entonces muy extendida y dramáticamente desmentida después, de que la violencia terrorista nace de una situación de violencia institucional y, por tanto, desaparecerá con la democracia. Esto es lo que une a ambas opiniones. Lo que las separa es la distancia que cada una de ellas toma ante el hecho en si del secuestro y ante sus ejecutores" (2000:756).

En el análisis minucioso a través de diversas variables apenas podemos encontrar diferencias significativas, salvo en la escala de actitudes políticas. Las preferencias relacionadas con una negociación unida a la ampliación de libertades se distribuyen entorno a la extrema izquierda, mientras que el centro y la extrema derecha tienden a manifestarse a favor de una postura firme.

A los pocos días de la ofensiva terrorista, que aconteció durante la llamada *Semana negra* de finales de enero de 1977, se volvió a preguntar a los ciudadanos acerca de las posibles consecuencias que el terrorismo podría tener en la evolución democrática del país. Prácticamente la mitad de los encuestados –un 49%– se manifestaba optimista ante el futuro de la Transición, considerando que la violencia dilataría sólo un poco o nada la consecución del proceso, frente al 26% que creía que lo retrasaría mucho o bastante. Este optimismo se desarrollaba en consonancia con la postura gubernamental –la cual, como veremos más adelante, es coincidente con la línea editorial seguida por Televisión Española– de ahí que el 61% de los encuestados califique de acertada o muy acertada la actuación de los dirigentes políticos que apostaron por proseguir firmemente con la democratización del país[3]. Por lo tanto, la estrategia terrorista, dirigida a acrecentar la tensión para provocar una respuesta autoritaria que frenara la construcción de un estado democrático, no culminó con éxito si tenemos en cuenta no sólo cual fue el resultado final de la Transición, sino la manera de posicionarse la opinión pública al respecto.

En relación con esa confianza en el proceso de cambio y ese clima de optimismo, que llegó a confundirse con una actitud de cierta indiferencia hacia el terrorismo, llama la atención cómo, frente al aumento constante de la violencia y del número de víctimas, no se produjo el incremento lógico de

---

[3] Estudio nº 1117 del CIS. Ámbito nacional. Universo: mayores de 21 años. Muestra: 1389 entrevistados. Fecha del trabajo de campo: 5-7 de febrero de 1997.

la preocupación social acerca del terrorismo ni llegó a disminuir la fe en que este problema desapareciera en un futuro. Así, a finales de 1979, tras un año donde las muertes por actos terroristas habían alcanzado cifras hasta entonces desconocidas, el barómetro de opinión pública del CIS reveló que tan sólo el 17% de los encuestados se mostraba más preocupado por la violencia terrorista que por los demás problemas que se presentaban al encuestado: crisis energética, desigualdades sociales, moralidad, paro, seguridad social, relaciones internacionales, precios, orden público y autonomías.

Principales preocupaciones de la sociedad

	Personas Encuestadas	No contesta	Crisis Energética	Desigualdades Sociales	Moralidad	Paro	Seguridad Social	Relaciones Internacionale	Orden Público	Precios	Terrorismo	Autonomías
TOTAL	-1.188	8	9	4	1	47	2	0	7	4	17	0
Región												
Cataluña	-95	9	11	5	1	39	0	1	17	5	12	0
País Vasco	-87	1	9	1	0	61	7	0	8	0	10	1
Andalucía	-191	7	11	3	1	50	1	1	6	4	16	0
Canarias	-46	15	9	0	0	33	4	0	2	2	35	0
Madrid	-127	6	11	4	2	49	1	1	5	5	15	2
Barcelona	-117	7	5	5	0	58	2	1	9	2	11	0
Galicia	-133	16	8	2	0	41	6	0	4	4	20	0
Resto	-390	5	10	4	2	44	2	0	7	6	19	0

Fuente: *REIS*, "Barómetro de opinión pública. Noviembre 1979", nº 9, enero-marzo, 1980.

TOTAL

- No contesta
- Crisis energética
- Desigualdades sociales
- Moralidad
- Paro
- Seguridad social
- Relaciones internacionales
- Precios
- Orden público
- Terrorismo
- Autonomías

48%, 2%, 0%, 7%, 4%, 17%, 0%, 8%, 9%, 4%, 1%

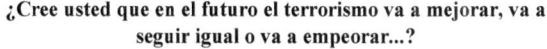

¿Cree usted que en el futuro el terrorismo va a mejorar, va a seguir igual o va a empeorar...?

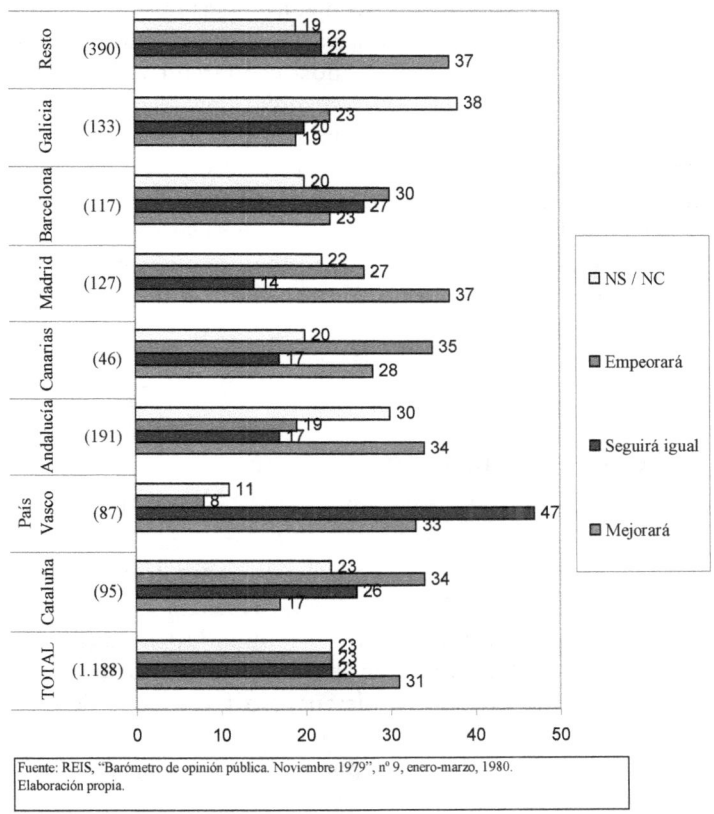

Fuente: REIS, "Barómetro de opinión pública. Noviembre 1979", n° 9, enero-marzo, 1980.
Elaboración propia.

La principal preocupación que tenían los españoles, según el 47% de la muestra, era el paro; el cual superaba en 30 puntos al terrorismo, que ocupaba el segundo lugar en la escala. En relación con los problemas expuestos como variables, se preguntó a los entrevistados sobre cuál sería el futuro de cada uno de ellos. Con respecto al terrorismo, la respuesta mayoritaria –un 31%– era la de que la situación mejoraría. Un optimismo en el futuro que sólo era superado por la confianza de los encuestados en las relaciones internacionales –45%– y en el proceso autonómico –un 38%–; porque, en relación con el resto de las preocupaciones planteadas, las respuestas más escogidas solieron ser, en líneas generales salvo en el caso de la seguridad social, más pesimista (empeorará o seguirá igual)[4].

---

[4] REIS, "Barómetro de opinión pública. Noviembre 1979", n° 9, enero-marzo, 1980, 221-

La opinión pública se mostró optimista ante un terrorismo cada vez más virulento, apostó por la firmeza más que por la negociación y expresó su apoyo a la actuación de los dirigentes políticos, sintiéndose segura de que la violencia terrorista no sería un escollo insalvable para la consecución del cambio democrático. Diversos instrumentos socializadores influyeron en la conformación de esta opinión pública. Entre todos ellos, como hemos ido apuntando en páginas anteriores, nos centraremos en uno: el medio televisivo. A través de Televisión Española (una televisión pública y que contaba con el monopolio en su ámbito mediático) se construyeron toda una serie de significados colectivos en relación con el terrorismo, su influencia en el futuro de la democracia española y el papel que al respecto debían jugar los líderes políticos. Esas significaciones se transmitieron de una forma muy cuidada, tal y cómo veremos a continuación, a través de los espacios que la cadena estatal reservó para ello.

3. Violencia terrorista *versus* transición pacífica

3.1. Medios de comunicación y terrorismo

La consecución del "ritual terrorista" se alcanza cuando los exaltados logran la resonancia mediática buscada. El tipo y cuantía de la difusión de la violencia, en otras palabras el "rendimiento comunicativo" del que habla Piñuel, es determinante a la hora de que el terror consiga los objetivos buscados. El propósito fundamental es difundir, a través del eco que puedan tener sus actuaciones, un mensaje muy concreto que aspira a modificar la opinión pública y posicionarla a favor de la postura que más favorezca a los fines terroristas (1986:10-11).

Los medios de comunicación pueden incluso llegar a proyectar una imagen tal del terrorismo que acabe por otorgar a cada grupo violento esa "máscara de omnipotencia" de la que nos habla Pearlstien (1991:49-57). Esta metáfora pretende, de manera muy expresiva, hacer reflexionar sobre la posible capacidad de los medios de conceder un protagonismo a los terroristas que no se corresponde con su capacidad real, tal y como también han defendido Jenkins (1984) y Wilkinson (1990). Así pues, según estos autores, la violencia organizada se aprovecha del impulso difusor que les pueden proporcionar los medios hasta el punto de que el terrorismo se sirve de los *mass media* para hacer proselitismo y captar adeptos.

Los terroristas con sus acciones ponen en marcha un hecho noticioso que aspira a encontrar un significativo eco mediático. Sin embargo, la elaboración de la noticia y su repercusión queda completamente al margen

---

237.

de estos actores violentos. Son los medios los que, a través de lo que transmiten, pueden reforzar el terrorismo o bien promover que la sociedad rechace este tipo de actuaciones. La canalización mediática de los atentados, sin que estemos delegando en ella toda la responsabilidad ante la posible o no persistencia del terrorismo, podría también deteriorar esa "máscara de omnipotencia", impulsando el rechazo social ante dichos actos. Este efecto de repulsa se conseguiría más eficazmente si la canalización de la información se produjera a través de la televisión. Este medio, gracias a los contenidos de su programación, acaba por "traer la sangre al cuarto de estar", como expone Clutterbuck, logrando que la audiencia sienta más cercanas a las víctimas y rechace con más virulencia el modo de operar de los terroristas (1985:165-166).

Sin embargo, el planteamiento de este autor debe ser matizado porque el efecto final puede está influido por diversos factores, como la manera en la que son narrados los hechos o la asiduidad con la que el público se encuentra en la pequeña pantalla con dichos contenidos. Otra alternativa posible para intentar detener la consumación del "ritual terrorista" sería la del "apagón informativo"; es decir, silenciar las informaciones relativas a estos episodios violentos de tal manera que sus autores no lograsen cumplir sus objetivos y acabaran así por desistir en sus actuaciones. No obstante, este silencio puede provocar que la sociedad termine por resignarse ante este problema por considerarlo "algo cotidiano e inevitable" (1985:586). Si acallar lo ocurrido no se muestra como una posible solución definitiva, tampoco lo llega a ser el relato aséptico de este tipo de informaciones del que los terroristas terminan también beneficiándose.

Durante el periodo que abarca la presente investigación, podría decirse que la cadena televisiva estatal optó por una vía intermedia dirigida a posibilitar la continuación del proceso de cambio político sin que el terrorismo supusiera un obstáculo insuperable. TVE hizo uso, aunque un tanto desvirtuado como veremos, del llamado por Miquel Rodrigo "tratamiento selectivo"; el cual parte de la necesidad de informar pero de modo diferente a como se hace con otro tipo de noticias: "se pretende convencer al público de que la causa terrorista no es buena ni conveniente. Pero no hay que silenciar periodísticamente al terrorismo. Hay que combatirlo desde los propios medios de comunicación" (Rodrigo, 1991:62).

Como afirma Eduardo Sotillos, este tratamiento se podría justificar teniendo en cuenta que se intentó actuar con prudencia; puesto que "hubo momentos, que por su gravedad, llevaban a establecer un compromiso entre todos los profesionales de la información con el fin de no poner en riesgo la democracia. No se podía transmitir la sensación de un país que se desmoronaba. Tengo que reconocer que se medían mucho los contenidos debido a esa prudencia y esa complicidad con la que se trabajaba. Y tanto los periodistas como todas las fuerzas políticas así lo entendieron" (Entrevista personal: marzo 2010).

3.2. La teoría de la agenda y "la espiral del silencio" al servicio del Cambio

La difusión u omisión que TVE hizo de aquella violencia terrorista y la manera en la que codificó dicha información para transmitirla a la sociedad, influyeron en la opinión pública a la vez que propiciaron la conformación de un imaginario colectivo de la Transición democrática que perdura, incluso, hoy en día. La selección diaria que los profesionales de televisión realizaron de los acontecimientos violentos que fueron jalonando esta época de cambio y la consecuente tematización del interés general que esta agenda mediática provocó imprimieron unos sesgos persistentes en la representación social del *imago* de la realidad terrorista de la segunda mitad de la década de los setenta.

Para los televidentes, la percepción de la realidad quedó supeditada a la representación simbólica que de ella se hizo a través de la pequeña pantalla; de la misma manera que el sentido que el público pudo atribuir a la violencia terrorista habría sido canalizado a través de este medio. El espacio público televisivo alcanzó durante la Transición un papel determinante al convertirse en un marco de referencia para establecer las prioridades de la opinión pública a través de la articulación de la agenda informativa.

TVE jugó durante la Transición con la influencia social que le brindaba la jerarquización de las noticias a través de la agenda que marcaba los contenidos de la parrilla televisiva. Al seleccionar, silenciando unos temas u otorgando protagonismo a otros, lograba canalizar la atención del público y crear un ambiente favorable a la consecución del cambio democrático. La democracia sólo llegaría a implantarse y consolidarse en España si la sociedad reaccionaba de forma pacífica ante los actos de violencia. La razón de este planteamiento estuvo en el temor de que si se difundía entre la población un clima de enfrentamiento y tensión podría verse desbaratado todo el proyecto.

Ante cuestiones tan delicadas como el terrorismo, resultaba más productivo decir a la opinión pública en qué tenía que pensar que decirle qué tenía que pensar. Ese sería el motivo por el cual diera la impresión de que existía "un pacto de silencio" dispuesto a amortiguar la repercusión del terrorismo. Un silencio que apenas desaparecía en la parrilla televisiva salvo en la información, más o menos concisa, de los *Telediarios*[5]. De esta forma,

---

[5] Diego Carcedo, a quien en 1976 le tocó cubrir en el País Vasco dos secuestros que se llevaron a cabo en muy poco tiempo: el de un joven empresario, José Luis Arrasate, en Berriz (secuestrado el 13 de enero de 1976 y liberado 36 días depués) y el de Francisco

no apareciendo habitualmente dichas noticias en la pequeña pantalla, sería prácticamente igual que si nunca hubieran acontecido. La sociedad no tendería a hablar de ello ni a preocuparse demasiado por tal hecho y sus consecuencias y, de manera paulatina, se acabaría por extender un clima de opinión favorable, menos temeroso al fracaso de la vía democratizadora, tal y como hemos podido comprobar con los datos ofrecidos por las encuestas analizadas en páginas anteriores.

Por lo tanto, fue canalizada la atención de los usuarios televisivos de tal forma que los aspectos positivos de la evolución democrática, los mayoritarios, impregnaron más que los negativos. Todo esto se llevó a cabo rozando los límites de la irrenunciable libertad de información; la cual, según los dirigentes del proceso, debía existir antes incluso de la promulgación de la Constitución, aunque fuera sólo en apariencia. Por ello, en esa jerarquización de noticias fueron incluidos los episodios más virulentos e imposibles de ocultar a la sociedad; a los cuales se les dio difusión mediante unas pautas informativas muy concretas, aprovechando para enviar a la opinión pública un mensaje que favoreciera la continuación de la labor democratizadora. Dicha agenda mediática se desarrolló tan en armonía con los intereses de los dirigentes de la Transición, que podría llegar a afirmarse que durante estos primeros años de la Transición el poder estatal se convirtió en *Gatekeeper* y, al representar ese papel de orientador y seleccionador de noticias, hizo coincidir la agenda televisiva con la agenda institucional (Martín Jiménez, 2013a).

Desde que se institucionalizó la teoría de la agenda han sido numerosos los estudios que han tratado de esclarecer la mayor o menor capacidad que tienen los diferentes medios a la hora de jerarquizar la información. Durante muchos años, la historiografía de la Transición ha otorgado a la prensa –"el parlamento de papel"– un rol político, determinante para el desarrollo del cambio democrático. Este posicionamiento ha hecho que la mirada de los investigadores se centrara en los periódicos como si, debido al perfil más selectivo de su audiencia y a la profundidad con la que trata cada tema, hubieran tenido un poder canalizador mayor que la televisión. Sin embargo, mientras las cifras de difusión de los rotativos descendían, aumentó el consumo televisivo. No se trata de negar el papel que jugaron los periódicos sino de reivindicar el notable influjo que ejerció la pequeña pantalla (Martín Jiménez, 2013a). Un tipo de influencia que por ser distinta, en cuanto a la forma y ámbito, de la desplegada por los medios escritos,

---

Luzuriaga en Usurbil (secuestrado el 11 de enero de 1976), recuerda que trabajaban a diario para intentar enviar a la redacción algún tipo de información para que esta apareciera en los *Telediarios* aunque fuera brevemente, con el fin de que la audiencia no asociara el silencio informativo en los Informativos con la acción de la censura. Declaraciones de Diego Carcedo a la autora en la entrevista celebrada en Madrid el 23 de febrero de 2010.

logra con más intensidad activar el pensamiento emocional de los televidentes y articular su imagen de la realidad.

Para Cándido Monzón, en cuanto a la influencia social, "de todos los medios de comunicación, la televisión es el más importante y el que tiene mayor poder reductor de la capacidad selectiva de la audiencia" (2006:267). En la etapa de la historia de España que nos concierne en esta investigación, esta relevancia se acrecentó, del mismo modo que lo hizo la reducción de la capacidad de los espectadores para seleccionar y analizar los contenidos emitidos. Este fenómeno reductor se produjo, en primer lugar, por la inexistencia de otras cadenas televisivas diferentes a la estatal; y, en segundo lugar, por la facilidad con la que el teleespectador acepta la exposición a este medio y el poco esfuerzo que le requiere dicha acción. Ambas razones son importantes, pero nos detendremos en la primera de ellas. La consonancia o coincidencia de los diferentes medios en la presentación de los mensajes es determinante para que lo emitido influya en mayor o en menor medida en la opinión pública. En este caso TVE jugaba con ventaja al no tener competencia en su ámbito televisivo; por lo tanto, las alusiones a una transición pacífica y al éxito seguro del proyecto de cambio contaban con una omnipresencia en la pequeña pantalla estatal, sin que hubiera la posibilidad de que otras cadenas la contradijeran.

Aquí es donde entraría en escena "la espiral del silencio" de Noelle Neuman –teoría estrechamente vinculada con la de la fijación de la agenda– la cual, combinada con el control ejercido por la jerarquización de noticias en televisión, contribuyó a generar un clima de opinión compatible con la visión del cambio que tenían los dirigentes de la Transición (Martín Jiménez, 2013a). Teniendo en cuenta el concepto de opinión pública que utiliza la autora, más amplio que el crítico *habermasiano* (Habermas, 1975), estaríamos ante la opinión no sólo política que puede mostrarse en público sin temor a caer en el ostracismo social (Noelle-Neumann, 1995). En relación con el terrorismo, TVE habría difundido a través de su programación una imagen de la incidencia de éste, que habría generado un clima de opinión interpretado por la audiencia como si se tratara de la opinión generalizada y, por lo tanto, la única posible de expresarse sin temor a ser aislado. Este miedo al aislamiento, provocado por esa falsa impresión, es el que pone en marcha el mecanismo psicológico de "la espiral del silencio".

La opinión que recibía un apoyo explícito en televisión, llegaba a los televidentes como si fuera mucho más fuerte, mientras que las otras opiniones aparecían ante sus ojos como débiles y minoritarias; confundiéndose así la opinión pública –la mayoritaria desde un punto de vista social– con la publicada. Los individuos que disentían de los mensajes transmitidos por *la pequeña pantalla* escogían la opción de callar ante la percepción subjetiva de que eran minoría. Esas apreciaciones "se extendieron (...) e incitaron a la gente a proclamar sus opiniones o a tragárselas y mantenerse en silencio hasta que, en un proceso en espiral, un punto de vista llegó a dominar la escena pública y el otro desapareció de la conciencia pública al enmudecer sus partidarios" (Noelle-Neumann, 1995:22).

La cadena estatal resaltó actitudes como la condena de la violencia, la fe en el proceso democratizador y el rechazo al terrorismo, el cual, según este medio, de ninguna manera sería determinante para la evolución política del país. Como afirma el director general de Radiotelevisión Española (RTVE), Rafael Ansón, "en aquellos momentos era imprescindible dar cuenta de lo que ocurría y tratar de concentrar la opinión pública española en contra de algo que no tenía razón de ser" (Entrevista personal: mayo 2010). De este modo TVE se convirtió en un instrumento socializador que contribuyó a conformar, conservar y justificar una realidad social determinada. Como explica Padilla Novoa, gracias a los contenidos difundidos a través de la pantalla, "la sociedad se siente confirmada en sus creencias, en sus normas y planteamientos. Por otra parte, el gobierno y los poderes fácticos adquieren así una mayor eficacia para someter a los elementos díscolos. La televisión elabora una muestra, un retrato de un sector social cuyos valores se intentan resaltar. Luego lo retoca, lo idealiza y lo generaliza. La sociedad, a su vez, procura mantenerse fiel a *su retrato* porque se siente feliz en su narcisismo. Rechaza, por lo tanto, a los individuos que pretenden alterar la situación" condenándolos a quedar atrapados en "la espiral del silencio" (2002:107).

4. La imagen televisada de las actuaciones terroristas

Para hacer frente a "la estrategia de la tensión" desplegada por el terrorismo, Televisión Española se valió de un matizado "tratamiento selectivo" a la hora de informar acerca de las distorsiones generadas por los distintos grupos organizados, y por eso dedicó muy poco espacio a difundir de manera monográfica y profunda las acciones terroristas. Mediante la exposición de los contenidos de los espacios televisivos seleccionados podremos comprobar la ejecución de esta estrategia mediática de la cadena estatal dirigida a salvaguardar el camino democrático ya recorrido y garantizar su continuidad[6].

---

[6] Los resultados relativos a los atentados de la banda terrorista ETA pueden consultarse en la publicación disponible en http://www.doxacomunicacion.es/es/hemeroteca/articulos?id=143 (06-12-2015) (Martín Jiménez, 2013b).

4.1. Oriol: Radiografía de un secuestro

El 11 de diciembre de 1976, los GRAPO secuestraron a Antonio María de Oriol y Urquijo, presidente del Consejo de Estado, con el fin de exigir la liberación de quince miembros de su organización que se encontraban presos en las cárceles españolas[7]. Este fue el motivo que alegaron también para secuestrar, poco tiempo después, al teniente general Emilio Villaescusa, presidente del Consejo Supremo de Justicia Militar. Con la retención de Oriol, este grupo terrorista, como expone Horacio Roldán, lanzó un órdago al Estado, puesto que el secuestro se efectuó cuando a penas faltaban unos días para que se celebrara el decisivo referéndum de la Ley para la Reforma Política, que daría un nuevo rumbo a la Transición. Además, al coincidir durante unas semanas con el secuestro de Villaescusa, se intensificó en gran medida su efecto sobre los dirigentes del cambio y sobre la opinión pública en general.

Transcurrido ya un mes desde que Oriol fuera retenido por los GRAPO, un reportaje de *Informe Semanal* presentó la radiografía de dicho secuestro para sus espectadores. A través del uso de planos subjetivos, de la misma manera que hemos visto en la cinta del caso de Araluce, los guionistas Ramón Colom y Manuel Rubio reproducían con exactitud los hechos ocurridos. Las calles de Madrid, el despacho de Oriol y las cabinas telefónicas o los lugares públicos donde la banda terrorista fue depositando sus comunicados, entre otras imágenes, sirvieron para reconstruir al televidente todo lo acontecido desde aquel 11 de diciembre[8].

Lo más destacado de este reportaje pudiera ser, en primer lugar, lo poco que se profundizaba en lo sucedido y en su repercusión sobre la estabilidad nacional, teniendo en cuenta la cercanía del referéndum del 15 de diciembre y, en segundo lugar, cómo se recurría a la prensa como referente para compilar información sobre los hechos. Esto último es sumamente significativo del papel que en la Transición se otorgó cada medio de comunicación a sí mismo y el que arrogó a los demás. Así, esa imagen del "parlamento de papel" que se le atribuyó a los rotativos no sólo habría sido conformada por ellos, sino por la visión que de su función tenían el resto de los *mass media*.

Si tenemos en cuenta el uso que en sus emisiones hizo Televisión Española de la prensa como fuente –la cual sustituiría en muchos casos a las imágenes de los archivos de la cadena estatal– podemos concluir que, en lo

---

[7] "A lo largo de su historia, los GRAPO han realizado tres secuestros sonados. Los dos primeros corresponden a los años 70. El tercero tuvo lugar en 1995 [el rehén fue el empresario Publio Cordón]. (...) Ninguno de estos secuestros duró mucho tiempo en comparación con algunos de los largos secuestros realizados por ETA" (Roldán Barbero, 2008: 92-93).

[8] Centro de Documentación de TVE, *Informe Semanal. Oriol: Radiografía de un secuestro,* emitido el 15 de enero de 1977.

relacionado con el terreno de la información (entendida ésta como difusión de noticias), trató a la prensa, y no a sí misma, como el referente indispensable.

Junto a la reconstrucción de los hechos mediante planos subjetivos y la entrevista a la familia Oriol, el resto del reportaje se articulaba entorno a la información que sobre este secuestro habían publicado los periódicos. Imágenes de las redacciones de los rotativos, de titulares y primeras páginas se convirtieron en el hilo conductor que posibilitaba la continuación del relato de lo ocurrido utilizando, por lo tanto, la prensa como referente informativo. Este planteamiento se reforzaba con la entrevista a dos profesionales del periodismo: Julio Alonso, redactor-jefe de *El País* y Jesús de la Serna, director de *Informaciones*.

Aunque no se emitió ningún programa monográfico acerca de la liberación de Oriol, sí que se recordó meses después lo sucedido, insertándolo como un hito más dentro del balance de un periodo de la Transición, como ocurrió en el especial *Gobierno de Suárez*. En este programa se narró el desenlace del secuestro, aunque se hizo de manera superficial y sin recurrir a las imágenes del archivo de Televisión Española. Los planos que ilustraron la parte del guión relacionada con Oriol fueron todos de recortes de periódicos o del *flash* de *Europa Press* que informó sobre su liberación; con lo cual TVE volvió a ofrecer a sus espectadores una imagen de la prensa como principal referente informativo.

4.2. Matar al mensajero: los atentados contra las librerías y los periódicos

Los actos de violencia cometidos por la extrema derecha y la extrema izquierda contra los medios de comunicación escritos no constituyeron, como explica Ricardo Martín de la Guardia, "un episodio aislado en los primeros años de la Transición, sino que se convirtieron en una nueva forma de censura". Los periódicos pasaron a ser víctimas de "un terrorismo censor que no se conformaba con las sanciones administrativas" (2008:250-251). Los grupos exaltados eligieron a los rotativos como objetivos prioritarios de sus ataques a los *mass media* y dejaron en un segundo plano a la televisión o a la radio, quizá porque consideraban que era la prensa el medio que más influencia podía ejercer en la opinión pública.

A comienzos de marzo de 1976, fue secuestrado el director de la revista *Doblón*, José Antonio Martínez Soler. En junio de 1977 los GRAPO hicieron explosionar dos bombas en la sede de *Cambio 16*, aunque, afortunadamente, sólo hubo que lamentar daños materiales. Sin embargo, el 20 de septiembre de ese mismo año, un atentado de la Triple A contra el semanario satírico *El Papus* se cobró la vida del conserje Juan Peñalver y, al año siguiente, el 28 de junio, ETA asesinó a José Mª Portell, redactor-jefe de *La Gaceta del Norte* y director de la *Hoja del Lunes de Bilbao*[9].

Cuatro meses más tarde, la tragedia llegó al periódico *El País*. El 30 de octubre, coincidiendo con la aprobación en las Cortes del texto constitucional, un paquete-bomba estalló en la sala de distribución del correo de este rotativo. El explosivo estaba dirigido al redactor-jefe, Julián García Candau; sin embargo, antes de que llegara a sus manos, el envío fue abierto por las sospechas que despertó su aspecto. Debido a su explosión falleció el conserje, Andrés Fraguas, y dos empleados resultaron heridos.

Nunca llegó a conocerse quién envió aquel paquete-bomba. *El País* informó a sus lectores de que había recibido varias llamadas de los GRAPO, la Triple A y los GAS (Grupos de Acción Sindicalista) que reivindicaban la autoría de lo sucedido. Sin embargo, según defiende Gabriel Sánchez (2007), la hipótesis más sólida es la que confiere la ejecución del atentado a la extrema derecha. El autor recuerda cómo la policía, tras el posterior aviso de la colocación de una bomba que recibió el diario *Arriba*, comenzó a sospechar que estos sucesos estaban encadenados y que se trataba de algún grupo extremista de derechas que, coincidiendo con la aprobación de la constitución española, habría organizado una campaña contra los medios de comunicación.

La misma semana en la que estalló la bomba en *El País*, el programa *Informe Semanal* recordó lo sucedido a través de uno de sus reportajes[10]. Los periodistas de la cadena estatal quisieron mostrar su solidaridad ante el nuevo atentado que había sufrido su profesión. Tanto la estructura del guión como su contenido, cargado de mensajes de denuncia y repulsa ante las acciones violentas, distan mucho de lo que hemos visto en otros trabajos sobre el terrorismo. En esta ocasión, al tratarse de una cuestión que implicaba de forma tan directa a los trabajadores del programa, el reportaje se alejaba de la crónica negra, de lo anecdótico o de las afirmaciones ambiguas. Durante los minutos que duró esta emisión se condenó sin cortapisas lo sucedido y, para hacer primar los aspectos positivos, se destacó la masiva movilización social que esa acción terrorista había provocado.

Se trataba, por lo tanto, de un reportaje en el que no se escondía la subjetividad y se huía de la neutralidad y de las vaguedades argumentales. Los planos de la fachada de la sede madrileña del rotativo y de unos grupos

---

[9] Para profundizar más en los distintos atentados perpetrados contra los medios de comunicación desde la Transición democrática; Sánchez, G.: *Periodistas en la diana. Treinta años de amenaza terrorista a los medios de comunicación españoles*, Asociación de la Prensa de Madrid, Madrid, 2007. En concreto, de la página 21 a la 35, el autor se centra en los atentados contra la prensa que acabamos de citar.

[10] Centro de Documentación de TVE, *Informe Semanal. Atentado contra El País*, emitido el 4 de noviembre de 1978.

de gente en sus inmediaciones sirvieron para dar comienzo al relato de lo sucedido. Mientras la *voz en off* hablaba de las víctimas del atentado —"las bombas terroristas, las bombas que muestran los únicos argumentos que poseen aquellos que las utilizan, han vuelto a dejar una terrible secuela. Tres trabajadores del diario *El País* han caído esta vez, uno de ellos ha muerto y otros dos están gravísimos" — el espectador fue viendo imágenes de los destrozos materiales provocados por la explosión y de los restos de sangre que podían verse entre ellos; con la intención de que al "traer la sangre al cuarto de estar", si utilizamos la expresión de Clutterbuck (1985), se produjera en el televidente un sentimiento de repulsa ante el uso de la violencia.

Aunque el reportaje comenzaba con la explicación de lo acontecido, el hilo argumental se centró realmente en la movilización social que había producido dicho atentado, de cuya autoría no se hablaba en ningún momento debido quizá a la falta de esclarecimiento que existía al respecto. Como muestra de rechazo a la amenaza terrorista y de apoyo a las víctimas, miles de personas recorrieron las calles de ciudades como Madrid o Barcelona bajo el lema "Contra el terrorismo, la Constitución". Estas imágenes de las manifestaciones, comentaba la *voz en off*, "son lo suficientemente elocuentes como para demostrar que esta profesión está hoy unida para la defensa de la libertad de expresión".

Los argumentos de contraste se desarrollaron a lo largo de un guión en el que se contraponía la violencia terrorista frente al espíritu democrático, que saldría vencedor a pesar de los obstáculos a los que tenía que hacer frente: "aislar, combatir y derrotar al terrorismo es ese sentir solemne de todos aquellos que tienen fe en este país, que desean una convivencia libre y democrática". De nuevo la imagen de "la familia nacional", aunque en este caso más centrada en la profesión periodística, volvía a aparecer ante la pequeña pantalla como el cimiento indispensable de la construcción del futuro de la democracia española.

La libertad de expresión como objetivo terrorista no sólo fue la causa de la ejecución de atentados contra diversos medios de comunicación, sino también de los perpetrados contra el mundo de la cultura y, en concreto, contra las librerías. *Informe Semanal*, como acabamos de ver, se mostró especialmente sensible a los ataques a este derecho. Así, en enero de 1977 – tres meses antes de que se hiciera público el Decreto-ley conocido como "Ley antilibelo", que derogaba el artículo segundo de la Ley de Prensa de franquista de 1966— emitió un reportaje de Sol Alameda y Manuel Rubio, acerca de los atentados que las librerías españolas habían sufrido desde los años 70 debido a las acciones de grupos radicales[11].

---

[11] Centro de Documentación de TVE, *Informe Semanal. Atentados a librerías*, emitido el 15 de enero de 1977.

Para enfocar este problema con perspectiva, el programa comenzaba el relato recordando como en 1971 se produjo el primero de los 100 atentados de los que habían sido víctimas el gremio de los libreros. En orden decreciente, Barcelona, Madrid, Valencia y el País Vasco habían sido los lugares más castigados por este tipo de acciones terroristas. Ante la gravedad de estos sucesos, el reportaje se hacía eco del comunicado emitido meses antes por la agrupación de libreros, en el que se pedía a los medios de comunicación, "desde la más indignante desesperación", "que sigan denunciando estos hechos reflejando con ello el sentir de la opinión pública". La emisión concluía con la imagen de unos libros ardiendo mientras la *voz en off*, haciéndose emisario del sentir general, decía: "y todo el mundo se pregunta: ¿cuándo acabará esta pesadilla?".

4.3. El enemigo invisible: cuando el terrorismo no es noticia

El cuidadoso establecimiento de la agenda informativa de Televisión Española respecto al terrorismo produjo que ciertos sucesos quedaran silenciados ante la opinión pública. Esta estrategia del discurso mediático ha sido denominada de diversas maneras. Para unos, se trata de un "fenómeno de ocultación" (Águila y Montoro, 1984:206); mientras que otros prefieren usar la expresión eufemística, ya citada en este trabajo, "apagón informativo" (Setién Martínez, 2000:589 y ss). Sea cual sea la denominación que utilicemos, estaríamos ante un conflicto latente, desde el punto de vista mediático, que no siempre se manifestó ante la audiencia, en un intento de esquivar el problema antes que plantearlo de manera directa.

En relación con el tratamiento del terrorismo en la cadena estatal, el periodista Fernando Ónega señala que desde el Gobierno "la instrucción básica era la de no crear alarma. Esa era la consigna fundamental. Y hubo muchos hechos que no se contaron, que no aparecieron en la pantalla como ocurrió con las agresiones que sufrió en varias ocasiones Gutiérrez Mellado. Luego han ido saliendo en reportajes retrospectivos, pero en ese momento no se informó sobre ello. Se buscaba la normalidad, como se reflejó en la emisión del entierro de los abogados de Atocha, otra cosa es que en ocasiones pudiera aparecer el jefecillo de turno que se creía más sabio que nadie, depositario de la doctrina divina y que se sentía obligado a ejercer de censor; pero esas cosas han existido y existirán siempre" (Entrevista personal, marzo 2010)[12].

---

[12] Pedro Erquicia, director de este espacio televisivo durante sus primeros años, justifica el tratamiento que *Informe Semanal* dio al problema del terrorismo afirmando que ello pudo deberse a un intento de evitar el efecto *boomerang* en un público que buscaba el fin de semana una información diferente de la que recibía a diario. Declaraciones de Pedro Erquicia a la autora en la entrevista celebrada en Madrid el 22 de marzo de 2010.

De la misma forma que en otros momentos existió una cierta relación entre el comportamiento televisivo y el de la prensa, en esta ocasión encontramos que los periódicos, casi de forma uniforme, rechazaron ese "pacto de silencio" que en parte se hizo efectivo en TVE. Como ha expuesto Setién Martínez, los principales rotativos de tirada nacional como *ABC, Diario 16* o *El País* se posicionaron a favor de una información amplia, sin tapujos o recortes en pro de la construcción de la democracia (2000:591-600).

Un ejemplo ilustrativo de la diferencia entre esta toma de postura de los medios escritos frente a la de la pequeña pantalla la encontramos en el debate en torno a la conveniencia o no de que el Gobierno dialogara con los terrorista. En el trabajo al que acabamos de hacer referencia en el párrafo anterior, se dedica un capítulo entero a esta cuestión y en él se nos muestra la línea editorial que al respecto siguió cada periódico[13]. Dejando de lado si el posible diálogo con los terroristas era visto de manera positiva o negativa por cada rotativo, lo que más llama la atención es que, frente a la inexistencia de esta clase de debates en Televisión Española, estos fueron muy comunes en los diarios.

Aunque lo sucedido a partir del triunfo de UCD en las elecciones de marzo de 1979 se escapa a los límites de la presente investigación, habría que apuntar que esta polémica, en torno a las negociaciones con los terroristas, se fue acrecentando en la década de los ochenta. Prueba de ello, y de cómo en TVE comenzaron a tratarse ciertas cuestiones hasta entonces vetadas, es la emisión de la rueda de prensa del presidente del Gobierno tras el debate de la moción de censura; durante la cual un periodista le preguntó a Suárez sobre si el Ejecutivo estaba dispuesto a la negociación con ETA, a lo que el entrevistado respondió: "el Gobierno no negocia con personas que utilizan la violencia injustificada como método (...). El Gobierno está lleno, a mi juicio, de razones morales para negarse a toda clase de negociación con ETA (...): ha contribuido a la construcción de un estado democrático, ha ido eliminando las raíces en las que podía tener una hipotética justificación en el pasado. Y desde luego, hoy, no hay ninguno de esos supuestos que justifique, desde una perspectiva ética o moral, la actividad que vienen desempeñando estos asesinos. No tienen otro calificativo (...)"[14].

Así pues, este relativo "apagón informativo" imperó durante la época de la Transición marcada por el consenso, en un intento por difundir en la mayor parte de la programación televisiva un clima de normalidad que tranquilizara a la población y la concienciara de que el cambio democrático

---

[13] Ibídem: pp. 223-290.
[14] Centro de Documentación PP II TVE, *Rueda de prensa ofrecida por Suárez tras la moción de censura,* emitido el 30 de mayo de 1980.

era posible, puesto que España contaba con un frente común de fuerzas políticas y con un Gobierno estable que apostaba por el triunfo del proceso. Esta postura sólida y contundente se reforzó en momentos durante los cuales la violencia alcanzó un grado crítico, como ocurrió en la "Semana negra" de 1977.

El 23 de enero, en una manifestación pro-amnistía, fue asesinado por los Guerrilleros de Cristo Rey el estudiante Arturo Ruiz. Al día siguiente, los GRAPO secuestraron al teniente general Villaescusa. Unas horas más tarde, en una protesta por la muerte del estudiante fallecido a manos de la extrema derecha, el impacto de un bote de humo disparado por la policía terminaba con la vida de Mª Cruz Nájera. Y para culminar, según Carlos Abella (2006), "el día más cruento de la Transición" los ultraderechistas de Fuerza Nueva irrumpieron en un despacho de abogados laboristas ligados al sindicato de Comisiones Obreras, matando a cinco personas y causando numerosos heridos. Dos días más tarde del significativo entierro de estas últimas víctimas, los GRAPO asesinaron a dos miembros de la Policía Armada y a un guardia civil.

El director general de Radiotelevisión Española (RTVE), Rafael Ansón, recuerda que el presidente Suárez estaba muy preocupado por cómo se iba a retransmitir el asesinato de los abogados laboristas de Atocha[15]. En este sentido, TVE recibió instrucciones de "tratarlo con toda objetividad y condenar con claridad un asesinato tan absolutamente reprobable". El entierro de las víctimas fue emitido en directo por el periodista Eduardo Sotillos, por petición expresa del director general (Entrevista personal, mayo 2010), y, para Ansón, estas imágenes y el tratamiento que se dio a lo ocurrido sirvieron "para dos cosas. Una, para demostrar la seriedad con la que Televisión Española y el Gobierno se habían tomado el tema; otra, para darle más credibilidad a RTVE" (Ortiz Sánchez, 2006:238). Sin embargo, contrasta con esta emisión ver cómo, frente a la gravedad de lo sucedido, un programa de actualidad como *Informe Semanal*, que marcaba notoriamente los temas que primarían en el debate público durante la semana, no abordó lo sucedido en esos siete días negros que tanto repercutieron en el devenir de la Transición.

Ante estos trágicos acontecimientos, Adolfo Suárez volvió a mostrar su destreza en el manejo de la televisión. Conocía bien que este medio podía convertirse, si se sabía hacer buen uso de él, en un instrumento útil para llegar de forma eficaz a la opinión pública. Por ese motivo ante momentos

---

[15] El periodista Eduardo Sotillos, encargado de retransmitir en directo el entierro, considera que dicha emisión fue todo un éxito para Televisión Española, para la Transición y para el PCE; pues las imágenes reflejaron el correcto comportamiento de los comunistas y el público pudo ver desde sus casas como "los *rojos* no eran tan malos como había dicho el franquismo". Declaraciones de Eduardo Sotillos a la autora en la entrevista celebrada en Madrid el 29 de marzo de 2010.

claves recurría siempre a un mensaje televisivo (Martín Jiménez, 2013a). Los hechos acaecidos durante los últimos días de aquel mes de enero obligaron al presidente del Gobierno a comparecer, el día 29, ante las cámaras para lanzar un mensaje a la ciudadanía que contribuyera a evitar el desbaratamiento del proceso de cambio. De nuevo, la voz del Ejecutivo volvió a coincidir con la línea editorial seguida por TVE.

Durante esta intervención del día 29, Suárez reconoció que el Gobierno era consciente de "la importancia del desafío" y expuso los motivos por los cuales el Consejo de Ministros había decidido suspender los artículos 13 y 18 del Fuero de los Españoles, referidos a la libertad y al secreto de la correspondencia y al plazo de setenta y dos horas, como máximo, de retención de un detenido[16]. El Presidente empleó un lenguaje que transmitía fortaleza frente a la debilidad real por la que atravesaba el país. Jugó con la dialéctica entre el todo y la nada, mientras se aludía a palabras como patria, subversión o unidad nacional mezcladas con términos referidos a una nueva situación (peculiaridad de la regiones, diálogos....) (Bartolomé Martínez et al., 2006:15): "Deseo, sin embargo, que quede una cosa muy clara: (...) de preocuparnos ante los grandes temas que puedan rozar la unidad nacional, la independencia o la seguridad de la Patria, nada (...). Pero, en cambio, sí decimos que de actitud y predisposición al diálogo pacífico, todo, de abrir el juego político para normalizar la vida cotidiana, todo (...)"[17].

En otras ocasiones, el pacto no explícito entre los periodistas de Televisión Española y los dirigentes, tanto políticos como mediáticos, no resultó tan claro; como se reflejó en la reacción ante lo acontecido con motivo de la oleada de violencia que desató la banda terrorista ETA en señal de repulsa a la central nuclear de Lemóniz, en Vizcaya. El 17 de marzo de 1978 una bomba hizo explosión en dicho lugar, causando la muerte de dos trabajadores, catorce heridos e incalculables daños materiales. *Informe Semanal* elaboró un reportaje al respecto, en el cual, según se narra en el libro editado por Baltasar Magro, "la *voz en off* de la presentadora Rosa Mª Mateo iba relatando la historia de la oposición a esta central nuclear mientras en pantalla aparecían imágenes de distintas protestas sociales que se habían producido desde que en 1975 comenzó la construcción de la central para paliar el problema de energía eléctrica que padecía la zona" (Magro, 2003:52). Sin embargo, debido a que en el archivo de TVE aparece la cinta de este reportaje catalogada como si no hubiera entrado en filmoteca, ha sido imposible poder visionarla y, por lo tanto, confirmar lo que sobre su contenido nos cuenta la obra que acabamos de citar. Este "sin entrada en filmoteca" es bastante significativo en relación con los límites

---

[16] Ibídem, 150.
[17] Centro de Documentación de TVE, *Discurso de Suárez con motivo de la llamada "Semana negra"*, emitido el 29 de enero de 1977.

tan delicados de libertad de expresión que imperaban en la televisión de la segunda mitad de la década de los setenta. Así, como han apuntado los documentalistas del Centro de Documentación de la cadena estatal, este vacío en el archivo pudo deberse a que al ser un reportaje sobre un asunto tan espinoso, las autoridades temieran por su repercusión y no consideraran oportuno que quedara constancia de él[18].

La violencia se acrecentó en los meses, especialmente cruentos, de 1978 previos al referéndum constitucional. En total fueron 75 las víctimas mortales causadas por numerosos atentados: 56 asesinados por ETA, 5 por los GRAPO y 14 por distintos grupos extremistas. El objetivo de los terroristas era desestabilizar el proyecto constitucional y de ahí que multiplicaran las acometidas en el mes anterior al referéndum; durante el cual, "en apenas treinta días, ETA realiza treinta y dos acciones terroristas que dejan un saldo de quince personas asesinadas. El balance de un atentado diario y un asesinato cada dos días da una idea cabal de la intensidad del esfuerzo terrorista empleado contra la Constitución" (Elorza, 2000:294).

A pesar de esta persistente incidencia de la actividad terrorista durante los meses en que se elaboró el texto constitucional y la vinculación existente entre el aumento de los atentados y el cercano referéndum, Televisión Española tendió a informar acerca de ambos temas sin establecer ningún tipo de vínculo entre ambos. Durante este periodo de la Transición, la cadena estatal hizo un importante esfuerzo por incluir en la parrilla televisiva a la Constitución, y a todo lo relacionado con ella, en un gran número de programas especiales, coloquios, emisiones de los debates constitucionales en el Congreso y en el Senado, reportajes elaborados para *Informe Semanal* (casi una docena), o espacios divulgativos sobre sus artículos (Martín Jiménez, 2013a:214-246). Esta programación, destinada a informar a la sociedad con profundidad sobre la elaboración, el contenido y las circunstancias que rodearon al nacimiento de la Carta Magna, no prestó atención a la grave situación por la que atravesaba el país y su gobierno debido al recrudecimiento del terrorismo.

Habrá que esperar a la aprobación del texto en el referéndum del 6 de diciembre de 1978, para que ese mismo día en el debate *Tribuna de la Historia*, presentado por José Antonio Silva y titulado *La Constitución de 1978*, se expusiera, antes de que arrancara el coloquio, un pequeño reportaje en el que se resumían las principales etapas que se habían sucedido durante el proceso de elaboración del texto constitucional. A lo largo de la narración, la *voz en off* hizo referencia a "las dificultades" que a este delicado proceso

---

[18] Erquicia, partiendo de que Magro cite en su obra dicho reportaje, considera que es más probable pensar que la cinta se perdió o que se quedó olvidaba en un cajón cualquiera. Duda de que fuera destruida incluso en el contexto de la época. Declaraciones de Pedro Erquicia a la autora en la entrevista celebrada en Madrid el 22 de marzo de 2010.

había añadido la constante actuación del terrorismo. Sin embargo, tras este breve comentario no volvió a tratarse el tema ni siquiera a lo largo del coloquio posterior en el que participaron Luis Sánchez Agesta, Jose Luis Sampedro, Justino de Azcárate y Sebastián Martín Retortillo[19].

En relación con los distintos debates que se emitieron en *la pequeña pantalla,* cuyo número fue en aumento a lo largo de la Transición, resulta significativo el silencio en torno al problema terrorista. Entre todos estos programas destacaron espacios como *La Clave,* de José Luis Balbín; *Cara a Cara,* coloquio moderado por Federico Ysart; o *España hoy* con José Javoloyes y Fernando Ónega. En ellos se trataron temas tan variados y relevantes como la reforma política, la Constitución, la crisis económica, la cuestión de las autonomías o la libertad de enseñanza. Sin embargo, la lacra del terrorismo nunca se presentó como el tema central a debatir durante los primeros años de la Transición.

Este "apagón informativo" quedó reflejado también en los reportajes y programas especiales dirigidos a resumir la labor del Gobierno, de Suárez o los momentos claves del proceso de cambio. Estas producciones trazaban, en líneas generales, un balance de los principales acontecimientos con motivo de una fecha conmemorativa o de la cercanía de la consecución de un hito clave para el establecimiento de la democracia. Normalmente, estas producciones tendieron a exaltar la figura del Presidente, realzando todo aquello que podía favorecer al Ejecutivo, mientras se encubría o suavizaba lo que podía resultar perjudicial para el proyecto de Transición o sus dirigentes.

Una muestra muy significativa de esta actitud la encontramos en el documental elaborado a raíz de la conmemoración del primer aniversario de las elecciones generales del 15 de junio de 1977. Durante más de una hora, unas imágenes y un guión muy cuidados recordaron a los espectadores los hitos más destacados que habían marcado la evolución del país. Sin embargo, en ningún momento se hizo referencia a la insistente presencia del terrorismo en esos doce meses, a lo largo de los cuales el terrorismo terminó con la vida de casi cuarenta personas[20].

Fueron muy escasos los ejemplos de producciones sobre el gobierno de Suárez en los que existía un espacio dedicado al problema del terrorismo. Cuando éste aparecía, como hemos afirmado en páginas anteriores, solía ser en los casos en los que la víctima del atentado o del secuestro era una destacada personalidad. Para recordar lo sucedido se tendió a emplear un esquema concreto que se repetía, de forma casi mimética, en distintos espacios informativos. Como ejemplo de esta estrategia narrativa

---

[19] Centro de Documentación PP II TVE, *Tribuna de la Historia: La Constitución de 1978,* emitido el 6 de diciembre de 1978.
[20] Centro de Documentación de TVE, *Especial 15 de junio. Un año de democracia,* emitido el 15 de junio de 1978.

utilizaremos el relato que se hizo, en el *Informe Semanal* titulado *100 días de Suárez*, del atentado perpetrado contra Juan María Araluce.

En este reportaje, después de que la *voz en off* hiciera referencia, de forma concisa y objetiva, a la muerte del presidente de la Diputación de Guipúzcoa, aparecía en la pantalla el ministro del Interior, Rodolfo Martín Villa, condenando el acto terrorista y recordando que el Gobierno iba a continuar con el proceso democrático. Además, este mensaje de no claudicación quedaba reforzado al enlazar la imagen de la violencia terrorista con otra en la que se reflejaba el buen discurrir del cambio en España. En este caso el acontecimiento positivo que se escogió para generar ese efecto de contraste fue la inauguración, por parte de los Reyes, del curso académico de la Universidad de Salamanca mientras se escuchaba lo siguiente: "la convivencia y paz de todos los españoles es el *leitmotiv* del Gobierno. Una paz que empieza a labrarse desde las mismas aulas de la Universidad"[21].

Un esquema semejante se reproduce en el reportaje "Cien días para la democracia", en el cual se narra, durante unos pocos minutos, el asesinato del presidente de la Diputación de Vizcaya, Augusto Unceta. También en esta ocasión, después de recordar la fortaleza del Ejecutivo y la disposición inquebrantable de continuar con la construcción de la democracia, se insertaron las declaraciones del ministro del Interior: "sólo desde la serenidad y desde la firmeza se puede asegurar la culminación de ese proceso y sentar las bases de un futuro de paz y libertad para todos los españoles"[22].

Resulta significativo que, aunque la muerte de Unceta ocurriera apenas una semana antes de la emisión de este documental, el mensaje que se transmitió parecía apuntar que el terrorismo era un problema casi superado por el país. En la misma línea que hemos comentado en otras ocasiones, el balance positivo vuelve a ser el mensaje que se refuerza en el último minuto. Después de enlazar este atentado de ETA con otros, como el cometido contra *El Papus*, la *voz en off* recordaba que el Gobierno, tras haber detenido a varios terroristas implicados en los sucesos, continuaba caminando hacia delante, ampliando las medidas democratizadoras porque "la violencia del terrorismo, condenada por todas las fuerzas políticas del país, no ha interrumpido los contactos dirigidos a cerrar el capítulo de la amnistía. Las maniobras desestabilizadoras volvieron a fracasar"[23].

---

[21] Centro de Documentación de TVE, *Informe Semanal.100 Días de Suárez*, emitido el 16 de octubre de 1976.
[22] Centro de Documentación de TVE, *Informe Semanal.100 Días del gobierno de Suárez. Cien días para la democracia*, emitido el 15 de octubre de 1977.
[23] Ibídem.

5. A modo de conclusión: pautas de información televisiva ante el terrorismo de la Transición

De todo lo expuesto podría deducirse el modo a través del cual se consiguió que el cambio democrático fuera vivido y posteriormente recordado como un proceso pacífico a pesar de que la constante presencia de la violencia terrorista pusiera en peligro la consecución de lo planificado. Y es que los medios de comunicación fueron conscientes durante aquellos años de la probada influencia que ejercían en la opinión pública y el consecuente papel que debían jugar ante la violencia terrorista, aunque no todos optaran por la misma forma de presentar lo sucedido y posicionarse ante ello.

La televisión se había convertido en pocos años en uno de los medios más consumidos por la sociedad española y, por lo tanto, todo aquello que se transmitía por la pequeña pantalla marcaba, en gran medida, las pautas de pensamiento de la sociedad ante determinados temas. De ahí que la televisión estatal estudiara con celo cómo tratar las cuestiones relacionadas con el terrorismo y planificara con detalle no sólo los contenidos que se difundían sino la forma en la que eran transmitidos, tanto desde el punto de vista del lenguaje empleado como el de las imágenes, los sonidos o la estructura de los guiones. La televisión, como agente mediador que es, afectó a la interpretación que asumió la audiencia sobre la realidad de la violencia terrorista.

En cuanto a la aprobación o desaprobación del terrorismo, la cadena estatal habitualmente no hizo uso de categorías de juicios éticos maniqueos del tipo bueno o malo; lo cual no significa que en su programación no existiera ninguna clase de posicionamiento moral sino que los criterios de asentimiento o condena eran introducidos en el relato con sutileza y de manera no explícita. Este tipo de difusión implícita y el añadido que presenta la televisión frente a otros medios en cuanto que es capaz de ocultar al espectador el mediador del mensaje, favorece que el público no aprecie "que en las imágenes del televisor, se le propone además una visión del mundo y una interpretación de la realidad. (...) La televisión reproduce todo, excepto su manera de reproducir en tanto que mediador" (Martín Serrano, 1981:51).

En los contenidos sobre terrorismo no se buscaba, de manera prioritaria, un efecto persuasivo directo que cambiara las actitudes de los televidentes a la manera de una acción inmediata de estímulo-respuesta. Era suficiente con que la información con respecto a este ámbito de la actualidad estuviera controlada, para que cuando llegara al público receptor creara un "pseudoentorno", a la manera de Lippmann (2003), que afectara a las actitudes, cumpliéndose así el objetivo buscado por el emisor. La televisión, como explica Gerbner (1973), ocupa un lugar tan destacado en la vida cotidiana que ha adquirido la capacidad de dominar el "ambiente simbólico" de los espectadores. La versión televisiva del mudo, y en este caso la que ofrece este medio sobre la violencia terrorista, modela la percepción del público y acaba logrando que éste sustituya lo que le aporta su experiencia personal o lo que ha obtenido a través de las otras posibles vías de conocimiento, por lo que le ofrece la pequeña pantalla.

Consciente de su influencia, Televisión Española trató de emitir un mensaje de serenidad y confianza en la instauración de la democracia. En sus reportajes, durante los cuales se hacía alusión a la violencia terrorista, eran una constante las referencias al consenso, el pluralismo, la reconciliación y la tolerancia como bases de la convivencia y el entendimiento; junto al rechazo, por contraposición, a las posturas extremistas, intransigentes o violentas. Los españoles debían permanecer unidos, evitando cualquier tipo de exaltación, para así poder centrarse en la meta que debía alcanzarse: la creación de un estado democrático.

La televisión, como constructora de identidades, garantizó con sus emisiones la unidad social de España; condición *sine qua non* para materializar el cambio político en el país. Este planteamiento constituyó los cimientos sobre los cuales se confeccionó el tipo de tratamiento que iba a darse en televisivamente al terrorismo. Las tácticas discursivas y representativas de este medio estarían condicionadas por la necesidad de forjar, utilizando la noción de David Morley, "la familia nacional" (2000). La estrategia ante la violencia terrorista se encaminaría a divulgar principios de integración comunitaria. Para encarar al terror organizado, la nación, una vez mediatizada, debía ser entendida por la audiencia como un "hogar simbólico". La esfera privada se socializaría a través de las referencias televisivas; las cuales transformarían al colectivo social en un conjunto homogéneo, un frente unido, una familia dispuesta a resistir a cualquier tipo de impedimento democratizador.

El terrorismo, según lo que transmitió la cadena estatal, representaba el "confusionismo" –término del léxico político creado a mediados de los años setenta que se empleaba asiduamente (Santiago Guervós, 1999:95)– puesto que su único objetivo era llevar a cabo maniobras desestabilizadoras que provocaran tensión y atacaran directamente los pilares de la naciente democracia. Sin embargo, esta condena a los actos terroristas no vino acompañada de una difusión muy amplia. Los numerosos atentados cometidos, por ejemplo, contra policías o guardias civiles casi no tuvieron resonancia en dicho medio, fuera del ámbito estrictamente informativo de los *Telediarios*. Hubo que esperar a que las víctimas fueran destacados políticos, empresarios o personas con cargos de gran responsabilidad para que se hiciera un hueco en la parrilla televisiva donde cupiera la información sobre las consecuencias de la actividad terrorista.

A pesar de la relevancia del terrorismo y su repercusión directa en el discurrir del cambio político, Televisión Española no llegó a tratar este problema con profundidad ni con perspectiva; más bien al contrario, se optó, cuando no por el silencio, por el sensacionalismo, la crónica negra o el tono trivial. Esto pudo provocar que lo relacionado con la escalada terrorista llegara al espectador con una cierta frivolidad que podía causar, quizá de manera intencionada, que se relativizara lo sucedido. En escasas ocasiones los atentados fueron tratados con detenimiento por TVE y cuando se hizo no se ofreció un producto periodístico capaz de mostrar al espectador en profundidad las secuelas de este dramático problema y la implicación social y política que era necesaria para afrontarlo.

La falta de un análisis político o social del terrorismo en la cadena pública contrasta con el tratamiento que éste tuvo en la prensa. Mientras que los rotativos, como ha mostrado Setién Martínez (2000), fueron más allá de los sucesos de violencia, para buscar sus raíces políticas y advertir sobre el riesgo de golpismo que conllevaban; la televisión optó por una perspectiva analítica más centrada en el acontecimiento en si, sin profundizar en sus causas o efectos. No obstante, ambos medios cayeron – tal vez movidos por las circunstancias históricas por las que atravesaba el país– en un análisis reduccionista, al tratar el terrorismo como un bloque homogéneo que amenazaba con poner fin a la democracia, sin profundizar en las diferencias entre los distintos grupos organizados.

Así, durante los primeros años de la Transición en la programación de Televisión Española no se intentó, utilizando la terminología empleada por Keane (2004), "democratizar la violencia". Para este autor, como ya hemos comentado, la violencia es el gran enemigo de la democracia. La única vía para poder enfrentarse a ella y que no se convierta en un peligro mortal para el sistema es la de su democratización. TVE, siguiendo las pautas gubernamentales, quizá estaba más preocupada por culminar el proceso de transición que por terminar con la lacra del terrorismo; para lo cual, si nos basamos en las diez reglas de Keane, habría sido necesario hacer uso de todas las vías posibles de comunicación para informar sobre los actos de violencia, de tal manera que tanto sus causas, como sus efectos o las posibles soluciones que podrían ejecutarse para poner fin a dicha violencia se convirtieran en objeto de debate público.

En la búsqueda del cumplimiento del objetivo de implantar con éxito una democracia en España pese a la amenaza terrorista, TVE tendió a incluir argumentos cargados de valor positivo. Los rotativos también optaron por esta actitud; lo cual es visto por Setién Martínez (2000) como un propósito firme de evitar la "desmoralización del cuerpo social" y de "colaborar en la erradicación del terrorismo, intentando que éste deteriorara lo menos posible la situación político-social". Igual que en la pequeña pantalla, "esta voluntad de colaboración quedó plasmada en ocasiones en el intento de sacar alguna conclusión positiva de estas dramáticas y dolorosas situaciones que el terrorismo provoca. Por eso, es frecuente encontrar cómo los editoriales de los medios de prensa destacan, inmediatamente tras la realización del atentado, alguna reacción positiva que éste haya desencadenado; ya sea la serenidad del Gobierno, la solidaridad de la ciudadanía, la calma de las Fuerzas Armadas o la voluntad de atrapar a los culpables (...)" (Setién Martínez, 2000:653).

La Transición era una etapa muy delicada en la que había mucho en juego y en la cual el terrorismo constituía una lacra capaz de producir la regresión del proceso; ante ello, las emisiones televisivas centraron sus contenidos en transmitir la imagen de un Gobierno fuerte, capaz de actuar con firmeza y garantizar la seguridad de la ciudadanía. Como prueban los programas analizados, la dirección de la cadena estatal se esforzó por no difundir sentimientos de desánimo, desestabilización o incertidumbre; así, cuando se informaba sobre un atentado, o bien se contaba de forma somera para acto seguido enlazarlo con una noticia positiva, o se mostraba como algo sucedido mucho tiempo atrás y, por lo tanto, como un escollo ya superado.

No solo era importante qué información se difundía sobre las actuaciones terroristas sino de qué manera era difundida. Se trataba de consolidar el nuevo discurso hegemónico, el democrático frente al autoritario del franquismo, y en esa labor el lenguaje empleado iba a jugar un papel crucial. Mediante la elección de unas u otras palabras se podría construir una determinada identidad de la violencia, cobrando ésta un sentido diferente según los términos utilizados. Por eso, los asesinatos cometidos se solían denominar "actos" o se tendió a aludir a los disturbios y a la violencia callejera, por muy graves que fueran, como "actitudes violentas" sin más. La Televisión estatal recurrió también a expresiones eufemísticas para hacer referencia al terrorismo sin nombrarlo de manera específica. Así, por ejemplo a la hora de nombrar a ETA y a sus atentados se hablaba de "problemática vasca", con lo cual se provocaba un giro en el significado de la banda y en las repercusiones de sus actos, porque era tratada como si sus actuaciones afectaran únicamente al País Vasco y no a toda España.

¿Cuál fue el motivo del tratamiento que Televisión Española dio al terrorismo? Sin que ninguna de las respuestas que podamos dar a esta pregunta pueda considerarse la única razón que explicaría la actitud de TVE, se pueden barajar varias posibilidades. En primer lugar, el claro control que el Ejecutivo ejercía sobre la dirección de TVE; baste con recordar las palabras del propio director general de RTVE, Rafael Ansón: "todo aquél que no esté de acuerdo con el actual Gobierno no puedo estarlo con RTVE"[24].

---

[24] *El País*, 18 de septiembre de 1976, p. 17.

En segundo lugar, la autocensura —un "pacto no explícito, sin intención consciente", en palabras de Pedro Erquicia, entre periodistas y políticos (Entrevista personal, marzo 2010), o, según el periodista Miguel Ángel Gozalo el final de las consignas y el comienzo de las conveniencias (Entrevista personal, marzo 2010)— que los propios profesionales del medio se impusieron ante una etapa tan turbulenta e inestable. En ocasiones, este control pudo venir impuesto desde arriba; es decir, ordenado tanto por los directivos de televisión como por la cúpula gubernamental. A ello estaría haciendo alusión Erquicia cuando afirmó que tras la censura franquista llegó "una etapa de un cierto no saber muy bien qué es lo que era válido y lo que no era válido. Es decir, que antes se sabía perfectamente con qué cartas jugabas. Después desapareció la baraja hasta que se construyó otra baraja" (Entrevista personal, marzo 2010). Y, por último, pudo influir también la falta de comprensión política y social de la significación profunda del terrorismo y de cómo este tendría efectos destructivos sobre todo el país y no sólo sobre unas áreas regionalmente muy marcadas.

Como modo de síntesis de lo que fue el tratamiento que TVE hizo del terrorismo, resulta expresiva una cita sacada del guión de un programa especial que *España hoy* dedicó, en 1977, a la figura de Adolfo Suárez y a los acontecimientos más relevantes acaecidos desde su llegada al poder, en el que, tras hacer un recuento laudatorio se dejaba bien claro que, por encima de todos los escollos y problemas aún sin superar, y que no se habían tratado en el relato, lo más importante es que se había cumplido el objetivo democratizador: "Pero no se crean que se recoge en este recuento todo lo ocurrido en España. En medio de esta narración quedan acciones y tensiones que no tendrían cabida en este reportaje. La resistencia de grupos extremistas que fue necesario controlar, la resistencia de los sectores más conservadores que no deseaban ningún tipo de cambio...; el balance final, de todas formas, es el mismo: se hizo la democracia"[25].

BIBLIOGRAFÍA

ABELLA, Carlos (2006), *Adolfo Suárez*, Madrid, Espasa Calpe.
ÁGUILA TEJERINA, Rafael Del – MONTORO ROMERO, Ricardo (1984), *El discurso político de la transición española*, Madrid, CIS.
BARTOLOMÉ MARTÍNEZ, Gregorio y otros (2006), *La lengua, compañera de la transición política española. Un estudio sobre el lenguaje del cambio democrático*, Madrid, Fragua, Madrid.

---

[25] Centro de Documentación PP II TVE, *España hoy. Especial Adolfo Suárez*, emitido en 1977.

CLUTTERBUCK, Richard (1985), *Los medios de comunicación y la violencia política*, Pamplona, Universidad de Navarra.

DOMÍNGUEZ IRIBARREN, Florencio (2000), "La violencia nacionalista de ETA" en SANTOS JULIÁ (dir.): *Violencia política en la España del siglo XX*, Madrid, Taurus, Madrid.

ELORZA, Antonio (coord.) (2000), *Historia de ETA*, Madrid, Temas de Hoy.

GERBNER, George (1973), "Cultural Indicators – the Third Voice" en GERBNER, George–Gross, LARRY–MELODY, William (comps.): *Communications Technology and Social Policy*, Nueva York, Wiley, 553-573.

HABERMAS, Jürgen (1975), *Historia y crítica de la opinión pública. La transformación estructural de la vida pública*, Barcelona, Gustavo Gili.

JENKINS, Brian Michael (1984), "Responsabilidad de los medios informativos" en VVAA: *Terrorismo y medios de comunicación social*, Madrid, Ministerio del Interior, Secretaría General Técnica, 51-58.

KEANE, John (2004), *Violence and democracy*, United Kingdom, Cambridge.

LÓPEZ PINTOR, Rafael (1982), *La opinión pública española del franquismo a la democracia*, Madrid, CIS.

LIPPMANN, Walter (2003), *La opinión pública*, Madrid, Langre.

MAGRO, Baltasar (ed.) (2003), *Informe Semanal. 30 años de historia*, Barcelona, Plaza & Janés.

MARTÍN DE LA GUARDIA, Ricardo (2008), *Cuestión de tijeras. La censura en la transición a la democracia*, Madrid, Editorial Síntesis.

MARTÍN JIMÉNEZ, Virginia (2013a), *Televisión Española y la Transición democrática: la comunicación política del Cambio (1976-1979)*, Valladolid, Servicio de Publicaciones de la Universidad de Valladolid.

MARTÍN JIMÉNEZ, Virginia (2013b), "Terrorismo etarra y televisión: TVE como agente conformador de una imagen pacífica de la transición (1976-1978)", *Doxa Comunicación*, 16, 63-84.

MARTÍN SERRANO, Manuel (1981), "La influencia social de la televisión: niveles de influencia (I)", *REIS*, 16, octubre-diciembre, 39-55.

MONZÓN, Cándido (2006), *Opinión pública, comunicación y política*, Madrid, Tecnos.

MORLEY, David (2000), *Home territories. Media, Mobility and Identity*, Londres, Nueva York, Routledge.

NOELLE-NEUMANN, Elisabeth (1995), *La espiral del silencio*, Barcelona, Paidós.

ORTIZ SÁNCHEZ, Manuel (2006), *Adolfo Suárez y el bienio prodigioso (1975-1977)*, Barcelona, Planeta.

PADILLA NOVOA, Manuel (2002), *Técnicas de persuasión en la televisión*, Madrid, Laberinto.

PEARLSTEIN, Richard M. (1991), "Tuned-in Narcissus: the Gleam in the Camera's Eye" en ALEXANDER, Yonah and PICARD, Robert G. (ed.): *In he Camera's Eye, New Coverage of terrorist events*.

PIÑUEL, José Luis (1986), *El terrorismo en la Transición española (1972-1982)*, Madrid, Fundamentos.

PULGAR GUTIÉRREZ, Mª Belén (2004), *Víctimas del Terrorismo, 1968-2004*, Madrid, Dykinson.

REIG CRUAÑES, José (2000), *Opinión pública y comunicación política en la transición democrática*, Alicante, Universidad de Alicante.

ROLDÁN BARBERO, Horacio (2008), *Los GRAPO. Un estudio criminológico, Estudios de derecho penal y criminología*, Granada, Comares.

RODRIGO, Miquel (1991), *Los medios de comunicación ante el terrorismo*, Barcelona, Icaria.

SÁNCHEZ-CUENCA, Ignacio (2009), "La violencia terrorista en la transición española a la democracia", Historia del Presente, 14, 9-24.

SÁNCHEZ, Gabriel (2007), *Periodistas en la diana. Treinta años de amenaza terrorista a los medios de comunicación españoles*, Madrid, Asociación de la Prensa de Madrid.

SANTIAGO GUERVÓS, Javier de (1999), *El léxico político de la Transición española*, Salamanca, Universidad de Salamanca.

SETIÉN MARTÍNEZ, Francisco José (2000), *Terrorismo y prensa en la transición política española (1976-1986)*, Madrid, Universidad Complutense, Servicio de publicaciones.

WILKINSON, Paul (1990), "Terrorism and propaganda" en Alexander, Yonah and Latter, Richard (eds.), *Terrorism and The Media: Dilemmas for Government, Journalists and The Public, Brassey's Terrorism Library*, Washington, Brassey's, 26-33.

IMAGEN DE LA TRANSICIÓN POLÍTICA EN HUNGRÍA EN EL DIARIO CATALÁN *AVUI*, 1988-1990

MÓNIKA SZENTE-VARGA

Universidad Nacional de Servicio Público

Resumen: Este ensayo estudia el reflejo del cambio político en Hungría en las páginas del diario catalán *Avui*. Su objetivo no es reconstruir el proceso del cambio a través de la prensa catalana, sino analizar la forma en que los periodistas presentaron y trataron de explicar al público lector -que en general sabía poco o nada de Hungría- lo que estaba ocurriendo. Consecuentemente el énfasis caerá más sobre el "cómo" y menos sobre el "qué". Asimismo, se examinaron los recursos lingüísticos, visuales, etcétera, que fueron utilizados con tal fin por el diario y se acompaña un análisis sobre la resultante imagen de Hungría. El estudio también resalta los acontecimientos y contactos bilaterales durante el período en cuestión, con la idea de contribuir a la investigación del desarrollo de las relaciones. Los diarios catalanes utilizados provienen de la sección prensa digitalizada del Archivo Histórico del Ayuntamiento de Gerona.
Palabras clave: Hungría, España, cambio democrático, encuentros bilaterales, modelo español

Abstract: This paper examines the way in which the political change that took place in Hungary at the end of the 1980s and beginning of the 1990s, was reflected on the pages of the Catalan daily, *Avui*. The aim of the investigation is not to reconstruct the course of the change itself via the Catalan press, but to analyse the means used by the journalists to describe and explain to their readers what was happening in Hungary, a country about which they knew little or nothing at all. Consequently, the emphasis is set more on 'how', and less on 'what'. Linguistic, visual and other resources used to that end by the daily are also explored. This is complemented by an analysis on the resulting image of Hungary in *Avui*. The paper also highlights bilateral events and contacts, with the aim of contributing to the investigation of the development of relations between Spain and Hungary. The Catalan diaries used are accessible in the digital press section of the Historic Archive of the Municipality of Gerona.

Keywords: Hungary, Spain, democratic change, bilateral meetings, Spanish model

1. Introducción

Los diarios catalanes *Avui*, *El Punt* y *Diari de Girona* siguieron con interés los cambios que ocurrieron en Europa del Este a finales de los 1980 y principios de los 1990. El más activo fue, sin lugar a duda, *Avui*, periódico sobre cuyo trabajo se basa en gran parte este ensayo. Si tomamos como punto de partida los artículos publicados en dicho diario en 1987 en relación con Hungría, se puede afirmar que su número se había duplicado para 1988 y se cuadruplicó un año más tarde, sobrepasando los 400. El interés perdió un poco de su intensidad después del año decisivo (1989), pero el número de artículos "húngaros" se mantuvo por encima de 300 aún en los años 1990 y 1991, seguidos por una atención decreciente para el resto de la década[1]. Varios de dichos escritos examinaron la transición política en Hungría, un proceso que la gran mayoría del público asistente a este congreso vivió personalmente. Por tanto el objetivo de esta investigación no es reconstruir los eventos húngaros a través de la prensa catalana, sino analizar la forma en que los periodistas presentaron y trataron de explicar al público lector lo que estaba ocurriendo. Consecuentemente el énfasis caerá más sobre el "cómo" y menos sobre el "qué". Se buscarán los recursos lingüísticos, visuales, etcétera, que fueron utilizados con tal fin, acompañados por un análisis sobre la resultante imagen de Hungría en la prensa catalana.

"Europa Oriental es un revoltijo de países y de nacionalidades, de capitales que no recordamos a qué estados pertenecen, y de ciudades impronunciables. Todo ese espacio socio-económico es un embrollo difícilmente entendible por buena parte de Europa Occidental y a veces inclusive por los propios soviéticos"[2] – señala un artículo publicado en enero de 1988 (Veiga, 3-01-1988:24). Con el fin de explicar los eventos en

---

[1] La fuente de los diarios catalanes, así como de las estadísticas sobre los artículos 'húngaros' en *Avui* es Ajuntament de Girona, Servei de Gestió Documental, Arxius i Publicacions, Premsa digitalitzada, asequible en: http://www.girona.cat/sgdap/cat/premsa.php.

[2] Las traducciones del catalán al español en el ensayo son de la autora. Desde este punto, las referencias al diario solamente se indicarán en los pies de página en caso de que no sean de *Avui*.

Hungría a un público local que había vivido un cambio político tan importante como la transición de una dictadura a una democracia en España, y que además sabía muy poco o nada de Hungría, los diarios utilizaron varios recursos.

2. Situación geográfica

Una herramienta fue la ubicación geográfica de Hungría en los mapas. Puesto que en 1988 las relaciones bilaterales húngaro-rumanas y el plan de sistematización[3] formaron parte del foco de interés catalán en la región, en lugar de mostrar específicamente a Hungría, los mapas tendieron a mostrar a Hungría y Rumanía en la misma página, junto con algunos datos extras, por ejemplo la distribución étnica[4]. El destino de la minoría húngara en Rumanía naturalmente llamó la atención de los catalanes en España, oprimidos durante la dictadura de Franco. Aparte de la posición similar –la de una minoría–, hubo otras razones para seguir con cuidado los eventos de aquella región. "En primer lugar, porque es muy poco usual que ciudadanos de un país socialista escapen a otro del mismo bloque y, más aún, que las autoridades húngaras decidiesen tomar partido en el asunto, y así el problema se haya oficializado. Dicho de otra manera, la cuestión acabó por enfrentar abiertamente a dos estados ubicados tras el Telón de Acero[5], en plena Europa Oriental" (Veiga, 8-05-1988:42).

En marzo de 1989, durante su visita a Budapest, "después de comparar el proceso actual húngaro con la transición española, [Jordi] Pujol identificó a Hungría y Cataluña como «dos países pequeños que tienen que luchar constantemente por su identidad». En este sentido, indicó Pujol, «nosotros contamos con más dificultades porque no tenemos el mismo poder político». Pero [el presidente de la Generalitat] inmediatamente disipó cualquier interpretación reivindicativa, elogiando el gran esfuerzo de 'comprensión' que España ha realizado hacia la identidad catalana en los últimos años, un 'ejemplo positivo' en contraste con el caso de Rumanía y su minoría húngara..." (Soler, 10-03-1989:8).

---

[3] Reubicación de la población rural en ciudades. La mudanza forzada de personas del interior a edificios multifamiliares en las ciudades tenía entre sus objetivos –dudosamente prácticos–, contribuir al desarrollo del país, al incrementar la población urbana y reducir la proporción del campesinado, así como uniformizar a Rumanía, eliminando físicamente pueblos de origen étnico distinto al rumano.

[4] Francesc Veiga, "Transsilvània: la guspira d'un possible conflicte Hongria–Romania", 8 de mayo 1988, 42. El mismo mapa fue incluido en: "Romania tanca les seves fronteres amb Hongria", 2 de julio 1988, 6. Otros mapas aparecieron en Francesc Veiga, "Una nova partida s'està jugant al tauler de Transsilvània", 10 de julio 1988, 37 y "Comença el 'pla Ceausescu' per esborrar 7.000 pobles del mapa", 14 de julio 1988, 4.

[5] Más conocido en América Latina como *Cortina de hierro*.

En conexión con la visita del presidente de la Generalitat, fue publicado un nuevo mapa en *Avui*, que señalaba el itinerario del político, de Barcelona a Budapest, mostrando a Hungría en un contexto europeo más general (Soler, 7-03-1989:8). Otros mapas del mismo año tendieron a ser también de ese tipo[6]. 1989 fue decisivo en el desmantelamiento del bloque del Este y la democratización de Hungría. Se perfilaba una nueva Europa, ya sin telón de acero. En *Avui* se nota una modificación en el ángulo de los mapas, moviéndose, en su mayoría, de lo regional (Europa del Este), hacia lo continental. Parece que con el paso del tiempo hubo menos necesidad de guiar a los lectores, que se encontraban cada vez más ubicados geográficamente. Para 1990 los mapas "húngaros" desaparecieron casi totalmente de las páginas del diario.

3. Fotografías

Varios de los artículos aparecieron acompañados con imágenes, principalmente de políticos húngaros. Figuraron en ellas los dirigentes socialistas János Kádár, Károly Grósz, Miklós Németh, Rezső Nyers, Imre Pozsgay, Mátyás Szűrös, así como los primeros jefes de estado y gobierno tras el cambio político, Árpád Göncz, presidente, y József Antall, primer ministro. Hubo también fotografías sobre los eventos más destacados. En 1989 estas incluyeron el re-entierro de Imre Nagy y los mártires de la Revolución de 1956, la muerte de János Kádár, la apertura de la frontera húngaro-austríaca ante los alemanes orientales, así como la proclamación de la República de Hungría. En 1990 las imágenes se centraron en las elecciones.

4. Ubicación sicológica

Otra herramienta muy útil y práctica para describir y explicar los acontecimientos húngaros, consistía en comparaciones y asociaciones, a través de las cuales los periodistas deseaban lograr una mejor ubicación sicológica. El objetivo fue conectar lo desconocido (Hungría) con algo más familiar, y de esta manera acercarlo a los lectores. Naturalmente esto implicó simplificaciones, y aún estereotipos, que podían ocultar detalles importantes. Por ejemplo, la Rumanía de los Ceaușescu apareció como "la Etiopia de Europa" (*Avui*, 14-07-1988:4), Hungría como "la Andorra de los austriacos" (Lleidó, 23-10-1989:6) y Budapest, como "el París del Este"

---

[6] Aparecieron como parte de los artículos de Antoni Reig, "El teló d'acer de l'Europa Oriental s'oxida i hi apareixen esquerdes", 6 de febrero 1989, 4 y del mismo autor: "Fugida de l'Est. Migracions dels països que no apliquen la «perestroika»", 1 de octubre 1989, 53.

(Rivadeneira, 4-04-1990:24). No obstante, estas asociaciones hicieron los textos más legibles y fáciles de seguir para el público. Las comparaciones fueron en general binarias, por ejemplo las reformas húngaras se caracterizaron como "la Perestroika junto al Danubio" (González, 5-03-1989:6), y la autoliquidación del sistema como "un harakiri político" (Veiga, 22-10-1989:54).

Aparte de ser el harakiri una expresión conocida, que transformaba el texto en algo visual para los lectores, otra razón para su uso pudo haber sido la latente asociación entre húngaros y gitanos así como húngaros y hunos, que conectan a Hungría más bien con Asia. Sin embargo, en este punto es menester reiterar que Hungría aparece tanto en los textos como en los mapas analizados como país europeo.

Las analogías en su mayoría quedaron establecidas entre Hungría y la Unión Soviética o entre Hungría y España. He aquí unos ejemplos acerca de políticos húngaros: "La imagen de Karoly Grosz, al contrario, es [la de] un hombre extremadamente dinámico, a veces llamado el Gorbachov de Hungría, aunque sus adversarios consideran que no tiene un proyecto preciso para el país, sino solamente ambición por el poder. Desde hace nueve meses es primer ministro de Hungría, un cargo que generalmente no es un buen lugar para acceder al poder máximo en los países comunistas." (*Avui*, 21-05-1988:4).[7] "Para [Miklós] Németh, la transición democrática, que él impulsó, todavía no ha terminado: el proceso sigue y no es fácil a causa de los problemas económicos, sentencia el Suárez húngaro. Precisamente, las últimas estadísticas sitúan la inflación anual entre 16 y 20 por ciento." (González, 20-10-1990:2).

5. Imagen de Hungría

En los años estudiados, dominaba la novedad, la idea del cambio en la imagen de Hungría. Las palabras "primero, sin precedentes, pionero, nuevo", fueron recurrentes en los textos sobre el país. He aquí unos ejemplos tanto de títulos como de textos de artículos publicados en *Avui* entre 1988 y 1990:
– "Hungría será el primer país con un Jefe de Estado no comunista" (20-06-1988:4);
– "Hungría elige a su primer presidente no comunista" (30-06-1988:6);
– "Por primera vez un régimen comunista reconoce que habrá desempleo" (15-07-1988:5);
– "En la primera visita oficial a los Estados Unidos (visita de K. Grósz)" (27-07-1988:6);

---

[7] Las palabras comunista y socialista fueron utilizadas como sinónimos en *Avui*, aunque en un sentido estricto sería más correcto hablar de partidos comunistas de países socialistas.

– "El ejemplo seguramente más espectacular de cambios entre los países comunistas lo está dando Hungría" (8-02-1989:3);
– "Con el cierre oficial de una etapa histórica que duró 40 años, Hungría se convierte en el primer país del bloque del Este que procede a suprimir los términos "popular socialista" en su Carta Magna…" (24-10-1989:2);
– "Hungría es el ejemplo que hay que seguir" (6-11-1989:8);
– "El presidente Felipe González será el primer jefe de gobierno que visitará Hungría desde que las reformas comenzaron" (7-11-1989:9);
– "Hungría está dispuesto a seguir siendo el líder de los países de Europa del Este en su apertura política y económica y en la intensificación de sus relaciones con Europa Occidental" (30-01-1990:3);
– "Hungría será el primer país del Este que se incorporará al Consejo de Europa" (3-1-1990:5).

Varios de los artículos describieron a Hungría como un ejemplo que los demás países del bloque del Este deberían seguir; por tanto un país interesante y atractivo con el cual vale la pena mantener relaciones más estrechas.

6. Visitas

En 1989 hubo dos visitas cumbres: en marzo llegó a Hungría el líder catalán, Jordi Pujol, seguido por el presidente Felipe González en noviembre. *Avui* informó sobre ambas visitas, primero en artículos cortos sobre los viajes planeados y después a través de textos más largos acerca de los acontecimientos de las estancias en Hungría. El diario tomó esta última tarea tan en serio, que mandó enviados especiales a Budapest. Toni Soler,[8] Josep María Sanmartí[9] y Marta Lasalas[10] fueron enviados especiales de *Avui* durante las visitas de Jordi Pujol, Felipe González y Josep Antoni Durán i Lleida, respectivamente.

"El interés húngaro hacia España provenía de dos razones principales: 1. La transición de la dictadura a la formación en un sistema pluralista-democrático se llevó a cabo en condiciones pacíficas, y […] 2. España ha logrado ponerse al nivel de y ajustarse al centro representado por Europa del Oeste, en su sistema de derecho y de valores, en las condiciones políticas y culturales así como en su estructura y condiciones económicas" (Szilágyi, 1991a:13, 1991b:101). Además, para el liderazgo húngaro España

---

[8] (Figueras, 1965 –). Periodista, escritor, productor de radio y televisión.
[9] Doctor en Relaciones Internacionales por la Universidad Complutense de Madrid (1996). A principios del siglo XXI, trabajó en la Universidad Europea de Madrid. Actualmente es profesor titular de la Universidad Carlos III, donde imparte clases sobre periodismo. Quisiera aprovechar este espacio para agradecerle por aclarar algunas de mis dudas, y apoyar, sin conocerme personalmente, esta investigación.
[10] Periodista y colaboradora de radio y televisión.

era un posible puente con las organizaciones europeas. Marcelino Oreja[11] fue Secretario General del Consejo de Europa desde 1984 hasta junio de 1989, y España encabezó la presidencia del Consejo de la Comunidad Europea en la primera mitad de 1989.

Aparte, hubo un interés común en eventos internacionales. España estaba a menos de tres años de organizar los Juegos Olímpicos en Barcelona y la exposición mundial en Sevilla (1992). Fue en 1987, dos años antes de las visitas de los políticos españoles, que los liderazgos húngaro y austríaco se pusieron de acuerdo con el fin de organizar una exposición conjunta en 1995. El gobierno húngaro quería obtener experiencia y posiblemente tecnología de España con referencia a eventos de gran calibre. Finalmente, sin embargo, debido a la crisis económica, en 1994 Hungría declinó organizar la exposición planeada.

Volviendo al tema de los encuentros entre los políticos húngaros y españoles, estos siguieron con la visita del presidente de la Unión Democrática de Cataluña (UDC), Josep Antoni Durán i Lleida a Hungría, en marzo de 1990. Ese mismo año, en septiembre, estuvieron en Hungría Francisco Fernández Ordóñez, ministro español de relaciones exteriores y, unas semanas más tarde, el ministro de defensa de España, Narcís Serra, en visita oficial.

7. ¿Modelo español?

Los antecedentes inmediatos de las visitas arriba mencionadas fueron las visitas a España de destacados políticos húngaros de la izquierda en 1988. Figuraron entre ellos Pál Iványi, Mátyás Szűrös, László Kovács y Károly Grósz. Su motivación principal fue económico-financiera, aunque los posibles paralelos entre la transición española y la de Hungría no escaparon a la atención de ninguna de las dos partes. Más tarde, en 1990, durante su estancia en Barcelona, el ex primer ministro Péter Medgyessy afirmó: "España y su evolución histórica reciente son modelos muy importantes para nosotros" (Soler, 11-03-1989:9). Un año antes, en 1989, *Avui* afirmó en uno de los títulos que "Jordi Pujol alienta a los húngaros a seguir el modelo español de transición" (Soler, 10-03-1989:8). Algunos meses después, sin embargo, publicó: "Felipe González se negó a citar la transición española como modelo para Hungría, ya que, según él, dicho modelo «no existe»" (Sanmartí, 10-11-1989:8).

Debido a las diferencias de opinión en las páginas de *Avui*, revisé el diario húngaro, *Népszabadság*, para ver el lado húngaro, buscando posibles menciones de la idea del modelo español, y en caso afirmativo, qué peso tenía. En relación con el encuentro entre Felipe González y políticos

---

[11] (Madrid, 1935 –).

húngaros, el diario afirmó en su portada: "Intercambian opiniones sobre las experiencias de establecer un estado de derecho" (8-11-1989:1). En un análisis más detallado en la página tres, se mencionó a George Bush, y que "el presidente de los Estados Unidos caracterizó a España como el ejemplo a seguir para los húngaros en el camino hacia la democracia" (3). Un día más tarde se puede leer: "Felipe González destacó que, en su país, donde procesos de una importancia similar se habían venido desarrollando en los últimos 12 años, miran con mucha atención y simpatía los cambios en Hungría. Añadió que por tanto entienden mejor las particularidades de la situación húngara." (9-11-1989:1)

Aunque aparece la idea del modelo español en las páginas de *Népszabadság*, esta fue relegada a segundo plano, por las esperanzas financieras conectadas con la visita del líder español. Lo que sí se transpira de los textos del diario es que Hungría deseaba, primero que nada, contactos comerciales y dinero y, solamente después, experiencia.

8. Paralelos y diferencias

"Europa del Sur y Europa Central, como dos semi-periferias de Europa del Oeste, se han desarrollado de manera similar por siglos en sus macro-estructuras y mega-tendencias. Este paralelo cercano fue detenido por los arreglos que siguieron a la segunda guerra mundial" (Ágh 1991:15). Las transiciones, que comenzaron en España a mediados de los años 1970 y en Hungría a finales de la década de los 1980, brindaron la oportunidad para volver a equiparar. Varios estudios comparativos entre las transiciones húngara y española vieron la luz en los noventa (Szilágyi, 1991 y Girón Garrote, 1997).[12]

Entre las similitudes hay que destacar que tanto el caso español como el húngaro fueron transiciones vía transacción; el sistema socialista húngaro, similarmente al régimen de Franco, atravesó por cambios importantes durante las varias décadas de su existencia; ambas transiciones fueron acompañadas por una crisis económica profunda; las cuestiones étnicas y regionales tuvieron un papel significativo en los cambios, y el sistema multipartidista apareció durante el proceso de la transición (Szilágyi, 1998: 78-80). En cuanto a las diferencias,[13] Szilágyi subraya que solamente para la

---

[12] Otro momento de comparación, ya más reciente, fue la membresía de Hungría en la Unión Europea en 2004, cuando las investigaciones se enfocaron en parte en las transiciones -pero ya desde una perspectiva de tiempo más amplia- y en parte en los procesos de la integración europea de Hungría y España (véase por ejemplo el número monográfico [35] de la *Revista de Estudios Europeos*, publicado por la Universidad de Valladolid en 2003).

[13] El investigador Iván Harsányi llama la atención a la importancia de las disimilitudes, argumentando que el provecho principal de los estudios comparativos es "ante todo, la exploración profunda de las diferencias significativas" (1997:53).

región de Europa del Este y de la Unión Soviética se debe hablar de un "cambio de sistema" (caso de Hungría), mientras que para América Latina y Europa del Sur, donde las bases económicas no tuvieron que ser alteradas, es preferible usar el término "cambio de régimen" (caso de España). Otras diferencias incluyen el rol de la crisis económica, que en Hungría fue el catalizador principal del cambio, mientras en España no; en Hungría los marcos de la transición fueron establecidos vía las negociaciones entre la oposición y el gobierno; el ejército no desempeñó un papel importante ni amenazó la transición húngara, y no hubo grupos terroristas en el país. Por último, Hungría era una república, mientras que España pasó por su transición como monarquía, con un papel destacado del rey (Hernández Bravo, 1991:116-118; Szilágyi, 1998:80-83).

9. ¿Modelo húngaro?

"Es sorprendente la alegría para no decir la desfachatez, con que algunos políticos y comentaristas ven la ejemplaridad de la transición española en relación con el extranjero, concretamente Hungría. Pretender que los húngaros, que están transformando su país completamente sin un solo muerto, sin una sola brusquedad, tomen ejemplo del largo, sinuoso, a veces sangriento y a veces incompleto paso de la dictadura franquista a la democracia, es un exceso de la autocomplacencia y una total ignorancia de lo que está pasando en aquel país centroeuropeo. Ahora bien, aunque sea muy difícil que Hungría pudiese sacar enseñanzas positivas del proceso español, eso no quiere decir que los contactos con los políticos de aquí no ofrezcan oportunidades para reflexionar sobre algunas cuestiones, y a nuestros dirigentes para ser un poco más autocríticos y humildes. Hay que tener en cuenta que el estado español tuvo que cambiar su régimen político pero no las bases de su sistema económico. En cambio, Hungría tiene que transformar todo, y al mismo tiempo convertirse en el modelo que deben seguir el resto de los países reformistas de Europa del Este. Eso significa que los actuales dirigentes húngaros no pueden permitirse el lujo de cometer ni un solo error, a pesar de que tienen que evolucionar en un contexto mucho menos favorable, en todos los aspectos, del que tuvo España, envuelta y sostenida por los países occidentales, que acogieron favorablemente la reinstauración de la democracia española" (Sanmartí, 6-11-1989:8).

Para España, ser ejemplo podría implicar mucho orgullo, sin embargo existieron notables diferencias de opinión en cuanto a este rol. Esto se puede explicar en parte por la actitud hacia la situación de España en aquellos momentos, así como por su historia reciente. Los que consideraron la transición española como imperfecta y/o no estuvieron contentos con las condiciones internas, no considerarían a España como un ejemplo a seguir. Un modelo debe ser perfecto. Además, un modelo no solamente funciona como una brújula, mostrando el camino correcto, sino que debe ser un promotor activo de los cambios. Esto sin embargo hubiera implicado consecuencias financieras, que la población española en general no necesariamente habría apoyado (Sanmartí, 6-11-1989a:8).

En la última cita aparece algo muy similar a la teoría del dominó. Pero aquí, en lugar de referirse a la propagación del comunismo, como se temía en la Guerra Fría, se refiere al creciente número de democracias. Aparte del modelo español, se habla de un modelo húngaro. Este rol sin embargo implicaría una tremenda responsabilidad para Hungría. Ahora bien, desde la perspectiva de un cuarto de siglo, cada quien puede opinar, ¿qué hemos hecho con ella?

BIBLIOGRAFÍA

Avui (1988-1990)
- "El líder hongarès es reuneix amb Dukakis", 27 de julio 1988, 6.
- "Els aires de renovació a Hongria poden apartar Kádár del poder", 21 de mayo 1988, 4.
- GOMIS, Joan (1989), "Les tres des", 8 de febrero, 13.
- GONZÀLEZ, Santi (1989), "L'acer del teló no és inoxidable. La nova Constitució aproximarà Hongria al model occidental", 5 de marzo, 6.
- GONZÁLEZ, Santi (1990), "Nemeth creu que una involucració a l'URSS no acabaria amb la democratització de l'Est. L'ex-primer ministre d'Hongria, artífex de la transició", 20 de octubre.
- "González pensa oferir el seu suport al procés democratitzador hongarès", 7 de noviembre 1989, 9.
- "Hongria aprova un pla econòmic d'aproximació al capitalisme", 15 de julio 1988, 5.
- "Hongria elegeix el seu primer president no comunista", 30 de junio 1988, 6.
- "Hongria enterra 40 anys de comunisme i es converteix oficialment en Estat de dret", 24 de octubre 1989, 2.
- "Hongria serà el primer país de l'Est amb cap d'Estat no comunista", 25 de junio 1988, 4.
- "Hongria serà el primer país de l'Est que s'incorporarà al Consell d'Europa", 3 de octubre 1990, 5.
- LLEIDÓ, Josep (1988), "La joventut vol canvis a països europeus d'Est", 23 de octubre, 6.
- "Nemeth reitera que Hongria vol entrar à més aviat possible al Consell d'Europa", 30 de enero 1990, 3.

- SANMARTÍ, Josep María (1989), "Espanya i Hongria, d'acord en la distensió", 10 de noviembre, 8.
- SANMARTÍ, Josep María (1989a), "González no firmarà cap tractat durant la seva visita a Hongria. Prudència espanyola davant les reformes", 6 de noviembre, 8.
- SANMARTÍ, Josep María (1989), "Hongria és l'exemple que cal seguir", 6 de noviembre 1989, 8.
- SANMARTÍ, Josep María (1989), "Hongria és l'exemple que cal seguir", 6 de noviembre 1989, 8.
- SOLER, Toni (1989), "Jordi Pujol ofereix col·laboració tecnològica al 'premier' hongarès", 11 de marzo, 9.
- SOLER, Toni (1989), "Jordi Pujol encoratja els hongaresos a seguir el model espanyol de transició", 10 de marzo, 8.
- SOLER, Toni (1989), "Jordi Pujol encoratja els hongaresos a seguir el model espanyol de transició", 10 de marzo, 8.
- SOLER, Toni (1989), "Pujol travessa un Teló d'Acer rovellat per visitar la nova Hongria de l'obertura", 7 de marzo, 8.
- "Sistemàtica destrucció de l'arquitectura històrica de les construccions populars", 14 de julio 1988, 4.
- VEIGA, Francesc (1988), "Entre el pragmatisme i la ruptura. El vent de la reforma bufa a l'Europa Oriental", 3 de enero, 24.
- VEIGA, Francesc (1988), "Transsilvània: la guspira d'un possible conflicte Hongria–Romania", 8 de mayo, 42.
- VEIGA, Francesc (1989), "Hongria fa historia", 22 de octubre, 54.

ÁGH, Attila (1991), The "Comparative Revolution" and the transitions in Central and Southern Europe" en Szilágyi István (ed.): *Transitions and changes in Europe in the 80s and 90s*, Veszprém, Veszprémi Egyetemi Kiadó, 95-112.

"Budapestre érkezett Felipe González" [Felipe González llega a Budapest], *Népszabadság*, 8 de noviembre 1989.

"Budapest vendége Felipe González" [Felipe González visita Budapest], *Népszabadság*, 9 de noviembre 1989.

GIRÓN GARROTE, José ed. (1997) *La transición democrática en el centro y este de Europa*, Oviedo, Universidad de Oviedo, tomos 1-2.

HARSÁNYI, Iván (1997), "A spanyol baloldal viszonya a közép- és kelet-európai rendszerváltozásokhoz" [La relación de la izquierda española con los cambios de sistema en Europa Central y Oriental], *Múltunk*, 2, Budapest, 52-84.

HERNÁNDEZ BRAVO, Juan (1991), "The Hungarian and Spanish transitions towards pluralist democracy: a few comparative notes" en Szilágyi István (ed.): *Transitions and changes in Europe in the 80s and 90s*, Veszprém, Veszprémi Egyetemi Kiadó, 113-136.

Revista de Estudios Europeos (número 35, 2003)

RIVADENEIRA, Ariel (1990), "Ahora, Budapest", *El Diari de Girona*, 4 de abril, 24.

SZILÁGYI, István (1991a), "Új demokráciák születése Európában" [El nacimiento de nuevas democracias en Europa], *Comitatus*, 5-6, Veszprém, 10-20.

SZILÁGYI, István (1991b), "The Emergence of New Democracies in Europe (Some peculiarities of Hungarian and Spanish transitions)" en Szilágyi István (ed.): *Transitions and changes in Europe in the 80s and 90s*, Veszprém, Veszprémi Egyetemi Kiadó, 95-112.

SZILÁGYI, István (1998), *Európa és a hispán világ* [Europa y el mundo hispánico], Veszprém, Veszprémi Egyetemi Kiadó.

UN NUEVO REY: LA DEMOCRACIA Y EL PAPEL DE LA PRENSA EN LA EXPANSIÓN DE LA MONARQUÍA

NAFTALÍ PAULA VELOZ
Universidad Carlos III de Madrid

Resumen: En el periodo que va desde 1975 hasta 1978, se completó juridica e institucionalmente la parte fundamental de la transición política a la democracia en España. Don Juan Carlos I, elegido sucesor al trono español por el General Franco, tuvo en sus manos un poder considerable, heredado de la legislación franquista, que le permitió obrar de manera decisiva en la implantación del nuevo sistema democratico. El nuevo Rey y la diplomacia española necesitaron potenciar las relaciones internacionales en Europa y América, donde consiguieron incluso "vender" la imagen de una apertura a la democracia. En las páginas que siguen se comprobará la especial relevancia que tuvo la prensa en la construcción de la nueva imagen del monarca. Se creó entre la prensa y la Monarquía una relación de complicidad cuya incidencia tuvo resultados positivos para la incipiente democracia española. Para ello se han analizado las principales cabeceras de la época y se ha comparado sus líneas editoriales.
Palabras clave: transición política, prensa, Juan Carlos I, España, monarquía

Abstract: During the period covered from 1975 until 1978 it was completed, both legally and constitutionally the fundamental essence of politic transition of the Spanish democracy. Don Juan Carlos I, who was elected successor to the Spanish throne by General Franco, had on his hands an important power, inherited from Franco legislation, which allowed him to act decisively in the implementation of the new democratic system. The new King and Spanish diplomacy needed to reinforce the international relations with America and Europe, where they could sell the image of an opening democracy. On the pages that follow it will be proved the special relevance that the press had in the construction of the renewed monarchy

image. It was built a relationship of complicity between the press and the Monarchy that had positive results for the budding democracy. For this matter it is been analyzed the main mastheads of the time and compared their editorial lines.
Keywords: political transition, press, Juan Carlos I, Spain, monarchy

1. Introducción

El escenario político en el que Don Juan Carlos apareció ante la opinión pública no estaba precisamente introducido por una alfombra roja. Para la opinión pública era un personaje prácticamente inexistente hasta que escucharon hablar de él, por primera vez en abril de 1955, cuando *ABC* publicó su primera entrevista en prensa[1]. Para la esfera política era un personaje que despertaba cierta hostilidad de quienes se oponían a la instauración de la Monarquía (Powell, 1995: 37-38) y para la sociedad era el vivo recuerdo de la continuidad del régimen franquista, puesto que casi siempre en sus apariciones públicas estaba junto al General Franco. Esto provocó que en algunas ocasiones fuera abucheado en público. Ejemplo de ello fue un episodio que se produjo al visitar un campamento del Frente de Juventudes, donde al ritmo del eslogan, "no queremos reyes idiotas", jóvenes falangistas le increparon (Powell, 1991:29). Se mirase por donde se mirase, sufría por todos los flancos. A sus problemas políticos y de imagen, hay que sumar sus problemas familiares y de legitimidad dinástica, ya que los derechos dinásticos de la Corona Española recaían sobre su padre Don Juan de Borbón y no sobre él[2]. Esto provocó que Don Juan y Franco, vivieran bajo un constante manto de tensión. La situación del joven Príncipe, era por lo tanto, frágil e incierta, hasta que finalmente fue nombrado sucesor al trono español el día 22 de julio de 1969, mediante la Ley de Sucesión en la Jefatura del Estado de 1947[3], descartando así a otros

---

[1] Entrevista realizada por José A. Giménez-Arnau, en la que se muestra a un joven Príncipe tranquilo, trabajador y buen estudiante. De hecho en una de las imágenes de la publicación aparece resolviendo un problema en la pizarra, bajo la atenta mirada de uno de sus profesores militares D. Álvaro Fontanals. Se trataba, sin duda alguna, de una entrevista que buscaba acercarle a la población española respondiendo a interrogantes cómo: ¿Quién es don Juan de Borbón? ¿Cómo es? ¿Dónde y cómo vive? ¿Qué piensa? (*ABC* Sevilla, 14-04-1955, 5-7)
[2] Para ampliar información acerca del tema ver Zugasti (2007a).
[3] Esta es una de las ocho Leyes Fundamentales del franquismo que se refería a la sucesión de Franco al frente del Estado Español. Establecía que el sucesor sería nombrado por él aunque tendría que ser aprobado por las Cortes Españolas, ante las cuales tendría que realizar juramento. Gran parte del contenido fundamental de esta Ley, se especificaba en el artículo

aspirantes al trono dentro de los cuales se encontraba su padre. En definitiva, en sus primeras apariciones públicas se puso de manifiesto que no era un personaje muy querido y a la vez desconocido.

La prensa cubrió su nombramiento como sucesor con enorme expectación. *Pueblo* titula: "Se decide esta tarde" (22-07-1969)[4], matizando que la proposición de Don Juan Carlos era recibida con alivio en todo el país. *El Alcázar*[5] define la jornada como histórica, mientras que *ABC*[6] y *La Vanguardia*[7],con titulares parecidos, mostraron la unidad entre Franco y el futuro Rey de España. *La Vanguardia* escribe entre comillas: "hoy no se puede decir que las monarquías representen al sector conservador de los pueblos" (23-07-1969:4), al hablar de la idoneidad de la designación y de la garantía de la continuidad "al tener el Príncipe un estatus que le define como heredero", para tranquilidad de los sectores del régimen más reacios a la institución monárquica.

Un día después, *Pueblo* y *El Alcázar* repiten las palabras de Franco ante las Cortes en sus respectivos titulares: "Nada debemos al pasado" (23-07-1969:2-3 y 23-07-1969:2-4), especificando que se había producido una instauración y no una restauración de la Monarquía. Palabras que también reproduce *La Vanguardia*. Estos tres diarios publicaron también reportajes biográficos del Príncipe, en el que mostraron su familia –las tres publicaciones comparten la misma fotografía–, un personaje preparado, cercano, trabajador, sencillo –entre otros adjetivos– y también describieron cronológicamente las tareas que había desempeñado desde su llegada a España.

Era una forma de que España conociera al futuro Rey y su familia, en qué había consistido su trabajo y qué había hecho desde aquella entrevista realizada en 1955.

No todo se resumía en titulares. Tras su nombramiento como sucesor a la Corona, Franco busca evitar que los Príncipes se conviertan en aristócratas ociosos e inaccesibles, así es que aconseja al recién nombrado Príncipe de España: "Haced que los españoles os conozcan, Alteza" (Powell, 1995:56). Después de esto, los Príncipes se decidieron a viajar por toda España. Normalmente, salvo en algunas ocasiones[8], eran bien recibidos y seguidos de cerca por los periodistas.

7, este artículo declaraba que en cualquier momento el Jefe del Estado podía proponer a las Cortes la persona que debía ser llamada en su día a sucederle a título de Rey o Regente.
[4] *Pueblo*, "El sucesor en su día de franco se decide esta tarde"
[5] *El Alcázar*, "Franco propone su sucesor", 22-07-1969.
[6] *ABC*, "El Príncipe sucesor en la Jefatura del Estado", 23-07-1969.
[7] *La Vanguardia*, "El Jefe del Estado y el Príncipe Juan Carlos", 23-07-1969.
[8] Dada la ausencia de libertades políticas de la época, resultaba sorprendente la franqueza con la que se manifestaba aquel rechazo. En una ocasión al pasar por un pueblo castellano cercano a Valladolid, los lugareños les arrojaron patatas. En otra ocasión en Valencia les

Meses más tarde, el Ministerio de Información realizó un sondeo de opinión. Según el mismo, el 68% de los encuestados cree que el Príncipe es "simpático", y el 67% opina lo mismo de Doña Sofía. Meses más tarde se realiza otra encuesta sobre los Príncipes cuyos resultados aportan datos interesantes en relación a la reputación que tenía la pareja entre la opinión pública española. El 76% de los encuestados seguía las actividades del Príncipe por televisión y solo el 22% no expresaba interés alguno por su figura. Debe resaltarse que la mayoría de los consultados creía que Don Juan Carlos era una figura representativa ya que dedicaba la gran parte de su tiempo a viajar y muy pocos creían que interviniera personalmente en la toma de decisiones políticas[9] (99).

A pesar de su creciente popularidad, el monarca seguía siendo un futuro Rey bajo la sombra del desconcierto.

2. Gestión de la imagen antes de su reinado: primeras aproximaciones a la prensa y los medios de comunicación

Estas primeras apariciones en público mostraron la imagen de un Príncipe que carece de fuerza propia. Se consideraban "poco afortunadas y se le veía prácticamente a remolque de Franco". La imagen del joven Príncipe no solo carecía de fuerza sino también de ímpetu, ánimo, vigor y otras características necesarias para la imagen de un líder capaz de asumir los poderes del Estado en aquellos momentos. "Decididamente, el Príncipe no daba una figura atractiva" y con aquella mirada y dócil postura daba la impresión de ser un invitado en el plano político que no sabía si se quedaría o no, por mucho tiempo. En ocasiones se le veía asustado y su timidez llevó a un amplio sector de la población española a mirar casi con pena "a ese chico" que no sabía muy bien "qué hacía ahí" y comentaban chistosamente que la Historia le conocería, si llegaba a conocerle, como "Juan Carlos I, El Breve" (Bardavío, 1979:26).

Debido al rechazo que suscitó su figura durante sus primeras apariciones públicas, esbozaba la imagen de un "Príncipe cómodamente instalado en el seno del régimen, esperando su turno para reinar", sin embargo, la realidad fue muy distinta. En aquellos primeros momentos, los medios españoles hubiesen contribuido a popularizar su imagen, pero dada la relación entre Franco y Don Juan, las noticias relacionadas con la Monarquía sufrían cierta censura, debido a que la sucesión monárquica despertaba discrepancias en el seno del régimen, sin embargo, el 14 de mayo de 1962, se produce un

---

recibieron arrojándoles tomates. Don Juan Carlos le quitaba importancia a estos hechos, a los que consideraba gajes del oficio (Powell, 1995:57).

[9] Las cifras, no obstante deben ser consideradas con prudencia, ya que provienen de organismos oficiales del régimen.

hecho "que proporcionaría a la imagen de la Familia Real Española, más publicidad de la que jamás había recibido desde la llegada de Franco al poder", la boda del Príncipe con Sofía de Grecia (Powell, 1995:51).

A pesar de la censura, la prensa española se hizo eco de este acontecimiento desde los días previos a la celebración, con noticias que anunciaban la llegada de tan esperado día. Aunque dedicaron más atención a la Familia Real Griega que a la española, *ABC*[10], *La Vanguardia*[11], *Pueblo*[12] y *El Alcázar*[13] publican la noticia en sus portadas, pero solo *ABC* y *La Vanguardia* dedican toda la portada al acontecimiento, y en las páginas siguientes narran con minuciosidad los detalles de la ceremonia nupcial. En este sentido, es destacable la cobertura de *ABC*, diario que publicó mayor cantidad de noticias relacionadas con el enlace.

El Alcázar, a diferencia de los demás periódicos de la muestra, pareció estar más interesado en cubrir la exaltación a España[14], al Jefe de Estado –ausente, pero allí representado por el Ministro de Marina– y a la congregación de la prensa internacional[15] para cubrir tan relevante acontecimiento. Mientras que *ABC* y *La Vanguardia*, realizan un extenso reportaje fotográfico, *El Alcázar* apenas publicó fotografías del enlace, de hecho, no publicó ninguna fotografía en su portada y la noticia compartió protagonismo con otras noticias del día al igual que en *Pueblo*.

Tras la boda, no solo era necesario acercar la imagen del Príncipe a la población española, sino también la de Princesa Sofía de Grecia. Así, se repite en la prensa un patrón que inició en julio de 1969 con el nombramiento de Juan Carlos como sucesor a título de Rey: la publicación de un reportaje autobiográfico. *El Alcázar*, quien menos cobertura otorgó al enlace, se encargó de narrar la vida, formación e intereses de los Príncipes. Contaba también la forma en la que se conocieron y la consolidación del noviazgo como si de una novela romántica se tratara y describió a Sofía como "la Princesa de los ojos que siempre ríen" (14-05-1962:20-26), simpática, llena de buen humor y natural. Esta publicación, presentó a Don Juan Carlos como un joven con una "sólida formación intelectual y castrense", puesto que pasó por las Academias Militares como un Soldado

---

[10] *ABC*, "Boda en Atenas de los Príncipes Don Juan Carlos de Borbón y Doña Sofía de Grecia", 15-05-1962.
[11] *La Vanguardia*, "El enlace matrimonial de SS.AA. La Princesa Sofía y el Príncipe Juan Carlos, 15-05-1962.
[12] *Pueblo*, "Don Juan Carlos y Doña Sofía se casaron esta mañana en Atenas", 14-05-1962.
[13] *El Alcázar*, "Juan Carlos y Sofía, unidos en matrimonio" 14-05-1962.
[14] La portada llevaba como subtítulos: "S.E. El Jefe del Estado Español, estuvo representado por el Ministro de Marina, Almirante Arbazuza" y "Banderas Españolas y griegas enlazadas cubrieron el recorrido". Ver también: "Vivas a los novios y a España, pronunciados en castellano, marcaron el inicio del cortejo", 12.
[15] *El Alcázar*, "La prensa internacional se ha volcado en Atenas: verdadera "inflación" de reporteros gráficos donde todo el mundo deseaba ser español o griego", 14-05-1962, 16.

cuya única diferencia respecto al resto era "no tener número a efectos de escalafón", aprendiendo las virtudes militares, consustanciales a todo oficial: unión, disciplina, admiración y lealtad.

El Príncipe Juan Carlos sabía y tenía conciencia de la importancia de la opinión pública no solo en España, sino también de la opinión del mundo occidental respecto al futuro de España. Conocía también los problemas de imagen que suscitaba y la importancia de las declaraciones en la prensa nacional e internacional.

Una de las primeras publicaciones internacionales referentes al monarca fue un artículo de portada realizado por la revista estadounidense *Time* en 1966, titulado "España: la tierra que despierta", en el que se mostraba a un joven Príncipe, recién casado y sin un papel definido en el escenario político de la España del momento. Aunque sus declaraciones intentaban tranquilizar a todos los flancos y garantizar su legítima fidelidad hacía la institución monárquica no lo consiguió del todo. "Yo nunca jamás aceptaré la Corona en tanto mi padre viva[16]", un argumento que ponía en su contra al régimen franquista y que para su sorpresa, meses más tarde reforzó sus palabras en otra entrevista esta vez para un la revista francesa *Point de Veu*, en la que podría leerse una afirmación parecida que contravenía los deseos de sucesión de Franco.

The New York Times publicaba el 4 de febrero de 1970 en su portada una fotografía del Príncipe bajo el título "Juan Carlos Looks to a Democratic Spain", este titular sin entrecomillados, firmado por el reportero Richard Eder, salía de una entrevista ofrecida por el Príncipe *off the record*, en la que el reportero, aunque respetando la confidencialidad de la información, dejaba claro que había estado en el Palacio de la Zarzuela con frases como "[e]l Príncipe tenía un aire de preso", y hacía afirmaciones del tipo "[e]l Príncipe no acepta el papel que al parecer le han asignado: el dócil sucesor" y "no tiene intención de presidir una dictadura".

Esto suponía la primera presentación pública del sucesor ante la opinión pública internacional y se desmarcaba tibiamente de la dictadura con frases como esta: "Soy el heredero de Franco pero también soy el heredero de España". La noticia causó el previsible revuelo entre las elites del régimen debido a que consideraban que el Príncipe estaba quebrantando los principios de fidelidad que había jurado al régimen y a Franco. Sin embargo la noticia fue convenientemente silenciada por los medios de comunicación españoles. *ABC*, por ejemplo, no hizo ninguna alusión al reportaje.

El futuro Rey, había comprendido el valor del *off the record* a través de los medios de comunicación extranjeros para transmitir sus mensajes al interior de este país, algo que repetiría en otras ocasiones.

---

[16] *El País*, "Palabras de Don Juan Carlos", 04-01-2003.

Durante la primera visita oficial al extranjero como Príncipe de España en enero de 1971, junto a la Princesa Sofía, fue recibido con honores. Hizo unas declaraciones al *Washington Post* que no gustaron nada a Franco, al volver del viaje y antes de explicarle los detalles políticos más importantes, sacó de su bolsillo un recorte de sus declaraciones y al preguntar a Franco su opinión, este matiza su rigidez ante la opinión pública: "Hay cosas que usted puede y debe decir fuera de España y cosas que no debe decir en España. Lo que se dice fuera puede no ser conveniente que se difunda aquí, y a veces, lo que se dice aquí, es mejor que no se supiera fuera" (Bardavío, 1979:53).

Pueblo calificó este viaje como un "éxito" y definió como "extraordinaria" la acogida de los Príncipes por los norteamericanos y por el Presidente Nixon. Magnificó la sencillez de la Princesa al dirigirse a los periodistas. Para *ABC*, "la fulgurante estancia de los Príncipes en la capital fue un incuestionable éxito de relaciones públicas, diálogo y proyección personal", cuya principal contribución consistió en "el establecimiento de una imagen joven y ágil de la España política del futuro" (29-01-1971:13).

La Vanguardia, también acuña la simpatía y la juventud, para describir el impacto causado por los Príncipes y *El Alcázar* define la visita como una "[e]scala española: nueva situación en las relaciones hispano-norteamericanas" (28-01-1971:portada), presentó al Príncipe como un "líder con autoridad", una autoridad conferida por su "presentación y su rango de sucesor en la Jefatura del Estado", quien además, encarnaba "el futuro de la vida española"[17]. Con estas palabras, la cabecera publicó una de las primeras aproximaciones de cambio en la representación de la imagen del futuro Rey de España. Paradójicamente, tras la muerte de Franco y el inicio del proceso democrático, sería el periódico más crítico hacía la figura del Rey y de todo cuanto hacía. Se opusieron en todo momento a los intentos de reforma democrática y recordaron constantemente al monarca, su juramento de lealtad a los principios del Movimiento Nacional.

3. Juan Carlos I: un potencial cambio de imagen

"Del hombre público se espera que comunique bien. Lo importante no es lo que se comunique, sino que el político comunique bien" (Calvo Sotelo, 1990:185). Esto no es precisamente lo que expresaba el Príncipe Juan Carlos en el inicio de su relación con la prensa y los medios de comunicación. Sin embargo el gran cambio, estaba a punto de sucederse. Don Juan Carlos pasaría de ser un desconocido al que "los españoles estaban habituados a ver cerca de Franco en ceremonias oficiales del

---

[17] *El Alcázar*, "El Príncipe, sucesor y continuador", 28-01-1971, 7-8.

régimen" (Debray, 2000:47) a ser uno de los hombres más importante de la política española del momento, según la prensa.

Durante los seis años que van desde que el Príncipe Don Juan Carlos es nombrado sucesor hasta su proclamación como Rey el 22 de noviembre de 1975, mantuvo una discreta actuación pública. Esto último rápidamente cambiaría, puesto que aunque para casi todo el mundo el Rey era, a la muerte de Franco, una incógnita, su proclamación marcó el inicio de la formación de la imagen de un Rey.

La prensa cubrió este acontecimiento entre la añoranza y la expectativa. Por ejemplo, *ABC*, con un tono nostálgico, publica "Hoy, la jura del Rey. El emocionante adiós a Francisco Franco" (22-11-1975: portada). *La Vanguardia* publicó una imagen en la que se veían tres fotografías cuyo pie de página decía lo siguiente: "Documentos para una hora histórica. Arriba, el certificado de defunción de su Excelencia [...]. Abajo, la primera invitación extendida por Sus Majestades los Reyes de España, tras la instauración de la Monarquía que vuelve a establecerse después de cuarenta y cuatro años, siete meses y siete días" (22-11-1975:2). Aunque en la tercera fotografía podía verse a la Familia Real como una familia cercana y natural, lo destacable de esta composición, es que en tan señalado momento la cabecera muestra con ligeros matices una Monarquía distinta ya que no fue restaurada sino instaurada, detallando el lapsus de tiempo por el que estuvo ausente.

El Alcázar matiza que "sobreponiéndose a su dolor por la muerte de Francisco Franco, el pueblo español, ha aclamado esta mañana la proclamación del Príncipe Juan Carlos como Rey de España"[18], y acompaña la noticia con una foto del futuro Rey, acompañado por su familia.

Un día después, las portadas se centran en la figura y en las palabras que pronunció el monarca en su primer discurso. "El Rey habla a su pueblo" (*ABC*, 23-11-1975), "Don Juan Carlos de Borbón, Rey de todos los españoles" (*La Vanguardia*, 23-11-1975), "Un Rey para todos" (*Pueblo*, 23-11-1975) fueron los titulares más repetidos, incluso los días posteriores. Las publicaciones destacaron la histórica ceremonia celebrada en las Cortes, el desarrollo de los actos, y el solemne momento de la jura, además repitieron continuamente palabras como unidad, concordia nacional, futuro y oportunidad, todas presentes en el discurso pronunciado por el Rey ante las Cortes.

Para González Urdaneta (2010) esta definición de apertura y de la postura política de Don Juan Carlos, viene dada por el discurso político pronunciado ante las Cortes el sábado 22 de noviembre de 1975, donde dejó abierto el camino al cambio, invitando a todos los españoles a "construir una sociedad libre y moderna, solicitando la participación de

---

[18] El Alcázar, "Juan Carlos, Rey", 22-11-1975, portada.

todos en los centros de decisión, en los medios de información y en el control de la riqueza nacional[19]. Este discurso suscitó diversas opiniones debido en mayor medida a factores políticos, pero en general los miembros del Gobierno, definieron el discurso como "esperanzador", "equilibrado", "cuidadoso", "prometedor de una evolución" y "destinado a tranquilizar".

A partir del cambio de régimen, la relación entre políticos, diplomáticos y periodistas estuvo condicionada por la apertura de un tiempo nuevo, en el que predominaba la certeza de que el esquema político anterior era tan insostenible como irrepetible. Sin duda alguna, Juan Carlos I, gozó de un tratamiento periodístico privilegiado durante la primera y fundamental fase de la transición, que va desde 1975 hasta 1978. (Zugasti, 2007c:338). Durante esta etapa, la imagen anteriormente mostrada desapareció por completo, dando paso a una imagen renovada, fuerte y de vital importancia para el desarrollo político de España y de la Institución monárquica. Sin duda alguna la transición se convirtió en el puente que ofrece al Rey la posibilidad de consolidar la imagen que durante los primeros años de reinado se había construido, la imagen de un Rey en el plano de sus capacidades políticas calificado como liberal, demócrata, convencido, firme, claro y prudente, deseoso de lograr la reconciliación entre los españoles y en su proyección personal como joven, moderno, enérgico, inteligente, sencillo, simpático, cordial, natural y abierto.

Cuando en 1975 se inicia el proceso democrático, la mayoría de las potencias extranjeras dudaban de la contribución monárquica en el proceso democrático. En palabras del mismo Rey Juan Carlos, el éxito de que España pasara de más de cuarenta años de dictadura a una democracia con un Rey constitucional se debe a que cuando ocupó el trono tenía "dos bazas", una era el "apoyo del Ejército", apoyo que reconocía deberse a la orden dada por Franco antes de morir de que le apoyasen, y la otra era "la sabiduría popular", la sabiduría que poseen los españoles de saber esperar. También reconoció la efectividad de aquel consejo de Torcuato Fernández Miranda, "todo dependerá de su primer discurso", "es preciso decir a los españoles lo que queréis hacer y cómo lo vais hacer". La mayor parte del éxito radicó en aquel "quiero ser el Rey de todos los españoles" (Vilallonga, 1993:229-230).

Una herramienta que también ayudó bastante en la expansión de la nueva imagen de la Monarquía y de España fueron los viajes internacionales. Después de la proclamación, uno de los más importantes fue el viaje realizado a los Estados Unidos en mayo-junio de 1976. Durante este viaje se consiguió vender un producto (Areilza, 1977:58) a la opinión pública, inexistente todavía en España. El viaje americano del Rey

---

[19] *Le Monde*, "Le roi espère obtenir une trêve de l'opposition y Je veux être capable d'agir comme modérateur", 25-11-1975.

significaba también la devolución a España de la "circulación internacional" para su primer mandatario. Y ese era un hecho de trascendencia nacional, cualesquiera que sean las ideologías que cada uno profese y la mayor o menor devoción con que se contemple la figura del Rey. A este viaje les acompañaron desde Madrid más de medio centenar de informadores. La estancia en Washington y Nueva York marcó la relación de la Casa Real con los medios informativos y estableció un reglamento no escrito que se respetó durante los primeros años de la Monarquía, basado en la no intromisión en la vida privada de la familia real.

Desde la diplomacia española se quiso aprovechar esta ocasión en una operación de marketing político, dirigida a relanzar la imagen pública del Rey y de la naciente democracia española. Ambos se confundían en un solo sistema y se buscaba convencer a la opinión pública internacional acerca de lo que significaba la nueva Monarquía y erradicar el escepticismo que provocaba la institución en el panorama internacional, siendo Estados Unidos la representación de la clase política democrática. También se pretendía impactar internamente en la política española y acelerar el ritmo unas reformas democráticas que hasta entonces estaban siendo demasiado tímidas. (Barrera–La Porte– Pellicer, 1999:171-183)

En cuanto al tratamiento periodístico, *ABC* y *La Vanguardia* son los medios con mayor número de noticias publicadas mientras que *El Alcázar* por el contrario casi no presta atención al viaje debido al significado político del mismo, contrario a su percepción política, por lo que manteniéndose al margen mediático no publica ningún editorial al acontecimiento, pero si publica numerosos artículos de opinión no tan favorable. *ABC* y *La Vanguardia* resumieron la impresión de los medios norteamericanos, con titulares como "las palabras [de nuestro] Rey durante sus discursos, definitivamente comprometen a España en la ruta democrática" (*La Vanguardia*, 05-06-1976:9) y "[u]n Rey a favor de la democracia" (*ABC*, 05-06-1976:portada). Al término de la visita, los medios españoles y americanos aplaudieron sin excepción las intenciones democratizadoras mostradas por el Rey y, especialmente, el contenido de su discurso es una sesión conjunta de las dos Cámaras del Congreso el 2 de junio, que fue transmitido en directo por Televisión Española y recibido con elogios editoriales de los más influyentes diarios norteamericanos.

Cabe acentuar que, a la cobertura de este viaje se suma *El País*, quien fue la gran novedad en el panorama periodístico madrileño siendo liberal y de centro-izquierda. El nuevo rotativo supo rápidamente aportar su postura en contra del franquismo, representando un sector que hasta entonces no tenía mucha repercusión en la prensa diaria nacional. En esta ocasión publicaba su posición hacía el viaje y los acontecimientos acaecidos durante el mismo con una frecuencia de publicación también significativa. *El País*, que también recoge en sus noticias las publicaciones americanas, concluye: "El

Rey por fin ha expresado claramente su determinación de romper con la era de Franco[20]". Más tarde, titulaba esta ruptura como "el final del exilio interior[21]", en este artículo mostró su preocupación ante el "sensacionalismo periodístico" que mientras enfatizaba el hecho de que por primera vez un Rey español visitara Estados Unidos, olvidaba un hecho más importante: "después de cuarenta años, España tiene un Jefe de Estado que puede salir al exterior". El artículo explicaba que "la imagen de España padeció durante cuarenta años las secuelas dejadas por la guerra civil y de las características antidemocráticas del régimen, siendo motivo de acoso, protesta y de deterioro de nuestra presencia en el mundo".

Durante el período que va desde 1976 hasta 1978, también se realizaron otros viajes destinados a relanzar la imagen de España y de la Monarquía. Estos viajes fueron importantes para la política española y para la difusión del mensaje renovador, como es el caso de México[22] y Argentina. En Europa también se realizaron viajes importantes, entre ellos los realizados a Francia y a Alemania, que potenciaron el acercamiento a Europa[23].

4. Conclusiones

Juan Carlos I, encontró una evidente colaboración en la prensa. Algunos periodistas reconocen la existencia de un consenso tácito, no escrito pero compartido, que supuso una notoria compenetración con el monarca. La causa mayoritaria por la que la prensa decidió cerrar filas en torno al nuevo Rey fue eminentemente pragmática: este garantizaba tanto una transición sin vacíos de poder como una evolución política en sentido democratizador, algo que también estaba en el horizonte de prácticamente todos los rotativos (Zugasti, 2007c:68).

Desde la muerte de Franco hasta 1978, asistimos a la consolidación de la imagen de Juan Carlos. Pasó de ser un personaje prácticamente desconocido a ser representado como "el Rey de todos los españoles"; de ser un personaje a la sombra de Franco, a significar la libertad y la democracia, la fuerza y la vitalidad de un joven líder, sencillo y cercano que llevaría a cabo la unidad de España. Estas ideas, que encontrábamos asiduamente en la prensa, se convirtieron en el papel que desempeñó en la construcción de la imagen del Rey, asociada a la imagen de una nueva España. Se buscó proteger al Rey cuando se consideró necesario para evitar

---

[20] *El País*, "Evolución firme hacia una democracia parlamentaria", 05-06-1976.
[21] *El País*, "El final del exilio interior", 06-06-1976.
[22] Estos viajes fueron importantes para la imagen de apertura que garantizaba la Monarquía ya que durante ellos se produjeron algunos acercamientos con los republicanos exiliados en ambos países. Más información en Zugasti (2002), Barrera y Zugasti (2006).
[23] Para más información véase Zugasti (2007b).

su desgaste, evitando hablar de temas que erosionaran su figura, como la legitimidad dinástica que recaía sobre su padre.

En definitiva, en la formación de la imagen del Rey Juan Carlos I incidieron dos factores importantes. El papel desempeñado por los medios de comunicación y la proyección personal de Juan Carlos I. La sencillez de un Rey cercano y querido por el pueblo también fue realzada por la prensa. Durante los hitos importantes de máxima cobertura mediática, casi siempre se publicaba una biografía unida a un reportaje en el que se podía ver a un Rey trabajador, junto a su esposa e hijos. Sin duda alguna, la imagen familiar jugó un papel muy importante en la cercanía con la que incluso actualmente se le representa.

En relación a las cabeceras analizadas, *ABC* y *La Vanguardia*, de tradición monárquica y liberal con toques conservadores, tras la proclamación como Rey, presentan al monarca como el Rey de "todos", "del pueblo", "de España", un Rey democrático para una democracia de "nuestro tiempo", aunque *La Vanguardia*, sobre todo los días próximos a la muerte de Franco, señala en sus publicaciones la instauración de la Monarquía en aras de la sucesión y de la continuidad, al igual que *El Alcázar*, diario de la ultraderecha, opuesto a la reforma democrática, que no solo matizaba estos principios, sino que también aprovecha cualquier circunstancia para exaltar la España franquista y los residuos del Movimiento Nacional. Aunque en principio apoya al recién proclamado Rey, al inicio del proceso democrático, desmonta este apoyo y se convierte en uno de los mayores críticos de las actividades relacionadas con la Casa Real.

Pueblo, herencia de la prensa del franquismo, magnificaba la imagen y el apoyo que el monarca recibía de la población española. Representó un joven Rey, "aclamado por el pueblo", y cuyas aspiraciones debía al régimen, puesto que también se empeñaba en mostrar la instauración monárquica y con aquel "nada debemos al pasado" habló de una Monarquía nueva, la Monarquía del Movimiento Nacional.

El País, esa gran novedad, trajo consigo la representación de un sector casi sin voz, aquel partidario de la ruptura franquista, criticó el sensacionalismo que envolvió estos primeros años de reinado, también definió a Don Juan Carlos como "el protagonista de la marcha hacia las instituciones democráticas".

Tras cada hito relevante, hubo un constante refuerzo de la imagen proyectada mediante biografías, reportajes, fotografías, etc. Pero en cada uno de ellos se olvidaron otros actores importantes para la apertura democratica de España, actores políticos, sociales, incluso dirigentes sindicales y la misma población española, decidida a buscar un cambio.

BIBLIOGRAFÍA

AREILZA, José María de (1977), *Diario de un Ministro de la Monarquía*, Barcelona, Planeta.

BARDAVÍO, Joaquín (1979), *Los silencios del Rey*. Madrid, Strips Editores.

BARRERA, Carlos-LA PORTE, María Teresa–PELLICER, Silvia (1999), "Diplomacia, marketing político y opinión pública en el viaje de los reyes a Estados Unidos en junio de 1976", *Comunicación y Estudios Universitarios*, 9, 171-183.

BARRERA, Carlos y ZUGASTI, Ricardo (2006), "La prensa española y el viaje del Rey a la Argentina de Videla en 1978", *Historia y comunicación social*, 11, 5-19.

CALVO Hernando, Pedro (1976), *Juan Carlos, escucha: Primer balance de la España sin Franco*, Madrid, Ultramar Editores.

CALVO Sotelo, Leopoldo (1990), *Memoria viva de la transición*, Barcelona, Actualidad y libros/Plaza & Janés.

DEBRAY, Laurence (2000), *La forja de un Rey. Juan Carlos I, de sucesor de Franco a Rey de España*, Sevilla, Fundación el Monte.

GONZÁLEZ URDANETA, Lily (2010), "Franco ha muerto, Juan Carlos ha llegado. Representación, lectura y perspectivas del cambio político en España (*Le Monde* y *Le Figaro*, noviembre y diciembre 1975)", *Quórum Académico*, 7/2, 89-113.

POWELL, Charles (1991), *El piloto del cambio. El Rey, la Monarquía y la transición a la democracia*, Barcelona, Planeta.

POWELL, Charles (1995), *Juan Carlos. Un Rey para la democracia*, Barcelona, Ariel/Planeta.

VILALLONGA, José Luis de (1993), *El Rey. Conversaciones con D. Juan Carlos I de España*, Barcelona, Plaza & Janes.

ZUGASTI, Ricardo (2002), *"La prensa española ante el viaje del Rey Juan Carlos I a México en noviembre de 1978"*, en Carlos Navajas Zubeldia (ed.): *Actas del IV Simposio de Historia Actual*, Logroño, 17-19 de octubre de 2002, Logroño, Gobierno de la Rioja/Instituto de Estudios Riojanos, 2004, 767-779.

ZUGASTI, Ricardo (2007a), "La prensa española de la transición como escenario de apoyo político a Juan Carlos I: el ejemplo de la legitimidad dinástica de la Monarquía", *Palabra Clave*, 10/I, 60-70.

ZUGASTI, Ricardo (2007b), "Juan Carlos I y el acercamiento a Europa en la prensa española de la transición", *Comunicación y hombre*, 3, 108-123.

ZUGASTI, Ricardo (2007c), *La forja de una Complicidad. Monarquía y prensa en la transición Española (1975-1978)*, Madrid, Fragua.

www.ingramcontent.com/pod-product-compliance
Lightning Source LLC
Chambersburg PA
CBHW060101170426
43198CB00010B/731